日本立法資料全集 68

事業者団体法

〔昭和23年〕

今村成和
厚谷襄児 編著

信山社

4296-0101

☆日本立法資料全集☆

▽監修者△

杉村章三郎（行政法・元東京大学名誉教授）
鈴木竹雄（商　法・元東京大学名誉教授）
川島武宜（民　法・元東京大学名誉教授）
団藤重光（刑事法・元東京大学名誉教授）
伊藤正己（英米法・元東京大学名誉教授）
石川吉右衛門（労働法・元東京大学名誉教授）
池原季雄（国際私法・元東京大学名誉教授）
平野龍一（刑事法・元東京大学名誉教授）
三ヶ月章（民事訴訟法・元東京大学名誉教授）
加藤一郎（民　法・元東京大学名誉教授）

▽編集代表△

芦部信喜（憲　法・元東京大学名誉教授）
星野英一（民　法・元東京大学名誉教授）
田中英夫（英米法・元東京大学名誉教授）
松尾浩也（刑事法・東京大学名誉教授）
山本草二（国際法・元東北大学名誉教授）
竹内昭夫（商　法・元東京大学名誉教授）
金子宏（租税法・東京大学名誉教授）
新堂幸司（民事訴訟法・東京大学名誉教授）
塩野宏（行政法・東京大学名誉教授）
石井紫郎（日本法制史・東京大学名誉教授）

信山社

目次

目　次

〔凡　例〕

一　本書第二部に収録した資料は、今村が公正取引委員会事務局に勤務し、事業者団体法の制定、運用に関与したときに収集し、保管していたものである。
二　資料の配列は、今村が行った。ただ、〔資料18〕は、〔資料13〕としていたものを移動した。
三　判読不明なものは、□□□で示した。また、公正取引委員会の審議の過程で修正した部分は、添え字となっている。
四　各資料の見出しは、今村が付したものであるが、読者の便宜のため厚谷が補充したものがある。
五　原典資料中委員会提出資料その他にある書き込みは、今村が付したものである。
六　「第一部・第二章　資料解題」は、原典資料に対応するように厚谷が執筆した。
七　公正取引委員会議事録は、昭和二三年一月、二月、三月分及び同年五月、六月分について、国立公文書館に収蔵されているものを複写し、原典資料に対応する資料解題の該当箇所に収録した。なお、四月分は欠落している。

〔今村の公正取引委員会事務局での履歴〕

昭和二二年九月一日　公正取引委員会事務局に入局し、調査部調査第一課に勤務
昭和二三年七月二九日　調査部事業者団体課長
昭和二四年七月一一日　調査部調査第一課長
昭和二五年三月三一日　文部省に出向

㈲調査部第一課の所掌事務
一　各種調査研究の企画綜合に関する事項
二　関係法令の整備に関する事項
三　調査の嘱託に関する事項
四　交通、運輸、通信、電気、瓦斯、水道その他の公益事業の調査に関する事項

(注)調査部事業者団体課の所掌事務
一　事業者団体の調査に関する事項
二　事業者団体の届出及び認可申請等に関する事項

〔参考文献〕

公正取引委員会事務局編『事業者団体法解説』海口書店、昭和二三年
　今村執筆　第二編　実体規定　九七頁以下
今村成和『条解事業者団体法』弘文堂　昭和二五年
今村成和『私的独占禁止法の研究』(I)有斐閣　昭和三一年
　第一編　米国反トラスト法の研究――私的独占禁止法の背景
　　第二章　産業団体と反トラスト法
今村成和「押し付けられた事業者団体法」書斎の窓一九九四年一・二月号(四三一号)(以下「窓」と引用)
今村成和「事業者団体法の立法過程と改正問題――占領下における立法作業の経験――」
　(未定稿　一九八九・三・二一)(以下「講演」と引用)
公正取引委員会編『独占禁止政策二十年史』(以下「二十年史」と引用)
公正取引委員会編『独占禁止政策三十年史』(以下「三十年史」と引用)
国立国会図書館調査立法考査局『事業者団体法の成立とその後の経緯』(以下「国調立・経緯」と引用)
国立国会図書館調査立法考査局『事業者団体法の成立とその後の経緯　資料編一』
国立国会図書館調査立法考査局『事業者団体法の成立とその後の経緯　資料編二』

第一部　事業者団体法制定の背景
および資料解題

第一章　事業者団体法制定の背景

今村成和

一　我国団体立法の沿革

事業者団体法は、第二条の定義規定で、「この法律において事業者団体とは、事業者としての共通の利益の増進を目的に含む二以上の事業者の結合体又はその連合体をいう」と規定している。「事業者団体」というのはこの法律の作った新しい言葉であるけれども、かかる性質の団体は昔から存在した。そして、その中には、特別の法律に基づかない自由な団体として活躍したものもあったけれども、その多くは、特別の法律に、その組織と活動の根拠が与えられていた。この種の法律を団体法と呼ぶならば、その沿革は、明治一七年の同業組合準則（農商達三七）にまで遡り得るのである。

その後、明治二三年の商業会議所条例（法八一）、三〇年の重要輸出品同業組合法（法四七）、三二年の農会法（法一〇三）、三三年の産業組合法（法三四）、四三年の漁業法（法五八）などの制定に依って、その後における団体立法の発展の礎石が据えられるに至った。このように、あらゆる産業分野に亘って事業者の団体活動の基礎法が与えられ、しかも、その大部分（産業組合と漁業組合を除く）が、公共組合として、国家目的を分ち与えられていたことは、明治以来の我国の産業保護政策の一つの現われに外ならなかったのである。

他方において、資本主義の発展に伴う近代産業のカルテル組織は、古く明治一三年の製紙連合会、一五年の紡績連合会にその萌芽を見るのであるが、第一次大戦後の恐慌を契機として急激な発達を見るに至った。而して、昭和六年の重要産業統制法（法四〇）の制定は、工業組合法（昭六法六二、但し重要輸出品工業組合法（大一四法二八）の後身）に依る中小企業の組織化と相俟って、私的カルテルに、国家権力に依る裏付けを与えるに至った。この傾向は更に発展して、重要肥料業統制法（昭一一法三〇）等による、強制カルテル組織を生み出すに至ったのである。

然るに、昭和一二年七月の日華事変の勃発は、国家権力に依る全産業の直接統制へと事態を飛躍せしめ、ここに、すべての事業者団体は、国家統制の下部機構としての統制団体に再編成されるに至った。すなわち、国家総動員法（昭一三法五五、改正昭一六法一九）第一八条の規定に基づく重要産業団体令（昭一六勅八三一）に依る統制会制度の創設をはじめとし、昭和一八年の商工組合法（法五三）、商工経済会法（法五二）、農業団体法（法四六）、水産業団体法（法四七）の制定に依って、既存の団体及び組合のすべては、超国家主義的指導者原理に基づく統制団体として再編成されたのである。

このように、過去の我国の事業者団体は、終始、国家の強力な保護と監督の下に、国家（法）に依ってその組織と活動目的が与えられ、全産業の組織化に仕えて来た。而して、その組織の内実が、自由主義時代においてはカルテル組織の完成へ、戦時経済に入っては、軍事的経済支配体制の確立へと向けられて来たことは右に述べた通りである。

二　経済民主化と独占禁止政策

これに対し、戦後の経済再編成の目標が、超国家主義的軍国主義の経済的基礎を清算し、新たな経済発展の道程を切り開くための経済民主化政策の展開にあったことは、人の知る通りである。この政策は、占領政策として、占領軍総司令部の強力な指導の下に推進され、財閥解体、農地解放及び労働組合運動の助長は、経済民主化政策の三大指標とされたのであるが、就中、財閥を基軸とする我国産業構成の再編成に恒久的基礎を与えた私的独占禁止法（昭二二法五四）の制定は、過去の我国の孤立的国家主義的経済政策の、自由主義的国際主義への根本的な方向転換を示すものとして特に重要な意義を有するものであった。

私的独占禁止法の基本原理たる独占禁止政策は、いう迄もなく米国の反トラスト政策にその範をとったものであり、私的独占と不当な取引制限を排し、公正且つ自由な競争を促進することに依って、一般消費者の利益確保と、国民経済の民主化を図ることを目的とするものであった。一言にして言えば、経済制度における自由競争原理の徹底的信奉を基礎とする経済政策に外ならないのである。

事業者団体法の制定は、独占禁止政策の一環として、私的独占禁止法の補完立法たるの意義を有するものであるが、その具体的な背景としては、更に統制団体除去政策の存することを、述べなければならない。

三　統制団体除去政策

さて、戦争目的達成の為めに、戦時中に築き上げられた高度の経済統制機構が、敗戦に依って、忽ち崩壊に瀕するに至ったことはいう迄もなかったが、荒廃した国土の再建の為めには、新たな統制が必要であった。ところで、その際に考えられたことは、新たな統制が民主化されたものでなければならない以上は、民間団体の協力こそは、その最も重要な要素であるということであった。かくて、戦時統制団体は、再びその民主主義的衣更えに忙殺されるに至ったのであって、農業団体法の改正（昭二〇法五八）と水産業団体法の改正（昭二〇法五九）は、農業会及び水産業会の機構の民主化を名としたものであり、商工協同組合法（昭二一法五一）の制定は、商工組合法に基づく統制組合の商工協同組合への改組をねらったものであった。更に、蚕糸業法の全文改正（昭二〇法五七）は、日本蚕糸業会、蚕糸協同組合を、林業会法（昭二一法三五）の制定は、林業会、林産組合をそれ〴〵新に創設し、いずれも当該産業の統制をその当面の任務とした。戦時の最高統制協力団体であった統制会については、その基礎法規たる重要産業団体令が廃止され（昭二一勅四四六）又、商工経済会についても、その根拠法の廃止（昭二一法二三）を見たのであるが、いずれもその後には、多数の後継団体が、任意団体として設立されたのである。

此の間に在って、戦後統制の基本法として臨時物資需給調整法（昭二一法三二）が制定され、その第二条において、民主化された産業団体に、物資の配給割当の権限を与えることが規定された事は、統制団体中心の統制方式の確立を意味するかに見えたのであったが、昭和二一年一二月一一日付総司令部覚書「臨時物資需給調整法にもとづく統制方式の件」に依って、事態は根本的な転換を見たのである。すなわち、同覚書は、

二　日本政府は配給統制の諸権力を産業界から撤回しなければならない。指定民間会社又は団体によって一手販売又は一手購入の方法により行われる資材及び製品の配給統制は之を排除しなければならない。

三　日本政府は官立の配給団体を通じて配給機能を行うための計画を、連合軍最高司令官に提出しなければならない。当該団体の目的は通常の配給系統によって適当なる配給が遂行できない場合に必要な統制機能を行うことである。

四　連合軍最高司令部の許可なくしては如何なる機関も経済安定本部によって、臨時物資需給調整法に基づく指定を受けることはできない。

とし、この覚書に基づく臨時物資需給調整法の改正（昭二二法二三）に依って、前記第二条の規定は削除され、唯、その附則第二項において、経済安定本部総務長官が、一ケ月毎の期間を限って指定する特定の団体に対してのみ、限られた統制機能が認められることとなった。

かくて、経済統制は、政府発行の割当切符の自由流通方式に依るか、或いは、覚書三項で示された公団方式に依るかの二途を出でないこととなったのであるが、それと共に、存在理由のなくなった統制団体については、これを閉鎖機関に指定することに依り、整理の徹底的強行を図るに至った。閉鎖機関の制度は、経済侵略の先導となった内外機関の強制閉鎖を目的として、戦後間もなく設けられたもの（昭二〇蔵・外・内・司省令一）であったが、ここに規定を整備して（昭二二勅七四閉鎖機関令）、新たな役割を果すこととなったのである。(1)

ところで、このような政策の転換(2)は、当時にあっては、些か唐突の感を与えたものであったが、然しこれ又、反トラスト政策の一つの進展に外ならなかったのであって、正統的な反トラスト主義の立場に立てば、産業団体の統制への干与は原則として否定せらるべきものであり、「配給統制の諸権力を産業界から撤回する」ということは、反トラスト主義における反カルテル理念の一顕現に外ならないのである。

私的独占禁止法は、臨時物資需給調整法の改正とほぼ時を同じうして制定されたものであるが、そこには、事業者間のカルテル協定を、当然に違法とする規定（四条）が設けられている許りでなく、事業者に依る統制団体の設立行為を禁止し（五条）且つ、既存団体についても別途措置する（一〇四条）旨の規定が付加されたのである。かくて、我国の伝統的な事業者団体政策も又、ここに一大転換を見ることとなり、海運組合法（昭一四法六九―昭二二法九四により廃止）、貿易組合法（昭一二法七四―昭二二法一二三により廃止）、重要肥料業統制法（昭二二法一三四により廃止）、造船事業法（昭一四法七〇―昭二二法一七七により廃止）、百貨店組合法（昭一二法七六―昭二二法二二一により廃止）等のカルテル統制法が、私的独占禁止法の趣旨に反するの故をもって(3)、続々と廃止せらるるに至った。

然るに、未だ反トラスト政策（独占禁止政策）に習熟していなかった産業界は、閉鎖機関令を振かざしつつ強行された統制団体除去政策を前にしてその方途に迷い、団体活動の具体的な基準を求める声がようやくにして高くなった。かくて、昭和二三年初頭、これに対する回答として与えられたのが、事業者団体法案なのであり(4)、その後半年の余に亘る迂余曲折を経て、今日の事業者団体法が生み出されたのである。

(1) 昭和二四・五・三一現在閉鎖機関数一〇八九（その後増加していない）、第一回指定は二〇・九・三〇に行われたが、最初の五〇を除き、他の殆んどすべては統制団体であり、その大多数は、二二年六月以降二三年末までに指定された。

(2) 旧政策を示す覚書として、昭二一・六・二六「日本社及び地木社の解散覚書」、昭二一・八・六「統制会の解散等及び必要統制団体の設立許可に関する覚書」がある。

(3) 国会に対する政府の提案理由にそう書いてある。

(4) この法律の制定事情については、E. C. Welsh, "Anti-Monopoly Legislation : The Test of Democracy in Japan"（公正取引第一号（昭二五三）二頁以下）の中に、次のように述べられている。"The Anti-Monopoly Law and the Trade Association Law are not indigenous products. They were drafted by members of the Occupation staff and they were promulgated as legislation because there was no alternative."

（『条解事業者団体法』〔一九五〇（昭二五）弘文堂〕第一章――本書は、今村の初めての単著である。その「序論」から引用した。）

第二章　資料解題

厚谷襄児

Ⅰ　事業者団体法制定前史――事業者団体に対する占領政策

〔資料1〕　GHQ「産業団体の模範定款例」

⑴　GHQ（Genaral Headquarters、連合国軍総司令部）は、一九四七（昭二二）年六、七月頃、〔資料1〕「産業団体の模範定款例」を提示した。当時、統制団体除去政策が強力に推し進められていた。統制団体除去政策は、一九四六（昭二一）年八月、覚書「統制会の解散並びに政府割当機関及び特定産業内における必要統制団体の設立許可に関する件」に始まり、次いで、同年一二月、「臨時物資調整法下における統制方式」に係る覚書が出された。この二つの覚書は、統制団体の機能を根本的に変化させるものであった。従来の統制団体の機能――割当てにおける統制会及び統制組合、配給における統制会社――が全面的に否定され、また配給統制は政府機関である公団を通じて行われるべきことを打ち出していた。

⑵　私的統制団体は、上記二つの覚書に直ちに対応した。名称、定款、規約が民主的に塗り替えられ、役員が換えられた。しかし、改組はこの程度に止まったものが多く、実体的には統制団体としての色彩を依然持ち続けたり、人的には財閥関係とのつながりを温存するものが少なくなかった。それに加えて、政府も統制組織の急激な変化による混乱をおそれ、統制団体を活用するという逡巡の態度を示した。また、公団設置の準備は遅々として進まなかった。こうしたことから、GHQは、日本政府へ不信の念を抱いたのではないかともいわれた。

また、閉鎖機関（本邦内における業務を停止し、その資産及び負債の整理をなすべきものとして、GHQの要求に基づき大蔵大臣及び主務大臣が指定する法人その他の団体）への指定が多くなった。さらに、独占禁止法が発効し、同法第一〇四条の規定に基づく統制団体の処置に関する政令（昭和二二年政令第二三八号）による私的統制団体の解散、昭和二三年二月ＧＨＱ覚書「統制団体除去政策についての解釈及び実施に関する件」が出された。

これらの諸措置により、政府も事業者団体も去就に迷い、「新しい団体の在り方」を示してほしいとの要望が示されるに至った。一九四七（昭二二）年六、七月頃、右の要望に応えるように、ＧＨＱから〔資料1〕産業団体の模範定款例が内示されたのである。

〔資料2〕　経済安定本部「新産業団体の構成基準案」

経済安定本部は、一九四七（昭二二）年七月、ＧＨＱから示された〔資料1〕産業団体の模範定款例を基に〔資料2〕新産業団体の構成基準案を作成した。〔資料2〕新産業団体の構成基準案は、「『新しく組織されるべき産業団体は、その基本性格において、従来の統制団体的色彩を徹底的に払拭する必要がある』として、このことは『団体の定款に記載された事業等の形式的な面のみならず、活動の内容の面に於ても、必要である』が、『団体の実質的な基準は、私的独占禁止法の運用に俟つべきである』から、構成基準としては専ら『形式的基準を指定するに止め』ている」（公正取引委員会事務局編『事業者団体法解説』海口書店一五頁）。

経済安定本部が〔資料2〕新産業団体の構成基準案を作成したのは、これをＧＨＱに提示するとともに質問書を送り、①産業団体構成基準に該当するものについては、今後、閉鎖機関指定を止め、実質的に統制を行っていたものは止む得ないが、それ以外は避けてもらいたいこと、及び②今後可及的に物資調整官の増員等の措置を通じて、政府自身が割当てを行い、また指定団体は昭和二二年末までに全部排除する、の二点について了解を得ることにあった（国調立・経緯一六頁）。

これに対する回答は、現在、統制機能を営んでいるものは全部閉鎖機関とすること、統制に必要な措置は調査を含めて政府自身が行うべきであること、及び団体の新基準は別に提示するから以後これに準じて行うことであった。ところが、別に提示するという新基準は発表されなかった。この間、経済安定本部が配給統制に対する行政官庁の指導方針を質していたと伝えられるが、一九四七年（昭二二）年一二月二四日突然、〔資料3〕Trade Association Law（1947. 12. 24）（司令部提示原案）を提示してきた。

Ⅱ　事業者団体法の発議（占領軍総司令部）

〔資料3〕Trade Association Law〔1947. 12. 24〕（司令部提示原案）

(1)〔資料3〕は、ＧＨＱから一九四七（昭二二）年一二月二四日付「Trade Association Law」と題し、経済安定本部と公正取引委員会に手交されたものである。

〔資料3〕の日付は、一九四七年一二月二四日であるが、〔資料6〕の今村メモには「一・六　黄田氏　ウエルシュヨリ英文ヲ受ケトル、」とある。また、今村は、次のように記している。

「……その年（一九四七年）の一二月二四日付の Trade Association Law と題する Type 打ちのメモが手元に残っている。これは、ＧＨＱから経済安定本部と公正取引委員会に手交されたものの写しで、公取委では年が明けた一月六日に黄田総務部長がＧＨＱ経済科学局反トラスト課長の Welsh のところから受け取ってきた。これは、正式の覚書（Memorandum）や指令（Directive）ではなかったが、日本国政府としてはこの要求には従わざるを得ない立場に置かれていた。そしてこの法律が独禁法付属法規であるところから、以後公取委が中心となって、この法律の立案作業に当たることになったのである」（窓四四頁）。

黄田多喜夫は、公正取引委員会事務局総務部長である（当時、事務局には事務局長が置かれていなかった）。

(2)「国調立・経緯」によると、「総司令部からの Trade Association Law の原案の提示は、『模範定款例』（〔資料1〕）に似た定款例が提示されるものと思っていたものにとっては意外のことであったろう。これは単に団体の組織規制の定款例ではなく、団体の活動を規制する法であったからである」という（一七頁）。

これについて、今村は、次のように述べている（窓四四頁）。

「この要求は、日本政府にとっては全く予期していないことだったと思われる。だが、その背景には、当時ＧＨＱが進めていた統制団体除去政策があった。戦後経済統制の再開に当たり、統制会・統制会社を傘下に置く官僚主導下の戦時統制方式が崩壊した後の政府・産業界では、業界の自主統制こそが官僚統制よりも民主的であるとの考え方が支配的であった。これに対しＧＨＱ側では、統制経済は本来暫定的なもので、その間の統制は政府が直接行うべきものだと考えていた。しかし初期の段階では、ＧＨＱも、『民主的に運営される産業団体』を短期間に限り補助的に利用することを認めていたが（一九四六・八・六覚書参照）、このシステムの下では統制の政府機関への切り替えがなかなか進まないことに業を煮やしたＧＨＱは、この方針を間もなく放棄し（一九四六・一二・一一覚書参照）、指定産業団体は、逐次、『閉鎖機関』に移されて強制的な整理の対象となるに至ったのである（この二つの覚書の内容が、後に『統制団体除去政策』と呼ばれてその徹底的遂行が要求されることとなるのである。ＧＨＱ覚書一九四八・二・一参照）。

しかし、経済安定本部では、政府統制に協力してきたこれらの団体のために、ＧＨＱから入手した模範定款例をもとに『新産業団体の構成基準』（〔資料２〕）を作成し、これにより、これら業界団体の救済を図ることを考えていた。だがＧＨＱは、これには問題があるとして、突如 Trade Ass'n Law の制定を要求してきたのである。」

今村は、上記のほかに、次のように指摘する（講演三頁）。

「……この案と独占禁止施策（反トラスト政策）との関係である、経済統制に産業団体の関与を認めること自体が、その団体をカルテル団体化することであり、反トラスト政策からは容認されないことである。だから、統制団体除去政策には、日本に導入した独占禁止政策の徹底化を図る意図があった。そのためこの案には、産業団体に従来からあった統制団体的性格を排除するだけではなく、それを超えて、産業団体の在り方そのものを、反トラスト政策に照らして適正なものとする目的も含まれていたのである。

そしてこれには、アメリカにおける反トラスト法の歴史が強く影を落としている。

アメリカにおいて、Trade Association（我が国で言えば、『産業団体』がこれに当たる。）との戦いが、その歴史の大きな部分を占めているのであって、既に多数の判例の蓄積があり、又これに関する文献も少なくない。中でも一九三八年にルーズベルトの提案によって、反トラスト政策の検証のために設けられた臨時全国経済調査会（Temporary National Economic Committee—TNEC）の最終報告及び勧告（一九四一）は、反トラスト法の根本教義に反する活動類型の無条件禁止を内容とする立法勧告を行っていた。ＧＨＱの提案は、アメリカで実現しなかったこの勧告に基づく立法を日本に行わせたものと言って良いのである。」

(3)　公正取引委員会は、「……従来重点がおかれていた形式的『民主化』から実質的『民主化』に重点が置き換えられ、団体の活動の実質的な基準が、単なる基準の域をこえて、法律を以て明示されることとなったと同時に、新しい団体の在り方についてアメリカにおける産業団体政策の教訓がここに活用されることとなったのである」（昭和二三年度公正取引委員会年次報告七〜八頁）、と受け止めた。

「この提示案によって、総司令部の事業者団体に対する基本方針が上述のような組織面の民主化より機能面の民主化に重点を置く意向にあることが明確となり、混迷の状態に終止符が打たれることとなったが、それが余りにも突然に打ち出されたために、これをどのようにうけとめるかが問題となった。

他方、提示案に示された団体活動の在り方のうちには、アメリカにおける産業団体政策の教訓、とくに反トラスト法の運用に伴う経験の成果を活用使用としている部分が少なからずあり、この提示案が単に統制団体の除去のためのみに作成されたのではなく、独占禁止政策の経験を発展的にわが国に移植しようとする意味合いも備えていたことは、十分に注目しなければならない。」（二十年史五〇頁）。

〔資料4〕産業団体法（司令部案仮訳）（一九四七年一二月二四日）

(1)〔資料4〕は、〔資料3〕Trade Association Law〔1947. 12. 24〕（司令部提示原案）の仮訳である。当初、法律名「Trade Association Law」を「産業団体法」と訳しており、条数は九ヶ条であり、第一条（目的）、第二条（定義）、第三条（公正取引委員会に対する通知及び届出）、第四条（機能及び活動）、第五条（禁止活動）、第六条（脱法行為）、第七条（独占禁止法の改正に非ず）、第八条（罰則）、第九条（公正取引委員会の管轄権）である。

今村は、「これを受け取った我々の目から見れば、全体として不完全極まるものであるばかりか、四条と五条に団体の活動類型と、禁止行為を列挙した規定形式の如きは、GHQが示した模範定款例が、教育的見地からその団体が行う行為と行わない行為とに分類して併記しているのを引き写したに過ぎないもののように思われた。だからこのままでは到底法案化することはできないというのが我々の率直な印象であった」（窓四五頁）、という。この提案が、「Trade Ass'n の活動類型と禁止行為をそれぞれ詳細に列挙していたのは、当初GHQが模範定款例（〔資料2〕）を示した際に考えていたような、一つの教育指針としてならばともかく、法規範の内容を示すものとしては、日本人の立法感覚には、甚だ馴染み難いものであった。それに立法技術的に見れば未だ法文以前というの外はない条文の羅列に、この儘では、到底法案化することはできないというのが、これを受け取った側が等しく抱いた感想であった。」（講演三〜四頁）

そして、「Trade Association Law を法律とすると云うことを、最初日本側はその趣旨を汲みとって日本式の法律の形式をもったものに直すことであると解釈していた」（国調立・経緯一九頁）。

⑵　仮訳について、若干の点を摘示する。

第一条（目的）は、「この法律は産業団体の正当な活動範囲を定め公正取引委員会に其の設立の通知をなさしめることを目的とする」、とある。この目的規定のあり方を巡って後にＧＨＱとの間で論議される（〔資料19〕、〔資料26〕、〔資料28〕など参照）。

第二条（定義）について、〔定義（二十四条トノ結ビツキ）〕との挿入がある。これは、筆跡から今村によるものであろう。括弧内の意味が明らかでない。

「□□□□□事業者」は、「constituent」である。

第三条は、「(公正取引委員会に対する通知及報告)」である。

第四条の「機能及活動」は、「Functions and Activities」の訳であり、事業者団体（産業団体）による許容活動である。許容活動として、六項目を摘示している。(イ)統計報告及び研究の奨励、(ロ)技術の情報交換、統計などの刊行、(ハ)政府機関などへの上申による品質標準などの寄与、(ニ)大衆への教育事業、(ホ)団体交渉、(ヘ)独占禁止法第一一条第六項第一〇号の実施に協力することである。

第四条第六号「ヘ」は、「私的独占の禁止及び公正取引の確保に関する限り独占禁止法第十一条第六項第十号の実施に協力すること」とあるが、独占禁止法第一一条は、「金融会社の株式保有の制限」の規定であり、「第六項第十号」という規定はない。ＧＨＱ原案は、「Assisting in the implementation of Item 7 of paragraph 6 of Article 2 of Public Law No. 12 April 1947 as it relates to the prohibition of private monopoly and methods of preserving fiar (fair) trade.」である。「私的独占の禁止及び公正取引の確保に関する一九四七年四月一二日公法第二条第六項第七号の the implementation の協力」である。独占禁止法第二条第六項第七号の規定は、「前各号に掲げるほか、公共の利益に反する競争手段であって、第七一条及び第七二条に規定する手続に従い公正取引委員会の指定するもの」とある。これは、不公正な競争方法の包括的な指定に係る規定である。

なお、後に作成された〔資料19〕事業者団体法案（第一次案）の第四条第六号では、私的独占禁止法「第七一条の規定による公正取引委員会の職務の遂行に協力すること」とあることからみて、公正取引委員会による不公正な競争方法の指定に協力することであろうから、「第四条第六号ヘ」は誤りであろう。

〔資料4〕第四条末尾の⑴四ト五、ニ関係ノナイ団体ハ任意カ、⑵四ノ行為ヲナサズシテ五ノ行為ノミヲ目的トスル団体ノ合法性ハドウカ〕という書込みは、筆跡からみて今村によるものであろう。この点については、一月八日に開催された公正取引委員会で提起されている（後述(3)に公正取引委員会議事録を掲載）。

第五条は、事業者団体（産業団体）による禁止活動（Activities Forbidden）の規定である。禁止活動は、次の一九項目にわたる。

イ　商業・産業用施設の所有、又は株式・社債の所有
ロ　価格の設定
ハ　販売経理上の報告の強要
ニ　融資
ホ　原材料・注文の割当
ヘ　代理店・入札の調整
ト　生産・配分統制
チ　会員の排斥、業者の数の制限
リ　カルテルの結成
ヌ　非合法手段による立法・行政への影響
ル　会員その他の者のための事業協定
オ　団体協約において□□において会員を代表すること

□□は、「negotiations」の訳で「交渉」であろう。「但し、前條第〇項ホ号に規定する場合はこの限りでない」とあるが、四条は一項のみであるから、「第〇項」は不要で、「第四条ホ号」のことであろう。

ワ　特許権の所有
カ　公認・推薦配分業者の表の頒布
ヨ　会員の事業の調査
タ　会員の機能・活動の制限

レ　非会員の生産品などを誤り伝える情報の頒布
ソ　会員相互間、会員の競争者等との間の取引上の制限などの行為
ツ　上記以外の独占禁止法違反行為
第六条　脱法行為
　条文には「□□の形式若しくは方法を用いることを問わず……」とあり、英文では「whatever」なので、「□□」は「何等」であろう。
第七条　独禁法の改正に非ず
第八条　罰則
第九条　公正取引委員会の管轄権
　「公正取引委員会は、独占禁止法第七条、第二十条、七十三条及び七十四条の規定に基きこの法律違反に対し適当な是正□□をとる権限を有する。同法第二十五条及び第二十六条、第四十五条乃至第七十条、第七十五条及び第七十七条乃至第八十八条の規定は右の□□の実施に必要なる手続に適用される」とある。「□□」は、「measures」であり、「措置」であろう。後者の□□にも「措置」を当てはめている。
(3)　一月八日（木曜）に公正取引委員会が開かれ、「産業団体法に関する件」が議題とされた。その議事録は次のとおりである。なお、議事録には、〔資料2〕は添付されていない。
「　委員会録事
一　日時　一月八日（木曜）
一　出席者　委員会全員
一　議事　産業団体法に関する件
　GHQより別紙の産業団体法案を内示〔〕意見を求められたので午后二時より本案に就き審議した結果、左の通り決定し午后四時三十分散会した。

別紙案によれば第二条と第五条の関係が判っきりしない、即ち第二条によれば「産業団体とは第四条に規定する目的の一つ以上をもって組織されたるものをいう」となってをり、従ってこの意味からすれば、第四条に規定する活動を行ふもののみが産業団体とみなされる事となってゐるが、然らば第五条に掲げる活動に携はり第四条に掲げる活動を行はない団体は如何に取扱はれるかの点が判っきりしないのでこの点に関し先方の見解を確める事となった。

尚其他の点に就ても鮮明でない所があり、兎に角此際GHQの意向を充分了解してをく必要があるので疑義の点を一応全部取纏め明日GHQより係官が来た際に確かめる事となった。」

なお、一月九日の公正取引委員会にGHQから「サルウィン」及び「ランド」が同席している（後述〔資料53〕解題に公正取引委員会議事録を掲載）。

当時の公正取引委員会の構成は、委員長・中山喜久松、委員・島本　融、横田正俊、蘆野　弘、石井　清、大橋光雄、倉井敏麿である（独占禁止政策二十年史五八〇頁）。

〔資料5〕産業団体法案質問事項（総務課）（ガリ版刷）

(1)　〔資料5〕は、「GHQ案を受領したとき公取委の総務課で作成した最初の質問事項を印刷したメモ（日付け不明）……」（窓四七頁）ではないか。

(2)　一月九日（金曜）に公正取引委員会が開催され、議題は「産業団体法に関する件」であり、議事録は次のとおりである。

「一　午前十一時より前日に引続き首題の件に関し審議したが何分本件はGHQの意向を先ず確め疑義の点を明にしてをく必要があるので本日は取敢へず別紙疑義の点に就き説明をきく事となり正午閉会した。」

議事録に記載されている「別紙」は添付されていない。しかし、〔資料5〕は、この「別紙」ではないか、と思料する。

(3)　一月九日の午後二時から公正取引委員会が開催される。議事録は、前記の続きである。

「二　午後二時よりGHQより「サルウィン」氏並びに「ランド」氏を招き同法案の趣旨並びに疑義の点に就き説明を求め、午後四時散会した。

ＧＨＱとしては正しい団体の在り方を示すために起案したのであって、日本政府を無視してやる意向は毛頭なく、政府の意向を充分聞いた上で処置したいから委員会側の意見を申し述べて欲しいとの話があったが、之に対し委員長より本法案が経済界に与へる影響は寔に甚大であるので国内の情勢とも睨合わせ検討したき旨を申入れた。

尚、今回明らかになった点は次の如くである。

㈠　第四条は広義に解すること。

㈡　違反事件は公取の告発をまって高等裁判所でやること。

㈢　Co-operation の意義は協同組合法によって設立された組合を意味するものであること。

㈣　水利組合等右組合に入るかどうか、疑義のあるものは至急調査の上ＧＨＱに提出すること。

㈤　既存の他の特殊法令例へば集中排除法閉鎖機関令とは関係がない　従って本団体法に基いて届出でても他の法律の適用を受けないと云ふ意味ではない。

㈥　独占禁止法で除外してゐるものは本法に於ても之を除外する。

㈦　Council の意義は××会を意味するものであること。

尚、第四条に規定する業務は之を行はず第五条の業務のみを行ってゐる団体は本法の所謂産業団体に該当するかどうかの点は判然としなかったので来週月曜日に係官（柏木）より確かめること（と）なった。」

柏木とあるのは、総務課員柏木一郎（後の総務課長）である。

〔資料４〕第四条末尾に今村による「⑴四と五、ニ関係ノナイ団体ハ任意カ、⑵四ノ行為ヲナサズシテ五ノ行為ノミヲ目的トスル団体ノ合法性ハドウカ、」という書込みがある。

⑷　今村は、〔資料５〕産業団体法案質問事項の１、２、３に関連して次のように述べている。

「……上記の疑問が生じたのは、司令部案第二条（定義）では『事業者団体とは、『二以上の事業者の結合体』であって、『第四条に掲げる事項の一つ以上を目的として組織された一切のものをいう』となっていてその中には会社も含まれることになっており、ここにいう第四条（機能及び活動）とは、統計、技術情報の交換、日本特許標準局による照準化作業への協力などカルテル化する虞れのない六種の共同行為に限られていた。また、第五条（禁止事項）では、価格情報の頒布などカルテル活動に関する多数の項目の外、営業用の施設の保有等も禁止されていたからで、これでは、事業者団体は、産業活動をすることは、困難になってしまう、しかし、第四条の活動をするもののみを事業者団体というのなら、それ以外の団体は事業者団体ではないのだから、それらの団体が、『二以上の事業者の結合体』であっても第五条の規定を適用する余地はなくなってしまう。ところがGHQは前述のようにそうは考えていなかったらしいのである」（窓四七〜八頁）。

上記記載は、〔資料4〕第四条末尾の今村の書込みに対応している。

Ⅲ　公正取引委員会と各省との折衝

〔資料6〕一月一一日各省打合せ会協議事項（今村メモ、手書き）

（1）〔資料6〕は、一月一一日に開催された各省打合せ会議の際の今村のメモである。

〔資料6〕のはじめに〔一月一一日各省打合会協ギ事項―欄外〕との記載があり、その協議事項の項目は、次の六項目である。

○一・六黄田氏　ウェルシュヨリ英文ヲ受ケトル
○産業団体の問題
○沿革ニツイテ、安本中の事務官
○公取ノ立場―小山課長
○統制団体、法令調整ノ関係―土井課長
○各省ハ、十五日迄ニ

（2）①「沿革ニツイテ、安本中の事務官」とあるのは、経済安定本部の打合せ会議に出席した事務官が説明したGHQによるTrade Ass'n Law の制定要求の経緯であろう。

②「公取の立場――小山課長」の「小山課長」は、「総務部総務課長　小山雄二」である。

③「統制団体、法令調整ノ関係――土井課長」の「土井課長」は、「調査部第一課長　土井智喜」である。

(3)〔資料6〕「〇公取ノ立場　ニ、法案ノ説明、サルウィン、ランド」との記載がある。今村は、「一月一一日の各省打合せ会議における公取委小山総務課長の報告によれば、GHQの説明（Salwin と Rand による）からは、

①いかなる業者の団体も五条の行為をしてはいけない。

②四条にも五条にも書いていないことはいけない方だ。

との答えを得たのみであった」と記している（窓四七頁）。

この記述からみると、一月一一日の各省打合せ会議にも、Salwin と Rand が出席し、法案の説明をしたのか、それ以前にGHQの見解を聞いていたのかあきらかでないが、いずれにしても、各省打合せ会においてGHQの見解が伝えられたのであろう。

(4)　一月一四日に開催された公正取引委員会に関係各省との打合せ会の結果が報告されている。その議事録は、次のとおりである。

「一　GHQ連絡事項に関する件

午後一時三十分より首題の件に関し柏木事務官より左の事項の報告を求め之を諒承した。

(一)　産業団体法案の件

GHQより提示された産業団体法案に就ては日本側の意見を至急取纏めてをく必要があるので、一月十日、十三日の二回に亘り関係各省と打合せの結果、十七日までに各省の意見を聞く事となった。尚、本案は第一条ないし第四条はロス氏、第五条以下はサルウィン氏の起案になったもので二条より広く団体をつかまえた上、本法に基く団体を四条の条件に合致するもののみに止めようとする意向を持っている由」

この議事録では、「一月十日、十三日の二回に亘り関係各省と打合せの結果、十七日までに各省の意見を聞く事となった」とあるが、関係各省との打合せの日程が異なっている。理由は不明。

〔資料7〕　経済同業団体法案立案方針（昭和二二年一月一五日手書き）

(1)〔資料7〕は、「(□□、農林、商工、公取意見交換の結果)」となっており、一月一五日開催の関係各省との打合せ会の結果を事

務局がまとめたものである。□□は「経安」であろう。

なお、「経済同業団体法案立案方針」は、一月一六日開催の公正取引委員会において審議されている（〔資料7〕解題(3)に議事録を掲載）。〔資料7〕ではTrade Associationが「経済同業団体」と訳されている。「当初この語（注・Trade Association）を『産業団体』、『経済同業団体』などと訳していた……」（窓四五頁）とあり、その一方を採ったのであろう。

〔資料7〕の日付が（二三、一、一五）とあるが、（二三……）の誤りであろう。

細字は、公正取引委員会が他省に提示した案で、大文字は、意見交換の結果でないか。括弧書きは今村の書込みであろう。また、「○印はGHQがOKトイウカドウカ」という記述は、今村の書込みであろう。

(2)　二十年史に、「……この（GHQの）提示案が単に統制団体の除去のためにのみ作成されたのではなく、（注・アメリカの）独占禁止政策の経験を発展的にわが国に移植しようとする意味合いも備えていた……（改行）　しかし、このような側面について十分な検討を加える時間的余裕のないまま、政府の課題は、Trade Association Lawを法律とし、これを実施することに移行した。そこで、昭和二三年一月一五日、経済安定本部、農林省、商工省、公正取引委員会等の関係官庁が協議して「経済団体立法方針」が作成され、これを中心として、同年一月二〇日、公正取引委員会において事業者団体法案第一次案が起草されるにいたった」（五〇頁）とある。

今村は、「関係各省庁との連絡会議としては、一月一五日には経済安定本部、農林、商工の関係官を集め、経済同業団体法案立案方針を纏めているが、対GHQ関係では、この案が交渉の基礎となったわけではない。但し関係省庁との連絡は、その後も時折なされていた」と述べている（窓四六頁）。

(3)　一月一六日、公正取引委員会は、「一産業団体法に関する件」を議事として開催している。その議事録は、次のとおりである。

「一　産業団体法に関する件

午後一時三十分より産業団体法に関し、去る十二日以来GHQとの交渉の結果、明らかとなった左の点に就き柏木事務官より報告を求め之を諒承した。

(イ)　同案はGHQ内部の了解を得ているものであるから、此際大きな改正は困ること。

(ロ)　同法案の立案に就ては、特に安本と連絡する必要はなく公正取引委員会の責任に於て行ふこと。

(ハ)　これはランド氏の意見であるが第二条の定義をもっと広くして今後の団体の活動を第四条の範囲に止めさせること。
(ニ)　尚起案に際し業者の意見はきく必要はないが、個人的又は非公式に聞くのは差支えない。
ＧＨＱの意向が判明したので直ちに同法案の立案方針に就き審議する事となり、関係各省との連絡の結果一応纏った別紙『経済同業団体法案立案方針』に就き審議したが、何分来週水曜迄に纏める必要があるので右の立案方針を織り込んだ法案を作成の上審議することとし、午後四時三十分散会した。」

〔資料８〕　**産業団体法案について（農林省）**

〔資料８〕は、農林省の意見である。
「産業団体法案については、左記のごとく取扱はれ度い」として、①事業者の中には原始産業者（農林水産業者）を含まないものとすること、②産業団体は、融資の斡旋並びに物資の購入及び販売の斡旋など四つの事項を為し得ることとすること、及び③特別法に基〔づ〕く相互扶助を目的とする農業協同組合などを適用除外とし、獣医師法に基〔づ〕く獣医師会などは構成員が事業者でないので産業団体法の適用がないことを明瞭にすることを要望している。

〔資料９〕　**経済同業者団体法案に対する意見（運輸省、昭和二三年一月一六日）**

〔資料９〕は、運輸大臣官房法令審査室長からのものである。
主要な内容は、①事業者団体の設立通知の写しを主管官庁に送付すること、②第二条で（協同組合を除く）だけでは、独禁法第二四条との関係や商工協同組合法による組合を除くか否か不明確であること、③第四条を一層抽象的に幅を持たせる表現とし、第五条の規定は解釈上疑義の内容に厳格に箇条書とすること、④経営者団体にも労働組合と同様団体交渉権を認めること、⑤同業者団体に小規模営業、共同購入等を許可すること、⑥第二条の適用対象等を明確にすること、⑦第四条ホ号の意味如何など解釈を問う、その他適用除外希望団体（例本船保険組合〔本船保険法〕）についてである。

〔資料10〕　同業者団体法（産業団体法）について（司法省民事局、昭和二三年一月一五日）

〔資料10〕は、司法省民事局からの意見である。

①第二条の同業者団体（産業団体）は、同業組合的な性格を有するものとして、その範囲を明かにすること、②第五条の禁止事項中独占禁止法の解釈により賄うことができるものは適当に之を整理し、また、一定の場合に例外を認めることを相当とする禁止には適当な緩和規定を設けること、③本法違反行為の罰則については、独占禁止法の罰則と権衡を保つこと、④本法の違反行為は、法案九条に引用される独禁法七三条、七四条、四五条、四六条規定の準用は相当であるが、その他の引用条文の準用は不適当、⑤既存の団体（弁護士会）と本法との関係を明らかにすることである。

〔資料11〕　同業者団体法案に対する司法省刑事局の意見

〔資料11〕は、司法省刑事局からの意見である。

①本法は第四条に掲げる事項以外の事項を目的とする同業者団体に適用はないか、②本法の事業者と独禁法二条にいう事業者とは同義か、③本法第三条は単なる届出義務違反であるから各地方検察庁の管轄で可としないか、④第五条の規定事項は、独禁法優先主義を採っていると考えてよいか、⑤第四条に脱法行為があり得るか、第三条も同様、⑥本法の規定は独禁法の規定以上でないので、独禁法の最高刑を超える四年二十万円とするのは、不可でないか、⑦本法の団体は権利能力なき団体を含むので、第八条第二項の規定の用語に格別の配慮を必要、⑧組合の解散、設立の禁止の言渡は、刑の言渡を為す場合のみか、独立して為し得るか、後者では難点あり、公正取引委員会の行政処分とするのが妥当。

〔資料12〕　同業者団体法を当省関係団体に対し適用することに関する件（厚生省、昭和二三年一月一九日）

〔資料12〕は、厚生省官房総括課長からの意見である。

①不具者の義肢製造部門は、小規模企業であり、組合を結成して同業者団体法の適用を受けると、生産継続が困難となるので、適用除外とされたい。②社会保険関係の団体中健康保険組合連合会及び国民健康保険組合連合会が同業団体に該当するのであるなら、社会

保険関係団体に対しても協同組合が適用除外されるのと同趣旨で適用除外とするのが望ましい。

〔資料13〕 **同業者団体法案に関する件**（労働省、昭和二三年一月一七日）

〔資料13〕は、労働省官房総務課長からの意見である。第四条第一項ホ号及び第五条第一項オ号の規定を削除することである。

〔資料14〕 **同業者団体法（産業団体法）に対する意見について**（大蔵省、昭和二三年一月一六日）

〔資料14〕は、大蔵大臣官房文書課長からの意見である。

一　質問事項、㈠一般事項　①事業者団体・産業団体の性格を明瞭にするため、模範定款例のごときものを作成し、これを周知徹底し、事実上の指導をおこない、それを法的確保するための独禁法一部改正をするなら、目的を達成できるし、②本法の適用を受ける同業者団体の範囲が明瞭でない。

㈡　具体的事項　①第六条について――第三条及び第四条に関し禁止事項、制限事項には要件を免れる行為とはどういう行為か、②第八条及び第九条について、――例えば第三条の届出義務違反に対し一律に本条によって罰するのは不当でないか。

③　主税局関係　イ　税務代理士は事業者に非ずと解釈されたいこと、ロ　日本税務協会は、主として補助金による財団法人で、主として税務その他一般財務に関する政府の施策に協力するのを目的とするので、本法適用の余地はないこと。

④　理財局関係　証券取引所は、本法の適用の余地ありや。適用されるなら、証券取引のための設備も第五条イの「商業用施設の所有」として禁止されるか。

⑤　銀行局関係　イ　農林中央金庫及び商工組合商工金庫は、本法の適用を受けないと解してよいか、ロ　今後金融業法を制定し、同法に基づいて成立する信用協同組合及び協同組合銀行（仮称）は、本法の適用を受けないものと諒解したい、ハ　貯蓄組合及び保険業法の改正による保険組合は、何れも業者の組合でないので、同法の適用の余地はない。

⑥　専売局関係（主として塩業組合に関して）　略

二　要望事項　①本法と独占禁止法との関係を明瞭ならしめること、②二条と四条の規定の仕方は、相互に他方を予定し前提し合っ

ているので不当である、③以下略

Ⅳ　適用除外団体について

〔資料15〕同業者団体法の適用を除外されるべき団体について（農林省農林金融課、昭和二三年二月九日）

〔資料15〕は、農林省農林金融課が、農林金融関係の団体である農林中央金庫及び農村負債整理組合を解釈上適用除外とするべきであるとする意見を述べたものである。

〔資料16〕貸家組合、貸室組合（連合会を含む）につき事業者団体の運用除外に関する件（建設省建築局長、昭和二三年二月二五日）

〔資料16〕は、建設省建築局長より、貸家組合、貸室組合には適用除外の取扱いをされたいとする意見を述べたものである。

〔資料17〕事業者団体法案の適用除外を受くべき団体について（大蔵省、昭和二三年二月一六日）

〔資料17〕は、大蔵省文書課長により、証券取引所、農林中央金庫、商工組合中央金庫は事業者団体法の狙いの外にあり、証券取引協会は適用除外にするとする意見を述べたものである。

〔資料18〕塩業組合等を産業団体法（案）の適用除外団体とする理由について（大蔵省

〔資料18〕は、塩業組合、同連合会及び同中央会について適用除外を配慮されたいとする意見を述べたものである。

V　事業者団体法案の作成

〔資料19〕　事業者団体法案（第一次案）（昭和二三年一月二〇日――ガリ版）

(1)　〔資料19〕は、事業者団体法案（第一次案）であり、二九条をもって構成されている。

「昭和二三年一月一五日、経済安定本部、農林省、商工省、公正取引委員会等の関係官庁が協議して『経済団体立法方針』が作成され、これを中心として、同年一月二〇日、公正取引委員会において事業者団体法第一次案が起草されるにいたった」（二十年史五〇頁）。

(2)　一月二一日（水曜）開催の公正取引委員会に「事業者団体法案（第一次案）の件」として審議された。その議事録は、次のとおりである。

「GHQより指示された同業者団体法（産業団体法）を至急立法化するため別紙原案を作成〔、〕午後二時三十分より逐条審議したが左の点を問題としたが結論に達しないので、明日再審議することにして午後四時三十分散会した。

(イ)　第二條の事業者団体の定義

(ロ)　第四条五号の労働組合に関する事項」

(3)　一月二二日（木曜）の公正取引委員会において「事業者団体法案の件」が諮られた。その議事録は次のとおりである。

「一　事業者団体法案の件

首題の件に関し午後十時三十分より前日に引き続き逐條審議し正午一応閉会の上、午後二時十五分より再審議し、左記のとおり決定し午後四時三十分散会した。

(イ)　標題のとおり事業者団体法で進めること

(ロ)　第二條団体の定義中第一項及び第二項の「一定の事業分野に属する」とあるを「一又は相互に関連ある二以上の事業分野に属する」と改める。

(ハ)　第二條第三項中「前項の団体」とあるのを「前項の事業者団体」と改める。

(ニ)　第三條中「登記(解散)の日より」を「登記(解散)の日から」と、「代理人」を「管理人」と改め、「命令の定めるところにより」を削除する。

(ホ)　第四條の第一号及び第二号中「刊行」とあるのを「公刊」と改める。

(ヘ)　同條第三号を「政府その他の公の機関に意見を上申し又は答申することにより、商品の品質若しくは規格の改良又は生産若しくは配分の能率の向上に寄与すること」と改める。

(ト)　同條第四号及び第五号は一応原案どおりでよいが疑義があるので再検討すること。

(チ)　第五條第二号は司令部案のリ、ル、ソ、オを骨子としたものであるが、あまりにも不明確であるため再検討し書き直すこと。

(リ)　第五條第三号以下は審議未了につき次会に延期する。」

(4)　法案名が「事業者団体法案」となった。今村は、「当初、この語は、『産業団体』、『経済同業団体』などと訳していたが、二以上の事業者の結合体の総てを含むというこの団体には、未だ手垢の付いていない『事業者団体』の語が相応しかろうということで、事業者団体法案起草の時以来この新語が定着するに至ったのである。」という(窓四五頁)。

今村は、「法案起草の段取を物語る手元の書類綴りには、法案の第一次案(昭二三・一・二〇—以下年号省略)、第二次案(一・三〇)、第三次案(二・三〇)、第四次案(二・一八)、第五次案(三・八)、第六次案(三・一二)、第七次案(三・二二)、八次案(四月)、第九次案(四月)、GS(Government Section)提出案(六・一)及び国会提出案(六・一〇)がファイルされており、第九次案に至るまでそれぞれの案には私の細かな書込みがある。これらの日付は皆委員会審議の日を指しており、書込みは主として審議の結果を記した次の案のための私の心覚えのようなものであった」という(窓四五～六頁)。

国立調・経緯には、「……二十三年一月十五日には、経済安定本部、農林省、商工省、公正取引委員会等の関係官庁が協議して『経済同業団体法立案方針』(資料7)が作成され、これを中心として同年一月二十日に公正取引委員会において事業者団体法案第一次法案が起草され、以下第九次案に至るまで改訂に改訂が加えられ、同年六月一日に正式に連合軍総司令部に法案を提出するまでになった」(二八頁)、とある。

ただし、「同年一月二十日に公正取引委員会において事業者団体法案第一次法案が起草され、」とあるが、公正取引委員会が第一次法案を審議したのは一月二十一日である。

「Trade Association Law を法律にすると云うことを、最初日本側はその趣旨を汲みとって日本式の法律の形式をもったものに直すことであると解釈していた。『経済同業団体法立案方針』〔資料7〕にしても、最初の数次案〔資料19～35〕においてもこの解釈に基いて起草されて行った。だから事業者団体の解釈は相当ゆるやかであり、許容活動、禁止行為の範囲も後に政府案として公表されたものよりも遙かにゆとりがあり、したがって提示案とも相当異なった色彩のものであった」（国立調・経緯一九頁）。

(5)　一月二三日（金曜）、公正取引委員会に「二　事業者団体法案の件」が諮られ、その議事録は、次のとおりである。

「午後一時三十分より労働省の和田、運輸省の池西事務官を招き、第四条ホ号の件に関し意見を聴取したところ『司令部案』によれば、労働者側はこれにより、その力が減殺されるように思われるので四条ホ号全部、出来なければ、但書を削除してもらい度いとの事であった。之に対し委員会としては何分法案を作成中の事とて確たる事は云えないが、労働省に於てGHQとこの点に関し交渉し、その結果が解った場合には連絡することを望む旨答えた。

右終了後引き続き事業者団体法案の内を審議する事となったが、審議に当たっては先ずGHQの意向を確かめてをく必要があるので、此際質問すべき事項を纏める事となり、別紙質問事項を決定し、午后四時三十分散会した。」

〔資料20〕手書き　事業者団体法案質問事項（二三・一・二六）参照

〔資料20〕　事業者団体法案質問事項（公正取引委員会、昭和二三年一月二六日）

〔資料20〕は、公正取引委員会が作成し、質問の相手方は、GHQであろう。内容は、立案に当たっての基本的内容に及んでいる。

〔資料20〕の日付けが一月二六日であるが、同月二三日の公正取引委員会議事録に次の記載があり、本資料が添付されている。本資料は、タイプ印刷であるが、添付された公正取引委員会資料は手書きであるところからみると、二三日の公正取引委員会の審議後に本資料がタイプ印刷され、その日付けが一月二六日となったのであろう。

今村は、GHQとの折衝について、「委員会審議のための原案は、たぶん事務局でGHQ案を基に相談の上作成したものである。委員会審議の結果に基づいてGHQ提出案を作成し、英文に翻訳する。それを持ってGHQに行く。そこでの交渉の結果に基づいて次の委委員会審議の原案を作成する。以下この手順の繰り返しであるが、果たしてこの通りであったかどうか。今ではよく分からないが、短い期間にも、この程度のことはやらずに済ますわけにはいかなかった。」という（窓四六頁）。

〔資料21〕　事業者団体法案に関するサルウィンとの交渉経過（今村〔手書き〕メモ）

(1)　〔資料21〕は、一月二三日の委員会において決定した質問事項について、ＧＨＱサルウィンとの交渉経過に係るものである。今村も在席し、メモしたものであろう。交渉では〔資料19〕事業者団体法案（第一次案）と併せて〔資料20〕事業者団体法案質問事項により行われたのでないか。交渉は午前、午後に亘って行われたが、月日は不明である（注・推測するに、一月二三日は金曜日であり、交渉結果が報告された委員会が二九日木曜日であるから、交渉は翌週の二六日から二八日までの間に行われたのであろう）。総司令部からサルウィンとランドが出席している。

(2)　一月二九日（木曜）の公正取引委員会議事に「一　事業者団体法案（質問事項）の件」とあり、議事録は次のとおりである。

「一月二十三日の委員会で決定した質問事項に基き司令部と交渉した結果判明した事項に就き午前十一時より蘆野委員並びに総務部長より左の通り報告あり、之を諒承し正午閉会した。

(一)　質問事項第一は、サルウイン氏によれば公取に届出させることが目的であると云ってをるので、第一條はその儘のまざるを得ないだろう。

(二)　質問事項第二に対する回答は「ノウ」である。即ち凡ゆるものを含む。

(三)　質問事項第三に対する回答は「ノウ」である。普通の会社は入らない由。

(四)　質問事項第四は質問しなかったが、公取としては原案で進むべきである。

(五)　質問事項第五及び第六は何れも「イエス」である。

(六)　質問事項第七に対してはＧＨＱに於ては四条の範囲にのみに限る意向

(七)　質問事項第八に対してはＧＨＱに於て検討する由

(八)　質問事項第九の問題はミスプリントである由

(3)　今村は、「この案は、GHQに対し、①この法律の目的に「事業者団体の健全な発達を促進する」ことを加えた（一条）。②事業者団体の範囲を営利を目的としない同業者団体に限り、且つ四条の活動を行うことを事業者団体の構成要件から外した（二条）。③四条（機能及び活動）と五条（禁止行為）の列挙を整理した。

この案に基づくGHQとの交渉にはまる一日費やしたが（日取りは不明）、私のメモによれば、この日に主として問題となったのは、①と②の部分だったようである」（講演五頁）。上記一のメモは、この日のGHQとの交渉の際のものであろう。

第一条の目的について、今村は、「第一次案の作成に当たり、司令部案（……）の第一条には、「この法律は、事業者団体の正当な活動範囲を定め公正取引委員会にその設立の通知をなさしめることを目的とする」とあったのを、「この法律は、事業者団体の性格を明らかにし、正当な活動範囲を定めると共に、届出制を実施することにより事業者団体の健全な発達を促進することをもって目的とする」と改めた案をGHQに持っていったら（正確な日付不明）、Salwinは、『団体の健全な発達の促進を図ることはこの法律の目的ではない、届出は公正取引委員会にすることを明記すべきである」と言う。これを委員会に持ち帰ったら、委員会では、そんな無意味なものなら一条は削ってしまえと突っ張ったが（第二次案及び第四次案への私の書込み）、六次案に至って先方の言いなりに収まった。立法の趣旨の理解の違いが有れば、先方の言い分に従わざるを得ないのが現実であった」（窓四六〜七頁）という。また、「GHQは、原案の一条に『公正取引委員会に設立の通知をなさしめる』とあったのを、単に「届出制を実施する」と改めたことにも反対したが、これなどもGHQの強い関心が公取を通じての事業者団体の監督ということのみに向けられていたことを端的に示している」（講演六頁）と述べる。

(4)　②の問題は、質問3に係るものである。「第二条の事業者団体の定義規定からは四条との結び付きを切離すと共に、会社を事業者団体に含めないこと等を提案した」ところ「……GHQ側は、二条、四条切離し論には、多少のやり取りの後あっさりと賛成した」とある（窓四八頁）。これについて、「事業者団体の基本構造にも係わる大問題であったが、結局午後になって、GHQは、会社を事業者団体から外すことはできないが、事業者団体の定義から、「四条の活動を目的として組織された一切のもの」という要件は外してもよい、との態度を示すに到った」という（講演六頁）。

(5)　「……しかし会社を外す案は、一月一五日に関係各省とで纏めた経済同業団体法案でも提案されていたものであるが、Salwinは、

「何故困る。Theoretical な議論では駄目で、practical な例を挙げろ」と反論してきた。だが統制団体除去政策が生きている時代に、事業者の共同事業を営む会社が必要な場合の具体例を挙げよと言われても、すぐに適当な答えが出てこないことに不思議はない。その結果、第一次案では「営利を目的としない社団」としておいたのを第二次案では「二以上事業者を主たる構成員（社員、社員に準ずる者、株主又は組合員を言う。以下同じ。）とする社団又は組合」と改めさせられ、第三次案では「会社、社団法人その他の社団」と念を押されているのである。しかし、事業者の共同事業会社だからといって、必ずしも独禁法に反するとは限らない。それを無理に禁止したことが後々まで響いて、結局この法律は、短命に終わることとなったのである」（窓四八頁）。

(6)　ところが、今村は、事業者団体の構成員に会社を含めるかという問題について、後日次のようにいう。

「然しこれは、今考えてみると、意外なことであるが、ＧＨＱ原案のほうが良かったのである。ＧＨＱ原案を素直に読めば、四条の活動を目的として組織された事業者の結合体を事業者団体といい、そう言う団体は五条の禁止行為をしてはならない、と言うことなのであって、そうだとすれば、四条該当の行為をしない会社は事業者団体ではないから、五条の禁止に苦しむことはなかったはずである。そして、後に屡問題となる共同事業を営む会社は、四条該当の行為などはしないのが通例であるから、原案のままであれば、元々事業者団体に該当する恐れはなかったのである。

では何故定義規定の中に「会社」も含めたのか。私のメモには、「それは逃げ道を塞ぐためだ」と言う説明があったように記されている。

これに対し、公取が「会社」の除去に熱心だったのは、統制団体除去政策に基づいて多数の会社が統制団体として「閉鎖機関」に送込まれている事実を目前にしては、その延長線上にある事業者団体法の対象に会社を含めることに対しては、強い懸念を抱かざるを得なかったからであろう。ＧＨＱはこれに対し、会社が含まれて困る理由を、theoretical にではなく practical な例を挙げて説明するように求めているが、これは、当時の情勢のもとではそう簡単には出来ることではなかったことが想像されるのである。

しかしそれにしても何故公取側が、二条・四条の分離を強く主張し続けたのか。

考えられることは、この結び付きにより、事業者団体の活動範囲が過度に狭められることになる恐れがあるということであるが、仮にそうであるとしても、事業者団体から会社を除外することに失敗してからは、両者を分離することは、事業者団体に会社を取り込むことに歯止めを失うという重大な結果を生ずるものであった。事業者団体法が制定された後の改正計画における中心課題の一つが、一貫して会社の適用除外を如何にして達成するかにあったことを思えば、これは遺憾ながら当時の関係者のミスであったことを認めざるをえないのである。」（講演六～七頁）。

〔資料22〕　第四条参考案（手書き）

〔資料22〕は、第四条である事業者団体の許容活動に係る条項の「参考案」とある。筆跡からみて今村の作成によるものか。作成時は不明。

〔資料23〕　事業者団体法案（第二次案検討案）（昭和二三年一月三〇日―手書き）

〔資料23〕は、手書きの事業者団体法案（第二次案）である。第二次案と記載されているが、手書きであることからみて、公正取引委員会に諮られる前の事務局内の検討案であろう。書込みは、条文の修正箇所であって今村の記載であろう。第五条の事業者団体の禁止活動は、第一次案では一二項目であったが、第二次案では一三項目となり、末尾に脱法行為の禁止がおかれた。

〔資料24〕　事業者団体法案（第二次案）（昭和二三年二月二日―和文タイプ）

(1)　〔資料24〕は、事業者団体法案（第二次案）である。〔資料24〕は、昭和二三年二月三日開催の公正取引委員会に諮られた。その議事録は次のとおりである。

「三　事業者団体法案（第二次案）の件

一月二十九日の委員会で報告のあった通り本件立案に際しての疑義の点も判っきりしたので、司令部案を骨子として事務局に於て立案中の処第二次案として一応纏ったので、午後二時より別紙原案に基き之を審議した結果、二三の文句等修正の要ある箇所もあったが、大体本案〔の〕線で司令部と交渉することとなった。」

第四条の事業者団体の許容活動について、〔資料23〕事業者団体法案（第二次案）（手書き案）の二号の技術に関する情報交換と構成員の経営に役立つ統計・資料が、〔資料24〕第二次案では、前半を二号に、後半を三号に分けている。

第五条の事業者団体の禁止活動が、〔資料23〕手書き案では一三項目であったが、〔資料24〕第二次案では一四項目となっている。八号に「現在又は将来の事業者の数の制限を企図すること」が加えられた。

(2)　二月四日（水曜）に公正取引委員会が開催され、議事「六　ＧＨＱ連絡事項に関する件」が審議され、その議事録は次のとおりである。

「六　ＧＨＱ連絡事項に関する件

午後一時三十分より首題の件に関し、柏木事務官よりＧＨＱに交渉した結果に就き左の通り報告あり、之を諒承し、午後二時閉会した。

(一)　事業者団体法案の件

第二次案を提出した処、

(イ)　第一条の目的に就ては「健全なる発達」を図る事を目的としているのでない点を強く主張している由、

(ロ)　第二条に就ては契約関係を入れる意向、

(ハ)　第四条関係では六の「労働組合に対する団体交渉において構成員を代理して交渉する」以外は大体諒承した。

(二)　第五条関係は大体差支へないとの事、然し同條七の中にある「利益又は不利益」の意味が解らないとの由」

〔資料25〕　第二次案第二条修正案

〔資料25〕は、第二次案の第二条（事業者団体の定義）の修正案である。〔資料25〕では、事業者団体に「事業者の役員（取締役、監査役その他これに準ずべき者をいう。以下同じ。）、従業員（役員を除く他、継続して会社の業務に従事する者をいう。以下同じ。）若しくは代理人（以下これらの者を事業者等といふ。）を主たる構成員（株主、社員及び社員に準ずる者をいう。以下同じ。）とする会社」が含まれている。

〔資料25〕の条文を一部修正して、〔資料26〕第三次案の二条の規定に織り込まれている。

〔資料26〕　事業者団体法案（第三次案）（昭和二三年二月七日―和文タイプ）

(1)　〔資料26〕は、事業者団体法案（第三次案）であり、昭和二三年二月一〇日開催の公正取引委員会に諮られた。議事録は、次のとおりである。

「二　事業者団体法案（第三次法案）に関する件

午後一時三十分より別紙第三次案に関し審議した所左の通り決定し、午後二時三十分終了した。

(イ)　第一条後段「事業者団体の運営を適正ならしめることを目的とする」と修正すること。

(ロ)　第四条五号の中「請願」とあるを「勧告」と改めること。

(ハ)　第五条九号の中株式「議決権のない株式を除く……」とあるを単に株式と改め括弧内を削除すること。

(ニ)　第十三条及第十四条に於ける法人格なき社団に対する罰則に関しては司法省と打ち合わせた上で決定すること。

(ホ)　第二十五条中、代表者の次に「第二条第三項の規定による事業者団体にあっては組合又は契約の当事者」を挿入すること」。

(2)　条数は二三ヶ条（この他附則が七ヶ条ある）あり、第二次案より五ケ条増えている。これは、第二次案の第八条第二項に規定されていた「私的独占禁止法第四五条乃至第六四条、第六九条、第七五条、第七七条乃至第八三条、第八五条及び第八六条乃至第八八条の規定は前項の場合に、これを準用する」とあったのを第三次案では、第九条から第一三条までに具体的規定をおいたことによる。

(3)　議事録に第一条後段「事業者団体の運営を適正ならしめることを目的とする」と修正することとあり、この修正した条文が第四次案に織り込まれている。

(4)　第四条の末尾に今村により〔一行脱落―〕とあるが、これは、委員会議事録に添付されている第三次案によっても判読不明である。しかし、第二次案の第四条七号の「規定による公正取引委員会の職務（の）遂行に協力すること」とあり、第四次案の第四條八号も同文であることから、第三次案第四条末尾の〔一行脱落―編者〕との記載の箇所は、第二次案第四条七号と同文であると推定できよう。

〔資料27〕　事業者団体法案（第四次案）（昭和二三年二月一八日―和文タイプ）

(1)　〔資料27〕は、事業者団体法案（第四次案）であり、昭和二三年二月一八日開催の公正取引委員会に諮られた。第四次案の書込みは修正箇所である。議事録は、次のとおりである。

「三　事業者団体法案の件（総務）

午後二時より別紙第四次案を審議し、左の通り決定し午後五時散会した。

(一)　第三条二行目「設立又は解散の登記」の次に「（登記を含む）」を挿入する。

(二)　第三条第二項「当該目的の変更を効力が生ずる日」を「当該目的を変動した」と改める。

(三)　第三条第三項一号中「規約若しくは契約の写又は書面によらない契約の内容を記載した書類」とあるを「規約又は契約の写」とし「又は書面云々」以下を削除する。

(四)　第七条（第三条を除く）とあるを削除する。

(五)　第八条の各号中に「道路運送法」、「船舶安全法」を追加する。

(六)　第十六条第三項中「公正取引委員会は」の次に「前項の規定により」を挿入する。

(七)　第二十一条第二項中「事業者団体の構成員」の次に「（違反行為をした者を除く）」を挿入する。

(八)　第二十六条第一項中「（第七條各号に……）」とあるを「（第七条第二号に……）」と修正する。

(九)　第二十八条第一項中但し書以下を次の通り修正する。

「特別の事情があると認める時は、公正取引委員会は、その申請により期限を延長することが出来る」。」

(2)　第四次第一条に※があり、「※以下削除せしめられるならば、一条全体を削除する」という今村の書込みがある。また、第五条の終わりに「原案ヲツッパル」との今村の書込みがある。

第三次案の二条五項に「商工協同組合……他事業者の相互扶助を目的とした協同組合……は、一項の事業者団体から除くものとする」とあったが、第四次案では、この規定を削り、第七条の適用除外として、「特別の法令に基づいて設立された協同組合その他の団体であって、別表に掲げるもの」と挿入されている。

第四条において、事業者団体は、第四条において許容する活動「のみ」を行うことができると限定された。

第四次案の第四条の許容活動が第三次案より一項目増えて八項目となっているのは、第三次案第四条四号後段の「構成員の（申請により）商品を検定すること」を第四次案の第四条五号に独立の規定を置いたからである。第三次案の第七条第二項の適用除外に係る規定が、第四次案では第八条の規定とされた。第八条の規定では、適用除外行為が具体的に摘示されていない。

(3) 第四次案に対するＧＨＱの見解が、三月三日（水曜）の公正取引委員会において報告されている。その議事録は次のとおりである。

「二　事業者団体法案に関する件（総務）

午後二時より事業者団体法案第四次案に関し司令部と協議した結果に就き左の通り柏木事務官より報告を求め、之を諒承し、午後四時散会した。

第四次案に対する司令部見解は左の通りであった。

(一) 第二条「主たる」を削る。

第二項の書き方を改め「……を目的とする」を削る。

(二) 第三条第一項　届出義務者を削る。

「事業者団体は成立の日から三十日以内」と改める。

第二項を削る。

(三) 第四条　一号ないし五号を書き改める。

（一号の「役立つ調査を行い」を削除、二号「市場に関する」を入れる。四号「日本産業標準委員会」を入れる。五号「商品の検定」を削除等）。

各号列記の事項に「限る」旨を規定する。

六号の書き方を改める。

七号は原案通り（委任を受けた場合その範囲内ならよい由）。

(四) 第五条一号「企図すること」を加へる。

二号、三号原案通り。

四号「価格を決定し」を加える。

五号「制限し又は……」を加える。

六号　原案通り。

七号「販売、価格、在庫、生産、注文、能力」及び「承諾なくして」を加える。

八号「不当に」を削る。

九号　原案通り。

十号「排他的な」を削る。

十一号及び十二号「事業者」を「者」とする。

十四号に「入札の調整に参加すること」を加える。

（原案）十四号を十五号とする。

第六条　原案通りとする。

第七条「協同組合は連合会」を含まないとの事であるが、独禁法に合はせるため重ねて再考をうながすこととなった。

第八条「法律（ポツ勅）」を「法令」に改める。

第九条「第四条」の場合に含める。

第十条乃至第十六条を一条にまとめ第十一条とし第十五条を削る。

第十八条を第十条に改める。

第十七条を第十二条に改める。

第十三条に罰則全部を入れ、第十一条及び第四条、第五条違反に該当する者は二年以下の懲役又は三万円以下の罰金に処する旨を規定する。

第二十条を第十四条に改める。

第二十一条は研究中なるも、本規程が無ければ本法は骨抜きとなり意味をなさなくなるから再考をうながすこととなった。

〔資料28〕　事業者団体法案（第五次案）（昭和二三年三月八日—和文タイプ）

⑴　〔資料28〕は、事業者団体法案の第五次案である。第五次案に基づきＧＨＱと折衝したものであろう。三月一〇日開催の公正取引委員会において、審議されたものであろう。議事録に「第五次案に基き司令部と協議した結果」と記述されている。

三月一〇日開催の公正取引委員会議事録は、次のとおりである。

「二　事業者団体法案に関する件（総務）

午後二時三十分より第五次案に基き司令部と協議した結果、判明した修正の箇所に関し、両角事務官より報告を求め、之を審議したが、本法は早急に決定する要があるので、明日再審議することとし、午後四時三十分散会した。

尚、改正点は左の通りである。

第一条の下に（目的）を入れる。「届出制を実施することを以て目的とする」と改める。

第二条（定義）を入れ条文中「構成員」を「その事業者」と改める。

第一項中「二以上の事業者の結合体（その連合体を含む）で、事業者としての共通の利益を増進することを目的の内に加えているものを云ひ、且つ左に掲げる……」と改める。

一号中「事業者が株主若しくは社員である会社、……」と改める。

二号中「等」及び「重要な」を削る。

第二項末尾「事業を営む者」及び「その役員、従業者、代理人その他当該事業者のために活動する者をいう」を入れる。

第三項　削除する。

第三条（報告義務）を入れ、「その成立の日より三十日以内又はこの法律施行の際……三十日以内にその旨公正取引委員会に届け出なければならない」と改める。

第三項として「事業者団体が解散した時は、その解散の日より三十日以内にその旨を公正取引委員会に届け出なければならない。」

を入れる。

第四条（許容活動）を入れる。

一号中「構成員より」を削る。

三号中「無差別的に」の次に「研究又は科学若しくは」を入れ、「情報の自発的な交換……」と改める。

四号「適当な政府機関」と改める。

七号中「第七十一條及びその他の」とする。

第五条（禁止行為）を入れる。

二号中「第一項各号又は同法第六条第一項各号の一に該当する事項を内容とする協定を形成すること。」と改める。

三号中「構成員」を「その他事業者」に改め、「拘束し若しくは対価を統制し又はその虞のある……」とする。

六号中「構成員その他」及び「構成員以外の」を削る。

七号中「設備能力」の次に「若しくは経理」を入れ、「事業設備」の次の「若しくは経理」を削る。（末尾）「事業内容に就いて
　意見を述べ、監査をし若しくは調査すること。」と改める。

八号、十一号及び十二号中「構成員」を「その事業者」と改める。

十三号を「十五号」に改める。

十三号として「その事業者その他の者のために、代金を徴収すること。」を入れる。

十四号として「その事業者相互の間又はその他の者の間の紛争を仲裁し若しくは解決し又はその統制を企図すること。」を入れる。

十四号を「十六号」に改め、同号中「注文の入札に参加し、之を規正し、又はこれに影響を与えること。」と改める。

十五号を「十七号」に改める。

同条第二項中「禁止又は制限を」とする。

第六条を「第十六条（報告）」に改める。

第七条を「第六条　適用除外団体）」に改める。同条中「事業者団体」とあるを「事業者」を削る。

第八条を「第七条（適用除外法令）」に改める。

九号として「重要輸出品取締法第二条」を加える。

第九条を「第八条（公正取引委員会の権限）」に改める。

第十条を「第九条（東京高等裁判所の管轄権）」に改める。

第十一条を「第十条（手続）」に改める。末尾の「事業者団体」、「違反」、又は「事業者団体法に基く事件」と改め、「又は「事業者団体法第五条の違反」を削る。

第十二条を「第十一條（検察官）」に改める。

第十三条を「第十二條（資産の処分）」に改める。「営業用の施設」の次に「科学上の研究を実施するための施設」を入れる。「成立の日」の次に「の何れか遅い日」を入れる。

第十四条を「第十三條（罰則）」に改める。

四号中「営業用の施設」の次に「科学上の研究を実施するための施設」を入れる。

第二項中「破産管財人、株主、社員契約当事者及び第二条第一項第二号又は第三号の団体にあってはその事業者を罰するの外、その事業者団体対しても前項に規定……」と改める。

第十五条を「第十四条（附加刑）」に改める。

第十六条を「第十五条（告発）」に改める。

第十七条（私的独占禁止法不変更）とする。

第十八条（違反する法令及契約）とする。

第十九条（施行期日）とする。」

(2)　三月一一日に公正取引委員会が開催され、議事録は次のとおりである。
「一一　事業者団体法案に関する件（総務）
首題の件に関し、午前十一時三十分より前日に引き続き、修正案に就き審議し、十二時四十分閉会した。

㈠　第二条第二項中「及びその役員、従業者、代理人その他……」の事項は誤解の無いやうに更に書き方を研究すること。
㈡　第四条七号も検討すること。
㈢　第五条七号「事業内容に就いて意見……」の点は不明確なので、書き方を改めること。
㈣　同条十号を書き方を改めること。
㈤　〃十七号中「前条各号に掲げる行為……」を「第四条に依り許されたる活動の範囲を超える行為」と改めること。
㈥　第十四条（附加刑）を（制裁）と改める。」

条文の書込みは、委員会における修正箇所である。条項に見出しが付けられた。

(3)　第一条の（目的）で、「……届出制を実施して、事業者団体の運営を適正にさせることを以て目的とする」とあるのが「……届出制を実施することを以て目的とする」と修正された。〔資料31〕第六次案の第一条には、「事業者団体の運営を適正にさせることを以て目的とする」という文言がない。

第二条（定義）において、事業者団体の定義に事業者団体の目的を定めた「……且つ構成員の事業の規模の大小を問わず、二以上の事業者又は事業者の役員、従業員若しくは代理人（以下これらを事業者等という。）を構成員とする結合体で、技術の発達、能率の向上その他当該構成員に共通な事業上の利益を増進するために協力することを以て目的とするものをいい……」とあるのを、「……、且つその事業者の事業の規模の大小を問わず、二以上事業者の結合体（その連合体を含む）で、事業者としての共通の利益を増進することを目的の中に加えているものをいい、……」と改めた。

第四条（許容活動）において、第四次案で五号に「政府その他公の機関又は顧客の定める規格に従い、構成員の申出により、その商品を検定すること。」という規定が第五次案では削られている。

第五条の禁止行為が第四次案では一四号までであったが、第五次案では一七号までである。増えたのは、一三号、一四号及び一六号である。また、九号に「科学研究のための施設を所有し、若しくは経営し」が加えられた。これに対応してであろう、三月一〇日公正取引委員会議事録に「第十四条を『第十三条（罰則）』に改める。（注・改行）四号中『営業用の施設』の次に『科学上の研究を実施するための施設』を入れる。」とある。

第八条の適用除外行為九法令に基づく行為が摘示された。

〔資料29〕　第五次案（第四条・第五条）（和文タイプ）

〔資料29〕は、「第五次案」の第四条及び第五条の修正案である。作成の月日が不明であるが、第五次案には、第四条、第五条の見出しがなく、また、三月八日に公正取引委員会で審議された第五次案の第四条の条文と同じであり、また、第五条九号は、〔資料28〕五次案では「科学研究のための施設を所有し」とあるが、〔資料29〕には、その条文がないことから判断して、〔資料28〕を審議した三月八日の委員会開催前に事務局内で作成されたものと思料する。

〔資料30〕　事業者団体法案（第五次案）に対する意見（農林省、二三年三月八日—手書き）

〔資料30〕は第五次案に対する農林省の意見である。内容は、第四条（許容活動）に追加すべき項目及び協同組合等の連合会を事業者団体法の適用除外とすべきであるというものである。

〔資料31〕　事業者団体法案（第六次案）（昭和二三年三月一二日—和文タイプ）

(1)　〔資料31〕は事業者団体法案の第六次案である。第六次案は昭和二三年三月一六日開催の公正取引委員会に諮られた。議事録は、次のとおりである。

「二、事業者団体法（第六次案）の件

第六次案が纏まったので、午後二時三十分より別紙案に基き両角事務官より報告あり、之を審議した結果原案を左の如く改正した上、一応最後案として決定しＧＨＱに提出することになり、午後五時三十分散会した。

(一)　第一条中「その事業者」とあるを「その構成事業者」と改めた。

(二)　第二条中「且つ左に掲げる形態の事業者団体を含む……」とあるを「且つその結合体には左に掲げる形態のものを含む……」と改める。

㈢　第二条一項一号は会社の構成メンバーは株主と社員であるから、之に限定した。
㈣　第二条二項中「当該者のため……」とあるを「これらの者」と改める。
㈤　第三条一項二号を「理事その他の役員又は管理人」と改めること。
㈥　同条二項中「又は前項各号に掲げる事項に変更……」と改めること。
㈦　第五条一項二号中「契約、協定その他の合意を形成すること」と改める。
㈧　同条六号中「事業内容」の次に「経理若しくは」を加へる。
㈨　〃　七号中「在庫」の意味は研究すること。「意見」を「助言」と改める。
㈩　〃　十二号を新たに挿入する。
⑾　十八号中「前条各号に掲げる活動の範囲」と改めること。
⑿　第六条各号を次の如く改めること。
一　臨時物資需給調整法附則第二項に基いて指定されている団体
二　閉鎖機関令第一条の規定に基いて指定された団体
三　証券取引所、手形交換所
四　左に掲げる法律の規定に基いて設立された団体
森林法、牧野法、耕地整理組合法、水利組合法、馬匹組合法、北海道士功組合法
五　私的独占禁止法第二十四条各号に掲げる要件を備へ、且つ左に掲げる特別の法令の規定に基いて設立された協同組合その他の団体
商工協同組合法他
尚協同組合の中に連合会は含ませること。
⒀　第八条（権限）とあるを（排除措置）と改める。
⒁　第九条に独禁法第四十条の規定を入れたので前案第六条（報告）は削除した。

㈤　第十二条第二項中に「申請により」を挿入する。
㈥　第十三条二項中に「破産管財人」を入れること。
「契約の当事者、又は清算人」と改めること。
㈦　第十四条（制裁）と改める。」

(2)　第一条の規定から「事業者団体の運営を適正にさせること」が削られた。今村は、「第六次案に至って先方の言いなりに収まった。立法の趣旨の理解に違いがあれば、先方の言い分には従わざるを得ないのが現実であった」と言う（窓四七頁）。

(3)　第五条の禁止行為が一八号までとなり、増えたのは、一二号の「購買、販売、生産、製造、組立、加工、保管、輸送、配給その他の事業に従事すること。」である。

第八条の適用除外行為として、第五次案に摘示されているほか、「輸出絹織物取締法第一条、輸出水産物取締法第一条及び輸出毛織物取締法第一条」が加えられた。

書込みは、今村によるものであろう。傍線を付した書込みは、修正箇所であり、書込みのみは、文言の付加であり、傍線のみは削除箇所である。

〔資料32〕　事業者団体法案（第六次案）に関する件（農林省食料管理局―和文タイプ）

〔資料32〕は、第六次案に対する農林省食料管理局からの意見である。

政府は、穀類の加工委託をしている事業者の団体と加工契約を結び、加工賃はその団体が一括して受領し、予め政府の支払基準により事業者に分配しているが、この機能を適用除外されたい。

〔資料33〕　第六次案第一四条（罰則）の修正案

〔資料33〕は、第六次案第一四条（罰則）の修正案である。清書している手書きである。

〔資料33〕の第一四条（罰則）の規定は、〔資料38〕第七次案第一四条第一項から第四項前段までに織り込まれている。〔資料33〕第一四条第四項後段「第二項の……」以下、第五項及び第六項の部分は削られている。

〔資料34〕　第六次案第一三条第二項及び第三項修正案（手書き、ガリ版）

〔資料34〕は、第一三条第二項及び第三項の修正案である。〔資料38〕第七次案第一三条第二項及び第三項に織り込まれている。

〔資料35〕　第六次案第六条修正案（訳文）（ガリ版）

〔資料35〕第六条（訳文）は、第六次案第六条（適用除外団体）の修正案であろう。ガリ版刷であるので事務局案であろうが、〔資料38〕第七次案第六条に織り込まれている。「第六条（訳文）」とあるが、総司令部の交渉との関連は不明である。

〔資料31〕第六次案第六条（適用除外団体）の規定の仕方に比すると、次の点が異なる。

（1）第六次案では、一号で「特別の法令に基〔づ〕いて設立された協同組合その他の団体で、別表に掲げるもの」とされていたのが、〔資料35〕では、四号及び五号に列挙された。

（2）〔資料35〕では三号に証券取引法の規定に基づいて設立された証券取引所、取引所法の規定に基づいて設立された取引所、手形交換所（いずれも当該団体の正当な機能を遂行するに必要な程度に限る）が加えられた。

〔資料36〕　Proposed Amendment of the Connected 8th Draft of the Trade Association Bill（一九四八年三月一七日―英文タイプ）

〔資料36〕は、一九四八年三月一七日付、公正取引委員会がＧＨＱに提示した'the Connected 8th Draft'の修正案とある。'the Connected 8th Draft'であるが、'8th Draft'との関連が不明である。

〔資料31〕事業者団体法案（第六次案）（昭和二三年三月一二日）に係る公正取引委員会が昭和二三年三月一六日に開催され、その公正取引委員会議事録によると、「第六次案」を「審議した結果原案を左の如く改正した上、一応最後案として決定しＧＨＱに提出すること」になったとある。

〔資料37〕 The Trade Association Law（司令部提示案）

〔資料37〕は、三月二二日付、公正取引委員会がＧＨＱに提示した事業者団体法（案）（The Trade Association Law（7th Draft））である。〔資料38〕事業者団体法案（第七次案）（昭和二三年三月二二日）を翻訳したものであろう。〔資料38〕には㊙印が捺され、手書きで「英文翻訳」とある。

但し、第七次案とは全く同じではない。第七次案第四条第七号に「輸出貿易に関し商工会議所が原産地証明をすること。」とあり、同条は八号まであるが、〔資料37〕の第四条には、上記規定がなく、同条は第七号までしかない。

〔資料38〕 **事業者団体法案（第七次案）（昭和二三年三月二二日―和文タイプ）**

〔資料38〕は、事業者団体法（第七次案）である。昭和二三年三月二二日の公正取引委員会に諮られた。㊙印が捺されている。冒頭の「英文翻訳」との書込みは手書きである。

(1) 第四条（許容活動）七号に「輸出貿易に関し商工会議所が原産地証明をすること。」が加わり、許容活動が八項目となった。

(2) 第五条（禁止行為）

① 第一号後段に「政府○《○機関》に対し原材料、商品又は施設の割当のためその原案若しくは計画を作成し又は提出すること」が加えられた。

② 第一〇号が書込みで第一一号となり、以下書込みにより一号ずつ繰り下がっている。一〇号は欠落しており内容は不明。

(3) 第六条適用除外団体の規定が大きく修正されている。

① 〔資料31〕第六次案の第六条第一号「特別の法令の規定に基いて設立された協同組合その他の団体で、別表に掲げるもの」とあったのが、〔資料38〕では、第六条第五号に「私的独占禁止法第二十四条各号に掲げる要件を備え○《○、》且つ左に掲げる特別○《○の》法令の規定に基いて設立された協同組合其《そ》の他の団体」と定め、一一〔二〕の法律が列挙された。

② 第七条適用除外行為として、〔資料31〕第六次案にあった食糧管理法及び臨時物資需給調整法が削られた。

〔資料38〕の書込みは、筆跡からみて今村によるものであろう。

〔資料39〕事業者団体法案（第七次案）について（農林省、昭和二三年三月一二日―和文タイプ）

〔資料39〕は、事業者団体法案（第七次案）に対する農林省の見解である。

1　第二条「二以上の事業者の結合体」を「二以上の事業者を主とする結合体」とする。

2　第四条　この許容活動を限定的なものとせず、例示的なものたらしめる。（従って、第五条の一八号後段を削除する。）

3　第五条　(1)第九号の「自然科学に関するための施設の所有経営」を削除すること。

(2)第一二号の其他の営業中には斡旋は入らないものと解すること。

4　第七条　臨時物資需給調整法を加える。

5　協同組合となり得ざる農山漁民の共同活動組織を加える。

〔資料40〕事業者団体法案（第七次案修正案）（昭和二三年三月二二日―和文タイプ）

(1)〔資料40〕は、第七次案修正案である。〔資料40〕は、昭和二三年三月二二日開催の公正取引委員会において審議された〔資料38〕事業者団体法案（第七次案）を審議に基づき修正した案であろう。法案の見出し「事業者団体法案（第七次案）」に「（第八次案）」との書込みがある。

〔資料40〕事業者団体法案（第七次案修正案）では、〔資料38〕事業者団体法案（第七次案）の第一六条（報告）について、手書きで「十六条ヲ十条ニシテ入レル」とあり、第一〇条から第一五条まで書込みで一条ずつ繰り下がっている。

〔資料38〕事業者団体法案（第七次案）第一三条（罰則）の規定が、〔資料40〕事業者団体法案（第七次修正案）では抜けている。

(2)　三月二四日（水曜）委員会

「三　GHQ連絡事項の件（総務）

首題の件に関し午後二時より柏木事務官より左の通り報告を求め、午後三時十分終了した。

(一)　事業者団体法案の件

本二十四日午前にGHQの第九次案を受領したが、

(イ)　第五条一号末尾に「政府機関に対し原材料、商品、施設の割当原案、若しくは計画を作成し、提出すること」を加える。
(ロ)　同条十八号中に「独禁法の規定により禁止された行為」云々とあるのは削除する。
(ハ)　第六条の適用除外団体が多過ぎるとの意向を持っている模様である。
(ニ)　第七条中食管法、物調法は削り、輸出絹織物、水産物、毛織物の三取締法を加へる。
(ホ)　罰則関係の規定は全部を留保となって居る。従ってこの点に就ては今後協議することになっている。」
「GHQの第九次案」とあるが、これは〔資料31〕事業者団体法案（第六次案）が対応しているのではないか。

〔資料41〕　Ownership of Research Facilities as a Permitted Activity under The Trade association Law（一九四八・四・一三―英文タイプ）

(1)　〔資料41〕の「事業者団体法において許容される活動としての研究施設の所有」は、一九四八年四月一三日付、経済・科学局反トラスト・カルテル部からの事業者団体法における禁止活動の研究施設の所有に係るMEMORANDUMである。事業者団体の禁止活動を定める第五条第九号（研究施設の所有・経営）についてである。
「第五条〔第〕九項（禁止行為）は、次のとおり改正されるべきである。
〔第〕九項　(a)経営施設の所有若しくは経営、又は(b)株式（パートナーシップ持分を含む。以下同じ。）若しくは社債の所有、又は(c)自然科学（physical science）分野における研究施設の所有若しくは経営。但し、(c)に該当する事項については、自然科学に関する研究施設の所有若しくは経営の認可を公正取引委員会に申請することができる。公正取引委員会は、次に定める要件を公正かつ合理的な条件を確認の上、認可することができる。
(1)　当該事業者団体への加入又は参加が、当該事業分野における全ての事業者に対し、これへの加入又は参加が現実に合理的に可能であり、かつ、希望する事業者が容易に加入又は参加できるような公正かつ無差別な条件で、広く開かれていること。
(2)　当該事業者団体の構成事業者がその事業分野における比較的少数の有力な事業者に限られておらず、かつ、議決権の行使、事業活動又は自然科学に関する研究施設の所有又は経営により生ずる利益が比較的少数の有力な事業者により支配されていないこと。

(3)　当該事業者団体の構成事業者が当該研究施設の所有又は経営による生ずる利益を当該事業者団体に対する出資若しくは寄附金の多寡又は事業規模の大小等を問わず享受することができること。

但し、(c)又は(c)但書第一文に該当する事項については、一九四七年法律第二〇七号に基づいて発せられる終局的な命令において、研究機関の所有又は経営に関して本規定の例外を定めることができる。」

(2)　本MEMORANDUMは、第七次案第五条九号に定める自然科学に関する研究施設の所有などの禁止について、一定の要件を具備するなら、公正取引委員会が所有を認可できるとするものである。このメモランダムが出された経緯は不明である。

なお、「一九四七年法律第二〇七号」は、「過度経済力集中排除法（昭和二二年一二月一八日法律第二〇七号）である。同法第五条第九項で禁止された経営施設及び自然科学の研究施設の所有・経営について、自然科学の研究施設について、一定の要件を充足するなら、公正取引委員会による認可により例外を定めている。

〔資料42〕　第七次案第五条第一項第九号の修正案（手書き）

〔資料42〕は、〔資料41〕のMEMORANDUMに沿って作成した修正案である。書込みは筆跡から今村のものであろう。「第五条第二号」は、「第五条第二項」の誤りか。

〔資料31〕第六次案の第五条（禁止行為）第九号に「営業用の施設若しくは自然科学に関する研究を実施するための施設を所有若しくは経営し、又は株式（社員の持分を含む。以下同じ。）若しくは社債を所有すること」が定められていた。

〔資料42〕は、修正案として、第五条第一項九号で営業用の施設の所有・経営及び株式（社員の持分を含む。）・社債の所有を禁止し、第一〇号で自然科学に関する研究を実施するための施設の所有・経営を公正取引員会の認可により、許容することとしている。同条第二項ではその認可の要件を定めている。

なお、〔資料42〕では、第五条第二項に公正取引委員会の認可規定を定めることとしているが、同項には、脱法行為の禁止規定が定められているので、〔資料43〕にあるとおり、公正取引委員会の認可規定は第五条第三項に定められる。

〔資料43〕　第七次案第五条第三項修正案（手書き）

〔資料43〕は、第五条（禁止行為）第三項「自然科学に関する研究施設の所有又は経営」に関するものであり、その修正案として、但書で公正取引委員会の認可を得たものは除外するとし、その認可要件を定めている。

〔資料44〕　第七次案第一三条第二項、第九条第二項の修正案（手書き）

〔資料44〕は、〔資料45〕第八次案の第一三条第二項（事業者団体の自然科学研究施設の処分）の認可に係る規定（一三条二項）及び認可の却下に係る規定（九条二項）についての法案である。手書きであるので、事務局内の検討資料であろう。

〔資料45〕　事業者団体法案（第八次案）（昭和二三年四月―和文タイプ・ガリ版）

(1)　〔資料45〕は、冒頭に㊙印があり、作成時は「二三、四、」とのみで「日」が特定しておらず、第一条から第五条第一項第一〇号まで和文タイプであるが、それ以降の条文は手書きのガリ版刷りである。今村の筆跡の書込みが多い。

第二条「……事業者としての共通の利益」に※印があり、それに対応して「※……」とあるが、判読不明。

第五条（禁止行為）に「事業者団体の研究施設の所有・経営の認可」（一〇号但書）に係る第三項、第四項及び第五項が加えられている。第三項は、第一項第一〇号但書の認可要件の規定であり、第四項（条文は、第四項と第五項の順序が逆）は過度経済力集中排除法第一一条の規定による研究施設の届出規定であり、第五項は、認可、届出の規定である。

第六条（適用除外団体）について、〔資料38〕第七次案までは五号までであったが、〔資料45〕第八次案では六号に臨時物資需給調整法に基づく命令の規定により指定配給物資の出荷機関などが加えられた。

なお、〔資料45〕事業者団体法案（第八次案）の作成時点について、「昭和二三、四、」とあるが、国立公文書館には、昭和二三年四月の公正取引委員会議事録が収蔵されていないので、公正取引委員会における審議の状況は不明である。

〔資料46〕適用除外に関する手書きメモ

〔資料46〕は、「一時的な結合体」に係る適用除外についてである。どのような経緯でこの問題が提起されたのか、不明である。〔資料46〕の内容は、〔資料48〕第六条追加に適用除外団体として再録されている。

〔資料47〕事業者団体法案（第九次案）（昭和二三年四月―和文タイプ）

(1)　〔資料47〕は、事業者団体法案（第九次案）である。㊙印が押されている。

第五条（禁止行為）第一項第一〇号の研究施設の所有の認可に係る規定が同条第三項から第五項までに織り込まれた。傍線つきの書込みは修正箇所、書込みのみは追加箇所、傍線のみは削除箇所である。

〔資料47〕の作成が昭和二三年四月となっているが、第九次案が公正取引委員会に諮られたのは、同年五月五日である。公正取引委員会議事録に次のように記載されている。

「五月五日（水曜）

一　事業者団体法案（第九次案）の件

午前十時五十分より第九次案に就き審議し、十二時三十分に閉会した。

第九次案の添付なし。」

(2)　今村は、「法案起草の段取を物語る手元の書類綴りには、法案の第一次案（昭二三・一・二〇―以下年号省略）、……第九次案（四月）、GS（Government Section）提出案（六・一）及び国会提出案（六・一〇）がファイルされており、第九次案に至るまでそれぞれの案には私の細かな書込みがある。」と記述し（窓四五～六頁）、国立調・経緯には、「同年（注・昭二十三年）一月二十日に公正取引委員会において事業者団体法案第一次法案が起草され、以下第九次案に至るまで改訂に改訂が加えられ、同年六月一日に正式に連合軍総司令部に法案を提出するまでになった」（一八頁）、とあることからみて、第九次案が事務局の最終案であろう。その後の経過について、今村は、「対法制局関係」として、「GHQとの折衝が終わってからは、法制局審査が待っていた。これが法律の条文かと言われそうな規定を並べた法案を前にしては予想通り審査は難航した。結局は当時の第一部長佐藤達夫氏の裁断を仰ぐことになったが、『まあよかろう』と言うことで一件落着となった。多分佐藤さんも『これ以上手の付けようがない』とおもわれたのであろう」（講演一〇頁）という。

〔資料48〕　第九次案第六条追加案（手書き、ガリ版）

〔資料48〕は、〔資料47〕第九次案の第六条（適用除外団体）の追加案である。事務局の検討資料であろう。各省からの適用除外の要望を検討したものではないか。

〔資料46〕は〔資料48〕の一部として同じ規定がある。

〔資料48〕「三」は、〔資料53〕第六条三と同条四イ、ロに組み込まれている。

〔資料48〕「第六条に追加」の「八　社団法人日本海運集会所」は、〔資料53〕の第六条第一項第八号におかれている。

〔資料49〕　Propsed Amendment to the Trade Association Bill（9th Draft）（一九四八年五月一〇日―英文タイプ）

〔資料49〕は、公正取引委員会がＧＨＱに対して事業者団体法（第九次案）の修正箇所を提示したものである。罰則規定が〔資料47〕第九次案では一四条であるが、〔資料49〕では一三条となっているのは誤りである。

〔資料50〕　第九次案罰則修正案（手書き、ガリ版）

(1)　〔資料50〕は、〔資料49〕第九次案一四条（罰則）の修正案である。罰則規定のみの修正の経緯は不明。

(2)　五月一九日に公正取引委員会が開催されている。その議事録は、次のとおりである。

「一　ＧＨＱ連絡事項の件

首題に関し午後一時四十分より柏木事務官より左の報告を求め之を諒承し午後四時散会した。

(三)　事業者団体法の件

適用除外の団体として、左のものを加へ且つ共同融資と特定の取引における一時的結合に就ては第二條第三号に於てこれを除く様考慮すること。

(イ)　共同通信社―報道材料の供給

(ロ)　海運集会所―船主の仲裁」

Ⅵ　事業者団体法案の成案

〔資料51〕　事業者団体法案第九次案修正案（和文タイプ）

〔資料51〕は、「事業者団体法案」とある。第一五条以下の条文が欠けている。今村による〔以下脱落―編者〕との書込みがある。条文の一部が手直しされていることから察すると、この資料は、第九次案の後に条文が修正されたのであろう。修正の箇所は多くない。

第九次案では第五条第一号、第八号及び第一六号の「試みること」が、「手をつけること」と修正されている。第五条第四項の事業者団体の所有する施設の公正取引委員会による認可について、過度経済力集中排除法による認可との調整に係る規定を定めた。この規定振りは、〔資料53〕第五条第四項に取り上げられている。

第九次案第七条（適用除外行為）に定められていた「七輸出絹織物取締法第一条（昭和二年法律第二十七号）」及び「九輸出毛織物取締法第一条（昭和十五年法律第九十五号）」が削られている。

〔資料52〕　第九次案第一条〔第五条第四項〕・第五条第五項修正案（手書き、和文タイプ）

〔資料52〕は、〔資料51〕事業者団体法の修正箇所である。事務局で作成したものであろう。

①　「第一条」とあるが、内容は、事業者団体が所有・経営する自然科学に関する研究施設の認可に係ることなので、「第五条第四項」のことではないか。

②　過度経済力集中排除法の制定が「昭和二十三年」とあるが、「昭和二十二年」の誤りである。

〔資料53〕　**事業者団体法案（和文タイプ）**

〔資料53〕事業者団体法案は、昭和二三年六月八日（火曜）公正取引委員会で審議されたものであろう。書込み箇所が公正取引委員会における修正であろう。委員会議事録は、次のとおりである。

「三　事業者団体法案の件

午後二時三十分より今村事務官より法案の最後案に就き報告を求め午後四時散会した。

(イ)　第四条七号「社団法人である商工会議所」と修正する。

(ロ)　第五条一号、五号、八号、十六号中「手を着ける」を「着手する」と修正する。

(ハ)　第六条三号の書き方を以下の通り変更する。

三　左に掲げる団体

イ　証券取引法（昭和二十三年法律……）

ロ　商品取引所法（明治二十六年……）

(ニ)　同条四号の二を次の如く修正する。

金融業（証券業を含む。）を営む者の設立した一回の共同融資のため又は有価証券の一回の共同引受のため若しくは共同販売のための団体

(ホ)　同条八号中「この法律施行」の次に「前条又はこの法律施行後九十日以内にその仲裁……」と修正する。

(ヘ)　同条第二項中「又は」を「若しくは」とし、「若しくは」を「又は」と書き変へる。

(ト)　第十三条第一項中「処置に関する件」を「処置に関する政令」と改める。

(チ)　同条第二項中「この法律施行の日」の前に「同項の規定中」を挿入する。

(リ)　第十四条四号中「変更」とあるを「規定」とする。

(ヌ)　本法案はＧＨＱの許可を得たので直ちに国会に提出する手続をとることとなった。」

〔資料54〕　事業者団体法（ＧＳ提出案）（昭和二三年六月一日―和文タイプ）

〔資料54〕は、「事業者団体法」との法律名の下部に〔二三・六・一　G・S提出案〕とあり、日付が「昭和二三年六月一日」とある。〔資料53〕「事業者団体法案」を審議した公正取引委員会が同年六月八日に開催されているのをみると、本資料は公正取引委員会に提示した〔資料53〕の法案と同文であるので、ＧＳ提出案として作成されたものか。〔資料54〕の末尾に本法案の修正点が記載されている。この修正は、六月八日の委員会の摘示より詳細である。「ＧＳ」は、“Government Section”の略である（今村・六頁）。

〔資料55〕　事業者団体法（国会提出案）

〔資料55〕の巻頭に（今村、国会提出案）という文言がある。最終法案であろう。法案末尾に「理由」が記載されている。

〔資料56〕　The Trade Association Law（Final Draft）

〔資料56〕は、The Fair Trade Commission The Trade Association Law（Final Draft）とあるので、国会提出案を英訳したものであろう。

なお、〔資料56〕の（Accusations）Article16の中途に〔以下、脱落――編者〕とある。

Ⅶ　事業者団体法案の国会における審議

事業者団体法案は、昭和二三年六月一〇日に両院に提出された（内閣提出第一一六号）。提案理由は「事業者団体の正当な活動範囲を定め、且つ、その公正取引委員会に対する届出制を実施する必要がある。これが、この法律案を提出する理由である」（〔資料57〕末尾）とある。

衆議院の審議日程は、次のとおりである。

昭和二三年六月一一日　衆議院商業委員会に付託。

昭和二三年六月一九日　衆議院商業委員会　苫米地義三国務大臣による提案理由説明〔資料58〕、〔資料64〕。

昭和二三年六月二三日　衆議院商業委員会鉱工業委員会連合審査　中山（喜）政府委員による提案理由説明〔資料65〕。

昭和二三年六月二五日　連合審査委員協議会

昭和二三年六月二六日　衆議院商業委員会公聴会　公述人一二名である〔資料66〕

昭和二三年六月二六日　衆議院商業鉱工業審査委員会連合審査

昭和二三年六月二九日　衆議院商業委員会〔資料67〕

昭和二三年六月三〇日　衆議院商業委員会鉱工業委員会連合審査〔資料68〕

昭和二三年七月一日　衆議院商業委員会鉱工業委員会連合審査〔資料69〕

昭和二三年七月一日　衆議院商業委員会〔資料70〕

昭和二三年七月三日　衆議院商業委員会

昭和二三年七月四日　衆議院商業委員会〔資料73〕

修正案〔資料75〕の提出、採択、可決。

昭和二三年七月四日　衆議院において、緊急動議を提出し、内閣提出、事業者団体法案を議題とする。商業委員長から報告〔資料73〕後採択、可決。

参議院の審議日程は、次のとおりである。

昭和二三年六月一一日　参議院鉱工業委員会に付託

昭和二三年六月一八日　参議院鉱工業商業連合委員会

昭和二三年六月二五日　参議院連合審査委員会（第三回）

昭和二三年六月三〇日　参議院鉱工業商業連合審査委員会

昭和二三年七月二日　　参議院鉱工業商業連合委員会（〔資料76〕）
昭和二三年七月四日　　参議院鉱工業商業連合審査委員会
昭和二三年七月五日　　参議院鉱工業委員会（〔資料77〕）　採決、衆議院送付の原案通りに可決。
昭和二三年七月五日　参議院会議（〔資料78〕）　鉱工業委員長報告、採決、可決

事業者団体法の公布施行は、昭和二三年七月二九日、法律第一九一号である。

「事業者団体法案が、一九四八年（昭和二三）年六月一〇日国会に提出されてからも審議は難航したが、Welsh は国会に乗りこんでその促進を図った。国会は五日間の会期延長の末、小修正を経て七月五日にこれを可決成立させた。事業者団体法は、七月二九日昭和二三年法律一九一号により公布即日施行された」（今村・窓四九頁）。

(1)　第二国会に提出された事業者団体法案

〔資料57〕　**事業者団体法案（国会提出案）**

〔資料57〕は、国会に提出された事業者団体法案である。

事業者団体法案が衆議院商業委員会に付託されたのは、昭和二三年六月一九日である。

法案の第五条第五項の「及び届出」の傍線及び第九条第一項の「審判。審決。」という書込みの趣旨は不明。第一三条第二項「第六条第五号若しくは第六号に掲げる団体」を「第六号若しくは第七号に掲げる団体」に改めるとの書込みがある。

〔資料58〕　**事業者団体法案提案理由説明**

〔資料58〕は、事業者団体法案を国会に提出する前に公正取引委員会が作成したものであろう。衆議院における提案理由説明は、六月一九日、苫米地議三国務大臣が衆議院商業委員会において行っている（〔資料64〕）。

〔資料59〕　事業者団体法案想定問答（昭和二三年六月）

(1)　〔資料59〕は、事業者団体法案想定問答である。

事業者団体法案の想定問答は、公正取引委員会事務局が昭和二三年六月に作成している。

想定問答数は七八問答であるが、そのうち、問答17まではタイプ刷りであるが、問答18以下は手書きである。

想定問答の構成は、（一般的事項）と各条項毎に分かれている。（一般的事項）では「一　この法律の立法の趣旨如何」、「二　この法律に憲法違反の虞はないか」、「三　この法律と私的独占禁止法との関係如何」、「四　この法律と既存の各種団体法との関係如何」となっている。

(2)　六月二三日、公正取引委員会が開催されている。その議事録は、次のとおりである。

「二　事業者団体法に関する件（総務課）

午前十一時三十分より国会及び関係方面で質疑のあった(イ)賃金は対価の中に含まれるか、(ロ)仲裁、(ハ)融資等の解釈に就き報告を求め、十二時三十分散会した。」

(3)　六月二六日、公正取引委員会が開催されている。この委員会において、事業者団体法案第四条修正が審議された。その議事録は、次のとおりである。

「二　事業者団体法案に関する件（総務課）

午前十一時二十五分より事業者団体法第四条を左記の通り修正することとなり柏木事務官より説明を求め之を諒承し十一時四十分散会した。

（記）

一　第四条第一項に次の一号を加える。

十　前各号に掲げるものの外、公正取引委員会の認可した行為

2　公正取引委員会は、前項第十号の規定による認可の申請があった場合において、当該行為が私的独占禁止法の規定及び第五条第一項第一号から第十八号までの規定に違反しないと認められるときは、これを認可することができる。

3　公正取引委員会は、前項の規定による認可の申請に関し必要な規則を定めることができる。

二　第五条第一項第十九号中「前条各号」とあるのを「前条第一項各号」と改める。」

〔資料61〕及び〔資料62〕が修正案である。

〔資料60〕　衆議院商業委員会公聴会（昭和二三年六月二六日）（今村メモ）

〔資料60〕は、昭和二三年六月二六日に衆議院商業委員会で開催された公聴会の今村のメモである。公述人名簿は手書きであり、公述の部分は、筆跡から今村のメモであろう。判読不明の箇所がある。

なお、公述人及びその発言は、〔資料66〕衆議院商業委員会公聴会議録第一号（昭和二三年六月二六日）参照。

〔資料61〕　事業者団体法案中一部修正案（昭和二三年六月二九日）

〔資料61〕は、昭和二三年六月二九日作成の事業者団体法案の一部修正案である。〔資料61〕の作成の日付は、昭和二三年六月二九日であるが、国会で法案修正が提起されたのは、七月四日である。

①　第四条一〇項を加え、公正取引委員会の認可により、許容行為の範囲を弾力的にし、同条二項及び三項に認可の手続規定をおいた。

②　第五条第一項第一六号の修正は、文言の修正である。

③　第五条第一九号の規定である「前各号に掲げるものの外、前条各号に掲げる許容活動の範囲を超える行為」を削った。

④　第八条は、排除措置に係る規定であり、その対象として、「第四条第一項各号に掲げる許容活動の範囲を超える行為」を加えたものである。

〔資料62〕　事業者団体法案修正案

〔資料62〕は、事業者団体法案修正案である。本資料の作成の日付は、六月二九日であり、〔資料61〕と同日付である。〔資料61〕の修正案に検討を加えたのが〔資料62〕の修正案ではないか。

①　第四条の修正は、〔資料61〕と同じである。

②　第五条第一項の修正は、〔資料61〕と同じである。

③　第六条第一項において種畜法の規定により設立された家畜登録協会及び第二項において小規模な事業者である個人の相互扶助団体が、新たに適用除外とされた。

④　第八条の修正は、〔資料61〕と同じである。

⑤　第九条の修正のうち、前段は〔資料61〕と同じである。後段の修正の趣旨は、前段と同様である。

⑥　第十四条の修正は、事業者団体の届出義務違反に対する刑事罰が「第三条の規定に違反し届出を怠り、又は虚偽の届出をした場合には、一年以下の懲役若しくは二万円以下の罰金又はその両者」とあるのを、一年以下の懲役とその両者を削り、二万円以下の罰金のみとした。

⑦　第十三条（資産の処分）中の「第六条第六号若しくは第七号に掲げる」は「第六条第一項第六号若しくは第七号に掲げる」の誤りである。

⑧　第十四条第六項中の「、第六十六条第一項」を削る。

〔資料63〕　The Trade Association Law（1948. 7. 5）

〔資料63〕は、一九四八年七月五日、国会で成立した事業者団体法の英訳である。

（2）　衆議院審議

〔資料64〕　衆議院商業委員会議録第九号（昭和二三年六月一九日）

〔資料64〕は、衆議院商業委員会議録第九号である。昭和二三年六月一九日、衆議院商業委員会において、苫米地義三国務大臣が提案理由の説明を行っており、それが収録されている。

この衆議院商業委員会において、事業者団体法案の審議について、公聴会の開会及び鉱工業委員会との連合審査会の開会が決められた。

なお、事業者団体法案の下部に〔資料59を参照―〕という今村の書き込みがある。

〔資料65〕　衆議院商業委員会鉱工業委員会連合審査会議録第三号（昭和二三年六月二三日）

〔資料65〕は、事業者団体法案について、商業委員会と鉱工業委員会との連合審査の会議録である。連合審査となったので、改めて事業者団体法案の提案理由の説明を中山喜久松公正取引委員会委員長が行った。その後質疑応答が行われた。

〔資料66〕　衆議院商業委員会公聴会議録第一号（昭和二三年六月二六日）

(1)　〔資料66〕は、昭和二三年六月二六日に開催された衆議院商業委員会公聴会の会議録である。

公述人は、一一名である。帆足計・日本産業団体協議会事務局長、前田一・日本経営者団体連盟専務理事、三樹樹三・日本商工会議所専務理事、高宮晋・運輸省調査局、喜多村實・東京商業者同盟事務局長、徳永佐市・商工協同組合中央会事務局次長、立川繁・日本機帆船業会専務理事、前澤慶治・全国銀行協会連合会事務局長、森川覚三・社団法人日本能率協会理事長、鈴木俊彦・東京実連協会主事、吉田隆・漁業経営者団体連盟事務局長

(2)　「公聴会終了後、両院委員会は、本法案の内容とその影響について、不安と関心を強め、かくて、六月二十八日両院の商業鉱工業委員会は合同懇談会を開き、総司令部反トラスト課長ウエルシュ氏の参加をえて、活発な質疑と意見の交換を行った。会議は非公開なので内容は明らかにされない」（国調立・経緯六二頁）。

〔資料67〕　衆議院商業委員会議録第一二号（昭和二三年六月二九日）

〔資料67〕は、事業者団体法案に係る衆議院商業委員会による審議に係る会議録である。

〔資料68〕　衆議院商業委員会鉱工業委員会連合審査会議録第四号（昭和二三年六月三〇日）

〔資料68〕は、事業者団体法案に係る衆議院商業委員会と鉱工業委員会との連合審査会議録である。

〔資料69〕　衆議院商業委員会鉱工業委員会連合審査会議録第五号（昭和二三年七月一日）

〔資料69〕は、事業者団体法案に係る衆議院商業委員会と鉱工業委員会との連合審査会議録である。

〔資料70〕　衆議院商業委員会議録第一四号（昭和二三年七月一日）

〔資料70〕は、事業者団体法案に係る衆議院商業委員会による審議に係る会議録である。

〔資料71〕　衆議院商業委員会議録第一五号（昭和二三年七月二日）

〔資料71〕は、事業者団体法と併行して審議されていた輸出品取締法案に規定される輸出品検査のあり方につき、輸出関連業者の意見を聴取し、討議した際の議事録である。

〔資料72〕　衆議院商業委員会議録第一六号（昭和二三年七月三日）

〔資料72〕は、〔資料71〕の審議を引き継ぎ、輸出品取締法案を討議、可決した際の議事録である。

〔資料73〕　衆議院商業委員会議録第一七号（昭和二三年七月四日）

〔資料73〕は、事業者団体法案に係る衆議院商業委員会おける審議の会議録である。

この日の審議において質疑が終わり、討議を行い、政府原案に対する修正案が提出され、起立総員により可決された。

修正案は、笹口晃委員から次にように提起された。

「本法の本来の目的といたしまするところは、いわゆるアンチ・トラストでありますので、この精神につきましては、私どもも全然異論はございませんけれども、各条項につきましては、先ほど申し上げた見解によりまして、相当異論があるわけであります。この異論のある点につきまして、今日まで、各党間におきましていろいろ審議いたし、またいろいろの話し合いをいたしたのでございまするが、ここに成案を得まして、各党共同によって修正案を提出いたしたいと存じます。」

修正案の提案後直ちに討論を終結し、採決が行われ、「総員起立」により本修正案は可決された。次いで、修正案を除いた他の部分について「総員起立」により可決され、衆議院規則第八六条による委員会報告書の作成は委員長に一任された。なお、参照資料である「事業者団体法案（内閣提出）に関する報告書」及び事業者団体法案の一部を修正する法案（注・四条、五条、六条、八条、九条及び一四条）が〔資料73〕末尾に掲載されている。

〔資料74〕　衆議院会議録第七八号（昭和二三年七月五日）

〔資料74〕は、事業者団体法案について、昭和二三年七月四日、衆議院における審議、可決した会議録である。事業者団体法案は、七月四日の衆議院の議事日程に追加され、堀川恭平商業委員長から報告があり、議決された。

〔資料75〕　事業者団体法案修正案

〔資料75〕は、衆議院における事業者団体法案の修正案であり、七月四日商業委員会において可決され、七月四日衆議院本会議において可決された。

(3)　参議院審議

〔資料76〕　参議院鉱工業商業連合委員会議録第一号（昭和二三年七月二日）

〔資料76〕は、参議院鉱工業商業連合委員会議事録第一号である。「本日の会議に付した事件　事業者団体法案（内閣送付）」とある。

〔資料77〕　参議院鉱工業委員会議録第一一号（昭和二三年七月五日）

〔資料77〕は、事業者団体法案について参議院鉱工業委員会議録第一一号である。七月五日、参議院鉱工業委員会において、政府委員が衆議院における事業者団体法案の修正について報告し、その後、衆議院送付の原案通り可決した。

〔資料78〕　参議院会議録第六〇号(二)（昭和二三年七月六日）

〔資料78〕は、事業者団体法案を審議した参議院本会議の会議録第六〇号である。事業者団体法案は、七月五日参議院本会議において議題として日程が追加され、賛成過半数により可決された。

公正取引委員会は、七月七日に開催されている。議事録は以下のとおりである。

「委員会議事

昭和二三年七月七日（水曜）

議案

一　事業者団体法案に関する件

国会に上程した事業者団体法案の国会に於ける審議経過並に修正案に関し午前十時四十分より今村事務官より報告を求め之を諒承した。」

〔資料79〕　事業者団体法正文——昭和二三年七月二九日法律第一九一号官報

〔資料79〕は、事業者団体法が公布された旨を掲載。

Ⅷ　追録——事業者団体法制定後の経過

事業者団体法の制定後の同法の経緯について簡単に触れる。

(1)　今村は、事業者団体法の施行後について、次のように述べている。
「事業者団体法の施行と同時に、公取委事務局に事業者団体課が設置され、私は課長を命じられた。私の在職中、一九四八（昭和二三年）九月一二日には早くも改正第一次案が作成されているが、これに対するＧＨＱの態度は固く、結局私が、一九四九（昭和二四）年七月一一日に他の課に移る直前の七月七日付の「事業者団体法改正案要綱」迄しか手元の改正資料には残っていない。だが、『独占禁止政策二十年史』に依ると、公取委は八月一五日には、事業者団体法改正案をＧＨＱに提出すると共に、三一日には詳細な改正理由書を提出した。しかしこれにはＧＨＱは強い不満を見せ、『改正はこのましくない』とすると共に、今後公取委が改正問題に関与することにも反対の意向をしめしたのである。」

(2)　昭和二七（'52）年の改正

事業者団体法は、施行されると、事業者団体の範囲が広すぎる、活動の規制が厳しいという批判が繰り返され、公正取引委員会を中心にその改正が検討され、改正案も作成されたが、それが実現したのは、昭和二七年四月の対日講和条約の発効後の昭和二七年七月三一日に成立同日公布、施行となった。

改正点は次の通りである。

①　事業者団体の範囲の限定（二条）　従来極めて広汎で会社、組合などの共同企業体や共通の利益の増進の目的な希薄な団体も本法の対象であったが、それを事業者としての共通の利益を増進することを主たる目的とする二以上の事業者の結合と定義し、事業者団体の範囲を限定した。

②　許容活動の例示化（四条）

改正前には、事業者団体が許容される活動を九事項に限定列挙し、その他について、公正取引委員会の認可を要することとしていたが、限定列挙を例示に改め、第五条の禁止活動及び独占禁止法の規定に違反しない限り自由に活動できることとした。

③　禁止活動の緩和（五条）

改正前には、事業者団体の禁止活動は一八項目であった（五条第一号から第八号までの当然に違反とされる行為と第九号から一八号まではそれ自体としては無色の行為と大別できる）。

改正法は、禁止活動を前者及び第一七号について必要な修正を施して九項目とした。

④　適用除外団体の届出義務（六条）の廃止

改正前は第六条に掲げる適用除外団体について、同条第一項但書の規定により、届出義務が課せられていたが、これを削った。

(3)　事業者団体法の廃止

独占禁止法改正法案は、昭和二八年八月六日成立し、九月一日公布され、同日施行された。その改正において、事業者団体法が廃止され、独占禁止法第二条二項に事業者団体の定義規定がおかれ、第八条第一項に事業者団体の禁止活動として五活動が定められ、二項から四項までに事業者団体の届出規定がおかれた。また、八条の二の規定に事業者団体の違反活動に対する排除措置の規定がおかれた。

(4)　事業者団体の違反活動に対する課徴金の賦課

昭和五二年の独占禁止法改正において、事業者団体による一定の取引分野における競争を実質的に制限する活動（八条一項）に対して、課徴金が賦課されるようになった（八条の三）。

(5)　届出制度の廃止

平成二一年の独占禁止法の改正において、事業者団体の届出に係る規定（八条二項〔成立〕、三項〔変更〕、四項〔解散〕）が廃止された。

第二部　事業者団体法制定資料

Ⅰ　事業者団体法制定前史——事業者団体に対する占領政策

〔資料１〕　総司令部「産業団体の模範定款例」

模範定款令

第一章　総　則

第一条　本協会は…………協会と称する。本協会は法人ではなく、又営利を目的とするものではない。

第二条　本協会は主たる事務所を…………に置き、且つ理事会が適当とみとめたる支所をおく。

第二章　機　能

第三条　本協会の機能は左に掲げる所に限る。

一、任意の統計報告制度の設置

二、協会員の業務の遂行を助け業界の技術と能率の増進に寄与する様な統計・科学的資材及分析を記載する定期報告（業界雑誌等）の刊行

三、業界の生産品の品質の維持及改良、不必要な規格及不公正な取引の除去、小生産者の製品の販路の増加基準を作成し、之を協会員並に一般に公開すること。

四、前三号の問題の討議のための集会講演会、啓蒙的な集会及懇親会を主催すること。

五、独占禁止法第二章第七条の実施に寄与すること。

第四条　本協会は左に掲げる活動は行わない。

一、商業用及産業用の一切の施設の所有又は経営並に商業及工業関係会社及団体の社債又は株式の所有を含む一切の経済事業

二、価格の設定及将来の価格。—〔、〕割引、再割引、販売条件、未済の注文、工場能力、手持資材に関する情報の交換、刊行及び頒布等の如く少しでも価格の設定に関連あること。

三、協会員に対し販売の内容、未済の注文、手持資材、工場能力、経理等に関し監査し又はこれらの事項について報告を強要すること。

四、協会員又は其の他の者に対し融資し又は前貸しをなす事。

五、原料資材乃至発注の割当をなすこと。

六、販売機関となり政府其他の契約者に対する入札の調整に関係すること。

七、生産乃至配給を支配しようとすること。

八、協会員又は非協会員に付きブラックリストを作成し又は事業

を営む者の数を制限しようと試〔み〕ること。
九、地方的、全国的乃至国際的のカルテルを形成し又は形成しようとすること。
十、協会員又は非協会員の為に取引協定を作ること。
十一、立法又は行政に関与する者の意志を支配しようとするところに影響を及ぼさうとすること。
十二、団体契約の交渉に於て協会員を代表すること。
十三、特許権を所有し又は支配すること。
十四、特定の配給機関に利益を与えること。
十五、協会員の機能又は活動を制限しようとすること。
十六、小売業者の価格表の維持又は「処分分業」の情報の交換を要求すること。
十七、非協会員の生産品、財政状態及信用状態を誤り伝えるに役立つ情報を頒布すること。
十八、㈠協会員間及㈡協会員と競争者、供給者、顧客、其の他事業関係にある者の間に於て取引を制限し、又は市場政策、販売政策、価格及其の他の考慮を除去し、整理し、抑圧し最少限にし又は支配するが如き結果を生ずべき協定、了解又は其他の行為をなすこと。

第三章　総　務

第五条　本協会は本邦における…………製品の誠実な生産業及販売業者を以て組織する本邦における生産業者及販売業者は個人、合名会社株式会社、共同組合其の他如何なる業態たることを問わず平等の立場に於て参加を認められる。
前項の製品生産業者又は販売業者は個人たると団体たるとを問わず平等の立場において本協会に参加することが出来る。
第六条　本協会に参加することを希望する個人又は団体は其資格を示して参加の申込をなすことを要する。
第七条　左にかかげる場合を除くの外本会への加入申込が拒否され若しくはその処理が三十日以上に亘つて遅延することはなく又会員たる資格を剥奪されることはない。
一、協会員又は申込者が現に…………生産又は販売事業を開始し又は続行する充分の見込のない場合
二、協会員又は申込者が本業界に関係のあつた法令其他規則に違反し所管官憲に依る公正な裁判に依り有罪とせられた場合、但し有罪の判決後半年を経過したときはこの限りではない
三、協会員又は申込者が六十日以上賦課金を払わなかつた場合
第八条　協会員は脱退及再加入は随意である。
第九条　協会員は…………人を以つて組織する理事会を選挙する。　理事会は監事及第三条の機能を遂行する為必要なる職員を任命する。
第十条　各協会員は各〻一票の投票権を有する。協会員は各会合

に於て一票以上の代理投票をなすを得ない。

第十一条　本協会は　月　日理事の指定する時間と場所に於て年次総会を行う。本総会に関する通知は議題並びに事業報告を添えて各協会員に送附せられることを要する。協会員の五分の一の何れか少数のもの以上の要求あるときは臨時総会を開く。理事は臨時総会を召集することが出来る。

第十二条　理事の選挙は郵便投票、総会に於ける投票、又は其両者に依り行われる。選挙は公平且民主的たるべく秘密、〔衍〕投票に依る。郵便投票は総会に於ける投票が数えられる時に数えられる。理事会は大小業者を公正して〔に〕代表していなくてはならない。郵便投票の場合には指定投票用紙は理事が推した候補者数と同数の名を記載するだけの余白をおかなくてはならない。指名が終名が〔衍?〕終了したならば投票用紙は協会員〔衍〕に対し協会員が印をして総会の日より前に返送するに充分間に合う様送附されなければならない。

第五章

第十三条　会計及記録は近代的の標準的手続に依り保持されなければならない。

第十四条　本協会の帳簿及記録の全部は協会員並びに主務官庁の要求に応じて閲覧に供されるものとする。

第十五条　賦課金は賦課金徴収のために招集された総会に於て承認を得たものの他之を課することを得ない。

第十六条　会計年度は　月より　月迄とする。各会計年度毎の財産目録、貸借対照表、業務報告を作成し理事会の議を経たる後之を年次総会に提出する。常任理事は斯る書類を年次大会の通知に添附せしめなければならない。

第六章　雑　則

第十七条　本規定の改正は正規に招集せられた総会に於て定足数出席の上三分の二の票決に依りなされる。

第十八条　本規定に洩れたる事項は総会に於て採択さるべき細則に依り規定される。

〔資料2〕　経済安定本部「新産業団体の構成基準案」

「新産業団体の構成基準案」

第一章　総　則

第一条　本会は　協会と称する。本会は営利を目的としない団体である。

第二条　本会は主たる事務所を　に置き、且理事会が適当と認める地に従たる事務所を置く。

第二章　機　能

第三条　本会は左に掲げる事業を行う。

一、会員の自発的報告に基く統計調査資料を作成すること。

二、会員の業務の遂行を助け業界の技術と能率の増進に寄与するような統計、科学的資料及び分析を記載する報告書を刊行すること。

三、本業界の生産品の品質を維持改良し、若しくは不必要な品種寸法及び不公正な取引を除去し又は小生産者の製品の販路を増加し、基準を作成し、これを会員並に一般に公開すること。

四、前三号に掲げる事項を討議するための集会若しくはその他の啓蒙的な集会又は懇親的集会を開催すること。

五、私的独占禁止及び公正取引の確保に関する法律第二条第六項第七号の実施に協力すること。

第三章　組　織

第四条　本会は本邦における　　　製品の誠実な生産業者又は販売業者を以て組織する。

前項の製品の生産業者又は販売業者は個人、組合、会社その他企業形態の如何を問わず平等の立場において本会に参加することができる。

以下略

（備　考）

新産業団体は私的独占禁止法又は同法の精神に違反するような行為及び営利的行為は一切行つてはならないことは勿論である。従つて次に掲げるような活動は行つてはならない。

一、商業用及び産業用の一切の施設の所有又は経営並に商業及び産業関係会社及び団体の社債又は株式の所有を含む一切の商的事業

二、価格の設定及び将来の価格、割引、販売条件、未済の注文、工場能力、手持資材に関する情報の交換、刊行及び播布等であつて価格の設定に関連のあること

三、会員に対して販売の内容、未済の注文、手持資材、工場能力、経理等に関して監査を行い又はこれらの事項について報告を強要すること

四、会員又はその他の者に対して融資又は前貸を為すこと

五、資材又は注文の割当を為すこと

六、販売機関となり販売特約の免許機関又は政府その他の契約者に対する入札の調整に関係すること

七、生産及び配給を支配しようとすること

八、会員又は非会員についてブラックリストを作成し事業を営む者の数を制限し又は特定の配給機関に特点を与えること

九、地方的、全国的乃至国際的カルテルを形成しようとすること

十、会員又は非会員のために取引協定を作ること
十一、労働協約の交渉において会員を代表すること
十二、特許権を所有し又は支配すること
十三、会員の機能又は活動を制限しようとすること
十四、非会員の生産品、財政状態及び信用状態を誤り伝えるに役立つ情報を播布すること
十五、会員間及び会員と競争者、顧客その他事業関係のある者の間において取引を制限する協定、了解その他の行為をなすこと

Ⅱ　事業者団体法の発議（占領軍総司令部）

〔資料3〕 Trade Association Law (1947. 12. 24)（司令部提示原案）

＊編注：アンダーラインは原文どおり

〔司令部提示原案〕

24 December 1947

<u>Trade Association Law</u>

<u>Article 1.</u>　<u>Purpose</u>

The purpose of this law is to define the legitimate scope of activities of trade associations and to provide for notification of their existence to the Fair Trade Commission.

<u>Article 2.</u>　<u>Definitions</u>

As used in this law, the term "trade association" shall comprise all associations, combinations, confederations, or other grouping of two (2) or more entrepreneurs (except cooperatives), including federations of each of the foregoing, in whatever form, whether as councils, contracting parties, or associations, foundations, companies, or partnerships composed of entrepreneurs as shareholders or constituent members, and whether created under the Civil Code, Commercial Code, other laws, or otherwise, as juridical or non-juridical entities, either for profit or non-profit purposes, with or without any requirement for registration, and whether composed of large-scale and/or small-scale entrepreneurs, organised for one or more of the purposes defined in Article 4.

<u>Article 3.</u>　<u>Notifying and Reporting to the Fair Trade Commission.</u>

Notwithstanding and in addition to any requirement for registration under the Civil Code, Commercial Code or other law, any trade association existing at the time this law goes into effect and every trade association established after the effective date of this law shall, within thirty (30) days after the effective date hereof or within thirty (30) days after the establishment of the association, whichever is later, file with the Fair Trade Commission copies of their Articles of Association, incorporation, partnership or agreement, by-laws, a list of their officers and directors and a statement itemizing the provisions of a particular law, if any, pursuant to which they were organised, and such other reports as required by the Fair Trade Commission.

Article 4. Functions and Activities:

A trade association may engage in any one or more of the following activities:

a. The establishment and operation of a voluntary statistical reporting system and the promotion of technical research:

b. The inter-exchange of technical information and the publication of reports (in trade journals or otherwise) presenting such statistics and technical and scientific data and analyses as will assist the membership in the operation of their business and advance the skills and efficiency of the industry:

c. Contribute to the development of quality standards, specifications and methods of improving efficiency of production and distribution by means of voluntary contributions to appropriate governmental agencies, to Japanese Industrial Standards Committee or other competent and generally recognized standardizing agencies:

d. Conducting general education at work among the public on matters connected with the general purposes of the association:

e. Where specifically designated by members in respect to a specific negotiation, to represent them in collective bargaining provided that any agreement reached shall not be binding on an enterprise without its consent and each member shall at all times retain the right to conclude an individual agreement with the labor union concerned:

f. Assisting in the implementation of Item 7 of Paragraph 6 of Article 2 of Public Law No. 54 of 12 April 1947 as it relates to the prohibition of private monopoly and methods of preserving fiar trade.

Article 5. Activities Forbidden

No trade association shall engage in any of the following activities:

a. The ownership or operation of commercial or industrial facilities of any kind, or the ownership of shares or securities of any commercial or industrial organisations:

b. Price fixing, or any action connected with price fixing, including: dissemination of information concerning future prices, future discounts or rebates, and future terms or conditions of sales: dissemination of customer classification information: and the disclosure of retail list prices according to retailer:

c. Compulsorily requiring members to furnish reports, such as: daily, weekly, or periodical reports of sales, details of sales, reports on unfilled orders, inventories, plant capacities or financial reports:

d. The making of loans or advancing of money to members or others:

e. Allocation of raw materials or orders:

f. Acting as selling agent or as a cooperative licensing agent, or participating in regulating bids to governments or other contractors:

g. Controlling, or attempting to control, production and/or distribution by any means:

h. Blacklisting of members or non-members, or attempting to limit the number of persons engaged in business:

i. Forming, or attempting to form, local, national or international cartels:

j. Influencing, or attempting to influence, legislation or government policy by illegal means:

k. Making trade agreements on behalf of members or others, except as provided in paragraph 4e, above:

l. Representing members in collective bargaining negotiations except as provided in paragraph 4e, above:

m. Owning or controlling patents, or providing facilities for licensing or pooling of patents, etc:

n. Disseminating lists of approved or preferred distributers:

o. Compulsory investigation of the affairs of members, or maintenance of "inspection" system:

p. Restricting the functions or activities of members:

q. Dissemination of information which would tend to misrepresent the products, financial standing or credit standing of non-members:

r. Undertaking agreements, understandings or other action having the effect of imposing restraints on trade or eliminating, regulating, suppressing, minimizing or controlling markets or sales policies, or price or other consideration, (a) between members or (b) between members and competitors, suppliers, customers, or others with whom they have business relations:

s. Any other activity in violation of Public Law No. 54 of 12 Article 1947 not specifically covered above.

Article 6. Evasion

No act in whatever form or manner shall be committed to evade the prohibitions, restrictions or requirement of Articles 3 to 5, inclusive, of this law.

Article 7. No Modification of Antitrust Law.

This law shall not be construed as authorizing any act which is illegal under Public Law No. 54 of 1947, nor shall the Fair Trade Commission be precluded from taking any action for the elimination or prohibition of acts in violation of that law.

Article 8. Penalties

Any person or party who violates this law shall be punished by penal servitude for not more than four (4) years or by a fine of not more than two hundred thousand yen (¥200,000). Where the violator is an association, the sentence may include dissolution as well as prohibition against re-establishment for a period not to exceed four (4) years.

In case a representative of a juridical person, or an agent, an employee or any other person who is in service of a juridical person or of an individual violates the provisions of this law, not only shall the offender be punished but said juridical person or said individual shall also be punished by such fine as provided for in the preceding paragraph.

Article 9. Jurisdiction of Fair Trade Commission.

The Fair Trade Commission shall have jurisdiction to take suitable corrective measures for violations of this law, under Articles 7, 20, 73, and 74 of the Antitrust Act. Articles 25-26, 45 through 70, 75, and 77 through 88 of that Act shall be applicable to enforcement proceedings hereunder.

〔資料4〕 産業団体法（司令部案仮訳）（一九四七年一二月二四日）

産業団体法

司令部案（仮訳）
一九四七年一二月廿四日

（目　的）

第一条　この法律は産業団体の正当な活動範囲を定め公正取引委員会に其の設立の通知をなさしめることを目的とする。

（定　義）

〔定義（二十四条トノ結ビツキ）〕

第二条　この法律において「産業団体」とは組合、協会、聯合会若しくはその他二以上の事業者の結合（協同組合を除く）及び右各結合の聯合体を含むのであつてその形態は評議会、契約による当事者、組合、財団又は社団法人、株式会社、□□□□□□事業者をその出資の持分の所有者若しくはその構成員の一員とする合名会社であるとを問はず且つ民法、商法その他の法律に基づいて設立されたると否とを問はず、法人たると非法人たるとを問はず利益を目的とするとせざるとを問はず、登記を必要とすると否とを問はず、大規模並に小規模の事業者又は大規模或は小規模の事業者によつて組織されているかを問はず第四条に規定する目的の一つ以上をもつて組織されたるものをいう。

（公正取引委員会に対する通知及報告）

第三条　民法、商法その他の法律による登記の要件に関係なく且つそれらの要件に追加して、この法律がその効力を有するに至る時現に存する産業団体及この法律の効力発生日以后設立されたるすべての産業団体は、この法律の効力発生日以后三十日以内若しくは設立以后三十日以内孰れかおそい期日以内に公正取引委員会に、その団体の定款、約款、組合規約若しくは協定、規則の写、役員及び重役の名簿及びその団体がその設立の基準とした特定法があればその規定を明かにする説明書及その他公正取引委員会の要求する報告を提出しなければならない。

（機能及活動）

第四条　産業団体は左の一若しくはそれ以上の活動をなすことが出来る。

イ　自発的統計報告制度の設立及運営員に及技術上の研究の奨励をなすこと

ロ　技術に関する情報の交換（産業雑誌その他）及会員の事業経営に役立ち且つ産業の技術と能率の増進に寄与する統計及び技術的科学的資料及分析を記載する報告を刊行すること

ハ　適当な政府機関、日本産業標準委員会（特許標準局）その他一般的に権威ある基準査定機関に対して自発的に上申することにより、品質標準、規格、及び生産と分配の能率とを改良する諸方法の発達に寄与すること

ニ　産業団体の一般目的に関する事項に関し大衆に対し一般教育事業を遂行すること

ホ　特別の交渉に関し会員より特別に指定された場合団体交渉において会員を代表すること、但しいかなる妥結協約も当該企業の同意なくしてはそれを拘束することなく又会員は常時関係労働組合と個別的協約を締結する権利を保留することを条件とすること

ヘ　私的独占の禁止及び公正取引の確保に関する限り独占禁止法第十一条第六項第十号の実施に協力すること

〔資料４〕　産業団体法（司令部案仮訳）（1947年12月24日）

〔(1)四ト五、ニ関係ノナイ団体ハ任意カ、(2)四ノ行為ヲナサズシテ五ノ行為ノミヲ目的トスル団体ノ合法性ハドウカ、〕

（禁止事項）

第五条　産業団体は左の如何なる活動にも携ってはならない。

イ　その種類を問はず商業用及び産業用施設の所有又は経営及び商業団体及産業団体の株式又は社債を所有すること

ロ　価格の設定又はそれに関聯する一切の行為にて将来の価格、将来の割引又は割戻、将来の販売条件に関する情報の頒布、顧客の分類に関する情報の播〔頒〕布及び小売業者別による小売価格表の発表を含む行為

ハ　販売及び販売細目に関する日報、週報又は定期報告及び未発送注文諸在庫品、工場能力若しくは経理上の諸報告を会員に対しその提出を強要すること

ニ　会員又はその他の者に対し融資又は前貸をなすこと

ホ　原材料又は注文の割当

ヘ　販路代理店若しくは共同免許代理人となり又は政府又はその他の契約者に対する入札の調整に参加すること

ト　如何なる方法によるを問はず生産又は配分の統制又はそれを企図すること

チ　会員若しくはその他の者を排斥し又は業者の数の制限を企図すること

リ　地方的、全国的若しくは国際的カルテルの結成○《○を行い》又はそれを企図すること

ヌ　非合法的手段により立法若しくは行政政策に影響を与へ又はそれを企図すること

ル　会員又はその他の者のために事業協定をなすこと、但し前条第○項〔衍〕ホ号に規定する場合はこの限りでない

オ　団体協約の□□〔交渉〕において会員を代表すること、但し前条第○項〔衍〕ホ号に規定する場合はこの限りでない

ワ　特許権の所有若しくはその統制又は特許権実施権の貸与若しくはその共同利用に必要な施設を供すること

カ　公認又は推薦配分業者の表を播〔頒〕布すること

ヨ　会員の事業内容の強制的調査、若しくは所謂監査制の維持

タ　会員の機能又は活動を制限すること

レ　非会員の生産品、資産状態又は信用状態を謬り伝へるに役立つような情報を播〔頒〕布すること

ソ　会員相互間又は会員をその競争者、供給者、顧客若しくは事業上関係を有するその他の者との間において、取引上の制限を附加する効果を有し又は市場若しくは販売政策、又は価格その他の対価を排除、□軽〔調整〕、抑圧、縮少、若しくは統制するが如き効果を有する□〔協〕定諒解を締結その他の行為をなすこと

ツ　その他一九四七年四月十二日公布法律第五十四号に違反する行為にて特に右に掲げた以外の諸行為

（脱法行為）

第六条　□□〔何等〕の形式若しくは方法を用いることを問はず第三条乃至第五条の禁止事項、制限事項又は要件をまぬかれる行為をなしてはならない。

（独禁法の改正に非ず）

第七条　この法律は一九四七年法律第五十四号に違反するいかなる行為をも正当とするものでなく且つ公正取引委員会が同法の違反行為の排除若しくは禁止に必要なる一切の措置を採ることを妨げるものでない。

（罰　則）

第八条　この法律に違反する者は四年以下の懲役若しくは二十万円以下の罰金に処せられる　違反者が組合である場合、判決は組合の解散及四年を超えざる期間内におけるその組合の再設立を禁止することを併せて課することができる。

法人の代表者又は法人若しくは個人のために働く使用人、代理人その他の者がこの法律に違反した場合、違反者が罰せられるのみならずその法人若しくはその個人も亦前項に規定されたる罰金を科せられる。

〔〕公正取引委員会の管轄権〔〕

第九条　公正取引委員会は独占禁止法第七条、第二十条、第七十三条及第七十四条に基きこの法律の違反に対する適当な是正□〔措置？〕をとる権限を有する　同法第二十五条及び二十六条、第四十五条乃至第七十条、第七十五条及び第七十七条乃至第八十八条の規定は右の□□〔措置？〕の実施に必要なる手続に適用される。

〔資料5〕産業団体法案質問事項（総務課）

産業団体法案質問事項

（総務課）

1．第四条に掲げる活動の一又は二以上を行はない限りこの法律による産業団体とはみなされないか。

2．第五条に掲げる活動に携り、第四条に掲げる活動を行はない団体は如何に扱はれるか。

3．第四条及び第五条に掲げられた活動以外の活動のみを行う団体は如何に扱はれるか。

4．第四条に掲げる活動の範囲を拡張する意向はないか。

（例へば商事仲裁、共同広告、融資の斡旋等）

5．産業団体は、第四条に掲げる活動の外、第五条に禁止された活動以外の活動を行うことを妨げないか。

〔資料5〕　産業団体法案質問事項（総務課）

6．この法律による罰則の適用は、独禁法の手続を経由せずに行うことを妨げないか、又、両者の併行を妨げないか。

7．この法律と過度経済力集中排除法、閉鎖機関令との関係如何。排除法、閉鎖機関令による指定はこの法律による届出をした産業団体についても行われるか。

8．物調法附則による団体の指定が行われる限り、この法律は右団体には適用しないこととするか或はこの法律の施行を物調法附則による団体の指定を行わないことにした後にしなければならないと思うか如何。

Ⅲ　公正取引委員会と各省との折衝

〔資料6〕　一月一一日各省打合せ会協議事項〔今村メモ〕

〔一月十一日各省打合会協ギ事項〕

○一・六黄田氏　ウェルシュヨリ英文ヲ受トル、

○産業団体ノ問題、配給統制トノ関係ニツキ行政官庁ノ指導方針ヲハッキリサセル為メ、安本ニテＧＨＱトノ交渉ノ結果、コノ法案ガツキツケラレルコトニナッタ、

○沿革ニツイテ、安本中の事務官、

一、問題ノオコリ、一昨年十二月ノメモランダム、（民間ノ統制権ノトリ上ゲ、政府デヤレ、二ツノ例外、Gov. agency ト物調法ノ指定）――終戦後ノ統制方式ノ変革、指定生産資材割当規則、例外ハ物調法付則ノ指定、昨年三月限リデ民間統制ヲヤメロ、ト云フ見解、コレヲノバシテモラッタトコロ、日本政府不信任、閉サ一機関指定ノ政策ニトル、団体ノ動揺、コレラノ団体ハ戦後民主的ニ改□切換タノガ大部分、政府統制ニ強力シタノガ本来デアル、

二、八月上旬、質問書ヲ出シタ、〔産業団体ノ構成基準（連絡調整、調査、研究、進言、――割当ノ適正ヲ期ス）、コレニ該当スルモノニツイテハ閉サキ関ニシテ貰イ度クナイ、但シ実質的ナ統制ヲシテイタモノハシカタガナイ、ガソノ他ハカンベン願フ〕

反面政府自身デ割当ガデキルヨウニスル、物調官ノ増員等、カクテ十二月末迄ニ産業団体ヲ解体スルコトトシタ、然シ、ＧＨＱハ統制的キ能ヲ営ンデイルモノハ全部 close スル、ソノ代リ今後ノ産業団体ノキ準ハベツニダス、今後ハコレニ依ッテヤレ、――9月ノ指□

然ルニ政府職員ノ充実ハ三月、六月、ソレ以後ニナルモ出来ナイ（主トシテ予算関係）、之ニ対シＧＨＱヨリキツイ達シガアルラシイ、

三、新団体ノ基準、定款例ヲ示サレタ、コレヲ民間ニ非公式ニ示シテヤッテユキ度イ、大体法案第五条ト同ジ禁止事項、コレノ実施方式ニツイテギモンガアリ、之ヲ法律化スルコトニ十二月ニキマル、Mac. マデ行ッテイル、

今後ハ配給団体ヨリモット広ク、見テ、公取デヤレ、

新団体ハ政府デ割当ニ利用スルコトガデキナイ、自然政府ノ自主的割当ガ促進サレル、

○公取ノ立場――小山課長

一、当初公取ハ第五条丈デヨク、ソノ他ノ事ハ他ノ官庁デヤレバヨイ、ト考エテイタガ、今トナッテハヤラザルヲエナイ、配給統制トノ関係、切換ノ tempo ノ問題、産業官庁ガ推進、

二、法案ノ説明、サルウィン、ランド

(1)法案ニイワユル産業団体ガ第五条ノ行為ヲヤルコトガイケナイノカ

○如何ナル業者ノ団体モ五条ノ行為ヲシテハイケナイ、然シ業者ノ共同購入ハイイ、

○四条ニモ五条ニモ書イテナイコトハイケナイ方ダ、

○八条、九条ノ関係（告発ヲマッテヤル）

○コノ法律ト他ノ制度トノ関係

(イ)既存ノ法律ニ依ル制度、個別的な検討

(ロ)協同組合――協同組合法ニモトヅイテノ意味

(ハ)集中排除法、閉サキカン、全然関係ナシ

(ニ)物調法付則ノ団体、――例外、

独禁法ノ適用除外ト同ジ、

(ホ)四条ヲ広ク解スル

○統制団体、法令調整ノ関係――土井課長

○各省ハ、十五日迄ニ

イ、法案ニツイテノ質問、意見ヲ纏メテ来ルコト

ロ、関係組合法等ニツキ除外例ヲ必要トスルモノニツキ申出ルコト

〔資料7〕 経済同業団体法案立案方針（昭和二二年一月一五日）

経済同業団体法案立案方針（二二〔三〕、一、一五）〔安本、農林、商工、公取意見交換ノ結果〕

一 名称 経済同業団体

二 性格

〔○〕 1. 主として一定の事業分野〔競争関係〕に属する事業者の組織体□□□《又はそ》の連合体とする。従って地域的団体を含まない。〔＝商工会○○外○（外ス実益アリヤ）〕

2. 団体として独立の意志と活動を有することを要し当該事業の発達を目的とする公益的事業を遂行するものとする。〔私的利益ノ追究ヲ目的トスル○《コト》ヲ除ク〕

3. 法人格の有無及び根拠法規の如何を問はない。

4. 右の団体からは左のものを除外する。

〔○〕(1)　事業者間の単なる契約関係
〔○〕(2)　それ自身生産、配分、金融その他取引の主体であるもの〔会社等〕　〔当然除外〕

(3)　相互扶助を目的とする協同組合及び十五人以下〔未満〕の農民の結成する団体
(4)　特別の法令に基く団体であって個別的理由により除外を適当とするもの　〔適用除外〕

三　活動

〔○〕1　団体のなし得る活動は可及的に概括的に規定すると共に、政府がこれを利用できる者の明文を設ける。〔四条＝小修正□□〕

2　活動禁止事項は、なるべく具体的に規定する。但し活動制限については脱法禁止規定を広汎に適用できる如く規定する。

四　公正取引委員会との関係

1　登録制度の外公正取引委員会は団体から必要な報告を徴する規定を設ける。〔□□報告〕

2．公正取引委員会は団体に対して臨検、検査をなし得る規定を設ける。

〔○印ハGHQがOKトイウカドウカ〕

〔資料8〕　産業団体法案について（農林省）

産業団体法案について

農林省

産業団体法案については、左記の如く取扱はれ度い。

記

第一、事業者の中には原始産業者（農林水産業者）を含まないものとすること。尠くとも農林水産業者が相互扶助目的で結成した協同組合に準ずる団体関係にはこれを適用しないことゝすること。

理由　我国産業中特に零細性の甚だしい農林水産業者特に農民に対し、他の産業におけると同様にこの法律を適用することは不適当であり又同法の目的とする所でもないと考えられるから。

第二、産業団体は左の事項をなし得ることゝすること。

1、融資の斡旋並びに物資の購入及び販売の斡旋
2、1に附帯して必要な程度の商業用及び産業用施設の所有及び運営
3、価格に関する各方面の情報の播布
4、自主的な検査
5、試験研究用の施設の所有及び運営

第三、特別法に基く団体については左の如く措置すること。

〔資料８〕　産業団体法案について（農林省）

一、左のものは相互扶助を目的とする協同組合であるから産業団体法の適用から除外すること。

1、農業協同組合法に基く農業協同組合及び同連合会

2、農業団体法に基く市町村農業会、都道府県農業会、全国農業会、

産業組合法に基く農事実行組合、

蚕糸業組合法に基く養蚕実行組合

（以上のものは農業協同組合法の施行により経過的に存在するにすぎない。）

3、産業組合法に基く購買組合、販売組合、信用組合、利用組合、購買組合連合会、販売組合連合会、信用組合連合会、利用組合連合会及び以上の組合又は連合会の複合体

4、水産業団体法に基く漁業会、製造業会及び都道府県水産業会

（近く法律を改正し機構を民主的ならしめることゝなつている。）

5、森林法に基く森林組合及び同連合会

6、商工協同組合法に基く商工協同組合

7、林業会法に基く林産組合及び林業会

8、蚕糸業法に基く蚕糸協同組合及び蚕糸業会

二、左のものは近く根拠法規の改正と共に協同組合に改組されるものであり、それまでの間産業団体法の適用を除外すること。

1、馬匹組合法に基く馬匹組合及び同連合会

三、左のものはその構成員が事業者でなく、又はその性格において所謂産業団体と称することのできないものと考えられるから産業団体法の適用対象とはならないものと考えるが、この点を明瞭ならしめる如く取扱うこと。

1、牧野法に基く牧野組合

2、獣医師法に基く獣医師会

3、装蹄師法に基く装蹄師会

4、耕地整理法に基く耕地整理組合

5、水利組合法に基く水利組合

6、農業災害補償法に基く農業共済組合及び農業共済保険組合

7、漁船保険法に基く漁船保険組合

8、農業協同組合自治監査法に基く農業協同組合監査連合会

第四、なお以上のものは、とりあえず意見として提出したものであり、将来更にこれを追加訂正することある点を御諒承願い度い。

〔資料9〕　経済同業者団体法案に対する意見
（運輸省、昭和二三年一月一六日）

企第三四号
昭和二十三年一月十六日
運輸大臣官房法令審査室長
公正取引委員会調査部長　殿

経済同業者団体法案に対する意見について

当省の意見は別紙の通りであるから、よろしく取り計はれたい。

経済同業者団体法案に対する意見

一、法案第一条に規定する立法目的の趣旨を活かすために直接行政指導を担当する主管官庁を明確にし公正取引委員会に提出する設立通知の写を主管官庁にも送付せしめること、したい。

二、一条文を設けて適用除外の団体を規定すること。
　理由⑴第二条の（協同組合を除く）だけでは不明確である。
　⑵独禁法第二十四条との関係が不明確であること。
　⑶商工協同組合法による組合は除外されるか否か不明確である。

三、第四条についてはより一層抽象的に幅をもたせた表現に改め第五条の禁止規定は解釈上疑義のないように厳格に箇条書とすること。

四、経営者団体にも労働組合同様団体交渉権は認めるべきである。

五、同業者団体に小規模営業、共同購入等は許可せられたい。
　具体例
㈠全国観光連盟（地方には観光協会）
　⑴陳列室をもつことが施設をもつことになるか。
　⑵土産物売店をもつことが商業的行為となるか、これが出来ないと親睦団体の意義しか持たない。
㈡ホテル協会
　⑴什器の共同購入を行う場合がある。これが出来ないと親睦団体となる。
㈢鉄道業務中央会（駅の立売組合）
　⑴資材の共同購入、業務報告徴収、共同製造所（土壜、茶器等）を持っているがこれらが出来ないと親睦団体となる。

六、第二条の適用対象等を明確にされたい。
　1．本法の目的如何、独禁法との関係如何。
　2．四条規定以外の事業を営む団体は認められぬか。
　3．凡ゆる団体につき五条規定の活動を禁止しようとするのか。
　4．単一の社団、財団、会社等も本法の対象となるか。

5．現行民法、商法又は他の特殊法規との関係如何。（修正等を要するか。）

七、1．第四条ホ号の意味如何

2．第五条中

(イ)号福利厚生団体が事業を行うため厚生施設を有することは本号に該当するか。

(ロ)号(一)物価統制令による許認可は全国一円大体同一となるが四条ホ号に基きその団体が権限の委任をうけ行政官庁と交渉し会員代表としてその団体が料金の認可をうけること如何。

(ニ)号団体が検数料、検定料等に付き行政官庁の許可をうけてやる場合は該当するか。

(ヌ)号非合法手段の意味如何。

(タ)号第四条ヘ号の実施に協力することは会員活動の制限にならないか。

適用除外を希望する団体

（理由別紙記載）

(イ)本船保険組合（木船保険法）

(ロ)船舶運営会（戦時海運管理令）

(ハ)日本海事協会（財団法人）

(ニ)船舶公団（船舶公団法）

(ホ)日本海員財団（財団法人）

(ヘ)帝国水難救済会（社団法人）

(ト)日本潜水協会（〃）

(チ)水先人組合（水先法）

(リ)日本港湾荷役援護会（財団法人）

(ヌ)鉄道車輌工業協会

〔資料10〕同業者団体法（産業団体法）について（司法省民事局、昭和二三年一月一五日）

昭和二十三年一月十五日

司法省民事局

公正取引委員会事務局　御中

同業者団体法（産業団体法）について

標記の法律の立案については左の諸点を考慮せられたい。

一、法案第二条の同業者団体（産業団体）は同業組合的な性格をもつものとして、その範囲を明かにすること。特に事業者が現物出資あるいは営業譲渡等の方法により設立する商法上の会社は本法の同業者団体（産業団体）に包含されないようにすること。

二、法案第五条の禁止事項中独占禁止法の解釈により賄うことができるもの（例えば同条ロ、ホ、ト、リ、ソ項等）は適当に之を整理し、また同条イ項のような広汎な禁止及びチ項のような一定の場合に例外を認めることを相当とする禁止（例えば一定の要件の下に会員の除名を為しうるごとき）には適当な緩和規定を設けること。

三、本法違反行為の罰則については、独占禁止法の罰則との権衡を保つこと。独占禁止法第九十一条に定める刑の程度にては如何。

なお法案第八条中の「組合」解散の判決をなすについては、単に右の「組合」に本法違反行為があつたにとゞまらず、その存立を許すべからざる事由あることを要するものとすべく（商法第五十八条二項参照）、また「組合」の再設立禁止の判決は、禁止の範囲が不明確となるおそれがあるから、削除するを可とする。

四、本法の違反行為は、之を独占禁止法第八十九条、九十条に定める違反行為に比較すれば、その性質軽度であり、且本法の違反行為についても独占禁止法第八章第二節及び第九章に定める審判及び訴訟の手続を行うものとすると、公正取引委員会及び裁判所の負担を著しく加重する結果となるおそれがあるので、法案第九条に引用される独占禁止法第七十三条、七十四条、第四十五条、第四十六条の準用は相当であるが、その他の引用条文の準用は不適当と思われる。

五、既存の団体と本法との関係を明かにすること。

特に当省の関係においては、弁護士会が問題となるが、弁護士会は弁護士法に基き、弁護士の品位の保持及び弁護士事務の改善進歩を目的とし、司法大臣の認可の下に設立される法人であつて、その業務については司法大臣の監督に服するものであるから、経済民主化の見地から公正取引委員会の監督の下に置かれる本法の同業者団体（産業団体）とは性質を異にするので、弁護士会には本法の適用なきこと、なるよう立案せられたい。

〔資料11〕　同業者団体法案に対する司法省刑事局の意見

同業者団体法案に対する司法省刑事局の意見

第一、本法は第四条に掲げる事項以外の事項を目的として組織された同業者団体には適用がないか。

第二、本法にいう事業者とは独占禁止法第二条にいう事業者と同義であるか。

〇第三、本法第三条違反は単なる届出義務の違反に過ぎぬから、独占禁止法の条文と比較して見ると、この違反までも、公正取引委員会の告発を俟ち、且つ東京高等裁判所の専属管轄にする必要がないのではあるまいか。即ち各地方検察庁の管轄に属せしむるのを可としないか。

第四、本法第五条の規定する事項は独禁法第二章の規定と同趣旨のものであるが、第七条の規定からして、独禁法優先主義を採っていると考へて差支へないか。本法では独禁法に取り込めぬもののみを対象としていると見てよいか。

○第五、第四条は、能力規定であると考へられるが、この場合にも脱法行為があり得るか、これは第三条についても同様である。

○第六、本法の規定は独禁法の規定以上には出ぬと考へられる。然らば独禁法の最高刑（三年五万円―八十九条）を超えて四年二十万円とするは、不可ではあるまいか。

○第七、本法の団体には権利能力無き団体を含む趣旨であるから、第八条第二項の規定の用語には格別の配慮を必要とするものと解する。

○第八、組合の解散、設立の禁止の言渡は刑の言渡を為す場合のみに限るか、刑の言渡と独立してこれを為し得るか。後者を可とするは現行法体系から見て大に難点がある。従って公正取引委員会で行政処分としてこれら処分決定をするのが妥当ではあるまいか。

〔資料12〕 同業者団体法を当省関係団体に対し適用することに関する件（厚生省、昭和二三年一月一九日）

総発第四二号

昭和二十三年一月十九日

厚生大臣官房総務課長

公正取引委員会事務局長　殿

同業者団体法を当省関係団体に対し適用することに関する件

同業者団体法を当省関係団体に適用することに関し、左の通り意見を提出するから、よろしく取計われたい。

一、当省関係の経済団体中、不具者の義肢の製造を業とする義肢工業部門においては、各企業体はいづれも小規模企業であり、本部門か大企業に伍してその活動を継続するには商工協同組合法による組合を設立するか、又は事実上の組合を結成するか、いづれかの方法を執る以外に途はないのであるが、商工協同組合法は今日全面的に再検討を受け、それに依り難き事情にある。

従つて事実上の組合を結成する以外に途はないが、事実上の組合を結成しても、同業者団体法の適用を受け諸種の経済活動を制限されることになれば、義肢工業部門の生産継続が困難となるのは明かである。かくては社会において最も保護を必要とする不具者の保護に欠けることとなり、国民生活安定の見地より実に由々しき問題である。右の点に鑑み義肢工業部門には、本法の適用を除外するよう措置されることが望ましい。

二、社会保険関係の団体中健康保険組合連合会及び国民健康保険組合連合会が本法の同業団体に該当するか否かは、第二条の規定よりしては明かではない。もし該当するとした場合、これら団体は第五条に規定する諸種の経済活動を禁止されることとなるのであるが、これら団体はいづれも疾病その他の事故による消費に対処するための、相互扶助的精神に基く一種の消費組合であつて、協同組合的色彩の濃厚な健康保険組合又は国民健康保険組合の連合体であるから協同組合が本法の適用を除外されている趣旨に鑑み社会保険関係団体に対しては本法の適用を除外するよう措置されることが望ましい。

一、名称

健康保険組合連合会

二、根拠法令

健康保険法第四十二条ノ二

三、目的

健康保険法に基き会員（健康保険組合）共同して健康保険組合の発起を期するを以て目的とする。

四、事業概要

㈠健康保険に関する調査研究

㈡療養及び健康に関する施設並びに其の経費

㈢健康保険組合の事業の指導

㈣其の他本会の目的達成に必要なる事業

五、適用除外申請の理由

この団体は社会保険事業の運営を促進するために特別法の規定により設立せられている公の利益を増進するための団体であるから同業者団体法の適用をする必要がないものと認められる。

一、名称

国民健康保険組合連合会

二、根拠法令

国民健康保険法第三十八条

三、目的

国民健康保険組合が国民健康保険組合の共同の目的を達する

〔資料12〕　同業者団体法を当省関係団体に対し適用することに関する件（厚生省、昭和23年１月19日）

ことを目的とする。

四、事業概要

㈠国民健康保険組合の自治指導監査

㈡診療契約の締結

㈢診療報酬の審査

㈣保健施設の指導

㈤制度の趣旨普及宣伝

㈥調査研究

五、適用除外申請の理由

この団体に社会保険事業の運営を促進するために特別法の規定により設立せられている公の利益を増進するための団体であるから同業者団体法の適用をする必要がないものと認められる。

一　名称

財団法人　社会保険協会

二　目的

健康保険、厚生年金保険及び船員保険の被保険者其の他小額所得者の福利を増進し、社会保険の普及発達に資する施設を為すを以て目的となす。

三　事業概要

㈠健康保険、厚生年金保険及び船員保険の被保険者其の他小額所得者の健康保持増進上必要なる施設

㈡社会保険の普及発達に資する施設及び研究

㈢健康保険、厚生年金保険及び船員保険事業の円満なる遂行上必要なる施設

㈣其の他小額所得者の福利施設又は保健奨励上必要と認むる施設

四　適用除外申請の理由

この団体は社会保険事業の運営のために設立せられている公の利益を増進するための団体であるから同業者団体法の適用をする必要がないものと認められる。

一、名称

財団法人国民健康保険協会

二、目的

国民健康保険制度に関する趣旨の徹底を図り且その健全な発達を期することを目的とする。

三、事業概要

㈠国民健康保険に関する調査、研究

㈡国民健康保険組合及び国民健康保険組合連合会相互並びにこれと監督官庁との連絡

㈢国民健康保険組合で行う保健施設の指導援助
㈣国民健康保険に関する講習会、講演会、研究会等の開催
㈤国民健康保険に関する図書、印刷物等の刊行
㈥其の他必要と認める事業

四、適用除外申請
この団体は社会保険事業の運営のために設立せられている公の利益を増進するための団体であるから同業者団体法の適用をする必要がないものと認められる。

一、名称
財団法人　年金保険厚生団

二、目的
厚生年金保険の被保険者又は被保険者であった者若しくは保険給付を受くる者の福祉を増進するため必要な施設をなし、厚生年金保険事業の円満な遂行及び発展を図ることを目的とする。

三、事業概要
㈠福利厚生及び勤労文化の向上
㈡生活の相談及び援助
㈢職業の補導及び授産
㈣肢体不自由者の療護
㈤義肢の研究製作及び給与
㈥厚生年金保険制度の趣旨の普及及び宣伝
㈦その他本団の目的達成に必要な施設

四、適用除外申請の理由
この団体は社会保険事業の運営のために設立せられている公の利益を増進するための団体であるから同業者団体の適用をする必要がないものと認められる。

一、名称
財団法人　船員保険会

二、目的
船員保険事業の円満なる運行と共に健全なる発達を期し併せて船員の厚生を図るを目的とする。

三、事業概要
㈠関係官庁及び船舶所有者等との連絡を図ること。
㈡船員保険に関する講習会、研究会等の開催を為すこと。
㈢保険給付其の他船員保険に関する諸手続の指導及び斡旋を為すこと。
㈣船員保険に関する図書、印刷物等の刊行配付を為すこと。
㈤船員に対する福祉施設を為すこと。
㈥其の他必要と認むる事業。

四、適用除外申請の理由
この団体は社会保険事業の運営のために設立せられている公の利益を増進するための団体であるから、同業者団体法の適用をする必要がないものと認められる。

〔資料13〕同業者団体法案に関する件（労働省、昭和二三年一月一七日）

労働省発総第二号
昭和二十三年一月十七日

労働大臣官房総務課長

公正取引委員会事務局長　殿

同業者団体法案に関する件

標記法案に対し当省意見別紙の通り提出するから、然る可く御取計い願いたい。

同業者団体法案に対する意見（労働省）

本法案第四条第一項ホ号並に第五条第一項オ号は、次の理由により削除せられたい。

理由　一、特定の事件毎に会員の指定を受けて団体交渉をなすことは、事件の迅速且つ能率的な処理を困難ならしめる。

二、同一産業において労働協約が区々にわたらないことは、労働者側に必要のみならず事業家側にとつても公正な競争を齎らすもので望ましいことであり、労働組合法は団体交渉については労働組合の連合体が自主的に作つた規約に基いて団体交渉をなすべきであるとの方針の下にこの点については法的規制をしていない。之に対して本法案において個々の事業家に妥結協約に対する拒否権を与えることは団体交渉を個別化する傾向を招来すると共に労働関係の解決を紛争せしめる虞れがある。

三、労働組合との交渉を目的として構成された事業主団体については、その交渉権及び統制権は民主的手続により決定さるべき規約により自主的に決定することが望ましく、法律によりこれを一律に規制することは労働組合法との不均衡を来すので望ましくない。

〔資料14〕　同業者団体法（産業団体法）に対する意見について（大蔵省、昭和二三年一月一六日）

昭和二十三年一月十六日

大蔵大臣官房文書課長

公正取引委員会事務局総務部長　殿

同業者団体法（産業団体法）に対する意見について

標記の件につき、当省関係の意見左の通り回報する。

一、質問事項

㈠　一般的事項

1　本法は全体として、不明確であり、解釈に苦しむ点が多いが、本法制定の目的は同法第一条によれば同業者団体の正当な活動範囲を定めることと、公正取引委員会にその設立の通知をなさしめること、にあるとせられている。所で本法の適用を受ける団体の範囲は後述のように明確ではないが、今仮りに、凡そ二以上の事業者の結合があれば本法の適用を受けるものと考えて議論を進めるなら―活動範囲の限定という点では、同業者団体が第四条所定の如き活動をなし得ることは寧ろ当然のことであるから（同条の規定は同業者団体の性格を規定し、宣言する意味を持つ。）狙は主として第五条の禁止事項にあると思われるのであるが本条の規定は大体において私的独占の禁止及び公正取引の確保に関する法律（以下独占禁止法という。）の禁止規定を具体化したもののようであるので、この目的は独占禁止法の運用によって概ね達成し得るのではないかと思われる。又公正取引委員会への届出は、独占禁止法の運用に当る公正取引委員会として必要なことではあるが、そのためには単に独占禁止法の規定を改正して、追加すれば目的は達せられるのではなかろうか。要するに本法制定の目的は大体において従来の独占禁止法の活用によって達成せられるので、独占禁止法の外に更に本法を新たに制定する実益はあまりないように思われる。この事を遂に云うならば本法が同業者団体として定款、組合規約等を有し、団体として、明確な組織を備えているものに限らず、「契約による当事者の関係」（同法第二条）を有するにすぎないものにも適用あるものとする以上、本法の成立により、独占禁止法の私的独占、不当な取引制限の禁止等に関する規定は大部分本法によって吸収せられることとなり、その限度で独占禁止法の規定は不要に帰することとなるのではあるまいか。唯従来の経緯よりして同業者団体の性格を規定し、その構成基準を明かにすることは必要であるが、そのためには司令部の諒解の下に模範定款例のようなものを作り、それによつて事実上の指導をなすことによつて事が足りるのではないかと考えられる。以上約言すれば一方において今日同業者団体乃至産業団体のあるべき性格を明瞭ならしめ、積極的にその線に沿つて、再編成を指導すべき必要はこれを認めるが、そのためには右に述べた模範定款例のようなものを作り、これを一般に周知徹底せしめることにより事実上の指導を行うと共に、これを法的に確保するための手段としては公正取引委員会による独占禁止法の活用(要すればその一部改正)によつて充分目的が達せられるものと考えられるのである。

2 本法の適用を受ける同業者団体の範囲が明瞭でない。凡そ二以上の事業者の結合があれば直ちに本法の適用を受けるのか、或は明瞭に第四条所定の事項を目的とする団体のみが第五条の禁止を受けるのであるか。これらの点に関し、

イ 若し前者であるとすれば単に同業者の相互の親交を図り、業務の連絡を密にする程度にすぎない団体も本法の適用を受け、従つて第三条の届出を怠れば本法の罰則の適用を受けるのであるか。

ロ 若し、後者であるとすれば第四条所定の事項を目的とする団体のみが第五条の制限を受ける合理的理由如何。(若しこの立場をとればその他の団体は独占禁止法の禁止のみを受けることになるが、適用法規を異にすべき合理的理由ありや。)

ハ 第四条所定の事項を団体存立の目的とはしないが、副次的に同条所定の活動をも行う団体の取扱如何。

ニ 同業者団体は第五条の禁止規定に抵触しない限り、第四条所定の事項を超える活動をなし得るのであるか。(例えば社交的施設の保有、政府から割当を受けた物資の共同購入等。)

(二) 具体的事項

1 第六条について、─第三条及第四条に関し禁止事項、制限事項には要件を免れる行為とはどういう行為か。

2 第八条及び第九条について、─例えば第三条の届出義務違反に対しても一律に本条によつて罰するのは不当ではないか。

独占禁止法第九十六条の準用はないが本法の罰に関しても公正取引委員会の告発を訴訟条件となすべきではなかろうか。

又一の行為にして本法及び独占禁止法の両方に違反する場合は当然本法の罰に吸収されるものと解して差支ないか。

一般に罰則規定についてはもつと独占禁止法との関係を厳密に考慮し、法的な調整をはかるべきものと思う。

3　主税局関係

イ　税務代理士について税務代理士法第十条は税務代理士の報酬は所属税務代理士会の会則の定める所による旨を規定している。この規定は一応本法に抵触するものと思われるが、独占禁止法について同様の問題が起つた際は税務代理士は事業者に非ずとして同法の適用はないものと解釈せられた。本法についても同様の解釈を維持しうるものと思うが如何。

(この点については弁護士、計理士、医師等と同様の取扱がなさるべきであろう。)

ロ　日本税務協会が公正取引委員会によつて指摘せられているが、本協会は主として政府の補助金による財団法人で、主として税務その他一般財務に関する政府の施策の浸透徹底に協力することを目的とするものであるから本法適用の余地はないと考える。

4　理財局関係

証券取引所は証券業者を会員とする法人組織であるが、自由市場の設立を目的とする本取引所の如きものにも本法は適用の余地ありや。仮りに適用せられるとすれば、例えば同取引所は証券取引のための設備を有するが、このことが同法第五条イの「商業用施設の所有」として禁止せられることとなるであろうか。

5　銀行局関係

イ　農林中央金庫及び商工組合中央金庫は、二以上の団体から組織せられたものであるが、それ自体独自の業務を有するものであるから本法の適用を受けないものと解して差支えないか。(同金庫も形式的には二以上の団体の組織であり、且つ第四条所定の活動を副次的には行つている。)

ロ　今後金融業法の制定により同法に基いて成立する団体として現在信用協同組合及び協同組合銀行(何れも仮称)というものが考えられている。前者は協同組合の一として当然本法の適用除外を受けるものであり、後者については信用協同組合の連合会的なものと農林(商工組合)中央金庫のようにそれ自体独自の業務を行うものとが考えられているが、何れも本法の適用を受け《ない》るものと諒解したい。

ハ　貯蓄組合及び保険業法の改正によつて成立する保険組合については、何れも業者の組合ではないので、矢張り、同法適用の余地はないものと考える。

6　専売局関係（主として塩業組合に関して、）

イ　一般的にいつて法律の根拠に基き同業者団体を専売事業に協力させるという考え方は司令部に対して通用するか。（この点は協同組合についても同様問題になると思われるが、農業会解散後農業協同組合を供出米の集荷に利用することになつていることが参考になると思う。）この点に関し、

a　専売事業上同業者団体を利用経由して会員に行政上の趣旨徹底を行わせることは差支えないか。

b　政府の決定した価格を団体が播布することによつて各会員に通知することは第五条ロの規程に抵触するか。

c　特別法令に基いて同業者団体に対し、専売事業に協力させるため、第五条ハ、カ、ヨ、の禁止行為（例えば会員よりの定期報告の徴取等）を行わせることが出来るか。

ロ　非常災害の場合、同業者間の相互救済を行うという考え方は可能か。例えば特別法に相互救済に関する規定（同業者団体が団体員に融資する行為を含む。）を設け、同法を本法の適用除外とするようなことが可能か。

二、要望事項

㈠　質問事項において述べたように、本法の性格、殊に独占禁止法の関係で本法の占めるべき位置が明瞭でないから、殊に本法と独占禁止法との関係を明瞭ならしめるように、努められたい。この点につき第七条乃至第九条の規定は、形式的、実質的に再検討して、更めて成文化せらるべきものと考える。

㈡　第二条において同業者団体とは「第四条に掲げる事項の一つ以上を目的として組織された一切のものをいう。」としながら、他方第四条において「同業者団体は左の各号の一又はその二以上の活動をなすことが出来る。」となして相互に他方を予定し前提し合つているような規定の仕方をしているのは、形式的に不当である。第二条、第四条の字句を法文上明瞭ならしめると共に司令部の諒解の下、同業者団体の範囲を明瞭に押えて定義する際、右の形式的な不都合をも一掃せられたい。なお又この場合協同組合の範囲を明瞭ならしめること。（例えば先に述べた、信用協同組合、協同組合銀行等がこの協同組合に含まれることを明確ならしめること）及び農林（商工組合）中央金庫のような事業者の団体ではあるがそれ自体一個の金融機関として固有の業務を行うものにつき、形式的に本法適用の余地なかしめるよう法文上の考慮を払うことをお願いする。」

㈢　証券業協会について

証券取引法改正法律案において、証券業協会に関する規定

を設ける予定であり、同法案によれば証券業協会は証券業者が業務の運営、信用の向上その他証券業の発達を図る目的を以て組織するもので、証券取引委員会の登録を受けることになっているが、登録の際、定款、規約その他の規則において左に掲げる事項等を定めなければならないことになつている。

1　証券業者の地理的条件又は業務の種類に関する特別の事由により証券取引委員会の承認を受けて協会員の加入を制限する場合を除く外、証券業者は何人も協会員として加入することができるものであること。

2　法令に違反し又は公正な商業道徳に背馳した者は証券業者として加入することができず、又は協会員から除名せられるものであること。

3　不当な利得又は手数料若しくは費用の不当な定率を防止する等有価証券の売買を公正ならしめることを目的とするものであること。

然るに右12は同業者団体法第五条チに3は同条ロ及びソに抵触する虞がある〔。〕同法案は第二回国会再開早々上呈の予定であるが、これと同業者団体法との調整は至急に行われなければならないものと考える。証券取引法及び同法に基く証券業協会は、全然本法の適用から除外し、専ら証券取引委員会をしてその監督に当らせるという方法をとることは出来ないであろうか。

なお二以上の証券業協会が組織する証券業協会連合会についても、右に述べたことは全然同様に妥当するものである。

（因みに現在右の団体とは別個に事実上の団体として証券業協会及び同連合会なるものが存在しているが、証券取引法改正法律の施行と共に同法に基く登録を受けたもののみが、同法による証券業協会及び同連合会として同法の適用を受けることになるのであるから、これらの団体については登録を受けない限り全面的に同業者団体法を適用して差支えないものと考える。）

(四)　塩業組合について

同業者団体法が成立すれば塩専売法第十七条の七に規定する塩業組合の事業中塩業組合が将来も行うことが出来るものは同条第二号所定の事項（塩、苦汁、又は鹹水の製造に関する指導、研究及調査）に限ることとなる。塩業組合に関する規定は独占禁止法及び同業者団体法の趣旨に従い、本国会において改正する予定であるが、塩業組合としては少くとも次の三点において従来通りの事業乃至性格を維持してゆきたい希望である。

1　最少限度において、専売事業に協力させること例えば専売事業上必要な諸種の資料報告などを直接個々の業者から徴したり、価格決定通知等を直接業者に通知すること等を官庁ですべて行うとすれば徒らに事務の繁雑を来し、尨大な人員の増加を必要とするに至るので、単なる報告の取りまとめや通知情報の播布等は従来通り組合をして行わしめるように致したい。

2　災害発生の場合の共済規定を組合に設けさせることは政府が予算上の救済支出をなすことの困難な現状では是非必要なことであるので、この点も従前通りの相互救済を認められたい。

3　組合中には現に製塩用施設を有し、塩製造事業を為しているものがあるが、この点は直接同業者団体法第五条イに抵触する。

然してこの点についても矢張り従来通りの事業を継続させてゆきたい。

以上要するに塩業組合に関する規定を独占禁止法及び同業者団体法の精神に則って改正するとしても、少くとも右の三点に関しては、従来通りの性格を維持してゆきたい考えであるから、どうしてもこれらの点につき同業者団体法との関係で法的措置を必要とすることになる。塩業組合の規定を能う限り改正して、然る後同法の適用除外を求めるか、或は又協同組合とし全然新たに再編成を行うか、当方としては未だ確たる方針はないが、塩業組合の問題は本法の関係では当省として最も重要な問題であるから、これからの司令部との折衝及び法案作成に際し、特に御留意を煩わしたい。

（塩業組合に関する将来の法的取扱については特に専売局の担当官が貴方と連絡する筈である。）

三、その他の事項

㈠　貴方において作成した「非指定産業団体名」中当省関係のものにつき検討した結果、

1　生命保険協会、全国無尽協会、全国銀行協会連合会等各種金融機関の業態別の協会については同業者団体法の適用は差支えない。

2　証券引受会社協会は有価証券引受業法に基いて成立した証券引受会社により組織されたものであるが、同法は証券取引法改正法律の施行と共に廃止されるから、将来証券引受会社という特殊な業態は存続し得なくなり、従って同協会も自然消滅することとなる。唯問題は同業者団体法が証券取引法改正法律施行以前に施行せられた場合の極く経過的な取扱方法であるが、これについては同法の適用を受けさせて差支えないものと考える。

3　全国証券業協会連合会及び日本税務協会については既に述べた通り。

4　苦汁製品工業会及び日本塩業協会についても同法の適用差支えなし。

㈡ 1　酒類業組合法に基く酒類業組合は近く大部分が閉鎖機関に指定せられ、その廃止法律案を第二回国会に提出する予定であるから本法との関係はなくなる。唯将来自然発生的に酒類製造業者の団体が組織されるものと思われるが、同団体には本法の適用があつて差支えないものと考える。

2　酒類の一手買取販売を行う卸売業者団体（大日本酒類販売株式会社、各都道府県酒類販売株式会社外三―何れも現在物調法の指定を受けているもの）については酒類配給公団設立と同時に解散することになるので問題はない。（同公団は二月中旬発足の見込。）

㈢　なお、当省関係の団体で、本法の適用を受ける団体の実体調査は現在続行中、貴方より更めて照会あり次第回報する。

〔資料15〕 同業者団体法の適用を除外さるべき団体について（農林省金融課、昭和23年２月９日）〔14〕

Ⅳ 適用除外団体について

〔資料15〕 同業者団体法の適用を除外さるべき団体について（農林省金融課、昭和二三年二月九日）

同業者団体法の適用を除外さるべき団体について

二三、二、九

農林金融課

同業者団体法にいう同業者団体とは、同法第四条に掲げる事項の一つ又はそれ以上を目的として設立されたことを条件として居ることは、同法第二条の規定するところである。

従って、法律によって特定の目的を与へられ設立された団体は、たとへ同業者団体的な色彩があつても、この法律にいう同業者団体ではないわけであるから、当然この法律の適用を除外されるべきものと解釈される。

かゝるものとして、農林金融関係においては、次の二つがある。

1　農林中央金庫

大正十二年法律第四十二号農林中央金庫法により設立。

2　農村負債整理組合

昭和八年法律第二十一号農村負債整理組合法により設立。

参　考

組合金融協会と同業者団体法との関係について

この協会は、農村における協同組合の金融事業の整備拡充を図ることを目的として、昭和二十年十一月設立された社団法人、その目的達成のため、左の事業活動をするものである。

一、組合金融事業を営む者の行う預貯金の受入及び運用に関する連絡調整

二、組合金融事業の整備の促進

三、組合金融事業の機能の増進

四、組合金融事業に関する調査及び研究

五、その他組合金融の整備拡充に必要な事業

この協会の事業活動は、字句においては異るが、精神においては同業者団体法第四条中の項目に大体合致するものと考へられ、従ってこの協会は一応同業者団体法にいう同業者と解される可能性がある。而もこの協会の目的は法律によって特定されたものではないのである。然しこの協会の会員は中央の組合金融協会については農林中央金庫及び都道府県組合金融協会であり、都道府県組合金融協会については農業会及び産業組合であり、この協会は

同組合を構成員とするものである点に鑑みて、この法律の適用からは除外すべきものと考へられる。少くとも第五条ヨ（会員の事業内容の強制調査、若しくは所謂監査制の常設）に関する事項についてはこの法律の適用除外を認めるべきものと考へられる。

理由は、近く設立される農業協同組合がこの協会の会員となるものと予想されるが、農業協同組合については金融に関する統制規定が法律にないので現在の特異な金融事情の下においては組合金融が恣意に流れて金融事情を益々混乱に導くおそれがあり、それを防止する意味において将来何等かの法的措置が講ぜられるまではこの協会による強制調査乃至は監査の必要があるからである。

〔資料16〕　貸家組合、貸室組合（連合会を含む）につき事業者団体の適用除外に関する件（建設院建築局長、昭和二三年二月二五日）

建発第五二五号

昭和二十三年二月二十五日

建設院建築局長

公正取引委員会　御中

貸家組合、貸室組合（連合会を含む）につき事業者団体の適用除外に関する件

貸家組合、貸室組合（連合会を含む）は左の理由により事業者団体法制定の場合には適用除外の取扱されたい。

一、本組合は、貸家貸室の個人の所有者並びに経営者が貸家の供給の円滑と、経営の適正を図るため結成せられたるものにして、小規模事業者の相互扶助を目的としていること。

二、任意に設立され、且つ、組合員が任意に加入し、又は脱退することができること

三、各組合員が平等の議決権を有すること

四、組合員に対して利益分配を行う場合、その限度が定款によって六分以下と定められていること。

尚戦時中、時の要請に応じ付与せられた一部統制的機能（賃貸条件の統制の如き）は現在その機能を停止し、且つ独占禁止法公布施行後は同規定も無効となつたので、目下組合法につき改正立法措置を研究中である。

〔資料17〕　事業者団体法の適用除外を受くべき団体について（大蔵省、昭和23年２月16日）

〔資料17〕事業者団体法の適用除外を受くべき団体について（大蔵省、昭和二三年二月一六日）

大蔵大臣官房文書課長

公正取引委員会事務局総務部長　殿

昭和二十三年二月十六日

事業者団体法の適用除外を受くべき団体について

先般標記法案に関する打合会席上において、口頭御依頼のあつた適用除外団体の除外申請理由書英文三部提出の件について、当省関係の団体につき検討した結果、一応証券取引所及証券業協会につき、別紙の通り、英文理由書を提出することとするが、当省としてはなるべく左記方針に沿つて今後の対司令部折衝並びに同法案の起草を行わんことを希望し且つ御依頼する。

記

一、当省関係の団体中一応同法の適用除外の問題が起るものは証券取引所、証券業協会、農林中央金庫、商工組合中央金庫及び塩業組合であるが、証券取引所、農林中央金庫及び商工組合中央金庫については、「二以上の事業者を主たる構成員とし、当該構成員の属する事業の改善及び発達のためにする活動を行うことを以て主たる目的とするもの」となす事業者団体の定義を最広義に解釈した場合に一応形式的に該当するに止りこれらの団体が「事業者団体の正当な活動範囲を定め、」団体と構成員との関係の適正な調整を企図する事業者団体法の禁止せんとする如き団体的行動をとるということは夫々の目的から考えて到底想像し得られない所である。従つて証券取引所及び両金庫は本来同法の狙の外にあるものとして適用除外の要なきものと諒解致したい。証券取引所は貴方事務局試案の適用除外団体に掲げられているが、能うれば、別表には掲記しない方針を希望する。

二、証券業協会は一定の場合に会員の加入を拒否し、又は会員を除名する等の行為をなし得ること、及び地理的条件又は業務の種類に関する特別の事由により協会員の加入を制限することができる点において、或は事業者団体法において構想する団体の「正当な活動の範囲」を超える点があるとも考えられるが、元来同協会は証券取引委員会の厳重な監督に服するものであり、且つ、右の行為も「証券取引の公正確保及び投資者の保護」という同協会の目的に由来するものであるから、その精神において同業者団体法に抵触するものではない。従つて証券業協会についても一応適用除外の別表には掲記せず、単に運用上の諒解に待つという方向を希望するが、飽くまで同協会の権限が事業者団体としての活動範囲を超えているというのであれば右に述べた「証券取引の公正確保及び投資者の保護」という必要及び、証券取引委員会の専属的監督に服するものであるという理由によつて、同法の適用除外を求めないと考える。

三、塩業組合については全面的に協同組合として再編成し、同法の適用を排除しようとする方針の下に既に貴方の諒解を得て法的措置を考究中であるが、若し塩専売法中改正法律案の成立が遅れその施行が事業者団体法施行以後となるというような事態が生じた場合においては、協同組合への改組の過程にあるものとして経過的に同法の適用を除外する措置をとられたい。

〔資料18〕　塩業組合等を産業団体法（案）の適用除外団体とする理由について

塩業組合等を産業団体法（案）の適用除外団体とする理由について

塩業組合、塩業組合連合会及び塩業組合中央会は塩専売法の規定に依る塩業団体であるが、これらは協同組合の色彩を多分に有しては居るが、純然たる協同組合ではないため、産業団体法の適用を受けることになるが、塩業組合のうちには実際に製塩設備を所有して製塩事業を行つているものもあつて、これが産業団体法の制定に因りその適用を受けることになると俄かに製塩事業ができなくなるばかりでなく、塩需給面にも少なからざる影響を及ぼすこと、又塩業組合連合会及び塩業組合中央会は実際に製塩事業を行つているものではないが、臨時物資需給調整法に依る指定生産資材の割当補助団体としての指定を受けていること等により、この際は産業団体法の適用除外を受けるように考慮願いたい。

なお塩業組合等を純然たる協同組織体（塩業協同組合）とし、且つ昭和二十二年法律第五十四号（私的独占の禁止及び公正取引の確保に関する法律）の趣旨に適合せしめるよう塩業組合等に関する塩専売法の規定を今国会において改正するため目下諸般の準備手続をなしているが産業団体法の公布施行がより早くなることも考えられるので、この点からも右の適用除外を配意願いたい。

参　考

塩専売法第十七条ノ三　塩製造者、鹹水製造者又ハ製塩地所有者ハ塩及苦汁の専売事業ニ協力シ塩及苦汁ノ生産確保並ニ塩及苦汁ノ製造事業ノ改良発達ヲ図ル為共同ノ施設ヲ為ス目的ヲ以テ政府ノ認可ヲ受ケ塩業組合ヲ設立スルコトヲ得塩業組合ハ法人トス

同第十七条ノ十三　塩業組合又ハ命令ヲ以テ定ムル塩製造者若ハ鹹水製造者（資本金二十万円以上ノ法人タル者及専売局長官ノ

〔資料18〕 塩業組合等を産業団体法（案）の適用除外団体とする理由について

指定スル者）ハ其ノ共同ノ目的ヲ達スル為政府ノ認可ヲ受ケ塩業組合連合会ヲ設立スルコトヲ得

塩業組合連合会及命令ヲ以テ定ムル塩業組合（専売局長官ノ指定スル者）ハ其ノ共同ノ目的ヲ達スル為政府ノ認可ヲ受ケ塩業組合中央会ヲ設立スルコトヲ得

塩業組合連合会及塩業組合中央会ハ法人トス

V　事業者団体法案の作成

〔資料19〕事業者団体法案（第一次案）（昭和二三年一月二〇日）

㊙

事業者団体法案（第一次案）　昭二三、一、二〇

第一条　この法律は、事業者団体の性格を明らかにし、正当な活動範囲を定めると共に、届出制を実施することにより、事業者団体の健全な発達を促進することを以て目的とする。

第二条　この法律において事業者団体とは、一定《一又は相互に関連ある二以上》の事業分野に属する《の》二以上の事業者（商業、工業、金融業その他の事業を営む者をいう。以下同じ。）を主たる構成員（組合契約の当事者を含む。以下同じ。）とする営利を目的としない社団若しくは組合又はこれらの連合体であって、技術の向上、能率の増進その他当該分野における事業の改善及び発達のためにする活動を行うことを以て主たる目的とするものをいう。

前項の事業者団体には、財団であって一定の〇《〇又は相互に関連〔ある〕》事業分野に属する二以上の事業者が理事の任免又は重要な業務の執行を支配し、且つ前項に規定する活動を主たる目的とするものを含むものとする。

前項の事業者は、これを前項の〇《〇事業者》団体の構成員とみなす。

第一項の事業者団体には、法律の規定に基いて設立された相互扶助を目的とする協同組合（組合の連合会を含む。）を含まないものとする。

第三条　事業者団体を設立し又は解散したときは、法人にあってはその設立又は解散の登記の日より《から》三十日以内に、その他の団体にあってはその設立又は解散の日より《から》三十日以内に理事その他の代表者、代理《管理》人又は清算人は、命令の定めるところにより、その旨を公正取引委員会に届け出なければならない。

前項の規定による設立の届出には、左に掲げる書類を添附しなければならない。

一、当該団体の定款、寄附行為、約款、規約、規則又は契約書の写

二、理事、監事その他の役員の名簿

三、当該団体が特別の法令の規定に基いて設立された場合には、その説明書

第四条　事業者団体は、左の各号に掲げる活動の一又は二以上をすることができるものとする。

一、当該団体の構成員の自由意思による統計の報告を蒐集する制度を設け、これを実施し及びその結果を○公刊行すること。
二、技術上の研究を奨励し、技術に関する情報の交換を行い〔こと〕、且つ技術に関する資料及びその分析を○公刊行する
三、〔○政府その他の公の機関に意見を上申し又は答申することにより〕○商品の品質若しくは規格を改良し又は生産若しくは配分の能率を向上するための方法を政府その他の公の機関に上申し、又はその要求に応じて答申すること。〔の向上に寄与すること〕
四、当該団体の目的を達成するために必要な啓蒙又は宣伝を行うこと。
五、労働組合に対する団体交渉において、委任を受けた範囲において事業者を代理し○〔て〕交渉の当事者となること〔すること〕。
六、昭和二十二年法律第五十四号「私的独占の禁止及び公正取引の確保に関する法律」（以下私的独占禁止法という。）第七十一条の規定による公正取引委員会の職務の遂行に協力すること。

第五条　事業者団体は、左の各号に掲げる活動をしてはならない。
一　原材料又は注文の割当その他の方法により生産又は配給を統制すること。
二　私的独占禁止法第四条第一項各号若しくは第六条第一項第二号に掲げる事項を内容とする地方的、全国的若しくは国際的協定をし、〔すること、二―二〕その他当該団体の構成員とこれに物資、資金その他の経済上の利益を供給する者若しくは顧客との関係又は当該構成員及び競争者との関係について、取引を制限し、又は対価を統制する効果を有する協定その他の事業協定をすること。但し、前条第五号に掲げる場合はこの限りでない。
三　将来の価格を統制し又はその効果を有する価格表を配布すること。
四　顧客又は当該団体の公認し若しくは推薦した配給業者の表を配布すること。
五　当該団体の構成員に対して、その機能若しくは活動を制限し、事業活動に関する一切の報告の提出を強要し、又はその事業内容を強制的に調査し若しくは監査すること。
六　営利を目的として施設を利用し又は株式（社員の持分を含む。）若しくは社債を所有すること。
七　融資をし又は前貸をすること。
八　代理店契約の当事者となること。
九　特許権を所有し若しくは支配し又は当該団体の特定の構成員のために特許発明の実施若しくは共同利用に必要な便宜を供すること。
十　当該団体の構成員であるとないとに拘らず、特定の当事者に不利益を与える表を作成し、事業若しくは信用の状態を誤り伝えるに役立つ情報を弘め、又は事業者の数を制限するこ

と。

十一　違法な手段により立法又は政府の政策に影響を与えること。

十二　前各号に掲げるものの外、私的独占禁止法の規定に違反する行為

第六条　事業者団体は、命令の定めるところにより、公正取引委員会に対して年次事業報告を提出しなければならない。

第七条　何等の名義を以てするかを問わず、この法律の適用を免れる目的を以て、第二条に規定する事業者団体でない団体を設立し又は組織してはならない。

　何等の名義を以てするかを問わず、第五条の禁止を免れる行為をしてはならない。

第八条　公正取引委員会は、この法律の適正な運用を図るため、事業者団体又はその役員若しくは職員に対し、出頭を命じ、又は必要な報告、情報若しくは資料の提出を求めることができる。

第九条　公正取引委員会は、事業者団体の事務所その他必要な場所に臨検して、業務及び財産の状況、帳簿書類その他の物件を検査することができる。

　公正取引委員会が相当と認めるときは、命令を以て定める公正取引委員会の職員をして、前項の処分をさせることができる。

　前項の規定により職員に臨検検査をさせる場合には、これに証票を携帯させなければならない。

第十条　この法律の規定は、左に掲げる事業者団体には、これを適用しない。

一　特別の法令に基いて設立された団体であって、政令で定めるもの。

二　臨時物資需給調整法附則第二項に基いて、指定された団体

三　閉鎖機関令第一条の規定により指定された団体

四　昭和二十年勅令第五百四十二号に基く命令に基く団体

〔第五条の規定は、昭和二十二年法律第一三八号（私的独占の禁止と公正取引の確保に関する法律の運用□□に関する法律）によって私的独占禁止法の適用を除外された行為にはこれを適用しない〕

第十一条　第五条の規定に違反する行為があるときは、公正取引委員会は、事業者団体に対し、当該行為の差止めその他当該行為の排除に必要な措置を命ずることができる。

　前項の場合においては、公正取引委員会は、私的独占禁止法第八章第二節に規定する手続に従はなければならない。

　私的独占禁止法第七十五条、第七十七条乃至第八十三条及び第八十六条乃至第八十八条の規定は、前項の場合にこれを準用する。

第十二条　第五条の規定に違反する行為をした事業者団体は、被害者に対し損害賠償の責に任ずる。

〔資料19〕　事業者団体法案（第１次案）（昭和23年１月20日）

私的独占禁止法第二十五条第二項、第二十六条及び第八十四条の規定は、前項の場合にこれを準用する。

第十三条　左の各号の一に該当する訴訟については、第一審の裁判権は、東京高等裁判所に属する。

一、第十二〔前〕条第一項の規定による損害賠償に係る訴訟

二、第十五条に係る訴訟

前項の訴訟事件は、私的独占禁止法第八十七条第一項の規定により東京高等裁判所に設けられた裁判官の合議体が取り扱うものとする。私的独占禁止法第八十八条の規定は、第一項に規定する事件に関する裁判に対して、これを準用する。

第十四条　私的独占禁止法第七十三条及び第七十四条の規定は、この法律の規定に違反する犯罪について、これを準用する。

第十五条　左の各号の一に該当する者は、これを二年以下の懲役又は三万円以下の罰金に処する。

一、第五条の規定に違反する行為をした者

二、第七条第一項の規定に違反して団体を設立し又は組織した者

三　第七条第二項の規定に違反した者

前項の未遂罪は、これを罰する。

第十六条　第三条の規定に違反し届出を怠った者は、これを一年以下の懲役又は二万円以下の罰金に処する。

第十七条　前二条の罪を犯した者には、情状により懲役及び罰金を併科することができる。

第十八条　第九条の規定による検査を拒み、妨げ、又は忌避した者は、六月以下の懲役又は千円以下の罰金に処する。

第十八条ノ二　法人でない社団又は財団が、第十五条、第十六条又は第十八〔前〕条の違反行為をしたときは、各本条の罰金刑は、その社団又は〔財団の〕財団〔産〕についてこれを執行することができる。

第十九条　法人の代表者又は法人若しくは人の代理人、使用人その他の従業者が、その法人又は人の業務又は財産に関して、第十五条、第十六条及び前条〔第十八〕違反行為をしたときは行為者を罰する外、その法人又は人に対しても、各本条の罰金刑に〔を〕科する。

前項の規定は法人でない社団又は財団で、代表者又は管理人の定があるものについてこれを準用する。

第二十条　第十五条の罪は、公正取引委員会の告発を待って、これを論ずる。私的独占禁止法第九十六条第二項及び第四項の規定は、前項の告発にこれを準用する。

公正取引委員会は、第一項の告発をするに当り、その告発に係る犯罪について、第二十二条の宣告をすることを相当と認めるときは、その旨を告発の文書に記載することができる。

第二十一条　第八条の規定による公正取引委員会の処分に違反して出頭せず、報告、情報若しくは資料を提出せず、又は虚偽の

報告、情報若しくは資料を提出した者は、これを五百円以下の過料に処する。

第二十二条　第十五条の場合において、裁判所は団体の存立を許すべからざる事由があると認めるときは、刑の言渡と同時に、当該団体の解散を宣告することができる。

第二十三条　私的独占禁止法の規定及びその規定に基く公正取引委員会の権限は、この法律の規定によって変更されることはない。

附　則

第二十四条　この法律の施行の期日は、命令を以て、これを定める。

第二十五条　この法律施行の際現に事業者団体であるものは、命令の定めるところにより、この法律施行の日から三十日以内に、その旨を届け出なければならない。

第二十六条　この法律施行の際現に存する契約で、第五条の規定に違反するものは、この法律施行の日からその効力を失う。

第二十七条　この法律施行の際事業者団体の現に所有する株式（社員の持分を含む。）若しくは社債又は特許権の処置については、命令を以てこれを定める。

第二十八条　左の各号の一に該当する者は、これを一年以下の懲役又は五千円以下の罰金に処する。

一、第二十五条の規定に違反した者

二、前条の規定に基く命令に違反した者

第二十九条　法人の代表者又は法人若しくは人の代理人、使用人その他の従業者が、その法人又は人の業務又は財産に関して、前条の違反行為をしたときは、行為者を罰する外、その法人又は人に対しても同条の罰金刑を科する。

前項の規定は法人でない社団又は財団で、代表者又は管理人の定があるものについてこれを準用する。

〔資料20〕事業者団体法案質問事項（公正取引委員会、昭和二三年一月二六日）

事業者団体法案質問事項　（二三、一、二六）

一、本法案の目的として、事業者団体の性格を明にすること、その正当な活動範囲を定めること及び届出制を実施することの三点を規定したいが貴見如何。

二、事業者団体とは、同業者の結合を主とする団体と解し、従って異業者の地域的結合団体を含まないものと考へるが差支へないか。

三、事業者団体の法的形態は営利を目的としない社団、財団及び組合に限ることとし、それ以外のものは脱法禁止規定で捕捉することとしたいが貴見如何。

四、除外すべき協同組合は、必ずしも法律の規定に基くものに限らず、実質上相互扶助を目的とする組合を意味すると解して差支へないか。

五、法案の建て方として、事業者団体の定義を独立に規定し、定義に該当する団体は貴案第四条の活動をなし得るものと規定したいが貴見如何。

六、届出制は事業者団体の解散の際もこれを要するものと規定して差支へないか。

七、貴案第四条及び第五条に掲げた活動で事業者団体の一切の活動を包含するとは解せられないが（例へば商事仲裁、融資の斡旋、顧客の信用状況の調査、政府及び立法府との一般的接触、売掛金の代理取立等）、五条で禁止されない活動は四条に明示されていなくとも直ちに違法とはされないと解して差支へないか。

八、事業者団体は労働組合法第十九条に所謂「使用者の団体」の一つと解して差支へないか。若し然りとすれば、貴案第四条七項但書の如く使用者団体の性格を規定することは、本法案の問題外と思はれるが如何。

九、貴案第五条（f）項の“cooperative licensing agent”の意味如何。

十、公正取引委員会は、事業者団体に対して、臨検、検査の権限をもつ旨の規定を設けたいが、貴見如何。

十一、本法案の適用除外をすべき団体の具体的指定は政令で行って差支へないか。

十二、貴案第八条第一項によれば、組合の解散及び再設立の制限は、判決において宣告するを要するが如くであるが、「団体の存立を許すべからざる事由」ある場合に限り公正取引委員会の審決を以てこれを命ずる規定に変更して差支へないか。

〔資料21〕　事業者団体法案に関するサルウィンとの交渉経過〔今村メモ〕

事業者団体法案ニ関スルサルウィントノ交渉経過

午前

一、第一条変更ノ件、

○「健全ナ発達」ノ促進ハ目的デハナイ、

サルウィン、　団体ハ殆ンド全部ガ独禁法違反ヲヤッテ居ル、
コレラノ団体ヲ discourage スルノガ目的デ
encourage スルノガ目的デハナイ、bad boy ガ

g.b. ニハナラナイ

ランド、disc. モ enc.〔モ〕シナイ、団体ノアルベキ姿ヲ示スモノダ、

○「性格ヲ明ラカニスル」モ不要ナ事ダ、

○結論＝第一条丈デハ議論ニナラナイ

○「届出ヲ実施スル」デハ足リナイ、F.T.C. ヲ省略シテハイケナイ、（サル）

二、第二条、

○会社ヲ含メ度クナイ、何故、――株主ガ事業者デナケレバヨイ、会社ガ入ッテ何故困ル、theoretical ナ議論デハ駄目デpractical ナ例ヲアゲヨ、

○二条四条切離シ論

理由――逃ゲ穴ヲツクル、四／五ハ事業者団体、五条ノミハカカラナイ、

午前中ハ納得シナイ

一、第三条、

解散届出ハ賛成、

一、第四条、労働協約、労働組合法変更ノ意思アリヤ、

午後、

一、二条四条分離論賛成

mutual aid ノ為メニ共同ノ business interest ヲ promote スルタメノ団体デソレガ四条ノ行為ヲナス

mutual aid ハオカシイ、Rand 曰ク日本ノ同業組合ノ通用語ダカラ、

一、四条、

限定列挙ニ変更

政府トノ折衝ハ入レテモイヽ、lobbying（サル）

ランドハ反対、

構成員個々ノ為メノ service ニツイテモ書イテナイノハ困リハセヌカ、（個人ノ行為）

第一問第一条削除案、第二問否、第三問 no. 第四問 no.（原案デオス）

第五条 o.k.　第六問 o.k.　第七問　中間ハナイ

財団ハ株ヲモッテハイケナイ（公債丈ハヨイ）

会議所ガ office ヲモツコトハイヽ（一部ヲ貸シテモイヽ）

商工会議所、優良店表彰ハヨイ、博覧会、共進会ノ為メノ臨時的議会

八、労働組合ノ問題ハ賛成　七、Patent licence ap.

〔資料22〕第四条参考案（手書き）

第四条　参考案

一、構成員の事業経営に役立つ調査を行い、構成員より、その為めに必要な統計資料の自発的提供を受けること

二、技術に関する研究を奨励し、情報を交換すること

三、構成員の事業の経営に役立ち、又は《且つ》当該事業の能率技術《○その》を向上せし《させ》めるような統計的《及び》技術的又は科学的《上の》資料又は《及び》○分析を提出する報告を公刊すること

〔資料23〕事業者団体法案（第二次案検討案）（昭和二三年一月三〇日）

事業者団体法案（第二次案）　二三、一、三〇

第一条　この法律は、事業者団体の正当な活動の範囲を定めて、その在り方を明かにし、併せて公正取引委員会に対する届出制を実施し、以て事業者団体の健全な発達を図ることを目的とする。

第二条　この法律において事業者団体とは、二以上の事業者（商業、工業、金融業その他の事業を営む者をいう。以下同じ。）を主たる構成員（社員、○《○社員に準ずる者、》株主及び組合契約の当事者をいう。以下同じ。）とする社団又は組合であって、技術の向上、○《○経営》能率《の改善、》の増進その他当該構成員の事業に関する共同の利益を促進《のために》するための《する》活動を行うことを以て主たる目的とするものをいう。

二以上の事業者が理事の任免又は重要な業務の執行を支配している財団であって、当該事業者の事業に関する共同の利益を促進するための活動を行うことを以て主たる目的とするものは、これを前項の事業者団体とする。この場合において、当該事業者は当該団体の構成員とみなす。

事業者団体の連合体は、これを第一項の事業者団体とみなす。

商工協同組合、農業協同組合その他事業者の相互扶助を目的とする協同組合○《○（組合の連合会を含む）》○は、第一項の事業者団体から除くものとする。

第三条　事業者団体が、成立し又は解散したときは、その設立又は解散の日より三十日以内に、理事その他の代表者又は清算人（破産による解散の場合にあっては、破産管財人）は、命令の定めるところにより、その旨を公正取引委員会に届け出なけれ

ばならない。

前項の規定による設立の届出には、左に掲げる書類を添附しなければならない。

一　当該団体の定款、寄附行為、規約又は契約の写

二　理事、監事その他の代表者の名簿

三　当該団体が特別の○法令の規定に基いて設立されたものである場合には、その規定を記載した書類

第四条　事業者団体は、左の各号の一、又は二以上の活動を行うことができる。

一　構成員が統計を自発的に報告する制度を設定し、これを運営し、及び技術に関する研究を奨励すること。

二　技術に関する情報を交換し、及び構成員の事業の経営に役立ち且つ当該事業の能率を向上するような統計及び技術上の資料を刊行すること。

三　政府その他公の機関に上申することにより、商品の品質、《質の改善、》若しくは規格の改良又は生産若しくは配分の能率の向上に寄与すること。

四　当該団体の目的を達成するために必要な啓蒙《発》又は宣伝、○請願、建議○を行うこと。

五　労働組合に対する団体交渉において、構成員を代理して交渉すること。

六　昭和二十二年法律第五十四号「私的独占の禁止及び公正取引の確保に関する法律」（以下私的独占禁止法という。）第七十一条の規定による公正取引委員会の職務の遂行に協力すること。

第五条　事業者団体は、左の各号の一に該当する活動を行ってはならない。

一　原材料又は注文の割当その他の方法により、生産又は配給を統制すること。

二　私的独占禁止法第四条第一項各号の一に該当する事項を内容とする地方的な若しくは全国的な協定又は同法第六条第一項各号の一に該当する事項を内容とする国際的な協定を形成○し又はこれに加入○すること。

三　構成員相互の間、構成員とこれに物資、資金その他の経済上の利益を供給する者若しくは顧客との間又は構成員とその競争者との間に、自由な取引を拘束し又は対価を統制する虞のある契約、協定その他の合意を形成すること。

四　構成員に対して、その事業活動、事業設備若しくは経理に関する報告の提出を強要し又はその事業内容を強制的に調査し若しくは監査すること。

五　構成員の機能又は活動を制限すること。

六　将来の対価及び販売条件又は顧客の分類に関する情報の配

〔資料23〕　事業者団体法案（第２次案検討案）（昭和23年１月30日）

布、小売業者別小売価格の公表その他の方法により、対価を統制すること。

七　○《特定の》○配給業者□《を》公認又は推薦《するための》の表の配布、構成員その他の事業者に利益を与える《を□□するための》表の作成、構成員以外の事業者の事業内容又は信用状態を誤り伝える情報の弘布その他の方法により事業者の数の制限を企図すること。

八　事業者《営業用の》の用に供する施設を所有し若しくは支配《経営》し、又は株式（社員の持分を含む。）若しくは社債を所有すること。

九　特許権を所有し若しくは支配し、又は特許発明の実施若しくは共同利用に必要な施設その他の便宜を供すること。

十　構成員その他の事業者のために、融資をし又は前貸をすること。

十一　構成員その他の事業者のために、代理商となり又は事業に関する契約をなす《する》こと。

十二　違法な手段により、立法又は政府の政策に影響を与えること。

十三　前各号に掲げるものの外、私的独占禁止法の規定に違反する行為

事業者団体は、何等の名義を以てするかを問わず、前項の禁止を免れる行為をしてはならない。

第六条　事業者団体は、命令の定めるところにより、公正取引委員会に対し、年次事業報告を提出しなければならない。

公正取引委員会は、この法律の適正な運用を図るため、事業者団体又はその役員その他の代表者若しくは職員に対し、出頭を命じ、又は必要な報告、情報若しくは資料の提出を求めることができる。

第七条　この法律の規定は、左に掲げる事業者団体には、これを適用しない。

一　特別の法令に基いて設立された団体であって、政令で定めるもの。

二　臨時物資、需給調整法付則第二項の規定により指定された《ている》団体

三　閉鎖機関令第一条の規定により指定された団体

四　昭和二十年勅令第五百四十二号に基く命令に基く団体

第五条の規定は、昭和二十二年法律第百三十八号「昭和二十二年法律第五十四号私的独占の禁止及び公正取引の確保に関する法律の適用除外等に関する法律」第一条の規定により、私的独占禁止法の規定が適用されない行為については、これを適用しない。

第八条　第五条の規定に違反する行為があるときは、公正取引委員会は、事業者団体に対し、当該行為の差止め、資産の処分その他当該行為の排除に必要な措置を命ずることができる。

私的独占禁止法第四十五条乃至第六十四条、第六十九条、第七十五条、第七十七条乃至第八十三条、第八十五条及び第八十六条乃至第八十八条の規定は、前項の場合に、これを準用する。

第九条　第五条第一項各号の一に該当する活動を行い、又は同条第二項の行為をした事業者団体は、被害者に対し、損害賠償の責に任ずる。

私的独占禁止法第二十五条第二項、第二十六条及び第八十四条の規定は、前項の場合に、これを準用する。

第十条　私的独占禁止法第七十三条及び第七十四条の規定は、この法律の規定に違反する犯罪について、これを準用する。

第十一条　左の各号の一に該当する訴訟については、第一審の裁判権は、東京高等裁判所に属する。

一　第九条の規定による損害賠償に係る訴訟

二　第十二条の罪に係る訴訟

前項に掲げる訴訟事件は、私的独占禁止法第八十七条第一項の規定により、東京高等裁判所に設けられた裁判官の合議体が取り扱うものとする。

私的独占禁止法第八十八条の規定は、第一項に掲げる訴訟事件に関する裁判について、これを準用する。

第十二条　第五条の規定に違反した者は、これを二年以下の懲役又は三万円以下の罰金に処する。

第十三条　第三条の規定に違反して届出を怠った者は、これを一年以下の懲役又は二万円以下の罰金に処する。

第十四条　事業者団体の、代表者又はその管理人、使用人その他の従業者が、当該団体の業務又は財産に関して、前二条の違反行為をしたときは、行為者を罰する外、その事業者団体に対しても各本条の罰金刑を科する。

前項の規定は、《により罰金刑を科せられる団体が》そのものが法人でない社団又は財団であるときは、代表者又は管理人の定があるものについて、その団体を被告人とすることができる。

法人でない団体に対し罰金を言渡した場合においては、罰金刑は、社団の社員の総有に属する財産又は財団の財産について、これを執行することができる。

第十五条　第十二条の罪は、公正取引委員会の告発を待って、これを論ずる。

私的独占禁止法第九十六条第二項及び第四項の規定は、前項の告発に、これを準用する。

公正取引委員会は、第一項の告発をするに当り、その告発に係る犯罪について、第十七条第一項の宣告をすることを正当と認めるときは、その旨を告発の文書に記載することができる。

第十六条　左の各号の一に該当する者は、これを五百円以下の過料に処する。

〔資料23〕　事業者団体法案（第２次案検討案）（昭和23年１月30日）

一　第六条第一項の規定による報告を提出せず又は虚偽の報告をした者

二　第六条第二項の規定による公正取引委員会の処分に違反して出頭せず、報告、情報若しくは資料を提出せず、又は虚偽の報告、情報若しくは資料を提出した者

第十七条　第十二条の場合において、裁判所は、事業者団体の存立を許すべからざる事由があると認めるときは、刑の言渡と同時に、当該団体の解散を宣告することができる。

　前項の規定により裁判所が事業者団体に対し解散を宣告した場合には、他の法令の規定又は契約その他の定にかゝはらず、当該団体は、その宣告により解散する。

第十八条　私的独占禁止法の規定及びその規定に基く公正取引委員会の権限は、この法律の規定によって変更されることはない。

　附　則

第十九条　この法律の施行の期日は、命令を以て、これを定める。

第二十条　この法律施行の際現に事業者団体であるものについては、この法律施行の日より三十日以内に、理事その他の代表者は、命令の定めるところにより、その旨を公正取引委員会に届け出なければならない。

　前項の規定による届出には、第三条第二項各号に掲げる書類を添附しなければならない。

第二十一条　この法律施行の際現に存する契約で、第五条の規定に違反するものは、この法律施行の日から、その効力を失う。

第二十二条　この法律施行の際現に事業者団体の所有する株式（社員の持分を含む。）又《若しく》は社債〇《〇又は営業用の施設》の処置については、命令を以てこれを定める。

第二十三条　この法律施行の際現に事業者団体の所有する特許権の処置については、命令を以てこれを定める。

第二十四条　左の各号の一に該当する者は、これを一年以下の懲役又は五千円以下の罰金に処する。

一　第二十条の規定に違反した者

二　前二条の規定に基く命令に違反した者

第二十五条　事業者団体の代表者又はその管理人、使用人その他の従業者が、当該団体の業務又は財産に関して、前条の違反行為をしたときは、行為者を罰する外、その事業者団体に対しても同条の罰金刑を科する。

　第十四条第二項及び第三項の規定は、前項の場合に、これを準用する。

〔資料24〕　事業者団体法案（第二次案）（昭和二三年二月二日）

㊙

事業者団体法案（第二次案）　二三、二、二

第一条　この法律は、事業者団体の正当な活動の範囲を定めて、その在り方を明かにし、併せて公正取引委員会に対する届出制を実施し、以て事業者団体の健全な発達を図ることを目的とする。

第二条　この法律において事業者団体とは、二以上の事業者（商業、工業、金融業その他の事業を営む者をいう。以下同じ。）を主たる構成員（社員、社員に準ずるもの、株主又は組合員をいう。以下同じ。）とする社団又は組合であつて、技術の向上、能率の増進その他当該構成員の○[○属する]事業に関する共同の利益のために○[○する]活動を行うことを以て主たる目的とするものをいう。

二以上の事業者が理事の任免又は重要な業務の執行を支配している財団であつて、当該事業者の事業に関する共同の利益を[の]促進するための[にする]活動を行うことを以て主たる目的とするものは、これを前項の事業者団体とする。

この場合において、当該事業者は、当該団体の構成員とみなす。

事業者団体の連合体は、これを第一項の事業者団体とみなす。

商工協同組合、農業協同組合その他事業者の相互扶助を目的とする協同組合（組合の連合体[会]を含む。）は、第一項の事業者団体から○[○これを]除くものとする。

第三条　事業者団体が、成立し又は解散したときは、その設[成]立又は解散の日より三十日以内に、理事、管理人その他の代表者○[○（代表者の定めのない団体においては構成員を含む）]又は清算人（破産による解散の場合にあつては、破産管財人）は、命令の定めるところにより、その旨を公正取引委員会に届け出なければならない。

前項の規定による設[成]立の届出には、左に掲げる書類を添附しなければならない。

一　当該団体の定款、寄附行為、規約又は契約の写

二　理事、管理人その他の代表者の名簿

三　当該団体が特別の法令の規定に基いて設立されたものである場合には、その規定を記載した書類

第四条　事業者団体は、左の各号の一又は二以上の活動を行うことができる。

一　構成員の事業の経営に役立つ調査を行い、[及び]構成員よりそのために必要な統計資料の自発的提供を受けること。

二　技術に関する研究を奨励し及び技術に関する情報を交換す

ること。

三 構成員の事業の経営に役立ち且つ当該事業の能率を向上させるような統計、技術上の資料及びその分析を公刊すること。

四 政府その他公の機関に上申することにより、商品の品質の改善、規格の改良又は生産若しくは配分の能率の向上に寄与すること。

五 当該団体の目的を達成するために必要な啓発、宣伝、請願又は建議を行うこと。

六 労働組合に対する団体交渉において、構成員を代理して交渉すること。

七 昭和二十二年法律第五十四号「私的独占の禁止及び公正取引の確保に関する法律」（以下私的独占禁止法という。）第七十一条の規定による公正取引委員会の職務○〔○の〕遂行に協力すること。

第五条 事業者団体は、左の各号の一に該当する活動〔行為〕を行つてはならない。

一 原材料又は注文の割当その他の方法により、生産又は配給を統制すること。

二 私的独占禁止法第四条第一項各号の一に該当する事項を内容とする地方的な若しくは全国的な協定又は同法第六条第一項各号の一に該当する事項を内容とする国際的な協定を形成○（し又は○それに加入○）すること。

三 構成員相互の間、構成員とこれに物資、資金その他の経済上の利益を供給する者若しくは顧客との間又は構成員とその競争者との間に、自由な取引を拘束し又は対価を統制する虞のある契約、協定その他の合意を形成すること。

四 構成員に対して、その事業活動、事業設備若しくは経理に関する報告の提出を強要し又はその事業内容を強制的に調査し若しくは監査すること。

五 構成員の機能又は活動を制限すること。

六 将来の対価及び〔若しくは〕販売条件又は顧客の分類に関する情報の配布、小売業者別小売価格の公表その他の方法により、対価を統制すること。

七 特定の配給業者を公認し又は推薦するための表の配布、構成員その他の事業者を排斥するための○〔○表の〕作成、構成員以外の事業者の事業内容又は信用状態を誤り伝える情報の弘布その他の方法により、特定の事業者に利益又は不利益を与えること。

八 現在又は将来の事業者の数の制限を企図すること。

九 営業用の施設を所有し若しくは経営し、又は株式（社員の持分を含む。）若しくは社債を所有すること。

十 特許権を所有し若しくは支配し、又は特許発明の実施○〔○の許〕若しくは《諸》○《○排他的な》共同利用に必要な施設その他の便宜を供すること。

十一　構成員その他の事業者のために、融資をし又は前貸をすること。

十二　構成員その他の事業者のために、取引の代理人となり又は事業に関する契約をすること。

十三　違法な手段により、立法又は政府の政策に影響を与えること。

十四　前各号に掲げるものの外、私的独占禁止法の規定に違反《より禁止された》する行為

事業者団体は、何等の名義を以てするかを問わず、前項の禁止を免れる行為をしてはならない。

第六条　事業者団体は、命令の定めるところにより、公正取引委員会に対し、年次事業報告を提出しなければならない。

公正取引委員会は、この法律の適正な運用を図るため、事業者団体又はその役員若しくは職員に対し、出頭を命じ、又は必要な報告、情報若しくは資料の提出を求めることができる。

第七条　この法律の規定は、左に掲げる事業者団体には、これを適用しない。

一　特別の法令に基いて設立された団体であつて、別表に掲げるもの。

二　臨時物資需給調整法附則第二項の規定により指定されている団体

三　閉鎖機関令第一条の規定により指定された団体

第五条の規定は、昭和二十二年法律第百三十八号「昭和二十二年法律第五十四号私的独占の禁止及び公正取引の確保に関する法律の適用除外等に関する法律」第一条の規定により、私的独占禁止法の規定が適用されない行為に関しては、これを適用しない。

第八条　第五条の規定に違反する行為があるときは、公正取引委員会は、事業者団体に対し、当該行為の差止め、資産の処分その他当該行為の排除に必要な措置を命ずることができる。

私的独占禁止法第四十五条乃至第六十四条、第六十七条乃至第六十九条、第七十五条、第七十七条乃至第八十三条、第八十五条乃至第八十八条の規定は、前項の場合に、これを準用する。

第九条　第五条第一項各号の一に該当する活動を行い《行為をし》、又は同条第二項の行為をした事業者団体は、被害者に対し、損害賠償の責に任ずる。

私的独占禁止法第二十五条第二項、第二十六条及び第八十四条の規定は、前項の場合に、これを準用する。

第十条　私的独占禁止法第七十三条及び第七十四条の規定は、この法律の規定に違反する犯罪について、これを準用する。

第十一条　左の各号の一に該当する訴訟については、第一審の裁

判権は、東京高等裁判所に属する。

一　第九条の規定による損害賠償に係る訴訟

二　第十二条の罪に係る訴訟

前項に掲げる訴訟事件は、私的独占禁止法第八十七条第一項の規定により、東京高等裁判所に設けられた裁判官の合議体が取り扱うものとする。

私的独占禁止法第八十八条の規定は、第一項に掲げる訴訟事件に関する裁判について、これを準用する。

第十二条　第五条の規定に違反した者は、これを二年以下の懲役又は三万円以下の罰金に処する。

第十三条　第三条の規定に違反して届出を怠つた者は、これを一年以下の懲役又は二万円以下の罰金に処する。

第十四条　事業者団体の代表者又はその使用人その他の従業者が、当該団体の業務又は財産に関して、前二条の違反行為をしたときは、行為者を罰する外、その事業者団体に対しても各本条の罰金刑を科する。

前項の規定により罰金刑を科せられる団体が法人でない社団若《又》しくは財団又は組合であるときは、その団体を被告人とすることができる。

法人でない団体に対し罰金を言渡した場合においては、罰金刑は、社団の構成員の総有に属する財産、《又は》財団の財産又は組合員の共有に属する財産について、これを執行することができる。

第十五条　第十二条の罪は、公正取引委員会の告発を待つて、これを論ずる。

私的独占禁止法第九十六条第二項及び第四項の規定は、前項の告発に、これを準○《用》ず〔す〕る。

公正取引委員会は、第一項の告発をするに当り、その告発に係る犯罪について、第十七条第一項の宣告をすることを正当と認めるときは、その旨を告発の文書に記載することができる。

第十六条　左の各号の一に該当する者は、これを五百円以下の過料に処する。

一　第六条第一項の規定による報告を提出せず又は虚偽の報告をした者

二　第六条第二項の規定による公正取引委員会の処分に違反して出頭せず、報告、情報若しくは資料を提出せず、又は虚偽の報告、情報若しくは資料を提出した者

第十七条　第十二条の場合において、裁判所は、事業者団体の存立を許すべからざる事由があると認めるときは、刑の言渡と同時に、当該団体の解散を宣告することができる。

前項の規定により裁判所が事業者団体に対し解散を宣告した場合には、他の法令の規定又は契約その他の定にかゝわらず、当該団体は、その宣告により解散する。

第十八条　私的独占禁止法の規定及びその規定に基く公正取引委員会の権限は、この法律の規定によつて変更されることはない。

附　則

第十九条　この法律の施行の期日は、命令を以て、これを定める。

第二十条　この法律施行の際現に事業者団体であるもの（第七条第一項第二号に掲げる団体を含む。）については、この法律施行の日より三十日以内に、理事、管理人その他の代表者は、命令の定めるところにより、その旨を公正取引委員会に届け出なければならない。

前項の規定による届出には、第三条第二項各号に掲げる書類を添付しなければならない。

第二十一条　この法律施行の際現に存する契約で、第五条の規定に違反するものは、この法律施行の日から、その効力を失う。

第二十二条　この法律施行の際現に事業者団体の所有する営業用○の○施設又は株式（社員の持分を含む。）若しくは社債の処置については、命令を以てこれを定める。

第二十三条　この法律施行の際現に事業者団体の所有する特許権の処置については、命令を以てこれを定める。

第二十四条　左の各号の一に該当する者は、これを一年以下の懲役又は五千円以下の罰金に処する。

一　第二十条の規定に違反した者

二　第二条の規定に基く命令に違反した者

第二十五条　事業者団体の代表者又はその管理人、使用人その他の従業者が、当該団体の業務又は財産に関して、前条の違反行為をしたときは、行為者を罰する外、その事業者団体に対しても同条の罰金刑を科する。

第十四条第二項及び第三項の規定は、前項の場合に、これを準用する。

〔資料25〕第二次案第二条修正案

第二条　この法律において事業者団体とは、二以上の事業者（商業、工業、金融業その他の事業を営む者をいう。以下同じ。）又は事業者の役員（取締役、監査役その他これに準ずべき者をいう。以下同じ。）従業員（役員を除く外、継続して会社の業務に従事する者をいう。以下同じ。）若しくは代理人（以下これらを事業者等という。）を主たる構成員（株主、社員及び社員に準ずる者をいう。以下同じ。）とする会社、社団法人その他の社団であって、技術の向上、能率の増進その他当該構成員の属する事業に関する共同の利益のためにする活動を行うことを以て主たる目的とするものをいう。

　二以上の事業者等が理事の役員〔任免〕又は重要な業務の執行を支配している財団であって、前項に規定する活動を行うことを主たる目的とするものは、これを前項の事業者団体とする。この場合において、当該事業者等はこれを当該団体の構成員とみなす。

　二以上の事業者等を主たる組合員とする組合又は二以上の事業者等の契約による結合関係であって、第一項に規定する活動を行うことを約するものは、これを第一項の事業者団体とみなし、当該事業者等は、これを当該団体の構成員とみなす。

　事業者団体の連合体は、これを第一項の事業者団体とみな〔し、連合している事業者団体及びその構成員は、これを当該団体の構成員とする。〕す。

　商工協同組合、農業協同組合その他事業者の相互扶助を目的とする協同組合（組合の連合会を含む。）は、これを第一項の事業者団体から除くものとする。

〔資料26〕事業者団体法案（第三次案）（昭和二三年二月七日）

㊙

事業者団体法案（第三次案）　　二三、二、七

第一条　この法律は、事業者団体の正当な活動の範囲を定めてその在り方を明かにし、併せて公正取引委員会に対する届出制を実施し、以て事業者団体の健全な運営〔運営を適正ならしめる〕を図ることを目的とする。
第二条　この法律において事業者団体とは、二以上の事業者（商業、工業、金融業その他の事業を営む者をいう。以下同じ。）又は事業者の役員（取締役、監査役その他これに準ずべき者をいう。以下同じ。）、従業員（役員を除く外、継続して会社の業務に従事する者をいう。以下同じ。）若しくは代理人（以下これらを事業者等という。）を主たる構成員（株主、社員及び社員に準ずる者をいう。以下同じ。）とする会社、社団法人その他の社団であつて、技術の向上、能率の増進その他当該構成員の属する事業の改善及び発達のためにする活動を行うことを以て主たる目的とするものをいう。
　二以上の事業者等が理事の任免又は重要な業務の執行を支配している財団であつて、前項に規定する活動を行うことを主たる目的とするものは、これを前項の事業者団体とする。この場合において、当該事業者等はこれを当該団体の構成員とみなす。
　二以上の事業者等を主たる組合員とする組合又は二以上の事業者等の契約による結合関係であつて、第一項に規定する活動を行うことを約するものは、これを第一項の事業者団体とみなし、当該事業者等は、これを当該団体の構成員とみなす。

事業者団体の連合体は、これを第一項の事業者団体とみなし、連合している事業者団体及びその構成員は、これを当該団体の構成員とする。

商工協同組合、農業協同組合その他事業者の相互扶助を目的とする協同組合（組合の連合会を含む。）は、これを第一項の事業者団体から除くものとする。

第三条　事業者団体が成立し又は解散したときは、その成立又は解散の日より三十日以内に、理事、管理人その他の代表者（前条第三項の規定による事業者団体にあつては、組合員又は契約の当事者）又は清算人（破産による解散の場合にあつては、破産管理人）は、命令の定めるところにより、その旨を公正取引委員会に届け出なければならない。

前項の規定による成立の届出には、左に掲げる書類を添附しなければならない。

一　当該団体の定款、寄附行為、規約又は契約の写

二　理事、管理人その他の代表者（前条第三項の規定による当事者団体にあつては、組合員又は契約の当事者）の名簿

三　当該団体が特別の法令の規定に基いて設立されたものである場合には、その規定を記載した書類

第四条　事業者団体は、左の各号の一又は二以上の活動を行うことができる。

一　構成員の事業の経営に役立つ調査を行い及び構成員よりそのために必要な統計資料の自発的提供を受けること。

二　技術に関する研究を奨励し及び技術に関する情報を交換すること。

三　構成員の事業の経営に役立ち且つ当該事業の技能及び能率を向上させるような統計、技術上又は科学上の資料及びその分析を公刊すること。

四　政府その他公の機関に上申することにより商品の品質の改善、規格の改良又は生産若しくは配分の能率の向上に寄与し及び構成員の○《○申請により》商品を検定すること。

五　当該団体の目的に関係のある事項について必要な啓発、宣伝、請願《勧告》又は建議を行うこと。

六　労働組合に対する団体交渉において、構成員の委任を受けて交渉すること。

七　昭和二十二年法律第五十四号「私的独占の禁止及び公正取引の確保に関する法律」（以下私的独占禁止法という。）第七十一条の規

＊編注：一行脱落

第五条　事業者団体は、左の各号の一に該当する行為をしてはならない。

一　原材料又は注文の割当その他の方法により、生産又は配給

〔資料26〕　事業者団体法案（第３次案）（昭和23年２月７日）

を統制すること。

二　私的独占禁止法第四条第一項各号の一に該当する事項を内容とする地方的な若しくは全国的な協定又は同法第六条第一項各号の一に該当する事項を内容とする国際的な協定を形成すること。

三　構成員相互の間、構成員とこれに物資、資金その他の経済上の利益を供給する者若しくは顧客との間又は構成員とその競争者との間に、自由な取引を不当に拘束し又は対価を統制する虞のある契約、協定その他の合意を形成すること。

四　将来の対価若しくは販売条件又は顧客の分類に関する情報の配布、小売業者別小売価格の公表その他の方法により、対価を統制し又は統制するための行為をすること。

五　現在又は将来の事業者の数の制限を企図すること。

六　特定の配給業者を公認し又は推薦するための表の配布、構成員その他の事業者を排斥するための表の作成、構成員以外の事業者の事業内容又は信用状態を誤り伝える情報の弘布その他の方法により、特定の事業者に利益又は不利益を与へること。

七　構成員に対して、その事業活動、事業設備若しくは経理に関する報告の提出を強要し又はその事業内容を強制的に調査し若しくは監査すること。

八　構成員の機能又は活動を不当に制限すること。

九　営業用の施設を所有し若しくは経営し、又は株式（議決権のない株式を除き、社員の持分を含む。以下同じ。）若しくは社債を所有すること。

十　特許権を所有し若しくは支配し、又は特許発明の実施の許諾若しくは排他的な共同利用に必要な施設その他の便宜を供すること。

十一　構成員その他の事業者のために、融資をし又は前貸をすること。

十二　構成員その他の事業者のために、取引の代理人となり又は事業に関する契約をすること。

十三　不当に、立法又は政府の政策に影響を与えること。

十四　前各号に掲げるものの外、私的独占禁止法の規定により禁止された行為

　事業者団体は、何等の名義を以てするかを問わず、前項の禁止を免れる行為をしてはならない。

第六条　事業者団体は、命令の定めるところにより、公正取引委員会に対し、年次事業報告を提出しなければならない。

　公正取引委員会は、この法律の適正な運用を図るため、事業者団体又はその役員若しくは職員（第二条第三項の規定による事業者団体にあつては、組合員又は契約の当事者）に対し、出

頭を命じ、又は必要な報告、情報若しくは資料の提出を求めることができる。

第七条　この法律の規定は、左に掲げる事業者団体には、これを適用しない。

一　特別の法令に基いて設立された団体であつて、別表に掲げるもの。

二　臨時物資需給調整法附則第二項の規定により指定されている団体

三　閉鎖機関令第一条の規定により指定された団体

第五条の規定は、〇事業者団体の左に掲げる行為にはこれを適用しない。〇昭和二十二年法律第百三十八号「昭和二十二年法律第五十四号私的独占の禁止及び公正取引の確保に関する法律の適用除外等に関する法律」第一条の規定により、私的独占禁止法の規定が適用されない行為に関しては、これを適用しない。

第八条

事業者団体に対し、当該行為の差止め、資産の処分その他当該行為の排除に必要な措置を命ずることができる。

第九条　何人も、この法律の規定に違反する事実があると思料するときは、公正取引委員会に対し、その事実を報告し、適当な措置をとるべきことを求めることができる。

前項に規定する報告があつたときは、公正取引委員会は、事件について必要な調査をしなければならない。

公正取引委員会は、この法律の規定に違反する事実があると思料するときは、職権を以て適当な措置をとることができる。

私的独占禁止法第四十六条、第四十七条及び第七十五条の規定は、前二項の場合に、これを準用する。

第十条　公正取引委員会は、事業者団体が、第五条の規定に違反する行為をしていると認める場合には、当該団体に対し、適当な措置をとるべきことを勧告することができる。

前項の規定による勧告があつたときは、事業者団体は、遅滞なく公正取引委員会に対し、当該勧告を応諾するかしないかを通知しなければならない。

事業者が勧告を応諾したときは、公正取引委員会は、審判手続を経ないで勧告と同趣旨の審決をすることができる。

第一項の場合において、事件を審判手続に付することが公共の利益に適合すると認めるときは、公正取引委員会は、当該事件について審判手続を開始することができる。

私的独占禁止法第四十九条第二項及び第五十条乃至第五十三条の規定は、前項の場合に、これを準用する。この場合において、事業者とあるのは、事業者団体と読み替えるものとする。

第十一条　公正取引委員会は、審判をした後、事業者団体が、第五条の規定に違反する行為をしていると認める場合には、審決を以て、事業者団体に対し第八条に規定する措置を命じなければならない。

私的独占禁止法第五十五条乃至第六十四条及び第六十九条の規定は、前項の場合に、これを準用する。この場合において、事業者とあるのは、事業者団体と読み替えるものとする。

第十二条 前条の規定による公正取引委員会の審決に不服のある者は、裁判所に審決の取消又は変更の訴を提起することができる。但し、審決がその効力を生じた日から三十日を経過したときは、この限りでない。

前項の訴については、公正取引委員会を以て被告とする。

私的独占禁止法第七十八条乃至第八十三条の規定は、第一項の場合に、これを準用する。

第十三条 前四条の規定による外、公正取引委員会の調査及び審判その他事件の処理は、私的独占禁止法第七十条の規定に基く命令又は同法第七十六条の規定に基く規則によるものとする。

第十四条 第五条第一項各号の一に該当する行為をし、又は同条第二項の行為をした事業者団体は、被害者に対し、損害賠償の責に任ずる。

私的独占禁止法第二十五条第二項、第二十六条及び第八十四条の規定は、前項の場合に、これを準用する。

第十五条 私的独占禁止法第七十三条及び第七十四条の規定は、この法律の規定に違反する犯罪について、これを準用する。

第十六条 左の各号の一に該当する訴訟については、第一審の裁判権は、東京高等裁判所に属する。

一 公正取引委員会の審決に係る訴訟

二 第十四条の規定による損害賠償に係る訴訟

三 第十七条の罪に係る訴訟

前項に掲げる訴訟事件は、私的独占禁止法第八十七条第一項の規定により、東京高等裁判所に設けられた裁判官の合議体が取り扱うものとする。

私的独占禁止法第八十八条の規定は、第一項に掲げる訴訟事件に関する裁判について、これを準用する。

第十七条 左の各号の一に該当する者は、これを二年以下の懲役又は三万円以下の罰金に処する。

一 第十条第三項又は第十一条第一項の規定による審決が確定した後において、これに従はない者

二 第五条の規定に違反した者

第十八条 第三条の規定に違反して届出を怠つた者は、これを一年以下の懲役又は二万円以下の罰金に処する。

第十九条 事業者団体の代表者又はその使用人その他の従業者が、当該団体の業務又は財産に関して、前二条の違反行為をしたときは、行為者を罰する外、その事業者団体に対しても各本条の

罰金刑を科する。

前項の規定により罰金刑を科せられる団体が法人でない社団又は財団であるときは、その団体を被告人とすることができる。法人でない団体に対し罰金を言渡した場合においては、罰金刑は、社団の構成員の総有に属する財産又は財団の財産について、これを執行することができる。

第二十条　第十七条の罪は、公正取引委員会の告発を待つて、これを論ずる。

私的独占禁止法第九十六条第二項及び第四項の規定は、前項の告発に、これを準用する。

公正取引委員会は、第一項の告発をするに当り、その告発に係る犯罪について、第二十二条第一項の宣告をすることを正当と認めるときは、その旨を告発の文書に記載することができる。

第二十一条　左の各号の一に該当する者は、これを五百円以下の過料に処する。

一　第六条第一項の規定による報告を提出せず又は虚偽の報告をした者

二　第六条第二項の規定による公正取引委員会の処分に違反して出頭せず、報告、情報若しくは資料を提出せず、又は虚偽の報告、情報若しくは資料を提出した者

第二十二条　第十七条の場合において、裁判所は、事業者団体の存立を許すべからざる事由があると認めるときは、刑の言渡と同時に、当該団体の解散を宣告することができる。

前項の規定により裁判所が事業者団体に対し解散を宣告した場合は、他の法令の規定又は契約その他の定にか丶わらず、当該団体はその宣告により解散する。

第二十三条　私的独占禁止法の規定及びその規定に基く公正取引委員会の権限は、この法律の規定によつて変更されることはない。

附　則

第二十四条　この法律の施行の期日は、命令を以て、これを定める。

第二十五条　この法律施行の際現に事業者団体であるもの（第七条第一項第二号に掲げる団体を含む。）については、この法律施行の日より三十日以内に、理事、管理人その他の代表者○（第二条第三項の規定に依る団体に在つては組合員又は契約の当事者）○は、命令の定めるところにより、その旨を公正取引委員会に届け出なければならない。

前項の規定による届書には、第三条第二項各号に掲げる書類を添附しなければならない。

第二十六条　この法律施行の際現に存する契約で、第五条の規定に違反するものは、この法律施行の日から、その効力を失う。

第二十七条　この法律施行の際現に事業者団体の所有する営業用の施設又は株式若しくは社債の処置については、命令を以てこれを定める。

第二十八条　この法律施行の際現に事業者団体の所有する特許権又は特許権を目的とする質権の処置については、命令を以てこれを定める。

第二十九条　左の各号の一に該当する者は、これを一年以下の懲役又は五千円以下の罰金に処する。

一　第二十五条の規定に違反した者

二　前二条の規定に基く命令に違反した者

第三十条　事業者団体の代表者又はその使用人その他の従業者が、当該団体の業務又は財産に関して、前条の違反行為をしたときは、行為者を罰する外、その事業者団体に対しても同条の罰金刑を科する。

　第十九条第二項及び第三項の規定は、前項の場合に、これを準用する。

〔資料27〕事業者団体法案（第四次案）（昭和二三年二月一八日）

㊙

事業者団体法案（第四次案）　二三、二、一八

第一条　この法律は、事業者団体の正当な活動※の範囲を定め、公正取引委員会に対する届出制を実施して、事業者団体の運営を適正にさせることを以て目的とする。

〔※以下削除せしめられるならば、一条全体を削除する。〕

第二条　この法律において事業者団体とは、その型態の何であるかを問わず、設立が法令若しくは契約によると否と又は登記を要すると否とを問わず、法人であるとないとを問わず、営利を目的とすると否とを問わず、且つ構成員の事業の規模の大小を問わず、二以上の事業者又は事業者の役員、従業員若しくは代理人（以下これらを事業者等という。）を主たる構成員とする結合体又はその連合体で、技術の発達、能率の向上その他当該構成員に共通な事業上の利益を増進するために協力することを（左に掲げる型態を有する事業者団体）×以て主たる目的とするものをいい、且つ左に掲げるものを含むものとする。

〔×削□□□□〕

一　二以上の事業者等を主たる構成員とする会社、社団法人その他の社団や、当該構成員に共通な事業上の利益を増進するために協力することを以て主たる目的とするもの。
二　二以上の事業者等が理事の任免又は重要な業務の執行を支配している財団で、主たる目的を前号の団体と等しくするもの。
三　二以上の事業者等を主たる組合員とする組合又は二以上の事業者等の契約による結合関係で、主たる目的を第一号の団体と等しくするもの。
　この法律において事業者とは、商業、工業、金融業その他の事業を営む者をいう。

　この法律において構成員とは、株主、社員及び社員に準ずる者をいう。但し、第一項第二号又は第三号に規定する事業者団体にあつては、当該事業者等は、これを当該団体の構成員とみなす。

第三条　事業者団体が設立され又は解散《はその成立又は解散の日》したときは、法人にあつては、その設立又は解散の登記の日より三十日以内に、その他の団体にあつては、その設立又は解散の日より三十日以内に、理事、管理人その他の代表者（前条第一項第三号に規定する事業者団体にあつては、組合員又は契約の当事者とする。以下本条及び第二十六条において同じ。）又は清算人（破産による解散の場合にあつては、破産管財人）は、その旨を公正取引委員会に届け出なければならない。

　二以上の事業者等を主たる構成員とする結合体又はその連合体が、主たる目的を第二条第一項第一号の団体と等しくするに至つたときは、当該目的の変更の効力が生ずる日において、事業者団体が設立されたものとみなす。

　第《前》一項の規定による設立の届出には、左に掲げる書類を添附しなければならない。
一　当該団体の定款、寄附行為、規約若《又》しくは契約の写又は書面によらない契約の内容を記載した書類
二　理事、管理人、その他の代表者及び監事（監事に準ずる者を含む）の名簿
三　当該団体が特別の法令に基いて設立されたものである場合には、その規定を記載した書類
　公正取引委員会は、第一項の規定による届出の手続に関する事項について規則を定めることができる。
第四条　事業者団体は、左の各号の一又は二以上の活動〇《〇のみ》を行うことができる。
一　構成員の事業の経営に役立つ調査を行い及び構成員よりそのために必要な統計資料の自発的提供を受け〇《〇て刊行す》ること。〔但し個々の構成□□〔員の?〕事業□□〔報告?〕をその□□〔儘?〕記

載してはいけない。〕

二　技術に関する研究を奨励し及び技術○〔及びその他〕に関する情報を交換すること。

三　構成員の事業の経費に役立ち且つ当該事業の技能及び能率を向上させるような統計、技術上又は科学上の資料及びその分析を公刊すること。

四　政府その他公の機関に上申することにより、商品の品質の改善、規格の改良又は生産若しくは配分の能率の向上に寄与すること。

五　政府その他公の機関又は顧客の定める規格に従い、構成員の申出により、その商品を検定すること。

六　当該団体の目的に関係のある事項について必要な啓発、宣伝、勧告又は建議を行うこと。〔決議をすること〕

七　労働組合に対する団体交渉において、構成員の委任を受けて交渉すること。

八　昭和二十二年法律第五十四号「私的独占の禁止及び公正取引の確保に関する法律」（以下私的独占禁止法という。）第七十一条の規定による公正取引委員会の職務の遂行に協力すること。

第五条　事業者団体は、左の各号の一に該当する行為をしてはならない。

一　原材料又は注文の割当その他の方法により、生産又は配給を統制すること。〔し又は統制を企図すること〕

二　私的独占禁止法第四条第一項各号の一に該当する事項を内容とする地方的な若しくは全国的な協定又は同法第六条第一項各号の一に該当する事項を内容とする国際的な協定を形成すること。

三　構成員相互の間、構成員とこれに物資、資金その他の経済上の利益を供給する者若しくは顧客との間又は構成員とその競争者との間に、自由な取引を不当に拘束し又は対価を統制する虞のある契約、協定その他の合意を形成すること。

四　将来の対価若しくは販売条件又は顧客の分類に関する情報の配布、小売業者別小売価格の公表その他の方法により、対価を統制し○〔若しくは決定〕又は統制○〔し若しくは決定〕するための行為をすること。

五　現在又は将来の事業者の数○〔を制限し又はその〕の制限を企図すること。

六　特定の配給業者を公認し又は推薦するための表の配布、構成員その他の事業者を排斥するための表の作成、構成員以外の事業者の事業内容又は信用状態を誤り伝える情報の弘布その他の方法により、特定の事業者に利益又は不利益を与えること。

七　構成員に対して、○〔その承諾なくして販売、価格、在庫、生産、□□□その他の〕その事業活動、事業設備若しくは経理に関する報告の提出を強要し又はその事業内容を強制的に調査し若しくは監査すること。
八　構成員の機能又は活動を不当に制限○《し又は□□〔制限?〕を□□〔企図?〕》すること。
九　営業用の施設を所有し若しくは経営し、又は株式（社員の持分を含む。以下同じ。）若しくは社債を所有すること。
十　特許権を所有し若しくは支配し、又は特許発明の実施の許諾若しくは排他的な共同利用に必要な施設その他の便宜を供すること。
十一　構成員その他の事業者のために、融資をし又は前貸をすること。
十二　構成員その他の事業者のために、取引の代理人となり又は事業に関する契約をすること。
十三　不当に、立法又は政府の政策に影響を与えること。
十四　前各号に掲げるものの外、私的独占禁止法の規定により禁止された行為

事業者団体は、何等の名義を以てするかを問わず、前項の禁止を免れる行為をしてはならない。

〔原案ヲツッパル〕

第六条　公正取引委員会は、この法律の適正な運用を図るため、事業者団体に対し、必要な報告、情報若しくは資料の提出を求めることができる。

第七条　この法律の規定（第三条を除く。）は、左に掲げる事業者団体には、これを適用しない。
一　特別の法令に基いて設立された○《協同組合その他の》団体であつて、別表に掲げるもの。
二　臨時物資需給調整法附則第二項の規定により指定されている団体
三　閉鎖機関令第一条の規定により指定された団体

第八条　第五条の規定は、事業者団体が法律《令》（昭和二十年勅令第五百四十二号を含む。以下同じ。）の規定で左に掲げるもの又はその法律《令》の規定に基く命令によつて行う正当な行為には、これを適用しない。

第九条○《第四条及び》第五条の規定に違反する行為があるときは、公正取引委員会は、事業者団体に対し、○《第十一条の手続により》当該行為の差止め、資産の処分その他当該行為の排除に必要な措置を命ずることができる。

第十条　何人も、この法律の規定に違反する事実があると思料するときは、公正取引委員会に対し、その事実を報告し、適当な措置をとるべきことを求めることができる。

前項に規定する報告があつたときは、公正取引委員会は、事件について必要な調査をしなければならない。

公正取引委員会は、この法律の規定に違反する事実があると思料するときは、職権を以て適当な措置をとることができる。

私的独占禁止法第四十六条、第四十七条及び第七十五条の規

定は、前二項の場合に、これを準用する。

第十一条　公正取引委員会は、事業者団体が、第五条の規定に違反する行為をしていると認める場合には、当該団体に対し、適当な措置をとるべきことを勧告することができる。

前項の規定による勧告があつたときは、事業者団体は、遅滞なく公正取引委員会に対し、当該勧告を応諾するかしないかを通知しなければならない。

事業者が勧告を応諾したときは、公正取引委員会は、審判手続を経ないで勧告と同趣旨の審決をすることができる。

第一項の場合において、事件を審判手続に付することが公共の利益に適合すると認めるときは、公正取引委員会は、当該事件について審判手続を開始することができる。

私的独占禁止法第四十九条第二項及び第五十条乃至第五十三条の規定は、前項の場合に、これを準用する。この場合において、事業者とあるのは、事業者団体と読み替えるものとする。

第十二条　公正取引委員会は、審判をした後、事業者団体が、第五条の規定に違反する行為をしていると認める場合には、審決を以て、事業者団体に対し第八条に規定する措置を命じなければならない。

私的独占禁止法第五十五条乃至第六十四条及び第六十九条の規定は、前項の場合に、これを準用する。この場合において、事業者とあるのは、事業者団体と読み替えるものとする。

第十三条　前条の規定による公正取引委員会の審決に不服がある者は、裁判所に審決の取消又は変更の訴を提起することができる。但し、審決がその効力を生じた日から三十日を経過したときは、この限りでない。

前項の訴については、公正取引委員会を以て被告とする。

私的独占禁止法第七十八条乃至第八十三条の規定は、第一項の場合に、これを準用する。

第十四条　前四条の規定による外、公正取引委員会の調査及び審判その他事件の処理は、私的独占禁止法第七十条の規定に基く命令又は同法第七十六条の規定に基く規則によるものとする。

第十五条　第五条第一項各号の一に該当する行為をし、又は同条第二項の行為をした事業者団体は、被害者に対し、損害賠償の責に任ずる。

私的独占禁止法第二十五条第二項、第二十六条及び第八十四条の規定は、前項の場合に、これを準用する。

第十六条　私的独占禁止法第七十三条及び第七十四条の規定は、この法律の規定に違反する犯罪に、これを準用する。

私的独占禁止法第九十六条第二項及び第四項の規定は、前項の規定により公正取引委員会の行う告発に、これを準用する。公正取引委員会は、告発をするに当り、その告発に係る犯罪について、第二十三条第一項の宣告をすることを正当と認めるときは、その旨を告発の文書に記載することができる。
第十七条　公正取引委員会の検察官たる職員は、この法律の規定に違反する犯罪に関する職務を掌ることができる。
第十八条　左の各号の一に該当する訴訟については、第一審の裁判権は、東京高等裁判所に属する。
一　公正取引委員会の審決に係る訴訟
二　第十五条の規定による損害賠償に係る訴訟
三　第十九条の罪に係る訴訟
前項に掲げる訴訟事件は、私的独占禁止法第八十七条第一項の規定により、東京高等裁判所に設けられた裁判官の合議体が取り扱うものとする。

私的独占禁止法第八十八条の規定は、第一項に掲げる訴訟事件に関する裁判について、これを準用する。

第十九条　左の各号の一に該当する者は、これを二年以下の懲役又は三万円以下の罰金に処する。
一　第十一条第三項又は第十二条第一項の規定による審決が確定した後において、これに従はない者
二　第五条の規定に違反した者
第二十条　第三条の規定に違反して届出を怠り又は虚偽の届出をした者は、これを一年以下の懲役又は二万円以下の罰金に処する。
第二十一条　法人たる事業者団体又は法人でない代表者若しくは管理人の定めのある社団又は財団たる事業者団体（以下法人に準ずる事業者団体という。）において第十九条〇（〇又は第十九条第二号）の違反があつた場合は、その違反行為をした者を罰する外、その事業者団体に対しても同条の罰金刑を科する。
前項に掲げる事業者団体以外の事業者団体において第十九条の違反があつた場合には、その違反行為をした者を罰する外その事業者団体の構成員に対しても同条の罰金刑を科する。
第一項の規定により法人に準ずる事業者団体を処罰する場合においては、その代表者又は管理人がその訴訟行為につきその事業者団体を代表する外法人を被告人とする場合の刑事訴訟に関する法律の規定を準用する。
第二十二条　第六条第二項の規定による公正取引委員会の処分に違反して報告、情報若しくは資料を提出せず、又は虚偽の報告、情報若しくは資料を提出した者は、これを五百円以下の過料に処する。
第二十三条　第十九条の場合において、裁判所は、事業者団体の存立を許すべからざる事由があると認めるときは、刑の言渡と同時に、当該団体の解散を宣告することができる。
前項の規定により裁判所が事業者団体に対し解散を宣告した

場合には、他の法令の規定又は契約その他の定にかゝわらず、当該団体は、その宣告により解散する。

第二十四条　私的独占禁止法の規定及びその規定に基く公正取引委員会の権限は、この法律の規定によつて変更されることはない。

附　則

第二十五条　この法律は、公布の日から、これを施行する。

第二十六条　この法律施行の際現に事業者団体であるもの（第七条[第二]各号に掲げる団体を含む。）については、この法律施行の日より三十日以内に、理事、管理人その他の代表者は、その旨を公正取引委員会に届け出なければならない。

前項の規定による届出には、第三条第三項各号に掲げる書類を添附しなければならない。

第三条第四項の規定は、第一項の規定による届出の手続に関する事項について、これを準用する。

第二十七条　この法律施行の際現に存する契約で、第五条の規定に違反するものは、この法律施行の日から、その効力を失う。

第二十八条　この法律施行の際現に事業者団体の所有する営業用の施設、株式若しくは社債又は特許権は、この法律施行の日から九十日以内に、これを処分しなければならない。但し、特別の事情[があると認めるときは]により、公正取引委員会[は]に期限の延長を申請して[に依り期限を延長]、その承認を受けた場合には[することができる。]、この限りでない。

事業者団体は、前項の規定による処分をした日から三十日以内に、処分の内容を記載した書類を公正取引委員会に届け出なければならない。

第三条第四項の規定は、第一項の規定による申請及び前項の規定による届出の手続に関する事項について、これを準用する。

第二十九条　左の各号の一に該当する者は、これを一年以下の懲役又は五千円以下の罰金に処する。

一　第二十六条の規定に違反して届出を怠り又は虚偽の届出をした者

二　前条第一項の期限内に、営業用の施設、株式若しくは社債又は特許権を処分しなかつた者

三　前条第二項の規定に違反して届出を怠り又は虚偽の届出をした者

〔資料28〕　事業者団体法案（第五次案）（昭和二三年三月八日）

㊙

事業者団体法案（第五次案）　二三、三、八

第一条〔目的〕この法律は、事業者団体の正当な活動の範囲を定め、公正取引委員会に対する届出制を実施して《する》、事業者団体の運営を適正にさせることを以て目的とする。

第二条〔定義〕この法律において事業者団体とは、その型態の何であるかを問わず、設立が法令若しくは契約によると否と又は登記を要すると否とを問わず、法人であるとないとを問わず、営利を目的とすると否とを問わず、且つ構成員《その事業者の》の事業の規模の大小を問わず、二以上の事業者又は事業者の《の結合体（その連合体を含む）で、事業者として》役員、従業員若しくは代理人（以下これらを事業者等という。）《の共通の利益を増進することを目的の中に加えているものをいい、》を構成員とする結合体又はその連合体で、技術の発達、能率の向上その他当該構成員に共通な事業上の利益を増進するために協力することを以て目的とするものをいい且つ左に掲げる形態の事業者団体を含むものとする。

一　二以上の事業者等を《が株主若しくは社員である》構成員とする会社、社団法人その他の社団

二　二以上の事業者等が理事の任免又は重要な業務の執行を支配している財団

三　二以上の事業者等を組合員とする組合又は二以上の事業者等の契約による結合団体〔合同行為ヲ指ス〕

この法律において事業者とは、商業、工業、金融業その他の事業を営む者を《及びその役員、従業員、代理人その他当該事業者のために活動する者をいう。》いう。

この法律において構成員とは、株主、社員及び社員に準ずる者をいう。但し、第一項第二号又は第三号に規定する事業者団体にあっては、当該事業者等は、これを当該団体の構成員とみなす。

第三条〔報告義務〕事業者団体が《は、その成立の日より三十日以内又は、この法律施行の際》成立し又は解散したときは、その成立又は解散の日より三十日以内に（この法律施行の際現に事業者団体であるものについては、この法律施行の日より三十日以内とする。）《に、》その旨を公正取引委員会に届け出なければならない。

前項の規定による成立の届出には、左に掲げる書類を添附しなければならない。

一　当該団体の定款、寄附行為、規約又は契約の写

二　理事、管理人、その他の代表者（前条第一項第三号に掲げる事業者団体にあっては、組合員又は契約の当事者とする。）及び監事（監事に準ずる者を含む。）の名簿

三　当該団体が特別の法令に基いて設立されたものである場合には、その規定を記載した書類

事業者団体が解散したときは、その解散の日より三十日以内にその旨を公正取引委員会に届け出なければならない。

公正取引委員会は、第一項《第一項及び前項》の規定による届出の手続に関する事項について規則を定めることができる。

〔資料28〕 事業者団体法案（第５次案）（昭和23年３月８日）

第四条 〔許容活動〕 事業者団体は、左の各号に掲げる活動に限りこれを行うことができる。

一 構成員より統計資料の自発的提供を受け、及び特定の構成《事業者》員の事業状態を示すことなくその資料を綜括して公刊すること。

二 構成員《その事業者》の事業の経営に役立ち且つ当該事業の技能及び能率を向上させるような技術上及び科学上の情報並びに将来の市場に関する情報を公刊すること。

三 構成員《その事業者》の間に、公開的且つ無差別的に、○技術《○研究又は科学若しくは》に関する情報及び研究の交換を促進すること。

四 ○政府《○適当な》○、《○機関》工業標準調査会、その他権限あり且つ公認された商品標準化の機関又は研究機関に上申することにより、商品の品質の改善、規格の改良又は生産若しくは配分の能率の向上に寄与すること。

五 啓発若しくは宣伝をし又は当該事業の利害に関係のある事項について当該団体の立場を明にする決議を行うこと。

六 構成員《その事業者》より委任を受けた場合に、委任された権限の範囲内において、労働組合に対する団体交渉を行うこと。

七 昭和二十二年法律第五十四号「私的独占の禁止及び公正取引の確保に関する法律」（以下私的独占禁止法という。）第七十一条○《○及びその他》の規定による公正取引委員会の職務の遂行に協力すること。

第五条 〔禁止行為〕 事業者団体は、左の各号の一に該当する行為をしてはならない。

一 原材料又は註文の割当その他の方法により、生産又は配給を統制し、又はその統制を企図すること。

二 私的独占禁止法第四条第一項各号○《○又は同法第六条第一項各号》の一に該当する事項を内容とする地方的な若しくは全国的な協定又は同法第六条第一項各号の一に該当する事項を内容とする国際的な協定を形成すること。

三 構成員《その事業者》相互の間、構成員《その事業者》とこれに物資、資金その他の経済上の利益を供給する者若しくは顧客との間又は構成員《その事業者》とその競争者との間に、自由な取引を不当に拘束し又《若しくは》は対価を統制する《し、又はその》虞のある契約、協定その他の合意を形成すること。

四 将来の対価若しくは販売条件又は顧客の分類に関する情報の配布その他の方法により、対価を統制し若しくは決定し又は対価に影響を及ぼすための行為をすること。

五 現在又は将来の事業者の数を制限し、又はその制限を企図すること。

六 特定の配給業者を公認し又は推薦するための表の配布、構成員その他の事業者を排斥するための表の作成、構成員以外の事業者の事業内容又は信用状態を誤り伝える情報の弘布その他の方法により、特定の事業者に利益又は不利益を与えること。

七　構成員《その事業者》に対して、その販売、価格、取引条件、在庫、生産、註文、設備能力、○《若しくは経理、》事業活動、事業設備若しくは経理に関する報告の提出を強要し又は構成員《その事業者》の承諾なくその事業内容を《について容喙し、監査をし》強制的に調査し若しくは監査《調》○《を》すること。

八　構成員《その事業者》の機能又は活動を制限し、又はその制限を企図すること。

九　営業用の施設若しくは科学研究のための施設を所有し、若しくは経営し、又は株式（社員の持分を含む。以下同じ。）若しくは社債を所有すること。

十　特許権を所有し若しくは支配し、又は特許発明の実施の許諾若しくは共同利用に必要な施設その他の便宜を供すること。

十一　構成員《その事業者》その他の者のために、融資をすること。

十二　構成員《その事業者》その他の事業者のために、取引の代理人となり又は事業に関する契約をすること。

十三　その事業者その他の者のために、代金を徴収すること。

十四　その事業者相互の間又はその他の者との間の紛争を仲裁し若しくは解決し又はその□□〔統制？〕を企図すること。

十三《五》　不当に、立法又は政府の政策に影響を与えること。

十四《六》　受託者となることその他の方法により、公私の註文の入札○《に参加し、之》を規制すること《し、又は之に影響を与えること。》。

十五《七》　前各号に掲げるものの外、私的独占禁止法の規定により禁止された行為及び前条各号に《に依り許されたる活動の範囲》掲げる行為を超える行為

事業者団体は、何等の名義を以てするかを問わず、前項の禁止○《又は制限》を免れる行為をしてはならない。

第六条《十六》〔（報告）〕公正取引委員会は、この法律の適正な運用を図るため、事業者団体に対し、必要な報告、情報若しくは資料の提出を求めることができる。

第七条《六》〔（適用除外団体）〕この法律の規定（第三条を除く。）は、左に掲げる事業者団体には、これを適用しない。

一　特別の法令に基いて設立された協同組合その他の団体で、別表に掲げるもの。

二　臨時物資需給調整法附則第二項の規定において指定されている団体

三　閉鎖機関令第一条の規定に基いて指定された団体

第八条《七》〔（適用除外行為）〕第五条の規定は、事業者団体が法令の規定で左に掲げるもの又はその法令の規定に基く命令によって行う正当な行為には、これを適用しない。

一　地方鉄道法第二十五条第一項（軌道法第二十六条において準用する場合を含む。）

二　道路運送法第二十三条及び第二十四条第一項（他の運送事

業者又は小運送業者との連絡運輸、共同経営及び運輸に関する協定に関する部分に限る。）

三　食糧管理法

四　臨時物資需給調整法

五　昭和二十年勅令第五百四十二号

六　電気測定法第七条

七　船舶安全法第八条及び第二十八条

八　煙草専売法第二十条の二

九　重要輸出品取締法第二条

第九〔八〕条（公正取引委員会の権限）第五条の規定に違反する行為があるときは、公正取引委員会は、第十一条に規定する手続に従い、事業者団体に対し、当該行為の差止め、資産の処分、当該団体の解散その他当該行為の排除に必要な措置を命ずることができる。

第十〔九〕条（東京高等裁判所の管轄権）左の各号の一に該当する訴訟については、第一審の裁判権は、東京高等裁判所に属する。

一　公正取引委員会の審決に係る訴訟

二　第十四〔三〕条の罪に係る訴訟

前項に掲げる訴訟事件及び第十一条において準用する私的独占禁止法第六十二条第一項及び第六十三条第一項に規定する事件は、同法第八十七条第一項の規定により東京高等裁判所に設けられた裁判官の合議体が取り扱うものとする。

（以下訳）第十一条（手続）私的独占禁止法第四十五条乃至第六十四条、第六十七条乃至第七十条、第七十三条乃至第八十三条、第八十六条、第八十七条、第八十八条、第八章第一節に規定する公正取引委員会の組織及び権限に関する規定及び同法の規定に基く命令及び規則は、この法律の規定による事項及び事件に準用するものとし、それは申請の受理、調査、公聴会、審決、審決の取消又は変更その他事件の処理に必要な事項を含むものとする。この場合において私的独占禁止法に規定する「事業者」、「違反」、「私的独占禁止法に基く事件」又は「不当な取引制限、私的独占、不当な事業能力の較差又は不公正な競争方法」とは、この法律に基く事項、事件又は手続に準用される場合には、それぞれ、「事業者団体」〇〔〇「違反」又は〕「事業者団体法に基く事件」又は「事業者団体法第五条の違反」とよみ替えるものとする。

第十二〔一〕条（検察官）公正取引委員会の検察官たる職員は、この法律の規定に違反する犯罪に関する職務を掌ることができる。

第十三〔二〕条（資産の処分）この法律施行の事業者団体が現に所有する営業用の施設、〇〔〇科学上の研究を実施するための施設、〕株式又は社債（昭和二十二年政令第二百二十九号及び昭和二十三年政令第四十三号の規定に基き処分すべきものを除く。）及び特許権はこの法律施行の日又は事業者団体の成立の日〇〔〇のいづれかおそい日〕から九十日以内にこれを処分しなければならない。

公正取引委員会は特別の事情があると認めるときは前項に規定する期限を延長することができる。この場合において申請が承認され又は却下されるまでの期間はこれを九十日の期間に算入しない。

事業者団体は、第一項の規定による処分をした日から三十日以内に処分の内容を記載した報告書を公正取引委員会に提出しなければならない。

公正取引委員会は前二項の規定による申請又は報告の手続に関する事項について必要な規則を定めることができる。

第十四［三］条〔罰則〕この法律の罰則は左の各号に掲げるものとする。

一　第三条の規定に違反し、届出を怠り又は虚偽の届出をした者はこれを二万円以下の罰金若しくは一年以下の懲役又はその両者に処する。

二　第五条の規定により禁止された行為をした者は、○［これを］三万円以下の罰金若しくは二年以下の懲役又はその両者に処する。

三　第○［十］六条に規定する報告、情報若しくは資料を提出せず又は虚偽の報告、情報若しくは資料を提出した者は、これを五千円以下の過料に処する。

四　前条に規定する期限内に営業用の施設、○［科学上の研究を実施するための施設、］株式、社債若しくは特許権を処分せず又は同条の規定による報告書を提出せず若しくは虚偽の報告書を提出した者は、これを五千円以下の罰金若しくは一年以下の懲役又はその両者に処する。

五　この法律の規定による公正取引委員会の審決に違反した者は、三万円以下の罰金若しくは二年以下の懲役又はその両者に処する。

法人であるとないとにかかわらず事業者団体においてこの法律の規定の違反があった場合にはその役員、従業員、代理人、代表者、管理人、清算人、破産管財人、［株主、社員、］構成員又は契約○［の］当事者○［及び第二条第一項第二号又は第三号の団体にあってはその事業者］を罰するの外、その事業者団体に対しても前条［項］に規定する罰金を科する。

前項の規定により法人でない事業者団体を処罰する場合においては、その代表者又は管理人がその訴訟行為につきその事業者団体を代表する外法人を被告人とする場合の刑事訴訟に関する法律の規定を準用する。

第十五［四］条〔制裁〕裁判所は、十分な事由があると認めるときは、前条に規定する刑の言渡と同時に事業者団体の解散を宣告することができる。

解散が宣告された場合には、他の法令の規定又は契約その他の定にかかわらず、当該団体は、その宣告により解散する。

第十六［五］条〔告発〕第十四［三］条の罪は、公正取引委員会の告発を待って、これを論ずる。私的独占禁止法第九十六条第二項及び第四項の規定は、この場合の告発に、これを準用する。

公正取引委員会は前項の告発をするに当り、その告発に係る犯罪について、解散の宣告をすることを正当と認めるときは、その旨を告発の文書に記載することができる。

第十七条〔私的独占禁止法を変更せず〕私的独占禁止法の規定及びその規定に基く公正取引委員会の権限は、この法律の規定によって変更されることはない。

第十八条〔違反する法令及び契約〕この法律施行の際現に存する法令の規定又は契約で、この法律の規定に違反するものは、この法律施行の日から、その効力を失う。

第十九条〔施行期日〕この法律は、公布の日から、これを施行する。

別　表

〔資料29〕　第五次案（第四条・第五条）

〔第五次案〕

第四条　事業者団体は、左の各号の一又は二以上の活動に限りこれを行うことができる。

一　構成員より統計資料の自発的提供を受け及び特定の構成員の事業状態を明示せずに、その資料を綜括して公刊すること。

二　構成員の事業の経営に役立ち且つ当該事業の技能及び能率を向上させるような技術上及び科学上の情報並びに将来の市場に関する情報を公刊すること。

三　構成員の間に、公開的且つ無差別的に、技術に関する情報及び研究の交換を促進すること。

四　政府、工業標準調査会その他権限あり且つ公認された標準化機関又は研究機関に上申することにより、商品の品質の改善、規格の改良又は生産若しくは配分の能率の向上に寄与すること。

五　啓発若しくは宣伝をし又は当該事業の利害に関係のある事項について必要な当該団体の立場を明にする決議を行うこと。

六　構成員より委任を受けた権限の範囲内において、労働組合に対する団体交渉を行うこと。

七　昭和二十二年法律第五十四号「私的独占の禁止及び公正取引の確保に関する法律」（以下私的独占禁止法という。）第七十一条の規定による公正取引委員会の職務の遂行に協力すること。

第五条　事業者団体は、左の各号の一に該当する行為をしてはならない。
一　原材料又は註文の割当その他の方法により生産又は配給を統制し又はこれを企図すること。
二　私的独占禁止法第四条第一項各号の一に該当する事項を内容とする地方的な若しくは全国的な協定又は同法第六条第一項各号の一に該当する事項を内容とする国際的な協定を形成すること。
三　構成員相互の間、構成員とこれに物資、資金その他の経済上の利益を供給する者若しくは顧客との間又は構成員とその競争者との間に、自由な取引を不当に拘束し又は対価を統制する虞のある契約、協定その他の合意を形成すること。
四　将来の対価若しくは販売条件又は顧客の分類に関する情報の配布その他の方法により、対価を統制し若しくは決定し又はそのためにする行為をすること。
五　現在又は将来の事業者の数を制限し又はこれを企図すること。
六　特定の配給業者を公認し又は推薦するための表の配布、構成員その他の事業者を排斥するための表の作成、構成員以外の事業者の事業内容又は信用状態を誤り伝える情報の弘布その他の方法により、特定の事業者に利益又は不利益を与えること。
七　構成員に対して、その販売、価格、取引条件、在庫、生産、註文、設備能力、事業活動、事業設備若しくは経理に関する報告の提出を強要し又は構成員の承諾なくしてその事業内容を強制的に調査し若しくは監査すること。
八　構成員の機能又は活動を不当に制限し又はこれを企図すること。
九　営業用の施設を所有し若しくは経営し、又は株式（社員の持分を含む。以下同じ。）若しくは社債を所有すること。
十　特許権を所有し若しくは支配し、又は特許発明の実施の許諾若しくは共同利用に必要な施設その他の便宜を供すること。
十一　構成員その他の者のために、融資をすること。
十二　構成員その他の事業者のために、取引の代理人となり又は事業に関する契約をすること。
十三　不当に、立法又は政府の政策に影響を与えること。
十四　受託者となることその他の方法により、公私の註文の入札の規制に加わること。
十五　前各号に掲げるものの外、私的独占禁止法の規定により禁止された行為
事業者団体は、何等の名義を以てするかを問わず、前項の禁止を免れる行為をしてはならない。

〔資料30〕　事業者団体法案（第五次案）に対する意見（農林省、昭和二三年三月八日）

事業者団体法（第五次案）に対する意見　二三・三・八

農林省

㈠第四条に追加すべき項目

一、構成員よりの自発的委任により構成員相互の間に於て又は構成員と官庁、公的機関其他の者との間に於て構成員の事業に関し必要なる連□及び仲介

二、政府より□出の機関又は□□の定める規□に従い、□□□□□□□□□□□を□定すること。

三、構成員に対して公開的且つ無差別的にその事業の経営に役立ち且つ当該事業の技能及び能率を向上させる様な□□を提供するためにする調査及び試験制度の実施並に之に必要なる施設の保持

四、其他第□号の□□□□するため之に附帯する事業□□□□

㈡協同組合の連合会は協同組合と全く同様の性格を有するものであり、之を協同組合と区別して除□せさる事は適当でない。その理由は別紙「農業協同組合連合会を事業者団体法より除□すべき理由」として述べている通りであるが、次の如き団体についても、その理由は全く同様である。

漁業協同組合連合会（本□会に法律書を提出する予定）

協同組合の名称は、とらざるも実□は協同組合なるものとして

森林組合連合会、産業組合連合会、林産組合連合会、耕地整理組合連合会、普通水利組合連合、北海道土功組合連合会、

□□組合連合会

都道府県農業会、全国農業会、都道府県□産業会、□正組合連合会については、現在協同組合連合会への改組過程にあるものであり、之のみを他の単位組合と区別して除外しない事は適□でない。

別紙「農業協同組合連合会を事業者団体法の適用より除外すべき理由」

農業協同組合は農業生産力の増進と農民の経済的社会的地位の向上を図るために必要な事業□□□ものであるから、其の事業が広汎に亘るべきは当然であり、農業協同組合法第十条の事業に関する規定はかゝる広い視野に立つものである。

従つて農業協同組合の種類は、小は部落単位の生産協同体的なものから、大は信用、販売、□□、農村工業等に関する大規模な事業組合に至るまで□□の型が考えられるが、実際問題として特

殊の事業□□□信用事業、農村工業等は、単位組合によるよりも、これらを構成員とする連合会により行われることが、一層経済的、能率的であるのみならず、農民はその自由意志により二以上の組合を以て連合会を設立し得るものであり、連合会の性格は単位組合と全然等しく協同組合たる事に変りはない。

結局両者を区別して取扱うことは、農民の自由意志により、農業協同組合を設立せしめるという法律の□□に□り、実際問題としても連合会を単位組合と□□に取扱うことは何等の不都合を来さないのみならず寧ろ右にのべた如く必要であるから、事業者団体法の適用は、農業協同組合連合会については、単位組合と同様これを除外すべきものと認める。

事業者団体法案（第二案）と耕地整理組合及び同連合会、普通水利組合及び同連合会並に北海道土功組合との関係について

一、耕地整理組合その他標記の団体（連合会を含む）は「事業者団体」に該当しないと解せられる。かりに該当するとしても、事業者団体法第七条の別表に掲げるべきものである。その主な理由は次の通りである。

(1)これらの団体の行う事業は、農地の造成又は改良事業である（耕地整理法第一条、水利組合法第五条、北海道土功組合法第一条）、従つて事業者団体法の目的の範囲外と考えられる。

(2)これらの団体の構成員は第二条の「事業者」に該当しない。即ち耕地整理組合員は普通の場合には土地（主に農地）の所有者であり（耕地整理法第五十条）、土地所有者の同意があるときは、その土地につき登記した地上権、永小作権又は賃借権を有する者である（耕地整理法第二条）。普通水利組合及び北海道土功組合の組合員は土地の所有者である（水利組合法第六条、北海道土功組合法第三条）。かりに耕作の業務を営む者が「事業者」であるとしても耕地整理組合の組合員は右に述べたやうに、原則として土地所有者であるから、自作者だけでなく、純然たる不耕作地主も含まれ得る——従つて非事業者も含まれることになる。

(3)これらの組合は構成員の事業とは別個の事業を行うものである。なぜならばこれらの組合の組合員は、単なる土地所有者であるか、耕作の業務を営む者であるかであるが、これらの組合自体の行う事業は土地の交換分合、開墾、地目変換その他区劃形質の変更、農道や水路の新設変更、水利施設の維持管理等であるからである。

(4)これらの組合の構成員は土地所有者又は土地の利用権者（地上権、永小作権、賃借権）である。しかも日本の土地は非常に細かく分割されている（例えば水田一区劃の平均は区畝八

歩＝〇・一四エーカー）にすぎない。従つてこれらの組合員は小規模な土地所有者であるか、小規模な農業経営を行つている農民なのである。

二　耕地整理組合連合会及び普通水利組合連合会

(1) 耕地整理組合連合会は、耕地整理法第八十一条の二により、普通水利組合連合会は水利組合法第七十一条により設けられる。これら連合会は法律上必要のものではなく必要がある場合に単位組合が協議して設置するものである。あたかも普通地方公共団体の一部事務組合（地方自治法第二百八十四条第一項）と同様の趣旨に出づるものである。

(2) 右の連合会は、単位組合の事業の一部を他の組合と共同して行うために設ける。たとへば換地処分（耕地整理法第三十条）、水利施設の維持等を共同処理するものであつてこれによつて事務の簡素化経費の節約を図り又は事業施行の円滑（数組合地域にわたる水利調整、一組合の排水を他組合が用水として利用すること）を図らうとするものである。従つて連合会の設置は単位組合の事業自体の要請に基くものである。連合会を構成する組合は普通、二組乃至三組程度でありその区域も都府県あるいは郡といふ行政区域とは全く関係がない。

〔資料31〕　事業者団体法案（第六次案）（昭和二三年三月一二日）

㊙　事業者団体法案（第六次案）　二三、三、一二

第一条（目的）　この法律は、事業者団体の正当な活動の範囲を定め、併せて《且つその》公正取引委員会に対するその届出制を実施することを以て目的とする。

第二条（定義）　この法律において事業者団体とは、その《いかなる》型態の何《もの》であるかを問わず、設立が法令若しくは契約のいづれによるとを問わず又は登記を要すると否《要しない》とを問わず、法人であるとないとを問わず、営利を目的とすると否《しない》とを問わず、その構成事業者の事業の規模の大小を問わず、二以上の事業者の結合体（その連合性を含む。以下同じ。）で事業者としての共通の利益を増進することを目的に含むものをいい、且つその結合体には左に掲げる型態のものを含むものとする。

一　二以上の事業者が株主若しくは社員（社員に準ずるものを含む。）である会社、社団法人その他の社団

二　二以上の事業者が理事○《○若しくは管理人》の任免又は業務の執行を支配している財団法人その他の財団

三　二以上の事業者を組合員とする組合又は二以上の事業者の

契約による結合体

この法律において事業者とは、商業、工業、金融業その他の事業を営む者及び当該者《これらの》のためにする行為を行う役員、従業員、代理人その他の者をいう。

第三条（届出義務）　事業者団体は、その成立の日より三十日以内に、又はこの法律施行の際現に事業者団体であるものについては、この法律施行の日より三十日以内に、その旨を公正取引委員会に届け出なければならない。この場合において、届出には左に掲げる書類を添附しなければならない。

一　当該団体の定款、寄附行為、規約又は契約の写

二　理事、管理人《役員又は管理人》その他の代表者（前条第一項第三号に掲げる事業者団体にあつては、組合員又は契約の当事者とする。）の名簿

三　当該団体が特別の法令に基いて設立されたものである場合には、その規定を記載した書類

事業者団体が解散し○、○又は前項第一《各》号に掲げるものの内容《事項》に変更を生じたときは、その解散又は変更の日より三十日以内に、その旨を公正取引委員会に届け出なければならない。

公正取引委員会は、前二項の規定による届出の手続に関する《し必要な》事項について規則を定めることができる。

第四条（許容活動）　事業者団体は、左に掲げる活動に限り、これを行うことができる。

一　○統計資料《○に関する情報又は》の自発的提供を受け、及び特定の事業者の事業○状態を○《○明》示することなくその資料を綜括して公刊すること。

二　構成事業者の事業の経営に役立ち且つ当該事業《その事業分野における》の技能及び能率を向上させるような技術又は《若しくは》科学に関する情報及び将来《又は》の市場に関する情報を公刊すること。

三　構成事業者の間に、公開的且つ無差別的に、研究又は技術若しくは科学に関する情報の自発的交換を促進すること。

四　適当な政府機関、工業標準調査会その他権限あり且つ公認《能力あり且つ一般に認めら》された商品標準化の機関又は研究機関に上申すること○《○のみ》により、商品の品質の改善、規格の改良又は生産若しくは配分の能率の向上に寄与すること。

五　啓発若しくは宣伝をし、又は構成事業者の事業《当該団体の属する事業分野》の利害に関係のある事項について当該団体の立場を明かにする決議を行うこと。

六　構成事業者より委任を受けた場合に、委任された権限の範囲内において、労働組合に対する団体交渉を行うこと《と団体交渉を行うこと。》。

七　昭和二十二年法律第五十四号「私的独占の禁止及び公正取引の確保に関する法律」（以下私的独占禁止法という。）第七十一条その他の規定による公正取引委員会の職務の遂行に協

力すること。

第五条（禁止行為） 事業者団体は、左の各号の一に該当する行為をしてはならない。

一 原材料又は注文の割当その他の方法により、生産又は〔若しく〕配給〔分〕を統制し、又はその統制を企図すること、〔及び政府に対し、原材料、商品又は施設の割当の為めその原案若しくは計画を作成し又は提出すること。〕

二 私的独占禁止法第四条第一項各号の一又は第六条第一項第二号に該当する事項を内容とする契約、〔若しくは〕協定○〔又は同法第六条第一項各号に該当する事項を内容とする国際的契約若しくは国際的□□□をし又は〕その他の合意をする〔これらに参加〕こと。

三 構成事業者相互の間、構成事業者とこれに物資、資金その他の経済上の利益を供給する者若しくは顧客との間又は構成事業者とその競争者との間に、□□□取引を不当に拘束〔制限〕し若しくは対価を統制し又はその虞のある契約、協定その他の合〔その他の合意をし又はこれらに参加〕意を形成すること。

四 将来の対価、若しくは販売条件又は顧客の分類に関する情報の配布その他の方法により、対価を統制し若しくは決定し、又は対価に影響を与えるための行為をすること。

五 一定の事業分野における現在又は将来の事業者の数を制限し、又はその制限を企図すること。

六 特定の配給業者を公認し又は推薦〔され若しくは〕するための表の配布〔された配給業者〕、特定の事業者○〔を〕排斥するための表の作成〔又は〕、特定の事業者の事業〔経理若しく〕内容又は信用○〔の〕状態を誤り伝える情報の弘布〔配〕その他の方法により、特定の事業者に利益又は不利益を与えること。

七 構成事業者に対して、その販売、価格、取引条件、○〔註文〕在庫、生産、〔若しくは〕註文、設備能力〔又は〕その他経理、事業活動若しくは事業〔取引上の〕設備〔便宜〕に関する報告の提出を強要し、又は構成事業者の承諾なくその事業内容について助言し、監査し若しくは調査すること。

八 構成事業者の機能又は活動を制限し、又はその制限を企図すること。

九 営業用の施設若しくは○〔自然〕科学に関する研究を実施するための施設を所有し若しくは経営し、又は株式（社員の持分を含む。以下同じ。）若しくは社債を所有すること。

十 特許権を所有し若しくは支配し、又は特許発明の実施の許諾若しくは共同利用のために斡旋その他の便宜を供すること。

十一 構成事業者その他の者のために、融資をすること。

十二 購買、販売、生産、製造、組立、〔加工、荷扱、〕加工、保管、輸送、配給〔分〕その他の事業〔営〕に従事すること。

十三 構成事業者その他の者のため○〔に〕、取引の代理人となり、又は事業に関する契約をすること。

十四 構成事業者その他の者のために、集金を行うこと。

十五　構成事業者その他の者の間の紛争を仲裁し若しくは解決し、又はその仲裁若しくは解決の支配《制御》を企図すること。
十六　不当に、立法又は政府の政策に影響を与えること。
十七　受任者《入札の取次》となることその他の方法により、公私の注文の入札に参加し、これを規制し、又はこれに影響を与えること。
十八　前各号に掲げるものの外、私的独占禁止法の規定により禁止された行為及び前条の《に掲げる》許容活動の程度《範囲》を超える行為

事業者団体は、何等の名義を以てするかを問わず、前項の禁止又は制限を免れる行為をしてはならない。

第六条（適用除外団体）　この法律の規定（第三条を除く。）は、左に掲げる事業者団体には、これを適用しない。
一　特別の法令に基いて設立された協同組合その他の団体で、別表に掲げるもの。
二　臨時物資需給調整法附則第二項の規定に基いて指定されている団体
三　閉鎖機関令第一条の規定に基いて指定された団体

第七条（適用除外法令《行為》）　第五条の規定は、事業者団体が法令の規定で左に掲げるもの又はその法令の規定に基く命令によつて行う正当な行為には、これを適用しない。
一　地方鉄道法第二十五条第一項（軌道法第二十六条において準用する場合を含む。）
二　道路運送法第二十三条及び第二十四条第一項（他の運送事業者又は小運送業者との連絡運輸、共同経営及び運輸に関する協定に関する部分に限る。）
三　食糧管理法
四　臨時物資需給調整法
五《一〇》　昭和二十年勅令第五百四十二号
六《三》　煙草専売法第二十条の二
七《四》　電気測定法第七条
八《五》　船舶安全法第八条及び第二十八条
九《六》　重要輸出品取締法第二条
七　輸出絹織物取締法第一条
八　輸出水産物取締法第一条
九　輸出毛織物取締法第一条

第八条（排除措置）　第五条の規定に違反する行為があるときは、公正取引委員会は、事業者団体に対し、第十《九》条に規定する手続に従い、当該行為の差止、資産の処分、当該団体の解散その他当該行為の排除に必要な措置を命ずることができる。

第九《十一》条（東京高等裁判所の管轄権）　左の各号の一に該当する訴訟については、第一審の裁判権は、東京高等裁判所に属する。
一　公正取引委員会の審決に係る訴訟
二　第十三条第一項第一号《各号》又は第二号の罪に係る訴訟

前項に掲げる訴訟事件及び第十条において準用する私的独占禁止法第六十二条第一項及び第六十三条第一項に規定する事件は、同法第八十七条第一項の規定により東京高等裁判所に設けられた裁判官の合議体が取り扱うものとする。

第十条（公正取引委員会の権限及び手続）　公正取引委員会は、この法律の目的を達成するため、必要な職務を行うことができる。私的独占禁止法第四十条乃至第四十三条の規定は、この場合に、これを準用する。

　私的独占禁止法第四十五条乃至第六十四条、第六十七条乃至第六十九条、第七十三条乃至第七十五条、第七十七条乃至第八十三条及び第八十八条の規定並びに第七十条の規定に基く命令及び第七十六条の規定に基く□□□□規則は、この法律の規定に違反する事実、事件及びこの法律の規定に違反する犯罪に、これを準用する。この場合において、これらの規定中「事業者」とあるのは「事業者団体」と、「私的独占をし、不当な取引制限をし、若しくは不公正な競争方法を用いていると認める場合又は不当な事業能力の較差があると認める場合」とあるのは「第五条の規定に違反すると認める場合」と、「第十条、第八条第一項又は第二十条に規定する措置」とあるのは「第八条に規定する措置」と、「私的独占、不当な取引制限又は不公正な競争方法に該当する疑のある行為」とあるのは「第五条の規定に違反する疑のある行為」と読み替えるものとする。

第十一条（検察官）　公正取引委員会の検察官たる職員は、この法律の規定に違反する犯罪に関する職務を掌ることができる。

第十二条（資産の処分）　事業者団体が成立した際又はこの法律施行の際現に事業者団体が所有する営業用の施設、科学に関する研究を実施するための施設、株式又は社債（昭和二十二年政令第二百三十九号及び昭和二十三年政令第四十三号の規定に基き処分すべきものを除く。）及び特許権は、事業者団体成立の日又はこの法律施行の日のいづれか遅い日より九十日以内に、これを処分しなければならない。

　公正取引委員会は、特別の事情があると認めるときは、申請により、前項に規定する期限を延長することができる。この場合において、申請をした日よりその承認又は却下の日までの期間は、これを九十日の期間に算入しない。

　事業者団体は、第一項の規定による処分をした日より三十日以内に、処分の内容を記載した報告書を、公正取引委員会に提出しなければならない。

　公正取引委員会は、前○項の規定による申請又は報告の手続に関する事項について、規則を定めることができる。

第十三条（罰則）　この法律の規定違反に対する罰則は、左の各号に掲げるものとする。

一　第五条の規定に違反した者は、これを二年以下の懲役若しくは三万円以下の罰金又はその両者に処する。

二　公正取引委員会の審決に違反した者は、これを二年以下の懲役若しくは三万円以下の罰金又はその両者に処する。

三　第三条の規定に違反し、届出を怠り又は虚偽の届出をした者は、これを一年以下の懲役若しくは二万円以下の罰金又はその両者に処する。

四　前条第一項又は第二項に規定する期限内に、営業用の施設、科学に関する研究を実施するための施設、株式、社債若しくは特許権を処分せず又は同条第三項の規定による報告書を提出せず若しくは虚偽の報告書を提出した者は、これを一年以下の懲役若しくは五千円以下の罰金又はその両者に処する。

五　第十六条の規定に違反し、報告、情報若しくは資料を提出せず又は虚偽の報告、情報若しくは資料を提出した者は、これを五千円以下の過料《罰金》に処する。

前項第一号乃至第四号の罪を犯した者には情状に依り懲役及び罰金を併科することができる。

□の□□　法人であるとないとにかかわらず、事業者団体において前項《この□》第一号乃至第四号の違反があつた場合には、その理事、管理人《代理人》、○管理人又は清算人、代表者その他その事業者団体の業務を執行する者、○第二条第一項第三号に掲げる事業者団体にあつては組合員若しくは契約の当事者、役員《又は清算人》、従業員その他の者がそのため清算人を罰するの外、その事業者団体に対しても前項第一号乃至第四号に規定する罰金刑を科する。

前項の規定により、法人でない事業者団体を処罰する場合においては、その代表者又は管理人がその訴訟行為につきその事業者団体を代表する外、法人を被告人とする場合の刑事訴訟に関する法律の規定を準用する。

第十四条（制裁）　裁判所は、充分な理由があると認めるときは、前条第一項第一号《各号》又は第二号に規定する刑の言渡と同時に、事業者団体の解散を宣告することができる。

前項の規定により、解散が宣告された場合には、他の法令の規定又は契約その他の定にかかわらず、事業者団体は、その宣告により解散する。

第十五条（告発）　第十三条第一項第一号《各号》又は第二号の罪は、公正取引委員会の告発を待つて、これを論ずる。私的独占禁止法第九十六条第三項《二》及び第四項の規定は、この場合の告発に、これを準用する。

第十六条（報告）　公正取引委員会は、前項の告発をするに当り、その告発に係る犯罪について、解散の宣告をすることを正当と認めるときは、その旨を告発の文書に記載することができる。

第十六条《七》（私的独占禁止法の不変更）　私的独占禁止法の規定及

びその規定に基く公正取引委員会の権限は、この法律の規定によって変更されることはない。

附　則

第十七条（施行期日）　この法律は、公布の日から、これを施行する。

第十八条（違反する法令及び契約）　この法律施行の際現に存する法令の規定又は契約で、この法律の規定に違反するものは、この法律施行の日から、その効力を失う。

別表（略）

〔資料32〕事業者団体法案（第六次案）に関する件（食糧管理局）

事業者団体法（第六次案）に関する件

(一)参　照

(イ)事業者団体法案（第六次案）。

(ロ)第五条（禁止行為）「事業者団体は左の各号の一に該当する行為をしてはならない。」

同条第十三号。構成事業者その他の者のため、取引の代理人となり、又は事業に関する契約をすること。

同条第十四号。構成事業者その他の者のために、集金を行うこと

(ハ)第七条（適用除外法令）第五条の規定は、事業者団体が法令の規定で左に掲げるもの又はその法令の規定に基く命令によつて行う正当な行為にはこれを適用しない。

(二)政府はその所有する穀類を加工してから消費者に引渡すことが必要である。約八、〇〇〇の工場がこの加工に従事している。政府はこの事業者の団体と加工契約を結んでいる。政府は個々の事業者が提出する請求書にもとづいて、加工費を支払うが、政府の事務能力不足のため加工賃は団体で一括して受領する。団体は、予め政府の定める基準に従つて、加工賃を公平に業者に分配する。

＊編注：八行墨塗り。

(三)(一)に記した事業者団体法案第五条第十三号乃至第十四号、あるひは商工協同組合法改正案等によつて、政府の委託加工を受ける事業者の団体は(二)の機能を営むことが困難となる。

(四)以上の理由から次のようにすることが望ましい。

(イ)事業者団体法案第七条に規定する適用除外法令として食糧管理特別会計法第十条（本会計の収入支出に関する規定は勅令を以て之を定む）を加える。

(ロ)＊編注：十一文字墨塗り。　同法第十条にもとづき食糧管理特別会計規則に次の一条を加える。（政府ハソノ指定スル事業者ノ団体ニ対シテ、加工賃若シクハ運送賃ヲ一括シテ支払フコトヲ得

(五)その他

政府は各個別の事業者と契約を締結する。

〔資料33〕　第六次案第一四条（罰則）修正案

第十四条（罰則）　この法律の規定違反に対する罰則は左の各号に掲げるものとす。

一、第五条の規定に違反した者は、これを一年以下の懲役若しくは、三万円以下の罰金又はその両者に処する。

二、公正取引委員会の審決に違反した者は、これを二年以下の懲役、若しくは三万円以下の罰金又は、その両者に処する。

三、第三条の規定に違反し届出を怠り又は、虚偽の届出をした者は、これを一年以下の懲役若しくは二万円以下の罰金又は、その両者に処する。

四、前条第一項又は第二項に規定する期限内に営業用の施設、科学に関する研究を実施するための施設、株式、社債若しくは、特許権を処分せず、又は同条第三項の規定による報告書を提出せず若しくは、虚偽の報告書を提出した者は、これを一年以下の懲役若しくは五千円以下の罰金又はその両者に処する。

五、第十条の規定に違反し、報告、情報若しくは資料を提出せず又は虚偽の報告、情報若しくは資料を提出した者はこれを五千円以下の罰金に処する。

前項各号に該当する者は、その違反行為をした者及びその違反の計画を知りその防止に必要な措置を講ぜず若しくは、その違反行為を知りその是正に必要な措置を講じなかつた事業者団体（法人であるとないとを問はない）の理事、役員、代理人、代表者、組合の業務を執行する者、管理人、清算人、株主、社員（社員に準ずる者を含む）、その事業者団体の構成事業者（その者が□〔該？〕事業者を代表している場合には、その事業者を含む）又は第二条第一項第三号の契約の当事者をいふ。

第一項の違反があった場合には、法人であるとないとにかかわらずその事業者団体に対しても第一項の各本号の罰金刑を科する。

前項の規定により法人でない事業者団体を処罰する場合においては、その代表者又は管理人がその訴訟行為につき、その

事業者団体を代表する外、法人を被告人とする場合の刑事訴訟に関する法律の規定を準用する。第二項の事業者団体の構成事業者が法人その他の団体である場合には、第三項及第四項の規定を準用する。此の場合においてこれらの規定中「事業者団体」とあるのは、「事業者団体の構成事業者」と読み替えるものとする。

私的独占禁止法第九十四条、第九十九条の罰則規定は第九条第一項において同法第四十条第四十六条の規定を準用する場合の違反は、これを準用する。

法人であるとないとにかゝわらず、事業者団体においてこの法律の規定の違反があつた場合には、その理事、役員、代理人、代表者その他その事業者団体の業務を執行する者、管理人又は清算人を罰する外、その事業者団体及びその構成事業者、株主、社員（社員に準ずるものを含む。）契約の当事者（これらの者のために行為を行つた事業者をも含む。）並びに第二条第一項第二号及び第三号における事業者に対しても情状により第一項に規定する□刑を科することができる。

〔資料34〕　第六次案第一三条第二項及び第三項修正案

第十三条第二項及び第三項修正案

　前項各号に該当する者は、その違反行為をした者及びその違反の計画を知りその防止に必要な措置を講ぜず若しくはその違反行為を知り、その是正に必要な措置を講じなかった事業者団体（法人であるとないとを問わない。）の理事、役員、代理人、代表者、組合の管理人業務を執行する者、管理人、清算人、株主、社員（社員に準ずる者を含む。）、その事業者団体の構成事業者又は第二条第一項第三号の契約の当事者をいう。

　第一項の違反があった場合には、法人であるとないとにかかわらずその事業者団体に対しても第一項の各本号の罰金刑を科する。

〔資料35〕　第六次案第六条修正案（訳文）

（訳文）

第六条（適用除外団体）　この法律の規定（第三条を除く）は左に掲げる団体に対してはこれを適用しない。

一、臨時物資需給調整法附則第二項の規定に基いて指定されて

いる団体
二、閉鎖機関令第一条の規定に基いて指定された団体
三、証券取引法の規定に基いて設立された証券取引所、取引所法の規定に基いて設立された取引所（特別の法律に基いて設立された金融機関の組織する）（銀行法の規定に基いて設立された）手形交換所、但し当該団体の正当な機能を遂行するに必要な程度に限る。
四、左に掲げる法律の規定に基いて設立された団体
イ、森林法
ロ、牧野法
ハ、耕地整理組合法
ニ、水利組合法
ホ、馬匹組合法
ヘ、北海道土功組合法
五、私的独占禁止法第二十四条各号に掲げる要件を備へ且つ左に掲げる特別の法令の規定に基いて設立された協同組合其の他の団体
イ、商工協同組合法（商工協同組合中央会に関する規定を除く）
ロ、農業協同組合法
ハ、農業協同組合自治監査法
ニ、蚕糸業法（日本蚕糸業会及び都道府県蚕糸業会に関する規定を除く）
ホ、林業会法（日本林業会及び都道府県林業会に関する規定を除く）
ヘ、水産業団体法
ト、市街地信用組合法
チ、塩専売法
リ、健康保険法
ヌ、国民健康保険法
ル、農村負債整理組合法
ヲ、農業災害補償法
ワ、漁船保険法
カ、木船保険法
ヨ、貸家組合法
タ、農業団体法
レ、産業組合法（産業組合中央会に関する規定を除く）
ソ、蚕糸業組合法
農業団体法の規定に基いて設立された市町村農業会、都道府県農業会及全国農業会、産業組合法の規定に基いて設立された農事実行組合及び蚕糸業組合法の規定に基いて設立された蚕糸業組合に対するこの法律の適用除外は昭和二十二年八

月十五日限りとする。

〔資料36〕 Proposed Amendment of the Connected 8th Draft of the Trade Association Bill（1948. 3. 17）

＊編注：アンダーラインは原文

Proposed Amendment of the Connected 8th
Draft of the Trade Association Bill

17 March 1948
The Fair Trade Commission

Art. 1 No amendment.

Art. 2 Para 1: "including but not limited to the following trade associations in the following forms" to be amended to read as "including but not limited to the following groupings in the following forms."

Art. 3 No amendment.

Art. 4 —ditto.—

Art. 5 —ditto.—

Art. 6 Item 3 to be amended to read as follows;

"securities exchanges established in accordance with the provisions of the Securities Exchange Law,（SHOKEN TORIHIKI HO）, exchanges established in accordance with the provisions of the Commodities Exchange Law（TORIHIKI HO）and clearing houses organized by financial institutions pursuant to the Banking Law and other special laws relating to financial institutions; provided that the foregoing exemption shall be limited to the extent that said organizations perform only legitimate functions."

Item 4 to be amended by adding the following from Item 5;

c. Agricultural Cooperative Association Autonomous Inspection Law（NOGYO KYODO KUMIAI JICHI KANSA HO）.

f. Fisheries Organization Law（SUISANGYO DANTAI HO）.

k. Agricultural Village Credit Adjustment Association Law（NOSON FUSAI SEIRI KUMIAI HO）.

l. Agricultural Disaster Indemnity Law（NOGYO SAIGAI HOSHO HO）.

p. Agricultural Organization Law（NOGYO DANTAI HO）.

r. Agricultural Association Law（SANSIGYO KUMIAI HO）.

Also the following to be newly added;

1) Agricultural Central Depository Law (NORIN CHUO KINKO HO).

2) Commercial and Industrial Central Depository Law (SHOKO CHUO KINKO HO).

Art. 7 The following law shall be added;

Tobacco Monopoly Law Art. 20-2.

Art. 8 Sub-title "Authority of the Fair Trade Commission" to read as "Necessary Measures to Eliminate Vlolations"

To become Art. 11

Art. 9 To become Art. 11

Art. 10 To become Art. 9

Art. 11 To become Art. 10.

New Article 9

"Art. 9 Functions and procedure of the Fair Trade Commission."

The Fair Trade Commission may, in order to carry out the purpose of this law, perform such functions as may be necessary. The provisions of Article 40 to Article 44 inclusive of the Anti-Monopoly Law shall, in this case, be applied mutatis mutandis.

The provisions of Article 45 to Article 64 inclusive, Article 67 to Article 69 inclusive, Article 73 to Article 75 inclusive, Article 77 to Article 88 inclusive and Article 88 as well as order issued pursuant to Article 70 and orders or regulations issued pursuant to Article 76 shall be applied mutatis mutandis to matters and cases arising from violation of the provisions of this law as well as criminal violations of the provisions of this law. In this case, the following terms shall be read as follows.

"entrepreneur" as "trade association"; "when it deems that an entrepreneur has effected a private monopolization, or has undertaken an unreasonable restraint of trade or has employed unfair methods of competition, or when it deems that undue disparities in bargaining power exist" as "when it deems a trade association has violated the provisions of Article 5";

"such measures as provided for by Article 7, Paragraph 1 of Article 8 or Article 20." as "such measures as provided for by Article 8.";

"an act suspected of private monopolization, unreasonable restraint of trade or unfair method of competition" as "an act suspected of violation of the provisions of Article 5".

New Article 10 No amendment.

New Article 11 —ditto.—

Article 13 No amendment to Para 1 and Para 3. The order of Items in Para 1 to amended as follows.

Item 1 to become Item 3

Item 2 to become Item 1

Item 4 to remain Item 4

Item 5 to become Item 2

Para 2 to be amended as follows;

"whether juridical or non-juridical, when a trade association has engaged in such violations of this law as provided for in Item 1 to Item 4 of the preceding paragraph, not only shall its director, administrators, representatives and other persons in charge of the execution of the trade association's business as well as, in case of a trade association coming under Item 3 of Paragraph 1 of Article 2, its members or contracting parties, its liquidators be liable to punishment, but the trade association itself shall also be subject to such criminal fines as provided for in Item 1 to Item 4 inclusive of the preceding paragraph."

Article 14 sub-title to be amended as "Sanctions"

The sentence of dissolution shall be limited to violation coming under Item 1 and Item 2 of Paragraph 1 of Article 13.

Article 15 Accusation under paragraph 1 shall be limited to violations coming under Item 1 or Item 2 of Paragraph 1 of Article 13.

Article 16 To be debated.

Article 17 No amendment.

Supplementary Provisions

Article 18 Amended to become Article 19.

Article 19 Amended to become Article 18.

〔資料37〕 The Trade Association Law（7th Draft）（1948. 3. 22）（司令部提示案）

＊編注：アンダーラインは原文

The Fair Trade Comission

The Trade Association Law

22 March 1948

〔司令部提示案〕（7th Draft）

Article 1. Purpose. The purpose of this law is to define the legitimate scope of activities of trade association and to provide for a system of their notification to the Fair Trade Commission.

Article 2. Definitions. The term "trade association" as used in this law shall mean any grouping or federation of groupings of two (2) or more entrepreneurs having among its purposes the furtherance of their common interest as entrepreneurs, in whatever form, whether established pursuant to any law, ordinance, order, or contract, as a juridical or non-juridical entity, for profit or non-profit purposes, with or □…□ any requirement for registration, and whether composed of large or small scale entrepreneurs, including but not limited to trade associations taking the following form:

1. any company, juridical foundational entity (SHADAN HOJIN) or non-juridical foundational entity (SHADAN) whose stockholders, partnership shareholders or persons or parties similar thereto or constituent members consist of two (2) or more entrepreneurs;
2. any foundation □…□ the appointment or dismissal of whose directors, or the execution of whose business is controlled by two (2) or more entrepreneurs;
3. any association (KUMIAI) whose members consist of two (2) or more entrepreneurs or any contractual combination of two (2) or more entrepreneurs.

The term "entrepreneur" as used in this law shall mean any person or juridical or non-juridical entity which operates a commercial, industrial, financial or any other business enterprise, and any officers, employees, agents or other persons acting in its behalf.

<u>Article 3. Filling Requirements</u>. Within thirty (30) days after becoming a trade association, and within thirty (30) days after the enforcement date of this law with regard to trade associations existing at that time, every trade association shall file a report or fact with the Fair Trade Commission. Every such report shall be accompanied by the following documents or statements:

1. the articles of incorporation or association, by-laws or copies of contracts;
2. a list of the names of the directors, officers, or administrators, and in the case of a Kumiai or contractual combination coming under item 3 of Paragraph 1 of the preceding article, the names of the constituent members of the Association (KUMIAI) or the contracting parties;
3. in case establishment is based upon special law, ordinance or order, a statement describing the provisions thereof.

Within thirty (30) days after dissolution or any change □…□ matters coming under any one (1) of the items of the preceding □…□ every trade association shall file a report thereof with the Fair Trade Commission.

The Fair Trade Commission may fix such rules and regulations as are necessary for filing reports in accordance with the provisions of the preceding two (2) paragraphs.

Article 4. Permitted Activities. A trade association may engage in only the following activities:

1. receiving voluntary submission statistical data and publishing such data in summary form without disclosing business information or conditions of particular entrepreneurs;
2. publishing technical and scientific information and potential market information which will assist its entrepreneurs in the operation of their businesses and advance the skills and efficiency of the industry or trade;
3. providing for the voluntary interchange of research or scientific and technical information between its entrepreneurs on an open and non-discriminatory basis;
4. fostering the development of quality standards, specifications and methods of improving efficiency of production and distribution only by means of voluntary contributions to appropriate governmental agencies, Kogyo Hyojun Chosa Kai (Industrial Standards Investigating Committee), or other competent and generally recognized standardizing agencies and research Institutions;
5. conducting general educational work or propaganda, or adopting resolutions expressing its position on matters of interest to the trade or industry;
6. conducting collective bargaining negotiations with labor unions when authorized and within the limits of due delegation of power on the part of any of its entrepreneurs;
7. assisting the functions of the Fair Trade Commission as provides for in Article 71 and other provisions of Law No. 54 of 1947. Law relating to Prohibition of Private Monopolization and Methods of preserving Fair Trade (hereinafter referred to as the Anti-Monopoly Law).

Article 5. Prohibited Activities. No trade association shall engage in any of the following activities:

1. controlling or attempting to control production or distribution by any means, including allocation of raw materials or orders, formulating or submitting plans or programs to the Government for the allocation of new materials, goods of facilities;
2. participating in or undertaking any agreement, the contents of which include such matters as coming under any one (1) of the items of Paragraph 1 of Article 4 or Paragraph 1 of Article 6 of the Anti-Monopoly Law;
3. Participating in or undertaking any contract or understanding which unduly restrains trade or controls prices, or which will have the effect thereof, between its entrepreneurs, such an entre-

preneur and his suppliers of commodities, funds and other economic benefits or his customers, or between such an entrepreneur and his competitors;

4. controlling or fixing prices or undertaking any action for the purpose of effecting prices by any means, including dissemination of information concerning future prices, terms and conditions of sale, or customer classification;
5. restricting or attempting to restrict the present or future member of entrepreneurs in any field;
6. giving favor or causing disadvantage to a specific entrepreneur or entrepreneurs by disseminating lists of approved or preferred distributors, lists for black-listing, or boycotting any entrepreneur, information misrepresenting the business or financial or credit standing of any entrepreneur, or by any other means;
7. compulsorily requiring its entrepreneurs to submit reports on sales, prices, terms, orders, inventories, production, plant capacities, or business accounts, activities or facilities; or advising on, inspecting, or investigating the business affairs of its entrepreneurs without their consent;
8. restricting or attempting to restrict the functions or activities of its entrepreneurs;
9. owning or operating business facilities, or facilities for carrying out research in any field of physical science, or owning stocks (including partnership shares: hereinafter the same) or debentures;
10. owning or controlling patents, or providing facilities or other services for the licensing or pooling or patents;
11. making loans to its entrepreneurs or others;
12. engaging in business in any field, including buying, selling, producing, manufacturing, processing, handling, warehousing, transporting or distributing;
13. acting as agent in business transactions or becoming a party to business contracts on behalf of its entrepreneurs or others;
14. collecting accounts for its entrepreneurs or others;
15. arbitrating or settling disputes between its entrepreneurs or others, or attempting to control the name;
16. unduly influencing legislation or government policy;
17. participating in, regulating, or affecting bids for government or private orders by acting a depository, or otherwise;
18. any other activities going beyond those permitted by Article 4, and not specifically covered by the foregoing items of this article.

No trade association shall commit any act in whatever manner or form to evade the prohibitions or restrictions provided for in this article;

<u>Article 6. Exempted Organizations</u>. The provisions of this law (except Article 3) shall not apply to any of the following organizations;

1. organizations under designated in accordance with the provisions of Paragraph 8 of the supplementary Provisions, of the Temporary Commodities Supply and Demand Adjustment Act;
2. Organizations designated in accordance with Article 1 of the Closed Institution Ordinance;
3. exchanges established pursuant to the Securities and Exchanges Law (Shoken Torihiki Ho) and the Commodities and Exchanges Law (Torihikijo Ho), clearing house associations connected with such exchanges, and clearing house associations connected with financial institutions established pursuant to the Banking Law and other special laws relating to financial institutions, to the extent that such clearing house associations perform only legitimate clearing house functions;
4. organizations established under the provisions of the following Laws;
   a. The Forest Law (Shinrin Ho);
   b. Pasture Land Law (Bokuya Ho);
   c. The Arable Land Adjustment Law (Kochiseiri Kumiai Ho);
   d. The Irrigation Association Law (Suiri Kumiai Ho);
   e. Horse Association Law (Bahitsu Kumiai Ho);
   f. Hokkaido Public Works Association Law (Hokkaido Doko Kumiai Ho);
   g. The Aglicultural Cooperative Association Autonomous Inspection Law (Nogyo Kyodo Kumiai Jichi Kansa Ho);
   h. The Fisheries Organization Law (Suisangyo Dantai Ho);
   i. The Agricultural Village Debt Adjustment Association Law (Noson Fusai Seiri Kumiai Ho);
   j. The Agricultural Disaster Indemnity Law (Nogyo Saigai Hosho Ho);
   k. The Agricultural Organization Law (Nogyo Dantai Ho);
   l. The Sericultural Association Law (Sanshigyo Kumiai Ho);
   m. Agricultural Central Depository Law (Norin Chuo Kinko Ho);
   n. Commercial and Industrial Central Depository Law (Shoko Chuo Kinko Ho);
5. cooperative associations and other organizations which conform with the qualifications set forth in Article 24 of the Anti-monopoly Law and are established under the provisions of the following special laws, ordinances, and orders;
   a. The Commercial and Industrial Cooperative Association Law

(Shoko Kyodo Kumiai Ho);

b. The Agricultural Cooperative Association Law (Nogyo Kyodo Kumiai Ho);

c. Silk-reeling Industry Law (Sanshigyo Ho);

d. Forestry Association Law (Ringyo Kai Ho);

e. Urban Credit Association Law (Shigaichi Shinyo Kumiai Ho);

f. The Salt Monopoly Law (Shio Senbai Ho);

g. The Health Insurance Law (Kenko Hoken Ho);

h. The National Health Insurance Law (Kokumin Kenko Hoken Ho);

i. Fishing-boat Insurance Law (Gyosen Hoken Ho);

J. Wooden-boat Insurance Law (Mokuzo Hoken Ho):

k. House Owners Association Law (Kashiya Kumiai Ho):

l. The Industrial Association Law (Sangyo Kumiai Ho):

Article 7. Exempted Act. The pvovisions of Article 5 shall not apply to legitimate acts of a trade association carried out in accordance with the provisions of the following laws and ordinances, or ordinances or orders Issued thereunder:

1. Local Railway Act (Chiho Tetsudo Ho), Article 25, Paragraph 1 (Including such cases where said provisions are applied mutatis mutandis in Article 26 of the Narrow Gauge Railway Act);
2. Road Transportation Act (Doro Unso Ho), Article 23 and Paragraph 1 of Article 24 (limited only to agreements with regard to connecting transportation, joint management or operating and transportation);
3. Imperial Ordinance No. 542 of 1945 (Showa 20 Nen Chokurei Dai 542 Go):
4. Tobacco Monopoly Law (Tabaco Senbai Ho), Article 20-2;
5. Electric Measuring Act (Denki Sokutei Ho), Article 7;
6. Marine Safety Act (Senpaku Anzen Ho), Article 28;
7. Export Silk Fabrics Control Law (Yushutsu Kinuorimono Torishimari Ho);
8. Export Marine Products Control Law (Yushutsu Suisanbutsu Torishimari Ho);
9. Major Export Commodities Control Law (Juyo Yushutsuhin Torishimari Ho);
10. Export Woolen Fabrics Control Law (Yushutsu Keorimono Torishimari Ho);

Article 8. Necessary Measures to Eliminate Violations. In case there exists any act which comprises a violation of the provisions of Article 5, the Fair Trade Commission may order the trade association concerned, in accordance with the procedures as provided for in Article 9 hereof, to cause such act, to dissolve, to dispose of its assets or to take any other measures necessary to eliminate such violation.

<u>Article 9. Procedure</u>. The provisions of Article 45 through 64, 67 through 70, 73 through 83 and Article 88 of the Anti-Monopoly Law relating to procedure and legal suits, including reports of violations, investigations, hearings, decisions, suits to revoke or modify decisions, filing of accusations with the public Procurator General, and other matters necessary to the disposition of cases, and Article 27 through 44 relating to the powers of the Fair Trade Commission, and the rules and regulations or orders issued thereunder, shall be applied mutatis mutandis to matters, cases, and criminal violations arising under this law.

Whenever the following terms appear in the Anti-Monopoly Law (a) "entrepreneur," (b) "when it deems that an entrepreneur has effected a private monopolization, or has undertaken an unreasonabl restraint of trade or has employed unfair methods of competition, or when it deems that undue disparities in bargaining power exist," (c) "such measures as provided for by Article 7, Paragraph 1 of Article 8 or Article 20,", and (d) "an act suspected of private monopolization, unreasonable restraint of trade or unfair method of competition," they shall be read (a) "trade association," (b) "when it deems a trade association has violated the provisions of Article 5," (c) "such measures as provided for by Article 8", and (d) "an act suspected of violation of the provisions of Article 5" when applied mutatis mutandis to this law.

<u>Article 10. Public Procecutors</u>. Public prosecutors included in the personnel of the staff office of the Fair Trade Commission may assume responsibilities with respect to duties concerned with a criminal violation of the provisions of this law.

<u>Article 11. Jurisdiction of High Court of Tokyo.</u> Jurisdiction of primary trials of any suit coming under any one of the following items shall rest with the High Court of Tokyo:

1. a suit concerning a decision of the Fair Trade Commission;
2. a suit concerning an offence as provided for by Article 13.

All suits as provided for in the preceding paragraph, and all cases arising under this law by applying mutatis mutandis the provisions of Paragraph 1 of Article 62 and Paragraph 1 of Article 63 of the Anti-Monopoly law pursuant to Article 9 of this law, shall come under the exclusive jurisdiction of the panel of judges established within the High Court of Tokyo in accordance with the provisions of Paragraph 1 of Article 87 of the Anti-Monopoly Law.

<u>Article 12. Disposition of Property.</u> All business facilities, facilities for the carrying out of research in the field of physical science, stocks or

debentures (excluding stocks or debentures required to be disposed of in accordance with the provisions of Cabinet Orders No. 239 of 1947 and No. 43 of 1948) and patents actually owned by a trade association at the time of enforcement of this law, shall be disposed of within ninety (90) days of the enforcement date of this law or its becoming a trade association, whichever date is later.

The Fair Trade Commission may extend the limit of time provided for in the preceding paragraph whenever it deems that special circumstances justify an extension. In such case, the running of the 90-day period shall be tolled until application filed for that purpose is either approved or rejected.

Every trade association shall, within thirty (30) days after disposal in accordance with the provisions of this article, file a report with the Fair Trade Commission setting forth the manner of disposal.

The Fair Trade Commission may fix such rules and regulations as are necessary for filing of applications and reports provided for in this article.

Article 13. Penalties. The penalties under this law shall be as follow:

1. for engaging in activities prohibited by Article 5, a criminal fine not to exceed thirty thousand yen (¥30,000), or penal servitude not to exceed two (2) years, or both;
2. for failure to comply with a decision of the Fair Trade Commission rendered under this law, a criminal fine not to exceed thirty thousand yen (¥30,000) or penal servitude not to exceed two (2) years, or both;
3. for failure to file reports provided for in Article 3, or for filing false reports, a criminal fine not to exceed twenty thousand yen (¥20,000), or penal servitude not to exceed one (1) year, or both;
4. for failure to dispose of facilities, stocks, debentures or patents within the time provided in the preceding article, or for failure to file a report as to disposal, or for filing a false report thereof, a criminal fine not to exceed five thousand yen (¥5,000) or penal servitude not to exceed one (1) year, or both;
5. for failure to submit reports, information or data provided for in article 16, or for filing false reports, information or data, a criminal fine not to exceed five thousand yen (¥5,000).

Where a juridical or non-juridical trade association has acted contrary to the provisions of this law, not only its directors, officers, agents, representatives, and other persons in charge of the execution or its business, administrators or liquidators, but the trade association itself, and its members, stockholders, partnership shareholders or persons or parties similar thereto, contracting parties, (and the entrepreneur on behalf of when any of the foregoing may have been acting) and entrepreneurs referred to in Items 2 and 3 of paragraph 1 of Article 2, as the case may be, may also be subject to punishment under the provisions of the preceding paragraph.

Where a non-juridical trade association is subject to punishment in accordance with the preceding paragraphs of this article, its representative or administrator shall represent said trade association in the case concerned, and the provisions of law on criminal suits where a juridical person is the defendant shall be applied mutatis mutandis.

Article 14. Additional Punishment. In addition to any penalty provided for in the preceding Article, the sentence of the Court may, where sufficient grounds exist, include dissolution of the trade association.

There the sentence shall include dissolution, the trade association shall become dissolved thereby, notwithstanding the provisions of any other law, ordinance, order, or contract.

Article 15. Accusations. Any offense under Article 13 shall be considered after the filling of an accusation by the Fair Trade Commission. The provisions of Paragraph 2 and 4 of Article 96 of the Anti-Monopoly Law shall be applied mutatis mutandis with regard to such an accusations.

The Fair Trade Commission may, when filing an accusation under this article and when it deems that the sentence shall carry with it dissolution of the trade association, state said fact in its accusation.

Article 16. Reports. The Fair Trade Commission may, in order to carry out the provisions of this law in fair and proper manner, order a trade association to submit such reports, information on data as are deemed necessary.

Article 17. Anti-monopoly Law Unaffected. The provisions of the Anti-Monopoly Law and the functions and powers of the Fair Trade Commission thereunder shall not in any manner be repealed, modified or amended by this law.

Supplementary Provisions.

Article 18. Enforcement Date. This law shall be enforced from the date of its promulgation.

Article 19. Conflicting Laws and Contracts. The provisions of existing laws, ordinances, orders and contracts in conflict with this law at the time it goes into effect shall become null and void from the date of the enforcement of this law.

〔資料38〕事業者団体法案（第七次案）
（昭和二三年三月二二日）

㊙

事業者団体法案（第七次案）　二三、三、二二

〔英文翻訳〕

第一条（目的）　この法律は、事業者団体の正当な活動の範囲を定め、且つその公正取引委員会に対する届出制を実施することを以て目的とする。

第二条（定義）　この法律において事業者団体とは、いかなる型態のものであるかを問わず、いかなる法令若しくは契約によつて設立されたものであるかを問わず、登記を要すると要しないとを問わず、法人であるとないとを問わず、営利を目的とするとしないとを問わず、その構成事業者の事業の規模の大小を問わず、二以上の事業者の結合体（その連合体を含む。）で事業者としての共通の利益を増進することを目的に含むものをいい、且つ左に掲げる型態のものを含むものとする。

一　二以上の事業者が株主若しくは社員（社員に準ずるものを含む。）である会社、社団法人その他の社団

二　二以上の事業者が理事若しくは管理人の任免又は業務の執行を支配している財団法人その他の財団

三　二以上の事業者を組合員とする組合又は二以上の事業者の契約による結合体

この法律において事業者とは、商業、工業、金融業その他の事業を営む者及びこれらの者のために行為を行う役員、従業員、代理人その他の者をいう。

第三条（届出義務）　事業者団体は、その成立の日より三十日以内に、又はこの法律施行の際現に事業者団体であるものについては、この法律施行の日より三十日以内に、その旨を公正取引委員会に届け出なければならない。

一　当該団体の定款、寄附行為、規約○〔○又は契約〕の写

二　理事その他の役員又は管理人（前条第一項第三号に掲げる事業者団体○〔○で、役員の定めのないもの〕にあつては、組合員又は契約の当事者とする。）の名簿

三　当該団体が特別の法令に基いて設立されたものである場合には、その規定を記載した書類

事業者団体が解散し、又は前条各号に掲げる事項に変更を生じたときは、その解散又は変更の日より三十日以内に、その旨を公正取引委員会に届け出なければならない。

公正取引委員会は、前二項の規定による届出に関し必要な事項について規則を定めることができる。

第四条（許容活動） 事業者団体は、左に掲げる活動に限り、これを行うことができる。

一 統計資料の自発的提供を受け、及び特定の事業者の事業に関する情報又は状態を明示することなくその資料を綜括して公刊すること。

二 構成事業者の事業の経営に役立ち且つその事業分野における技能及び能率を向上させるような技術若しくは科学又は将来の市場に関する情報を公刊すること。

三 構成事業者の間に、公開的且つ無差別的に、研究又は技術若しくは科学に関する情報の自発的交換を促進すること。

四 適当な政府機関、工業標準調査会その他（能力あり且つ〔有力な〕一般に認められた）商品標準化の機関又は研究機関に上申する〔自ら協力する〕ことのみにより、商品の品質の改善、規格の改良又は生産若しくは配分の能率の向上に寄与すること。

五 啓発若しくは宣伝をし、又は当該団体〔構成事業者〕の属する事業分野の利害に関係のある事項について当該団体の立場を明かにする決議を行うこと。

六 構成事業者○〔の全部又は一部〕より委任を受けた場合に、委任された権限内において、労働組合と団体交渉を行うこと。

七 輸出貿易に関し商工会議所が原産地証明をすること。

七〔八〕 昭和二十二年法律第五十四号「私的独占の禁止及び公正取引の確保に関する法律」（以下私的独占禁止法という。）第七十一条その他の規定による公正取引委員会の職務の遂行に協力すること。

第五条（禁止行為） 事業者団体は、左の各号の一に該当する行為をしてはならない。

一 原材料又は註文の割当その他の方法により、生産若しくは配分を統制し、又はその統制を企図すること、及び政府○〔機関〕に対し原材料、商品又は施設の割当のためその原案若しくは計画を作成し又は提出すること。

二 私的独占禁止法第四条第一項各号の一に該当する事項を内容とする契約〔協定〕若しくは協定〔契約〕又は同法第六条第一項各号○〔の一〕に該当する事項を内容とする国際的契約〔協定〕若しくは国際的協定に参加し又はこれを形成する〔契約をし又はこれに参加すること〕こと。

三 構成事業者相互の間、構成事業者とこれに物資、資金その他の経済上の利益を供給する者若しくは顧客との間又は構成事業者とその競争者との間に、〔の〕取引を不当に制限〔拘束〕し若しくは○〔その虞のある、又はこれらの者の間の〕対価を統制し又はその虞のある契約その他の合意に参加〔をし又はこ〕〔れに参加すること〕し又は〔若しくは〕これを形成すること。

四 将来の対価若しくは販売条件又は顧客の分類に関する情報の配布その他の方法により、対価を統制し若しくは決定し、又は対価に影響を与えるための行為をすること。

五　一定の事業分野における現在又は将来の事業者の数を制限し、又はその制限を企図すること。

六　公認され若しくは推薦された配給事業者の表［将来その配給事業者を公認し若しくは推薦するため］、特定の事業者を排斥するための表又は特定の事業者の事業内容、経理若しくは信用の状態を誤り伝える情報の配布その他の方法により、特定の事業者に利益又は不利益を与えること。

七　構成事業者に対し、その販売、価格、取引条件、註文、在庫、生産、若しくは設備能力又は経理、事業活動若しくは取引上の便宜に関する報告の提出を強要し、又は構成事業者の承諾なくその事業内容について助言し、監査し若しくは調査すること。

八　構成事業者の機能又は活動を制限し、又はその制限を企図すること。

九　営業用の施設若しくは自然科学に関する研究を実施するための施設を所有し若しくは経営し、又は株式（社員の持分を含む。以下同じ。）若しくは社債を所有すること。

十○［一］　特許権を所有し若しくは支配し、又は特許発明の実施の許諾若しくは共同利用のために斡旋その他の便宜を供すること。

十一［二］　構成事業者その他の者のために、融資をすること。

十二［三］　購買、販売、生産、製造、加工、○［包装、］荷扱、保管、輸送、配分その他の営業に従事すること。

十三［四］　構成事業者その他の者のために、取引の代理人となり、又は事業に関する契約をすること。

十四［五］　構成事業者その他の者のために、集金を行うこと。

十五［六］　構成事業者その他の者の間の紛争を仲裁し若しくは解決し、又はその仲裁若しくは解決の制御［支配］を企図すること。

十六［七］　不当に、立法又は政府の政策に影響を与えること。

十七［八］　入札の取次その他の方法により、公私の註文の入札に参加し、これを規制し、又はこれに影響を与えること。

十八［九］　前各号に掲げるものの外前条各号に掲げる活動の範囲を超える行為

事業者団体は、何等の名義を以てするかを問わず、前項の禁止又は制限を免れる行為をしてはならない。

第六条（適用除外団体）　この法律の規定（第三条を除く。）は、左に掲げる団体に対しては、これを適用しない。

一　臨時物資需給調整法附則第二項の規定に基いて指定されている団体

二　閉鎖機関令第一条の規定に基いて指定された団体

三　証券取引法の規定に基いて設立された証券取引所、○［商品］取引所法の規定に基いて設立された○［商品］取引所、証券取引所又は○［商品］取引所に附属する決済機関及び銀行法［○手形法第八十□条及小切手法第□条］その他特別の法律に基いて設立された金融機関の組織する〔の規定により指定された〕手形交換所、但し決済機関及び手形交換所については、その正当な機能を遂行するに必要な程度に限る。

四 左に掲げる法律の規定に基いて設立された団体

イ 北海道土功組合法

ロ 森林法

ハ 水利組合法

ニ 耕地監理法

ホ 馬匹組合法

ヘ 蚕糸業組合法

ト 牧野法

チ 農村負債整理組合法

リ 農業協同組合自治監査法

ヌ 農業団体法

ル 水産業団体法

ヲ 農業災害補償法

〔農林中央金庫法〕

〔商工組合中央金庫法〕

五 私的独占禁止法第二十四条各号に掲げる要件を備え○○、且つ左に掲げる特別○の法令の規定に基いて設立された協同組合其そ の他の団体

イ 産業組合法

ロ 塩専売法

〔ハ 健康保険法〕

ニ 漁船保険法

ホ 国民健康保険法

ヘ 貸家組合法

ト 木船保健険法

チ 市街地信用組合法

リ 蚕糸業法

ヌ 林業会法

ル 商工協同組合法

ヲ 農業協同組合法

第七条（適用除外行為） 第五条の規定は、事業者団体が法令の規定で左に掲げるもの又はその法令の規定に基く命令によつて行う正当な行為には、これを適用しない。

一 地方鉄道法第二十五条第一項（軌道法第二十六条において準用する場合を含む。）

二 道路運送法第二十三条及び第二十四条一項（他の運送事業者又は小運送業者との連絡運輸、共同経営及び運輸に関する協定に関する部分に限る。）

三 煙草専売法第二十条の二

四　電気測定法第七条
五　船舶安全法第八条及び第二十八条
六　重要輸出品取締法第二条
七　輸出絹織物取締法第一条
八　輸出水産物取締法第一条
九　輸出毛織物取締法第一条
十　昭和二十年勅令第五百四十二号

第八条（排除措置）　第五条の規定に違反する行為があるときは、公正取引委員会は、事業者団体に対し、第九条に規定する手続に従い、当該行為の差止、資産の処分、当該団体の解散その他当該行為の排除に必要な措置を命ずることができる。

第九条（手続）　違反事実の報告、事件の調査、審判、審決の取消又は変更の訴、検事総長に対する告発その他事件処理の手続及び訴訟に関する私的独占禁止法第四十五条乃至第六十四条、第六十七条乃至第七十条、第七十三条乃至第八十三条、第八十八条の規定及びこれらの規定に基く命令又は規則並びに公正取引委員会の権限に関する同法第四十条乃至第四十四条の規定は、この法律の規定に違反する事実、事件及びこの法律の規定に違反する犯罪に、これを準用する。この場合において、これらの規定中「事業者」とあるのは「事業者団体」と、「私的独占をし、不当な取引制限をし、若しくは不公正な競争方法を用いていると認める場合又は不当な事業能力の較差があると認める場合」とあるのは「第五条の規定に違反すると認める場合」と、「第七条、第八条第一項又は第二十条に規定する措置」とあるのは「第八条に規定する措置」と、「私的独占、不当な取引制限又は不公正な競争方法に該当する疑のある行為」とあるのは「第五条の規定に違反する疑のある行為」と読み替えるものとする。

第十条（検察官）　公正取引委員会の検察官たる職員は、この法律の規定に違反する犯罪に関する職務を掌ることができる。

第十一条（東京高等裁判所の管轄権）　左の各号の一に該当する訴訟については、第一審の裁判権は、東京高等裁判所に属する。
一　公正取引委員会の審決に係る訴訟
二　第十三条第一項各号の罪に係る訴訟
　前項に掲げる訴訟事件及び第九条において準用する私的独占禁止法第六十二条第一項及び第六十三条第一項に規定する事件は、同法第八十七条第一項の規定により東京高等裁判所に設けられた裁判官の合議体が取り扱うものとする。

第十二条（資産の処分）　事業者団体が成立した際又はこの法律施行の際現に事業者団体が所有する営業用の施設、○自然○科学に関する研究を実施するための施設、株式又は社債（昭和二十二年政令第二百三十九号及び昭和二十三年政令第四十三号の規定に基き処分すべきものを除く。）及び特許権は、事業者団体成立の日又はこの法律施行の日のいづれか遅い日より九十日以内に、これを処分しなければならない。

公正取引委員会は、特別の事情があると認めるときは、申請により、前〔第一〕項に規定する期限を延長することができる。この場合〔○及び第二項の規定により届出のあつた場合〕○において、申請をした日よりその承認又は却下の日までの期間は、これを九十日の期間に算入しない。

事業者団体は、第一項の規定による処分をした日より三十日以内に、処分の内容を記載した報告書を、公正取引委員会に提出しなければならない。

公正取引委員会は、前二項〔第二項、第五項及び第六項〕の規定による申請又は報告の手続に関する事項について規則を定めることができる。

第十三〔四〕条（罰則） この法律の規定違反に対する罰則は、左の各号に掲げるものとする。

一 第五条の規定に違反した者は、これを二年以下の懲役若しくは三万円以下の罰金又はその両者に処する。

二 公正取引委員会の審決に違反した者は、これを二年以下の懲役若しくは三万円以下の罰金又はその両者に処する。

三 第三条の規定に違反し、届出を怠り又は虚偽の届出をした者は、これを一年以下の懲役若しくは二万円以下の罰金又はその両者に処する。

四 前条第一項又は第二項に規定する期限内に、営業用の施設、科学に関する研究を実施するための施設、株式、社債若しくは特許権を処分せず又は同条第三項の規定による報告書を提出せず若しくは虚偽の報告書を提出した者は、これを一年以下の懲役若しくは五千円以下の罰金又はその両者に処する。

五 第十六条の規定に違反し、報告、情報若しくは資料を提出せず又は虚偽の報告、情報若しくは資料を提出した者は、これを五千円以下の罰金に処する。

前項各号に該当する者は、その違反行為をした者及びその違反の計画を知りその防止に必要な措置を講ぜず若しくはその違反行為を知りその是正に必要な措置を講じなかつた事業者団体（法人であるとないとを問わない。）の理事、役員、代理人、代表者、組合の業務を執行する者、管理人、清算人、株主、社員（社員に準ずる者を含む。）、その事業者団体の構成事業者又は第二条第一項第三号の契約の当事者をいう。

第一項の違反があつた場合には、法人であるとないとにかかわらずその事業者団体に対しても第一項の各本号の罰金刑を科する。

前項の規定により、法人でない事業者団体を処罰する場合においては、その代表者又は管理人がその訴訟行為につきその事業者団体を代表する外、法人を被告人とする場合の刑事訴訟に関する法律の規定を準用する。

第十四条（制裁）　裁判所は、充分な理由があると認めるときは、前条第一項各号に規定する刑の言渡と同時に、事業者団体の解散を宣告することができる。

前項の規定により、解散が宣告された場合には、他の法令の規定又は契約その他の定にかかわらず、事業者団体は、その宣告により解散する。

第十五条（告発）　第十三条第一項各号の罪は、公正取引委員会の告発を待って、これを論ずる。私的独占禁止法第九十六条第二項及び第四項の規定は、この場合の告発に、これを準用する。

公正取引委員会は、前項の告発をするに当り、その告発に係る犯罪について、解散の宣告をすることを正当と認めるときは、その旨を告発の文書に記載することができる。

第十六条（報告）　公正取引委員会は、この法律の適正な運用を図るため、事業者団体に対し、必要な報告、情報若しくは資料の提出を求めることができる。

第十七条（私的独占禁止法の不変更）　私的独占禁止法の規定及びその規定に基く公正取引委員会の権限は、この法律の規定によつて変更されることはない。

附　則

第十八条（施行期日）　この法律は、公布の日から、これを施行する。

第十九条（違反する法令及び契約）　この法律施行の際現に存する法令の規定又は契約で、この法律の規定に違反するものは、この法律施行の日から、その効力を失う。

別表

〔資料39〕　事業者団体法案（第七次案）について（農林省、昭和二三年三月一二日）

事業者団体法（第七次案）について　二三、三、一二

一、第二条

「二以上の事業者の結合体」を「二以上の事業者を主たる構成員とする結合体」とする。

理　由

事業者の範囲は非常に広汎であり、従って二以上の事業者が構成員となつているものは、数が非常に多い。然も事業者団体たる他の一の要件は「事業者としての共通の利益を増進することを目的に含む」ことであり、その意味は甚だあいまいである。故に共通の利益の解決如何で事業者団体たるものの

範囲は如何様にも拡張される事となる。そこで他の一の要件である「事業者の結合体」を二以上の事業者を主たる構成員とする結合体とする事によつて不当に事業者団体の範囲を拡張する事を防止し得る。

具体例

パン食普及協会、全国粉食普及会（消費者を主たる構成員とするもの）

二、第四条

この許容活動を限定的なものとせず、例示的なものたらしめる。

（従つて第五条の十八号後段を削除する）

理　由

第四条の範囲を一歩でも出れば第五条によつて禁止された行為となるとするのは、その理由が不明であり、余りに人民□□□〔の自由?〕を拘束するものである。憲法上からも、公共の福祉に反し□□に拘らず自由を拘束するのは問題があり得る。従つて第五条の存する限り他の許容活動は例示的とすべきである。

具体例

日本船舶用発動機協会（共同設計）

製□共□会
□□工業会）―（災害補償積立金制度の設置）

三、第五条

㈠第九号の「自然科学に関する研究を実施するための施設の所有経営」を削除すること。

理　由

中小企業ではなし得ざる技術の研究を、その団体がすることは我国の産業構造の特殊性に基く要請である。その研究のための活動が統制的となる事は甚だ稀であり、又なり得たとしても第五条第一号によつて取締り得る。故に科学研究施設の所有経営は禁止すべきでない。

具体例

日本□羊協会　（ホームスパン加工研究所）
日本茶業会　（茶業研究所）
日本□□研究所　（□□研究所）
大日本蚕糸会　（蚕糸科学研究所）

㈡第十二号の其他の営業中には斡旋は入らないものと解すること。

理　由

地理的条件よりして中央の団体に斡旋を依頼することは、従来も屢々行はれていることでもあり又現在もその必要性は少しも減少していないから、かゝる行為を絶対的に禁止する必要はない。何となればかゝる斡旋によつて実質上統制行為を行うような事があれば、第五条第一号前段で取締ればよいからである。

四、第七条

臨時物資需給調整法を加える。

理　由

物調法は経済的統制の根拠法規であり、然も一時的のものである。経済統制上止むを得ず事業者団体を利用して居るものまで本法によつて取締る必要はない。

なお物調法に基く団体は、除外の要があれば第六条第一号で指定すればよいというのは理由にならぬ。何となれば物調法附則で指定する場合はその団体が統制を行つている場合のみであり、その他に物調法に基く統制方式下で事業者団体が本法に違反して行動する場合は多々あり得るからである。

具体例

鮮魚介配給規則に基く集出荷機関（出荷及び荷受）木材需給調整規則に基く日本床板協会、日本合板工業組合連合会の検査。

五、協同組合となり得ざる農山漁民の共同活動組織を加える。

理　由

農業協同組合法によつては十五人以下の農民の共同活動組織は、農業協同組合となり得ない。然もかゝる団体は甚だ多いのであり、その性格も十五人以上の農業協同組合と何等異ならない。従つて農業協同組合を本法の適用除外としてこれらの組織を除外しないのは適当でない。

漁民、山村民の組織についても同様である。

〔資料40〕事業者団体法案（第七次案修正案）（昭和二三年三月二二日）

事業者団体法案（第七[八]次案）　二三、三、二二

第一条（目的）この法律は、事業者団体の正当な活動の範囲を定め、且つその公正取引委員会に対する届出制を実施することを以て目的とする。

第二条（定義）この法律において事業者団体とは、いかなる型態のものであるかを問わず、いかなる法令若しくは契約によつて設立されたものであるかを問わず、登記を要すると要しないとを問わず、法人であるとないとを問わず、その構成事業者の事業の規模の大小を問わず、二以上の事業者の結合体（その連合体を含む。）で事業者としての共通の利益を増進することを目的に含むものをいい、且つ左に掲げる型態のものを含むものとする。

一　二以上の事業者が株主若しくは社員（社員に準ずるものを

〔資料40〕　事業者団体法案（第７次案修正案）（昭和23年３月22日）

含む。）である会社、社団法人その他の社団

二　二以上の事業者が理事若しくは管理人の任免又は業務の執行を支配している財団法人その他の財団

三　二以上の事業者を組合員とする組合又は二以上の事業者の契約による結合体

この法律において事業者とは、商業、工業、金融業その他の事業を営む者及びこれらの者の○利益のためにする行為を行う役員、従業員、代理人その他の者をいう。

第三条（届出義務）　事業者団体は、その成立の日より三十日以内に、又はこの法律施行の際現に事業者団体であるものについては、この法律施行の日より三十日以内に、その旨を公正取引委員会に届け出なければならない。

一　当該団体の定款、寄附行為、規約○又は契約の写

二　理事その他の役員又は管理人（前条第一項第三号に掲げる事業者団体○で役員の定めのないものにあつては、組合員又は契約の当事者とする。）の名簿

三　当該団体が特別の法令に基いて設立されたものである場合には、その規定を記載した書類

事業者団体が解散し、又は前項各号に掲げる事項に変更を生じたときは、その解散又は変更の日より三十日以内に、その旨を公正取引委員会に届け出なければならない。

公正取引委員会は、前二項の規定による届出に関し必要な事項について規則を定めることができる。

第四条（許容活動）　事業者団体は、左に掲げる活動に限り、これを行うことができる。

一　統計資料の自発的提供を受け、及び特定の事業者の事業に関する情報又は状態を明示することなくその資料を綜括して公刊すること。

二　構成事業者の事業の経営に役立ち且つその事業分野における技能及び能率を向上させるような技術若しくは科学又は将来の市場に関する情報を公刊すること。

三　構成事業者の間に、公開的且つ無差別的に、研究又は技術若しくは科学に関する情報の自発的交換を促進すること。

四　適当な政府機関、工業標準調査会その他能力あり且つ一般に認められた商品標準化の機関又は研究機関に上申《自ら協力》すること⊗のみにより、〔⊗トルコトニ交渉スルコト〕商品の品質の改善、規格の改良又は生産若しくは配分の能率の向上に寄与すること。

五　啓発若しくは宣伝をし、又は当該団体《構成事業者》の属する事業分野の利害に関係のある事項について当該団体の立場を明かにする決議を行うこと。

六　構成事業者○の全部又は一部より委任を受けた場合に、委任された権限内において、労働組合と団体交渉を行うこと。

七　昭和二十二年法律第五十四号「私的独占の禁止及び公正取引の確保に関する法律」（以下私的独占禁止法という。）第七十一条その他の規定による公正取引委員会の職務の遂行に協力すること。

〔七、輸出貿易に関し商工会議所が事業者の依頼により原産地証明をすること〕

第五条（禁止行為）　事業者団体は、左の各号の一に該当する行為をしてはならない。

一　原材料又は注文の割当その他の方法により、生産若しくは配分を統制し、又はその統制を企図すること○、及び政府○機関○に対し原材料、商品又は施設の割当のためその原案若しくは計画を作成し又は提出すること。

二　私的独占禁止法第四条第一項各号の一に該当する事項を内容とする契約《協定》若しくは協定《契約》又は同法第六条第一項各号○の一○に該当する事項を内容とする国際的契約《協定》若しくは国際的協定《契約をし又は》に参加し又はこれを形成すること《これに参加すること》。

三　構成事業者相互の間、構成事業者とこれに物資、資金その他の経済上の利益を供給する者若しくは顧客との間又は構成事業者とその競争者との間に、《の》○その恐れのある、又はこれらの者の間の取引を不当に制限《拘束》し若しくは○対価を統制し又は《若しくは》その虞のある契約その他の合意に参加《をし又は》し又はこれを形成すること《これに参加すること》。

四　将来の対価若しくは販売条件又は顧客の分類に関する情報配布その他の方法により、対価を統制し若しくは決定し、又は対価に影響を与えるための行為をすること。

五　一定の事業分野における現在又は将来の事業者の数を制限し、又はその制限を企図すること。

六　公認され若しくは推薦された《する》配給業者の表、特定の事業者を排斥するための表又は特定の事業者の事業内容、経理若しくは信用の状態を誤り伝える情報の配布その他の方法により、特定の事業者に利益又は不利益を与えること。

七　構成事業者に対し、その販売、価格、取引条件、註文、在庫、生産、若しくは設備能力又は経理、事業活動若しくは取引上の便宜に関する報告の提出を強要し、又は構成事業者の承諾なくその事業内容について助言し、監査し若しくは調査すること。

八　構成事業者の機能又は活動を制限し、又はその制限を企図すること。

九　営業用の施設若しくは自然科学に関する研究を実施するための施設を所有し若しくは経営し、又は株式（社員の持分を含む。以下同じ。）若しくは社債を所有すること。

十○一○　特許権を所有し若しくは支配し、又は特許発明の実施の許諾若しくは共同利用のために斡旋その他の便宜を供すること。

〔資料40〕 事業者団体法案（第７次案修正案）（昭和23年３月22日）

十一[十二] 構成事業者その他の者のために、融資をすること。

十二[十三] 購買、販売、生産、製造、加工、[○包装]○荷扱、保管、輸送、配分その他の営業に従事すること。

十三[十四] 構成事業者その他の者のために、取引の代理人となり、又は事業に関する契約をすること。

十四[十五] 構成事業者その他の者のために、集金を行うこと。

十五[十六] 構成事業者その他の者の間の紛争を仲裁し若しくは解決し、又はその仲裁若しくは解決の制禦[支配]を企図すること。

十六[十七] 不当に、立法又は政府の政策に影響を与えること。

十七[十八] 入札の取次その他の方法により、公私の註文の入札に参加し、これを規制し、又はこれに影響を与えること。

十八[十九] 前各号に掲げるものの外前条各号に掲げる活動の範囲を超える行為

事業者団体は、何等の名義を以てするかを問わず、前項の禁止又は制限を免れる行為をしてはならない。

第六条（適用除外団体） この法律の規定（第三条を除く。）は、左に掲げる団体に対しては、これを適用しない。

一 臨時物資需給調整法附則第二項の規定に基いて指定されている団体

二 閉鎖機関令第一条の規定に基いて指定された団体

三 証券取引法の規定に基いて設立された証券取引所、[○商品]○取引所法の規定に基いて設立された[○商品]○取引所、証券取引所又は[○商品]○取引所に附属する決済機関及び銀行法その他特別の法律[並びに手形法及び小切手法の規定により指定]に基いて設立[された]された金融機関の組織する手形交換所。但し決済機関及び手形交換所については、その正当な機能を遂行するに必要な程度に限る。

四 左に掲げる法律の規定に基いて設立された団体

イ 北海道土功組合法

ロ 森林法

ハ 水利組合法

ニ 耕地整理法

ホ 馬匹組合法

ヘ 蚕糸業組合法

ト 牧野法

チ 農村負債整理組合法

〔農業協同組合法〕

リ 農業協同組合自治監査法

ヌ 農業団体法

ル 水産業団体法

ヲ 農業災害補償法

〔健康保険法〕

〔国民健康保険法〕

〔木船保険法〕

〔農林中央金庫法〕

〔商工組合中央金庫法〕

五　私的独占禁止法第二十四条各号に掲げる要件を備え且つ左に掲げる特別法令《律》の規定に基いて設立された協同組合其《そ》の他の団体

イ産業組合法

ロ塩専売法

ハ健康保険法

ニ《ハ》漁船保険法

ホ国民健康保険法

ヘ《ニ》貸家組合法

ト木船保険法

チ《ホ》市街地信用組合法

リ《ヘ》蚕糸業法

ヌ《ト》林業会法

ル《チ》商工協同組合法

ヲ農業協同組合法

第七条（適用除外行為）　第五条の規定は、事業者団体が法令の規定で左に掲げるもの又はその法令の規定に基く命令によって行う正当な行為には、これを適用しない。

一　地方鉄道法第二十五条第一項（軌道法第二十六条において準用する場合を含む。）

二　道路運送法第二十三条及び第二十四条第一項（他の運送事業者又は小運送業者との連絡運輸、共同経営及び運輸に関する協定に関する部分に限る。）

三　煙草専売法第二十条の二

四　電気測定法第十条

五　船舶安全法第八条及び第二十八条

六　重要輸出品取締法第二条

七　輸出絹織物取締法第一条

八　輸出水産物取締法第一条

九　輸出毛織物取締法第一条

十　昭和二十年勅令第五百四十二号

第八条（排除措置）　第五条の規定に違反する行為があるときは、公正取引委員会は、事業者団体に対し、第九条に規定する手続に従い、当該行為の差止、資産の処分、当該団体の解散その他当該行為の排除に必要な措置を命ずることができる。

第九条（手続）　違反事実の報告、事件の調査、審判、審決の取消又は変更の訴、検事総長に対する告発その他事件処理の手続及び訴訟に関する私的独占禁止法第四十五条乃至第六十四条、○第六十六条第二項、○第六十七条乃至第七十条、第七十三条乃至第八十三条、第八十八条の規定及びこれらの規定に基く命令又は規則並びに公正取引委員会の権限に関する同法第四十条乃至第四十四条の規定は、この法律の規定に違反する事実、事件及びこの法律の規定に違反する犯罪に〔並びに公正取引委員会がこの法律の目的を達成するため必要な職務を行ふ場合に〕これを準用する。この場合において、これらの規定中「事業者」とあるのは「事業者団体」と、「私的独占をし、不当な取引制限をし、若しくは不公正な競争方法を用いていると認める場合又は不当な事業能力の較差があると認める場合」とあるのは「第五条の規定に違反すると認める場合」と、「第七条、第八条第一項又は第二十条に規定する措置」とあるのは「第八条に規定する措置」と、「私的独占、不当な取引制限又は不公正な競争方法に該当する疑のある行為」とあるのは「第五条の規定に違反する疑のある行為」と読み替えるものとする。

〔十六条ヲ十条トシテ入レル〕

第十〔廿〕条（検察官） 公正取引委員会の検察官たる職員は、この法律の規定に違反する犯罪に関する職務を掌ることができる。

第十一〔二〕条（東京高等裁判所の管轄権） 左の各号の一に該当する訴訟については、第一審の裁判権は、東京高等裁判所に属する。

一 公正取引委員会の審決に係る訴訟

二 第十三〔四〕条第一項各号の罪に係る訴訟

前項に掲げる訴訟事件及び第九条において準用する私的独占禁止法第六十二条第一項、及び第六十三条第一項〔及び第六十七条〕に規定する事件は、同法第八十七条第一項の規定により東京高等裁判所に設けられた裁判官の合議体が取り扱うものとする。

第十二〔三〕条（資産の処分） 事業者団体が成立した際又はこの法律施行の際現に事業者団体が〔○現に〕所有する営業用の施設、〔○自然〕科学に関する研究を実施するための施設、株式又は社債（昭和二十二年政令〔○第二百三十八号及び〕第二百三十九号及び〔並びに〕昭和二十三年政令第四十三号の規定に基き処分すべきものを除く。）及び特許権は、事業者団体成立の日又はこの法律施行の日のいずれか遅い日より九十日以内に、これを処分しなければならない。

公正取引委員会は、特別の事情があると認めるときは、申請により、前項に規定する期限を延長することができる。この場合において、申請をした日よりその承認又は却下の日までの期間は、これを九十日の期間に算入しない。

事業者団体は、第一項の規定による処分をした日より三十日以内に、処分の内容を記載した報告書を、公正取引委員会に提出しなければならない。

公正取引委員会は、前二項の規定による申請又は報告の手続に関する事項について規則を定めることができる。

第十四〔五〕条（〔○附加〕制裁） 裁判所は、充分な理由があると認めるときは、前条第一項各号に規定する刑の言渡と同時に、事業者団体の解散を宣告することができる。

前項の規定により、解散が宣告された場合には、他の法令の規定又は契約〔定款〕その他の定○〔め〕にかかわらず、事業者団体は、その宣告により解散する。

第十五〔六〕条（告発）　第十三〔四〕条第一項各号の罪は、公正取引委員会の告発を待つて、これを論ずる。私的独占禁止法第九十六条第二項及び第四項の規定は、この場合の告発に、これを準用する。

公正取引委員会は、前項の告発をするに当り、その告発に係る犯罪について、解散の宣告をすることを正〔相〕当と認めるときは、その旨を告発の文書に記載することができる。

第十六〔七〕条（報告）　公正取引委員会は、この法律の適正な運用を図るため、事業者団体に対し、必要な報告、情報若しくは資料の提出を求めることができる。

第十七条（私的独占禁止法の不変更）　私的独占禁止法の規定及びその規定に基く公正取引委員会の権限は、この法律の規定によつて変更されることはない。

附　則

第十八条（施行期日）　この法律は、公布の日から、これを施行する。

第十九条（違反する法令及び契約）　この法律施行の際現に存する法令の規定又は〔、契約、定款又は寄附行為〕契約で、この法律の規定に違反するものは、この法律施行の日から、その効力を失う。

別表

〔資料41〕 Ownership of Research Facilities as a Permitted Activity under the Trade Association Law（1948. 4. 13）

Economic and Scientific Section
Antitrust and Cartels Division

13 April 1948

MEMORANDUM:

SUBJECT: Ownership of Research Facilities as a Permitted Activity
under the Trade Association Law

Item 9 of Article 5 (Prohibited Activities) should be amended to read as follows:

"9. Owning or operating (a) business facilities, or (b) owning stocks (including partnership shares: hereinafter the same) or debentures, or (c) owning or operating facilities for carrying out research in any field of physical science: provided, however, that as to any matter coming under item (c), an application for permission to own or operate physical science research facilities may be filed with the Fair Trade Commission. The Commission may grant permission on such fair and reasonable terms as shall assure the carrying out of the following conditions:

(1) membership or participation in such trade association is open to entrepreneurs generally throughout the industry on such fair and non-discriminatory terms as will actually make participation or membership therein reasonably available and within the means of such entrepreneurs generally who wish to join.

(2) membership or participation in such trade association shall not consist only of a relatively few dominant or leading competitors in the industry, nor shall voting and association activities, or the benefits resulting from the ownership and operation of physical science research facilities, be controlled by such dominant or leading competitors.

BASIC: Memo, subj: Ownership of Research Facilities as a Permitted Activity under the Trade Association Law, dated 13 Apr. 48

(3) the benefits flowing from the ownership and operation of such research facilities shall be available to members or participants in the trade association, regardless of number of shares held, financial contributions, size of entrepreneur, etc.

Provided, further, that as to any matter coming under item (c) or the first provision of item c, exceptions from the provisions thereof may be made with respect to the ownership or operation of research facilities in any final order issued pursuant to Law No. 207 of 1947.

L. N. S.

〔資料42〕 第七次案第五条第一項第九号の修正案

「第五条第一項第九号を左記のように改める。

九　営業用の施設を所有し若しくは経営し、又は株式（社員の持分を含む。以下同じ。）若しくは社債を所有すること。

十　自然科学に関する研究を実施するための施設を所有し又は経営すること。但し公正取引委員会の認可を得てこれを所有し又は経営する場合はこの限ではない。

「第五条第二項

公正取引委員会は、前項第十号但書の認可の申請があつた場合において、当該団体が、左の各号に掲げる要件を備えている場合には、これを認可することができる。

一　当該団体への加入又は参加が、当該事業分野における総ての事業者に対し、加入又は参加が役に立ち、且つこれを希望する事業者が容易に加入又は参加しうるような、公平且つ無差別な条件で開放されていること。

二　当該団体に《の構成》加入又は参加している事業者が、当該《その》事業分野における比較的少数の支配的《有力な事業者》又は主要な（事業）競業者に限られていることがなく、及《且つ》議決権の行使、事業活動又は自然科学に関する研究施設の所有、又は経営より生ずる○《○諸》利益が、それらの《比較的少数》有力な事業者により支配されていないこと。

三　○《○当該団体の構成事業者が、》当該施設の所有又は経営より生ずる諸利益が《を》、当該団体の構成事業者に対し、所有様式□、寄附金○《○の多寡又は》、事業規模の大小に拘りなく利用できること。

公正取引委員会は前項の規定による認可の申請に関し必要な規則を定めることができる。

第一項第十号及び前二項の規定は、過度経済力集中排除法第十一条の規定に基く決定指令又はその変更に基いて事業者団体が自然科学に関する研究を実施するための施設を所有し又はこれを経営する場合には、これを適用しない。

第九条第二項として追加

公正取引委員会は、第五条第二項○《○又は第十二条第七項》の規定による認可の申請があつた場合において、当該申請を理由がないと認めるときは、審決を以てこれを却下しなければならない。私的独占禁止法第六十五条第二項及び第六十六条の規定は、前項の認可の申請、認可又は審決について、これを準用する。

〔資料43〕第七次案第五条第三項の修正案

第五条第三項

公正取引委員会は前《第一》項第十号但書の認可の申請があった場合において当該団体が左の各号に掲げる要件を備えている場合には、これを認可することができる。

一、当該団体への加入又は参加《がその構成事業者の属する》が当該事業分野における総ての事業者に対し、加入又は参加《不当な条件を附することなく、その能力に応じて》が役立ち、且つこれを希望する事業者が容易に加入又《でき》は参加しうるような公正且つ無差別な条件で開放されていること。

二、当該団体の構成事業者がその事業分野における比較的少数の有力な事業者に限られていることがなく且つ議決権の行使、事業活動又は、□□当該科学に関する研究施設の所有又は経営より生ずる○《○諸》利益が比較

的少数の有力な事業者により支配されていないこと
三、当該団体の構成する事業者が当該施設の所有又は経営より生ずる諸利益を当該団体に対する出資若しくは寄附金の多寡又は事業規模の大小○などに拘《かかわ》らず利用○することができること
公正取引委員会は前○二項の規定による認可の申請○及び届出に関し必要な規則を定めることができる
第一項第一号及び前二項の規定は、過度経済力集中排除法第十一条の規定に基く決定指令又はその変更に基いて事業者団体が自然科学に関する研究を実施するための施設を所有し又は経営する場合にはこれ（第一項第一号）を適用しない。
の但書の規定に依る公正取引委員会の認可はこれを必要としない。但しこの場合においては遅滞なくその旨を公正取引委員会に届け出でなければならない。

〔資料44〕　第七次案第一三条第二項、第九条第二項修正案

第十三条第二項
前項の場合において、事業者団体が現に所有し又は経営する自然科学に関する研究を実施するための施設につき、これを引続き所有し又は経営しようとする場合にはその旨を前項の期間内に公正取引委員会に届け出てその認可を受けなければならない。
第五条第三項の規定は、前項の届出があつた場合にこれを準用する。
第五条○第四項及び第四（五）項の規定は前三項の場合にこれを準用する。この場合において第五条第四項に「決定指令若しくはその変更のあつた日」とあるのは「この法律施行の日」と読みかえるものとする。
第九条第二項として追加
公正取引委員会は、第五条第三項又は第十三条第二項の規定による認可の申請があつた場合において当該申請を理由がないと認めるときは、審決を以てこれを却下しなければならない。私的独占禁止法第六十五条第二項及び第六十六条の規定は前項の認可の申請、認可又は審決にこれを準用する。

〔資料45〕　事業者団体法案（第八次案）（昭和二三年四月）

㊙

事業者団体法案（第八次案）　二三、四、

第一条（目的）　この法律は、事業者団体の正当な活動の範囲を定め、且つその公正取引委員会に対する届出制を実施すること

を以て目的とする。

第二条（定義）　この法律において事業者団体とは、いかなる型《形》態のものであるかを問わず、いかなる法令若しくは契約によつて設立されたものであるかを問わず、登記を要すると要しないとを問わず、法人であるとないとを問わず、営利を目的とするとしないとを問わず、その構成事業者の事業の規模の大小を問わず、二以上の事業者の結合体《又は》（その連合体を含む。《であつて》）で、事業者としての共通の利益※を増進することを目的に含む《み》ものをいい、且つ左に掲げる型《形》態のものを含むものとする。〔※営利もある。六条六号〕

〔構成員ノ単ナル親睦ハコノ目的デハナイ〕

一　二以上の事業者が株主若しくは社員（社員に準ずるものを含む。）である会社、社団法人その他の社団

二　二以上の事業者が理事若しくは管理人の任免、又は業務の執行○《又はその存立》を支配している財団法人その他の財団

三　二以上の事業者を組合員とする組合又は○《契約による》二以上の事業者の契約による結合体

2　この法律において事業者とは、商業、工業、金融業その他の事業を営む者及びこれらの者の○《利益の》ためにする行為を行う役員、従業員、代理人その他の者をいう。

3　この法律において構成事業者とは、事業者団体の構成員である事業者をいい、第一項各号に掲げる事業者を含むものとする。

第三条（届出義務）　事業者団体は、その成立の日より三十日以内に、又はこの法律施行の際現に事業者団体であるものについては、この法律施行の日より三十日以内に、○《文書を以て》その旨を公正取引委員会に届け出なければならない。この場合において、届出の文書には左に掲げる書類を添付しなければならない。

一　当該団体の定款、寄附行為、規約又は契約の写

二　理事その他の役員又は管理人（前条第一項第三号に掲げる事業者団体で役員の定めのないものにあつては、組合員又は契約の当事者とする。）の名簿

三　当該団体が特別の法令○《の規定》に基いて設立されたものである場合には、その規定を記載した○《文》書類

2　事業者団体が解散し、又は前項各号に掲げる事項に変更を生じたときは、その解散又は変更の日より三十日以内に、○《文書を以て》その旨を公正取引委員会に届け出なければならない。

3　公正取引委員会は、前二項の規定による届出に関し必要な事項について規則を定めることができる。

第四条（許容活動）　事業者団体は、左に掲げる活動に限り、これを行うことができる。

一　統計資料の自発的《由意思による》提供を受け、○《ること及び》、特定の事業者の事業に関する情報又は状態を明示することなくその資料を綜《総》括して

公刊すること。

二　構成事業者の事業の経営に役立ち且つその○〔○属する〕事業分野における技能及び能率を向上させるような技術若しくは科学又は将来の市場に関する情報を公刊すること。

三　○〔○科学又は技術に関する調査及び研究を行いその結果を構成事業者に対し公開的且つ無差別的な条件で利用させること並びに〕構成事業者の間に、公開的且つ無差別的に、研究又は技術若しくは科学に関する情報の自発的交換を促進すること。

四　適当な政府機関、工業標準調査会その他能力あり且つ一般に認められた○〔○有力な〕商品標準化の機関又は研究機関に自から〔自由意思に依り〕協力することのみにより〔ついてのみ〕、商品の品質の改善、規格の改良又は生産若しくは配分の能率の向上に寄与すること。

五　啓発若しくは宣伝をし、又は構成事業者の属する事業分野の利害に関係のある事項について当該団体の立場を明かにする決議を行うこと。

六　構成事業者の全部又は一部より委任を受けた場合に、委任された権限内において、労働組合と団体交渉を行うこと。

七　輸出貿易に関し商工会議所が事業者の依頼により原産地証明をすること。

八　構成事業者その他の者と外国の事業者との間の事業に関する紛争を仲裁し又は解決すること。

八〔九〕　昭和二十二年法律第五十四号「私的独占の禁止及び公正取引の確保に関する法律」〔（昭和二十二年法律第五十四号）〕（以下私的独占禁止法という。）第七十一条その他の規定による公正取引委員会の職務の遂行に協力すること。

第五条（禁止行為）　事業者団体は、左の各号の一に該当する行為をしてはならない。

一　原材料又は註文の割当その他の方法により、〔る〕生産若しくは配分の統制し、〔をし、〕又はその統制を企画〔試み〕すること及び政府機関に対し原材料、商品又は施設の割当のため〔に関する〕その原案若しくは計画を○〔○政府のために〕作成し又は○〔○これを政府に〕提出すること。

二　私的独占禁止法第四条第一項各号の一に該当する事項を内容とする協定若しくは契約又は同法第六条第一項各号の一に該当する事項を内容とする国際的協定若しくは国際的契約をし又はこれに参加すること。

三　構成事業者相互の間、構成事業者とこれに物資、資金その他の経済上の利益を供給する者若しくは顧客との間又は構成事業者とその競争者との間の取引を不当に拘束し若しくはそのおそれのある〔拘束する虞があり〕又はこれらの者の間の対価を統制し若しくはその虞の〔統制する　が〕ある契約その他の合意をし又はこれに参加すること。

四　将来の対価若しくは販売条件又は顧客の分類に関する情報の配布〔流〕その他の〔いかなる〕方法により〔を以ってするかを問わず〕、対価を統制し若しくは決定し、〔その他〕又は対価に影響を与えるための行為をすること。

五　一定の事業分野における現在又は将来の事業者の数を制限し、又はその制限を試みること。

六　特定の事業者を公認し若しくは推薦する表又は、《又は》特定の事業者を排斥するための表又は《の配布、》特定の事業者の事業内容、経理若しくは信用の状態を誤り伝える情報の配《流》布その他の方法により、特定の事業者に利益又は不利益を与えること。

七　構成事業者に対し、その販売、価格、取引条件、註文、在庫、生産若しくは〇《工場》設備能力又は経理、事業活動若しくは《又は》事業《事業》取引上の便宜《益》に関する報告の提出を強要し、又は構成事業者の承諾なくその事業内容について助言し、監査し若しくは調査すること。

八　構成事業者の機能又は活動を制限し、又はその制限を企図《試み》すること。

九　営業用の施設を所有し若しくは経営し、又は株式（社員の持分を含む。以下同じ。）若しくは社債を所有すること。

十　自然科学に関する研究を実施するための施設を所有し、又は経営すること。但し公正取引委員会の認可を受けてこれを所有し又は経営する場合はこの限りではない。

十一　特許権を所有し若しくは支配し、又は特許発明の実施の許諾若しくは共同利用のために斡旋その他の便宜を供すること。

十二　構成事業者その他の者のために、融資をすること。

十三　購買、販売、生産、製造、加工、包装、荷扱、保管、輸送、配分その他の営業に従事すること。

十四　構成事業者その他の者のために、取引の代理人となり、又は事業《取引上の》に関する契約をすること。

十五　構成事業者その他の者のために、集金を行うこと。

十六　構成事業者その他の者の間の紛争を仲裁し若しくは解決し、又はその仲裁若しくは解決の支配を企図《試み》すること。但し第四項第八号に掲げる場合を除く。

十七　不当に、《注文者その他の者の以来を受け又は》立法又は政府の政策に影響を与えること。

十八　入札の取次その他の方法により、公私の注文の入札に参加し、これを規制し、又はこれに影響を与えること。

十九　前各号に掲げるものの外前条各号に掲げる〇《許容》活動の範囲を超える行為。

2　事業者団体は、何等の名義を以てするかを問わず、前項の禁止又は制限を免れる行為をしてはならない。

3　公正取引委員会は第一項第十号但書の認可の申請があつた場合《とき》に於いて、当該団体が左の各号に掲げる要件を備えている場合にはこれを認可することが《ものとする。》出来る。

一　当該団体への加入がその構成事業者の属する事業分野における総ての事業者に《の当該団体への加入が》対し不当な条件を《に依り制限されず、且つ》附することなくその能《資》

力に応じて加入でき《可能であ》るような公正且つ無差別な条件で開放されていること。

二　当該団体の構成事業者がその事業分野における比較的少数の有力な事業者に限られていることがなく、且つ、《又は》議決権の行使、事業活動又は《若しく》当該施設の所有又は経営より《から》生ずる諸利益が比較的少数の有力な事業者により支配されていないこと。

三　当該団体の構成事業者が当該施設の所有又は経営より《から》生ずる諸利益を当該団体に対する出資若しくは寄附金の多寡又は事業規模の大小等にかかわらず利用することができること。

5　公正取引委員会は前二項の規定による認可の申請及び届出に関し必要な規則を定めることができる。

4　過度経済力集中排除法○(昭和二十二年法律第二百七号)第十一条○(第二項)の規定に□□決定指令又はその変更に基いて事業者団体が自然科学に関する研究を実施するための施設を所有し又は経営する○(こととなる)場合には、第一項第十号の但書の規定による公正取引委員会の認可□□□□□《があったものとする。》□。但しこの場合においては《当該団体は》遅滞なくその旨を公正取引委員会に届け出なければならない。

第六条（適用除外団体）　この法律の規定（第三条を除く）は、左に掲げる団体に対しては、これを適用しない。但し第三条の規定はこの限りではない。

一《三》　証券取引法○(昭和二十三年法律第二十五号)の規定に基いて設立された証券取引所、商品取引所法○(明治二十六年法律第五号)の規定に基いて設立された商品取引所、証券取引所又は商品取引所に附属する決済機関及び銀行法《並びに手形法(昭和七年法律第二十号)及び小切手法(昭和八年法律第五十七号)の規定により指定》その他特別の法律に基いて設立された《ている》金融機関の組織する手形交換所。但し決済機関並びに手形法及び小切手法の規定により指定された手形交換所については、《決済及び手形交換》その正当な機能を遂行するに必要な程度《範囲》に限る。

二　左に掲げる法律の規定に基いて設立された団体

イ　北海道土功組合法

ロ　森林法

ハ　水利組合法

ニ　耕地整理法

ホ　馬匹組合法

ヘ　蚕糸業組合法

ト　牧野法

チ　農村負債整理組合法

リ　農業協同組合法

ヌ　農業協同組合自治監査法

ル　農業団体法

ヲ　水産業団体法

ワ　農業災害補償法

カ　健康保険法

ヨ　国民健康保険法

タ　木船保険法

レ　農林中央金庫法

ソ　商工組合中央金庫法

二十　私的独占禁止法第二十四条各号に掲げる要件を備え且つ左に掲げる特別の法律の規定に基いて設立された協同組合其の他の団体

イ　産業組合法

ロ　塩専売法

ハ　漁船保険法

ニ　貸家組合法

ホ　市街地信用組合法

ヘ　蚕糸業法

ト　林業会法

チ　商工協同組合法

四　閉鎖機関令○（昭和二十二年勅令第七十四号）第一条の規定に基いて指定されている（た）団体

五　臨時物資需給調整法○（昭和二十一年法律第三十二号）附則第□項の規定に基いて指定されている団体

六　臨時物資需給調整法に基く命令の規定に依り指定配給物資の出荷機関、集荷機関、荷受機関及び（又は）販売業者として登録された事業者団体。但し、この法律施行後□（六）ケ月を経たときは、この限りではない。

第七条（適用除外行為）　第五条の規定は、事業者団体が法令の規定で左に掲げるもの又はその法令の規定に基く命令によつて行う正当な行為には、これを適用しない。

一　地方鉄道法第二十五条第一項（軌道法第二十六条において準用する場合を含む。）

二　道路運送法第二十三条及び第二十四条第一項（他の運送事業者又は小運送業者との連絡運輸、共同経営及び運輸に関する協定に関する部分に限る。）

三　煙草専売法第二十条の二

四　電気測定法第七条

五　船舶安全法第八条及び第二十八条

六　重要輸出品取得法第二条

七　輸出絹織物取締法第一条

八　輸出水産物取締法第一条

九　輸出毛織物取締法第一条

○ポツダム宣言の受諾に伴い発する命令に関する件

十　○昭和二十年勅令第五百四十二号。

第八条（排除措置）　第五条の規定に違反する行為があるときは、公正取引委員会は事業者団体に対し、（○事業者団体に対し）第九条に規定する手続に従い、○当該行為の差止、資産の処分、当該団体の解散その他当該行為の排除に必要な措置を命ずることができる。

第九条（手続）　違反事実の報告、事件の調査、審判、○《審決、》審決の取消又は変更の訴、検事総長に対する告発その他事件処理の手続及び訴訟に関する私的独占禁止法《同法》第四十五条乃至《から》第六十四条○《までの規定》、第六十六条第二項○《の規定》、第六十七条乃至《から》第七十条○《までの規定》、第七十三条乃至《から》第八十三条○《までの規定》、第八十八条の規定及びこれらの規定に基く命令又は規則並びに《は、》公正取引委員会の権限に関する同法《私的独占禁止》第四十条乃至《から》第四十四条○《まで》の規定は《並びに第三条、第五条、第十条及び第十三条》、この法律の規定に違反する事実、事件及びこの法律の規定《第十四条第一項に規定》に違反する犯罪並に公正取引委員会がこの法律の目的を達成するため○《に》必要な職務を行う場合にこれを準用する。この場合において、これらの規定中「事業者」とあるのは「事業者団体」と、「私的独占をし、不当な取引制限をし、若しくは不公正な競争方法を用いていると認める場合又は不当な事業能力の較差があると認める場合」とあるのは「第五条の規定に違反すると認める場合」と、「第七条、第八条第一項又は第二十条に規定する措置」とあるのは「第八条に規定する措置」と、「私的独占、不当な取引制限又は不公正な競争方法に該当する疑のある行為」とあるのは「第五条の規定に違反する疑のある行為」と○《それぞれ》読み替えるものとする。

2　公正取引委員会は、第三条第三項又は第十三条第三項の規定による《備えてい》認可の申請があつた場合において当該申請を理由《第五条第三項各号に掲げる要件を》がないと認めるときは、審決を以てこれを却下しなければならない。

3　私的独占禁止法第六十五条第二項及び第六十六条○《第一項》の規定は、前項の認可の申請、認可又は審決にこれを準用する。

第十条（報告）　公正取引委員会は、この法律の適正な運用を図るため、事業者団体に対し、必要な報告、情報若しくは資料の提出を求めることができる。

第十一条（検察官）　公正取引委員会の検察官たる職員は、この法律の規定に違反する犯罪に関する職務を掌ることが出来る。

第十二条（東京高等裁判所の管轄権）　左の各号の一に該当する訴訟については、第一審の裁判権は、東京高等裁判所に属する。

一　公正取引委員会の審決に係る訴訟

二　第十四条第一項各号《第一号から第四号まで》の罪に係る訴訟

2　前項に掲げる訴訟事件及び第九条において準用する私的独占禁止法第六十二条○《第一項（第六十三条第一項（第六十八条第二項で準用する場合を含む》及び第六十七条○《第一項》に規定する事件は、同法第八十七条第一項の規定により東京高等裁判所に設けられた裁判官の合議体が取り扱うものとする。

第十三条（資産の処分）　事業者団体が成立した際又はこの法律施行の際事業者団体が現に所有する営業用の施設、自然科学に関する研究を実施するための施設、株式又は社債（昭和二十二年政令第二百三十八号及び第二百三十九号並に昭和二十三年政令第四十三号の規定に基き処分すべきものを除く。）及び特許権は、事業者団体成立の日又はこの法律施行の日のいづれか《から》遅い日より九十日以内に、これを処分しなければならない。

2　新たに事業者団体が成立した場合又は第六条第三号、第五号若しくは第六号に掲げる団体がこの法律の適用を受けるに至つた場合においては前項の規定を準用し、「この法律施行の日」とあるは「成立の日」又は「適用を受けるに至つた日」と読み替えるものとする。

3　前〇項の場合において事業者団体が現に所有し又は経営する自然科学に関する研究を実施するための施設につきこれを引続き所有し又は経営しようとする場合には、その旨を前項の期間内に公正取引委員会に届け出て、その認可を受けなければならない。

4　第五条第三項の規定は、前項の届出があつた場合にこれを準用する。

5　第五条第四項及び第五項の規定は、前二項の場合にこれを準用する。

6　公正取引委員会は、特別の事情があると認めるときは、申請により、第一項に規定する期限を延長することが出来る。この場合及び第三項の規定による届出のあつた場合において、申請又は届出をした日よりその承認又は却下の日までの期間は、これを九十日の期間に算入しない。

7　事業者団体は、第一項〇の規定による処分をした日より三十日以内に、処分の内容を記載した報告書を、公正取引委員会に提出しなければならない。

8　公正取引委員会は、第三項第五項及び前二項の規定による申請又は報告の手続に関する事項について規則を定めることが出来る。

第十四条（罰則）　この法律の規定違反に対する罰則は左の各号に掲げるものとする。

一　第五条の規定に違反した者はこれを二年以下の懲役若しくは三万円以下の罰金又はその両者に処する。

二　公正取引委員会の〇審決に違反した者は、これを二年以下の懲役、若しくは三万円以下の罰金又はその両者に処する。

三　第三条の規定に違反し届出を怠り又は虚偽の届出をした者は、これを一年以下の懲役若しくは二万円以下の罰金又は、その両者に処分する。

四　前条第一項又は第二項に規定する期限内に営業用の施設、科学に関する研究を実施するための施設、株式、社債、若しくは、特許権を処分せず、又は同条第□項の規定による報告書を提出せず若しくは虚偽の報告書を提出した者は、これを一年以下の懲役若しくは五千円以下の罰金又はその両者に処する。

五　第十条の規定に違反し、報告、情報若しくは資料を提出せず又は虚偽の報告、情報若しくは資料を提出した者はこれを五千円以下の罰金に処する。

2　前項各号に該当する者は、その違反行為をした者及びその違反の計画を知りその防止に必要な措置を講ぜず若しくは、その違反行為を知りその是正に必要な措置を講じなかった事業者団体（法人であるとないとを問はない）の理事、役員、代理人、代表者、組合の業務を執行する者、管理人、清算人、株主、社員（社員に準ずる者を含む）その事業者団体の構成事業者（その者が他の事業者を代表している場合にはその事業者を含む）又は第二条第一項第三号の契約の当事者をいう。

3　第一項の違反があつた場合には、法人であるとないとにかゝわらずその事業者団体に対しても第一項の各本号の罰金刑を科す。

4　前項の規定により法人でない事業者団体を処罰する場合においてはその代表者又は管理人がその訴訟行為につき、その事業者団体を代表する外、法人を被告人とする場合の刑事訴訟に関する法律の規定を準用する。

5　第二項の事業者団体の構成事業者が法人その他の団体である場合には、第三項及第四項の規定を準用する。此の場合においてこれらの規定中「事業者団体」とあるのは、「事業者団体の構成事業者」と読み替えるものとする。

6　私的独占禁止法第九十四条、第九十九条の罰則規定は第九条第一項において同法第四十条、第四十六条の規定を準用する場合の違反にこれを準用する。

〔7　確定前の審決に□□□

8　□□保留〕

第十五条（附加制裁）　裁判所は、充分な理由があると認めるときは、前条第一項各号に規定する刑の言渡と同時に、事業者団体の解散を宣告することが出来《でき》る。

2　前項の規定により、解散が宣告された場合には、他の法令の規定又は定款その他の定めにかかわらず事業者団体は、その宣告により解散する。

第十六条（告発）　第十四条第一項各号の罪は、公正取引委員会の告発を待って、これを論ずる。私的独占禁止法第九十六条第二項及び第四項の規定は、この場合の告発に、これを準用する。

2　公正取引委員会は、前項の告発をするに当り、その告発に係る犯罪について○解散の宣告をすることを相当と認めるときは、その旨を告発の文書に記載することができる。〔○前条第一項の規定による〕

第十七条（私的独占禁止法の不変更）　私的独占禁止法の規定及びその規定に基く公正取引委員会の権限は、この法律の規定によつて変更されることはない。〔ものと解釈されてはならない。〕

附　則

第十八条（施行期日）　この法律は、公布の日から、これを施行する。

第十九条（違反する法令及び契約）　この法律施行の際現に存する法令の規定又は定款、寄附行為若しくは〔○契約で〕○この法律の規定に違反するものは、この法律施行の日から、その効力を失う。

【資料46】　適用除外に関する手書きメモ

○但し商行為を目的とする一の取引のための一時的な結合体を含まない。

○但し、購買、販売、生産、製造、加工、包装、荷扱、□…□保管、輸送、配分その他営業に関する一□…□ための一時的な結合体を含まない。

【資料47】　事業者団体法案（第九次案）（昭和二三年四月）

㊙

事業者団体法案（第九次案）　二三、四、

（目的）

第一条　この法律は、事業者団体の正当な活動の範囲を定め、且つその公正取引委員会に対する届出制を実施することを以て目的とする。

（定義）

第二条　この法律において事業者団体とは、事業者としての共通の利益を増進することを目的に含む二以上の事業者の結合体又はその連合体であつて、いかなる形態のものであるかを問わず、いかなる法令若しくは契約によつて設立されたものであるかを問わず、登記を要すると要しないとを問わず、法人であるとないとを問わず、営利を目的とするとしないとを問わず、その構成事業者の事業の規模の大小を問わず、且つ左に掲げる形態のものを含むものとする。

一　二以上の事業者が株主若しくは社員（社員に準ずるものを含む。）である会社、社団法人その他の社団

二　二以上の事業者が理事若しくは管理人の任免、業務の執行又はその存続を支配している財団法人その他の財団

三　二以上の事業者を組合員とする組合又は契約による二以上の事業者の結合体

2　この法律において事業者とは、商業、工業、金融業その他の事業を営む者及び〔これらの者の利益のためにする行為を行う〕その役員、従業員、代理人その他の者であつ〔をいう。〕

てこれらの事業を営む者の利益のためにする行為を行う者をいう。

3　この法律において○《構成》事業者とは事業者団体の構成員である事業者をいい、第一項各号に掲げる事業者を含むものとする。（構成事業者の利益のためにする行為を行う者である場合にはその事業者を含む。）

（届出義務）

第三条　事業者団体は、その成立の日より《から》三十日以内に、又はこの法律施行の際現に事業者団体であるものについては、この法律施行の日より《から》三十日以内に、文書を以てその旨を公正取引委員会に届け出なければならない。この場合において届出の文書には左○《の各号》に掲げる書類を添附しなければならない。

一　団体の定款、寄附行為、規約又は契約の写

二　理事その他の役員又は管理人（前条第一項第三号に掲げる事業者団体で役員の定めのないものにあつては、組合員又は契約の当事者とする。）の名簿

三　団体が特別の法令の規定に基いて設立されたものである場合には、その規定を記載した文書

2　事業者団体が解散し、又は前項各号に掲げる事項に変更を生じたときは、その解散又は変更の日より《から》三十日以内に、文書を以てその旨を公正取引委員会に届け出なければならない。

3　公正取引委員会は、前二項の規定による届出に関し必要な事項について規則を定めることができる。

（許容活動）

第四条　事業者団体は、左に掲げる活動に限り、これを行うことができる。

一　統計資料の自由意志による提供を受けること及び特定の事業者の事業に関する情報又は状態を明示することなくその資料を総括して公刊すること。

二　構成事業者の事業の経営に役立ち且つその属する事業分野における技能及び能率を向上させるような技術、科学又は将来の市場に関する情報を公刊すること。

三　《第五条第三項の規定により、自然科学の研究を実施するための施設を所有し、又は経営することの認可を受けた場合において、当該施設の所有又は経営から生ずる諸利益を》科学又は技術に関する調査及び研究を行い、その結果を構成事業者に対し、公開的且つ無差別的な条件で利用させること《を含む》並び構成事業者の間に、公開的且つ無差別的に、研究又は技術若しくは科学に関する情報の自発的交換を促進すること。

四　適当な政府機関、工業標準調査会その他一般に認められた有力な商品標準化の機関又は研究機関に自由意志《思》に○《より》協力することによつてのみ、商品の品質の改善、規格の改良又は生産若しくは配分の能率の向上に寄与すること。

五　啓発若しくは宣伝をし、又は構成事業者の属する事業分野の利害に関係のある事項について当該団体の立場を明かにす

る決議を行うこと。

六　構成事業者の全部又は一部より委任を受けた場合に、委任された権限内において、労働組合と団体交渉を行うこと。

七　外国における通関のため必要がある場合において、商工会議所が輸出品の原産地証明をすること。

八　構成事業者その他の者と一《外》国の事業者との間の事業に関する紛争を仲裁し又は解決すること。

九　私的独占禁止及び公正取引の確保に関する法律（昭和二十二年法律第五十四号、以下私的独占禁止法という。）第七十一条その他の規定による公正取引委員の職務の遂行に協力すること。

（禁止行為）

第五条　事業者団体は、左の各号の一に該当する行為をしてはならない。

一　原材料又は注文の割当その他の方法による生産若しくは配分の統制をし又はその統制を試《に手を着ける》みること及び原材料、商品又は施設の割当に関する原案若しくは計画を政府のために作成し又はこれを政府に提出すること。

二　私的独占禁止法第四条第一項各号の一に該当する事項を内容とする協定若しくは契約又は同法第六条第一項各号の一に該当する事項を内容とする国際的協定若しくは国際的契約をし又はこれに参加すること。

三　構成事業者相互の間、構成事業者とこれに物資、資金その他の経済上の利益を供給する者若しくは顧客との間又は構成事業者とその競争者との間の取引を不当に拘束し若しくは拘束する虞があり又はこれらの者の間の対価を統制し若しくは統制する虞がある契約その他の合意をし又はこれに参加すること。

四　将来の対価若しくは販売条件又は顧客の分類に関する情報の流布その他いかなる方法を以てするかを問わず、対価を統制し若しくは決定しその他対価に影響を与えるための行為をすること。

五　一定の事業分野における現在又は将来の事業者の数を制限し、又はその制限を試みること。

六　特定の事業者を公認し若しくは推薦する表又は特定の事業者を排斥するための表の配布、特定の事業者の生産内容、経理若しくは借用の状態を誤り伝える情報の流布その他の方法により、特定の事業者に利益又は不利益を与えること。

七　構成事業者に対し、その販売、価格、取引条件、注文、在庫、生産、工場設備能力、経理、事業活動又は事業上の便益に関する報告の提出を強要し、又は構成事業者の承諾なくその事業内容について助言し、監査し若しくは調査すること。

八　構成事業者の機能又は活動を制限し、又はその制限を試みること。
九　営業用の施設を所有し若しくは経営し、又は株式（社員の持分を含む。以下同じ。）若しくは社債を所有すること。
十　自然科学に関する研究を実施するための施設を所有し、又は経営すること。但し公正取引委員会の認可を受けてこれを所有し又は経営する場合はこの限りではない。
十一　特許権を所有し若しくは支配し、又は特許発明の実施の許諾若しくは共同利用のために斡旋その他の便宜を供すること。
十二　構成事業者その他の者のために、融資をすること。
十三　購買、販売、生産、製造、加工、包装、荷扱、保管、輸送、配分その他の営業に従事すること。
十四　構成事業者その他の者のために、取引の代理人となり、又は取引上の契約をすること。
十五　構成事業者その他の者のために、集金を行うこと。
十六　構成事業者その他の者の間の紛争を仲裁し若しくは解決し、又はその仲裁若しくは解決を試みること。但し第四項第八号に掲げる場合を除く。
十七　不当に、立法又は政府の政策に影響を与えること。
十八　注文者その他の者の依頼を受け、又はその他の方法により、公私の注文の入札に参加し、これを規制し、又はこれに影響を与えること。
十九　前各号に掲げるものの外前条各号に掲げる許容活動範囲を超える行為

2　事業者団体は、何等の名義を以てするかを問わず、前項の禁止又は制限を免れる行為をしてはならない。

3　公正取引委員会は第一項第十号但書の規定による認可の申請があつた場合において、当該団体が左の各号に掲げる要件を備えているときにはこれを認可するものとする。
一　構成事業者の属する事業分野における総ての事業者の当該団体への加入が不当な条件により制限されず、且つその資力に応じて可能であるような公正無差別な条件で開放されていること。
二　当該団体の構成事業者が比較的少数の有力な事業者に限られていることがなく、又は議決権の行使、事業活動、当該施設の所有若しくは経営から生ずる諸利益が比較的少数の有力な事業者により支配されていないこと。
三　当該団体の構成事業者が当該施設の所有又は経営から生ずる諸利益を当該団体に対する出資若しくは寄付金の多寡又は事業規模の大小等にかかわらず利用することができること。

4　過度経済力集中排除法（昭和二十二年法律第二百七号）第十

一条第二項に規定する決定指令又はその変更に基いて事業者団体が自然科学に関する研究を実施するための施設を所有し又は経営することとなる場合には第一項第十号の但書の規定による公正取引委員会の認可があつたものとする。この場合においては当該団体は遅滞なく文書を以てその旨を公正取引委員会に届け出なければならない。

5 公正取引委員会は前二項の規定による認可の申請及び届出に関し必要な規則を定めることができる。

（適用除外団体）

第六条 この法律の規定は、左に掲げる団体に対しては、これを適用しない。但し第三条の規定はこの限りではない。

一 私的独占禁止法第二十四条各号に掲げる要件を備え且つ左に掲げる特別の法律の規定に基いて設立された協同組合其の他の団体

イ 産業組合法（明治三十三年法律第三十四号）
ロ 塩専売法（明治三十八年法律第十一号）
ハ 漁船保険法（昭和十二年法律第二十三号）
ニ 貸家組合法（昭和十六年法律第四十七号）
ホ 市街地信用組合法（昭和十八年法律第四十五号）
ヘ 蚕糸業法（昭和二十年法律第五十七号）
ト 林業会法（昭和二十一年法律第三十五号）
チ 商工協同組合法（昭和二十一年法律第五十一号）

二 左に掲げる法律の規定に基いて設立された団体

イ 北海道土功組合法（明治三十五年法律第十二号）
ロ 森林法（明治四十年法律第四十三号）
ハ 水利組合法（明治四十一年法律第五十号）
ニ 耕地整理法（明治四十二年法律第三十号）
ホ 馬匹組合法（大正四年法律第一号）
ヘ 健康保険法（大正十一年法律第七十号）
ト 農林中央金庫法（大正十二年法律第四十二号）
チ 蚕糸業組合法（昭和六年法律第二十四号）
リ 牧野法（昭和六年法律第三十七号）
ヌ 農村負債整理組合法（昭和八年法律第二十一号）
ル 商工組合中央金庫法（昭和十一年法律第十四号）
ヲ 農業協同組合自治監査法（昭和十三年法律第十五号）
ワ 国民健康保険法（昭和十三年法律第六十号）
カ 木船保険法（昭和十八年法律第三十九号）
ヨ 農業団体法（昭和十八年法律第四十六号）
タ 水産業団体法（昭和十八年法律第四十七号）
レ 農業協同組合法（昭和二十二年法律第一《百》三〇《十》二号）
ソ 農業災害補償法（昭和二十二年法律第一《百》八〇《十》五号）

三 証券取引法（昭和二十三年法律第二十五号の規定に基いて

設立された証券取引所、商品取引所法（明治二十六年法律第五号）の規定に基いて設立された商品取引所及び証券取引所又は商品取引所に附属する決済機関並びに手形法（昭和七年法律第二十号）及び小切手法（昭和八年法律第五十七号）の規定に依り指定されている手形交換所。但し決済機関及び手形交換所については、決済及び手形交換を遂行するのに必要な範囲に限る。

四　閉鎖機関令（昭和二十二年勅令第七十四号）第一条の規定に基いて指定された団体

五　臨時物資需給調整法（昭和二十一年法律第三十二号）附則第二項の規定に基いて指定されている団体

六　臨時物資需給調整法に基く命令の指定により指定配給物資の出荷機関、集荷機関、荷受機関又は販売業者として登録された団体。但し、この法律施行後、六ケ月を経たときはこの限りではない。

（適用除外行為）

第七条　第五条の規定は、事業者団体が法令の規定で左に掲げるもの又はその法令の規定に基く命令によつて行う正当な行為には、これを適用しない。

一　地方鉄道法（大正八年法律第五十二号）第二十五条第一項（軌道法（大正十年法律第七十六号）第二十六条において準用する場合を含む。）

二　道路運送法（昭和二十二年法律第百九十一号）第二十三条及び第二十四条第一項（他の運送事業者又は小運送業者との連絡運輸、共同経営及び運輸に関する協定に関する部分に限る。）

三　煙草専売法（明治三十七年法律第十四号）第二十条の二

四　電気測定法（明治四十三年法律第二十六号）第七条

五　船舶安全法（昭和八年法律第十一号）第八条及び第二十八条

六　重要輸出品取締法第二条（昭和十一年法律第二十六号）

七　輸出絹織物取締法第一条（昭和二年法律第二十七号）

八　輸出水産物取締法（昭和九年法律第三十六号）第一条

九　輸出毛織物取締法第一条（昭和十五年法律第九十五号）

十　ポツダム宣言の受諾に伴い発する命令に関する件（昭和二十年勅令第五百四十二号）

（排除措置）

第八条　第五条の規定に違反する行為があるときは、公正取引委員会は、第九条に規定する手続に従い、事業者団体に対し、当該行為の差止、資産の処分、当該団体の解散その他当該行為の排除に必要な措置を命ずることができる。

（手続）

第九条　公正取引委員会の権限に関する私的独占禁止法、第四十条から第四十四条までの規定並びに違反事実の報告、事件の調査、審判、審決の取消又は変更の訴、検事総長に対する告発その他事件処理の手続及び訴訟に関する同法第四十五条から第六十四条までの規定、第六十六条第二項の規定、第六十七条から第七十条までの規定、第七十三条から第八十三条までの規定、第八十八条の規定及びこれらの規定に基く命令は、公正取引委員会がこの法律の目的を達成するために必要な職務を行う場合並びに第三条、第五条、第十条及び第十三条の規定に違反する事実、事件及び第十四条第一項に規定する犯罪にこれを準用する。この場合において、これらの規定中（第四十条及び第四十一条を除く。）「事業者」とあるのは「事業者団体」と、「私的独占をし、不当な取引制限をし、若しくは不公正な競争方法を用いていると認める場合又は不当な事業能力の較差があると認める場合」とあるのは「第五条の規定に違反すると認める場合」と、「第七条、第八条第一項又は第二十条に規定する措置」とあるのは「第八条に規定する措置」と、「私的独占、不当な取引制限又は不公正な競争方法に該当する疑のある行為」とあるのは「第五条の規定に違反する疑のある行為」とそれぞれ読み替えるものとする。

　公正取引委員会は、第五条第三項又は第十三条第二〔三〕項の規定による認可の申請があつた場合において第五条第三項各号に掲げる要件を備えていないと認めるときは、審決を以てこれを却下しなければならない。

3　私的独占禁止法第六十五条第二項及び第六十六条第一項の規定は、前項の認可の申請、許可又は審決にこれを準用する。

（報告）

第十条　公正取引委員会は、この法律の適正な運用を図るため、事業者団体に対し、必要な報告、情報若しくは資料の提出を求めることができる。

（検察官）

第十一条　公正取引委員会の検察官たる職員は、この法律の規定に違反する犯罪に関する職務を掌ることが出来る。

（東京高等裁判所の管轄権）

第十二条　左の各号の一に該当する訴訟については、第一審の裁判権は、東京高等裁判所に属する。

一　公正取引委員会の審決に係る訴訟

二　第十四条第一項第一号から第四号迄の罪に係る訴訟

2　前項に掲げる訴訟事件及び第九条において準用する私的独占禁止法、第六十二条第一項、第六十三条第一項（第六十八条第二項において準用する場合を含む。）及び第六十七条第一項に規定する事件は、同法第八十七条第一項の規定により東京高等裁判所に設けられた裁判官の合議体が取り扱うものとする。

（資産の処分）

第十三条　この法律施行の際事業者団体が現に所有する営業用の施設、自然科学に関する研究を実施するための施設、株式又は社債（昭和二十二年政令第二百三十八号及び第二百三十九号並びに昭和二十三年政令第四十三号の規定に基き処分すべきものを除く。）及び特許権はこの法律施行の日から九十日以内に、これを処分しなければならない。

2　新たに事業者団体が成立した場合又は第六条第五号若しくは第六号に掲げる団体がこの法律の適用を受けるにいたつた場合においては前項の規定を準用し、「この法律の施行の日」とあるのは「成立した日」又は「この法律の適用を受けるにいたつた日」と読み替えるものとする。

3　前二項の場合において事業者団体が現に所有し又は経営する自然科学に関する研究を実施するための施設につきこれを引続き所有し又は経営しようとする場合には、文書を以つてその旨を第一項の期間内に公正取引委員会に届け出て、その認可を受けなければならない。

4　第五条第三項の規定は、前項の届出があつた場合にこれを準用する。

5　第五条第四項の規定は、第一項から第三項までの場合にこれを準用する。

6　公正取引委員会は、特別の事情があると認めるときは申請により、第一項に規定する期限を延長することができる。この場合及び第三項の規定による届出があつた場合において、申請又は届出をした日からその承認又は却下の日までの期間は、これを九十日の期間に算入しない。

7　事業者団体は第一項及び第二項の規定による処分をした日から三十日以内に、処分の内容を記載した報告書を、公正取引委員会に提出しなければならない。

8　公正取引委員会は、第三項及び前二項の規定による申請又は報告の手続に関する事項について規則を定めることができる。

（罰則）

第十四条　この法律の規定違反があつた場合におけるその違反行為をした者に対する刑は左の各号に掲げるものとする。

一　第五条の規定に違反した場合には二年以下の懲役若しくは三万円以下の罰金又はその両者。

二　第九条第一項において準用する私的独占禁止法第四十八条第三項又は第五十四条の審決が確定した後においてこれに従わなかつた場合には二年以下の懲役若しくは三万円以下の罰金又はその両者。

三　第三条の規定に違反し届出を怠り又は虚偽の届出をした場合には一年以下の懲役若しくは二万円以下の罰金又はその両

者。

四　第十三条第一項、第二項又は第六項に規定する期限内に営業用の施設、科学に関する研究を実施する為の施設、株式、社債若しくは特許権を処分せず又は同条第七項の規定による報告書を提出せず若しくは虚偽の報告書を提出した場合には一年以下の懲役若しくは五千円以下の罰金又はその両者。

五　第十条の規定に違反し報告、情報若しくは資料を提出せず又は虚偽の報告、情報若しくは資料を提出した場合には五千円以下の罰金。

2　前項の違反があつた場合においてその違反の計画を知り、その防止に必要な措置を講ぜず若しくはその違反行為を知り、その是正に必要な措置を講じなかつた当該事業者団体の理事その他の役員又は管理人、その構成事業者（構成事業者が他の事業者の利益のためにする行為を行うものである場合にはその事業者を含む。）に対しても前項各本号の罰金刑を科する。

3　第一項の違反があつた場合には法人であるとないとにかかわらずその事業者団体に対しても第一項各本号の罰金刑を科する。

4　前項の規定により法人でない事業者団体を処罰する場合においてはその代表者又は管理人がその訴訟行為につきその事業者団体を代表する外法人を被告人とする場合の刑事訴訟に関する法律の規定を準用する。

5　第二項の規定は同項に掲げる事業者団体が理事その他の役員、管理人又はその構成事業者が法人その他の団体である場合には当該団体の理事その他の役員又は管理人に適用する。

6　私的独占禁止法第九十四条、○第九十七条及び○第九十九条の規定は、第九条第一項において同法第四十条、第四十六条、及び第六十六条第一項○及び第六十七条第一項○の規定を準用する場合の違反にこれを準用する。

（附加制裁）

第十五条　裁判所は、充分な理由があると認めるときは、前条第一項各号に規定する刑の言渡と同時に、事業者団体の解散を宣告することができる。

2　前項の規定により、解散が宣告された場合には、他の法令の規定又は定款その他の定めにかかわらず、事業者団体は、その宣告により解散する。

（告発）

第十六条　第十四条第一項各号の罪は、公正取引委員会の告発を待つて、これを論ずる。私的独占禁止法第九十六条第二項及び第四項の規定はこの場合の告発に、これを準用する。

2　公正取引委員会は、前項の告発をするに当り、その告発に係る犯罪について、前条第一項の規定による解散の宣告をすることを相当と認めるときは、その旨を告発の文書に記載することができる。

（私的独占禁止法の不変更）

第十七条　私的独占禁止法の規定及びその規定に基く公正取引委員会の権限は、この法律の規定によつて変更されるものと解釈されてはならない。

附　則

（施行期日）

第十八条　この法律は、公布の日から、これを施行する。

（違反する法令及び契約）

第十九条　この法律施行の際現に存する法令の規定、契約、定款又は寄附行為でこの法律の規定に違反するものは、この法律施行の日から、その効力を失う。

〔資料48〕　第九次案第六条追加案

第六条四ノ二

この法律の規定は、金融業を営む者の組織する共同融資又は有価証券の共同引受若しくは共同売出のための団体にはこれを適用しない。但し、当該団体の活動が私的独占禁止法の規定に違反し、又は、構成事業者の私的独占禁止法違反の行為を構成する場合はこの限りではない。

第六条のホ

小規模の事業者若しくは消費者又はその相互扶助を目的とする私的独占禁止法第二十四条各号の要件を備えた組合のための信用保証を目的として、金融業者及びその他の者が組織する社団法人。但しこの法律施行の日より九十日を経た時はこの限りではない。

註　この規定が駄目なら、早急立法化の予定につきそれ迄黙認のこととしてほしい。

三、有価証券の共同引受又は共同融資のために金融業者の組織する事業者団体、証券取引法（昭和二十三年法律第二十五号）〔の〕規定に基いて設立された証券取引所、商品取引所法（明治二十六年法律第五号）の規定に基いて設立された商品取引所及び証券取引所又は商品取引所に附属する決済機関並びに手形法（昭和七年法律第二十号）及び小切手法（昭和八年法律第五十七号）の規定により指定されている手形交換所。但し、決済機関及び手形交換所については決済及び手形交換を遂行するために必要な範囲に限る。

第六条に追加

八、社団法人日本海運集会所。但し、構成事業者その他の者の間の、傭船、海上運送、海上保険、船舶の売買、海上衝突又は海難救助に関する紛争を、この法律施行後三ヶ月以内において、仲裁し、又は解決することに限る。

（であって、この法律施行の日前までにその仲裁又は解決の依頼を受けたものを処理するために必要な範囲に限る。）

ために必要な範囲であって、この法律施行の日から九十日以内の行為に限る。

第六条四号のホ

小規模の事業者○のための信用保証を目的として、金融業者及びその他の者が組織する社団法人。但しこの法律施行の日より九十日を経たときはこの限りではない。
○若しくは消費者又はその相互扶助を目的とする私的独占禁止法第二十四条各号の要件を備えた組合

註　この規定が駄目なら、早急立法化の予定につき、それ迄黙認のこととしてほしい。

第六条四の二

金融業を営む者の組織する共同融資又は有価証券の共同引受若しくは共同売出のための団体。

○但し商行為を目的とする一の取引のための一時的な結合体を含まない。

○但し、購買、販売、生産、製造、加工、包装、荷扱、保管、輸送、配分その他営業に属する一の取引のための一時的な結合体を含まない。

第六条追加

八、社団法人日本海運集会所。但し、構成事業者その他の者の間の、傭船、海上運送、海上保険、船舶の売買、海上衝突又は海難救助に関する紛争（であって、この法律施行の日前において、その仲裁又は解決の依頼をうけたものを処理するために必要な範囲に限る。）を仲裁し、又は解決するために必要な範囲であって、この法律施行の日から九十日以内の行為に限る。

この法律施行の日から九十日以内の行為に限る。

他の法令に依ってその実現を妨げられることがあっては、その立法の趣旨は達成されないこととなるからである。

そこで、既存の法律については、私的独占禁止法との関係を調整すると共に所要の改廃を促進すること。

第二案

持株会社整理委員会は、過度経済力集中排除法（昭和二十二年法律第二百七号）の規定に基く決定指令又はその変更において、自然科学に関する研究を実施するための施設の所有又は経費に関し、前項各号の要件につき期間を限り適当な例外を認めることができる。この場合における当該決定指令又はその変更は、これを第一項第十号但書の規定による認可とする。

第一案

過度経済力集中排除法（昭和二十二年法律第二百七号）の規定

に基づく決定指令又はその変更に、（事業者団体による）自然科学に関する研究を実施するための施設の所有又は経費に関する定めがある場合には、当該決定指令又はその変更をもって、第一項第十号但書の認可とする。この場合において、持株会社整理委員会は、前項各号の要件につき、期間を限り適当な例外を認めることができる。

持株会社整理委員会は、過度経済力集中排除法（昭和二十二年法律第二百七号）の規定に依《基く》る決定指令又はその変更において、《○自然科学に関する研究を実施するための施設の所有又は経費に関し、》○前項各号の条《要》件に対《つき》し、当該決定指令又はその変更において□める期間に《を限り》□○外側《○適当な例》を定《認》めることができる。この場合にお《ける》いて当該決定指令又はその変更は、第五条第一項第十号但書の○定《規》め《によ》る持株整理委員会の認可とみな《とする》す。

〔資料49〕 Proposed Amendments to the Trade Association Bill (9th Draft) (1948.5.10)

＊編注：アンダーラインは原文

THE JAPANESE GOVERNMENT

THE FAIR TRADE COMMISSION

Proposed Amendments to the Trade Association Bill (9th Draft)

10th May 1948

The Fair Trade Commission

Article 2　2)　any juridical or non juridical foundation (ZAIDAN HOJIN or ZAIDAN), the appointment or dismissal of whose directors or administrators......

The following new paragraph to be inserted as paragraph 3 of this Article.

The term "constituent entrepreneurs" as used in this law shall mean the constituent members of a trade association, including the entrepreneurs provided for by each Item of Paragraph 1.

Article 4

The following amendment of Item 3 is proposed:

3) providing for voluntary interchange of research or scientific or technical information between the constituent entrepreneurs on an open and non-discriminatory basis (including the use of various benefits arising from the ownership or operation of natural

science research facilities on an open and non-discriminatory basis whenever the ownership or operation of such facilities has been approved in accordance with the provisions of Paragraph 3 of Article 5);

The insertion of the following new items is proposed:

7) issuance of certificates of origin by chambers of commerce whenever such certificates are required for customs clearance in foreign countries;

8) arbitrating or settling business disputes between the constituent entrepreneurs or others and a foreign entrepreneur;

Article 5

The following amendment is proposed to Items 9 and 10:

9) owning or operating business facilities, or owning stocks (including partnership shares; hereinafter the same) or debentures;

10) owning or operating facilities for carrying out research in any field of natural science;

provided that the foregoing shall not apply whenever the Fair Trade Commission has approved the ownership or operation thereof;

The following new paragraph is proposed to be inserted as Paragraph 3:

The Fair Trade Commission shall in case it receives an application for approval in accordance with the provise of Item 10 of Paragraph 1, grant such approval when ever the applying trade association meets with the following conditions:

1) membership or participation in the trade association is open to entrepreneurs generally throughout the industry on such fair and non-discriminatory terms as will actually make participation or membership therein reasonably available and within the means of such entrepreneurs generally who wish to join.

2) the constituent entrepreneurs of the trade association shall not consist only of a relatively few dominant or leading competitors in the industry, nor shall voting and association activities, or the benefits resulting from the ownership and operation of natural science research facilities, be controlled by such dominant or leading competitors.

3) the benefits flowing from the ownership and operation of such research facilities shall be available to the constituent entrepreneurs of the trade association, regardless of the number of shares held, the amount of financial contributions, or the size of the entrepreneur.

The following new paragraph shall be inserted as Paragraph 4:

In case a trade association comes to own or operate natural science research facilities in accordance with a final order as provided for by Paragraph 2 of Article 11 of Law No.207 of 1947: Elimination of Excessive Economic Concentrations Law or any amendment there of. it shall be deemed that such ownership or operation has had the approval of the Fair Trade Commission. In this case, the said trade association shall without fail file a notice of such fact with the Fair Trade Commission.

Article 6

The order of listed exemptions will be amended as follows:

1. exemptions under (5)
2. exemptions under (4)
3. stock and commodity exchanges established pursuant to Law No. 25 of 1948: Securities and Exchange Law (SHOKEN TORIHIKIHO) and Law No. 5 of 1893: Commodity Exchange Law (SHOHIN TORIHIKI HO) or clearing house associations connected with commodity exchanges and bill clearing houses designated under Law No. 57 of 1933: Cheque Law (KOGITTE HO); provided that, with regard to clearing house associations and bill clearing houses, the foregoing is limited to the extent that they perform only legitimate clearing house functions;
4. closed institutions
5. exemptions under (1)
6. organizations registered as shipping, collecting or receiving agencies, or whole sale or retail dealers for designated rationed commodities pursuant to orders issued under the Temporary Commodities Supply and Demand Adjustment Act; provided that the foregoing shall not apply after the lapse of six (6) months of the day of enforcement of this Law.

Article 7

Items 7 and 10 to be deleted.

Marine Safety Act to be amended as Articles 8 and 28.

Article 9 The following amendment shall be made to Paragraph 1:

shall be applied mutatis mutandis to the carrying out of functions of the Fair Trade Commission necessary to attain the purpose of this law as well as to matters and cases coming under the provisions of Article 3, Article 5, Article 10 and Article 13 and original violations coming under Paragraph 1 of Article 14.

Amendment to Paragraph 2:

whenever the following terms appear in the fore mentioned provisions of the Anti-monopoly Law (excluding Article 40 and Article 41)

The following new paragraph shall be inserted as Paragraph 2 :

The Fair Trade Commission shall, in case it receives an application for approval in accordance with the provisions of Paragraph 3 of Article 5 or those of Paragraph 3 of Article 13, disapprove such application by decision when it deems that the application does not meet with the conditions provided for in each Item of Paragraph 3 of Article 5.

The provision of Paragraph 2 of Article 65 and those of Paragraph 1 of Article 66 of the Anti-monopoly Law shall be applied mutatis mutandis to such applications for approval, approvals of decisions as provided for in the preceding paragraph.

In case of any violation as provided for by Paragraph 1, the trade association itself, whether juridical or non-juridical, shall be subject to such criminal fines as provided for in each of the items of Paragraph 1.

where a non-juridical trade association is subject to punishment in accordance with the preceding paragraph, its representative or administrator shall represent said trade association in the case concerned and, furthermore, the provisions of law on criminal suits where a juridical person is the defendant shall be applied mutatis mutandis.

The provisions of Paragraph 2 shall, in case the directors and other officers or administrators, or the constituent entrepreneurs are in themselves juridical persons or other organizations, apply to the directors and other officers or administrators of such organizations.

The provisions of Article 94, Article 97, Article 98 and Article 99 of the Anti-monopoly Law shall be applied mutatis mutandis to violations arising from such cases where the provisions of Article 40, Article 46, Paragraph 3 of Article 48, Article 54, Paragraph 1 of Article 66 and Paragraph 1 of Article 67 of the Anti-monopoly Law are applied mutatis mutandis in this law.

Article 19　"Articles or charter" shall added after "contracts".

Article 11　Paragraph 2 shall be amended as follows:

All suits as provided for in the preceding paragraph, all cases arising under Article 9 of this law by applying mutatis mutandis the provisions of Paragraph 1 of Article 62, Paragraph 1 of Article 63 (including such cases where said provisions are applied mutatis mutandis in Paragraph 2 of Article 68) and Paragraph 1 of Article 67 of the Anti-monopoly Law as well as all cases arising under Paragraph 6 of Article 14 of this law by applying mutatis mutandis the provisions of Article 97 and Article 98 of the Anti-monopoly Law, shall come under the exclusive jurisdiction of the panel of judges established within the High Court of Tokyo in accordance with the provisions of Paragraph 1 of Article 87 of the Anti-monopoly Law.

Article 12 The following new paragraphs shall be inserted after Paragraph 3:

Every trade association shall, in case it desires to retain ownership or to continue operation of natural science research facilities then it actually owns or operates such facilities in such cases as coming under the preceding two (2) paragraphs, file an application to such effect with the Fair Trade Association within such period of time as provided for in Paragraph 1 and obtain its approval.

The provisions of Paragraph 4 of Article 5 shall be applies mutatis mutandis to such cases as coming under Paragraph 1 to Paragraph 3 inclusive.

Article 13 This article shall be amended as follows:

In case of violation of the provisions of this Law, the penalties against the violater shall be any of the following penalties:

1) for violating the provisions of Article 5, a penal servitude for not more than two (2) years or a criminal fine not more than thirty thousand yen (¥30,000), or both:

2) for failure to comply with a decision as provided for by Paragraph 3 of Article 48 and Article 54 of the Anti-monopoly Law when said provisions are applied mutatis mutandis under Paragraph 1 of Article 9, a penal servitude for not more than two (2) years or a criminal fine not more than thirty thousand yen (¥30,000), or both:

3) for failure to file reports provided for by Article 3 or for filing false reports, a penal servitude for not more than one (1) year or a criminal fine not more than twenty thousand yen (¥20,000), or both:

4) for failure to dispose of business facilities, natural science research facilities, stocks, debentures or patents within such period of time as provided for by Paragraph 1, Paragraph 2 or Paragraph 6 of Article 13, or for failure to file reports in accordance with the provisions of Paragraph 7 of said Article or for filing false reports thereof, a penal servitude for not more than one (1) year a criminal fine not more than five thousand yen (¥5,000), or both:

5) for failure to submit reports, information or data provided for by Article 10 or for filing false reports, information or data thereof, a criminal fine for not more than five thousand yen (¥5,000),

In case of any violation as provided for in the preceding paragraph, the directors and other officers or administrators, or the constituent entrepreneurs (in case a constituent entrepreneur is acting on behalf of another entrepreneur, including such other entrepreneurs) of the trade association involved shall be subject to such criminal fines as provided for in each of the Items of the preceding paragraph, whenever they had knowledge of the violation and failed to take necessary measures to prevent or to remedy such violation.

〔資料50〕　第九次案罰則規定の修正案

（罰則）

第十四条　この法律の規定違反に対する罰則は左の各号に掲げるものとする。

一　第五条の規定に違反した者はこれを二年以下の懲役若しくは三万円以下の罰金又はその両者に処する。

二　公正取引委員会の確定審決に違反した者は、これを二年以下の懲役若しくは三万円以下の罰金又はその両者に処する。

三　第三条の規定に違反し届出を怠り又は虚偽の届出をした者は、これを一年以下の懲役若しくは二万円以下の罰金又はその両者に処する。

四　前条第一項又は第五項に規定する期限内に営業用の施設、科学に関する研究を実施するための施設株式、社債若しくは特許権を処分せず又は同条第六項の規定による報告書を提出せず若しくは虚偽の報告書を提出した者は、これを一年以下の懲役若しくは五千円以下の罰金又はその両者に処する。

五　第十条の規定に違反し、報告、情報若しくは資料を提出せず又は虚偽の報告情報若しくは資料を提出した者はこれを五千円以下の罰金に処する。

2　前項各号に該当する者は、その違反行為をした者及び「その違反の計画を知りその防止に必要な措置を講ぜず若しくはその違反行為を知りその是正に必要な措置を講じなかった」事業者団体の理事その他の役員又は管理人、○株主《○及び》、社員（以下社員に準ずる者を含む）その○事業者団体《○他その》の構成事業者（以下その者が他の事業者を代表している場合には、その代表される事業者を含む）又は第二条第一項第三号の契約の結合体の当事者をいう。

3　前項に掲ぐる事業者団体の理事その他の役員、管理人、株主、社員、その事業者団体の構成事業者又は第二条第一項第三号契約の結合体の当事者が法人其の他団体である場合にはそれらの者の理事その他の役員、管理人とする。

4　第一項の違反のあつた場合には法人であるとないとにかゝわらずその事業者団体に対しても第一項の各本条の罰金刑を科する。

5　前項の規定により法人でない事業者団体を処罰する場合においてはその代表者又は管理人がその訴訟行為につき、その事業者団体を代表する外、法人を被告人とする場合の刑事訴訟に関する法律の規定を準用する。

6　第二項の事業者団体の理事その他の役員管理人、株主、社員、事業者団体の構成事業者又は第二条第一項第三号の契約の結合体の当事者が法人その他の団体である場合には第四項及第五項の規定を準用する。この場合においてこれらの規定中「事業者団体」とあるのは「事業者団体の理事その他の役員、管理人、事業者団体の構成事業者又は第二条第一項第三号の契約の結合体の当事者」と読み替えるものとする。

7　私的独占禁止法第九十四条、○第九十八条及び○第九十九条の規定は第九条第一項において同法第四十条、第四十六条及び第六十六[七]条第一項の規定を準用する場合の違反にこれを準用する。

Ⅵ　事業者団体法の成案

〔資料51〕　事業者団体法案第九次案修正案

事業者団体法案

（目的）

第一条　この法律は、事業者団体の正当な活動の範囲を定め、且つ、その公正取引委員会に対する届出制を実施することをもつて目的とする。

（定義）

第二条　この法律において「事業者団体」とは、事業者としての共通の利益を増進することを目的に含む二以上の事業者の結合体又はその連合体をいい、それは、いかなる形態のものであるかを問わず、いかなる法令又は契約によつて設立されたものであるかを問わず、登記を要すると要しないとを問わず、法人であるとないとを問わず、営利を目的とするとしないとを問わず、その事業者の事業の規模の大小を問わず、且つ、左に掲げる形態のものを含むものとする。

一　二以上の事業者が株主又は社員（社員に準ずるものを含む。）である会社、社団法人その他の社団

二　二以上の事業者が理事又は管理人の任免、業務の執行又はその存立を支配している財団法人その他の財団

三　二以上の事業者を組合員とする組合又は契約による二以上の事業者の結合体

2　この法律において「事業者」とは、商業、工業、金融業その他の事業を営む者及びこれらの者の利益のためにする行為を行う役員、従業員、代理人その他の者をいう。

3　この法律において「構成事業者」とは、事業者団体の構成員である事業者をいい、第一項各号の事業者を含むものとする。

（届出義務）

第三条　事業者団体は、その成立の日（この法律施行の際現に事業者団体であるものについては、この法律施行の日）から三十日以内に、文書をもつてその旨を公正取引委員会に届け出なければならない。この場合において、届出の文書には、左の各号に掲げる書類を添附しなければならない。

一　当該団体の定款、寄附行為、規約又は契約の写

二　理事その他の役員又は管理人（前条第一項第三号に掲げる事業者団体で役員の定のないものにあつては、組合員又は契約の当事者とする。）の名簿

三　当該団体が特別の法令の規定に基いて設立されたものである場合には、その規定を記載した文書

２　事業者団体が解散し、又は前項各号に掲げる事項に変更を生じたときは、その解散又は変更の日から三十日以内に、文書をもつてその旨を公正取引委員会に届け出なければならない。

３　公正取引委員会は、前二項の規定による届出に関し必要な事項について、規則を定めることができる。

（許容活動）

第四条　事業者団体は、左に掲げる活動に限り、これを行うことができる。

一　統計資料の自由意思による提供を受けること及び特定の事業者の事業に関する情報又は状態を明示することなくその資料を総括して公刊すること。

二　構成事業者の事業の経営に役立ち、且つ、その属する事業分野における技能及び能率を向上させるような技術、科学又は将来の市場に関する情報を公刊すること。

三　構成事業者の間に、公開且つ無差別的に、研究又は技術若しくは科学に関する情報の自発的交換を促進すること。（第五条第三項の規定により、自然科学の研究を実施するための施設を所有し、又は経営することの認可を受けた場合において、当該施設の所有又は経営から生ずる諸利益を構成事業者に対し、公開的且つ無差別的な条件で利用させることを含む。）

四　商品の品質の改善、規格の改良又は生産若しくは配分の能率の向上に対する寄与を、適当な政府機関、工業標準調査会その他一般に認められた有力な商品標準化の機関又は研究機関に自由意思により協力することのみによつて、行うこと。

五　啓発若しくは宣伝をし、又は構成事業者の属する事業分野の利害に関係のある事項について、当該団体の立場を明かにする決議を行うこと。

六　構成事業者の全部又は一部から委任を受けた場合に、委任された権限の範囲内において、労働組合と団体交渉を行うこと。

七　外国における通関のため必要がある場合において、商工会議所が、輸出品の原産地証明をすること。

八　構成事業者その他の者と外国の事業者との間の事業に関する紛争を仲裁し、又は解決すること。

九　私的独占の禁止及び公正取引の確保に関する法律（昭和二十二年法律第五十四号、以下私的独占禁止法という。）第七十一条その他の規定による公正取引委員会の職務の遂行に協力すること。

（禁止行為）

第五条　事業者団体は、左の各号の一に該当する行為をしてはならない。
一　原材料若しくは注文の割当その他の方法による生産若しくは配分の統制をし、又はその統制に手をつけること及び原材料、商品若しくは施設の割当に関する原案若しくは計画を政府のために作成し、又はこれを政府に提出すること。
二　私的独占禁止法第四条第一項各号の一に該当する事項を内容とする協定若しくは契約又は同法第六条第一項各号の一に該当する事項を内容とする国際的協定若しくは国際的契約をし、又はこれに参加すること。
三　構成事業者と他の構成事業者、構成事業者に物資、資金その他の経済上の利益を供給する者、構成事業者の顧客若しくは構成事業者の競争者との間の取引を不当に拘束し、若しくは拘束する虞があり、若しくはこれらの者の間の対価を統制し、若しくは統制する虞がある契約その他の合意をし、又はこれに参加すること。
四　将来の対価、将来の販売条件若しくは顧客の分類に関する情報の流布その他いかなる方法をもつてするかを問わず、対価を統制し、又は決定し、その他対価に影響を与えるための行為をすること。
五　一定の事業分野における現在若しくは将来の事業者の数を制限し、又はその制限に着手すること。
六　特定の事業者を公認し若しくは推薦する表若しくは特定の事業者を排斥するための表の配布、特定の事業者の事業内容、経理若しくは信用の状態を誤り伝える情報の流布その他の方法により、特定の事業者に利益又は不利益を与えること。
七　構成事業者に対し、その販売、価格、取引条件、注文、在庫、生産、工場設備能力、経理、事業活動若しくは事業上の便益に関する報告の提出を強要し、又は構成事業者の承諾なくその事業内容について助言し、監査し、若しくは調査すること。
八　構成事業者の機能若しくは活動を制限し、又はその制限に手をつけること。
九　営業用の施設を所有し、若しくは経営し、又は株式（社員の持分を含む。以下同じ。）若しくは社債を所有すること。
十　自然科学に関する研究を実施するための施設を所有し、又は経営すること。但し、公正取引委員会の認可を受けてこれを所有し、又は経営する場合は、この限りではない。
十一　特許権を所有し、若しくは支配し、又は特許発明の実施の許諾若しくは共同利用のために斡旋その他の便宜を供すること。
十二　構成事業者その他の者のために融資をすること。

十三　購買、販売、生産、製造、加工、包装、荷扱、保管、輸送、配分その他の営業に従事すること。

十四　構成事業者その他の者のために、取引の代理人となり、又は取引上の契約をすること。

十五　構成事業者その他の者のために集金を行うこと。

十六　構成事業者その他の者の間の紛争を仲裁し、若しくは解決し、又はその仲裁若しくは解決に手をつけること。但し、第四条第八号に掲げる場合を除く。

十七　不当に立法又は政府の政策に影響を与えること。

十八　注文者その他の者の依頼を受けることその他の方法により、公私の注文の入札に参加し、これを規制し、又はこれに影響を与えること。

十九　前各号に掲げるものの外、前条各号に掲げる許容活動の範囲を超える行為

2　事業者団体は、何等の名義をもつてするかを問わず、前項の禁止又は制限を免れる行為をしてはならない。

3　公正取引委員会は、第一項第十号但書の規定による認可の申請があつた場合において、当該団体が左の各号に掲げる要件を備えているときには、これを認可するものとする《しなければならない》。

一　構成事業者の属する事業分野における総ての事業者の当該団体への加入が、不当な条件により制限されず、且つ、その資力に応じて可能であるような公正無差別な条件で開放されていること。

二　当該団体の構成事業者が比較的少数の有力な事業者に限られていることがなく、又は議決権の行使、事業活動、当該施設の所有若しくは経営から生ずる諸利益が比較的少数の有力な事業者により支配されていないこと。

三　当該団体の構成事業者が当該施設の所有又は経営から生ずる諸利益を当該団体に対する出資又は寄附金の多寡、事業規模の大小等にかかわらず利用することができること。

4　○《持株会社整理委員会が》過度経済力集中排除法（昭和二十二年法律第二百七号）第十一条第二項に規定する決定指令又はその変更に基《より》いて事業者団体が自然科学に関する研究を実施するための施設を所有し、又《若しく》は経営すること□□る場合には《を相当の理由があると認める場合に限り承認し又は決定した場合》第一項第十号の但書の規定による公正取引委員会の認可があつたものとする《には当該団体は前項各号の認可があつたものとする》。この場合においては、当該団体は、遅滞なく文書をもつてその旨を公正取引委員会に届け出なければならない。

5　公正取引委員会は、前二項《第一項第十号但書》の規定による認可の申請及び届出に関し必要な規則を定めることができる。

（適用除外団体）

第六条　この法律の規定は、左に掲げる○《○事業者》団体に対しては、これを適用しない。但し、第三条の規定は、この限りではない。

一　私的独占禁止法第二十四条各号に掲げる要件を備え、且つ、左に掲げる特別の法律の規定に基いて設立された協同組合その他の団体

イ　産業組合法（明治三十三年法律第三十四号）

ロ　塩専売法（明治三十八年法律第十一号）

ハ　漁船保険法（昭和十二年法律第二十三号）

ニ　貸家組合法（昭和十六年法律第四十七号）

ホ　市街地信用組合法（昭和十八年法律第四十五号）

ヘ　蚕糸業法（昭和二十年法律第五十七号）

ト　林業会法（昭和二十一年法律第三十五号）

チ　商工協同組合法（昭和二十一年法律第五十一号）

二　左に掲げる法律の規定に基いて設立された団体

イ　北海道土功組合法（明治三十五年法律第十二号）

ロ　森林法（明治四十年法律第四十三号）

ハ　水利組合法（明治四十一年法律第五十号）

ニ　耕地整理法（明治四十二年法律第三十号）、都市計画法（大正八年法律第三十六号）第十二条第二項において準用する場合を含む。

ホ　馬匹組合法（大正四年法律第一号）

ヘ　健康保険法（大正十一年法律第七十号）

ト　農林中央金庫法（大正十二年法律第四十二号）

チ　蚕糸業組合法（昭和六年法律第二十四号）

リ　牧野法（昭和六年法律第三十七号）

ヌ　農村負債整理組合法（昭和八年法律第二十一号）

ル　商工組合中央金庫法（昭和十一年法律第十四号）

ヲ　農業協同組合自治監査法（昭和十三年法律第十五号）

ワ　国民健康保険法（昭和十三年法律第六十号）

カ　木船保険法（昭和十八年法律第三十九号）

ヨ　旧農業団体法（昭和十八年法律第四十六号）

タ　水産業団体法（昭和十八年法律第四十七号）

レ　農業協同組合法（昭和二十二年法律第百三十二号）

ソ　農業災害補償法（昭和二十二年法律第百八十五号）

三　証券取引法（昭和二十三年法律第二十五号）の規定に基いて設立された証券取引所。商品取引所法（明治二十六年法律第五号）の規定に基いて設立された商品取引所及び証券取引所又は商品取引所に附属する決済機関並びに手形法（昭和七年法律第二十号）及び小切手法（昭和八年法律第五十七号）の規定により指定されている手形交換所。但し、決済機関及び手形交換所については、決済及び手形交換を遂行するために必要な範囲に限る。

四|五　閉鎖機関令（昭和二十二年勅令第七十四号）第一条の規定に基いて指定された団体

五（六） 臨時物資需給調整法（昭和二十一年法律第三十二号）附則第二項の規定に基いて指定されている団体

六（七） 臨時物資需給調整法に基く命令の規定により、指定配給物資の出荷機関、集荷機関、荷受機関又は販売業者として登録された団体。但し、この法律施行後六ヶ月（九十日）を経たときは、この限りではない。

（適用除外行為）

第七条 第五条の規定は、事業者団体が法令の規定で左に掲げるもの又はその法令の規定に基く命令によつて行う正当な行為には、これを適用しない。

一 地方鉄道法（大正八年法律第五十二号）第二十五条第一項及び軌道法（大正十年法律第七十六号）第二十六条において準用する地方鉄道法第二十五条第一項

二 道路運送法（昭和二十二年法律第百九十一号）第二十三条及び第二十四条第一項（他の運送事業者又は小運送業者との○設備の共用、○連絡運輸、共同経営及び運輸に関する協定に関する部分に限る。）

三 煙草専売法（明治三十七年法律第十四号）第二十条の二

四 電気測定法（明治四十三年法律第二十六号）第七条

五 船舶安全法（昭和八年法律第十一号）第八条及び第二十八条

六 重要輸出品取締法（昭和十一年法律第二十六号）第二条

七 輸出水産物取締法（昭和九年法律第三十六号）第一条

八 ポツダム宣言の受諾に伴い発する命令に関する件（昭和二十年勅令第五百四十二号）

（排除措置）

第八条 第五条の規定に違反する行為があるときは、公正取引委員会は、第九条に規定する手続に従い、事業者団体に対し、当該行為の差止、資産の処分、当該団体の解散その他当該行為の排除に必要な措置を命ずることができる。

（手続）

第九条 公正取引委員会の権限に関する私的独占禁止法第四十条から第四十四条までの規定並びに違反事実の報告、事件の調査、審判、審決、審決の取消又は変更の訴、検事総長に対する告発その他事件処理の手続及び訴訟に関する同法第四十五条から第六十四条までの規定、第六十六条第二項の規定、第六十七条から第七十条までの規定、第七十三条から第八十三条までの規定、第八十八条の規定及びこれらの規定に基く命令又は規則は、公正取引委員会がこの法律の目的を達成するために必要な職務を行う場合並びに、第三条、第五条、第十条（及びこの法律の規定に違反する）及び第十三条の規定に違反する事実、事件及び第十四条第一項に規定する犯罪にこれを準用する。この場合において、これらの規定（第四十条及び第四十一条を除く。）中「事業者」とあるのは「事業者団体」と、「私的独占をし、不当な取引制限をし、若しくは不公正な競争方法を用いていると認める場合又は不当な事業能力の較差があると認める場合」とあるのは「第五条の規定に違反すると認める場合」と、「第七条、第八条第一項又は第二十条に規定する措置」とあるのは「第八条に規定する措置」と、「私的独占、不当な取引制限又は不公正な競争方法に該当する疑のある行為」とあるのは「第五条の規定に違反する疑のある行為」とそれぞれ読み替えるものとする。

2　公正取引委員会は、第五条第三項又は第十三条第三項の規定による認可の申請があつた場合において、第五条第三項各号に掲げる要件を備えていないと認めるときは、審決をもつてこれを却下しなければならない。

3　私的独占禁止法第六十五条第二項及び第六十六条第一項の規定は、前項の認可の申請、認可又は審決に、これを準用する。

（報告）

第十条　公正取引委員会は、この法律の適正な運用を図るため、事業者団体に対し、必要な報告、情報又は資料の提出を求めることができる。

（検察官）

第十一条　公正取引委員会の検察官たる職員は、この法律の規定に違反する犯罪に関する職務を掌ることが出来る。

（東京高等裁判所の管轄権）

第十二条　左の各号の一に該当する訴訟については、第一審の裁判権は、東京高等裁判所に属する。

一　公正取引委員会の審決に係る訴訟

二　第十四条第一項第一号から第四号までの罪に係る訴訟

2　前項に掲げる訴訟事件並びに第九条において準用する私的独占禁止法第六十二条第一項、第六十三条第一項（第六十八条第二項において準用する場合を含む。）及び第六十七条第一項並びに第十四条第六項において準用する私的独占禁止法第九十七条及び第九十八条に規定する事件は、同法第八十七条第一項の規定により東京高等裁判所に設けられた裁判官の合議体が取り扱うものとする。

（資産の処分）

第十三条　この法律施行の際事業者団体が現に所有する営業用の施設、自然科学に関する研究を実施するための施設又は株式若しくは社債であつて、私的独占の禁止及び公正取引の確保に関する法律第百四条に規定する措《処》置に関する件（昭和二十二年政令第二百三十八号）及び私的独占の禁止及び公正取引の確保に関する法律第百五条に規定する措《処》置に関する件（昭和二十二年政令第二百三十九号）並びに私的独占の禁止及び公正取引の確保に関する法律第百三条、第百八条及び第百十条に規定する株式又は社債の処理《置》に関する政令（昭和二十三年政令第四十三号）の規定に基き処分すべきもの以外のもの及び特許権は、この法律施行の日から九十日以内に、これを処分しなければならない。

2　前項の規定は、新たに事業者団体が成立した場合又は第六条第五号若しくは第六号に掲げる団体がこの法律○の規定（第三条を除く）の適用を受けるにいたつた場合に、これを準用する。この場合において、同項の規定中「この法律の施行の日」とあるのは「成立した日又はこの法律の適用を受けるにいたつた日」と読み替えるものとする。

3　前二項の場合において、事業者団体が現に所有し、又は経営する自然科学に関する研究を実施するための施設につきこれを引続き所有し、又は経営しようとする場合には、文書をもつてその旨を第一項の期間内に公正取引委員会に届け出て、その認可を受けなければならない。

4　第五条第三項の規定は、前項の届出があつた場合に、これを準用する。

5　第五条第四項の規定は、第一項から第三項までの場合に、これを準用する。

6　公正取引委員会は、特別の事情があると認めるときは、申請により、第一項に規定する期間を延長することができる。この場合及び第三項の規定による届出があつた場合において、申請又は届出をした日からその承認又は却下の日までの期間は、これを九十日の期間に算入しない。

7　事業者団体は、第一項及び第二項の規定による処分をした日から三十日以内に、処分の内容を記載した報告書を、公正取引委員会に提出しなければならない。

8　公正取引委員会は、第三項及び前二項の規定による申請又は報告の手続に関する事項について規則を定めることができる。

（罰則）

第十四条　この法律の規定違反があつた場合におけるその違反行為をした者に対する刑は、左の各号に掲げるものとする。

一　第五条の規定に違反した場合には、二年以下の懲役若しくは三万円以下の罰金又はその両者。

二　第九条第一項において準用する私的独占禁止法第四十八条第三項又は第五十四条の審決が確定した後においてこれに従わなかつた場合には、二年以下の懲役若しくは三万円以下の罰金又はその両者。

三　第三条の規定に違反し届出を怠り、又は虚偽の届出をした場合には、一年以下の懲役若しくは二万円以下の罰金又はその両者。

四　第十三条第一項、第二項又は第六項に規定する期間内に営業用の施設、科学に関する研究を実施するための施設、株式、社債若しくは特許権を処分せず、又は同条第七項の変更による報告書を提出せず、若しくは虚偽の報告書を提出した場合には、一年以下の懲役若しくは五千円以下の罰金又はその両者。

五　第十条の規定に違反し報告、情報若しくは資料を提出せず又は虚偽の報告、情報若しくは資料を提出した場合には、五千円以下の罰金。

2　前項の違反があつた場合においては、その違反の計画を知りその防止に必要な措置を講ぜず、又はその違反行為を知りその是正に必要な措置を講じなかつた当該事業者団体の理事その他の役員若しくは管理人又はその構成事業者（構成事業者が他の事業者の利益のためにする行為を行うものである場合には、その事業者を含む。）に対しても、前項各本号の罰金刑を科する。

3　第一項の違反があつた場合には、法人であるとないとにかかわらず、その事業者団体に対しても第一項各本号の罰金刑を科する。

4　前項の規定により法人でない事業者団体を処罰する場合においては、その代表者又は管理人がその訴訟行為につきその事業者団体を代表する外法人を被告人とする場合の刑事訴訟に関する法律の規定を準用する。

5　第二項の規定は、同項に掲げる事業者団体の理事その他の役員若しくは、管理人又はその構成事業者が法人その他の団体である場合には、当該団体の理事その他の役員又は管理人に適用する。

＊編注：以下脱落

〔資料52〕　第九次案第一条〔第五条第四項〕・第五条第五項

第一条〔第五条第四項〕

過度経済力集中排除法（昭和二十三〔二〕年法律第二百七号）の規定に基づく決定指令又はその変更に、（事業者団体による）自然科学に関する研究を実施するための施設の所有又は経営に関する定めがある場合には、当該決定指令又はその変更をもって第一項第十号但書の認可とする。この場合において、持株会社整理委員会は、前項各号の要件につき期間を限り適当な例外を認めることが出来る。

◎第五条第五項　「前二項」を第一項第十号但書」と改め「及び届出」を削る

〔資料53〕 事業者団体法案（和文タイプ）

事業者団体法

（目的）

第一条 この法律は、事業者団体の正当な活動の範囲を定め、且つ、その公正取引委員会に対する届出制を実施することをもつて目的とする。

（定義）

第二条 この法律において「事業者団体」とは、事業者としての共通の利益を増進することを目的に含む二以上の事業者の結合体又はその連合体をいい、それは、いかなる形態のものであるかを問わず、いかなる法令又は契約によつて設立されたものであるかを問わず、登記を要すると要しないとを問わず、法人であるとないとを問わず、営利を目的とするとしないとを問わず、その事業者の事業の規模の大小を問わず、且つ、左に掲げる形態のものを含むものとする。

一 二以上の事業者が株主又は社員（社員に準ずるものを含む。）である会社、社団法人その他の社団

二 二以上の事業者が理事又は管理人の任免、業務の執行又はその存立を支配している財団法人その他の財団

三 二以上の事業者を組合員とする組合又は契約による二以上の事業者の結合体

2 この法律において「事業者」とは、商業、工業、金融業その他の事業を営む者及びこれらの者の利益のためにする行為を行う役員、従業員、代理人その他の者をいう。

3 この法律において「構成事業者」とは、事業者団体の構成員である事業者をいい、第一項各号の事業者を含むものとする。

（届出義務）

第三条 事業者団体は、その成立の日（この法律施行の際現に事業者団体であるものについては、この法律施行の日）から三十日以内に、文書をもつてその旨を公正取引委員会に届け出なければならない。この場合において、届出の文書には、左の各号に掲げる書類を添附しなければならない。

一 当該団体の定款、寄付行為、規約又は契約の写

二 理事その他の役員又は管理人（前条第一項第三号に掲げる事業者団体で役員の定のないものにあつては、組合員又は契約の当事者とする。）の名簿

三 当該団体が特別の法令の規定に基いて設立されたものである場合には、その規定を記載した文書

2 事業者団体が解散し、又は前項各号に掲げる事項に変更を生じたときは、その解散又は変更の日から三十日以内に、文書を

もつてその旨を公正取引委員会に届け出なければならない。

3　公正取引委員会は、前二項の規定による届出に関し必要な事項について、規則を定めることができる。

（許容活動）

第四条　事業者団体は、左に掲げる活動に限り、これを行うことができる。

一　統計資料の自由意思による提供を受けること及び特定の事業者の事業に関する情報又は状態を明示することなくその資料を総括して公刊すること。

二　構成事業者の事業の経営に役立ち、且つ、その属する事業分野における技能及び能率を向上させるような技術、科学又は将来の市場に関する情報を公刊すること。

三　構成事業者の間に、公開的且つ無差別的に、研究又は技術若しくは科学に関する情報の自発的交換を促進すること。（第五条第三項の規定により、自然科学の研究を実施するための施設を所有し、又は経営することの認可を受けた場合において、当該施設の所有又は経営から生ずる諸利益を構成事業者に対し、公開的且つ無差別的な条件で利用させることを含む。）

四　商品の品質の改善、規格の改良又は生産若しくは配分の能率の向上に対する寄与を、適当な政府機関、工業標準調査会その他一般に認められた有力な商品標準化の機関又は研究機関に自由意思により協力することのみによつて、行うこと。

五　啓発若しくは宣伝をし、又は構成事業者の属する事業分野の利害に関係のある事項について、当該団体の立場を明かにする決議を行うこと。

六　構成事業者の全部又は一部から委任を受けた場合に、委任された権限の範囲内において、労働組合と団体交渉を行うこと。

七　外国における通関のため必要がある場合において、（○社団法人である）○商工会議所が、輸出品の原産地証明をすること。

八　構成事業者その他の者と外国の事業者との間の事業に関する紛争を仲裁し、又は解決すること。

九　私的独占の禁止及び公正取引の確保に関する法律（昭和二十二年法律第五十四号、以下私的独占禁止法という。）第七十一条その他の規定による公正取引委員会の職務の遂行に協力すること。

（禁止行為）

第五条　事業者団体は、左の各号の一に該当する行為をしてはならない。

一　原材料若しくは注文の割当その他の方法による生産若しくは配分の統制をし、又はその統制に手をつける（着手する）こと及び原材料、商品若しくは施設の割当に関する原案若しくは計画を政府のために作成し、又はこれを政府に提出すること。

二 私的独占禁止法第四条第一項各号の一に該当する事項を内容とする協定若しくは契約又は同法第六条第一項各号の一に該当する事項を内容とする国際的協定若しくは国際的契約をし、又はこれに参加すること。

三 構成事業者と他の構成事業者、構成事業者に物資、資金その他の経済上の利益を供給する者、構成事業者の顧客若しくは構成事業者の競争者との間の取引を不当に拘束し、若しくは拘束する虞があり、若しくはこれらの者の間の対価を統制し、若しくは統制する虞がある契約その他の合意をし、又はこれに参加すること。

四 将来の対価、将来の販売条件若しくは顧客の分類に関する情報の流布その他いかなる方法をもつてするかを問わず、対価を統制し、又は決定し、その他対価に影響を与えるための行為をすること。

五 一定の事業分野における現在若しくは将来の事業者の数を制限し、又はその制限に手をつける《着手する》こと。

六 特定の事業者を公認し若しくは推薦する表若しくは特定の事業者を排斥するための表の配布、特定の事業者の事業内容、経理若しくは信用の状態を誤り伝える情報の流布その他の方法により、特定の事業者に利益又は不利益を与えること。

七 構成事業者に対し、その販売、価格、取引条件、注文、在庫、生産、工場設備能力、経理、事業活動若しくは事業上の便益に関する報告の提出を強要し、又は構成事業者の承諾なくその事業内容について助言し、監査し、若しくは調査すること。

八 構成事業者の機能若しくは活動を制限し、又はその制限に手をつける《着手する》こと。

九 営業用の施設を所有し、若しくは経営し、又は株式（社員の持分を含む。以下同じ。）若しくは社債を所有すること。

十 自然科学に関する研究を実施するための施設を所有し、又は経営すること。但し、公正取引委員会の認可を受けてこれを所有し、又は経営する場合は、この限りではない。

十一 特許権を所有し、若しくは支配し、又は特許発明の実施の許諾若しくは共同利用のために斡旋その他の便宜を供すること。

十二 構成事業者その他の者のために融資をすること。

十三 購買、販売、生産、製造、加工、包装、荷扱、保管、輸送、配分その他の営業に従事すること。

十四 構成事業者その他の者のために、取引の代理人となり、又は取引上の契約をすること。

十五　構成事業者その他の者のために集金を行うこと。
十六　構成事業者その他の者の間の紛争を仲裁し、若しくは解決し、又はその仲裁若しくは解決に手をつける《着手する》こと。但し、第四条第八号に掲げる場合を除く。
十七　不当に立法又は政府の政策に影響を与えること。
十八　注文者その他の者の依頼を受けることその他の方法により、公私の注文の入札に参加し、これを規制し、又はこれに影響を与えること。
十九　前各号に掲げるものの外、前条各号に掲げる許容活動の範囲を超える行為

2　事業者団体は、何等の名義をもつてするかを問わず、前項の禁止又は制限を免れる行為をしてはならない。

3　公正取引委員会は、第一項第十号但書の規定による認可の申請があつた場合において、当該団体が左の各号に掲げる要件を備えているときには、これを認可しなければならない。
一　構成事業者の属する事業分野における総ての事業者の当該団体への加入が、不当な条件により制限されず、且つ、その資力に応じて可能であるような公正無差別な条件で開放されていること。
二　当該団体の構成事業者が比較的少数の有力な事業者に限られていることがなく、又は議決権の行使、事業活動、当該施設の所有若しくは経営から生ずる諸利益が比較的少数の有力な事業者により支配されていないこと。
三　当該団体の構成事業者が当該施設の所有又は経営から生ずる諸利益を当該団体に対する出資又は寄附金の多寡、事業規模の大小等にかかわらず利用することができること。

4　第一項第十号に規定する事項につき、持株会社整理委員会は、相当の理由があるときは、過度経済力集中排除法（昭和二十二年法律第二百七号）の規定に基く決定指令又はその変更において、期間を限り、前項各号に規定する条件についてその例外を定めることができる。第一項第十号に規定する事項をその内容に含む過度経済力集中排除法の規定に基く決定指令又はその変更は仝号但書に規定する認可となるものとする。

5　公正取引委員会は、第一項第十号但書の規定による認可の申請に関し必要な規則を定めることができる。

（適用除外団体）
第六条　この法律の規定は、左に掲げる団体に対しては、これを適用しない。但し、第三条の規定は、この限りではない。
一　私的独占禁止法第二十四条各号に掲げる要件を備え、且つ、左に掲げる法律の規定に基いて設立された協同組合その他の団体
イ　産業組合法（明治三十三年法律第三十四号）

ロ 塩専売法（明治三十八年法律第十一号）
ハ 漁船保険法（昭和十二年法律第二十三号）
ニ 貸家組合法（昭和十六年法律第四十七号）
ホ 市街地信用組合法（昭和十八年法律第四十五号）
ヘ 蚕糸業法（昭和二十年法律第五十七号）
ト 林業会法（昭和二十一年法律第三十五号）
チ 商工協同組合法（昭和二十一年法律第五十一号）

二 左に掲げる法律の規定に基いて《基く》設立された団体
イ 北海道土功組合法（明治三十五年法律第十二号）
ロ 森林法（明治四十年法律第四十三号）
ハ 水利組合法（明治四十一年法律第五十号）
ニ 耕地整理法（明治四十二年法律第三十号。都市計画法（大正八年法律第三十六号）第十二条第二項において準用する場合を含む。）
ホ 馬匹組合法（大正四年法律第一号）
ヘ 健康保険法（大正十一年法律第七十号）
ト 農林中央金庫法（大正十二年法律第四十二号）
チ 蚕糸業組合法（昭和六年法律第二十四号）
リ 牧野法（昭和六年法律第三十七号）
ヌ 農村負債整理組合法（昭和八年法律第二十一号）
ル 商工組合中央金庫法（昭和十一年法律第十四号）
ヲ 農業協同組合自治監査法（昭和十三年法律第十五号）
ワ 国民健康保険法（昭和十三年法律第六十号）
カ 木船保険法（昭和十八年法律第三十九号）
〔タ 農業協同組合法の□□に伴う農業団体の□□□に関する法律（昭和二十二年法律第三十二号）〕
ヨ 農業団体法（昭和十八年法律第四十六号）
タ 水産業団体法（昭和十八年法律第四十七号）
レ 農業協同組合法（昭和二十二年法律第一三二号）
ソ 農業災害補償法（昭和二十二年法律第一八五号）
〔ソ 国家公務員共済組合法（昭和二十三年法律第六九号）〕

三 ○左に掲げる団体 イ ○証券取引法（昭和二十三年法律第二十五号）の規定に基いて設立された証券取引所、○ロ ○商品取引所法（明治二十六年法律第五号）の規定に基いて設立された商品取引所及び証券取引所
〔ハ 損害保険料率算出団体に関する法律（昭和二十三年法律第一九三号）に基いて設立された損害保険料率算出団体〕
〔ニ 種苗法（昭和二十二年法律第一一五号）の規定に基いて設立された家畜登録協会〕

四 左に掲げる団体。但し、それぞれの団体に固有な業務を遂行するに必要な範囲に限る。
イ 前号の証券取引所又は商品取引所に所属する決済機関

ロ　手形法（昭和七年法律第二十号）及び小切手法（昭和八年法律第五十七号）の規定により指定されている手形交換所

ハ　新聞業又は放送業を営む者に対し、報道材料を供給することを目的とする社団法人

ニ　金融業○《（証券業を含む。）》を営む者の設立した共同融資又は有価証券の共同引受又は《若しくは》共同販売のための団体

五　閉鎖機関令（昭和二十二年勅令第七十四号）第一条の規定に基いて指定された団体

六　臨時物資需給調整法（昭和二十一年法律第三十二号）附則第二項の規定に基いて指定されている団体

七　臨時物資需給調整法に基く命令の規定により指定配給物資の出荷機関、集荷機関、荷受機関又は販売業者として登録された団体。但し、この法律施行後九十日を経たときは、この限りではない。

八　社団法人日本海運集会所。但し、構成事業者その他の者の間の傭船、海上運送、海上保険、船舶の売買、海上衝突又は海難救助に関する紛争であつて、この法律施行の日から《前又はこの法律》九十日目《施行後》の日まで《以内》にその仲裁又は解決の依頼を受けたものを処理するために必要な範囲に限る。

2　この法律の規定は、みづから《自》小規模な農業（耕作、養畜、養蚕又《若しく》は薪炭生産の業務をいう。）又《若しく》は漁業（水産動植物の採捕又《若しく》は養殖の業務をいう。）を営み、若しく《又》はこれに従事する個人が相互扶助を目的として設立した団体であつて、構成事業者の数が十四人を超えないものに適用しない。

（適用除外行為）

第七条　第五条の規定は、事業者団体が法令の規定で左に掲げるもの又はその法令の規定に基く命令によつて行う正当な行為には、これを適用しない。

一　地方鉄道法（大正八年法律第五十二号）第二十五条第一項及び《（》軌道法（大正十年法律第七十六号）第二十六条において準用する地方鉄道法第二十五条第一項《場合を含む。）》

二　道路運送法（昭和二十二年法律第百九十一号）第二十三条及び第二十四条第一項（他の運送事業者又は小運送業者との設備の共用、連絡運輸、共同経営及び運輸に関する協定に関する部分に限る。）

三　煙草《たばこ》専売法（明治三十七年法律第十四号）第二十条の二

四　電気測定法（明治四十三年法律第二十六号）第七条

五　船舶安全法（昭和八年法律第十一号）第八条

六　重要輸出品取締法（昭和十一年法律第二十六号）第二条

七　輸出水産物取締法（昭和九年法律第三十六号）第一条

八　ポツダム宣言の受諾に伴い発する命令に関する件（昭和二

十年勅令第五百四十二号）

（排除措置）

第八条　第五条の規定に違反する行為があるときは、公正取引委員会は、第九条に規定する手続に従い、事業者団体に対し、当該行為の差止、資産の処分、当該団体の解散その他当該行為の排除に必要な措置を命ずることができる。

（手続）

第九条　公正取引委員会の権限に関する私的独占禁止法第四十条から第四十四条までの規定並びに違反事実の報告、事件の調査、審判、審決、審決の取消又は変更の訴、検事総長に対する告発その他事件処理の手続及び訴訟に関する同法第四十五条から第六十四条までの規定、第六十六条第二項の規定、第六十七条から第七十条までの規定、第七十三条から第八十三条までの規定、第八十八条の規定及びこれらの規定に基く命令又は規則は、公正取引委員会がこの法律の目的を達成するために必要な職務を行う場合並びにこの法律の規定に違反する事実、事件及びこの○法律の○規定に違反する犯罪にこれを準用する。この場合において、これらの規定（第四十条及び第四十一条を除く。）中「事業者」とあるのは「事業者団体」と、「私的独占をし、不当な取引制限をし、若しくは不公正な競争方法を用いていると認める場合又は不当な事業能力の較差があると認める場合」とあるのは「第五条の規定に違反すると認める場合」と、「第七条、第八条第一項又は第二十条に規定する措置」とあるのは「第八条に規定する措置」と、「私的独占、不当な取引制限又は不公正な競争方法に該当する疑のある行為」とあるのは「第五条の規定に違反する疑のある行為」とそれぞれ読み替えるものとする。

2　公正取引委員会は、第五条第三項又は第十三条第三項の規定による認可の申請があつた場合において、第五条第三項各号に掲げる要件を備えていないと認めるときは、審決をもつてこれを却下しなければならない。

3　私的独占禁止法第六十五条第二項及び第六十六条第一項の規定は、前項の認可の申請、認可又は審決に、これを準用する。

（報告）

第十条　公正取引委員会は、この法律の適正な運用を図るため、事業者団体に対し、必要な報告、情報又は資料の提出を求めることができる。

（検察官）

第十一条　公正取引委員会の検察官たる職員は、この法律の規定に違反する犯罪に関する職務を掌ることが出来る。

（東京高等裁判所の管轄権）

第十二条　左の各号の一に該当する訴訟については、第一審の裁判権は、東京高等裁判所に属する。

一　公正取引委員会の審決に係る訴訟
二　第十四条第一項第一号から第四号までの罪に係る訴訟
2　前項に掲げる訴訟事件並びに第九条において準用する私的独占禁止法第六十二条第一項、第六十三条第一項（第六十八条第二項において準用する場合を含む。）及び第六十七条第一項並びに第十四条第六項において準用する私的独占禁止法第九十七条及び第九十八条に規定する事件は、同法第八十七条第一項の規定により東京高等裁判所に設けられた裁判官の合議体が取り扱うものとする。

（資産の処分）
第十三条　この法律施行の際事業者団体が現に所有する営業用の施設、自然科学に関する研究を実施するための施設又は株式若しくは社債であつて、私的独占の禁止及び公正取引の確保に関する法律第百四条に規定する措置〔処〕に関する件〔政令〕（昭和二十二年政令第二百三十八号）及び私的独占の禁止及び公正取引の確保に関する法律第百五条に規定する措置〔処〕に関する件〔政令〕（昭和二十二年政令第二百三十九号）並びに私的独占の禁止及び公正取引の確保に関する法律第百三〔七〕条、第百八条及び第百十条に規定する株式又は社債の処理〔置〕に関する政令（昭和二十三年政令第四十三号）の規定に基き処分すべきもの以外のもの及び特許権は、この法律施行の日から九十日以内に、これを処分しなければならない。
2　前項の規定は、新たに事業者団体が成立した場合又は第六条第五〔六〕号若しくは第六〔七〕号に掲げる団体がこの法律の規定（第三条を除く。）の適用を受けるにいたつた場合に、これを準用する。この場合において、〔○同項の規定中〕「この法律の施行の日」とあるのは「成立した日又はこの法律の適用を受けるにいたつた日」と読み替えるものとする。
3　前二項の場合において、事業者団体が現に所有し、又は経営する自然科学に関する研究を実施するための施設につきこれを引続き所有し、又は経営しようとする場合には、文書をもつてその旨を第一項の期間内に公正取引委員会に届け出て、その認可を受けなければならない。
4　第五条第三項の規定は、前項の届出があつた場合に、これを準用する。
5　第五条第四項の規定は、第一項から第三項までの場合に、これを準用する。
6　公正取引委員会は、特別の事情があると認めるときは、申請により、第一項に規定する期間を延長することができる。この場合及び第三項の規定による届出があつた場合において、申請又は届出をした日からその承認又は却下の日までの期間は、これを九十日の期間に算入しない。

7　事業者団体は、第一項及び第二項の規定による処分をした日から三十日以内に、処分の内容を記載した報告書を、公正取引委員会に提出しなければならない。

8　公正取引委員会は、第三項及び前二項の規定による申請又は報告の手続に関する事項について規則を定めることができる。

（罰則）

第十四条　この法律の規定違反があつた場合におけるその違反行為をした者に対する刑は、左の各号に掲げるものとする。

一　第五条の規定に違反した場合には、二年以下の懲役若しくは三万円以下の罰金又はその両者。

二　第九条第一項において準用する私的独占禁止法第四十八条第三項又は第五十四条の審決が確定した後においてこれに従わなかつた場合には、二年以下の懲役若しくは三万円以下の罰金又はその両者。

三　第三条の規定に違反し届出を怠り、又は虚偽の届出をした場合には、一年以下の懲役若しくは二万円以下の罰金又はその両者。

四　第十三条第一項、第二項又は第六項に規定する期間内に営業用の施設、科学に関する研究を実施するための施設、株式、社債若しくは特許権を処分せず、又は同条第七項の変更《規定》による報告書を提出せず、若しくは虚偽の報告書を提出した場合には、一年以下の懲役若しくは五千円以下の罰金又はその両者。

五　第十条の規定に違反し報告、情報若しくは資料を提出せず又は虚偽の報告、情報若しくは資料を提出した場合には、五千円以下の罰金。

2　前項の違反があつた場合においては、その違反の計画を知りその防止に必要な措置を講ぜず、又はその違反行為を知りその是正に必要な措置を講じなかつた当該事業者団体の理事その他の役員若しくは管理人又はその構成事業者（構成事業者が他の事業者の利益のためにする行為を行うものである場合には、その事業者を含む。）に対しても、前項各本号の罰金刑を科する。

3　第一項の違反があつた場合には、法人であるとないとにかかわらず、その事業者団体に対しても第一項各本号の罰金刑を科する。

4　前項の規定により法人でない事業者団体を処罰する場合においては、その代表者又は管理人がその訴訟行為につきその事業者団体を代表する外法人を被告人とする場合の刑事訴訟に関する法律の規定を準用する。

5　第二項の規定は、同項に掲げる事業者団体の理事その他の役員若しくは、管理人又はその構成事業者が法人その他の団体である場合においては、当該団体の理事その他の役員又は管理人に、これを適用する。

6　私的独占禁止法第九十四条、第九十七条、第九十八条及び第九十九条の規定は、第九条第一項において同法第四十条、第四十六条、第四十八条第三項、第五十四条、第六十六条第一項及び第六十七条第一項の規定を準用する場合の違反に、これを準用する。

（附加制裁）

第十五条　裁判所は、充分な理由があると認めるときは、前条第一項各号に規定する刑の言渡と同時に、事業者団体の解散を宣告することができる。

2　前項の規定により、解散が宣告された場合には、他の法令の規定又は定款その他の定めにかかわらず、事業者団体は、その宣告により解散する。

（告発）

第十六条　第十四条第一項各号の罪は、公正取引委員会の告発を待つて、これを論ずる。私的独占禁止法第九十六条第二項及び第四項の規定は、この場合の告発に、これを準用する。

2　公正取引委員会は、前項の告発をするに当り、その告発に係る犯罪について、前条第一項の規定による解散の宣告をすることを相当と認めるときは、その旨を告発の文書に記載することができる。

（私的独占禁止法の不変更）

第十七条　私的独占禁止法の規定及びその規定に基く公正取引委員会の権限は、この法律の規定によつて変更されるものと解釈されてはならない。

附　則

（施行期日）

第十八条　この法律は、公布の日から、これを施行する。

（違反する法令及び契約）

第十九条　この法律施行の際現に存する法令の規定、契約、定款又は寄附行為でこの法律の規定に違反するものは、この法律施行の日から、その効力を失う。

〔資料54〕　事業者団体法（ＧＳ提出案）（昭和二三年六月一日）

〔23．6．1．G．S．提出案〕

事業者団体法

（目的）

第一条　この法律は、事業者団体の正当な活動の範囲を定め、且つ、その公正取引委員会に対する届出制を実施することをもつて目的とする。

（定義）

第二条　この法律において「事業者団体」とは、事業者としての共通の利益を増進することを目的に含む二以上の事業者の結合体又はその連合体をいい、それはいかなる形態のものであるかを問わず、いかなる法令又は契約によつて設立されたものであるかを問わず、登記を要すると要しないとを問わず、法人であるとないとを問わず、営利を目的とするとしないとを問わず、その事業者の事業の規模の大小を問わず、且つ、左に掲げる形態のものを含むものとする。

一　二以上の事業者が株主又は社員（社員に準ずるものを含む。）である会社、社団法人その他の社団

二　二以上の事業者が理事又は管理人の任免、業務の執行又はその存立を支配している財団法人その他の財団

三　二以上の事業者を組合員とする組合又は契約による二以上の事業者の結合体

2　この法律において「事業者」とは、商業、工業、金融業その他の事業を営む者及びこれらの者の利益のためにする行為を行う役員、従業員、代理人その他の者をいう。

3　この法律において「構成事業者」とは、事業者団体の構成員である事業者をいい、第一項各号の事業者を含むものとする。

（届出義務）

第三条　事業者団体は、その成立の日（この法律施行の際現に事業者団体であるものについては、この法律施行の日）から三十日以内に、文書をもつてその旨を公正取引委員会に届け出なければならない。この場合において、届出の文書には、左の各号に掲げる書類を添附しなければならない。

一　当該団体の定款、寄附行為、規約又は契約の写

二　理事その他の役員又は管理人（前条第一項第三号に掲げる事業者団体で役員の定のないものにあつては、組合員又は契約の当事者とする。）の名簿

三　当該団体が特別の法令の規定に基いて設立されたものである場合には、その規定を記載した文書

2　事業者団体が解散し、又は前項各号に掲げる事項に変更を生じたときは、その解散又は変更の日から三十日以内に、文書をもつてその旨を公正取引委員会に届け出なければならない。

3　公正取引委員会は、前二項の規定による届出に関し必要な事項について、規則を定めることができる。

（許容活動）

第四条　事業者団体は、左に掲げる活動に限り、これを行うことができる。

一　統計資料の自由意思による提供を受けること及び特定の事

業者の事業に関する情報又は状態を明示することなくその資料を総括して公刊すること。

二　構成事業者の事業の経営に役立ち、且つ、その属する事業分野における技能及び効率を向上させるような技術、科学又は将来の市場に関する情報を公刊すること。

三　構成事業者の間に、公開的且つ無差別的に、研究又は技術若しくは科学に関する情報の自発的交換を促進すること。（第五条第三項の規定により、自然科学の研究を実施するための施設を所有し、又は経営することの認可を受けた場合において、当該施設の所有又は経営から生ずる諸利益を構成事業者に対し、公開的且つ無差別的な条件で利用させることを含む。）

四　商品の品質の改善、規格の改良又は生産若しくは配分の能率の向上に対する寄与を、適当な政府機関、工業標準調査会、その他一般に認められた有力な商品標準化の機関又は研究機関に自由意思により協力することのみによつて、行うこと。

五　啓発若しくは宣伝をし、又は構成事業者の属する事業分野の利害に関係のある事項について、当該団体の立場を明かにする決議を行うこと。

六　構成事業者の全部又は一部から委任を受けた場合に、委任された権限の範囲内において、労働組合と団体交渉を行うこと。

七　外国における通関のため必要がある場合において、商工会議所が輸出品の原産地証明をすること。

八　構成事業者その他の者と外国の事業者との間の事業に関する紛争を仲裁し、又は解決すること。

九　私的独占の禁止及び公正取引の確保に関する法律（昭和二十二年法律第五十四号、以下私的独占禁止法という。）第七十一条その他の規定による公正取引委員会の職務の遂行に協力すること。

（禁止行為）

第五条　事業者団体は、左の各号の一に該当する行為をしてはならない。

一　原材料若しくは注文の割当その他の方法による生産若しくは配分の統制をし、又はその統制に手を着けること及び原材料、商品若しくは施設の割当に関する原案若しくは計画を政府のために作成し、又はこれを政府に提出すること。

二　私的独占禁止法第四条第一項各号の一に該当する事項を内容とする協定若しくは契約又は同法第六条第一項各号の一に該当する事項を内容とする国際的協定若しくは国際的契約をし、又はこれに参加すること。

三　構成事業者と他の構成事業者、構成事業者に物資、資金その他の経済上の利益を供給する者、構成事業者の顧客若しくは構成事業者の競争者との間の取引を不当に拘束し、若しくは拘束する虞があり、若しくはこれらの者の間の対価を統制し、若しくは統制する虞がある契約その他の合意をし、又はこれに参加すること。

四　将来の対価、将来の販売条件若しくは顧客の分類に関する情報の流布その他いかなる方法をもつてするかを問わず、対価を統制し又は決定しその他対価に影響を与えるための行為をすること。

五　一定の事業分野における現在若しくは将来の事業者の数を制限し、又はその制限に手を着けること。

六　特定の事業者を公認し若しくは推薦する表若しくは特定の事業者を排斥するための表の配布、特定の事業者の事業内容、経理若しくは信用の状態を誤り伝える情報の流布その他の方法により、特定の事業者に利益又は不利益を与えること。

七　構成事業者に対し、その販売、価格、取引条件、注文、在庫、生産、工場設備能力、経理、事業活動若しくは事業上の便益に関する報告の提出を強要し、又は構成事業者の承諾なくその事業内容について助言し、監査し、若しくは調査すること。

八　構成事業者の機能若しくは活動を制限し、又はその制限に手を着けること。

九　営業用の施設を所有し、若しくは経営し、又は株式（社員の持分を含む。以下同じ。）若しくは社債を所有すること。

十　自然科学に関する研究を実施するための施設を所有し、又は経営すること。但し、公正取引委員会の認可を受けてこれを所有し、又は経営する場合は、この限りではない。

十一　特許権を所有し、若しくは支配し、又は特許発明の実施の許諾若しくは共同利用のために斡旋その他の便宜を供すること。

十二　構成事業者その他の者のために融資をすること。

十三　購買、販売、生産、製造、加工、包装、荷扱、保管、輸送、配分その他の営業に従事すること。

十四　構成事業者その他の者のために、取引の代理人となり、又は取引上の契約をすること。

十五　構成事業者その他の者のために集金を行うこと。

十六　構成事業者その他の者の間の紛争を仲裁し、若しくは解決し、又はその仲裁若しくは解決に手を着けること。但し、第四条第八号に掲げる場合を除く。

十七　不当に立法又は政府の政策に影響を与えること。

十八　注文者その他の者の依頼を受けることその他の方法により、公私の注文の入札に参加し、これを規制し、又はこれに影響を与えること。
十九　前各号に掲げるものの外、前条各号に掲げる許容活動の範囲を超える行為
2　事業者団体は、何等の名簿をもつてするかを問わず、前項の禁止又は制限を免れる行為をしてはならない。
3　公正取引委員会は、第一項第十号但書の規定による認可の申請があつた場合において、当該団体が左の各号に掲げる要件を備えているときには、これを認可しなければならない。
一　構成事業者の属する事業分野における総ての事業者の当該団体への加入が不当な条件により制限されず、且つ、その資力に応じて可能であるような公正無差別な条件で開放されていること。
二　当該団体の構成事業者が比較的少数の有力な事業者に限られていることがなく、又は議決権の行使、事業活動、当該施設の所有若しくは経営から生ずる諸利益が比較的少数の有力な事業者により支配されていないこと。
三　当該団体の構成事業者が当該施設の所有又は経営から生ずる諸利益を当該団体に対する出資又は寄附金の多寡、事業規模の大小等にかかわらず利用することができること。
4　第一項第十号に規定する事項につき、持株会社整理委員会は、相当の理由があるときは、過度経済力集中排除法（昭和二十二年法律第二百七号）の規定に基く決定指令又はその変更において、期間を限り、前項各号に規定する条件について例外を定めることができる。第一項第十号に規定する事項をその内容に含む過度経済力集中排除法の規定に基く決定指令又はその変更は仝号但書に規定する認可となるものとする。
5　公正取引委員会は、第一項第十号但書の規定による認可の申請に関し必要な規則を定めることができる。

（適用除外団体）
第六条　この法律の規定は、左に掲げる事業者団体に対しては、これを適用しない。但し第三条の規定は、この限りではない。
一　私的独占禁止法第二十四条各号に掲げる要件を備え、且つ、左に掲げる法律の規定に基いて設立された協同組合その他の団体
イ　産業組合法（明治三十三年法律第三十四号）
ロ　塩専売法（明治三十八年法律第十一号）
ハ　漁船保険法（昭和十二年法律第二十三号）
ニ　貸家組合法（昭和十六年法律第四十七号）
ホ　市街地信用組合法（昭和十八年法律第四十五号）
ヘ　蚕糸業法（昭和二十年法律第五十七号）
ト　林業会法（昭和二十一年法律第三十五号）
チ　商工協同組合法（昭和二十一年法律第五十一号）

二　左に掲げる法律の規定に基いて設立された団体
イ　北海道土功組合法（明治三十五年法律第十二号）
ロ　森林法（明治四十年法律第四十三号）
ハ　水利組合法（明治四十一年法律第五十号）
ニ　耕地整理法（明治四十二年法律第三十号）。都市計画法（大正八年法律第三十六号）第十二条第二項において準用する場合を含む。
ホ　馬匹組合法（大正四年法律第一号）
ヘ　健康保険法（大正十一年法律第七十号）
ト　農林中央金庫法（大正十二年法律第四十二号）
チ　蚕糸業組合法（昭和六年法律第二十四号）
リ　牧野法（昭和六年法律第三十七号）
ヌ　農村負債整理組合法（昭和八年法律第二十一号）
ル　商工組合中央金庫法（昭和十一年法律第十四号）
ヲ　事業協同組合自治監査法（昭和十三年法律第十五号）
ワ　国民健康保険法（昭和十三年法律第六十号）
カ　木船保険法（昭和十八年法律第三十九号）
ヨ　農業団体法（昭和十八年法律第四十六号）
タ　水産業団体法（昭和十八年法律第四十七号）
レ　農業協同組合法（昭和二十二年法律第一三二号）
ソ　農業災害補償法（昭和二十二年法律第一八五号）

三　証券取引法（昭和二十三年法律第二十五号）の規定に基いて設立された証券取引所、及び商品取引所法（明治二十六年法律第五号）の規定に基いて設立された商品取引所及び証券取引所又は商品取引所に附属する決済機関並びに手形法（昭和七年法律第二十号）及び小切手法（昭和八年法律第五十七号）の規定により指定されている手形交換所。但し、決済機関及び手形交換所については、決済及び手形交換を遂行するために必要な範囲に限る。
四　左に掲げる団体。但しそれぞれの団体に固有な業務を遂行するに必要な範囲に限る。
イ　前号の証券取引所又は商品取引所に所属する決済機関
ロ　手形法（昭和七年法律第二十号）及び小切手法（昭和八年法律第五十七号）の規定により指定されている手形交換所
ハ　新聞業又は放送業を営む者に対し、報道材料を供給することを目的とする社団法人
ニ　金融業を営む者の設立した共同融資又は有価証券の共同引受又は共同販売のための団体
五　閉鎖機関令（昭和二十二年勅令第七十四号）第一条の規定に基いて指定された団体
六　臨時物資需給調整法（昭和二十一年法律第三十二号）附則

第二項の規定に基いて指定されている団体
七　臨時物資需給調整法に基く命令の規定により指定配給物資の出荷機関、集荷機関、荷受機関又は販売業者として登録された団体。但し、この法律施行後九十日を経たときは、この限りではない。
八　社団法人日本海運集会所。但し、構成事業者その他の者の間の傭船、海上運送、海上保険、船舶の売買、海上衝突又は海難救助に関する紛争であつて、この法律施行の日から九十日目の日までにその仲裁又は解決の依頼を受けたものを処理するために必要な範囲に限る。
2　この法律の規定は、みづから小規模な農業（耕作、養畜、養蚕又は薪炭生産の業務をいう。）又は漁業（水産動植物の採捕又は養殖の業務をいう。）を営み、若しくはこれに従事する個人が相互扶助を目的として設立した団体であって、構成事業者の数が十四人を超えないものには適用しない。

（適用除外行為）
第七条　第五条の規定は、事業者団体が法令の規定で左に掲げるもの又はその法令の規定に基く命令によつて行う正当な行為には、これを適用しない。
一　地方鉄道法（大正八年法律第五十二号）第二十五条第一項及び軌道法（大正十年法律第七十六号）第二十六条において準用する地方鉄道法第二十五条第一項
二　道路運送法（昭和二十二年法律第百九十一号）第二十三条及び第二十四条第一項（他の運送事業者又は小運送業者との設備の共用、連絡運輸、共同経営及び運輸に関する協定に関する部分に限る。）
三　煙草専売法（明治三十七年法律第十四号）第二十条の二
四　電気測定法（明治四十三年法律第二十六号）第七条
五　船舶安全法（昭和八年法律第十一号）第八条
六　重要輸出品取締法（昭和十一年法律第二十六号）第二条
七　輸出水産物取締法（昭和九年法律第三十六号）第一条
八　ポツダム宣言の受諾に伴い発する命令に関する件（昭和二十年勅令第五百四十二号）

（排除措置）
第八条　第五条の規定に違反する行為があるときは、公正取引委員会は、第九条に規定する手続に従い、事業者団体に対し、当該行為の差止、資産の処分、当該団体の解散その他当該行為の排除に必要な措置を命ずることができる。

（手続）
第九条　公正取引委員会の権限に関する私的独占禁止法第四十条から第四十四条までの規定並びに違反事実の報告、事件の調査、審判、審決、審決の取消又は変更の訴、検事総長に対する告発その他事件処理の手続及び訴訟に関する同法第四十五条から第六十四条までの規定、第六十六条第二項の規定、第六十七条から第七十条までの規定、第七十三条から第八十三条までの規定、第八十八条の規定及びこれらの規定に基く命令又は規則は、公正取引委員会がこの法律の目的を達成するために必要な職務を行う場合並びにこの法律の規定に違反する事実、事件及びこの規定に違反する犯罪にこれを準用する。この場合において、これらの規定（第四十条及び第四十一条を除く。）中「事業者」とあるのは「事業者団体」と、「私的独占をし、不当な取引制限をし、若しくは不公正な競争方法を用いていると認める場合又は不当な事業能力の較差があると認める場合」とあるのは「第五条の規定に違反すると認める場合」と、「第七条、第八条第一項又は第二十条に規定する措置」とあるのは「第八条に規定する措置」と、「私的独占、不当な取引制限又は不公正な競争方法に該当する疑のある行為」とあるのは「第五条の規定に違反する疑のある行為」とそれぞれ読み替えるものとする。

2　公正取引委員会は、第五条第三項又は第十三条第三項の規定による認可の申請があつた場合において、第五条第三項各号に掲げる要件を備えていないと認めるときは、審決をもつてこれを却下しなければならない。

3　私的独占禁止法第六十五条第二項及び第六十六条第一項の規定は、前項の認可の申請、認可又は審決に、これを準用する。

（報告）

第十条　公正取引委員会は、この法律の適正な運用を図るため、事業者団体に対し、必要な報告、情報又は資料の提出を求めることができる。

（検察官）

第十一条　公正取引委員会の検察官たる職員は、この法律の規定に違反する犯罪に関する職務を掌ることができる。

（東京高等裁判所の管轄権）

第十二条　左の各号の一に該当する訴訟については、第一審の裁判権は、東京高等裁判所に属する。

一　公正取引委員会の審決に係る訴訟

二　第十四条第一項第一号から第四号までの罪に係る訴訟

2　前項に掲げる訴訟事件並びに第九条において準用する私的独占禁止法第六十二条第一項、第六十三条第一項（第六十八条第二項において準用する場合を含む。）及び第六十七条第一項並びに第十四条第六項において準用する私的独占禁止法第九十七条及び第九十八条に規定する事件は、同法第八十七条第一項の規定により東京高等裁判所に設けられた裁判官の合議体が取り扱うものとする。

（資産の処分）

第十三条　この法律施行の際事業者団体が現に所有する営業用の施設、自然科学に関する研究を実施するための施設又は株式若しくは社債であつて、私的独占の禁止及び公正取引の確保に関する法律第百四条に規定する措《処》置に関する件（昭和二十二年政令第二百三十八号）及び私的独占の禁止及び公正取引の確保に関する法律第百五条に規定する措《処》置に関する件（昭和二十二年政令第二百三十九号）並びに私的独占の禁止及び公正取引の確保に関する法律第百三《七》条、第百八条及び第百十条に規定する株式又は社債の処置に関する政令（昭和二十三年政令第四十三号）の規定に基き処分すべきもの以外のもの及び特許権は、この法律施行の日から九十日以内に、これを処分しなければならない。

2　前項の規定は、新たに事業者団体が成立した場合又は第六条第五号若しくは第六号に掲げる団体がこの法律の規定（第三条を除く。）の適用を受けるにいたつた場合に、これを準用する。この場合において、「この法律の施行の日」とあるのは「成立した日又はこの法律の適用を受けるにいたつた日」と読み替えるものとする。

3　前二項の場合において、事業者団体が現に所有し、又は経営する自然科学に関する研究を実施するための施設につきこれを引続き所有し又は経営しようとする場合には、文書をもつてその旨を第一項の期間内に公正取引委員会に届け出て、その認可を受けなければならない。

4　第五条第三項の規定は、前項の届出があつた場合に、これを準用する。

5　第五条第四項の規定は、第一項から第三項までの場合に、これを準用する。

6　公正取引委員会は、特別の事情があると認めるときは、申請により第一項に規定する期間を延長することができる。この場合及び第三項の規定による届出があつた場合において、申請又は届出をした日からその承認又は却下の日までの期間は、これを九十日の期間に算入しない。

7　事業者団体は、第一項及び第二項の規定による処分をした日から三十日以内に、処分の内容を記載した報告書を、公正取引委員会に提出しなければならない。

8　公正取引委員会は、第三項及び前二項の規定による申請又は報告の手続に関する事項について規則を定めることができる。

（罰則）

第十四条　この法律の規定違反があつた場合におけるその違反行為をした者に対する刑は、左の各号に掲げるものとする。

一　第五条の規定に違反した場合には、二年以下の懲役若しくは三万円以下の罰金又はその両者。

二　第九条第一項において準用する私的独占禁止法第四十八条第三項又は第五十四条の審決が確定した後においてこれに従わなかつた場合には、二年以下の懲役若しくは三万円以下の罰金又はその両者。

三　第三条の規定に違反し届出を怠り、又は虚偽の届出をした場合には、一年以下の懲役若しくは二万円以下の罰金又はその両者。

四　第十三条第一項、第二項又は第六項に規定する期間内に営業用の施設、科学に関する研究を実施するための施設、株式、社債若しくは特許権を処分せず、又は同条第七項の規定による報告書を提出せず、若しくは虚偽の報告書を提出した場合には、一年以下の懲役若しくは五千円以下の罰金又はその両者。

五　第十条の規定に違反し報告、情報若しくは資料を提出せず又は虚偽の報告、情報若しくは資料を提出した場合には、五千円以下の罰金。

2　前項の違反があった場合において、その違反の計画を知りその防止に必要な措置を講ぜず、若しくはその違反行為を知りその是正に必要な措置を講じなかつた当該事業者団体の理事その他の役員若しくは管理人又はその構成事業者（構成事業者が他の事業者の利益のためにする行為を行うものである場合には、その事業者を含む。）に対しても、前項各本号の罰金刑を科する。

3　第一項の違反があつた場合には、法人であるとないとにかかわらず、その事業者団体に対しても第一項各本号の罰金刑を科する。

4　前項の規定により法人でない事業者団体を処罰する場合においては、その代表者又は管理人がその訴訟行為につきその事業者団体を代表する外法人を被告人とする場合の刑事訴訟に関する法律の規定を準用する。

5　第二項の規定は、同項に掲げる事業者団体の理事その他の役員若しくは管理人又はその構成事業者が法人その他の団体である場合には、当該団体の理事その他の役員又は管理人に適用する。

6　私的独占禁止法第九十四条、第九十七条、第九十八条及び第九十九条の規定は、第九条第一項において同法第四十条、第四十六条、第四十八条第三項、第五十四条、第六十六条第一項及び第六十七条第一項の規定を準用する場合の違反に、これを準用する。

（附加制裁）

第十五条　裁判所は、充分な理由があると認めるときは、前条第一項各号に規定する刑の言渡と同時に、事業者団体の解散を宣告することができる。

2　前項の規定により、解散が宣告された場合には、他の法令の規定又は定款その他の定めにかかわらず、事業者団体は、その宣告により解散する。

（告発）

第十六条　第十四条第一項各号の罪は、公正取引委員会の告発を待つて、これを論ずる。私的独占禁止法第九十六条第二項及び第四項の規定は、この場合の告発に、これを準用する。

2　公正取引委員会は、前項の告発をするに当り、その告発に係る犯罪について、前条第一項の規定による解散の宣告をすることを相当と認めるときは、その旨を告発の文書に記載することができる。

（私的独占禁止法の不変更）

第十七条　私的独占禁止法の規定及びその規定に基く公正取引委員会の権限は、この法律の規定によつて変更されるものと解釈されてはならない。

附　則

（施行期日）

第十八条　この法律は、公布の日から、これを施行する。

（違反する法令及び契約）

第十九条　この法律施行の際現に存する法令の規定、契約、定款又は寄附行為でこの法律の規定に違反するものは、この法律施行の日から、その効力を失う。

第二条第一項中「それは、いかなる形態」を「それはいかなる形態」

第四条第一項第四号中「工業標準調査会」を「工業標準調査会、」

〃　〃　第七号中「おいて、商工会議所が、」を「おいて、社団法人である商工会議所が」

第五条第一項第一号中「手を着けること」を「着手すること」

〃　〃　第四号中「統制し、又は決定し、その他」を「統制し又は決定しその他」

〃　〃　第五号中「制限に手を着けること。」を「制限に着手すること。」

〃　〃　第八号中「制限に手を着けること。」を「制限に着手すること。」

〃　〃　第十六号中「解決に手を着けること。」を「解決に着手すること。」

第五条第三項中「認可するものとする。」を「認可しなければならない。」

〃　第一号中「団体への加入が、不当な」を「団体への加入が不当な」

〃　第四項を次の様に改める。

4　第一項第十号に規定する事項につき、持株会社整理委員会は、相当の理由があるときは、過度経済力集中排除法（昭和二十二年法律第二百七号）の規定に基づく決定指令又はその変更において、期間を限り、前項各号に規定する条件について例外を定めることができる。第一項第十号に規定する事項をその内容に含む過度経済力集中排除法の規定に基く決定指令又はその変更は同号但書に規定する認可となるものとする。

第五条第五項を次の様に改める。

5　公正取引委員会は、第一項第十号但書の規定による認可の申請に関し必要な規則を定めることができる。

第六条第一項中「左に掲げる団体」を「左に掲げる事業者団体」

〃　〃　第一号中「特別の法律の」を「法律の」

〃　〃　第二号ノニ「（明治四十二年法律第三十号。）」を「（明治四十二年法律第三十号。都市計画法（大正八年法律第三十六号）第十二条第二項において準用する場合を含む。）」

〃　〃　〃　チ中「蚕糸業組合法」を「旧蚕糸業組合法」

〃　〃　〃　ヨ中「農業団体法」を「旧農業団体法」

〃　〃　第三号を次の様に改める。

三　左に掲げる団体

イ　証券取引法（昭和二十三年法律第二十五号）の規定に基いて、設立された証券取引所

ロ　商品取引所法（明治二十六年法律第五号）の規定に基いて設立された商品取引所

第六条第一項第四号を次の様に改める。

四　左に掲げる団体。但しそれぞれの団体に固有な業務を遂行するに必要な範囲に限る。

イ　前号の証券取引所又は商品取引所に所属する決済機関

ロ　手形法（昭和七年法律第二十号）及び小切手法（昭和八年法律第五十七号）の規定により指定されている手形交換所

ハ　新聞業又は放送業を営む者に対し、報道材料を供給することを目的とする社団法人

ニ　金融業（証券業を含む。）を営む者の設立した一回の共同融資のため、又は有価証券の一回の共同引受のため若しくは共同販売のための団体。以下号を繰上げ、更に新たに第八号並に第二項を設け、次のように加える。

八　社団法人日本海運集会所。但し、構成事業者その他の者の間の傭船、海上運送、海上保険、船舶の売買、海上衝突又は海難救助に関する紛争でもって、この法律施行前又はこの法

律施行後九十日以内にその仲裁又は解決の依頼を受けたもの
を処理するために必要な範囲に限る。

2　この法律の規定は、自ら小規模な農業（耕作、養畜、養蚕若しくは薪炭生産の業務をいう。）又は漁業（水産動植物の採捕若しくは養殖の業務をいう。）を営み、又はこれに従事する個人が相互扶助を目的として設立した団体であつて、構成事業者の数が十四人を超えないものに適用しない。

第六条第一項第七号（原文第六号）中「命令の規定により、」を「命令の規定により」

〃　〃　「施行後六ケ月」を「施行後九十日」

第七条第一項第一号を次の様に改める。

一　地方鉄道法（大正八年法律第五十二号）第二十五条第一項（軌道法（大正十年法律第七十六号）第二十六条において準用する場合を含む。）

〃　第二号中「小運送業者との連絡運輸、」を「小運送業者との設備の共用、連絡運輸、」

〃　第三号中「煙草専売法」を「たばこ専売法」

〃　第五号中「第八条及び第二十八条」を「第八条」

第九条第一項中「審判、審決、審決の取消」を「審判、審決の取消」

第九条第一項中「並びに第三条、第五条、第十条及び第十三条の規定に違反する事実、事件及び第十四条第一項に規定する犯罪に、これを準用する。」を「並びにこの法律の規定に違反する事実、事件及びこの法律の規定に違反する犯罪にこれを準用する。」

第十三条第一項中「法律第百四条に規定する措置に関する件」を「法律第百四条に規定する措置に関する政令」「法律第百五条に規定する措置に関する件」を「法律第百五条に規定する措置に関する政令」

〃　第二項中「この法律の適用を受けるにいたつた場合に、これを準用する。この場合において、」を「この法律の規定（第三条を除く。）の適用を受けるにいたつた場合に、これを準用する。この場合において、同項の規定中」とする。

第十三条第六項中「申請により、」を「申請により」

第十四条第二項中「場合においては、」を「場合において、」「講ぜず、又は」を「講ぜず、若しくは」

〃　第三項中「場合においては、」を「場合には、」

〃　第四項中「代表する外、法人を」を「代表する外法人を」

〃　第五項中「役員若しくは管理人」を「役員若しくは、管理人」

〃　「団体である場合においては、」を「団体である場合には、」

〃　「又は管理人に、これを適用する。」を「又は管理人に適用する。」

〔資料55〕　事業者団体法（国会提出原案）

〔今村、国会提出案〕

事業者団体法

（目的）

第一条　この法律は、事業者団体の正当な活動の範囲を定め、且つ、その公正取引委員会に対する届出制を実施することをもつて目的とする。

（定義）

第二条　この法律において「事業者団体」とは、事業者としての共通の利益を増進することを目的に含む二以上の事業者の結合体又はその連合体をいい、それは、いかなる形態のものであるかを問わず、いかなる法令又は契約によつて設立されたものであるかを問わず、登記を要すると要しないとを問わず、法人であるとないとを問わず、営利を目的とするとしないとを問わず、その事業者の事業の規模の大小を問わず、且つ、左に掲げる形態のものを含むものとする。

一　二以上の事業者が株主又は社員（社員に準ずるものを含む。）である会社、社団法人その他の社団

二　二以上の事業者が理事又は管理人の任免、業務の執行又はその存立を支配している財団法人その他の財団

三　二以上の事業者を組合員とする組合又は契約による二以上の事業者の結合体

2　この法律において「事業者」とは、商業、工業、金融業その他の事業を営む者及びこれらの者の利益のためにする行為を行う役員、従業員、代理人その他の者をいう。

3　この法律において「構成事業者」とは、事業者団体の構成員である事業者をいい、第一項各号の事業者を含むものとする。

（届出義務）

第三条　事業者団体は、その成立の日（この法律施行の日に事業者団体であるものについては、この法律施行の日）から三十日以内に、文書をもつてその旨を公正取引委員会に届け出なければならない。この場合において、届出の文書には、左の各号に掲げる書類を添附しなければならない。

一　当該団体の定款、寄附行為、規約又は契約の写

二　理事その他の役員又は管理人（前条第一項第三号に掲げる事業者団体で役員の定のないものにあつては、組合員又は契約の当事者とする。）の名簿

三　当該団体が特別の法令の規定に基いて設立されたものである場合には、その規定を記載した文書

2　事業者団体が解散し、又は前項各号に掲げる事項に変更を生じたときは、その解散又は変更の日から三十日以内に、文書をもつてその旨を公正取引委員会に届け出なければならない。

3　公正取引委員会は、前二項の規定による届出に関し必要な事項について規則を定めることができる。

（許容活動）

第四条　事業者団体は、左に掲げる活動に限り、これを行うことができる。

一　統計資料の自由意思による提供を受けること及び特定の事業者の事業に関する情報又は状態を明示することなくその資料を総括して公刊すること。

二　構成事業者の事業の経営に役立ち、且つ、その属する事業分野における技能及び能率を向上させるような技術、科学又は将来の市場に関する情報を公刊すること。

三　構成事業者の間に、公開的且つ無差別的に、研究又は技術若しくは科学に関する情報の自発的交換を促進すること。（第五条第三項の規定により、自然科学の研究を実施するための施設を所有し、又は経営することの認可を受けた場合において、当該施設の所有又は経営から生ずる諸利益を構成事業者に対し、公開的且つ無差別的な条件で利用させることを含む。）

四　商品の品質の改善、規格の改良又は生産若しくは配分の能率の向上に対する寄与を、適当な政府機関、工業標準調査会その他一般に認められた有力な商品標準化の機関又は研究機関に自由意思により協力することのみによつて、行うこと。

五　啓発若しくは宣伝をし、又は構成事業者の属する事業分野の利害に関係のある事項について、当該団体の立場を明かにする決議を行うこと。

六　構成事業者の全部又は一部から委任を受けた場合に、委任された権限の範囲内において、労働組合と団体交渉を行うこと。

七　外国における通関のため必要がある場合において、社団法人である商工会議所が、輸出品の原産地証明をすること。

八　構成事業者その他の者と外国の事業者との間の事業に関する紛争を仲裁し、又は解決すること。

九　私的独占の禁止及び公正取引の確保に関する法律（昭和二十二年法律第五十四号、以下私的独占禁止法という。）第七

十一条その他の規定による公正取引委員会の職務の遂行に協力すること。

（禁止行為）

第五条　事業者団体は、左の各号の一に該当する行為をしてはならない。

一　原材料若しくは注文の割当その他の方法による生産若しくは配分の統制をし、又はその統制に着手すること及び原材料、商品若しくは施設の割当に関する原案若しくは計画を政府のために作成し、又はこれを政府に提出すること。

二　私的独占禁止法第四条第一項各号の一に該当する事項を内容とする協定若しくは契約又は同法第六条第一項各号の一に該当する事項を内容とする国際的協定若しくは国際的契約をし、又はこれに参加すること。

三　構成事業者と他の構成事業者、構成事業者に物資、資金その他の経済上の利益を供給する者、構成事業者の顧客若しくは構成事業者の競争者との間の取引を不当に拘束し、若しくは拘束する虞があり、若しくはこれらの者の間の対価を統制し、若しくは統制する虞がある契約その他の合意をし、又はこれに参加すること。

四　将来の対価、将来の販売条件若しくは顧客の分類に関する情報の流布その他いかなる方法をもつてするかを問わず、対価を統制し、又は決定し、その他対価に影響を与えるための行為をすること。

五　一定の事業分野における現在若しくは将来の事業者の数を制限し、又はその制限に着手すること。

六　特定の事業者を公認し若しくは推薦する表若しくは特定の事業者を排斥するための表の配布、特定の事業者の事業内容、経理若しくは信用の状態を誤り伝える情報の流布その他の方法により、特定の事業者に利益又は不利益を与えること。

七　構成事業者に対し、その販売、価格、取引条件、注文、在庫、生産、工場設備能力、経理、事業活動若しくは事業上の便益に関する報告の提出を強要し、又は構成事業者の承諾なくその事業内容について助言し、監査し、若しくは調査すること。

八　構成事業者の機能若しくは活動を制限し、又はその制限に着手すること。

九　営業用の施設を所有し、若しくは経営し、又は株式（社員の持分を含む。以下同じ。）若しくは社債を所有すること。

十　自然科学に関する研究を実施するための施設を所有し、又は経営すること。但し、公正取引委員会の認可を受けてこれを所有し、又は経営する場合は、この限りではない。

十一　特許権を所有し、若しくは支配し、又は特許発明の実施の許諾若しくは共同利用のために斡旋その他の便宜を供すること。
十二　構成事業者その他の者のために融資をすること。
十三　購買、販売、生産、製造、加工、包装、荷扱、保管、輸送、配分その他の営業に従事すること。
十四　構成事業者その他の者のために、取引の代理人となり、又は取引上の契約をすること。
十五　構成事業者その他の者のために集金を行うこと。
十六　構成事業者その他の者の間の紛争を仲裁し、若しくは解決し、又はその仲裁若しくは解決に着手すること。但し、第四条第八号に掲げる場合を除く。
十七　不当に立法又は政府の政策に影響を与えること。
十八　注文者その他の者の依頼を受けることその他の方法により、公私の注文の入札に参加し、これを規制し、又はこれに影響を与えること。
十九　前各号に掲げるものの外、前条各号に掲げる許容活動の範囲を超える行為
2　事業者団体は何等の名義をもつてするかを問わず、前項の禁止又は制限を免れる行為をしてはならない。
3　公正取引委員会は、第一項第十号但書の規定による認可の申請があつた場合において、当該団体が左の各号に掲げる要件を備えているときには、これを認可しなければならない。
一　構成事業者の属する事業分野における総ての事業者の当該団体への加入が、不当な条件により制限されず、且つ、その資力に応じて可能であるような公正無差別な条件で開放されていること。
二　当該団体の構成事業者が比較的少数の有力な事業者に限られていることがなく、又は議決権の行使、事業活動、当該施設の所有若しくは経営から生ずる諸利益が比較的少数の有力な事業者により支配されていないこと。
三　当該団体の構成事業者が当該施設の所有又は経営から生ずる諸利益を当該団体に対する出資又は寄附金の多寡、事業規模の大小等にかかわらず利用することができる。
4　第一項第十号に規定する事項（但書を除く。）に関し持株会社整理委員会は、相当の理由があると認めるときは、過度経済力集中排除法（昭和二十二年法律第二百七号）の規定に基く決定指令又はその変更をもつて、期間を限り、前項各号に規定する条件についてその例外の定をなすことができる。第一項第十号に規定する事項をその内容に含む過度経済力集中排除法の規定に基く決定指令又はその変更は同号但書に規定する認可となるものとする。
5　公正取引委員会は、第一項第十号但書の規定による認可の申

請及び届出に関し必要な規則を定めることができる。

（適用除外団体）

第六条　この法律の規定は、左に掲げる団体に対しては、これを適用しない。但し、第三条の規定は、この限りではない。

一　私的独占禁止法第二十四条各号に掲げる要件を備え、且つ、左に掲げる法律の規定に基いて設立された協同組合その他の団体

イ　産業組合法（明治三十三年法律第三十四号）

ロ　塩専売法（明治三十八年法律第十一号）

ハ　貸家組合法（昭和十六年法律第四十七号）

ニ　市街地信用組合法（昭和十八年法律第四十五号）

ホ　蚕糸業法（昭和二十年法律第五十七号）

ヘ　林業会法（昭和二十一年法律第三十五号）

ト　商工協同組合法（昭和二十一年法律第五十一号）

二　左に掲げる法律の規定に基いて設立された団体

イ　北海道土功組合法（明治三十五年法律第十二号）

ロ　森林法（明治四十年法律第四十三号）

ハ　水利組合法（明治四十一年法律第五十号）

ニ　耕地整理法（明治四十二年法律第三十号。都市計画法（大正八年法律第三十六号）第十二条第二項において準用する場合を含む。）

ホ　馬匹組合法（大正四年法律第一号）

ヘ　健康保険法（大正十一年法律第七十号）

ト　農林中央金庫法（大正十二年法律第四十二号）

チ　旧蚕糸業組合法（昭和六年法律第二十四号）

リ　牧野法（昭和六年法律第三十七号）

ヌ　農村負債整理組合法（昭和八年法律第二十一号）

ル　商工組合中央金庫法（昭和十一年法律第十四号）

ヲ　漁船保険法（昭和十二年法律第二十三号）

ワ　農業協同組合自治監査法（昭和十三年法律第十五号）

カ　国民健康保険法（昭和十三年法律第六十号）

ヨ　木船保険法（昭和十八年法律第三十九号）

タ　旧農業団体法（昭和十八年法律第四十六号）

レ　水産業団体法（昭和十八年法律第四十七号）

ソ　農業協同組合法（昭和二十二年法律第百三十二号）

ツ　農業災害補償法（昭和二十二年法律第百八十五号）

三　左に掲げる団体

イ　証券取引法（昭和二十三年法律第二十五号）の規定に基いて設立された証券取引所

ロ　商品取引所法（明治二十六年法律第五号）の規定に基いて設立された商品取引所

四　左に掲げる団体。但し、それぞれの団体に固有な業務を遂

行するに必要な範囲に限る。

イ　前号に掲げる証券取引所又は商品取引所に所属する決済機関

ロ　手形法（昭和七年法律第二十号）及び小切手法（昭和八年法律第五十七号）の規定により指定されている手形交換所

ハ　新聞業又は放送業を営む者に対し、報道材料を供給することを目的とする社団法人

ニ　金融業（証券業を含む。）を営む者の設立した一回の共同融資のため又は有価証券の一回の共同融資のため又は有価証券の一回の共同引受のため若しくは共同販売のための団体

五　閉鎖機関令（昭和二十二年勅令第七十四号）第一条の規定に基いて指定された団体

六　臨時物資需給調整法（昭和二十一年法律第三十二号）附則第二項の規定に基いて指定されている団体

七　臨時物資需給調整法に基く命令の規定により指定配給物資の出荷機関、集荷機関、荷受機関又は販売業者として登録された団体。但し、この法律施行後九十日を経たときは、この限りではない。

八　社団法人日本海運集会所。但し、構成事業者その他の者の間のよう船、海上運送、海上保険、船舶の売買、船舶衝突又は海難救助に関する紛争であつて、この法律施行前にその仲裁又は解決の依頼を受けたもの又はこの法律施行後九十日以内にその依頼を受けたものを処理するために必要な範囲に限る。

2　この法律の規定は、自ら小規模な農業（耕作、養畜、養蚕若しくは薪炭生産の業務をいう。）若しくは漁業（水産動植物の採捕若しくは養殖の業務をいう。）を営み、又はこれらに従事する個人が相互扶助を目的として設立した団体であつて、構成事業者の数が十四人をこえないものには、これを適用しない。

（適用除外行為）

第七条　第五条の規定は、事業者団体が法令の規定で左に掲げるもの又はその法令の規定に基く命令によつて行う正当な行為には、これを適用しない。

一　地方鉄道法（大正八年法律第五十二号）第二十五条第一項（軌道法（大正十年法律第七十六号）第二十六条において準用する場合を含む。）

二　道路運送法（昭和二十二年法律第百九十一号）第二十三条及び第二十四条第一項（他の運送事業者又は小運送業者との設備の共用、連絡運輸、共同経営及び運輸に関する協定に関する部分に限る。）

三 たばこ専売法（明治三十七年法律第十四号）第二十条の二
四 電気測定法（明治四十三年法律第二十六号）第七条
五 船舶安全法（昭和八年法律第十一号）第八条
六 重要輸出品取締法（昭和十一年法律第二十六号）第二条
七 輸出水産物取締法（昭和九年法律第三十六号）第一条
八 ポツダム宣言の受諾に伴い発する命令に関する件（昭和二十年勅令第五百四十二号）

（排除措置）

第八条 第五条の規定に違反する行為があるときは、公正取引委員会は、第九条に規定する手続に従い、事業者団体に対し、当該行為の差止、資産の処分、当該団体の解散その他当該行為の排除に必要な措置を命ずることができる。

（手続）

第九条 公正取引委員会の権限に関する私的独占禁止法第四十条から第四十四条までの規定並びに違反事実の報告、事件の調査、審決の取消又は変更の訴、検事総長に対する告発その他事件処理の手続及び訴訟に関する同法第四十五条から第六十四条までの規定、第六十六条第二項の規定、第六十七条から第七十条までの規定、第七十三条から第八十三条までの規定、第八十八条の規定及びこれらの規定に基く命令又は規則は、公正取引委員会がこの法律の目的を達成するために必要な職務を行う場合並びにこの法律の規定に違反する事実、事件及びこの法律の規定に違反する犯罪にこれを準用する。この場合において、これらの規定（第四十条及び第四十一条を除く。）中「事業者」とあるのは「事業者団体」と、「私的独占をし、不当な取引制限をし、若しくは不公正な競争方法を用いていると認める場合又は不当な事業能力の較差があると認める場合」とあるのは「第五条の規定に違反すると認める場合」と、「第七条、第八条第一項又は第二十条に規定する措置」とあるのは「第八条に規定する措置」と、「私的独占、不当な取引制限又は不公正な競争方法に該当する疑のある行為」とあるのは「第五条の規定に違反する疑のある行為」とそれぞれ読み替えるものとする。

2 公正取引委員会は、第五条第三項又は第十三条第三項の規定による認可の申請があつた場合において、第五条第三項各号に掲げる要件を備えていないと認めるときは、審決をもつてこれを却下しなければならない。

3 私的独占禁止法第六十五条第二項及び第六十六条第一項の規定は、前項の認可の申請、認可又は審決に、これを準用する。

（報告）

第十条 公正取引委員会は、この法律の適正な運用を図るため、事業者団体に対し、必要な報告、情報又は資料の提出を求めることができる。

（検察官）

第十一条　公正取引委員会の検察官たる職員は、この法律の規定に違反する犯罪に関する職務を掌ることが出来る。

（東京高等裁判所の管轄権）

第十二条　左の各号の一に該当する訴訟については、第一審の裁判権は、東京高等裁判所に属する。

一　公正取引委員会の審決に係る訴訟

二　第十四条第一項第一号から第四号までの罪に係る訴訟

2　前項に掲げる訴訟事件並びに第九条において準用する私的独占禁止法第六十二条第一項、第六十三条第一項（第六十八条第二項において準用する場合を含む。）及び第六十七条第一項並びに第十四条第六項において準用する私的独占禁止法第九十七条及び第九十八条に規定する事件は、同法第八十七条第一項の規定により東京高等裁判所に設けられた裁判官の合議体が取り扱うものとする。

（資産の処分）

第十三条　この法律施行の際事業者団体が現に所有する営業用の施設、自然科学に関する研究を実施するための施設又は株式若しくは社債であつて、私的独占の禁止及び公正取引の確保に関する法律第百四条に規定する措置に関する政令（昭和二十二年政令第二百三十八号）及び私的独占の禁止及び公正取引の確保に関する法律第百五条に規定する措置に関する政令（昭和二十二年政令第二百三十九号）並びに私的独占の禁止及び公正取引の確保に関する法律第百七条、第百八条及び第百十条に規定する株式又は社債の処理に関する政令（昭和二十三年政令第四十三号）の規定に基き処分すべきもの以外のもの及び特許権は、この法律施行の日から九十日以内に、これを処分しなければならない。

2　前項の規定は、新たに事業者団体が現に成立した場合又は第六条第六号若しくは第七号に掲げる団体がこの法律の規定（第三条を除く。）の適用を受けるにいたつた場合に、これを準用する。この場合において、同項の規定中「この法律の施行の日」とあるのは「成立した日又はこの法律の適用を受けるにいたつた日」と読み替えるものとする。

3　前二項の場合において、事業者団体が現に所有し、又は経営する自然科学に関する研究を実施するための施設につきこれを引続き所有し、又は経営しようとする場合には、文書をもつてその旨を第一項の期間内に公正取引委員会に届け出て、その認可を受けなければならない。

4　第五条第三項の規定は、前項の届出があつた場合に、これを準用する。

5　第五条第四項の規定は、第一項から第三項までの場合に、これを準用する。

6 公正取引委員会は、特別の事情があると認めるときは、申請により、第一項に規定する期間を延長することができる。この場合及び第三項の規定による届出があつた場合において、申請又は届出をした日からその承認又は却下の日までの期間は、これを九十日の期間に算入しない。

7 事業者団体は、第一項及び第二項の規定による処分をした日から三十日以内に、処分の内容を記載した報告書を、公正取引委員会に提出しなければならない。

8 公正取引委員会は、第三項及び前二項の規定による申請又は報告の手続に関する事項について規則を定めることができる。

（罰則）

第十四条 この法律の規定違反があつた場合におけるその違反行為をした者に対する刑は、左の各号に掲げるものとする。

一 第五条の規定に違反した場合には、二年以下の懲役若しくは三万円以下の罰金又はその両者。

二 第九条第一項において準用する私的独占禁止法第四十八条第三項又は第五十四条の審決が確定した後においてこれに従わなかつた場合には、二年以下の懲役若しくは三万円以下の罰金又はその両者。

三 第三条の規定に違反し届出を怠り、又は虚偽の届出をした場合には、一年以下の懲役若しくは二万円以下の罰金又はその両者。

四 第十三条第一項、第二項又は第六項に規定する期間内に営業用の施設、科学に関する研究を実施するための施設、株式、社債若しくは特許権を処分せず、又は同条第七項の規定による報告書を提出せず、若しくは虚偽の報告書を提出した場合には、一年以下の懲役若しくは五千円以下の罰金又はその両者。

五 第十条の規定に違反し報告、情報若しくは資料を提出せず又は虚偽の報告、情報若しくは資料を提出した場合には、五千円以下の罰金。

2 前項の違反があつた場合においては、その違反の計画を知りその防止に必要な措置を講ぜず、又はその違反行為を知りその是正に必要な措置を講じなかつた当該事業者団体の理事その他の役員若しくは管理人又はその構成事業者（構成事業者が他の事業者の利益のためにする行為を行うものである場合には、その事業者を含む。）に対しても、前項各本号の罰金刑を科する。

3 第一項の違反があつた場合においては、法人であるとないとにかかわらず、その事業者団体に対しても第一項各本号の罰金刑を科する。

4 前項の規定により法人でない事業者団体を処罰する場合にお

いては、その代表者又は管理人がその訴訟行為につきその事業者団体を代表する外法人を被告人とする場合の刑事訴訟に関する法律の規定を準用する。

5　第二項の規定は、同項に掲げる事業者団体の理事その他の役員若しくは管理人又はその構成事業者が法人その他の団体である場合においては、当該団体の理事その他の役員又は管理人に、これを適用する。

6　私的独占禁止法第九十四条、第九十七条、第九十八条及び第九十九条の規定は、第九条第一項において同法第四十条、第四十六条、第四十八条第三項、第五十四条、第六十六条第一項及び第六十七条第一項の規定を準用する場合の違反に、これを準用する。

（附加制裁）

第十五条　裁判所は、充分な理由があると認めるときは、前条第一項各号に規定する刑の言渡と同時に、事業者団体の解散を宣告することができる。

2　前項の規定により、解散が宣告された場合には、他の法令の規定又は定款その他の定めにかかわらず、事業者団体は、その宣告により解散する。

（告発）

第十六条　第十四条第一項各号の罪は、公正取引委員会の告発を待つて、これを論ずる。私的独占禁止法第九十六条第二項及び第四項の規定は、この場合の告発に、これを準用する。

2　公正取引委員会は、前項の告発をするに当り、その告発に係る犯罪について、前条第一項の規定による解散の宣告をすることを相当と認めるときは、その旨を告発の文書に記載することができる。

（私的独占禁止法の不変更）

第十七条　私的独占禁止法の規定及びその規定に基く公正取引委員会の権限は、この法律の規定によつて変更されるものと解釈されてはならない。

附　則

（施行期日）

第十八条　この法律は、公布の日から、これを施行する。

（違反する法令及び契約）

第十九条　この法律施行の際現に存する法令の規定、契約、定款又は寄附行為でこの法律の規定に違反するものは、この法律施行の日から、その効力を失う。

理　由

事業者団体の正当な活動の範囲を定め、且つ、その公正取引委員会に対する届出制を実施する必要がある。これが、この法律案を提出する理由である。

〔資料56〕 The Trade Association Law (Final Draft)

＊編注：アンダーラインは原文

The Fair Trade Commission

The Trade Association Law

(Final Draft)

(Purpose) Article 1. The purpose of this law is to define the legitimate scope of activities of trade association and to provide for a system of their notification to the Fair Trade Commission.

(Definitions) Article 2. The term "trade association" as used in this law shall mean any grouping or federation of groupings of two (2) or more entrepreneurs having among its purposes the furtherance of their common interests as entrepreneurs, in whatever form, whether established pursuant to any law, ordinance, order or contract, as a juridical or non-juridical entity, for profit or non-profit purposes, with or without requirement for registration, and whether composed of large or small scale entrepreneurs, including but not limited to trade associations taking the following form:

1) any company, juridical associational entity (SHADAN HOJIN) or non-juridical associational entity (SHADAN) whose stockholders, or partnership shareholders (or persons or parties similar thereto) consist of two (2) or more entrepreneurs;

2) any juridical foundation (ZAIDAN HOJIN), or non-juridical foundation (ZAIDAN) the appointment or dismissal of whose directors, or administrators or the execution of whose business is controlled by two (2) or more entrepreneurs;

3) any association (KUMIAI) whose members consist of two (2) or more entrepreneurs or any contractual combination of two (2) or more entrepreneurs.

2. The term "entrepreneur" as used in this law shall mean any person, juridical or non-juridical, who operates a commercial, industrial, financial or any other business enterprise, and any officers, employees, agents or other persons acting in its behalf.

3. The term "constituent entrepreneurs" as used in this law

shall mean the constituent members of a trade association, including the entrepreneurs provided for by each Item or Paragraph 1.

(Filing Requirements)　Article 3. Within thirty (30) days after becoming a trade association, and within thirty (30) days after the enforcement date of this law with regard to a trade associations existing at that time, every trade association shall file a report of said fact with the Fair Trade Commission. Every such report shall be accompanied by the following documents or statements:

1) the articles of incorporation or association, by laws or copies of contracts;

2) a list of the names of the directors and other officers or administrators (in the case of an association (KUMIAI) or a contractual combination coming under Item 3 of Paragraph 1 of the preceding Article, the names of the constituent members of the association (KUMIAI) or the contracting parties);

3) in case establishment is based upon special law, ordinance or order, a statement describing the provisions thereof.

2. In case a trade association dissolves itself or undertakes any change in the matters coming under any one (1) of the items of the preceding paragraph, the said trade association shall, within thirty (30) days of the day of dissolution or change, file a report thereof with the Fair Trade Commission.

3. The Fair Trade Commission may fix such rules and regulations as are necessary for filing reports in accordance with the provisions of the preceding two (2) paragraph.

(Permitted Activities)　Article 4. A trade association may engage in only the following activities;

1) receiving voluntary submission of statistical data and publishing such data in summary form without disclosing business information or condition of particular entrepreneurs;

2) publishing technical or scientific information or potential market information which will assist the constituent entrepreneurs in the operation of their businesses and advance the skills and efficiency of the industry or trade;

3) providing for voluntary interchange of research or scientific or technical information between the constituent entrepreneurs on an open and non-discriminatory basis (including the use of various benefits arising from the ownership or operation of natural science research facili-

ties on an open and non-discriminatory basis whenever the ownership or operation of such facilities has been approved in accordance with the provisions of Paragraph 3 of Article 5);

4) fostering the development of quality standards, specifications and methods of improving efficiency of production and distribution only by means of voluntary contributions to appropriate governmental agencies, the Industrial Standards Investigating Committee,（KOGYO HYOJUN CHOSA KAI) or other competent and generally recognized standardizing agencies and research institutions;

5) conducting general educational work or propaganda, or adopting resolutions expressing its position on matters of interest to the trade or industry;

6) conducting collective bargaining negotiations with labor unions when authorised and within the limits of due delegation of power on the part of any or the constituent entrepreneurs;

7) issuance of certificates of origins by chambers of commerce whenever such certificates are required for customs clearance in foreign countries;

8) arbitrating or settling business disputes between a foreign entrepreneur, on the one hand and a constituent entrepreneur or another, on the other hand.

provided for in Article 71 and other provisions of Law No.54 of 1947: Law Relating to Prohibition of Private Monopolization and Methods of Preserving Fair Trade (hereinafter referred to as the Anti-monopoly Law).

(Prohibited Activities)　Article 5. No trade association shall engage in any of the following activities:

1) controlling or attempting to control production or distribution by any means, including allocation of raw materials or orders, formulating or submitting plans or program to the Government for the allocation of raw materials, goods or facilities;

2) participating in or undertaking any contract or agreement the contents of which include such matters as coming under any one（1）of the Items of Paragraph 1 of Article 4 or those of Paragraph 1 of Article 6 of the Anti-monopoly Law;

3) Participating in or undertaking any contract or understanding which unduly restrains trade or controls prices,

or which will have the effect thereof, between the constituent entrepreneures, such an entrepreneur and his suppliers of commodities, funds and other economic benefits or his customers, or between such an entrepreneure and his competitors;

4) controlling or fixing prices or undertaking any action for the purpose of affecting prices by any means, including dissemination of information concerning future prices, terms and conditions of sale, or customer classification;

5) restricting or attempting to restrict the present or future number of entrepreneurs in any field;

6) giving favor or causing disadvantage to a specific entrepreneur or entrepreneurs by disseminating lists of approved or preferred entrepreneurs, lists for blacklisting or boycotting any entrepreneur, information misrepresenting the business or financial or credit standing of any entrepreneur, or by any other means;

7) compulsorily requiring the constituent entrepreneurs to submit reports on sales, prices, terms, orders, inventories, production, plant capacities, or business accounts, activities or facilities; or advising on, inspecting, or investigating the business affairs of the constituent entrepreneurs without their consent;

8) restricting or attempting to restrict the functions or activities of the constituent entrepreneurs;

9) owning or operating business facilities, or owning stocks (including partnership shares; hereinafter the same) or debentures;

10) owning or operating facilities for carrying out research in any field of natural science; provided that the foregoing shall not apply whenever the Fair Trade Commission has approved the ownership or operation thereof;

11) owning or controlling patents, or providing facilities or other services for the licensing or pooling of patents;

12) making loans to the constituent entrepreneurs or others;

13) engaging in business in any field including buying, selling, producing, manufaturing, processing, handling, warehousing, transporting or distributing ;

14) acting as agent in business transactions or becoming a party to business contracts on behalf of the constituent entrepreneurs or others;

15) collecting accounts for the constituent entrepreneurs or

others;

16) arbitrating or settling disputes between the constituent entrepreneurs or others, or attempting to control the name; provided that the foregoing shall not apply to such as permitted by Item 8 of Article 4;

17) unduly influencing legislation or government policy;

18) participating in, regulating, or affecting bids for government or private orders by acting as a depository, or otherwise;

19) any other activities going beyond those permitted by Article 4; and not specifically covered by the foregoing Items of this Article.

2. No trade association shall commit any act in whatever manner or form to evade the prohibitions or restrictions provided for in this Article.

3. The Fair Trade Commission shall, in case it receives an application for approval in accordance with the proviso of Item 10 of Paragraph 1, grant such approval whenever the applying trade associasion meets with the following conditions;

1) membership or participation in the trade association is open to entrepreneurs generally throughout the industry on such fair and non-discriminatory terms as will actually make participation or membership therein reasonably availlable and within the means of such entrepreneurs generally who wish to join;

2) the constituent entrepreneurs of the trade association shall not consist only of a relatively few dominant or leading competitors in the industry, nor shall voting and association activities, or the benefits resulting from the ownership and operation of natural science research facilities, be controlled by such dominant or leading competitors;

3) the benefits flowing from the ownership and operation of such research facilities shall be available to the constituent entrepreneurs of the trade association, regardless of the number of shares held, the amount of financial contributions, or the size of the entrepreneur;

4. As to any matter coming under Item 10 of Paragraph 1, the Holding Company Liquidation Commission may, pursuant to a final order or a modification thereof issued in accordance with the provisions of Law No.207 of 1947: Elimination of Excessive Economic Concentrations Law, make reasonable exceptions from the conditions set forth in each of the items of the preced-

ing paragraph for such period of time as shall be prescribed in its order. Such an order shall constitute the approval required by this law.

5. The Fair Trade Commissin may, fix such rules and regulations as are necessary for filing applications as provided for by Item 10 of Paragraph 1.

(Exempted Organizations)　Article 6. The provisions of this law (except Article 3) shall not apply to any of the following organizations;

1) cooperative associations and other organizations which conform with the qualifications set forth in Article 24 of the Anti-monopoly Law and are established under the provisions of the following special laws, ordinances, and orders;

a. Law No. 34 of 1900; Industrial Association Law (SANGYO KUMIAI HO);

b. Law No. 11 of 1905; Salt Monopoly Law (SHIO SENBAI HO);

c. Law No. 23 of 1937; Fishing-boat Insurance Law (GYOSEN HOKEN HO);

d. Law No. 47 of 1941; House Owners Association Law (KASHIYA KUMIAI HO);

e. Law No. 45 of 1943; Urban Credit Association Law (SHIGAICHI SHINYO KUMIAI HO);

f. Law No. 57 of 1945; Silk-reeling Industry Law (SANSHIGYO HO);

g. Law No. 35 of 1946; Forestry Association Law (RINGYO-KAI HO);

h. Law No. 51 of 1946; Commercial and Industrial Cooperative Association Law (SHOKO KYODO KUMIAI HO);

2) Trade associations established under the provisions of the following laws;

a. Law No. 12 of 1902; Hokkaido Public Works Association Law (HOKKAIDO DOKO KUMIAI HO);

b. Law No.43 of 1907; Forest Law (SHINRIN HO);

c. Law No.50 of 1908; Irrigation Association Law (SUIRI KUMIAI HO);

d. Law No. 30 of 1910; Arable Land Readjustment Law (KOCHISEIRI KUMIAI HO), including such cases where said provisions are applied mutatis mutandis in Paragraph 2 of Article 12 of Law No. 36 of 1919; Urban Planning Law;

e. Law No. 1 of 1915; Horse Association Law (BAHITSU KUMIAI HO)

f. Law No. 70 of 1922; Health Insurance Law (KENKO HOKEN HO);

g. Law No. 42 of 1923; Agricultural Central Depository Law (NORIN CHUO KINKO HO);

h. Law No. 24 of 1931; Sericultural Association Law (SANSHIGYO KUMIAI HO);

i. Law No. 37 of 1931; Pasture Land Law (BOKUYA HO);

j. Law No. 21 of 1933; Agricultural Village Debt Adjustment Association Law (NOSON FUSAI SEIRI KUMIAI HO);

k. Law No. 14 of 1936; Commercial and Industrial Central Depository Law (SHOKO CHUO KINKO HO);

l. Law No. 15 of 1938; Agricultural Cooperative Association Autonomous Inspection Law (NOGYO KYODO KUMIAI JICHI KANSA HO);

m. Law No. 60 of 1938; National Health Insurance Law (KOKUMIN KENKO HOKEN HO);

n. Law No. 39 of 1943; Wooden-boat Insurance Law (MOKUSEN HOKEN HO);

o. Law No. 46 of 1943; Agricultural Organization Law (NOGYO DANTAI HO);

p. Law No. 47 of 1943; Fisheries Organization Law (SUISANGYO DANTAI HO);

q. Law No. 132 of 1947; Agricultural Cooperative association Law (NOGYO KYODO KUMIAI HO);

r. Law No. 185 of 1947; Agricultural Disaster Indemnity Law (NOGYO SAIGAI HOSHO HO);

3) securities exchanges established pursuant to the provisions of Law No. 25 of 1948; Securities Transactions Law (SHOKEN TORIHIKI HO) and commodities exchanges established pursuant to Law No. 5 of 1893; Commodities Exchange Law (SHOHIN TORIHIKI HO);

4) The following organizations, to the extent that they execute legitimate activities necessary for their particular functions;

a. clearing house associations attached to securities and commodities exchanges provided for in the preceding item;

b. bill clearing houses designated in accordance with the provisions of Law No.20 of 1932: Bill of Exchange Law

(TEGATA HO) and those of Law No.57 of 1933: Cheque Law (KOGITTE HO);

c. associational entities (SHADAN HOJIN), the purposes of which are supplying news to those engaged in the newspaper or radio broadcasting businesses.

d. syndicate organizations organized by persons or parties engaged in financial business for the purpose of joint financing or joint under-writing or sales of securities.

5) organizations designated in accordance with the provisions of Article 1 of Imperial Ordinance No.74 of 1947; Closed Institutions Ordinance;

6) organizations under designation pursuant to the provisions of Paragraph 2 of the supplementary provisions of Law No.32 of 1946; Temporary Commodities Supply and Demand Adjustment Law;

7) organizations registered as shipping, collecting or receiving agencies, or wholesale or retailers for designated rationed commodities pursuant to orders issued under the Temporary Commodities Supply and Demand Adjustment Law; provided that the foregoing shall not apply after the lapse of ninety (90) days of the day of enforcement of this Law.

8) The Japan Shipping Exchange, Inc. (SHADAN HOJIN NIHON KAIUN SHUKAIJO) to the extent of legitimate activities necessary for arbitrating or settling disputes on matters relating to ship charterings, marine transportation, marine insurance, buying and selling of ships, collisions between ships or marine salvage between the constituent entrepreneurs themselves, the constituent entrepreneurs and others, or other persons or parties which were referred to it prior to ninety (90) days of the day of enforcement of this law.

2. The provisions of this law shall not apply to any organization formed for the purpose of mutual-aid and whose constituent entrepreneurs consist of less than fifteen individuals operating or engaged in the agricultural industry (the definition of which shall be farming, live-stock raising or sericulture, or fire-wood or charcoal production undertaken by those operating or engaged in such fields) or the fishery industry (the definition of which shall be catching or collecting, or cultivating marine animals or plants)

(Exempted Acts) Article 7. The provisions of Article 5 shall not apply to legitimate acts of a trade association carried out in accordance with the provisions of the following laws and ordinances, or ordinances of orders issued thereunder:

1) Law No, 52 of 1919: Local Railway Act（CHIHOTETSUDO HO）, Article 25, Paragraph 1（including such cases where said provisions are applied mutatis mutandis in Article 26 of Law No, 76 of 1921: Narrow Gauge Railway Act）;

2) Law No.191 of 1947: Road Transportation Act（DORO UNSO HO）, Article 23 and Paragraph 1 of Article 24（limited only to agreements with regard to joint use of facilities, connecting transportation, joint management or operation and transportation）

3) Law No.14 of 1904: Tobacco Monopoly Law（TABACO SENBAI HO）, Article 20-2;

4) Law No.26 of 1910: Electric Measuring Act（DENKI SOKUTEI HO）, Article 7;

5) Law No.11 of 1933: Marine Safety Act（SENPAKU ANZEN HO）, Article 8;

6) Law No.26 of 1936; Major Export Commodities Control Law（JUYO YUSHUTSUHIN TORISHIMARI HO）;

7) Law No. 36 of 1934: Export Marine Products Control Law（YUSHUTSU SUISANBUTSU TORISHIMARI HO）;

8) Imperial Ordinance No. 542 of 1945: Ordinance on Orders to be issued as the Result of Acceptance of the Potsdam Declaration;

（Necessary Measures to Eliminate Violations） Article 8. In case there exists any act which comprises a violation of the provisions of Article 5, the Fair Trade Commission may order the trade association concerned, in accordance with the procedures as provided for in Article 9 hereof, to cases such act, to dispose of its assets to dissolve or to take any other measures necessary to eliminate such violation.

（Procedure） Article 9. The provisions of Articles 40 through 45 of the Anti-monopoly Law relating to the powers of the Fair Trade Commission and those of Articles 45 through 64, Paragraph 2 of Article 66, Articles 67 through 70, Articles 73 through 83 and Article 88 of said law relating to procedure and legal suits, including reports of violations, investigations, hearings, decisions, suits to revoke or modify decisions and filing of accusations with the Procurator General and other matters necessary to the disposition of cases, and the rules and regulations or orders issued there-under shall be applied mutatis mutandis to the carrying out of the functions of the Fair Trade Commission necessary to attain the purpose of this law as well as to matters, cases and criminal violations arising under this law. Wherever the following terms appear in the forementioned provisions (excluding Article 40 and Article 41) of the Anti-monopoly Law, (a) "entrepreneur," (b) "when it deems that an entrepreneur has effected a private monopolization, or has undertaken an unreasonable restraint of trade or has employed unfair methods of competition, or when it deems that undue disparities in bargaining power exist," (c) "such measures as provided for by Article 7, Paragraph 1 of Article 8 or Article 20," , and (d) "an act suspected of private monopolization, unreasonable restraint of trade or unfair method of competition," they shall be read (a) "trade association," (b) "when it deems a trade association has violated the provisions of Article 5," (c) "such measures as provided for by Article 8.", and (d) "an act suspected of violation, of the provisions of Article 5" when applied mutatis mutandis to this Law.

2. The Fair Trade Commission shall, in case it receives an application for approval in accordance with the provisions of Paragraph 3 of Article 5 or those of Paragraph 3 of Article 13, reject such application by decision when it deems that the application does not meet with the conditions provided for in each Item of Paragraph 3 of Article 5.

3. The provisions of Paragraph 2 of Article 65 and those of paragraph 1 of Article 66 of the Anti-monopoly Law shall be applied mutatis mutandis to such applications, approvals or decisions as provided for in the preceding paragraph.

(Reports)　Article 10. The Fair Trade Commission may, in order to carry out the provisions of this law in a fair and proper manner, order a trade association to submit such reports, information or data as are deemed necessary.

(Public Prosecutors)　Article 11. Public prosecutors included in the personnel of the staff office of the Fair Trade Commission may assume responsibilities with respect to duties concerned with a criminal violation of the provisions of this Law.

(Jurisdiction of High Court of Tokyo)　Article 12. Jurisdiction of primary trials of any suit coming under any one of the following items shall rest with the high Court of Tokyo:

1) a suit concerning a decision of the Fair Trade Commission;

2) a suit concerning an offense as provided for by each item of Article 14.

2. All suits as provided for in the preceding paragraph, all cases arising under Article 9 of this law by applying mutatis mutandis the provisions of Paragraph 1 of Article 62, Paragraph 1 of Article 63 (including such cases where said provisions are applied mutatis mutandis in Paragraph 2 of Article 68) and Paragraph 1 of Article 67 of the Anti-monopoly Law as well as all cases arising under Paragraph 6 of Article 14 of this law by applying mutatis mutandis the provisions of Article 97 and Article 98 of the Anti-monopoly Law shall come under the exclusive jurisdiction of the panel of judges established within the High court of Tokyo in accordance with the provisions of Paragraph 1 of Article 87 of the Anti-monopoly Law.

(Disposition of Property) Article 13. All business facilities, facilities for the carrying out of research in the field of physical science, stocks or debentures (excluding stocks or debentures required to be disposed of in accordance with the provisions of Cabinet Order No. 238 of 1947; Cabinet Order on Dispositions pursuant to Article 104 of the Anti-monopoly Law, Cabinet Order No. 239 of 1947; Cabinet Order on Dispositions pursuant to Article 105 of the Anti-monopoly Law, and Cabinet Order No. 43 of 1948 Cabinet Order on Dispositions of Stocks or Debentures pursuant to Article 107, Article 108 and Article 110 of the Anti-monopoly Law) and patents actually owned by a trade association at the time of enforcement of this law, shall be disposed of within ninety (90) days of the enforcement date of this law.

2. The provisions of the preceding paragraph shall be applied to cases where an organization newly becomes a trade association or an organization provided for by Item 5 and Item 6 of Article 6 comes to receive application of the provisions of this law other than Article 3. In the foregoing cases, the terms "the day of enforcement of this law" shall read as "the day it becomes a trade association or the day when it receives application of the provisions of this law other then Article 3".

3. Every trade association shall, in case it desires to retain ownership or to continue operation of natural science research facilities when it actually owns or operates such facilities in such cases as coming under the preceding two (2) paragraphs, file an application to such effect with the fair Trade Commission within such period of time as provided for in Paragraph 1 and obtain its approval.

4. The provisions of Paragraph 3 of Article 5 shall be applied mutatis mutandis to such applications as provided for in the preceding paragraph.

5. The provisions of Paragraph 4 of Article 5 shall be applied mutatis mutandis to such cases as coming under Paragraph 1 to Paragraph 3 inclusive.

6. The Fair Trade Commission may, upon application, extend the limit of time provided for in Paragraph 1 whenever it deems that special circumstances justify an extension. In such case, the running of the ninety (90) day period shall be tolled until said application is either approved or rejected.

7. Every trade association shall, within thirty (30) days after disposal in accordance with the provisions of Paragraph 1 and Paragraph 2, file a report with the Fair Trade Commission setting forth the manner of disposal.

8. The Fair Trade Commission may fix such rules and regulations as are necessary for filing of applications and reports provided for in Paragraph 3 and the preceding two (2) Paragraphs.

(Penalties)　Article 14. In case of violation of the provisions of this law, the penalties against the violater shall be any of the following penalties:

1) for violating the provisions of Article 5, a penal servitude for not more than two (2) years or a criminal fine not more than thirty thonsand yen (¥30,000), or both;

2) for failure to comply with a decision as provided for by Paragraph 3 of Article 48 and Article 54 of the Anti-monopoly Law when said provisions are applied mutatis mutandis under Paragraph 1 of Article 9, a penal servitude for not more than two (2) years or a criminal fine not more than thirty thousand yen (¥30,000), or both;

3) for failure to file reports provided for by Article 3 or for filing false reports, a penal servitude for not more than one (1) year or a criminal fine not more than twenty thousand yen (¥20,000), or both;

4) for failure to dispose of business facilities, natural science research facilities, stocks, debentures or patents within such period of time as provided for by Paragraph 1, Paragraph 2 or Paragraph 6 of Article 13, or the failure to file reports in accordance with the provisions of Paragraph 7 of said Article or for filing false reports thereof, a penal servitude for not more than one (1) year a criminal fine

not more than five thousand yen (¥5,000), or both;

5) for failure to submit reports, information or data as provided for by Article 10 or for filing false reports, information or data thereof, a criminal fine not more than five thousand yen (¥5,000).

2. In case of any violation as provided for in the preceding paragraph, the directors and other officers or administrators, or the constituent entrepreneurs (in case a constituent entrepreneur is acting on behalf of another entrepreneur, including such other entrepreneurs) of the trade association involved shall, whenever they had knowledge of the violation and failed to take necessary measures to prevent or to remedy such violation, be subject to such criminal fines as provided for in each of the items of the preceding paragraph.

3. In case of any violation as provided for by Paragraph 1, the trade association itself, whether juridical or non-juridical, shall be subject to such criminal fines as provided for in each of the items of Paragraph 1.

4. Where a non-juridical trade association is subject to punishment in accordance with the preceding paragraph, its representative or administrator shall represent said trade association in the case concerned and, furthermore, the provisions of law on criminal suits where a juridical person is the defendant shall be applied mutatis mutandis.

5. The provisions of Paragraph 2 shall, in case the directors and other officers or administrators, or the constituent entrepreneurs are in themselves juridical persons or other organizations, apply to the directors and other officers or administrators of such organizations.

6. The provisions of Article 94, Article 97, Article 98 and Article 99 of the Anti-monopoly Law shall be applied mutatis mutandis to violations arising from such cases where the provisions of Article 40, Article 46, Paragraph 3 of Article 48, Article 54, Paragraph 1 of Article 66 and paragraph 1 of Article 67 of the Anti-monopoly Law are applied mutatis mutandis in this Law.

(Additional Punishment) Article 15. In addition to any penalty provided for in each item of Paragraph 1 of the preceding Article, the sentence of the Court may, where sufficient grounds exist, include dissolution of the trade association.

2. Where the sentence shall include dissolution, the trade association shall become dissolved thereby, notwithstanding the pro-

visions of any other law, ordinance, order, or contract.

(Accusations)　Article 16. Any offense under each item of Paragraph 1 of Article 14 shall be considered after the filing of an accusation by the Fair Trade Commission. The provisions of Paragraph 2 and Paragraph 4 of Article 96 of the Anti-monopoly

＊〔編注：以下、脱落〕

Ⅶ 事業者団体法案の国会における審議

(1) 第二回国会に提出された事業者団体法案

〔資料57〕 事業者団体法案（国会提出案）

事業者団体法案

事業者団体法

（目的）

第一条 この法律は、事業者団体の正当な活動の範囲を定め、且つ、その公正取引委員会に対する届出制を実施することをもつて目的とする。

（定義）

第二条 この法律において「事業者団体」とは、事業者としての共通の利益を増進することを目的に含む二以上の事業者の結合体又はその連合体をいい、それは、いかなる形態のものであるかを問わず、いかなる法令又は契約によつて設立されたものであるかを問わず、登記を要すると要しないとを問わず、法人であるとないとを問わず、営利を目的とするとしないとを問わず、その事業者の事業の規模の大小を問わず、且つ、左に掲げる形態のものを含むものとする。

一 二以上の事業者が株主又は社員（社員に準ずるものを含む。）である会社、社団法人その他の社団

二 二以上の事業者が理事又は管理人の任免、業務の執行又はその存立を支配している財団法人その他の財団

三 二以上の事業者を組合員とする組合又は契約による二以上の事業者の結合体

2 この法律において「事業者」とは、商業、工業、金融業その他の事業を営む者及びこれらの者の利益のためにする行為を行う役員、従業員、代理人その他の者をいう。

3 この法律において「構成事業者」とは、事業者団体の構成員である事業者をいい、第一項各号の事業者を含むものとする。

（届出義務）

第三条 事業者団体は、その成立の日（この法律施行の際現に事業者団体であるものについては、この法律施行の日）から三十日以内に、文書をもつてその旨を公正取引委員会に届け出なければならない。この場合において、届出の文書には、左の各号

に掲げる書類を添附しなければならない。
一　当該団体の定款、寄附行為、規約又は契約の写
二　理事その他の役員又は管理人（前条第一項第三号に掲げる事業者団体で役員の定のないものにあつては、組合員又は契約の当事者とする。）の名簿
三　当該団体が特別の法令の規定に基いて設立されたものである場合には、その規定を記載した文書

2　事業者団体が解散し、又は前項各号に掲げる事項に変更を生じたときは、その解散又は変更の日から三十日以内に、文書をもつてその旨を公正取引委員会に届け出なければならない。

3　公正取引委員会は、前二項の規定による届出に関し必要な事項について、規則を定めることができる。

（許容活動）

第四条　事業者団体は、左に掲げる活動に限り、これを行うことができる。
一　統計資料の自由意思による提供を受けること及び特定の事業者の事業に関する情報又は状態を明示することなくその資料を総括して公刊すること。
二　構成事業者の事業の経営に役立ち、且つ、その属する事業分野における技能及び能率を向上させるような技術、科学又は将来の市場に関する情報を公刊すること。
三　構成事業者の間に、公開的且つ無差別的に、研究又は技術若しくは科学に関する情報の自発的交換を促進すること。（第五条第三項の規定により、自然科学の研究を実施するための施設を所有し、又は経営することの認可を受けた場合において、当該施設の所有又は経営から生ずる諸利益を構成事業者に対し、公開的且つ無差別的な条件で利用させることを含む。）
四　商品の品質の改善、規格の改良又は生産若しくは配分の能率の向上に対する寄与を、適当な政府機関、工業標準調査会その他一般に認められた有力な商品標準化の機関又は研究機関に自由意思により協力することのみによつて、行うこと。
五　啓発若しくは宣伝をし、又は構成事業者の属する事業分野の利害に関係のある事項について、当該団体の立場を明かにする決議を行うこと。
六　構成事業者の全部又は一部から委任を受けた場合に、委任された権限の範囲内において、労働組合と団体交渉を行うこと。
七　外国における通関のため必要がある場合において、社団法人である商工会議所が、輸出品の原産地証明をすること。
八　構成事業者その他の者と外国の事業者との間の事業に関する紛争を仲裁し、又は解決すること。

九　私的独占の禁止及び公正取引の確保に関する法律（昭和二十二年法律第五十四号、以下私的独占禁止法という。）第七十一条その他の規定による公正取引委員会の職務の遂行に協力すること。

（禁止行為）

第五条　事業者団体は、左の各号の一に該当する行為をしてはならない。

一　原材料若しくは注文の割当その他の方法による生産若しくは配分の統制をし、又はその統制に着手すること及び原材料、商品若しくは施設の割当に関する原案若しくは計画を政府のために作成し、又はこれを政府に提出すること。

二　私的独占禁止法第四条第一項各号の一に該当する事項を内容とする協定若しくは契約又は同法第六条第一項各号の一に該当する事項を内容とする国際的協定若しくは国際的契約をし、又はこれに参加すること。

三　構成事業者と他の構成事業者、構成事業者に物資、資金その他の経済上の利益を供給する者、構成事業者の顧客若しくは構成事業者の競争者との間の取引を不当に拘束し、若しくは拘束する虞があり、若しくはこれらの者の間の対価を統制し、若しくは統制する虞がある契約その他の合意をし、又はこれに参加すること。

四　将来の対価、将来の販売条件若しくは顧客の分類に関する情報の流布その他いかなる方法をもつてするかを問わず、対価を統制し、又は決定し、その他対価に影響を与えるための行為をすること。

五　一定の事業分野における現在若しくは将来の事業者の数を制限し、又はその制限に着手すること。

六　特定の事業者を公認し若しくは推薦する表若しくは特定の事業者を排斥するための表の配布、特定の事業者の事業内容、経理若しくは信用の状態を誤り伝える情報の流布その他の方法により、特定の事業者に利益又は不利益を与えること。

七　構成事業者に対し、その販売、価格、取引条件、注文、在庫、生産、工場設備能力、経理、事業活動若しくは事業上の便益に関する報告の提出を強要し、又は構成事業者の承諾なくその事業内容について助言し、監査し、若しくは調査すること。

八　構成事業者の機能若しくは活動を制限し、又はその制限に着手すること。

九　営業用の施設を所有し、若しくは経営し、又は株式（社員の持分を含む。以下同じ。）若しくは社債を所有すること。

十　自然科学に関する研究を実施するための施設を所有し、又は経営すること。但し、公正取引委員会の認可を受けてこれを所有し、又は経営する場合は、この限りではない。

十一　特許権を所有し、若しくは支配し、又は特許発明の実施の許諾若しくは共同利用のために斡旋その他の便宜を供すること。

十二　構成事業者その他の者のために融資をすること。

十三　購買、販売、生産、製造、加工、包装、荷扱、保管、輸送、配分その他の営業に従事すること。

十四　構成事業者その他の者のために、取引の代理人となり、又は取引上の契約をすること。

十五　構成事業者その他の者のために集金を行うこと。

十六　構成事業者その他の者の間の紛争を仲裁し、若しくは解決し、又はその仲裁若しくは解決に着手すること。但し、第四条第八号に掲げる場合を除く。

十七　不当に立法又は政府の政策に影響を与えること。

十八　注文者その他の者の依頼を受けることその他の方法により、公私の注文の入札に参加し、これを規制し、又はこれに影響を与えること。

十九　前各号に掲げるものの外、前条各号に掲げる許容活動の範囲を超える行為

2　事業者団体はいかなる名義をもつてするかを問わず、前項の禁止又は制限を免れる行為をしてはならない。

3　公正取引委員会は、第一項第十号但書の規定による認可の申請があつた場合において、当該団体が左の各号に掲げる要件を備えているときには、これを認可しなければならない。

一　構成事業者の属する事業分野における総ての事業者の当該団体への加入が、不当な条件により制限されず、且つ、その資力に応じて可能であるような公正無差別な条件で開放されていること。

二　当該団体の構成事業者が比較的少数の有力な事業者に限られていることがなく、又は議決権の行使、事業活動、当該施設の所有若しくは経営から生ずる諸利益が比較的少数の有力な事業者により支配されていないこと。

三　当該団体の構成事業者が当該施設の所有又は経営から生ずる諸利益を当該団体に対する出資又は寄附金の多寡、事業規模の大小等にかかわらず利用することができること。

4　第一項第十号に規定する事項（但書を除く。）に関し持株会社整理委員会は、相当の理由があると認めるときは、過度経済力集中排除法（昭和二十二年法律第二百七号）の規定に基く決定指令又はその変更をもつて、期間を限り、前項各号に規定する条件についてその例外の定をなすことができる。第一項第十号に規定する事項をその内容に含む過度経済力集中排除法の規定に基く決定指令又はその変更は同号但書に規定する認可とな

るものとする。

5 公正取引委員会は、第一項第十号但書の規定による認可の申請及び届出に関し必要な規則を定めることができる。

（適用除外団体）

第六条 この法律の規定は、左に掲げる団体に対しては、これを適用しない。但し、第三条の規定は、この限りではない。

一 私的独占禁止法第二十四条各号に掲げる要件を備え、且つ、左に掲げる法律の規定に基いて設立された協同組合その他の団体

イ 産業組合法（明治三十三年法律第三十四号）

ロ 塩専売法（明治三十八年法律第十一号）

ハ 貸家組合法（昭和十六年法律第四十七号）

ニ 市街地信用組合法（昭和十八年法律第四十五号）

ホ 蚕糸業法（昭和二十年法律第五十七号）

ヘ 林業会法（昭和二十一年法律第三十五号）

ト 商工協同組合法（昭和二十一年法律第五十一号）

二 左に掲げる法律の規定に基いて設立された団体

イ 北海道土功組合法（明治三十五年法律第十二号）

ロ 森林法（明治四十年法律第四十三号）

ハ 水利組合法（明治四十一年法律第五十号）

ニ 耕地整理法（明治四十二年法律第三十号。都市計画法（大正八年法律第三十六号）第十二条第二項において準用する場合を含む。）

ホ 馬匹組合法（大正四年法律第一号）

ヘ 健康保険法（大正十一年法律第七十号）

ト 農林中央金庫法（大正十二年法律第四十二号）

チ 旧蚕糸業組合法（昭和六年法律第二十四号）

リ 牧野法（昭和六年法律第三十七号）

ヌ 農村負債整理組合法（昭和八年法律第二十一号）

ル 商工組合中央金庫法（昭和十一年法律第十四号）

ヲ 漁船保険法（昭和十二年法律第二十三号）

ワ 農業協同組合自治監査法（昭和十三年法律第十五号）

カ 国民健康保険法（昭和十三年法律第六十号）

ヨ 木船保険法（昭和十八年法律第三十九号）

タ 旧農業団体法（昭和十八年法律第四十六号）

レ 水産業団体法（昭和十八年法律第四十七号）

ソ 農業協同組合法（昭和二十二年法律第百三十二号）

ツ 農業災害補償法（昭和二十二年法律第百八十五号）

三 左に掲げる団体

イ 証券取引法（昭和二十三年法律第二十五号）の規定に基いて設立された証券取引所

ロ 商品取引所法（明治二十六年法律第五号）の規定に基い

て設立された商品取引所

四　左に掲げる団体。但し、それぞれの団体に固有な業務を遂行するに必要な範囲に限る。

イ　前号に掲げる証券取引所又は商品取引所に所属する決済機関

ロ　手形法（昭和七年法律第二十号）及び小切手法（昭和八年法律第五十七号）の規定により指定されている手形交換所

ハ　新聞業又は放送業を営む者に対し、報道材料を供給することを目的とする社団法人

ニ　金融業（証券業を含む。）を営む者の設立した一回の共同融資のため又は有価証券の一回の共同融資のため又は有価証券の一回の共同引受のため若しくは共同販売のための団体

五　閉鎖機関令（昭和二十二年勅令第七十四号）第一条の規定に基いて指定された団体

六　臨時物資需給調整法（昭和二十一年法律第三十二号）附則第二項の規定に基いて指定されている団体

七　臨時物資需給調整法に基く命令の規定により指定配給物資の出荷機関、集荷機関、荷受機関又は販売業者として登録された団体。但し、この法律施行後九十日を経たときは、この限りではない。

八　社団法人日本海運集会所。但し、構成事業者その他の者の間のよう船、海上運送、海上保険、船舶の売買、船舶衝突又は海難救助に関する紛争であつて、この法律施行前にその仲裁又は解決の依頼を受けたもの又はこの法律施行後九十日以内にその依頼を受けたものを処理するために必要な範囲に限る。

2　この法律の規定は、自ら小規模な農業（耕作、養畜、養蚕若しくは薪炭生産の業務をいう。）若しくは漁業（水産動植物の採捕若しくは養殖の業務をいう。）を営み、又はこれらに従事する個人が相互扶助を目的として設立した団体であつて、構成事業者の数が十四人をこえないものには、これを適用しない。

（適用除外行為）

第七条　第五条の規定は、事業者団体が法令の規定で左に掲げるもの又はその法令の規定に基く命令によつて行う正当な行為には、これを適用しない。

一　地方鉄道法（大正八年法律第五十二号）第二十五条第一項（軌道法（大正十年法律第七十六号）第二十六条において準用する場合を含む。）

二　道路運送法（昭和二十二年法律第百九十一号）第二十三条及び第二十四条第一項（他の運送事業者又は小運送業者との

設備の共用、連絡運輸、共同経営及び運輸に関する協定に関する部分に限る。）

三　たばこ専売法（明治三十七年法律第十四号）第二十条の二

四　電気測定法（明治四十三年法律第二十六号）第七条

五　船舶安全法（昭和八年法律第十一号）第八条

六　重要輸出品取締法（昭和十一年法律第二十六号）第二条

七　輸出水産物取締法（昭和九年法律第三十六号）第一条

八　ポツダム宣言の受諾に伴い発する命令に関する件（昭和二十年勅令第五百四十二号）

（排除措置）

第八条　第五条の規定に違反する行為があるときは、公正取引委員会は、第九条に規定する手続に従い、事業者団体に対し、当該行為の差止、資産の処分、当該団体の解散その他当該行為の排除に必要な措置を命ずることができる。

（手続）

第九条　公正取引委員会の権限に関する私的独占禁止法第四十条から第四十四条までの規定並びに違反事実の報告、事件の調査、審判。審決。審決の取消又は変更の訴、検事総長に対する告発その他事件処理の手続及び訴訟に関する同法第四十五条から第六十四条までの規定、第六十六条第二項の規定、第六十七条から第七十条までの規定、第七十三条から第八十三条までの規定、第八十八条の規定及びこれらの規定に基く命令又は規則は、公正取引委員会がこの法律の目的を達成するために必要な職務を行う場合並びにこの法律の規定に違反する事実、事件及びこの法律の規定に違反する犯罪にこれを準用する。この場合において、これらの規定（第四十条及び第四十一条を除く。）中「事業者」とあるのは「事業者団体」と、「私的独占をし、不当な取引制限をし、若しくは不公正な競争方法を用いていると認める場合又は不当な事業能力の較差があると認める場合」とあるのは「第五条の規定に違反すると認める場合」と、「第七条、第八条第一項又は第二十条に規定する措置」とあるのは「第八条に規定する措置」と、「私的独占、不当な取引制限又は不公正な競争方法に該当する疑のある行為」とあるのは「第五条の規定に違反する疑のある行為」とそれぞれ読み替えるものとする。

2　公正取引委員会は、第五条第三項又は第十三条第三項の規定による認可の申請があつた場合において、第五条第三項各号に掲げる要件を備えていないと認めるときは、審決をもつてこれを却下しなければならない。

3　私的独占禁止法第六十五条第二項及び第六十六条第一項の規定は、前項の認可の申請、認可又は審決に、これを準用する。

（報告）

第十条　公正取引委員会は、この法律の適正な運用を図るため、事業者団体に対し、必要な報告、情報又は資料の提出を求めることができる。

（検察官）

第十一条　公正取引委員会の検察官たる職員は、この法律の規定に違反する犯罪に関する職務を掌ることが出来る。

（東京高等裁判所の管轄権）

第十二条　左の各号の一に該当する訴訟については、第一審の裁判権は、東京高等裁判所に属する。

一　公正取引委員会の審決に係る訴訟

二　第十四条第一項第一号から第四号までの罪に係る訴訟

2　前項に掲げる訴訟事件並びに第九条において準用する私的独占禁止法第六十二条第一項、第六十三条第一項（第六十八条第二項において準用する場合を含む。）及び第六十七条第一項並びに第十四条第六項において準用する私的独占禁止法第九十七条及び第九十八条に規定する事件は、同法第八十七条第一項の規定により東京高等裁判所に設けられた裁判官の合議体が取り扱うものとする。

（資産の処分）

第十三条　この法律施行の際事業者団体が現に所有する営業用の施設、自然科学に関する研究を実施するための施設又は株式若しくは社債であつて、私的独占の禁止及び公正取引の確保に関する法律第百四条に規定する措置に関する政令（昭和二十二年政令第二百三十八号）及び私的独占の禁止及び公正取引の確保に関する法律第百五条に規定する措置に関する政令（昭和二十二年政令第二百三十九号）並びに私的独占の禁止及び公正取引の確保に関する法律第百七条、第百八条及び第百十条に規定する株式又は社債の処理に関する政令（昭和二十三年政令第四十三号）の規定に基き処分すべきもの以外のもの及び特許権は、この法律施行の日から九十日以内に、これを処分しなければならない。

2　前項の規定は、新たに事業者団体が成立した場合又は第六条第五号若しくは第六号に掲げる団体がこの法律の規定（第三条を除く。）の適用を受けるにいたつた場合に、これを準用する。この場合において、同項の規定中「この法律の施行の日」とあるのは「成立した日又はこの法律の適用を受けるにいたつた日」と読み替えるものとする。

3　前二項の場合において、事業者団体が現に所有し、又は経営する自然科学に関する研究を実施するための施設につきこれを引続き所有し、又は経営しようとする場合には、文書をもつてその旨を第一項の期間内に公正取引委員会に届け出て、その認可を受けなければならない。

4　第五条第三項の規定は、前項の届出があつた場合に、これを準用する。

5　第五条第四項の規定は、第一項から第三項までの場合に、これを準用する。

6　公正取引委員会は、特別の事情があると認めるときは、申請により、第一項に規定する期間を延長することができる。この場合及び第三項の規定による届出があつた場合において、申請又は届出をした日からその承認又は却下の日までの期間は、これを九十日の期間に算入しない。

7　事業者団体は、第一項及び第二項の規定による処分をした日から三十日以内に、処分の内容を記載した報告書を、公正取引委員会に提出しなければならない。

8　公正取引委員会は、第三項及び前二項の規定による申請又は報告の手続に関する事項について規則を定めることができる。

（罰則）

第十四条　この法律の規定違反があつた場合におけるその違反行為をした者に対する刑は、左の各号に掲げるものとする。

一　第五条の規定に違反した場合には、二年以下の懲役若しくは三万円以下の罰金又はその両者。

二　第九条第一項において準用する私的独占禁止法第四十八条第三項又は第五十四条の審決が確定した後においてこれに従わなかつた場合には、二年以下の懲役若しくは三万円以下の罰金又はその両者。

三　第三条の規定に違反し届出を怠り、又は虚偽の届出をした場合には、一年以下の懲役若しくは二万円以下の罰金又はその両者。

四　第十三条第一項、第二項又は第六項に規定する期間内に営業用の施設、科学に関する研究を実施するための施設、株式、社債若しくは特許権を処分せず、又は同条第七項の規定による報告書を提出せず、若しくは虚偽の報告書を提出した場合には、一年以下の懲役若しくは五千円以下の罰金又はその両者。

五　第十条の規定に違反し報告、情報若しくは資料を提出せず又は虚偽の報告、情報若しくは資料を提出した場合には、五千円以下の罰金。

2　前項の違反があつた場合においては、その違反の計画を知りその防止に必要な措置を講ぜず、又はその違反行為を知りその是正に必要な措置を講じなかつた当該事業者団体の理事その他の役員若しくは管理人又はその構成事業者（構成事業者が他の事業者の利益のためにする行為を行うものである場合には、その事業者を含む。）に対しても、前項各本号の罰金刑を科する。

3　第一項の違反があつた場合においては、法人であるとないとにかかわらず、その事業者団体に対しても第一項各本号の罰金刑を科する。

4　前項の規定により法人でない事業者団体を処罰する場合においては、その代表者又は管理人がその訴訟行為につきその事業者団体を代表する外法人を被告人とする場合の刑事訴訟に関する法律の規定を準用する。

5　第二項の規定は、同項に掲げる事業者団体の理事その他の役員若しくは管理人又はその構成事業者が法人その他の団体である場合においては、当該団体の理事その他の役員又は管理人に、これを適用する。

6　私的独占禁止法第九十四条、第九十七条、第九十八条及び第九十九条の規定は、第九条第一項において同法第四十条、第四十六条、第四十八条第三項、第五十四条、第六十六条第一項及び第六十七条第一項の規定を準用する場合の違反に、これを準用する。

（附加制裁）

第十五条　裁判所は、充分な理由があると認めるときは、前条第一項各号に規定する刑の言渡と同時に、事業者団体の解散を宣告することができる。

2　前項の規定により、解散が宣告された場合には、他の法令の規定又は定款その他の定にかかわらず、事業者団体は、その宣告により解散する。

（告発）

第十六条　第十四条第一項各号の罪は、公正取引委員会の告発を待つて、これを論ずる。私的独占禁止法第九十六条第二項及び第四項の規定は、この場合の告発に、これを準用する。

2　公正取引委員会は、前項の告発をするに当り、この告発に係る犯罪について、前条第一項の規定による解散の宣告をすることを相当と認めるときは、その旨を告発の文書に記載することができる。

（私的独占禁止法の不変更）

第十七条　私的独占禁止法の規定及びその規定に基く公正取引委員会の権限は、この法律の規定によつて変更されるものと解釈されてはならない。

附　則

（施行期日）

第十八条　この法律は、公布の日から、これを施行する。

（違反する法令及び契約）

第十九条　この法律施行の際現に存する法令の規定、契約、定款又は寄附行為でこの法律の規定に違反するものは、この法律施行の日から、その効力を失う。

理　由

事業者団体の正当な活動範囲を定め、且つ、その公正取引委員会に対する届出制を実施する必要がある。これが、この法律案を提出する理由である。

〔資料58〕 事業者団体法案提案理由説明

事業者団体法案提案理由説明

ただいま上程せられました事業者団体法案につきまして、その提案の理由を説明致します。

わが国の経済、特に戦時中の統制経済におきましては、所謂産業団体すなわち本法案におきまする事業者団体は、業界組織化の中核的な存在といたしまして、統制の遂行に所要の寄与をなして参つたのであります。然るに、敗戦後は、戦時統制方式の全面的撤廃と共に、臨時物資需給調整法、各種公団法の登場等によりまして、新しい統制方式が樹立せられたのであります。即ち、統制の責任と機能とを、政府又は政府機関に一元化いたしまして、民間の事業者団体によります直接又は間接の統制業務への参与は、原則として、これを認めないこととなりました。尤も、この統制方式の切換へに当つての過渡的措置としましては、臨時物資需給調整法附則による指定を受けた事業者団体に限り、統制業務の補助が認められて参つたことは、御承知の通りであります。

かくて従来の事業者団体は、多少とも統制に参与致した限りにおいて、一応清算の措置が講ぜられることとなりました。即ち、閉鎖機関令によります各種統制団体の閉鎖機関への指定がそれであり、また私的独占禁止法の規定に基きまして統制団体について解散計画の提出を命じました昭和二十二年政令第二百三十八号がそれであります。これまでの事業者団体の大部分は、この二つの措置のいづれかによりまして、早晩消滅をいたすべき情況に置かれているわけであります。

かゝる事情の下におきまして、従来の統制的な事業者団体に代るべき新しい事業者団体の在り方というものが明示される必要が当然に起つてまいりました。民主的な経済体制の下におきまして、事業者団体の活動の範囲というものを、法律を以て明示いたし、その将来の活動方向を周知させますことは、まさに刻下の要請に副う所以でありまして、本法案の登場を促しました理由も主としてここにあるのであります。

次に今後のわが国の経済体制の基本的な原則は、昨年公布施行されました所謂私的独占禁止法の宣明いたす所でありますが、この基本原則とは、取引一般における自由にして公正なる競争の保全と擁護ということに他なりません。しかるに、事業者団体の人部分は、同業者の相結束するところの団体でありまして、本来競争関係にあるものの結合体が主たるものと申せるのであります。競争者が結合いたせばその結合体は、或る場合には、生産制限、価格統一乃至販路分別のためのカルテルと化し、相互の競争を不当に制限するような効果を意識的にまた無意識的に追究致す危険性が内包されてくるのであります。もとより事業者団体の本来の目的は、技術の改善能率の向上等を具現いたすことによりまして、事業に関する共通の利益を増進するところに置かれるのでありませうが、その反面、只今申上げました競争の拘束という、好しからざる事態の発生を常に戒心いたさねばならないのであります。

従いまして、私的独占禁止法の法益と致しておる競争の自由と公正とを保全するためには、事業者団体がカルテル化し、同業者間の競争を減少させる危険性につきまして、予めこれを防止することが当を得たものであります。即ちその手段といたしましては、一切の事業者団体につきまして、届出制を設けまして、その存否を明にいたしますと共に正当な活動の範囲を定めまして、競争を拘束する危険性のある特定の行為を禁圧することが挙げられるのであります。以上が本法案を提出するに至つた主旨でありこの主旨達成のために正当な活動範囲を定め且つ届出制を実施しようというのが本法の目的であります。

次に、この法案の内容につきまして、少しく御説明いたします。先づ、この法案におきまして事業者団体とは、何を意味するかを第二条において定義致しました。即ち、それは二以上の事業者によって事実上構成されている会社、社団法人、財団法人、人格なき社団、財団の外、組合、又は契約による単なる結合体等凡そ一切の法的結合形態を通じまして、事業者としての共通の利益の増進をその目的として含むものを指すのであります。即ち、所謂同業者の結成いたします某々工業会、協会等の団体のみならず、異種の事業者の地域的結合体としての商工会議所等もまた本法案の対象のうちに含まれるわけであります。更に、事業者の利益を代表する者、例えばいくつかの会社の役員又は職員の会同のような結合体も、各々が代表する当該事業者間の共通の利益の増進を目途といたす限り、本法案の事業者団体に加えております。従いまして、本法案におきまする事業者団体の意義は、従来のいわゆる産業団体の範囲にのみ止まっているものではないのであります。

第三条におきましては、事業者団体の成立、解散並びに定款変更等の場合につきまして、公正取引委員会に対する届出義務を規定いたし、その存立の状況を終始明白ならしめるようにいたしたのであります。

第四条は、事業者団体の正当な活動範囲を、積極的に明かならしめた規定でありまして、即ち、事業者団体は、本条の第一号から第九号に掲げました活動に限り、これを遂行することができるのであります。尤も、この各号に列挙いたしました事項は、厳密な意味において形式的に狭義に解されるものではなく、活動の実体が各号の趣旨に則するものをも含むものとして、広義に解されるべきものであり、従つてその解釈は、相当の弾力性に富むものといたしております。第五条におきましては、逆に事業者団体について禁止されるべき行為を第一項の第一号から第十九号に亘りまして相当具体的に列挙いたし、事業者団体の正当な活動範囲を消極的に明かならしめる如く、規定いたしました。そして第十九号におきまして、第四条の許容活動の範囲を超える活動を、禁止いたしますと共に、第二項におきまして一切の脱法行為をも、併せて禁止いたしまして、競争保全の措置の万全を期した次第であります。

尚、事業者団体が、自然科学研究用の施設を所有又は経営いたしますことは、第一項第十号の規定により原則として禁止されているのでありますが、会員の加入脱退が自由で、研究の成果等を会員が公平に利用できるような団体に対しては、公正取引委員会が審査の上その所有又は研究を認可すること、又過度経済力集中排除法の決定指令に依って、事業者団体が研究施設を所有又は経営する場合には、公正取引委員会の認可を不要とすること、と定めて、科学研究の向上にも、遺憾のないことを期しているのであります。

次にこの法律案の適用を除外されるべきものにつきまして、御説明致します。

独占禁止法に於きましても、適用除外という問題があり昭和二十二年法律第一三八号が、それを規定致したのでありますが、統制の必要と自由競争との調整点を何処に見出すか即ち適用除外を如何なる範囲とするかということは重要な問題となるのであります。

本法案に於きましても、本法の施行により直ちに経済界に甚大なる混乱を惹起することのない様意を用いたのでありまして、適用除外の範囲が相当広範囲となつておるのであります。

即ち先づ第六条は事業者団体ではありながら、本法案の各規定の適用を受けないものを規定いたしております。

大部分は協同組合的な性格を有する団体でありまして、協同組合というものは元来小規模の事業者の相互扶助を目的とするものでありますが故に本法の適用から除外したのでありますが、協同組合以外にも臨時物資需給調整法附則の規定に基いて指定されている団体、閉鎖機関に指定された団体、取引所乃至手形交換所等を除外致しております。

第七条は、事業者団体の行為であつて、第一号から第八号までに掲げました法令の規定又はその法令に基く命令の規定によつて行う正当な行為には、第五条の禁止行為の適用なきことを規定いたしたのであります。

次に第八条乃至第十一条におきましては、この法律案第五条の規定の違反状態の排除措置の内容並びに手続に関して規定を設けました。即ちこれらの規定によりまして、事業者団体が禁止行為に従事致しました場合には私的独占禁止法所定の手続に準じまして、公正取引委員会による調査、勧告、審判手続、審決が行はれ、且つその審決に対しては、東京高等裁判所に対する訴訟の途が拓かれてをるのであります。

換言すれば、事業者団体が禁止行為に従事しているか否かの認定並びに禁止行為の排除に関する措置は慎重な手続を経て公正妥当に行はるべきことが要求されている次第であります。

罰則に関しましては、概ね独占禁止法の量刑に準じ又本法案による罪は、公正取引委員会の告発を待つて論ずることと致したのであります。

以上本法律案の目的並びに概要につきまして、御説明申し上げました。何とぞ御審議の上速かに御可決あらんことを御願い致します。

〔資料59〕　事業者団体法案想定問答（昭和二三年六月）

昭和二十三年六月

事業者団体法案想定問答

公正取引委員会事務局

事業者団体法案想定問答

目　次

（第二条　関係）

八　「事業者団体」の意義如何

九　「事業者としての共通の利益の増進を目的」とするとはどういうことか。

十　「目的に含むもの」ということの意味如何

十一　「二以上の事業者の結合体」とはいかなるものを指すか

十二　営利を目的とする事業者団体とはいかなるものか

十三　会社に事業者団体法を適用する理由如何

十四　何故「財団」が事業者団体に含まれるか

十五　法人格なき社団又は財団もこの法律の適用を受けるか。受けるとすればその理由如何

十六　契約による結合体とはいかなるものを指すか

十七　特許権の共同購入契約をすることは事業者団体を組織することに含まれるか

十八　少数の農漁民の農機具、漁具等の共同利用は事業者団体の行為となるか。

十九　事業者団体に該当する団体と、しない団体を明示せよ。

二十　「事業者」の意義如何

二十一　「構成事業者」の意義如何

（第三条　関係）

二十二　「届出」によつて、どうゆう効果が生ずるか

（第四条　関係）

二十三　第四条の規定の趣旨を問う。

二十四　事業者団体は、第四条に掲げられた以外の活動はできないのか

二十五　第四条を削除しては如何

二十六　第四条の許容と第五条の禁止とが競合した場合、いづれが優先するか

二十七　第四条第一号の規定について

二十八　第四条第二号の規定について

二十九　第四条第三号について

三十　第四条第四号について

三十一　第四条第五号について

三十二　第四条第六号について

三十三　第四条第七号について

三十四　第四条第八号について

三十五　第四条第九号について

三十六　第五条の規定の趣旨を問う

三十七　第五条第一項第一号について

三十八　第五条第一項第二号について

三十九　第五条第一項第三号について

四十　第五条第一項第四号について

四十一　第五条第一項第五号について
四十二　第五条第一項第六号について
四十三　第五条第一項第七号について
四十四　第五条第一項第八号について
四十五　第五条第一項第九号について
四十六　第五条第一項第十号について
四十七　第五条第一項第十一号について
四十八　第五条第一項第十二／第十五号について
四十九　第五条第一項第十六号について
五十　第五条第一項第十七号について
五十一　第五条第一項第十八号について
五十二　第五条第一項第十九号について
五十三　第五条第三項について
五十四　第五条第四項について
五十五　第六条の趣旨如何
五十六　第六条第一項第一号について（「協同組合」とこの法律の関係について）
五十七　第六条第一項第二号について
五十八　第六条第一項第一、二号に掲記されない法律による事業者団体としてはどのようなものがあるか。
五十九　法的団体であつて、本法にいわゆる事業者団体に該当しないものがあればそれを挙示され度し
六十　第六条第一項第三号について
六十一　第六条第一項第四号について
六十二　閉鎖機関を適用除外とする必要如何（第六条第一項第五号について）
六十三　第六条第一項第六号について
六十四　第六条第一項第七号について
六十五　第六条第一項第八号について
六十六　第六条第二項について（農漁民の小団体の適用除外について）
六十七　第七条の趣旨如何
六十八　第八条乃至第十一条について
六十九　第十二条について
七十　第十三条について
（第十四条　関係）
七十一　この法律の定める刑の重さは、他の法律に比較して、どのように定められているか。
七十二　この法律違反として処罰される者の範囲如何
七十三　法人に非る社団財団を処罰する理由如何、又その先例ありや、実行上可能なりや。
七十四　第十五条の附加制裁は、公取が審決で解散を命じうる以

上不必要ではないか。

七十五　第十六条について

七十六　第十七条について

七十七　第十八条（施行期日）について——施行期日を延ばし、準備期間を置くことは如何

七十八　第十九条について、(1)法令の規定、(2)契約　(3)定款、寄附行為が効力を失うということの意味如何

（一般的事項）

一　この法律の立法の趣旨如何

答　この法律は、私的独占禁止法と並んで、自由企業の確立と公正競争の確保という、経済民主主義の実現に役立つことを根本の目的とするものであつて、これを、事業者団体の活動範囲の規制という方面から促進しようというのが、この法律の直接の目的である。

ところで、経済民主主義の実現、すなわち経済民主化のために事業者団体の活動範囲を規制することは、二つの観点からとくに必要とされる。

その第一は、我国の事業者団体に特有の事情であつて、戦時以来、統制団体として発達し来たつたことに由来する事業者団体の自由企業に対する抑圧機能を排除する必要性である。この事は、昭和二十一年暮のメモランダムにおいて、私的団体の統制えの干与が禁止されて以来一貫して取り上げられて来たところであつて、その後独禁法第五条に依る私的統制団体の設立禁止、同法第百四条に依る既存団体の処置等を通じて次第に強化されて来ているのであるが、この事を一層徹底させようとするのがこの法律の第一の狙いである。

第二には、右のような経済統制と拘りのない、事業者団体の通常の機能において、その活動が公正な自由競争の障害となる点であつて、これについては、とくに米国において、反トラスト法違反問題として、多数の判例の集積を見ている所である。この法律は、この点にも鑑みて、事業者団体による共同行為と、事業者団体の経済行為を広く禁止することとした。これらの規定は、多く、事業者の共同行為を通じて、直接、間接に事業者間の競争を終止せしめる行為に対するものであるが、それと同時に、各種の経済行為の禁止は、それに依つて、正常な商業活動を盛にすることに依つて、民主的な経済活動の振興に役立つことを期待しているのである。

以上のようなことが、この法律の立法趣旨であるということができる。

二　この法律に憲法違反の虞はないか。

答　この法律は、事業者団体の活動範囲を著しく限定しているの

であるが、このような活動の制限は、憲法の保障する国民の自由権の侵害にはならぬかというと、次の理由から、然らずということができると思う。

すなわち、国民の自由権は、公共の福祉のために利用すべきものであつて濫用は許されない。然るに、公共の福祉は、経済活動の分野においては、個人の創意を発揮し、自由競争による経済活動によつて、国民経済の民主的な発展を図ることに依つて実現される。これは、既に私的独占禁止法第一条の規定に依つて明らかにされた。我国民経済の基本原理であつて、この法律は、かゝる基本原理の実現に役立つようにとの目的を以て制定されたものである。又具体的には、団体の活動の制限は、それによつて、個々の独立企業の自由なる経済活動を可能ならしめようとするものであるから、国民の自由権は、本質的には侵害されていないと考えられる。従つて、この法律を以て憲法違反とすることは当らないであろう。

三　この法律と私的独占禁止法との関係如何

答　私的独占禁止法は、事業者間の自由且つ公正な競争を促進することに依つて、国民経済の民主的な発達を図ろうとするものであつて、そのために、事業者間の各種の共同行為の禁止（第四条）や私的統制団体の設立加入の禁止（第五条）を規定している。

これに対し、事業者団体法は、事業者団体に対し、各種の統制行為や経済的機能を営むことを禁止し（第五条）事業活動に直接影響を及ぼすことのない範囲で、事業者に共通な利益の増進を図るために活動することを認めている（第四条）。従つてこの法律の目指すところも、企業活動における、個々の事業者の自主性の確保と、正常な経済活動の振興にあるのであつて、独禁法第一条の目的と完全に一致するといえよう。唯、私的独占禁止法が、一般的に、事業者の事業活動の自由の確保を目的としているのに対し、事業者団体法においては、事業者団体を通してなされる、事業者の事業活動の拘束を排除しようとするところに、限定された目的がある。従つて、この法律は、私的独占禁止法の立法目的を一層完全に達成せしめる為めの、私的独占禁止法の補充法規的立場に在るともいえるのであつて、この法律の所管を公正取引委員会に属させているのも、このような理由に基くものに外ならない。

四　この法律と、既存の各種団体法との関係如何

答　この法律と、既存の各種団体法との大きな相違は、既存の各種団体法が、夫々の組合その他の団体の組織機能を定めているのに対し、この法律は、団体の組織面には殆んど触れるところがなく、専らその活動の範囲を規制の対象としている点にある。従つて、この法律が制定されても、組織法としての既存の団体

法の機能には何等影響がない。然し、それらの法律に基いて設立される団体の活動範囲に対して重大な制約が加えられることゝなるのであつて、この法律の規定に反して団体の活動を認める規定は無効とされる（第十九条）。然しこの点についても、夫々の特別法に基いて、特殊の目的を以て設立された組合その他の団体を、一律にこの法律の枠内に閉ぢこめることは妥当ではないので、これらの法律を逐一検討の上、必要と認むる範囲において、これらの団体又はその行為について、この法律の適用を除外することとした（六条、七条）。そして、結局において、特別法に依る根拠を有する事業者団体は、大体において適用除外になつているといえよう。

尚、現存の各種団体法の多くは、協同組合又はそれに準ずる性格の団体について規定したもので、曾ての重要物産同業組合法、或は商工会議所法のようなものはすべて廃止されて存在しない。従つて、これらの団体については、現在、その組織の根拠となる特別の法律は全く存在しないので、その活動の範囲は、この法律の規定に依つて、無条件に限定されることゝなる訳である。

（第一条　関係）

五　この法律で定められた以外の事項は、「事業者団体の正当な活動範囲」とはならないのか。

答　この法律は、事業者団体に対し、第四条に掲げる行為のみを認め、その他第四条の規定する活動の範囲を超える行為をしてはならないと定めている（第五条第十九号）。従つてこの法律に定められた以外の事項は、「事業者団体の正当な活動範囲」とはならないのである。但し、第四条の規定は、文理解釈的な形式条理で解釈すべきではなく、相当に弾力性を持つた幅の広い規定であると解したい。

六　公正取引委員会に対する届出制の実施を目的とするとはどうゆう意味か。

答　事業者団体は、事業者間の横の結合として、独禁法違反の事態を惹起し易いので、同法の実効を確保するためには、公正取引委員会において、これらの団体の動向を知悉していることが、絶対に必要である。そこで、すべての事業者団体に対し、公正取引委員会に対する届出義務を課することを立法目的の一つとして、この法律が立案されたのであつて、このような理由から、この届出義務は、あらゆる事業者団体に対し例外なく課せられることになつて居り、この点についての除外例は、小規模な個人事業者の農漁民の団体について認められている丈である。

七　事業者団体を監督するためには、届出義務を課する丈でよいのか。（例えば外に活動面について種々の認可事項を規定するとか、年次報告をとるような必要はないか）

答　公正取引委員会による事業者団体の監督というのは、独禁法又はこの法律違反の事態の発生を防ぐという、いわば消極的なものであり、それ以外の点については、団体の自由な活動を期待している。従つて、事業者団体の活動の一々について認可制を施くようなことは不必要であると考えているが、唯、第五条第十号で、自然科学研究施設の所有経営についてのみ認可制をとつている。又事業報告については、全国的な大規模の団体については、年次報告程度のものはとり度いと考えている。然しこの点については、第十条の規定を発効して、所要の報告を求めることとしたい考えである。

（第二条　関係）

八　「事業者団体」の意義如何

答　事業者団体については、第二条に定義規定が掲げられているが、簡単にいうと、「事業者としての共通の利益を増進することを目的のうちに含む二以上の事業者の結合体」である。従つて、この定義に合致するものであれば、その形態、種類、目的等の如何を問わない。しかのみならず、右の目的を有する組織体であれば、単なる契約による結合関係に過ぎないものも亦、それ自身独立の事業主体としての性格の強い会社も、更には、人的結合体とはいゝえない財団もすべて、二以上の事業者がその運営に支配的な力を及ぼし得る関係にある限り、事業者団体の中に含ましめられているのである。

九　「事業者としての共通の利益の増進を目的」とするとはどういうことか。

答　当該団体の目的が「事業者としての共通の利益の増進」にあることで、これを詳しく説明すれば次の通りである。

イ、団体である以上、一定の目的を有している訳であるが、その目的は、例えば社会事業のような他人の利益のためではなく、構成員のために「共通」な利益の増進におかれているものでなければならない。

ロ、構成員の利益は、「事業者としての」共通の利益でなければならない。従つて、構成員として受ける利益が、事業者であるとないとに依つて異らないようなものに限られているときは、その団体は事業者団体ではない。例えば、二以上の事業者が株主である株式会社も事業者団体となる場合があるが、それは、事業者が株主であり、利益配当を受け得るという丈の関係では足りないので、とくに、構成員たる事業者のために、その製品を販売するというような目的を持つている場合でなければ事業者団体であるとはいえない。又、「事業者としての」共通の利益なのであるから、団体の構成員であることの外に、「事業者」としての独立性が存し、かかる「事業者」にとつての利益の増進となることが必要なのであつて、単に共同事業を営むことは、それ丈では「事業者としての」共通の利益の増進にはならない。

ハ、「利益」の内容は、「事業者」としての利益であるから、究極においては、事業上に好い影響を齎らし、事業者の経済的地位の向上に役立つものでなければならないが、その限りにおいては、如何なる利益であるとを問わない。例えば、ひろく業界一般の利益となり、同時に構成員の利益ともなるような場合であると、構成員のみの共通の利益となるものであるとを問わない。

ニ、「利益」を増進する手段の如何を問わない。業界一般に共通の利益となるような手段としては、各種の調査、研究があり、構成員のみの共通の利益としては、共同加工、その他の共同施設などが考えられる。然し、事業者団体には、原則として第四条の行為のみしか許されないから、共同加工などの共同施設を為しうるのは、第六条に掲げられた協同組合等の法的団体に限られていることに注意しなければならない。

十　「目的に含む」ということの意味如何。

答　「目的に含む」ということは、実質的には「目的とする」ということと大差のない意味である。唯、「目的とする」という表現は、他の目的を併せ有していても差支ないが、少くとも（この場合でいえば）「事業者としての共通の利益の増進」を主たる目的とするものと解せられるが、「目的に含む」といえば従たる目的であつても差支ないことがはっきりしている訳である。然しそれが主たる目的であると否とを問わず、事業者としての共通の利益の増進を目的の中に含む事業者の結合体は、すべて事業者団体となるのであるから、そのような団体は、この法律によつて、その活動範囲に大きな制限を受け、第四条に規定する以外の活動、例えば営利行為の如きは原則として不可能である。従つて、事業者団体は、原則として、「事業者としての共通の利益の増進」以外を目的とすることはできないという結果となるのであるが、この法律施行の際には、他の目的を併せ有する団体も存在しているであろうし、その後においても、事実としては成立の可能性がある。そこで、「目的に含む」という表現を用いて遺漏のないことを期しているのである。

十一　「二以上の事業者の結合体」とはいかなるものを指すか。

答　これには、1 人の結合体であるということと、2「人」の中には二以上の事業者を含むものであるということの、二つの意味を含んでいる。

1　人の結合体としての典型的なものは、各種の社団及び組合であるがこの法律においては、「二以上の事業者」が直接又は間接に支配している「財団」も含めることとしている。又、団体という観念を中心として考えるときは、単なる人の結合関係に過ぎず、団体としての独立の存在を認め難い「契約に依る結合体」も、又逆に、団体としての独立性が強く、人の結合体という色彩に乏しい株式会社の如きものも含んでいる。

結局、事業者団体としての「人の結合体」を把握する標準となるものは、一定の社会的存在が、複数の事業者によつて組織されて支配されているかどうかに存するといつて差支なく、その範囲内では、その結合体の種類、性質の如何を問わない。このことを、この法律は、形態の如何、根拠法規の如何、登記の要否、法人たると否、営利目的の有無、等を問わないという言葉で表しているのである。

2　事業者団体は、右のように、人の結合体であることの外に、その人即ち構成員が、「二以上の事業者」を含むものであることが必要である。然して、この点についてては

イ　「二」以上というのであるから、観念的には、二人の事業者の結合体であつても差支ない。然し、これは団体を構成するための最低単位を示したに過ぎないのであつて、二人の事業者が集つて共同□設をすれば、当然この法律に引つかかるという趣旨ではない。二人の事業者が集つても、有力な団体となる場合もあろうが、微力云□に足りないものもあるであろう。然るに独禁法の補充法規としての立場よりするも、余り微少なものにこの法律を適用することは無意味であり、その意図もない。唯何人と限ることができないから、二以上としているに過ぎない。

ロ　構成員の全部が事業者である必要はない。然し、多数の構成員中の極く僅かな者が事業者に過ぎないときは、その団体が、「事業者としての共通の利益の増進」を目的とする団体といえるかどうか疑わしい。

ハ　二以上の事業者は同業者である必要はない。商工会議所のように業種の異る者の結合体であつても、その地方の産業上の利益を増進している以上事業者団体と解するに妨げない。

ニ　構成員たる事業者の事業規模の大小を問わない。この点は□□法律に明記しているところであつて、小規模事業者の相互扶助組織たる協同組合も当然事業者団体であるが、唯、それが法的団体であり、独禁法二十四条の要件を備えて居れば、この法律の規定による活動の制限を受けない。

十二　営利を目的とする事業者団体とはいかなるものであるか。

答　この法律の第四条及び第五条は、事業者団体が営利を目的とすることを不可能ならしめている。然し、元来事業者としての共通の利益の増進を目的とする団体は、営利団体としても成立し得るのであつて営利を目的とするから、事業者団体ではないということはできない。又、第六条の規定に依つて、例外的に、

営利を目的とする事業者団体の存続も可能とされているのである。（例えば、第七号の登録配給機関、又、閉鎖機関や物調法の指定団体中にも有り得るであろう。）

十三　会社に事業者団体法を適用する理由如何。

答　この法律は、「事業者としての共通の利益の増進を目的とする」行為の中にも、してよい事と、して悪い事との二通りがあるという考え方で事業者団体の経済活動は、すべてして悪い活動の方に入れている。

そこで、事業者団体が、構成員の為めに共同販売や共同購入をすることは―法的な協同組合等の場合でなければ―してはならない行為となつているのであるが、このような行為は、会社形態に依つて構成員たる株主の為めに行われるという場合も考えられる（例、共販会社）。この法律は、会社形態によるこのような共同行為をも取締るために、会社も事業者団体の中に含まれるとしたのであるが、遂に、会社形態に依る適法な事業者団体が成立しうるかというと、第四条に掲げてあるような行為は営利行為としては成り立たないから、これは否定的に解さなければならない。

従つて、事業者団体の中に会社を含めたのは、会社形態に依りこの法律違反の行為が行われることを防ぐ為めのものであつて、会社形態に依る適法な事業者団体の存立を考えているのではないといえよう。

十四　何故「財団」が事業者団体に含まれるか。

答　財団は本来、一定の財産の集合体であつて、それが特定の社会目的の為めに存在するところに、独立の社会活動の単位として認められる根拠がある。

従つて、財団には、元来構成員、というような人的要素は加わつていないのであるが、実際には、会員、評議員などの制度を設けて、これらの者が業務の運営又は団体の存立を直接に（例えば、重要事項或は財団の解散を議決する等）又は間接に（例えば、理事の任免を支配する）支配している場合が少くない。このような場合には、たとえ形式は財団であつても、一般の人的結合体と、その機能において異るところはないので、この法律では、財団をも事業者団体に含ませることとしたのである。

十五　法人格なき社団又は財団もこの法律の適用を受けるか。受けるとすればその理由如何

答　イ　第二条第二項第一号及び第二号は、法人格なき社団及び財団にもこの法律の適用があることを明らかにし、第十四条第三項は、法人格なき事業者団体にも罰則を適用する旨、第四項は、法人格なき事業者団体を処罰する場合につき、刑事訴訟法上の特例を規定している。

ロ　理由。事業者団体の根拠法としては、農林、商工協同組

合法その他特別法の規定がある場合の外は、民法に依る社団法人又は財団法人の規定があるのみであるが従来より同業団体的な事業者団体は、これらの法律の規定に基かない任意団体であるのが通例であつたしこの法律が法人格なき社団又は財団に適用がないとすれば、殆んどすべての団体が法人格なき社団又は財団に逃避することになるであろう。そこで、この法律では、とくに、法人格なき社団又は財団にもこの法律の適用がある旨を明らかにしたのであるが、法人格なき社団又は財団は、民事訴訟法上は既に当事者能力が認められているけれども（民訴四条、四十六条）、刑事訴訟法上は当事者能力がなかつたので、この法律において特例を設けた次第である。

十六　契約に依る結合体とはいかなるものを指すか。

答　民法上の組合は、当事者が出資して共同事業を約する場合であるが、二以上の事業者が、共通の目的を達成する為めに契約を結んだ場合において、このような組合としての要件を備えない場合も存しうるので、別に掲げたのである。従つてその契約は、共通の目的を達成する為めに、当事者が同一の義務を負担する合同行為又はそれに近いものに限られていることは勿論であつて、相互の反対給付を目的とする双務契約はこのうちに含まれない。このような双務契約と雖当事者双方の利益になることは勿論であるが、「共通の利益」とはならないからである。又、一の取引のために結合したときは一回限りの共同購入のような一時的なものを含まない。契約は文書を以てする場合のみならず、口頭の諒解に依る場合も含む。

十七　特許権の共同購入契約をすることは事業者団体を組織することに含まれるか。

答　契約の目的が一の特許権又は実施権の共同購入のみに存し、その後の権利行使について共同利用あるいは共同管理的関係が存しないとすれば必ずしも契約による結合体と解するの要はないであろう。

十八　少数の農漁民の農機具、漁具等の共同利用は事業者団体の行為となるか。

答　農民が農機具、家畜を共有し輪番に使用したり採草地、薪炭林を、共有、共同利用したり、或は漁民が漁船、魚網等を共有することは、すべて事業者団体を組織することとなる。然しこれは法文の形式的な解釈の結果に過ぎないのであつて、独禁法の補完立法たるこの法律をかゝる場合に適用することはあり得ないのであるが、誤解を防ぐため［って、］第六条第二項に適用除外団体［の小規模な農業、漁業に］として掲げ全然この法律の適用外におくことを明らかにした。［含まれることになる。］

十九　事業者団体に該当する団体としない団体を明示せよ。

(イ) 該当する団体　各種の同業団体、協同組合（但し、法律の規定に依るものは届出義務を除き適用除外）商工会議所、労組法にいはゆる使用者団体（例、関東経営者協議会）経済団体連合会

(ロ) 該当しない団体　単なる懇親会、一般の事業会社、任意組合で事業者としての共通の利益の増進を目的としないもの。

二十 「事業者」の意義如何

答 「事業者」の意義については第二条第三項に定義規定があるが

(イ) 商業、工業、金融業その他の事業を営む者及び

(ロ) これらの者の利益のためにする行為を行う役員、従業員、代理人その他の者をいうのである。

(イ) 商業、工業、金融業「その他の事業」にいはゆる「その他」とは、商業、工業、金融業と同種の経済的活動、例へば鉱業、農業、林業、水産業等を指す。従つて

(a) 社会事業、教育事業等はこゝにいう事業ではない。

○医師、獣医師、歯科医師、ガイド、ハリ、キウ、

(b) ○弁護士、弁理士、計理士、芸術家等の自由業もこゝにいう事業ではない。

(c) 然し経済的活動であれば必ずしも営利事業であることを要しない。例へば、健康保険組合は一般人の組合であるから事業者団体ではないが、健康保険組合は事業者と見るべきであり、従つてその連合会は事業者団体である。

(ロ) は役員、従業員、代理人が本来の事業者の利益のためにする行為を行う場合、その限りにおいて事業者に含ませる趣旨である。例へば会社の役員や従業員がその会社を代表し又は代理してある会の会員となつている場合には、その会社が会員なのであるからこれらの者は事業者ではないがこれらの者が個人の資格において会を組織し又はそれに参加したような場合、それが純然たる個人的な意味の会ではなく実質においては、事業者の利益のために会員となつているような場合《とき》はこれらの者を事業者とみて、その団体を事業者団体とするのである。従つて従業員が従業員の社会・経済的地位の向上のために労働組合を組織するような場合には従業員は勿論事業者ではない。

二十一 「構成事業者」の意義如何

答 事業者団体は二以上の事業者を構成員とするものであるが、構成員は事業者のみに限られていない。然るに、事業者団体法は事業者の結合関係を規律の対象とするものであるから、事業者に非る構成員はこの法律とは無関係である。このことをはつきりさせるためにとくに構成事業者といふ概念を用いたのであるがこの法律においては、事業者団体の中に会社、財団、契約関係も含めているので構成事業者の概念もそれに対応して、株

主、社員、財団の支配者、契約当事者などに迄拡げられているのである。尚事業者の利益のために個人の資格で事業者団体を組織している会社の役員従業員等も構成事業者である。

二十二　届出に依つてどんな効果を生ずるか

答　「届出」は認可などと異り、その団体を公認する意味を持たない。違法行為をした団体が処罰されることは、「届出」の有無に拘らない。唯「届出」をしなかつた団体には届出義務違反としての刑罰が科される丈である。従つて、届出の効果は事業者団体の所在を公取をして明らかならしめる。

〔団体の統計調査〕

独禁法及びこの法律違反の取締に役立つ点にあるのであつて一般に事業者団体は何等の根拠法に基くことなく、自由に設立することができるのであるから、このような届出制を施くことは、独禁法乃至この法律違反の事態の発生を防ぐ上にも是非必要なことである。

二十三　第四条の趣旨を問う

答　第四条は事業者団体の正当な活動の範囲を定めたもので第一号から第九号までの許容活動を列挙しているが、資料情報の公刊、政府に対する協力啓蒙宣伝等の対外活動などを通じて単に構成員ばかりではなく、広く同じ事業分野の全般的向上に資するような活動を主として併せて使用者団体として労働組合と団体交渉をしたり商工会議所が原産地証明をしたり国際的な商事紛争の仲裁をしたり、公正取引委員会の不公正な競争方法の指定に協力したりすることが認められている。而してこれらの第一号から第九号までの許容活動の列挙は限定列挙であつてその他の活動をすることは許されないことになつているのであるから、今後の事業者団体はカルテル的な或は独占的な機能を営む団体としては、而存続を許されなくなつた次第である。

二十四　事業者団体は第四条に掲げられた以外の事業活動はできないか。

答　第四条の本文に「左に掲げる活動に限りこれを行うことができる」とあり第五条第一項第十九号に「第四条各号に掲げる活動の範囲を超える行為」を禁止事項として掲げているのであるから、両者相俟つて第四条は限定列挙であると解しなければならないが、同時に第四条の規定を通じて許容活動の範囲を具体的に判断する場合には次の注意が必要である。

(1)　許容活動の範囲の限定は団体の行為能力の範囲を定めるものではない。こゝで許容されている「活動」は団体の目的を実現するため「行為」であるが団体の行為としては、その外に団体が社会的単位として存在し、且つ活動を続けてゆくために必要な行為がある。例へば事務所を所有し又は貸借し、家賃を支払い、事務員を雇い、給料を払い、事務用品を買入れる等の行為などがこれに当るが、これらの行為は勿論この法律に依つても制限されていない。

(2)　第四条各号の規定は可成幅の広い内容を持っている。例へば統計資料の綜括的公刊とか技術、科学、将来の市場に関する情報の公刊とか、或は啓蒙、若しくは宣伝とかいう言葉は何の統計、何の研究、いかなる啓蒙、いかなる宣伝という点で限られていないのであるからこれらに該当する活動の範囲は決して狭いものではない。

(3)　又第四号の「商品の品質の改善、規格の改良又は生産若しくは配分の能率の向上に寄与」するというような表現は主として、商業、工業について考えられることであるが、同種の行為が金融業、運輸業、倉庫業等の他の業種に認められない理由はないのであるから、それらの業務においても同様の活動をすることは差支えない。

(4)　更に、こゝに掲げられて活動をするための手段として必要な活動、例えば、各種の調査研究を団体自身がすること、或は情報、公刊のために機関誌を発行することなどは当然差支へない。

すなはち、第四条の許容活動は、比較的、事業の利害に直接の関係を持たない一般的なものであるのに対し、第五条の禁止行為は各種の共同行為、統制行為或いは経済行為であつて両者の間には相当はつきりした質的な区別があり、かゝる区別の観点に立つて第四条の活動を広く解釈することはこの法律の目的に照して何等差支えないと考へられる。

二十五　第四条を削除しては如何

答　第四条の削除は、第五条の第一号より第十八号迄の禁止行為以外は事業者団体が自由になし得るものとすべしとの意見であると思ふが第四条は今後の事業者団体の有り方を規定する重要な規定で、これを削除することはできない。しかのみならずもし第四条を削除して第五条の禁止行為のみとすれば、この法律の立前として、その規定をもつと包括的な或いは一般的な内容としなければならなくなり、その結果原案が比較的個々の行為に対する禁止規定を中心としているのに対しかへつて動きのとれないものにしてしまうおそれがある。他方において第四条の規定は第五条の各号に比し、比較的、包括的な弾力性のある内容となつているから第五条の列挙行為或いはそれに準ずる行為以外の行為は大体において許容活動の中に入るものと見て差支へなく従つて許容の範囲を積極的に明らかにする点においてもこの規定は存在理由があると思ふ。

二十六　第四条の許容活動と第五条の禁止行為とが競合した場合いずれが優先するか

答　原則として一方の規定で許容されていても他の規定で禁止されれば結果としてその行為はできないことになる理である。然し元来同じ法律の中で一つの規定が許容していることを他の規定で禁止するようなことはあり得ないことであるが唯この法律においては第四条の許容活動は比較的一般的な表現であるのに対し第五条の表現は個別的であつて前者の一部を後者が禁止しているような場合がある。例へば生産若しくは配分の能率の向上のために、政府に協力することはよいが（四条四号）、資材の割当原案の作成は不可（五条一項一号）であり、立法改革運動は啓発宣伝行為として認められるが（四条五号）不当に政府の政策に影響を与へてはいけない（五条一項十七号）と言ふが如し。このような場合には、五条が優先すべきであると解すべきである。

二十七　第四条第一号の規定について

答「統計資料の自由意志による提供を受け」といふことは、資料の提供を強制しないという意味で当該団体が構成員に対し特定事項についての資料の提供を求めることは提供しない者に対し不利益を与へるようなことをしない限り差支へない。

「その資料を総括して公刊すること。」とは、資料を生のまゝ発表してはいけない

＊編注：脱落

別的に明示することはできないことになるのである。

例へばA会社の甲工場の何製品の生産高はいくらであるということを明示してはいけない。然し、こゝで明示を禁ぜられるのは商取引の通例として他人に秘匿するのを通例とする事柄を公表することであるから、一般的に公表されている事柄（会社の考課状や政府による資材割当量など。）に掲載するのは差支へない。又製品の種類のように、広告の対象となる事柄を発表することも差支へないのである。

（禁止の理由）秘密の公表を禁ずるのは、これらの場合には、生産高販売価格等にすべての相当の制限乃至限定が暗黙の中に成立している場合が多く、又公表を通じて暗黙の了解が成立する場合も少くないからである。

二十八　第四条第二号について

答　こゝで許されているのは「技術」と「科学」と「将来の市場」に関する情報の公刊である。而してこれらの情報は、構成事業者の事業の経営に役立つと共にその構成事業者の属する事業分野における技術及び能率を向上させるようなものでなければならぬ。

公刊の前提として情報をあつめる行為は強制調査に渉らなければ差支へない。

公刊はパンフレット、機関誌のいづれに依ることもできる。

「将来の市場」とは「未開拓市場」を指すと共に、既に開拓された市場の将来の動向をも意味している。

二十九　第四条第三号について

答　この規定は、第一号及び第二号の「公刊」(Publication) を規定しているのに対し、構成事業者の間で「研究又は技術若しくは科学に関する情報を自発的に交換することを認めている。こゝで「研究」「技術」「科学」といつているのは、単に自然科学的な研究や技術等ばかりでなくもつと広い意味で経営や販売等事業に関する一切の事柄についての研究や技術を含んでいる。「公開的且つ無差別的」とあるのであるから一部の構成事業者の間のみで秘密に交換することは認められないが団体が科学研究施設を所有経営するためには、第五条第三項の規定により自由加入制の団体であることが必要である。然して第三号はその施設から生ずる諸利益即ち施設の利用とか、団体がその施設によつて行つた研究の結果、利用に関する諸利益を構成員に対し公開的且つ無差別的な条件で利用させることもこゝに云う発明交換の中に含んでいることを括弧内の規定によって明らかにしているのである。

三十　第四条第四号について

答「工業標準調査会」といふのは、昭和〇年勅令第〇号に依つて特許標準局内に、設置せられた。規格統一に関する事業を行ふ機関である。

「一般に、認められた有力な商品標準化の機関又は研究機関」の中には公的機関のみならず、私的団体をも含む。

「商品の品質の改善、規格の改良又は生産若しくは、配分の能率の向上に寄与する。」というのは、必ずしも文字通りに解することなく、「広く一般に業界の向上に、寄与する。」ために、政府等に、協力し得ると解してよいであらう。

然し、こゝで「自由意志により、協力することによつてのみ」というのは、「強制されてすることは不利である。」ということの外、「協力」によらず「自主的に」してはいけないと言ふ意味を含んでいる。然らば「一般に業界の向上に、寄与する。」活動は、一切自主的にしてはならないかというと、さういう訳ではないのであつて、第一号乃至第三号の如きは、自主的に業界の向上に、資するものでありその結果「商品の品質の改善規格の改良又は、生産若しくは、配分の能率の向上に寄与」する場合も、もちろんあり得るであらうが、それ等は何等差支へない。こゝで不可とされるのは、規格統一や商品の検査統一原価計算制度の設定のような、理想的には、業界の向上発展に、資し得るような活動であつても、反面において、団体がそれを実施することによつて私的統制的効果を生ずるような行為は、自主的にしてはならないというのである。

然しこれらの事項について、政府等に協力することはこの規定によつて差支へないとされているのであり、又、そのためには、材料を集め、自ら調査研究をすることも必要であり、本号は、それらの活動をすることを許容する意味を含んでいるのである。

三十一　第四条第五号について

答　団体のなし得る対外活動は、概ね、この条項に含まれる。「啓発若しくは宣伝といふのは、広い意味に解して、差支へないのであつて、構成事業者の属す事業分野の利害に関係のある事項について世間の理解を深めて当事業分野に、有利な状態を現出するための努力はすべてこれに含まれる。

例へば立法改革運動博覧会の開催、共同公告等の活動が考へられる。

「決議を行つた上でその決議の実効をあげるために啓発宣伝をすることは勿論差支へない。

三十二　第四条第六号について

答　この規定は、事業者団体が労働組合との団体交渉において使用者団体として、交渉に当り得る旨を規定したものである。

「団体交渉を行ふ。」といふことのうちには、団体協約を結ぶことも含まれる。要するに、この規定は、単なる能力規定であつて労働法規を改廃し又はそれに一ケ条を加へた趣旨ではない。

尚使用者団体は事業者団体としてこの法律の適用を受ける結果、その活動面に種々の制約をうけることになるが団体交渉を委任された場合、使用者を代表して労働組合と交渉するために、必要な準備行為は、許容活動の中に含まれるのであるから、実際上余り、支障はないと思ふ。

三十三　第四条第七号について

答　商工会議所が輸出商品に関する原産地証明をすることは、国際的に認められた商慣習であるのでとくに、こゝに、掲記したものである。

三十四　第四条第八号について

答　紛争の仲裁解決は、第五条第十九号に依って原則として禁止されているが、外国の事業者との紛争についてのみ、例外的に許容した。「事業に関する紛争」という中には、輸出入貿易、海運、海上保険、船舶衝突、等が考へられる。この種の紛争の仲裁は、従来、商工会議所或いは、海運集会所等が行つて来たが、この規定では、仲裁解決をなし得る団体を限定していない。尚海運集会所については第六条第一項第八号において国内的な海事紛争、仲裁等も為しうるような適用除外規定をおいている。

仲裁解決ということの中には斡旋周旋調停仲裁のすべてを含ん

でいる。

三十五　第四条第九号について

答　この規定は事業者団体が事業者の結合体として独禁法の規定の対象と密接な関係があるためにとくにその協力関係を規定したもので独禁法第七十一条とは不公正競争方法の指定に関する規定であつて公取が不公正競争方法を指定するに当つては同業者の意見を聞き、又は公聴会を開かねばならぬこととなつている。第四条第九号はこの場合における事業者団体の協力を例示的に掲げたものである。

三十六　第五条の規定の趣旨を問う。

答　第五条の規定は事業者団体がしてはならない行為を列挙したものであるが、これは大別して次の二つに別れると思う。

第一は、独禁法の規定に対応する共同行為の禁止を事業者団体を主体として規定したもので各種のカルテル総別やそれに転化し易い事項の禁止を規定した。

第二は事業者団体自身の経済行為を禁止したものでこれは独禁法においては必ずしも禁止された行為と見るを得ないが事業者団体が各経済活動をいとなむことは個人の事業の事業活動、ことに正当な商業活動を阻害する恐れが多大であるのでこれを禁止することとしたものである。

この禁止によって事業者団体の受ける打撃は大きく、又統制経済が行はれている限り個人の事業者にも相当の不便を与えるものと思うが、私的団体が統制に干与することは、厳重に禁止されているものであり、事業者団体が資材や取引の斡旋をできぬとなれば、一般の商業機能の統制が促進されることとなると思はれるので、個人の事業者の不利不便もそれに依つて軽減されるものと考えている。又第六条及び第七条の規定によって協同組合その他の団体或いは他の法律による正当行為については大幅な適用除外が規定されているのであるからこの点からも、実際上の障害は可成り除去されていると云へると思う。

三十七　第五条第一項第一号について事業者団体は、物資統制に対し、全然干与することができないか。

答　物資統制に対する事業者団体の干与は、物調法第二条の削除によつて、法的には認められなくなり、単に同法附則第二項による指定団体のみが一時的に存続を許されて来た。更に独禁法第五条において、私的統制団体の設立禁止が規定され、法的には事業者団体が統制に干与する余地はなくなつたのであるが、第五条第一項の規定によつて割当補助行為についても一切の干与が禁止されるにいたつた当切符の現物化のようなことも事業者団体法の下では、団体化して為すことはできない。

三十八　第五条第一項第二号について

答　この規定は、独禁法第四条及び第六条の繰返しのように見えるが独禁法の規定が事業者に対するものであるのに対し、この規定は、事業者団体が契約当事者となる場合を規定したものである。ことに、事業者団体は事業者ではないから団体が契約の当事者となつた場合独占禁止法の共同行為禁止規定を適用することができない。もつとも団体が、かかる行為をすれば㈠多くの場合は関係事業者の行為として取締ることはできるであらうが、事業者とは別個の存在たる団体の行為なりと言ひ脱けらるゝ虞あり、且つ、㈡団体行為も罰する必要がある。

三十九　第五条第一項第三号について

答　この規定も独禁法第四条の共同行為の禁止、或いは第十九条の不公正競争方法の禁止に対応するものであつて、事業者団体が、この種の契約の当事者となることを禁止したものである。

四十　第五条第一項第四号について

答　(1)「顧客の分類に関する情報」というのは顧客の業態別調査表のことであつて、これに依つて相手方に対する販売価格を区別しようとする意味をもつものである。

(2)「対価に影響を与えるための行為をすること」の中に物価庁の諮問に答えて公共資材を提出することは含まれないと解する。（第四条第四号の許容活動に含まれる。）

四十一　第五条第一項第五号について

答　同業組合等において加入制限規定を設けることに依る事実上新規開業を□ならしめることがこれに当る。「現在又は将来の数の制限」といふのは、現在ある数を減らし維持し又は二定数以上増加せしめないといふことを総て含む意味である。

四十二　第五条第一項第六号について

答　ブラックリスト、又はホワイトリストを作つて配付すること又は特定の事業者の悪宣伝をするようなことなどがこれに当る。商工会議所の優良店表彰は不可。優良店員の表彰は差支へない。博覧会は出品者に賞を与へこれを発表することは差支へない。

四十三　第五条第一項第七号について

答　各種の強制調査、事業干与を不可とするもの。

強要とは、要求に応じなければ特別に不利を受け、又は会員資格を失うというようなことを定めて、相手方をしてやむを得ず報告を出させるように仕向けることをいう。相手方が強要と感じたかどうかは問題ではない。会費を会員の取引高、生産高、所有機械台数等に比例して徴収することと規定するのは強制報告に該当する。

四十四　第五条第一項第八号について

答　機能とは活動能力のことであつて、例へば特定の事業者に対し、特定の事業部門を有することを禁止する（卸売業者に対し小売業を禁止する如し。）ようなことが本号に当る。活動を制限するとは右例でいえば小売活動を禁止してさせないようなことを意味する。

四十五　第五条第一項第九号について

答　「営業用の施設」というのは、営業の用に供し得るもののことであるが当該団体が許容活動をするための業務用の施設はこれに含まれない。

事業者団体は営業をすることはできないのであるから、営業用の施設を持つ必要は存しない。依つてその所有を禁ぜられるのは当然といえよう。

然し例へば事業者団体が会館を持ち、その一部を他の事業会社に賃貸するようなことは、営業用の施設として持つているのではないから差支えない。

「株式」「社債」を持つことは、それに依つて事業支配の結果を生ずるおそれがあるので不可とした。依つて事業者団体はその財産として、各種の業務用の施設を所有する外は、国債又は預金として、これを持つべきことになる。

四十六　第五条第一項第十号について

答　事業者団体が自然科学研究用施設を持つことはそれに依って、私的独占或いは取引制限的効果を生じ易いので原則としてこれを禁止した。然しか丶るおそれのない場合にまで、これを禁止する理由はないから、第三項において、一定の条件を明示しその条件を備えている場合には、公取がその所有を認可することとした。

四十七　第五条第一項第十一号について

答　特許権を支配するとは契約その他の方法で特許権の所有者に対し、その利用又は処分につき当該団体の同意を必要とし又は、指図に従うを要するような場合をいう。

「特許発明の実施の許諾若しくは共同利用のために斡旋その他の便宜を供すること」は、しばしば排他的な特許プール或いは価格統制の手段となる場合が多いので禁止されているのである。

自然科学研究用施設を利用して、当該団体の研究員が発明したときにもその者を特許権者とすることは差支えないが、団体が特許権者となること□□□無差別的に利用させる必要がある。

四十八　第五条第一項第十二、十三、十四、十五号について

答　これらの規定は、事業者団体が事業活動の主体となる種々の場合の禁止規定でこれらの禁止規定は、個別企業の自主性を確保し、且つ、正常の商業機能を復活させるために設けられたものということができよう。

四十九　第五条第一項第十六号について

答　これは、いわゆる私的団体による商業仲裁の禁止であつて此の種の必要があるときは、商業調査法によることを望ましいとするのである。但し国際紛争については、第四条第八号に例外規定の設けがあり、海運集会所の海事紛争の仲裁については、

第六条第一項第八号に例外規定がある。

五十　第五条第一項第十七号について

答　不当にというのは、違法な又は、違法に近い手段を以てというに等しい。例へば暴行、脅迫、詐欺、贈賄等、即ち影響を与へる手段について規定しているのであつて影響を与へることそれ自体又は、その結果の当、不当、を指すのではない。

五十一　第五条第一項第十八号について

答　注文者の依頼を受けるとは例へば入札手続及び落札者の決定を依頼させるようなことであり、入札者の依頼を受けて入札を代行し、又は談合を斡旋するようなことは、その他の方法に当る。

「参加し規制し又は影響を与へること」の禁止は事業者団体が入札に関与することは、一切不可であることを意味している。

五十二　第五条第一項第十九号について

答　「前条各号に掲げる活動の範囲を超える行為」というのは、第四条の活動範囲は限定列挙であるからそれ以外の行為は禁止されるということである。唯第四条の規定は、許容活動を必ずしも文字通り完全に表現していない点はあるので解散に依って補う余地はなしとしないが、それはもとより解散の範囲内の事であり、第四条が限定的であるのに対して、第五条が例示的であるという根本原則は動かないところである。

五十三　第五条第三項について

答　この規定は、事業者団体が認可を受けて自然科学研究用施設を持ち得る場合の条件を明らかにしたもので

(イ)　当該団体が名実共に、同業者に対して開放されていること。(第一、二号)

(ロ)　構成員が施設より生ずる諸利益の利用を平等の立場でなし得るように、なつていること。

が必要とされている。(右にいう「諸利益」とは施設の利用上の利益と当該団体による研究の成果(発明、考案等)を利用する上の利益との両者を含んでいる。)

五十四　第五条第四項について

答　この規定は、集排法の指定を受けた会社が持つている研究施設につき、再編成計画に基いて分割された新会社の共同利用を認めるような場合を指定して規定したものである。

五十五　第六条の趣旨如何

答　この法律は、事業者団体の範囲を極めて広く規定しそれに該当する団体の活動範囲を厳重に規制しているが、「事業者としての共通の利益を増進することを目的とする」団体の中でも協同組合のようなものは、当然第五条の禁止事項に含まれる行為をすることを目的として設立されるものであるから、それらの組合にもこの法律を適用することは、協同組合の全面的否定と

なるがそれはこの法律の趣旨ではない。又協同組合に該当しない団体の中にも同様な意味で適用除外を可とするものがあり実に現在における過渡期的事情から、適用除外を可とするものもあるので、それらを取纏めて本条に掲げ、この法律の適用を除外することとした。唯この法律の二大目的の一つである公取への報告義務又は第二項に規定する小規模農漁民の小団体以外には免除されていないのである。

五十六　第六条第一項第一号について（「協同組合」とこの法律の関係について）

答　第六条第一項第一号は、協同組合の根拠法を挙げて適用除外の対象としたものであるがこの点について

(1)　協同組合であつても特別法による根拠をもたないものは、適用除外の対象とはならない。依つて今後は、任意組合的な協同組合は、消費組合その他の生活協同組合を除いては、その事業を行つていくことができないと思ふ。

(2)　協同組合の名称を備えていても独禁法第二十四条各号に掲げる要件に合致しないものは、適用除外とはならない。

従つて、例へば商工協同組合の中には、大規模事業者を組合員の中に含んでいるために、適用除外とならぬものも存し得る。

蚕糸協同組合についてもその例があるかと思ふ。

但し組合の中には、その仕事の性質上、強制加入、強制設立を法律の中に規定しているものもあり、それらを独禁法二十四条の条件に合わないという理由から、適用除外の対象から外して了うのは適当ではないので、それらは第二号において無条件に適用除外とすることにした。

(3)　協同組合の連合会は、独禁法第二十四条の条件に合致する限り当然に適用

＊編注：脱落

(4)　協同組合その他の団体とあるのは、協同組合の名称を用いて居らず又実際においても国策協力その他の単なる協同組合の範囲を出ているものも存するからである。

(5)　これらの根拠法に依る団体の中には、もと〳〵協同組合の範囲には認め難く、従つて独禁法第二十四条の要件も備えていないため第一号の要件を欠くこととなつて適用除外の対象となり得ないものがある。これを列挙すれば左の通り。

塩業組合中央会……塩専売法

日本蚕糸業会
都道府県蚕糸業会 ｝……蚕糸業会法

日本林業会
都道府県林業会 ｝……林業会法

商工協同組合中央会……商工協同組合法

五十七　第六条第一項第二号について

答　こゝに掲げた法律に基く団体は、大体において協同組合又はこれに準ずるものであるが強制加入の規定等のため第一号の要件を備えていないので別に一括した訳である。

尚健康保険法及び国民健康保険法は、健康保険組合及び国民健康保険組合は事業者団体ではないがその連合会は事業者団体と見るべく――事業者たる組合の結合体――且つ法文中に強制加入の規定があるので本号に掲げた。

農業団体法及び蚕糸組合法は、農業協同組合の施行に伴ひ、来る八月十五日限り完全に失効すること、なるのでそれ迄の指定調査中の適用除外を認めた訳である。

五十八　第六条第一項第一、二号に掲記されない法律による事業者団体としては、どのようなものがあるか。

答　(1)　酒類業団体法に基く酒造組合、酒販組合（酒類配給公団の成立に依り、酒販組合は存続の理由を失つた。酒造組合も解散の予定）

(2)　装蹄師法に基く装蹄師会法、漁業法に基く水産組合等は、これらは、いわゆる同業組合的性質の団体であり、事業を営む事を目的とする団体ではないから適用除外の適格性がない。

五十九　法的団体であつて、本法にいわゆる事業者団体に該当しないものがあればそれを挙示され度し。

＊編注：脱落

(イ)　消費組合（但し産業組合法に基く購買組合）

(ロ)　健康保険組合（健康保険法。但し連合会は事業者団体として適用除外）

(ハ)　国民健康保険組合（国民健康保険法。但書同右）

(ニ)　住宅組合（住宅組合法）

(2)　自由職業者の団体

(イ)　弁護士会（弁護士会法）

(ロ)　弁理士会（弁理士会法）

(ハ)　税務代理士会（税務代理士法）

(ニ)　水先人組合（水先法）

＊編注：脱落

会員組織に依る社団法人であつて有価証券市場の開設を目的とする団体であり、その機能の中には、有価証券市場を開設し会員の受託契約の準則を定める等の点において、この法律の規定に触れるおそれがある。

(ロ)　「商品取引所」は商品取引所法の規定に依り設立される米穀等の取引所であつて現在は設置されていないが将来再開の場合を考慮し、証券取引所と同様の理由から挿入した。

六十一　第六条第一項第四号について

答　これらの団体は特別法に根拠をもたない団体で適用除外を可とするものである。唯いづれも任意に設立される団体であるから適用除外の範囲をその目的に固有のものに限つた。

(イ)「取引所所属の決済機関」は現存する組織ではないが米国においては取引所と決済機関は別個の組織となつて居り、我国においても将来このように発展する場合を考へて挿入した。

(ロ)「手形交換所」の多くは社団法人銀行協会の一部門をなし社員銀行が手形及び小切手の交換決済をするにつき法律に触れる惧れがあるのでこゝに掲げた。

(ハ)は□□の「共同通信社」を対象とするもので、同社は新聞社を社員とする社団法人であるから第二条の事業者団体であることには相違なく、その結果ニュース供給業務に制約を生ずることゝなつては不可であるから適用除外とした。

(ニ)は金融業者の共同融資等のためのシンジケートを除外したものであるが、継続的に反覆取引をするための団体の存在は認めていない。

六十二　閉鎖機関を適用除外とする必要如何（六条一項五号について）

答　閉鎖機関の中に指定された団体は閉鎖機関令第三条による指定業務として一時的に本法第五条の禁止行為を継続する必要のあるものがあり、他方その資産の処分については同令に依つて厳重な監督が加えられているので、この法律の適用を除外することとしたものである。

六十三　第六条第一項第六号について

答　物調法附則第二号の規定に基いて指定されている団体は現在統制行為に参画することを公にゆるされている唯一の例外であるから、これらの団体については、指定されている間、第五条の禁止規定は、これを適用しないという趣旨である。（現在物調法指定団体の数は約二百）

六十四　第六条第一項第七号について

答　この規定は臨時物資需給調整法に基く配給統制に関し事業者団体が配給機関に登録されている場合にはその事業者団体に対し、一定期間を限つてこの法律の適用除外を認めようとするものである。

(1)「指定配給物資」とは、臨時物資需給調整法第一条の規定に依る昭和二十二年二月内閣訓令第三号「指定配給物資配給手続規定」第一条にいわゆる指定配給物資のことである。

(2)この規定の適用を受ける事業者団体は

鮮魚介配給規則	公認出荷機関、公認荷受機関
（昭二二、四、一六農令二八）	登録小売店舗
加工水産物配給規則	公認集荷機関、公認荷受機関
（昭二二、七、二九農令六二）	登録小売店舗
疏菜及び漬物配給規則	登録小売業店、公認荷受機関
（昭二二、七、三一農令六三）	公認出荷機関

衣料品配給規則

として登録された事業者の共同店舗（衣料品配給規則において実績持寄りのため）などの任意団体がこれに当る。（法的な協同組合ならば第一号又は第二号により当然適用除外）

(3)　期間を九十日に限つたのは、これらの任意団体につき無期限に適用除外を認めることはこの法律の建前上妥当でないため改組に必要な期間の猶予を与える意味で九十日とした。

六十五　第六条第一項第八号について

答　社団法人日本海運集会所は海事紛争の仲裁解決について長い伝統としつかりした組織をもつているので、その点につきこの法律の適用除外とした。尚この法律施行後九十日目までに事件の受付をしたもののみに適用除外を限つたのは、その間に海事紛争の仲裁に関する法的根拠の欠を補うことを期待したものである。

六十六　第六条第二項について

答　小規模農民□個人以下の組織する団体は農業協同組合法の適用も受けないため任意団体で止らざるを得ないので、こゝに適用除外とした。漁民の団体はこれに準じたものであるから、小規模の団体については、本来この法律の適用除外の余地はないので第一項の諸団体と異り届出義務もないものとした。

六十七　第七条の趣旨如何

答　本来は第六条のように特定の団体に対し全面的に適用除外を認めるのではなく法律の規定により正当とせられる行為につき第五条の例外を認めたもので第四条と並んで許容活動の一部とする趣旨である。

その内容は、独禁法の適用除外と一致するものと、この法律特有の禁止事項適用を除外するものとの二種類に分れるが、

(1)　独禁法の適用除外と一致するものとしては、

一　地方鉄道法二十五条一項

二　道路運送法二十三条等

三　昭和二十年勅令第五百四十二号（ポツダム勅令）

がある。尚右の適用除外事項に掲げられたものでこゝに省かれているものに、臨時物資需給調整法と食糧管理法とがあるが前者は同法の指定団体を六条の適用除外団体としていた為め夫以上第七条による適用除外の必要なしとした為め、及び食管法は、食糧営団が公団となつた為め不必要となつた。尚ポツ勅を適用除外としたのは、差当りは、物価統制令による協定価格制度及規格検査を生かすためである。

(2)　たばこ専売法二十条の二は、たばこ耕作人の組合又はその連合会に対し政府から「専売義務執行上必要な施設を為し又はその補助を為すべきことを命ずる。」ことができることになつている。

(3)　四以下は民間団体による製品検査の根拠法規であつてか、る検査を法律の規定によつて民間団体がすることは、第四条第四号の許容活動の範囲を超え五条の禁止規定（十九号）に触れる惧れがあるからである。

六十八　第八条乃至第十一条について

答　これらの規定はすべて独禁法の附属法規的存在として独禁法の規定を準用し若しくはこれに準ずる規定を設けたものである。

六十九　第十二条について

答　この規定は独禁法第八十五条の規定に準ずるものであるが独禁法と異るところは、この法律関係はすべての事件を東京高等裁判所の専属管轄とした点でこれは第十六条の規定においてこの法律に関する事件のすべてを公正取引委員会の専属告発とした点と相俟つてこの法律が非常に弾力性に富んでいるものである点に鑑みその運用を□□した□□に依り□□りのないものとしようとする趣旨に出ずるものである。

七十　第十三条について

答　この規定は事業者団体が所有することを禁ぜられた営業用の施設、自然科学研究用の施設、株式、社債及び特許権の処分に関する経過規定であつて一定期間（九十日）内の任意処分をその建前としている。

七十一　（第十四条関係）この法律の定める刑の重さは他の法律に比較してどのように定められているか。

答

(1)　この法律において最も重い刑の科せられる第五条違反と確定審決不□□〔服従?〕に対する二年、三万円の刑は、独禁法四条違反で確定審決不□□〔服従?〕に対する刑と同一であつてこの法律の第五条が独禁法四条（共同行為の禁止）違反の行為と同じ性質の行為を規律する目的のものである関係上刑の重さも同一としたのである。

(2)　三条の届出義務違反に対する一年、二万円は比較的重刑であるが国際的協定契約の禁止に関する昭二一、勅三三、第一条の届出義務違反に対する三年、二万円よりは軽く、この法律の主な目的の一つがこの届出義務の設定になる以上、この程度の科刑は当然であらう。

(3)　経過規定違反に対する一年、五千円は独禁法に同じ。

(4)　報告情報等の不提出が五千円以下の罰金となっているのは独禁法四十条による報告等の義務違反に対する五百円以下の過料に比し相当重いが、後者が一般的な対象に対するものであるのに対しこの法律の第十条は事業者団体に対するものである関係上この程度は相当であらう。

以上の如くこの法律の刑は、大体において独禁法のそれに倣っているのであつて決して重刑を科してはいない。否、罰金刑の如きは、最近の外の□□に比しては可成り軽い方であるといへよう。

七十二　この法律違反として処罰せられる者の範囲如何

答　この法律違反として処罰せられる者の範囲は

(1)　事実行為をした者（一項）

(2)　当該団体（三項）

(3)　当該団体の役員又は管理人（二項）

(4)　当該団体の構成事業者（〃）

(5)　構成事業者が他の事業者の役員、従業員等である場合には当該事業者（二項）

(6)　当該団体の役員又は管理人、構成事業者が法人その他の団体である場合には、その役員又は管理人（五項）である。

従来の罰則に所謂「両罰」とは、右の(1)及び(2)を処罰の対象としたものであつたが、この法律では、それを、更に拡げて、(3)以下の者も処罰することとした。これは処罰せられる者の範囲に新例を開いたことになるのであるが、処罰の前提として注意義務違反が要件となつているのであるから必ずしも苛酷なものとは云へないであらうし、又(3)の団体の役員又は管理人を処罰する例は、近くは労働関係調整法にも見られ、又古い立法令も少いのである。

七十三　法人に非る社団財団を処罰する理由如何、又その先例ありや、事実上可能なりや

答　(1)理由　事業者団体は、現状においても非法人が多く、これらに罰則の適用がないとすると今迄の事業者団体はほとんど総て非法人化することが予想されるが、それでは法の実効を挙げがたいからである。

(2)　先例　労働関係調整法第二十九条に、違反行為について責任のある団体が「法人でない団体」である場合には、代表者その他業務を執行する役員に罰則を適用することになつている。

(3)　実効性　第十四条第四項に、法人でない団体の訴訟上の代表者を定めた外、法人を被告人とする場合、刑事訴訟上の規定を準用しているから非法人団体に罰則を適用することも事実上可能である。

唯刑の執行については、当該団体が任意組合や契約による結合体である場合には、団体の特有財産は、存しないから、構成員に対して構成員自身に対する科刑と併せ、二重の刑罰（罰金）を負担させる結果となる程もあり得るがかゝる場合には、運用でその適正を期する外はない。

七十四　第十五条の附加制裁は、公取が審決で解散を命じ得る以上不必要ではないか。

答　多くの場合には不必要であると思ふが、例えばある違反団体に対し審決に依つては違反行為の排除措置のみを命じ解散命令

に迄及ばなかつた場合において当該団体が悪質の審決違反の行為をしたようなときは、公取は告発と共に解散意見を附記することがあり得るし、このような場合には裁判所が相当と認めたときは解散命令が発せられること、なるのである。

七十五　第十六条について

答　この条項は、公取の専属告発を規定したもので、独禁に準ずるものであるが、この法律においては、すべての違反行為につき専属告発を規定することに依つてこの法律を公取をして専答せしめ、その運用の慎重を期すること、してゐるのである。

七十六　第十七条について

答　この規定は例えば事業者団体が、この法律の許容活動の範囲内で活動してゐる場合においても、これが、独禁法違反となることがあればその団体の構成事業者に対し別途独禁法を適用することは妨げないし、この法律第八条の排除措置をした後でも、更に、独禁法との観点上の規定より見て排除措置を必要とするが、ある場合においては、公取は独禁法を発動してその措置をとることができという意味である。

七十七　第十八条（施行期日）について――施行期日を延ばし、準備期間を置くことは如何

答　本法の禁止の対象となるような状態はできるだけ早く終滅することが望ましいので即日施行とした。

七十八　第十九条について

(1)　法令の規定が効力を失うということの意義如何

答　この法令の規定を適用して、その規定に合つた法律状態を創り出すことができないことでその規定違反に対し罰則を適用し、或はその規定に基いて、民事上の請求権を行使することができなくなる。

この法律違反の法令の規定は、具体的には団体の事業内容に関する規定が、この法律の許容する第四条の活動範囲を超える場合と、法令の規定に基づく団体の個々の行為が第五条の禁止規定に触れる場合がある。前者については、第六条による適用除外規定の適用を受けない特別法による団体、例へば塩業組合中央会、蚕糸業会、林業会等の事業内容を定めた規定の一部がこれに当る。

後者については物調法に繊維、木材につき事業者団体に、検査をさせる規定があるが、これらは失効する（その対象としては、国営検査、技術者による非事業者団体に、切換が考えられている）

(2)　契約の失効について

答　その契約に基く裁判上の請求権がなくなるということ、契約の一部が無効となる場合において当該契約の全部が失効するか

どうかはその一部が契約の要素をなすものであるかどうかによつてきまると思う。

〔資料60〕　衆議院商業委員会公聴会〔今村メモ〕（昭和二三年六月二六日）

衆議院商業委員会　公聴会（昭和二十三年六月二十六日）

一、意見を聴く問題
　事業者団体法案に就いて

二、公述人
　学識経験者

氏名（五十音順）	推薦団体又は職業
×赤松　要〔欠席〕	東京産業大学教授
小野　元士〔高宮晋〕	運輸省運輸調査局
川瀬　一貫〔欠〕	工業繊維株式会社社長
喜多村　実	東京商業者同盟事務局長
商工協同組□〔豊田雅孝〕	商工協同組合中央会理事長
難沢　勝三〔前澤慶治〕	全国銀行協会理事長 連合会総務部長
帆足　計	日本産業団体協議会事務局長
前田　一	日本経営者連盟□□
三樹　樹三	日本商工会議所事務理事
森川　覚三	東京工業試験所日本能率協会理事長

一般

氏名（五十音順）	職業	意見
井上　貞蔵	日本大学名誉教授	反対
立川　繁	日本機帆船業会専務理事	条件付賛成
中野金次郎	東京実連協会会長 主事	反対
吉田　隆	漁業者団体連盟事務局長	

六月二十六日　事業者団体法案公聴会

一、委員会開会ノ□一〇・四〇、

一、笹口委員発言　1)具体的ニ述ベテホシイコト、2)誤解ニ基クモノノ場合ニハソノ点ヲ公取長ニ明ラカニシテ貰ウコト

一、　委員　1)農業関係者ガイナイ

一、委員、　農業者カラハ文書デトル

一、日産協　帆足計　経済民主化、独占排除ハ絶対ニ必要　シカシ公正ナ□□ハ必要、国民経済ノ均衡ナ発展ノ為メニ必要ナ統制ヲ維持スルコトハ公正競争ト相関シテ必要デアル、同業者団体ハ公益的ナ一面モアッタ、憲法的□□□ノ具体化ノ問

〔資料60〕　衆議院商業委員会公聴会〔今村メモ〕（昭和23年6月26日）

題――事業者団体ハソノ具体化ノ問題、私益的ナ面ノ監視ト
　公益的面ノ活用、奨励
法案――団体ノ活動ヲキカイ的ニシバリスギテイル　九対十九、
地方ノ小キボ業者ノ微□□ノ共同購入、斡旋、集金、事業証明、
団体間ノ協力、ガ出来ナクナルト困ル、
◎ソノ他公共ノ利益ヲ害セズ、公取ノ認メタ行為ハ出来ル、
○統制ハ国家ガヤル、国家ハ官庁デアル、官庁ハ封建的□□的デ
アル、――統制ノ官庁□□□弊害ガ多イ、官庁ノ民主化ヲ□ス
ルコト、
○物調□□□団体ヲ活用シテイル、附則ノ活用ヲ希望スル、□
□□トシテノ□□ヲ□□、礼儀ト親切
○学術団体ニ対シテハコノ法律ヲ適用スベキデハナイ
○出版等ノ仕事ハ啓蒙事業デアッテ営利事業デハナイト思ウ――
官庁モコレヲ認メヨ
○経済復興会ギ、労資協力団体ダカラ□ラナイ
○集金、――削除、中小企業者ヲ圧迫スル結果トナル、
日経連、前田一氏、　石炭鉱業連盟常ム理事ヲ兼ネル
○業種別ノ団体＼
○地方別ノ団体／経営者団体
　　四月十二日□□
経済権ノ失地□□□□

○第四条　団体交渉ヲ認メテイル、然ルニ労働組合ハ団体交
渉□□□ナク広イ経済、政治、社会的活動ガ認メラレテイル、団
体交渉ガ出来ルトイウ丈デハ対等デハナイ、
労働□□ノ処理、調査、調整、資料ノ蒐集、刊行ノ出来ルコトガ
積極的ニ規定□□テホシイ
団体交渉ガ出来レバソレニ必要ナ行為ハ当然デキルデハナイカ
トイウ解釈ガアルガ、解釈問題ハ後日ニ疑問ガ残ルカラ積極的
ニ□示シテホシイ、
○対価ノ中ニ賃金ガ含マレルカドウカ、含マレレバ賃金ノ統制ガ
デキナクナル、賃金規定ヲヤルコトハ当然デアル、
○除名、融資、仲裁
日商三樹々三氏
一、必要性ハ理解出来ル、内容ニツイテ、
一、独禁□□□□ルト思ウガ、統制団体ガ□□□□イル場
合ニオイテ□団体ノ活動ヲ□□□□□□、然ルニビサイナ
点マデ制限シスギテイル、
四条ガ限定的デ、五条ノ禁止ガ無制限　コレヲ五条ヲ限定ト
シテ四条ヲ無制限トスル
十、前各号□□□□第五条第一項各号ニ該当シナイ行為
ヲスルコト
ト□□

○五条ノ禁止規定ガ厳格スギル、十五号、集金禁止、十六号紛
争ノ仲裁（了解ニ依リ円滑ニナサレル□□）
十七号「不当ニ」ヲ「不法ナ手段ニ依ッテ」ト改メルコト
十九号削除

○商工会ギ所ハ単ナル同業者ノ団体デハナイ、商工業者ガ□□、
消費者□利益、都市□□ル
□ノモノ故適用除外ニシテホシイ、

運輸調査局
調査課長　高宮氏

事業者ノ団体――二ツノ種類　コレラガ一緒ニナッテキカイ的
ニ扱ハレテイル、一ツハ同一業会ノ利益代表、従ッテ総合的ナ
モノ、他ハ合理化ヲ中心ニ組シキ□テイル、個別的ナモノ、両
者ハ性質ガ違ッテイルノデ一緒ニ扱ウコトハ弊害ガアル、公正
競争ヲ問題トスルトキハ前者丈デヨイ

合理化ノ為メノ個別的ナ□□、生産、流通面ノ合理化ハドウシ
テモ必要　蓄積ガ少イ、合理化遂行ノタメノ組織ノ必要　数個
ノ中小企業ガ混合組合ヲ作ル、

農業、漁業ノヨウナモノニツイテハノゾイテイル、

第四条　十号デ認可□□弾力性ヲモタセル
研究、技術、科学、「経営管理」モ入レル、
計算制度、経理ノ合理化モミトメル、
啓発宣伝、産業教育モ入レル

第五条　営業行為、組織的強制ハ不可ノ原則ハ可
然シ集金ノ禁止ハ省イタ方ガヨイ

喜多村実、小売業ノ立場カラ、ソノ□□団体ノ立場カラノ□□要
望、

商業秩序ノ混乱状態　失業人口の吸収、自由経済ト統制経済
ノ□□

ソノ建直シ、経営ノ合理化、協同化、

小売業者ハ□□問題　商工協同組合ノ「小規模経営」ノ□□
範疇

生業形態カラ企業形態ヘ――中□□ニ引上ゲル
□□□以外ハ小キボダトシテアレバヨイ、□□□ノ□□問題

第二条、事業者トシテノ直接共通利益

第五条、十九号　□除済

第六条、国民経済上ノ観点カラ経営ノ合理化、資源ノ濫費ノ
防止ノ為メノ団体デ公取ノ認可シタモノ（□□□□□□
……）――協同組合□
□会社□□ヲ可トスル場合ガアル、□□□□□□

徳永氏　賛成、但シ条件アリ、
1)目的、団体ノ発達ノ助長カ抑制カ、ハッキリシナイ、
今後ノアリ方ヲ示ス丈ナラ「正当ナ」ヲ削ル

2）四条ト五条ノ関係　四条ヲ生カシテ五条ヲ削ル方ガヨイダ
ローガ五条ハ親切心ナノダカラコレデヨイ、
信用保証協会
ドコカデ認可ノ含ミヲ持タセル
「商工会ギ所ガ」トイウノハ削ル
3）適用除外　商工□□——24条ノ条件付ヲ過度的ニヤメル
4）経過規定ガナイ、ユーヨ期間ヲ設ケルコト
機帆船組合、賛成
地区機帆船ノ事業者団体　適用除外
〃　運送事業ニオイテ常時雇傭船員
五十人ヲ超エナイ□□独禁法二十四条ノ要件ヲ備エタ□ノ団体
□船
□□機帆船　十八社
地区　〃　一万六千隻　四八万屯　船員6万人
ユ送実績　350□ノ50％
船員12千人　9割一抔船主船長
石炭ユ送
九州山口炭　毎月5／60万屯機帆会社、地区船団委員会千
八百隻、運ぶ数量32千屯
前沢氏　銀行協会連合会、東京銀行協会
事業者団体ヲ育成シテユク方針ニ依□□

第四条ト第五条トガコマカスギル
「商工会ギ所」ガ「原産地証明」シカデキナイ
第四号モセマスギル□質ノ改□ハデキテモ計算制度ノ改良ハ
デキナイ、非常ニコマカイ
許容活動ニ余裕ヲツケルカ、第五条十九号ガアッテキューク
ツスギル、但書ニオイテ許可□□ヲ入レル、
教育、親善ナドヲ許可スル
第四条四号「ソノ他構成事業者ノ業ムノ改善」
森川覚三
我国ノ業者ニハ競争ガアッテ協同ガナイ。此ノ法律ハ協同ヲ抑
圧スルモノダカラ絶対反対
改正
(1)事業者団体ノ範囲ガ余リニ広スギル
「二ツ以上ノ同種ノ事業者」ト改メル、
(2)学校ノ同窓会マデ入ル、少クトモ公益団体ハ除ク
(3)スベテ届出ル、十数万モアル、範囲ニ順位ヲツケル、
農漁民関係ノ事業団体ガ潰滅スルコト
(4)公取ノ許可（四条）
(5)特定事業者ヲ推薦スルコトヲ禁止スルノハ□カ解ラヌ
五条六号抹消
(6)九号、営業用施設、農漁民ヲ協同的ニモタセル

コレヲ削除スル

(7)科学研究施設ノ所有、経営ノ禁止モオカシイ、

削除

(8)営業□□ノ禁止、農漁村関係ヲ考エルト

削除

(9)五条十九号ノ□□、削除又ハ□□

鈴木氏　東京実連協会

任意団体ノ立場カラノ意見

活動ハ弊害ノナイ限リ全面的ニ許容シテホシイ

禁止行為ノミヲ列挙シテキルノハ不作為ヲ前提トスルモノデ

アルカラ本末テントウダ

修正

(1)五条一号、ト四条四号ハ表リノ関係ガアルカラ弊害ナキ限

リユルシテホシイ

(2)第五条第十二号　融資禁止、実情ニ即セヌ、

中小企業ノ特殊ナ金融キカンヲ正□トスル、事業者団体ニ

□□トヲ認メルコトアッセンヲ認メルコトモ□□□□

統合□□デユー資ヲ金ユーキカンニ申入レ莫大ナ資金ノ貸

付ヲ受ケル　□□□ノタメ断ワラレタ（登録キカンニ付）

ソノ他任意団体□□□□□テイル

(3)五条十四号　取引ノ代理トナル場合ハ公取ノ認可

(4)五条十六号　紛争ノ調停ヲミトメル□

(5)五条十九号削除　政府ニ進言、世論ノ振□ガデキナクナル

吉田隆　タコガヤカンニホウ□マレタ□□ナモノ

四条ニ許可事項ヲ入レル

五条十九号ヲ削除

十三条ヲ削除

□産業団体ト産業組合ガ除外ニナッテイルガコレデハ不充分

六条二項「十四人」トイウ数字「小キボ」ノ意味

漁業ニ関シテハ漁業協同組合ガデキル□□ヲ施行シナイ

〔資料61〕事業者団体法案中一部改正案（昭和二三年六月二九日）

○事業者団体法案中一部改正案（昭二三、六、二九）

第四条第一項に次の一号を加える。

十　前各号に掲げるものの外、公正取引委員会の認可した行為。

第四条第一項の次に左の二項を加える。

2　公正取引委員会は、前項第十号の規定による認可の申請があつた場合において、当該行為が私的独占禁止法の規定及び第五条第一項各号の規定に違反しないと認めるときは、これを認可

することができる。

3　公正取引委員会は、前項の規定による認可の申請に関し必要な規則を定めることができる。

第五条第一項第十六号「第四条第八号」とあるのを「第四条第一項第八号」と改める。

第五条第一項第十九号を削る。

第八条中「第五条の規定に違反する行為」とあるのを「第四条第一項各号に掲げる許容活動の範囲を超える行為又は第五条の規定に違反する行為」と改める。

〔資料62〕 事業者団体法修正案

○ 事業者団体法案中一部改正案　（昭二三、六、二九、）

第四条第一項に次の一号を加える。

十　前各号に掲げるものの外、公正取引委員会の認可した行為。

第四条第一項の次に左の二項を加える。

2　公正取引委員会は、前項第十号の規定による認可の申請があつた場合において、当該行為が私的独占禁止法の規定及び第五条第一項各号の規定に違反しないと認めるときは、これを認可することができる。

3　公正取引委員会は、前項の規定による認可の申請に関し必要な規則を定めることができる。

第五条第一項第十六号「第四条第八号」とあるのを「第四条第一項第八号」と改める。

第五条第一項第十九号を削る。

第六条第一項第三号に次のように加える。

ハ　種畜法（昭和二十三年法律第百五十五号）の規定に基いて設立された家畜登録協会

同条第二項を次のように改める。

2　この法律の規定は、小規模な事業者である個人が相互扶助を目的として設立した団体であつて、構成事業者の数が十九人をこえないものには、これを適用しない。この場合において小規模な事業者とは、従業員の数が二十人をこえないものをいう。

第八条中「第五条の規定に違反する行為」とあるのを「第四条第一項各号に掲げる許容活動の範囲を超える行為又は第五条の規定に違反する行為」と改める。

第九条第一項中「第五条の規定に違反すると認める場合」とあるのを「第四条第一項各号に掲げる許容活動の範囲を超えると認める場合又は第五条の規定に違反すると認める場合」と改め、「第五条の規定に違反する疑のある行為」とあるのを「第四条第一項各号に掲げる許容活動の範囲を超える疑のある行為又は第五条の規定に違反する疑のある行為」とに改める。

　第十四条第一項第三号中「一年以下の懲役若しくは」及び「その両者」を削る。

第十三条第二項中「第六条第六号若しくは第七号に掲げる」とあるのは「第六条第一項第六号若しくは第七号に掲げる」の誤。

第十四条第六項中「、第六十六条第一項」を削る。

〔資料63〕 The Trade Association Law（1948.7.5）

＊編注：アンダーラインは原文

THE TRADE ASSOCIATION LAW

Passed by the Diet on 5th July 1948

(Purpose)　Article 1. The purpose of this law is to define the legitimate scope of activities of trade associations and to provide for a system of their notification to the Fair Trade Commission.

(Definitions)　Article 2. The term "trade association" as used in this law shall mean any grouping or federation of groupings of two (2) or more entrepreneurs having among its purposes the furtherance of their common interests as entrepreneurs, in whatever form, whether established pursuant to any law, ordinance, order or contract, as a juridical or non-juridical entity, for profit or non-profit purposes, with or without requirement for registration, and whether composed of large or small-scale entrepreneurs, including but not limited to trade associations taking the following form;

1) any company, juridical associational entity (SHADAN HOJIN) or non-juridical associational entity (SHADAN) whose stockholders or partnership shareholders (or persons or parties similar thereto) consist of two (2) or more entrepreneurs;

2) any juridical foundation (ZAIDAN HOJIN) or non-juridical foundation (ZAIDAN) the appointment or dismissal of whose directors or administrators, the execution of whose business or whose existence is controlled by two (2) or more entrepreneurs;

3) any association (KUMIAI) whose members consist of two (2) or more entrepreneurs or any contractual combination of two (2) or more entrepreneurs;

2. The term "entrepreneur" as used in this law shall mean any person, juridical or non-juridical, who operates a commercial, industrial, financial or any other business enterprise, and any officers, employees, agents or other persons acting in its behalf.

3. The term "constituent entrepreneur" as used in this law shall mean the constituent members of a trade association, including the entrepreneurs provided for by each Item of Paragraph 1.

(Filing Requirements) Article 3. Within thirty (30) days after becoming a trade association (with regard to a trade association actually existing at the time of enforcement of this law, within thirty (30) days of said enforcement date) every trade association shall file a report of said fact with the Fair Trade Commission. Every such report shall be accompanied by the following documents or statements;

1) the articles of incorporation or association, by laws or copies of contracts;

2) a list of the names of the directors and other officers or administrators (in the case of an association (KUMIAI) or a contractual combination coming under Item 3 or Paragraph 1 of the preceding Article, the names of the constituent members of the association (KUMIAI) or those of the contracting parties);

3) in case establishment is based upon special law, ordinance or order, a statement describing the provisions thereof.

2. In case a trade association dissolves itself or undertakes any change in the matters coming under any one (1) of the items of the preceding paragraph, the said trade association shall, within thirty (30) days of the day of dissolution or change, file a report thereof with the Fair Trade Commission.

3. The Fair Trade Commission may fix such rules and regulations as are necessary for filing reports in accordance with the provisions of the preceding two (2) paragraphs.

(Permitted Activities) Article 4. A trade association may engage in only the following activities;

1) receiving voluntary submission of statistical data and publishing such data in summary form without disclosing business information or condition of particular entrepreneurs;

2) publishing technical or scientific information or potential market information which will assist the constituent entrepreneurs in the operation of their businesses and advance the skills and efficiency of the industry or trade;

3) providing for voluntary interchange of research or scien-

tific or technical information between the constituent entrepreneurs on an open and non-discriminatory basis (including the use of various benefits arising from the ownership or operation of natural science research facilities on an open and non-discriminatory basis whenever the ownership or operation of such facilities has been approved in accordance with the provisions of Paragraph 3 of Article 5);

4) fostering the development of quality standards, specifications and methods of improving efficiency of production and distribution only by means of voluntary contributions to appropriate governmental agencies, the Industrial Standards Investigating Committee (KOGYO HYOJUN CHOSA KAI), or other competent and generally recognized standardizing agencies or research institutions;

5) conducting general educational work or propaganda, or adopting resolutions expressing its position on matters of interest to the trade or industry;

6) conducting collective bargainning negotiations with labor unions when authorised and within the limits of due delegation of power on the part of any or the constituent entrepreneurs;

7) issuance of certificates of origins by chambers of commerce that are juridical associational duties (SHADAN HOJIN) whenever such certificates are required for customs clearance in foreign countries;

8) arbitrating or settling business disputes between a foreign entrepreneur, on the one hand and a constituent entrepreneur, or another, on the other hand;

9) assisting the functions of the Fair Trade Commission as provided for in Article 71 and other provisions of Law No.54 of 1947; Law Relating to Prohibition of Private Monopolization and Methods of Preserving Fair Trade (hereinafter referred to as the Anti-monopoly Law).

10) in addition to such activities or acts as provided for in the preceding items, carrying out any act for which the approval of the Fair Trade Commission has been granted.

2. The Fair Trade Commission may, in case it receives an application for approval in accordance with the provisions of Item 10 of the preceding paragraph, grant approval when it determines that the act in question does not violate the provisions of the Anti-monopoly Law or those of Item 1 to Item 18 inclusive

of Article 5.

3. The Fair-Trade Commission may fix such rules and regulations as are necessary for filing applications as provided for in the preceding paragraph.

(Prohibited Activities) Article 5. No trade association shall engage in any one (1) of the following activities;

1) controlling or attempting to control production or distribution by any means, including allocation of raw materials or orders, formulating or submitting plans or programs to the Government for the allocation of raw materials, goods or facilities;

2) participating in or undertaking any contract or agreement the contents of which include such matters as coming under any one (1) of the Items of Paragraph 1 of Article 4 or any one (1) of the Items of Paragraph 1 of Artiole 6 of the Anti-monopoly Law;

3) participating in or undertaking any contract or understanding which unduly restrains trade or controls prices, or which will have the effect thereof, between the constituent entrepreneurs, such an entrepreneur and his suppliers of commodities, funds and other economic benefits or his customers, or between such an entrepreneur and his competitors;

4) controlling or fixing prices or undertaking any action for the purpose of affecting prices by any means, including dissemination of informanion concerning future prices terms and conditions of sale, or customer classification;

5) restricting or attempting to restrict the present or future number of ertrepreneurs in any particular field;

6) giving favor or causing disadvantage to a specific entrepreneur or entrepreneurs by dis seminating lists of approved or preferred entrepreneurs, lists for blacklisting or boycotting any entrepreneur, information misrepresenting the business or financial or credit standing of any entrepreneur, or by any other means;

7) compulsorily requiring the constituent entrepreneurs to submit reports on sales, prices, terms, orders, inventories, production, plant capacities, or business accounts, activities or facilities; or advising on, inspecting, or investigating the business affairs of the constituent entrepreneurs without their consent;

8) restricting or attempting to restrict the functions or acti-

vities of the constituent entrepreneurs;

9) owning or operating business facilities or owning stocks (including partnership shares; hereinafter the same) or debentures;

10) owning or operating facilities for carrying out research in any field of natural science; provided that the foregoing shall not apply whenever the Fair Trade Commission has approved the ownership or operation thereof;

11) owning or controlling patents, or providing facilities or other services for the licensing or pooling of patents;

12) making loans to the constituent entrepreneurs or others;

13) engaging in business in any field including buying, selling, producing, manufacturing, processing, handling, warehousing, transporting or distributing;

14) acting as agent in business transactions or becoming a party to business contracts on behalf of the constituent entrepreneurs or others;

15) collecting accounts for the constituent entrepreneurs or others;

16) arbitrating or settling disputes between the constituent entrepreneure or others, or attempting to control the name; provided that the foregoing shall not apply to such as permitted by Item 8 of Paragraph 1 of Article 4;

17) unduly influencing legislation or government policy;

18) participating in, regulating, or affecting bids for government or private orders by acting as a depository, or otherwise;

2. No trade association shall commit any act in whatever manner or form to evade the prohibitions or restrictions provided for in the preceding paragraph.

3. The Fair Trade Commission shall, in case it receives an application for approval in accordance with the proviso of Item 10 of Paragraph 1, grant such approval whenever the applying trade association meets with the following conditions;

1) membership or participation in the trade association is open to entrepreneurs generally throughout the industry on such fair and non-discriminatory terms as will actually make participation or membership therein reasonably available and within the means of such entrepreneurs generally who wish to join;

2) the constituent entrepreneurs of the trade association shall not consist only of a relatively few dominant or lead-

ing competitors in the industry, nor shall voting and association activities, or the benefits resulting from the ownership and operation of natural science research facilities, be controlled by such dominant or leading competitors;

3) the benefits flowing from the ownership and operation of such research facilities shall be available to the constituent entrepreneurs of the trade association, regardless of the number of shares held, the amount of financial contributions, or the size of the entrepreneur:

4. As to any matter coming under Item 10 of Paragraph 1 (excluding the proviso), the Holding Company Liquidation Commission may, pursuant to a final order or a modification thereof issued in accordance with the provisions of Law No.207 of 1947: Elimination of Excessive Economic Concentrations Law, make reasonable exceptions from the conditions set forth in each of the items of the preceding paragraph for such period of time as shall be prescribed in its order. Such a final order or modification thereof issued pursuant to the provisions of the Elimination of Excessive Economic Concentrations Law whose contents include any matter coming under Item 10 of Paragraph 1 shall constitute the approval required by the proviso of said Item.

5. The Fair Trade Commission may fix such rules and regulations as are necessary for filing applications as provided for by the proviso of Item 10 of Paragraph 1.

(Exempted Organizations) Article 6. The provisions of this law (except Article 3) shall not apply to any of the following organizations;

1) cooperative associations and other organizations which conform with the qualifications set forth in Article 24 of the Anti-monopoly Law and are established under the provisions of the following laws;

a. Law No.34 of 1900; Industrial Association Law (SANGYO KUMIAI HO);

b. Law No.11 of 1905; Salt Monopoly Law (SHIO SENBAI HO);

c. Law No.23 of 1937; Fishing-boat Insurance Law (GYOSEN HOKEN HO);

d. Law No.47 of 1941; House Owners Association Law (KASHIYA KUMIAI HO);

e. Law No.45 of 1943; Urban Credit Association Law (SHIGAICHI SHINYO KUMIAI HO);

f. Law No.57 of 1945; Silk-reeling Industry Law (SAN-

SHIGYO HO);

g. Law No.35 of 1946; Forestry Association Law (RINGYO KAI HO);

h. Law No.51 of 1946; Commercial and Industrial Cooperative Association Law (SHOKO KYODO KUMIAI HO);

2) Trade associations established under the provisions of the following laws;

a. Law No.12 of 1902; Hokkaido Public Works Association Law (HOKKAIDO DOKO KUMIAI HO);

b. Law No.43 of 1907; Forestry Law (SHINRIN HO);

c. Law No.50 of 1908; Irrigation Association Law (SUIRI KUMIAI HO)

d. Law No.30 of 1910; Arable Land Readjustment Law (KOCHISEIRI KUMIAI HO), including such cases where said provisions are applied mutatis mutandis in Paragraph 2 of Article 12 of Law No.36 of 1919: Urban Planning Law (TOSHI KEIKAKU HO);

e. Law No.1 of 1915; Horse Association Law (BAHITSU KUMIAI HO);

f. Law No.70 of 1922; Health Insurance Law (KENKO HOKEN HO);

g. Law No.42 of 1923; Agricultural Central Depository Law (NORIN CHUO KINKO HO);

h. former Law No.24 of 1931; Sericultural Association Law (KYU SANSHIGYO KUMIAI HO);

i. Law No.37 of 1931; Pasture Land Law (BOKUYA HO);

j. Law No.21 of 1933; Agricultural Village Debt Adjustment Association Law (NOSON FUSAI SEIRI KUMIAI HO);

k. Law No.14 of 1936; Commercial and Industrial Central Depository Law (SHOKO CHUO KINKO HO);

l. Law No.15 of 1938; Agricultural Cooperative Association Autonomous Inspection Law (NOGYO KYODO KUMIAI JICHIKANSA HO);

m. Law No.60 of 1938; National Health Insurance Law (KOKUMIN KENKO HOKEN HO);

n. Law No.39 of 1943; Wooden-boat Insurance Law (MOKUSEN HOKEN HO);

o. former Law No 46 of 1943; Agricultural Organization Law (KYU NOGYO DANTAI HO);

p. Law No.47 of 1943; Fisheries Organization Law (SUISAN DANTAI HO);

q. Law No.132 of 1947; Agricultural Cooperative Association Law (NOGYO KYODO KUMIAI HO);

r. Law No.185 of 1947; Agricultural Disaster Indemnity Law (NOGYO SAIGAI HOSHO HO);

3) The following organizations:

a. securities exchanges established pursuant to the provisions of Law No.25 of 1948: Securities Transactions Law (SHOKEN TORIHIKI HO);

b. commodities exchanges established pursuant to Law No.5 of 1893: Commodities Exchange Law (SHOHIN TORIHIKI HO);

c. non-life insurance rating organizations established pursuant to Law No.—of 1948: Non-life Insurance Rating Organization Law (SONGAI HOKEN RYORITSU DANTAI HO);

d. animal stock breeding associations established pursuant to Law No.155 of 1948: Stock Breeding Law (SHUCHIKU HO)

4. the following organizations, to the extent that they execute legitimate activities necessary for their particular functions;

a. clearing house associations attached to securities and commodities exchanges provided for in the preceding item;

b. bill clearing houses designated in accordance with the provisions of Law No.20 of 1932: Bill of Exchange Law (TEGATA HO) and those of Law No.57 of 1933 Cheque Law (KOGITTE HO);

c. associational entities (SHADAN HOJIN), the purposes of which are supplying news to those engaged in the newspaper or radio broadcasting businesses;

d. syndicate organizations organized by persons or parties engaged in financial business for the purpose of a joint financing or joint under-writing or sales of a single issue of securities.

5. organizations designated in accordance with the provisions of Article 1 of Imperial Ordinance No.74 of 1947: Closed Institutions Ordinance;

6. organizations under designation pursuant to the provisions of paragraph 2 of the Supplementary Provisions of Law No.32 of 1946; Temporary Commodities Supply and Demand Adjustment Law;

7. organizations registered as shipping, collecting or receiving

agencies, or wholesale or retailers for designated rationed commodities pursuant to orders issued under the Temporary Commodities Supply and Demand Adjustment Law; provided that the foregoing shall not apply after the lapse of ninety (90) days of the day of enforcement of this Law.

8. The Japan Shipping Exchange, Inc. (SHADAN HOJIN NIHON KAIUN SHUKAIJO) to the extent of legitimate activities necessary for arbitrating or settling disputes on matters relating to ship charterings, marine transportation, marine insurance, buying and selling of ships, collisions between ships or marine salvage between the constituent entrepreneurs themselves, the constituent entrepreneurs and ethers, or other persons or parties, which were referred to it prior to the enforcement of this law or prior to ninety (90) days after the day of enforcement of this Law.

2. The provisions of this law shall not apply to any organization formed for the purpose of mutual-aid and whose constituent entrepreneurs consist of less than nineteen (19) individual small-scale entrepreneurs. The term "small-scale entrepreneur", as used in this case shall mean an entrepreneur who emloys not more than twenty (20) employees.

(Exempted Acts)　Article 7 The provisions of Article 5 shall not apply to legitimate acts of a trade association carried out in accordance with the provisions of the following laws and ordinances, or ordinances of orders issued thereunder:

1) Law No.52 of 1919; Local Railway Act (CHIHOTETSUDO HO), Paragraph 1 of Article 25 (including such cases where said provisions are applied mutatis mutandis in Article 26 of Law No.76 of 1921: Narrow Gauge Railway Act";

2) Law No.191 of 1947; Road Transportation Act (DORO UNSO HO), Article 23 and Paragraph 1 of Article 24 (limited only to agreements with regard to joint use of facilities, connecting transportation, joint management operation and transportation)

3) Law No.14 of 1904; Tobacco Monopoly Law (TABACO SENBAI HO), Article 20-2;

4) Law No.26 of 1910; Electric Measuring Act (DENKI SOKUTEI HO), Article 7;

5) Law No.11 of 1933; Marine Safety Act (SENPAKU ANZEN HO), Article 8;

6) Law No.26 of 1936; Major Export Commodities Control Law (JUYO YUSHUTSUHIN TORISHIMARI HO);

7) Law No.36 of 1934; Expert Marine Products Control Law (YUSHUTSU SUISANBUTSU TORISHIMARI HO);

8) Imperial Ordinance No.542 of 1945: Imperial Ordinance on Orders to be issued as the Result of Acceptance of the Potsdam Declaration;

(Necessary Measures to Eliminate Violations) Article 8. In case there exists any act going beyond the permitted activities provided for by each Item of Paragraph 1 of Article 4 or any act which comprises a violation of the provisions of Article 5, the Fair Trade Commission many order the trade association concerned, in accordance with the procedures as provided for in Article 9 hereof, to cases such act, to dispose of its assets to dissolve, or to take any other measures necessary to eliminate such violation.

(Procedure) Article 9 The provisions of Articles 40 through 44 of the Anti-monopoly Law relating to the powers of the Fair Trade Commission and those of Articles 45 through 64, Paragraph 2 of Article 66, Articles 67 through 70, Articles 73 through 83 and Article 88 of said law relating to procedure and legal suits, including reports of violations, investigations, hearings, decisions, suits to revoke or modify decisions and filling of accusations with the Procurator General and other matters necessary to the disposition of cases, and the rules and regulations or orders issued thereunder shall be applied mutatis mutandis to the carrying out of the functions of the Fair Trade Commission necessary to attain the purpose of this law as well as to matters, cases and criminal violations arising under this law Wherever the following terms appear in the forementioned provisions (excluding Article 40 and Article 41) of the Anti-monopoly Law, (a) "entrepreneur," (b) "when it deems that an entrepreneur has effected a private monopolization, or has undertaken an unreasonable restraint of trade or has employed unfair methods of competition, or when it deems that undue disparities in bargaining power exist," (c) "such measures as provided for by Article 7, Paragraph 1 of Article 8 or Article 20,", and (d) "an act suspected of private monopolization, unreasonable restraint of trade or unfair method of competition," they shall be read (a) "trade association," (b) "when it deems a trade association has gone beyond the permitted activities provided for by each Item of Paragraph 1 of Article 4 or when it deems that a trade association violated the provisions of Article 5," (c) "such measures as provided for by Article 8.", and (d) "an act suspected of going beyond the permitted activities as provided for by each Item of Paragraph 1 of Article 4 or an act suspected of violation of the provisions of Article 5", when applied mutatis mutandis to this Law.

2. The Fair Trade Commission shall, in case it receives an application for approval in accordance with the provisions of Paragraph 3 of Article 5 or those of Paragraph 3 of Article 13, reject such application by decision when it deems that the application does not meet with the conditions provided for in each Item of Paragraph 3 of Article 5.

3. The provisions of Paragraph 2 of Article 65 and those of Paragraph 1 of Article 66 of the Anti-monopoly Law shall be applied mutatis mutandis to such applications, approvals or decisions as provided for in the preceding paragraph.

(Reports.)　Article 10. The Fair Trade Commission may, in order to carry out the provisions of this Law in a fair and proper manner, order a trade association to submit such reports, information or data as are deemed necessary.

(Public Prosecutors)　Article 11. Public prosecutors included in the personnel of the staff office of the Fair Trade Commission may assume responsibilities with respect to duties concerned with a criminal violation of the provisions of this Law.

(Jurisdiction of High Court of Tokyo)　Article 12. Jurisdiction of primary trials of any suit coming under any one of the following items shall rest with the High Court of Tokyo:

1) a suit concerning a decision of the Fair Trade Commission;

2) a suit concerning an offense as provided for by each item of Article 14.

2. All suits as provided for in the preceding paragraph, all cases arising under Article 9 of this law by applying mutatis mutandis the provisions of Paragraph 1 of Article 62, Paragraph 1 of Article 63 (including such cases where said provisions are applied mutatis mutandis in Paragraph 2 of Article 68) and Paragraph 1 of Article 67 of the Anti-monopoly Law as well as all cases arising under Paragraph 6 of Article 14 of this law by applying mutatis mutandis the provisions of Article 97 and Article 98 of the Anti-monopoly Law shall come under the exclusive jurisdiction of the panel of judges established within the High Court of Tokyo in accordance with the provisions of Paragraph 1 of Article 87 of the Anti-monopoly Law.

(Disposition of Property)　Article 13. All business facilities, facilities for the carrying out of research in the field of natural science, stocks or debentures（excluding stocks or debentures required to be disposed of in accordance with the provisions of Cabinet Order No.238 of 1947; Cabinet Order on Dispositions pursuant to Article 104 of the Anti-monopoly Law, Cabinet Order No.239 of 1947; Cabinet Order on Dispositions pursuant to Article 105 of the Anti-monopoly Law, and Cabinet Order No.43 of 1948; Cabinet Order on Dispositions of Stocks or Debentures pursuant to Article 107, Article 108 and Article 110 of the Anti-monopoly Law）and patents actually owned by a trade association at the time of enforcement of this law, shall be disposed of within ninety（90）days of the enforcement date of this law.

2. The provisions of the preceding paragraph shall be applied to cases where an organization newly becomes a trade association or where an organization provided for by Item 6 and Item 7 of Article 6 comes to receive application of the provisions of this law（excluding those of Article 3）. In the foregoing cases, the terms "the day of enforcement of this law" shall read as "the day it becomes a trade association or the day when it receives application of the provisions of this law（excluding those of Article 3）".

3. Every trade association shall, in case it desires to retain ownership or to continue operation of natural science research facilities when it actually owns or operates such facilities in such cases as coming under the preceding two（2）paragraphs, file an application to such effect with the Fair Trade Commission within such period of time as provided for in Paragraph 1 and obtain its approval.

4. The provisions of Paragraph 3 of Article 5 shall be applied mutatis mutandis to such applications as provided for in the preceding paragraph.

5. The provisions of Paragraph 4 of Article 5 shall be applied mutatis mutandis to such cases as coming under Paragraph 1 to Paragraph 3 inclusive.

6. The Fair Trade Commission may, upon a application, extend the limit of time provided for in Paragraph 1 whenever it deems that special circumstances justify an extension. In such cases and in cases where applications have been filed pursuant to the provisions of Paragraph 3, the running of the ninety（90）day period shall be tolled until said application is either approved or rejected.

7. Every trade association shall, within thirty（30）days after

disposal in accordance with the provisions of Paragraph 1 and Paragraph 2, file a report with the Fair Trade Commission setting forth the manner of disposal.

8. The Fair Trade Commission may fix such rules and regulations as are necessary for filing of applications and reports provided for in Paragraph 3 and the preceding two (2) Paragraphs.

(Penalties)　Article 14. In case of violation of the provisions of this Law, the penalties against the violater shall be any of the following penalties;

1) for violating the provisions of Article 5, a penal servitude for not more than two (2) years or a criminal fine not more than thirty thousand yen (¥30,000), or both;

2) for failure to comply with a decision as provided for by Paragraph 3 of Article 48 and Article 54 of the Anti-monopoly Law when said provisions are applied mutatis mutandis under Paragraph 1 of Article 9, a penal servitude for not more than two (2) years or a criminal fine not more than thirty thousand yen (¥30,000), or both;

3) for failure to file reports provided for by Article 3 or for filing false reports, a criminal fine not more than twenty thousand yen (¥20,000);

4) for failure to dispose of business facilities, natural science research facilities, stocks, debentures or patents within such period of time as provided for by Paragraph 1, Paragraph 2 or Paragraph 6 of Article 13, or for failure to file reports in accordance with the provisions of Paragraph 7 of said Article or for filing false reports thereof, a penal servitude for not more than one (1) year or a criminal fine not more than five thousand yen (¥5,000), or both;

5) for failure to submit reports, information or data as provided for by Article 10 or for filing false reports, information or data thereof, a criminal fine not more than five thousand yen (¥5,000)

2. In case of any violation as provided for in the preceding paragraph, the directors and other officers or administrators, or the constituent entrepreneurs (in case a constituent entrepreneur is acting on behalf of another entrepreneur, including such other entrepreneurs) of the trade association involved shall, whenever they had knowledge of the violation and failed to take necessary measures to prevent or to remedy such violation, be subject to such criminal fines as provided for in each of

the items of the preceding paragraph.

3. In case of any violation as provided for by Paragraph 1, the trade association itself, whether juridical or non-juridical, shall be subject to such criminal fines as provided for in each of the items of Paragraph 1.

4. Where a non-juridical trade association is subject to punishment in accordance with the provisions of the preceding paragraph, its representative or administrator shall represent said trade association in the case concerned and, furthermore, the provisions of law on criminal suits where a juridical person is the defendant shall be applied mutatis mutandis.

5. The provisions of Paragraph 2 shall, in case the directors and other officers or administrators, or the constituent entrepreneurs are in themselves juridical persons or other organizations, apply to the directors and other offcicers or administrators of such organizations.

6. The provisions of Article 94, Article 97, Article 98 and Article 99 of the Anti-monopoly Law shall be applied mutatis mutandis to violations arising from such cases where the provisions of Article 40, Article 46, Paragraph 3 of Article 48, Article 54, Paragraph 1 of Article 66 and Paragraph 1 of Article 67 of the Anti-monopoly Law are applied mutatis mutandis in this Law.

(Addiltional Punishment) Article 15. In addition to any penalty provided for in each item of Paragraph 1 of the preceding Article, the sentence of the Court may, where sufficient grounds exist, include dissolution of the trade association.

2. Where the sentence includes dissolution, in accordance with the provisions of the preceding paragraph, the trade association shall become dissolve thereby, notwithstanding the provisions of any other law, ordinance, order, or contract.

(Accusations) Article 16. Any offense under each item of Paragraph 1 of Article 14 shall be considered after the filing of an accusation by the Fair Trade Commission. The provisions of Paragraph 2 and Paragraph 4 of Article 96 of the Anti-monopoly Law shall be applied mutatis mutandis with regard to such an accusation.

2. The Fair Trade Commission may, when filing an accusation in accordance with the provisions of the preceding paragraph and when it deems that the sentence shall carry with it dissolution of the trade association, state said fact in its accusation.

(Anti-monopoly Law Unaffected) Article 17. The provisions of the

Anti-monopoly Law and the functions and powers of the Fair Trade Commission thereunder shall not in any manner be repealed, modified or amended by this law.

(Enforcement Date)　Article 18. This law shall be enforced from the date of its promulgation.

(Conflicting Laws and Contracts)　Article 19. The provisions of existing laws, ordinances, orders, contracts, articles or charters in conflict with this law at the time of its enforcement shall become null and void from such date.

（2） 衆議院審議

〔資料64〕 衆議院商業委員会議録第九号（昭和二三年六月一九日）—提案理由説明

昭和二十三年六月十九日（土曜日）
　午前十一時十五分開議

出席委員
　委員長　堀川　恭平君
理事石神　啓吾君　理事笹口　晃君
関内　正一君　多田　勇君
冨永格五郎君　前田　郁君
松井　豊吉君　山本　猛夫君
林　大作君　松原喜之次君
師岡　栄一君　山口　静江君
岡野　繁蔵君　桜内　義雄君
唐木田藤五郎君　小枝　一雄君

出席国務大臣
　国務大臣　苫米地義三君

出席政府委員
　大蔵事務官　福田　赳夫君

本日の会議に付した事件
公聴会開会に関する件
連合審査会開会に関する件
事業者団体法案（内閣提出）（第一一六号）
貿易資金特別会計法の一部を改正する法律案（内閣提出）（第七五号）

○堀川委員長　ただいまより会議を開きます。

先日本委員会に付託になりました事業者団体法案及び貿易資金特別会計法の一部を改正する法律案を一括議題といたします。本日は時間の都合もございますので、いずれも提案理由の説明だけにいたします。

まず事業者団体法案について政府当局の提案理由の説明を求めます。

事業者団体法案　＊編注：資料57を参照

○苫米地国務大臣　ただいま上程せられました事業者団体法案につきまして、その提案理由を説明いたします。

わが国の経済、特に戦時中の統制経済におきましては、いわゆる産業団体、すなわち本法案におきまする事業者団体は、業界組織化の中核的な存在といたしまして、統制の遂行に所要の寄与をなしてまいったのであります。しかるに、敗戦後は、戦時統制方式の全面的撤廃とともに、臨時物資需給調整法、各種公団法の登場等によりまして、新しい統制方式が樹立せられたのであります。すなわち統制の責任と機能とを、政府または政府機関に一元化いたしまして、民間の事業者団体によります直接または間接の統制業務への参与は、原則として、これを認めないこととなりました。もっとも、この統制方式の切換えにあたって過渡的措置としましては、臨時物資需給調整法附則による指定を受けた事業者団体に限り、統制業務の補助が認められてまいったことは、御承知の通りであります。

かくて従来の事業者団体は、多少とも統制に参与いたした限りにおいて、一応清算の措置が講ぜられることとなりました。すなわち、閉鎖機関令によります各種統制団体の閉鎖機関への指定がそれであり、また、私的独占禁止法の規定に基きまして統制団体について解散計画の提出を命じました昭和二十二年政令第二百三十八号がそれであります。これまでの事業者団体の大部分は、この二つの措置のいずれかによりまして早晩消滅をいたすべき状況におかれているわけであります。

かかる事情のもとにおきまして、従来の統制的な事業者団体に代るべき新しい事業者団体のあり方というものが、明示される必要が当然に起ってまいりました。民主的な経済体制のもとにおきまして、事業者団体の活動の範囲というものを、法律を以て明示いたし、その将来の活動方向を周知させますことはまさに刻下の要請に副うゆえんでありまして、本法案の登場を促しました理由も、主としてここにあるのであります。

次に、今後のわが国の経済体制の基本的な原則は、昨年公布施行されました、いわゆる私的独占禁止法の宣明いたすところでありますが、この基本原則とは、取引一般における自由にして公正なる競争の保全擁護ということにほかなりません。しかるに、事業者団体の大部分は、同業者の相結束するところの団体でありまして、本来競争関係にあるものの結合体が主たるものと申せるものであります。競争者が結合いたせば、その結合体は、ある場合には、生産制限価格統一ないし販路分割のためのカルテルと化し、相互の競争を不当に制限するような効果を、意識的にまた無意識的に追究いたす危険性が内包されてくるのであります。もとより、事業者団体の本来の目的は、技術の改善、能率の向上等を具現いたすことによりまして、事業に関する共通の利益を増進するところにおかれるのでありましょうが、その反面、ただいま申し上げました競争の拘束という好ましからざる事態の発生を常に戒心いたさねばならないのであります。

従いまして、私的独占禁止法の法益といたしておる競争の自由

〔資料64〕 衆議院商業委員会議録第９号（昭和23年６月19日）—提案理由説明

と公正とを保全するためには、事業者団体がカルテル化し、同業者間の競争を減少させる危険性につきまして、あらかじめこれを防止することが当を得たものであります。すなわち、その手段といたしましては、一切の事業者団体につきまして、届出制を設けまして、その存否を明かにいたしますとともに、正当な活動の範囲を定めまして、競争を拘束する危険性のある特定の行為を禁圧することがあげられるのであります。以上が本法案を提出するに至った趣旨でありこの趣旨達成のために正当な活動範囲を定め、かつ届出制を実施しようというのが本法の目的であります。

次に、この法案の内容につきまして、少しく御説明いたします。先ず、この法案におきまして事業者団体とは、何を意味するかを第二条において定義いたしました。すなわち、それは、二以上の事業者によって事実上構成されている会社、社団法人、財団法人、人格なき社団、財団のほか、組合または契約による単なる結合体等凡そ一切の法的結合体を通じまして、事業者としての共通の利益の増進をこの目的として含むものを指すのであります。すなわち、いわゆる同業者の結成いたします某々工業会、協会等の団体のみならず、異種の事業者の地域的結合体としての商工会議所等もまた本法案の対象のうちに含まれるわけであります。さらに、事業者の利益を代表する者、たとえばいくつかの会社の役員または職員の会同のような結合体も、おのおのが代表する当該事業者間の共通の利益の増進を目途といたす限り、本法案の事業者団体に加えております。かくの如く本法案におきましては、事業者団体の範囲を、通常の観念に比しまして、きわめて広いものとして、規定いたした次第であります。

第三条におきましては、事業者団体の成立、解散並びに定款変更等の場合につきまして、公正取引委員会に対する届出義務を規定いたし、その存立の状況を終始明白ならしめるようにいたしたのであります。

第四条は事業者団体の正当な活動範囲を、積極的に明かならしめた規定でありまして、すなわち、事業者団体は、本条の第一号から第九号に掲げました活動に限り、これを遂行することができるのであります。もっとも、この各号に列挙いたしました事項は、厳密な意味において形式的に狭義に解されるものではなく、活動の実体が各号の趣旨に則するものをも含むものとして広義に解されるべきものであり、従ってその解釈は、相当の弾力性に富むものといたしております。第五条におきましては、逆に事業者団体について禁止されるべき行為を、第一項の第一号から第十九号にわたりまして相当具体的に列挙いたし、事業者団体の正当な活動範囲を消極的に明かならしめるごとく規定いたしました。そして、第十九号におきまして、第四条の許容活動の範囲を越える活動を禁止いたしますとともに第二項におきまして一切の脱法行為をも併せて禁止いたしまして、競争保全の措置の万全を期した次第であります。

なお事業者団体が自然科学研究用の施設を所有または経営いたしますことは、第一項第十号の規定により原則として禁止されているのでありますが、会員の加入、脱退が自由で、研究の成果等を会員が公平に利用できるような団体に対しては、公正取引委員会が、審査の上その所有又は研究を認可すること、又過度経済力集中排除法の決定指令に依って事業者団体が研究施設を所有又は経営する場合には、公正取引委員会の認可を不要とすることと定めて、科学研究の向上にも遺憾のないことを期しているのであります。

次に、この法律案の適用を除外されるべきものにつきまして、御説明いたします。独占禁止法におきましても適用除外という問題があり昭和二十二年法律第一三八号がそれを規定いたしたのでありますが、統制の必要と自由競争との調整点をどこに見出すか、すなわち適用除外をいかなる範囲とするかということは重要な問題となるのであります。本法案におきましても、本法の施行によりただちに経済界に甚大なる混乱を惹起することのないよう意を用いたのでありまして、適用除外の範囲が相当広範囲となっておるのであります。すなわち、まず第六条は、事業者団体ではありながら、本法案の各規定の適用を受けないものを規定いたしております。大部分は協同組合的な性格を有する団体でありまして、協同組合というものは元来小規模の事業者の相互扶助を目的とするものでありますがゆえに、本法の適用から除外したのでありますが、協同組合以外にも臨時物資需給調整法附則の規定に基いて指定されている団体、閉鎖機関に指定された団体、取引所ないし手形交換所等を除外いたしております。第七条は、事業者団体の行為であって、第一号から第八号までに掲げました法令の規定またはその法令に基く命令の規定によって行う正当な行為には、第五条の禁止行為の適用なきことを規定いたしたのであります。

次に、第八条ないし第十一条におきましては、この法律案第五条の規定の違反状態の排除措置の内容並びに手続に関して、規定を設けました。すなわち、それらの規定によりまして事業者団体が禁止行為に従事いたしました場合には、私的独占禁止法所定の手続に準じまして、公正取引委員会による調査、勧告、審判手続、審決が行われ、かつその審決に対しては、東京高等裁判所に対する訴訟の途が開かれておるのであります。換言すれば、事業者団体が禁止行為に従事しているか否かの認定並びに禁止行為の排除に関する措置は、慎重な手続を経て、公正妥当に行われるべきことが要求されている次第であります。

罰則に関しましてはおおむね独占禁止法の量刑に準じまた本法案による罪は、公正取引委員会の告発を待って論ずることといた

〔資料64〕　衆議院商業委員会議録第９号（昭和23年６月19日）
—提案理由説明

したのであります。

以上本法律案の目的並びに概要につきまして、御説明申し上げました。何とぞ御審議の上、速やかに御可決あらんことを御願いいたします。

○**笹口委員**　議事進行について。
○**堀川委員長**　笹口君。
○**笹口委員**　事業者団体法案については、公聴会の開会並びに、鉱工業委員会との連合審査会の開会、貿易資金特別会計法の一部を改正する法律案については、財政及び金融委員会との連合審査会開会に関する動議を提出します。
○**堀川委員長**　ただいまの笹口委員の動議に御異議ございませんか。
〔「異議なし」と呼ぶ者あり〕
○**堀川委員長**　それではさよう決定いたします。次に、お諮りいたします。公聴会を開きますには、衆議院規則第七十七条によりましてまず、予め議長の承認を得なければなりません。ただいまちょうど議院運営委員会が開かれておりますので、これから早速承認要求書を提出いたしたいと存じますが、さよう御了承願います。
午前はこれで一旦休憩にいたしまして、議長の承認を得ましたならば、あらためて午後公聴会開会についての決議並びに公聴会の案件や日時その他手続等について、協議いたしたいと存じますが、御異議ございませんか。

〔「異議なし」と呼ぶ者あり〕
○**堀川委員長**　それでは休憩にいたします。午後の再会時刻はマイクでお知らせいたしますが、大体一時と予定いたしておきます。
午前十一時五十五分休憩

午後一時開議
○**堀川委員長**　先刻議長より公聴会開会の承認を得ました。つきましては公聴会の案件を、事業者団体法の制定によって受ける各事業者の影響についてといたしまして、来る二十六日午前十時より開きたいと思いますが、御異議ございませんか。
〔「異議なし」と呼ぶ者あり〕
○**堀川委員長**　それではさよう決定いたします。公聴会開会についての一切の諸手続は委員長に御一任願いたいと存じますが、御異議ございませんか。
〔「異議なし」と呼ぶ者あり〕
○**堀川委員長**　ではさよう決定いたします。
本日はこれにて散会いたします。

午後一時二十分散会

〔資料65〕　衆議院商業委員会鉱工業委員会連合審査会議録第三号（昭和二三年六月二三日）―提案理由説明

昭和二十三年六月二十三日（水曜日）
　午後一時五十二分開議

出席委員
　商業委員会
　委員長　堀川　恭平君
　理事福永　一臣君　理事石神　啓吾君
　理事笹口　晃君
　　多田　勇君　前田　郁君
　　松井　豊吉君　金子益太郎君
　　林　大作君　松原喜之次君
　　師岡　栄一君　山口　静江君
　　岡野　繁蔵君　桜内　義雄君
　　唐木田藤五郎君　小枝　一雄君
　　赤松　明勅君
　鉱工業委員会
　委員長　伊藤卯四郎君
　理事渋谷雄太郎君　理事生悦住貞太郎君
　　有田　二郎君　生越　三郎君
　　神田　博君　淵上房太郎君
　　今澄　勇君　菊川　忠雄君
　　金子　定吉君　成田　知巳君
　　萬田　五郎君　村尾　薩男君
　　西田　隆男君　三好　竹勇君
　　豊澤　豊雄君　高倉　定助君
出席政府委員
　公正取引委員会委員長　中山喜久松君
　公正取引委員会委員　蘆野　弘君

本日の会議に付した事件
　事業者団体法案（内閣提出）（第一一六号）

○**堀川委員長**　ただいまより会議を開きます。
　事業者団体法案を議題といたしまして、商業委員会、鉱工業委員会の連合審査を開きます。

　お諮りいたしますが、連合審査会の委員長の職務はその委員会を所管する委員会の委員長がとらさせていただきまして、御異議ありませんか。

　〔「異議なし」と呼ぶ者あり〕

〔資料65〕　衆議院商業委員会鉱工業委員会連合審査会議録第3号（昭和23年6月23日）—提案理由説明

○堀川委員長　それでは私が委員長の職務をつとめさしていただきます。

この法案の提案の理由の説明は、前回商業委員会で一応聴いたのでありますが、本日は連合委員会でありますので、あらためてもう一度提案理由の説明を聴くことにいたしたいと存じます。中山政府委員。

○中山（喜）政府委員　ただいま上程せられました事業者団体法案につきまして、その提案の理由を説明いたします。

わが国の経済、特に戦時中の統制経済におきましては、いわゆる産業団体、すなわち本法案におきまして事業者団体と称しておりますものは、業界組織化の中核的な存在といたしまして、統制の遂行に所要の寄与をなしてまいったのであります。しかるに敗戦後は、臨時統制方式の全面的撤廃とともに、臨時物資需給調整法、各種公団法の登場等によりまして、新しい統制方式が樹立せられたのであります。すなわち統制の責任と機能とを、政府または政府機関に一元化いたしまして、民間の事業者団体によります直接または間接の統制業務への参与は、原則としてこれを認めないこととなりました。もっともこの統制方式の切換えが実施されますにあたりましての過渡的措置としましては、臨時物資需給調整法附則による指定を受けた事業者団体に限りまして、統制業務の補助が認められてまいったことは、皆様の御承知の通りであります。

かようにいたしまして、従来の事業団体は、多少とも統制に参与いたした限りにおいて、一応清算的の措置が講ぜられることとなったのであります。すなわち閉鎖機関令によります各種統制団体の閉鎖機関への指定がされたということ、また私的独占禁止法の規定に基きまして、統制団体についてその解散計画の提出を命じた政令がございます。すなわち昭和二十二年政令第二百三十八号でありますが、これまでの事業者団体の大部分は、この二つの措置のいずれかによりまして早晩消滅すべき状況におかれているわけであります。こういう事情のもとにおきまして、従来の統制的な事業者団体に代るべき新しい事業者団体のあり方というものが、明示される必要が当然に起ってまいりました。民主的な経済体制のもとにおきまして、事業者団体の活動範囲というものを法律をもって明らかにいたし、その将来の活動方向を周知させるということはまさに刻下の要請に副うゆえんでありまして、本法案の登場を促しました理由も、主としてここに存するのであります。

次に今後のわが国の経済体制の基本的な原則は、昨年公布施行されましたいわゆる私的独占禁止法がこれを宣明いたしておるところでありますが、この基本原則と申しますのは、取引一般における自由にして公正なる競争の保全擁護ということにほかなりません。しかるに事業者団体の大部分は、同業者の相結束するところの団体でありまして、本来競争関係にあるものの結合体が主たるものと申せるのであります。競争者が結合いたしますれば、その結合体は、ある場合には生産制限、価格統一ないし販路分割等のためのカルテルとなり、相互の競争を不当に制限するような効果を、意識的にまた無意識的に追究いたす危険性が内包されてくるのであります。元来事業者団体の本来の目的は技術の改善、能率の向上等を具現いたすことによりまして、事業に関する共通の利益を増進するところにおかれておるのでありましょうが、その反面において、ただいま申し上げましたような、競争の拘束という好ましからざる事態の発生を常に戒心いたさねばならないのであります。従いまして、私的独占禁止法の法益といたしておる競争の自由と公正とを保全するためには、事業者団体がカルテル化し、同業者間の競争を減少させる危険性につきまして、あらかじめこれを防止することが当を得たものであります。すなわちその手段といたしましては、届出制を設けまして、一切の事業者団体につきましてその存在を明らかにいたしますとともに、正当な活動の範囲を定めまして、競争を拘束するというような危険性のある特定の行為を禁圧することがあげられるのであります。

以上が本法案を提出するに至った趣旨でありまして、この趣旨達成のために正当な活動範囲を定め、かつ届出制を実施しようというのが本法の目的であります。

次にこの法案の内容につきまして少しく御説明をいたします。まずこの法案におきまして事業者団体とは何を意味するかということを、第二条において定義いたしました。すなわちそれは二つ以上の事業者によって事実上構成されている会社、社団法人、財団法人、人格のない社団、財団のほか、組合または契約による単なる結合体等、およそ一切の法的結合体を通じまして、事業者としての共通の利益の増進をその目的として含むものを指すのであります。すなわちいわゆる同業者の結成いたします某々工業会、協会等の団体だけでなく、種類の異った事業者の地域的結合体としての商工会議所等もまた本法案の対象のうちに含まれるわけであります。さらに事業者の利益を代表するもの、たとえば幾つかの会社の役員または職員の会同のような結合体も、おの〳〵が代表する当該事業者間の共通の利益の増進を目途といたす限り、本法案の事業者団体に加えております。従って本法案におきまする事業者団体の意義は、従来のいわゆる産業団体の範囲のみに止まっているものではないのであります。第三条におきましては、事業者団体の成立、解散並びに定款変更等の場合につきまして、公正取引委員会に対する届出義務を規定いたし、その存立の状況を常に明らかにいたしておくようにいたしたのであります。第四条は事業者団体の正当な活動範囲を積極的に明らかならしめた規定でありまして、すなわち事業者団体は、本条の第一号から第九

〔資料65〕　衆議院商業委員会鉱工業委員会連合審査会議録第３号（昭和23年６月23日）
—提案理由説明

号に掲げました活動に限ってこれを遂行することができるのであります。もっともこの各号に列挙いたしました事項は、厳密な意味において形式的に狭義に解されるものではありません。活動の実体が各号の趣旨に則するものをも含むものとして広義に解釈せらるべきものであり、従ってその解釈は相当の弾力性に富むものといたしております。第五条におきまして、逆に事業者団体について禁止されるべき行為を、第一項の第一号から第十九号にわたりまして相当具体的に列挙いたしまして、事業者団体の正当な活動範囲を消極的に明らかならしめるように規定をいたしました。そして第十九号におきまして、第四条の許容活動の範囲を超える活動を禁止いたしますとともに、第二項におきまして一切の脱法行為をも併せて禁止いたしまして、競争保全の措置の万全を期した次第でございます。なお事業者団体が自然研究用の施設を所有または経営いたしますことは、第一項第十号の規定により原則として禁止されているのでございますが、会員の加入、脱退が自由であって、研究の結果等を会員が公平に利用できるような団体に対しては、公正取引委員会が審査の上その所有または研究を認可すること、また過度経済力集中排除法の決定指令によって、事業者団体が研究施設を所有または経営する場合には、公正取引委員会の認可を不要とすることと定めて、科学研究の向上にも遺憾のないことを期しているのであります。

次にこの法律案の適用を除外されるべきものにつきまして御説明いたします。独占禁止法におきましても適用除外という問題があり、昭和二十二年法律第百三十八号がそれを規定いたしたのでありますが、統制の必要と自由競争との調整点とをどこに見出すか、すなわち適用除外をいかなる範囲とするかということは重要な問題となるのであります。本法案におきましても、本法の施行によりただちに経済界に甚大なる混乱を惹起することのないように意を用いたのでありまして、適用除外の範囲が相当広範囲となっておるのであります。すなわち、まず第六条は、事業者団体ではありながら、本法案の各規定の適用を受けないものを規定いたしております。その大部分は協同組合的な性格を有する団体でありまして、協同組合というものは元来小規模の事業者の相互扶助を目的とするものでありますがゆえに、本法の適用から除外したのでありますが、協同組合以外にも臨時物資需給調整法附則の規定に基いて指定されている団体、閉鎖機関に指定された団体、取引所ないし手形交換所等を除外いたしております。第七条は、事業者団体の行為であって、第一号から第八号までに掲げました法令の規定、またはその法令に基く命令の規定によって行う正当な行為には、第五条の禁止行為の適用なきことを規定いたしたのであります。

次に、第八条ないし第十一条におきましては、この法律案第五条の規定の違反状態の排除措置の内容並びに手続に関して規定を設けました。すなわちそれらの規定によりまして事業者団体が禁止行為を行った場合には、私的独占禁止法所定の手続に準じまして、公正取引委員会による調査勧告、審判手続、審決が行はれ、かつその審決に対しては東京高等裁判所に対する訴訟の途が開かれておるのであります。言いかえますれば、事業者団体が禁止行為を行っておるかどうかの認定並びに禁止行為の排除に関する措置は、慎重な手続を経て公正妥当に行はれるべきことが要求されている次第であります。

罰則に関しましては、おおむね独占禁止法の量刑に準じ、また本法案による罪は公正取引委員会の告発をまって論ずるということにいたしたのであります。

以上本法律案の目的並びに概要につきまして御説明を申し上げました。どうぞ御審議の上、速やかに御可決あらんことをお願いいたします。

○**堀川委員長**　審議にはいる前に、ちょっと皆さんに御報告したい点があるのであります。

速記を止めていただきたい。

〔速記中止〕

○**堀川委員長**　速記をとってください。これより審議にはいります。質疑を順次許すことにいたします。多田委員。

○**多田委員**　ただいま政府委員から事業者団体法案提案理由の御説明があったのでありますが、この法案を作成した理由としましては、事業者団体の新しいあり方を示す要がある。従ってその意味において新しい事業者団体の活動の範囲を明示し、将来の活動方法を明らかにさせるようにしたいというような考え方から、独占禁止法の基本原則である取引一般における自由にして公正なる競争擁護の建前から、正当な活動範囲を規定して、そうして競争を拘束するような特定行為を禁遏することが目的でこの法案を提案されたように御説明があったのであります。しかしながら現在のわが国の経済の段階において、はたしてこのような事業者団体法の制定が、経済の実情に適するかどうかという点については、相当疑問があると思うのであります。もちろん先ほど御説明がありましたように、司令部の統制団体届出の覚書にもはっきり明示されておると同時に、その覚書に基いて最近各統制団体の届出を全国的に行っておりまして、それに基いていろ〳〵な措置がとられるかとも思うのであります。従って今日までの状況からいたしますれば、独占禁止法の制定の趣旨から申しましても、民間における不当なる統制なり、手段は絶対に排除しなければならぬと思うのでありますけれども、これは独占禁止法にはっきりと明示されておる点でありまして、独占禁止法があるにもかかわらず、あらためて独占禁止法と並行するような事業者団体法を制定されたについては、何か今まで今日の独占禁止法の施行の上に不備があったから、このような法案がつくられたのではないかというような疑いがもたれます。独占禁止法によって事業者団体の活動が自然規定されると思いますけれども、あらためて並行してこの法案を提案された理由をいま少しはっきり御説明いただきたいと思います。

○中山（喜）政府委員　ただいまの御質問、まことにごもっともな御質問だと考えておる次第でございます。

この法案が制定せられるに至りました動機は、すでに御承知であろうと思います。提案理由にも申し上げましたように、戦時統制方式が撤廃せられまして、私的団体の統制の参与ということが禁ぜられ、一方にいわゆる閉鎖機関令によりまして、この種の事業者団体がどん〳〵閉鎖命令を受けるという状態であります。それに代ってある事業者団体をつくりますと、これまた閉鎖を受けるというようなことがあったようでございます。実際事業者の方々はそれではいかなる団体をつくっていいのか、どういう仕事をしていいのか、帰趨に迷っておられたのであります。そこで昨年あたりから、経済安定本部におきまして、事業者団体なるもののあり方についての基準をどうかして定めたいということで、いろ〳〵審議交渉されてきたのであります。その結果がこういう形になって現われてきたわけであります。これは申し上げるまでもないことでございますけれども、事業者がその事業の遂行のために、また便宜のために相集まって結合いたしますことは、これは自然発生的な現象でございまして、根本においてはその存立を否定すべきものではないのであります。またこの法律はごらんの通り、決してこれを否定しようとしておるものではございません。むしろその存在をありのままに認めて、これを把握していこうということだけでございまして、この法の主たる目標は先ほど申し上げましたように、ただ正当な活動の範囲を明らかにすることだけなのであります。その動機も先ほど申し上げましたように、戦時統制方式の撤廃ということが、そも〳〵の動機なのでございます。ところが事業者団体それ自身なるものは、実はカルテルでもなければまた統制団体でもないわけなのでありますが、その構成の性質上自然これらと混同されがちな、またゆるいカルテル、または統制団体になりやすい可能性をもっておるということは否みがたいところでございます。そうしてこのカルテルあるいは統制団体というものは、独占禁止法の実施とともに法の禁ずるところとなっておることは今お話の通りであります。このカルテルあるいは統制団体になるような危険性のあるものが事業者団体であるが、その危険性があるからといって、その事業者団体を法をもって禁ずるということは、むろんできないことであります。その個々の活動につきましては、むろんただいまお話のありましたように、一々独占禁止法に照らして、吟味していかなければならない筋合のものであるのであります。しかし事業者団体なるものは、その本質からいきまして、そういうカルテルあるいは統制団体に陥りやすい一つの危険性をもっておるものであるということを考えますときに、いわゆる事業者団体なるものの正しい活動の範囲を定める場合に、この点も考慮して規定すべきであるというのが、この法の建前なのでありまして、特に独占禁止法の実施の結果、こういうものがなくてはならぬという建前で規定したものではないのでございます。

〇**多田委員**　独占禁止法が非常に広義に解釈する場合と、狭義に解釈する場合とでは、おのずから相当大きな差があるような法律でございますので、事業者団体のあり方について一つの基準を示されるということは、事業者の前から希望しておる点であります。その基準を示されるという点については、われ〳〵も同感でありますけれども、このような一つの単独法によって、はっきりとした基準を示すことが、はたして経済界の実情に副うかどうか。申し上げるまでもなく、一つの線を引くことによって経済の区別をつけるということは、今日の段階においては非常に危険だろうと思うのであります。ただいま御説明がございましたように、統制を排除することが根本的な目的だろうと思うのでありますけれども、現在の段階においては、統制をただちに排除するということでなしに、統制の事務は全部国が行って、民間が統制の部面を担当することを禁じようという考え方から出発しておるだろうと思いますけれども、そういう考え、観点からしますれば、この法案に規定されておるような事業者団体の許される、事業者団体として正当な事業範囲ということで規定されておるこの事業範囲というものが、非常に狭隘過ぎて、むしろこのような範囲でなければ活動が許されないということであれば、わが国におけるあらゆる経済団体の存立価値はなくなってしまうだろうと思うのであります。もちろん今御説明のように、私的独占的な統制の部面、あるいはカルテル化する危険性のあるような部面については、絶対に排撃しなければならないと思うのでありますけれども、しかしながらこのように事業者団体の活動範囲を圧迫することが、はたしてわが国の経済を自由経済に復活させるために効果があるかどうかについては、われ〳〵は非常な疑念をもっておるのであります。こういった点からいたしまして、このようにほとんど仕事らしい仕事が許されないような非常に狭い範囲で、正当な事業の範囲をきめられておりますけれども、これを簡単に言いますと、統制的な仕事は、民間の団体に許されないというような一つの基準をきめようという考え方で、この線を引いたのかどうかという点をお伺いいたしたいと思います。

〇**中山（喜）政府委員**　ただいまの御質問の最後は、統制行為は

〔資料65〕 衆議院商業委員会鉱工業委員会連合審査会議録第３号（昭和23年６月23日）―質疑

認めないという方針でできておるのかどうかということでございますが、これはその通りでございまして、すでに私的団体による統制は撤廃すべき方針になり、また私的独占禁止法の上においても、これを禁止することになっておりますので、根本においてはまさにその方針に従っておるものでございます。しかしながらただいまお話がありました通りに、今は過去の統制経済から、自由経済へのいわゆる過渡期と称すべきときだと思うのでありまして、これがためには、いわゆる臨時物資需給調整法の附則による特例なんかも設けられておる状態で、われ〳〵もこの過渡期に処していくにつきまして、実は非常に頭を悩ましたわけでありますが、これがために第六条、第七条等におきまして、そういうことも考慮して、相当広汎なる適用除外を実は行っておるわけでございます。詳細につきましては、後ほどまた説明を申し上げたいと思います。

○多田委員　根本において私的統制を排除するという考え方のもとに立案されたというふうに了承いたしたいと思います。そういたしますと、第四条の許容活動の規定でございますが、この法案によりますと、許容活動と第五条の禁止活動と二つにわけて、四条ではこれらの仕事は事業者団体はしてもよろしい。しかしながら第五条ではこれこれの仕事はしてはならぬというように規定されておるのであります。このような法律の形式が今日まであったかどうかという点については、私も今日までこのように確然とした法律があったことは聞いておりません。この許容活動の範囲を非常に圧縮して、しかも禁止活動において、第四条の許容活動に該当しないものは、一切禁止することになっておりますけれども、たとえば物の割当、配給を政府がいたしました場合におきましても、その現品の流れについては、事業者団体がこれを取扱わなければ、とうてい円滑な物の配分ができないというような団体もあろうと思われますし、現在ではこうはっきりと許容活動の範囲をきめることは非常に危険性があると思うのであります。許容活動の範囲を一つのわくに入れて、それ以外は一切禁止するというようないき方をとられた根本的な考え方を御説明願いたいと思います。

○蘆野政府委員　先ほどから本法案のきめました事業者団体の許容活動が非常に狭くて、いかにも窮屈で、これでは事業者団体は何も活動ができなくなってしまうということと、それから四条の許容活動を列挙しておきまして、しかもそれ以外は一切できないということを断っておいて、さらにまたあらためてこれ以外はできないといった上に、なおこれ〳〵のこともできないという規定のしかたは、いかにもおかしいではないかという質問の要旨は、そういう点に帰着するのではないかと思います。四条の許容活動の規定の仕方がいかにも区切って、具体的になっておるものですから、ごらんになりますと、いかにも狭いようにお感じになるのは一応ごもっともでありますが、しかしこれはさっき委員長の提案理由の説明の際にもございました通り、四条は許容行為でなくして、活動の範囲を示したものでありまして、そんなに狭く解すべきものではないと思うのであります。ここで何々はしてもいいと書いてあることは、それに当然附随すべき行為、それをするためには当然準備としてしなければならない当然予想されているような行為、こういうものがすっかり含んでいるのでありまして、それもいかぬというのではありません。それで事業者団体というものは、統制行為やカルテル的の行為、――これは別でございますけれども、それ以外の普通のいわゆる同業組合あるいは商工会議所のような地域団体にありましても、日本でもアメリカでも普通やっている仕事は、実はこれで大抵できるようになっているはずであります。それでさっきから申し上げておりまする通りに、これは事業者団体の活動の範囲を示して、そのよりどころを与える趣意でございますから、四条において事業者団体はこういうことはしてもいい、こういうことは大いにしてくださいということをはっきり宣言する必要があるので、それで四条の規定に許容活動ということをあげたわけでございます。一々の意味については、あるいは後に逐条的に御審議になる機会でもあれば、あらためて詳しく申し上げたいと思いますが、四条の許容活動の規定の性質はそういうものでありまして、決して狭いものではないのでありますます。それで四条で、そういうしていいことをあげて、それ以外はしてならぬということにすれば、さらに五条の規定をあげる必要がないではないかということがもう一つの点と承ったのでありますます。五条の規定と四条との関係について申し上げますと、あることは四条で一応許してはいるけれども、しかしながらそれを制限するという関係になっているところもあります。たとえば四条の第五号で、この事業者団体は啓発、宣伝の仕事はしていい。これなどはずいぶん許容活動の範囲を広くした条項でありまして、大抵のことはこの規定でできないことはないと思う、実は少し広すぎはしないかと思うくらいの規定であります。これに対しまして、五条で不当に政府または一方に影響を与えてはいかぬというように規定しておりますが、こういうふうに、四条において一応許したものを制限した規定もあります。しかしながら四条では概括的にこれ以外のことをしてはいかぬというような、理屈の上では明らかでありますけれども、実際これまでの経験上、どういう事業者団体がこういうことをする、そしてそれが弊害があるといったようなことを具体的にはっきりわかるように、五条でずっと一々あげたのでありまして、これは決して理論的、観念的なものでございません、いずれも日本の実情なり、あるいは米国等の先例に撤しまして、事業者団体があるいは統制の目的から、あるいはカルテルというような目的を達するために普通にとられるところの仕事、普通にやられるところの仕事の種類のおもなものをずっとあげて具体的に示した、こういう関係になっておるのでございまして、あるいは純理論的に、あるいは観念的にこれをお考えになりますと不備であるとかいうお感じもあるかもしれませんけれども、実際上から申しますと、きわめて必要なわけなのでございます。

それから先ほど一番初めの御質問に、独占禁止法との関係についてお話がございまして、何か独占禁止法では不備なので、こういう法律をまた追加する必要ができたのであるかという御質問であったと思うのであります。独占禁止法は一般的の規定でありまして、全体の独占禁止法で規定すべきところのわくとしては、一応完備したものでございまして、別に不備な点を発見したというわけではありませんが、事業者、殊に同業組合というようないわゆる事業者団体が独占禁止法のもとでは具体的にどういうことをやっているか、どういうふうな活動をすればいいかということの応用を示したことが一つの目的でございます。それともう一つは多少技術的になっておるのでございますけれども、独占禁止法の方は、御承知の通り、事業者は独占をしてはならぬ、あるいは不当なる取引制限をしてはならぬというふうに、一々事業者ということになっておるのでございます。ところが事業者団体というものは、これは事業者がつくっておるものでありますが、団体そのものは事業者でありません。それで独占禁止法でたとえば事業者が共同して対価の引上げをやってはいかぬ。対価の協定をやってはいかぬということでありまして、これを事業者団体がやったといたしますと、実際の場合には多くは事業者団体の行為は、すなわち事業者の行為であるということで、これは禁ぜられますが、しかしながら一応事業者団体というものは、事業者とは別個の存在でございまして、この事業者団体が団体としてたとえば対価の決定をやったというときに、独占禁止法で押えることは、ちょっとむずかしい場合がちょいちょいあるのでございます。たとえば事業者団体の理事者が同時に事業者であれば問題ありませんが、実際の場合において同業組合の書記長というような人は、自分は事業者じゃない。しかしこれが実際を牛耳っておって、これが指導者となって、対価の決定をやる、生産販売の制限をやる。これを事業者に押しつける。こういうことをした場合に、肝腎のその指導者である事業者団体の理事者を取締ることは、ちょっと独占禁止法ではできないということでございまして、禁止法の中でごらんになります通りに、独占禁止法の第四条で禁じたことはやってはいかぬということでございます。いかにも重複のようでございますが、実はそういう点もあるのでございます。

○堀川委員長　次の質問者が退席されておりますので、本日はこの程度で散会することにいたします。なお次の連合審査は公報で発表いたすことにいたします。

午後二時四十二分散会

〔資料66〕　衆議院商業委員会公聴会議録第一号（昭和二三年六月二六日）

昭和二十三年六月二十六日（土曜日）

午前十時四十四分開議

出席委員

委員長　堀川　恭平君

理事石神　啓吾君　理事笹口　晃君

理事中村元治郎君　関内　正一君　多田　勇君

冨永格五郎君　松崎　朝治君

林　大作君　師岡　栄一君

山口　静江君　岡野　繁蔵君

桜内　義雄君　唐木田藤五郎君

赤松　明勅君　小西　寅松君

出席公述人

喜多村　實君　鈴木　俊彦君

高宮　晋君　立川　繁君

徳永　佐市君　帆足　計君

前沢　慶治君　前田　一君

三樹　樹三君　森川　覚三君

吉田　隆君

委員外の出席者

鉱工業委員長　伊藤卯四郎君

議　員　前田　正男君

本日の公聴会で意見を聞いた案件

事業者団体法案

○**堀川委員長**　これより公聴会を開きます。

事業者団体法案は、去る六月十一日本委員会に付託せられて以来、商業委員会、鉱工業委員会の連合審査会で審査いたしておりますが、委員会が特に本日公聴会を開きまして、本法制定によって受ける各事業者の影響について、真に利害関係を有する者及び学識経験者等より広く意見を聴くことといたしましたゆえんのものは、申すまでもなく本法案が国家経済からも、また一般国民にとりましても、一般的関心及び目的を有し、かつきわめて深い利害関係をもっている重要法案でありまして、事業者団体ないしは大きく産業全般に対して、多大の影響を及ぼすものであり、日本経済自立への途上にあります経済活動に決定的に方向づけます本法案につきまして、当委員会としてはぜひ国民の声を拝聴いたし、広く世論を反映せしめ、本法案の審査を一層権威あらしめると同時に、万全を期したいと希うからであります。ただ諸般の事情によりまして、公聴会をわずか一日しか開けないのを遺憾とするところであります。たとえ一日でありましても、公述人各位の御高見を承ることができますのは、まことに有意義でありまして、一同期待する次第であります。私□委員会を代表して、御多忙中にもかかわらず、貴重なる御時間を割かれまして御出席くださいました公述人各位に厚く御礼申し上げます。なお本日は早くより、お待ち願いまして恐縮のほかありません。

さて本日の議事についてちょっと申し上げます。公聴会は今日限りでありまして、公述人の人員を勘案いたしましたならば、公述人一人当りの発言時間は十分ないし十五分ぐらいでやめていただきたいと思います。発言は発言席でお願いすることにいたします。そのときは御職業とお名前を速やかに、述べていただくようにお願いします。公述人の発言順序は委員長に御一任願いたいと存じます。

ではこれより公述人の御意見を伺うことにいたします。

○笹口委員　本日公聴会を開きましたのはわれ〱委員の熱心な希望からでありますが、本日おいでくださった公述人の方々は、皆それ〱斯界の権威者の方であらせられますので、私ども非常に参考になるわけであります。ただ一言希望をいたしたいことは、賛成にいたしましても、反対にいたしましても、できるだけ具体的にお述べを願いたいということと、もう一つは、この際公述人の御意見というものが、場合によりますと誤解に基くものがあると困りますので、公正取引委員会の方に御出席を願っておりまして、もしもその御意見等について誤解に基くもの等がございましたならば、適当の機会に委員長においてお取計いを願いまして、公正取引委員会の方からもその誤解の点等を明らかにしていただく。これはわれ〱が参考になるばかりでなく、また一応公述人の方々も、この機会にそういう誤解を解かれるというようなことにもなりはしないか、かように考えまして、多少公聴会としては行過ぎかもしれませんが、便宜委員長においてお取計いを願いたいと思います。

○堀川委員長　ただいま笹口委員より申し述べられました件につきましては、委員長といたしましても、さようにいたすことが適当な処置ではないかと考えるのであります。そこで公述人の御意見終了後さよういたしたらどうか、かように考えます。――それではさようにすることにいたします。

○**唐木田委員**　ちょっと参考に申し上げておきたいのですが、この公述人の職業、氏名を拝見いたしますと、大体商工業に関係した人はたくさんおりますが、農業関係の者はほとんど見当らないのであります。これでは農業関係の人たちの意見はほとんど聴かれない、こういう懸念がありますが、いかがでありますか。

○**堀川委員長**　公述人を決定する前に、各党の理事の方にお諮りしたのですが、あるいは唐木田委員の言われたような点があると存じまするが、今になってはしょうがないのではないかと思います。さよう御了承願いたいと存じます。

○**唐木田委員**　決して固執するわけではございませんけれども、それが偏ったことで農業者の声が聞えないような場合、不平が出た場合を懸念するのです。

○**堀川委員長**　適当な機会に、農業者の団体から文書によって意見でも聴いたらどうでしょう。

○**唐木田委員**　それでも結構です。

○**堀川委員長**　さよう決定さしていただきます。

それでは日本産業団体協議会事務局長帆足計さん。

○**帆足公述人**　ただいま御紹介にあずかりました日本産業団体協議会常務理事の帆足計でございます。私は参議院に席を置いておるのでございますが、本日は同業者団体の関係の仕事に永年携っておりまする経験者の一人としまして、皆様に御参考までに意見を申し述べます。

御承知のように日本経済は、特に日本の工業は非常に後進国でございましたけれども、それにもかかわらず独占は非常に進んでおりまして、世界無比の段階に達しておりました。一割程度の従業員を擁しまする工業が、日本の全工業を支配しておると申しても過言でないような状況でありまして、それが今次財閥の解体、また過度の経済力集中排除法案、独占禁止法案等によって規制されつつありますことは、経済の民主化の過程におきまして、私は必然的なことであろうと考えております。しかしながら現在ほとんど廃墟同様になっております日本経済の再建のためには、一方生活安定、勤労者の諸権利を確保する必要がありますと同時に、資本の蓄積並びにその発展をはからねばならぬことは申すまでもないことであります。同時に現在日本経済の民主化の過程におきまして、不当なる独占を排除して、また公正な自由競争、能率競争を大いに奨励せねばならぬことは当然でありますが、他面国民経済の安定のために、健全なる均衡を保ちますために、また企業の公正なる原料資材の配分を確保しまするために、公正な統制もまた確保しなければならぬという特殊な事情に置かれておりますことは皆様御承知のごとくであります。世界の情勢を見ましても、かの一九二九年の世界恐慌を機といたしまして、世界資本主義の構造並びに諸法則には、大きなる変化が見られております。それは過去における古典的な自由経済の時代が過ぎまして、自由と統制とをいかに調整するかということが国際貿易の面におきまして、世界各国の戦後の建設の面におきましても、課題になっておる新しい歴史的な事実でございます。このようなことを考えまするを、今後の経済政策といたしましては、一面におきましては能率競争、公正なる自由競争を確保し、不当なる独占を抑えると同時に、他方におきましては国民経済の均衡ある発展のために必要なる統制をいかに公正に行うかという面もまた、われ〳〵考慮せねばならぬということが歴史の課題になっておると考えるのであります。独占禁止法は申すまでもなく、これは不当なる独占に対しましてこれを抑圧するところの一般的、基本的法規でございます。これに対しましてその適用監視を受けまするところの同業者団体というものは、御承知のように明治初年の準則組合に始まりまして、経済の実情並びに要求に応じまして、いろ〳〵な形に発展してまいりました。同業者団体は過去におきまして、私的なすなわち独占的性格もありますれども、他面におきましては業界の公正な協同を確保し、また公共の利益に合致するように業界をもっていくというような公益的な面もあるということは御承知のごとくでございます。従いましても私どもといたしましては、独占禁止法は不当なる独占の禁止に対しまする憲法のようなものでございまするが、これを適用する段階になりまするを、そこにいろ〳〵具体的な問題にぶつかるのでございます。同業者団体の問題になりまするを、その最も具体的なものの一つでございまするから、同業者団体のあり方というものは抽象的にこれをきめるよりも、そのときどきの経済の必要に応じまして、これを運営してまいらねばならぬのではなかろうかと思うのであります。従いまして同業者団体のあるべき姿に対しまして、一面におきましては、その不当なる私益的行動に対しましては監視をすることが必要でありまするけれども、他面におきましては、それが公共的に動いてまいります限りにおきましては、大いにこれを奨励し、活用せねばならぬ面も、統制経済の現段階におきましては大いにあるわけであります。この法案の原案を見まするを、第四条に活動の許容条項を九箇条あげております。第五条には禁止事項を十九項目にわたって罹列しております。これを見まするを、私はあまりにもこの同業者団体の活動を、機械的に縛り過ぎておるのではないかという感じがするわけであります。同業者団体というものは経済の実情に応じて有機的に活動せねばなりません。従いましてこれをあまりに強く縛りまするならば、自縄自縛の結果になるおそれもあるわけであります。また小さな例でありまするが、地方に散在しておりまする小さな業者が、あるいは一定の容器の単位に達しない微量の物資を入手しまするような場合に、互いに協同し合いましたり、または容易に手にはいらない特殊の部品や、特殊の原料資材の入手の斡旋をこの協同の団体に頼みましたり、または各種の届出に必要なところの事業証明のようなものを同業者団体にお願いしましたり、または分散しておりまする業者が、同業者団体の便宜を借りまして集金の依頼をいたしましたり、また各種の協同組合、協同組合類似の団体等がいろ〳〵な形で協力いたしまして、そうして公正な精神のもとにおきまして業界協力繁栄の実をあげようとしておりますような行動も、現在大いに社会的役割を演じておるわけでありまするが、これらの行為がことごとく機械的に縛られるということになりますると、私は法の運営と経済の実態とがそぐわないようなことになる点がありはしないかということを危惧するものでございます。従いましてこの第四条の第九項目のうしろに、許容条件をただ九項目だけに限定せず、以上列記してありますほかに、その他公共の利益を害せず、かつ公正取引委員会の認めた行為は次の第五条の規定にかかわらずこれをなすことができる、という一項目を入れていただきまするならば、実際に即した同業者団体が現実の必要に応じまして正しく運営されるのに役に立つのではなかろうかと存じまして、この点をぜひ修正していただきたいという希望をもつのでございます。

これがこの法案を見まして最も痛感いたしまする基本的な点でありまするが、その他二、三の点を申し添えまするとまず現在の建前におきまして、経済統制の仕事は全部国家がやるということになっております。国家とは何ぞやと申しまするると、それは官庁であります。官庁とは何であるかと申しますると、日本の現状におきましては、未だ封建的色彩の強いところの官庁にわれわれは頼らざるを得ないという現状でございます。従いまして統制各般の仕事が全部官庁の独断によって行われるということは、民主的運営に慣れていない日本の現状におきましていろいろな弊害を生み、かつ生んでおりますことは皆様御承知の通りであります。従いまして官庁行政の民主化、行政の適切なる監査、民間の実情をいかにして行政の上に反映せしむべきかというような官庁行政の民主化の諸問題につきまして、この法案の実施には併せて考慮されることを運用上特に要望したい点でございます。

第二に、現在物資需給調整法の附則によりまして、民間経済団体を経済行政の運営にいろ〳〵活用いたしておりまして、今後当面の間はなお必要があろうと存じます。従ってこの問題については、調整法の附則を適用していただきまして、必要のあります場合には、指定補助団体にいたしてこれを活用することは私は適当であろうと存じます。しかしながら現在民間団体が官庁の仕事の手伝いをいたしますのは、必ずしもこれは有効に使われておりません。さらにまた、従来政府に協力しておりました機関は閉鎖機関に次々に指定されまして、非常な苛酷な取扱いを受けておる実情であります。私は民間経済団体の活用は政府がこれをなさいます場合は、礼儀と親切をもって活用していただきたいとお願いしたいのであります。

第三に、この団体の適用は事業者としての共通利益を追求することを目的とする性格の団体に限られております。従って、たとえば学術団体のごとく、純粋に科学技術の向上を念とする団体に対しましては、これは政府においてもさよう御解釈のこととは思いますけれども、これを適用すべきでないと考える次第であります。

次に各種の経済団体または同業者団体が業界または一般国民の啓蒙のため、またその専門知識の向上等のために各種の出版等をいたしておりますが、それらの出版機関誌の販売等の仕事はこれは啓蒙事業でありまして、当然営利事業と認められるべきではなかろうとわれ〳〵は解釈するのでございますが、政府においても、国会においても、そのような解釈を明瞭にしていただきたいと存ずる次第であります。右と関連して現在各業種別に十数個の経済復興会議が設けられております。これは労資の民主的協力の機関でありますが、このような種類の団体も当然事業者団体の範疇から除外されてしかるべきではなかろうかとわれ〳〵は解釈する次第でありますが、この法案の御審議の過程においてそれらの点も明確にしていただきたいと存じます。

最後に、第五条の第十五項に業界の地方に分散しております方々に代って集金することがいけないと書いてありますが、この条項はむしろ削除していただいたらいかがであろうかと存じます。と申しますのは、原案のごときいき方をもってしまするならば、全国に支店をもつ有力な業者のためには非常に有利であるかもしれませんが、中小業者を逆に圧迫することになる結果になることをおそれる次第でございます。これらの問題については、先ほど申し上げましたように、第四条第九項のあとに除外例を設けるようにしていただきますれば、運用の妙を得たるものではなかろうかと存ずる次第であります。

その他労資問題等の立場からもいろいろ問題がございますが、各専門分野の公述人の方が見えられておりますので、私の申し上げる要点は大体このようなことで、御参考まで申し上げる次第であります。

○堀川委員長　お諮りいたします。今の公述人の御意見に対して何か御質疑はありませんか。――なければ、次の公述人日本経営者連盟専務理事前田一さんにお願いいします。

○前田公述人　私は日本経営者団体連盟の専務理事をしておりますす前田一でございます。同時に石炭鉱業連盟の常務理事をいたしております。

日本経営者団体連盟と申します団体は、ほかの経済団体とまったく性格が異っておりまして、純粋に労働問題を専管いたしておりまする団体でございます。構成の内容を一通り簡単に御報告申し上げたいと存じます。各府県に地域的の労働問題を専管する経営者協会というものができておりまして、この地域的の団体が全国的に結集いたしまして、これが地域別部会としての一本の柱となっております。さらに石炭であるとか、あるいは鉄であるとか、あるいは紡績、セメント、電力というふうな産業別、業態別の全国的な団体ができております。この業態別の団体が全国的に結集いたしましたのが、一本の柱となって、業態別の部会をつくっております。この二つの部会が二本の柱となりまして、これを統合いたしましてでき上っておりますのが日本経営者団体連盟でございます。経営者団体連盟が発足いたしましたのは四月十二日でございまして、発足後まだ二箇月有余を経過したにすぎません。発足いたしました動機は、終戦後の財閥の解体であるとか、あるいは経済力集中排除、あるいは財界の追放であるとか、いろ〳〵の旋風の中に経営者の陣営がおおむね虚脱の状態になりましたのに引きくらべまして、労働者の陣営は、労働組合法あるいは労働基準法、労調法というような労働三大立法の保護のもとに非常なる発達を来しまして、いわゆる労働攻勢のもとに経営者の陣営は非常なる圧迫をこうむりまして、虚脱の状態に陥らしめられておったのであります。その結果締結せられております労働協約等の実例をみますと、経営者が当然経営権の限界であるとして主張すべき限界を乗り越えまして、いわゆる経営権の侵害とでも思われるような点にまで労働協約の実例が数多く示されているのでありま す。換言すれば、経営権の失地が非常に多くつくられているのであります。そこでこの経営権の失地を回復するために、経営者がほんとうに主張すべきを主張し、譲るべきを譲るという正しき態度を得るためには、経営者相互が相互に提携連絡をして、一つの同志的な結集をはからねばならぬ。かような考えから日本経営者団体連盟というものが生れております。すなわち労働者と経営者が、二本のレールにたとえまするならば、二つのレールのごとき形をもって、そのレールの上に日本経済復興という車を滑り出させるということでなければならない。そのいずれか一方が強く、いずれか一方が弱いということは、経済復興の車を滑り出さしめるゆえんにはならない。両者が対等の立場に立って、対等の実力をもって、公正妥当なる労働条件の取結びを行っていく。その上に立って両者が提携協力して経済復興の途に邁進するということ、これこそが日本経済再建のために絶対必要なる要件であると信じて起ち上ったものでございます。もちろん闘争団体としての性格をもっておるものではございません。ただ従来のようにいわゆる金持ちけんかせずというような引込思案の経営者が、ほんとうに経営が今日の段階においてあるべき本然の姿を取りもどす。こういう意味においてそれを取りもどした本然の姿の上に立ちまして、労働組合と対等の取引をし、公正なる取引を取結ぶ。これこそ即日本経済の再建に役立つゆえんである。かような信念のもとにできあがったものであるのでございます。私どもの思念いたしまするところは、どこまでも労資の対等の立場、この対等なる立場に立っての公正なる労働条件の取引、こういうことが私どもの基本態度であるのでございます。このような私どもの見地から、この事業者団体法というものを眺めてみまするると、まことにこの対等な立場を阻害せらるるおそれのある部面が、少くないように感ぜられるものでございます。

第四条には、先ほど帆足さんからも御説明がございましたように、許可事項をあげ、第五条に禁止事項をあげてございますが、第四条の許可事項の中には、構成員の委員を受けて、その委任の権限内において、労働組合と団体交渉をすることができる。こういう許可事項が述べられておるのであります。しかしながら労働組合は団体交渉をするだけの能力があるわけではないのでありまして、広く組合活動としては経済、政治、文化、社会、あらゆる方面において活動をし得るところの余地が与えられておるのであります。この労働組合に与えられておりまする範囲のものは、少くも経営者の団体に対してもまたひとしく与えられなければならない。かように考えるのでありまするから、ただ単に団体交渉をする範囲の狭いことだけを、許可事項として許されるということでは、対等なる立場を維持することはできないと考えておるものであります。そこで少くももう少しこの条項の範囲を広めまして、広く労働条件の調査、調整、処理及び資料の蒐集、交換、あるいは刊行、こういうあらゆる労働問題の調整、処理に関して必要なることができ得るということが、積極的に規定せられてほしいと考えるものでございます。団体交渉をなし得るということが規定されておれば、それに必要なる資料とか調査ということは、当然なし得るではないかという解釈的な見方も、あるいはあるかもしれません。しかしながらこの解釈的な見方だけでは、往々にして後日紛議を起すもととなると考えますので、この機会において明瞭に規定の上に労働問題処理についての、広範囲の許可行為が規定せらるべきと考えるものであります。

なお第五条につきましては、禁止事項の中でいろ〳〵とその通りに実行せられまする場合には、経営者団体としてまことに迷惑な点がうかがわれるのでありまして、たとえば第三号、第四号の中に対価の統制という言葉がありまするが、この対価というものの中に一体賃金が含まれておるかどうか。これがいかように解釈されるべきかは、私まだ詳らかにいたしませんが、もし対価の中に賃金がはいりますならば、賃金を統制していくという行為が禁止せられるわけでありまして、今日労働運動の推移を眺めてみましても、労働組合の方ではあらかじめ賃金を予定して、団体交渉に乗り出してくる、また経営者の方では、やはりわれ〳〵同業者としては今日の健全企業の見地から見れば、コストの中におけるところの人件費の割合というものは、この程度でなければならぬ。これがわれ〳〵の産業としては公正妥当なる賃金であるという一つの取極め方をいたしまして、お互いこれ以上の賃金は出せないぞというような申合せをすることは、当然あり得ることであろうと思います。殊に今日の情勢を眺めますと、一工場の問題は決して一工場で止まらない。必ずや他の工場に累を及ぼし、一地方は他地方に、一産業の問題は他の産業に影響を及ぼしておることは御承知の通りでございまして、一つの賃金水準というものがある一つの産業で譲歩されまするると、それが一つの前例となって、全般的な賃金水準に非常な狂いを生じてくるということが、今日の実情であります。そこで日本産業の再建、企業の健全なる運営というような見地からは、どうしても一つの守らねばならぬ賃金の限界点というものは必ず出てくるものでありまして、それをいわゆる力関係によって、ある一角が崩されるということは、他の産業また国家全体の産業の立場から、まことに迷惑至極であるという意味において、経営者が互いに賃金の統制をやっていくということは、当然の経営運営上の義務であると私どもは考えるのであります。こういうことがもしできないというようなことでありましたならば、これは労働問題を扱う経営者団体としては、まことに迷惑な話であります。こういう点が対価の統制という意味において、除外せられるということをはっきりいたしたいということを、私どもは希望いたしておるわけであります。

なお六号、十二号、十六号というような点に除名の問題、あるいは融資の問題、あるいは構成員の紛争処理の問題、こういう条項が含まれておりまするが、除名の問題にいたしましても、労働組合の傘下の組合が統制に服さなかった場合、除名をなすことができるのであります。もしこれが経営者の団体におきましても、ただいまのような統制を考えておりまする場合に、これを除名するということが必ずやあり得ると思うのであります。そういうことがこの条項によって禁止せられますならば、これはまた対等の原則を破るものであると考えまするし、また紛争処理の問題にしましても、融資の問題にいたしましても、同じく対等の立場を破るというようなことになりますので、労資対等の原則という立場から、組合に許されておりますことは当然経営者団体にも許さるべきであるという建前のものに、以上のような点について、この法案の修正をお願いしたい、かように考えておる次第であります。何分皆様方の御了解をいただきまして、よろしく御支援のほどをお願いいたします。

○**堀川委員長**　ただいまの前田公述人の御意見に対して、何か御質問はございませんか。

○伊藤卯四郎君　委員外ですが、発言のお許しをお願いいいたします。

○堀川委員長　伊藤君に発言を許します。

○伊藤卯四郎君　ちょっと前田公述人にお伺いしたいのですが、ただいま伺っておりますうちに、労働組合と事業者団体との交渉に関して、労働組合は団体交渉の能力がないというように、ちょっと伺ったような気がするのですが、その通りでしょうか。事業者団体の方に能力がないということですが、どっちですか。その点をちょっとお伺いしたい。

○前田公述人　お答えいたします。能力がないということは、私は申さなかったつもりでございます。団体交渉は、お互いに能力があるどころではない。これは大いに相互にやらなければならぬことでありますが、団体交渉をなし得るというだけの狭い範囲の許可では困る、こういうことを申し上げておるのであります。もう少し広く労働問題の調査、調整、処理あるいはその他の資料の関係、こういうような全般にわたる許可事項が経営者団体にも許されなければ、同じことが労働組合においてはできるにもかかわらず、事業者団体はこの法案によって縛られる、こういう結果になることは労資対等の原則に反するのではないか、かような意味合いのことを申し上げたのであります。

○堀川委員長　ほかに御質問ありませんか。

それでは日本商工会議所専務理事三樹樹三さんにお願いいいたします。

○三樹公述人　私は日本商工会議所の専務理事の三樹樹三であります。戦後経済民主化の要請に基きまして、産業団体の構成、機能に、諸般の改廃が行われてきたのでありまするが、事業者団体法案も、その一連の施策といたしまして、事業者団体のあり方、活動範囲を明らかにしようとするものでありまして、本法案設定の必要は十分これを理解することができるのであります。しかしながらこの法案に規定いたしておりまする内容に関しましては、いろいろ意見がございますので、これを順を追うて申し述べたいと存じます。

第一に、この法案は事業者団体の活動に対しまして、私的独占と、不公正競争の手段を排除せんとするものであります。従って本来ならば、私的独占禁止法によって十分これを取締ることができるものであると考えるのでありますが、ただ従来物資の統制事務を行った産業団体が、逐次閉鎖され、これに代りまして新たに設立される産業団体の活動基準が明確でないので、従来の惰性によりまして、その活動範囲が拡がるおそれがありますので、一般的に基準を示し、その活動範囲を明定しようとするのが、おもなねらいであると考えるのであります。従いましてかような観点からいたしまして、この法案の規定いたしておりまする内容を見まするならば、あまりに微細な点まで制限を加え過ぎておると考えられるのであります。

第一に第四条の許容活動でございまするが、これが限定的でありまして、第五条の禁止行為の範囲が無制限であるということは、あまりにも活動分野を狭からしめまして、団体の創意ある活動を不可能ならしめ、この事業者団体が適切な発達を遂げていくことを阻害するものであると申さなければならないと考えるのであります。

〔堀川委員長退席、細川委員長代理着席〕

従いまして第五条の禁止行為をはっきりと定めて、第四条の許容活動は、五条の禁止行為に触れない行為はこれをなし得るというような条項を加えられたいと考えるのであります。すなわち第四条に、「十、前各号に掲げるものの外、第五条第一項各号に該当しない行為をすること」、こういうふうに加えていただきまして、禁止行為というものを限定し、そのほかの行為は原則として許容されるというふうにしていただきたいと考えるのであります。

次に第五条の禁止行為の規定が、あまりにも厳格過ぎるという点でございまして、先ほどもお話がございましたが、たとえば第十五号の集金禁止の規定のごとき、また第十六号につきましても、構成事業者その他の紛争が、お互いの了解により円滑に仲裁され、あるいは解決されることは、禁止せらるべきでないと考えるのでありまして、この二号ともに削除せられたいと考えるのであります。なお第十七号中に、「不当に」とあるのでございますが、これは「不法な手段によって」というふうに改められたいと考えるのであります。すなわち「不当に立法又は政府の政策に影響を与えること」を、「不当」にかえて「不法な手段によって」というふうに改められたいと考えます。それから第十九号は、前お話申し上げましたようなわけで、これを削除せられたい、かように考える次第であります。

最後に、この機会におきまして、商工会議所の立場を申し述べて、御理解を得たいと考えるのでございます。御承知のごとく商工会議所は、英米におきましても、単なる事業者の団体、すなわちトレード・アソシエーションというのではなくして、広く商工業の発達、及びそれによりまして消費者大衆の利益増進をはかり、都市、地方の発展に寄与しようとするところの、地域的、公的な機関であるのであります。この意味におきまして、トレード・アソシエーションに適用さるべきこの事業者団体法の適用除外をされるように希望いたしておるのであります。これは全国の商工会議所の強い要望であることを重ねて申し述べる次第であります。

〇**細川委員長代理**　ただいまの公述人に、何かお尋ねがございますか。――ないようでございますれば次に移ります。

ちょっと皆さんに申し上げておきますが、商業委員以外の議員の方で御発言の方は、委員長の許可を得てから後にお願いいいたしたいと存じます。

それでは次に移ります。東京産業大学教授赤松要さんお願いいたします。――お見えになっておられぬようですから後番にいたします。

運輸省の調査局の高宮晋さんにお願いいいたします。

○**高宮公述人**　私はただいま御紹介にあずかりました運輸調査局の高宮でございます。企業組織を多少研究しております立場から、一言意見を述べさしていただきたいと思います。

まず第一に事業者の団体には、大まかにわけまして二つの種類がございますが、これらが一緒になって事業者団体法に機械的に取扱われているという感じをもっております。その種類と申しますのは、一つはその業界の同一の業界の利益代表的な、従って総合的な性質をもった組織がございます。もう一つの種類は合理化ということを中心に結合している、どちらかといえば個別的な組織形態をとっているものがあるのでございます。この二つの組織は性質が非常に違いまして、これらを一緒に取扱うということは、いろ〳〵の問題におきまして、弊害が起るのではないかと思われるのであります。で事業者団体につきまして、特に公正競争の立場から問題にいたします際には、利益代表的な総合的な組織がややもすれば、今までのような統制的な活動をしたり、また従って独善的な傾向を帯びたり、あるいはその中におきまして、いわゆる組織的な強制というものが不正に行われる、こういう弊害があるわけでございますから、主としてこの事業者団体のねらいといたしましては、そうした大きな組織、業界を総合的にまとめるようなそういう大きな組織について、公正競争の観点からこれを合理的にする、こういうことであろうと思うのであります。他方合理化のための個別的な組織につきましては、これは生産の合理化、あるいはそれと付随いたしまする流通部面の合理化、これは日本経済の再建の立場から申しまして、どうしても必要な組織であろうと思うのであります。元来この合理化は公正競争の立場からいきますならば、公正競争を通して能率競争を行ううちにその合理化が実現していくということになるはずでございますが、わが国の特殊性からいたしまして、蓄積が非常に少いわけであります。殊に戦後の日本経済におきましては蓄積が非常に少い。そうしてまた非常に小さな中小工業がたくさんございます。でこれらの部面におきまして合理化を遂行するためには、どうしても組織によって行っていくという必要があると思われるのであります。でこの組織は、合理化ということを中心にした組織でありますから、そんな大きな組織でなくてよろしいのでありまして、合理化のできる範囲における組織、たとえば数箇の中小企業が共同販売所を設置するとか、あるいはまたお互いに組合をつくって、その中において工場の専門化を実施するとかいうような、そういう組織につきましては、これは生産公正競争の立場から申しましても、この事業者団体法の対象には少しはずれてくる性質のものでなければならないので、こういう組織をこの事業者団体法によりまして阻止するということは、日本経済の再建の立場から、不幸ではないかというふうに考えられるのであります。そういう点におきまして、この事業者団体法の特例として、最後の方に農業及び漁業関係につきましては、特に十四人以下の結合の場合には、この法律は適用しないということがございますが、同時に中小工業の部面までその特例の範囲を拡げることが適当であろうと存じます。この中小工業の範囲につきましては、いろ〳〵具体的には問題があると思いますが、本日は時間の関係から申し述べないことにいたしまして、ともかくも一般的に申しますならば、合理化的な個別的な組織につきましては、これをできるだけ認めるということが第一に原則的に必要なことであろうと存じます。

そういう立場から次にまず許容事項の第四条について考えてみたい。これにつきましては、やはり次に掲げる活動に限りこれを行うことができるというふうに、弾力性のない取上げ方になつておりますのを、先ほどいろ〳〵御意見がございましたように、公正取引委員会において、その他これを認可したものについては、特にこれを行うことができるというような弾力性をもたせることが必要であろうと信じます。なおここで、この項目におきまして経営上の問題が出ておらないように思うのであります。研究、技術、科学はございますが、なおその他経営管理上の情報の交換、これは今後非常に大事だと思うのですが、そういった経営的な字句を入れてほしいのであります。それと関係いたしますが、殊に事業者団体におきまして今後必要になることは、計算制度、経理の問題、経理を合理的にやっていく、そのシステム、組織を今後大いに考えていかなければなりませんが、これが事業者団体の一つの大きな任務になるのであります。その意味におきましても、計算制度、経理制度に関して、この事業者団体の許容事項の項目の中に、何かうたってほしいのであります。それでこの四条の五項の啓発もしくは宣伝をし、それから利害代表をする代表的な意見を述べる、こういうことでございますが、このほかに産業教育という非常に大きな仕事があると思うのでございまして、この産業教育の項目も、やはり特に啓発という字を入れてございますから、それと関連して産業教育の字句を入れればよろしいのではないかと存じます。

さらに次に禁止事項第五条におきましては、結局禁止の原則は公正競争の立場から申しまして、その総合的な組織が営業行為をしてはいけないということ、それから公的性質を帯びた統制をしてはいけないということ、それからまたその組織的強制組織をつくりますと、どうしてもそこに組織的強制が行われます。その組織的強制は個々の業者の構成員の経済行為に対する統制、これがやはりいけないというように原則的に考えられるのであります。側面的な指導、これは組織的強制になりません。それからその組織的強制が不正に行われる、こういうことであろうと思います。こういう原則からこの第五条の各項目を考えてみますと、非常にこまかくなっておりますが、大体におきまして、この原則に合うものが多いと思いますが、先ほど御意見がありました十五の「構成事業者その他の者のために集金を行うこと。」というようなことは、むしろこの原則からいきまして省いた方がよろしいのではないかというふうに存じます。その他こまかく申しますといろ〳〵ございますが、時間もまいりましたからこの辺で私の意見を申し述べることを終ります。

○細川委員長代理　何か高宮さんにお尋ねはございませんか。

――ないようでございますから次に移ります。

次に東京商業者同盟事務局長喜多村實さんにお願いいたします。

○喜多村公述人　商業者同盟事務局長の北村實でございます。私はこの事業者団体法案の改正要項に対しまして、商業者、殊に中小商業者の小売業の立場から、また小売業の総合団体としての立場からだけ、この問題を申し上げてみたいと思います。

まずその改正要項の要点にはいります前に、現在の終戦後におきます小売商業の現状について簡単に申し上げてみたいと思います。終戦後の経済混乱によりまして、自然発生的に小売商業が非常に復活してまいりましたが、その余波が未だに残っております。特に商業の小売の面におきます秩序が回復しておりません。要するにまだ混乱状態にあると申し上げてよい状態でございます。その状態がどうしてそのように継続しているかという一つの理由といたしましては、要するに失業人口の吸収といいますか、そういう社会政策的な意味が非常にあると思われるのでありますが、引揚者であるとか、戦災者の方々が適正な職を得、収入を得る途というような意味で続々この小売業の中にはいってこられておる現状が非常に多いのであります。従って昔の小売商専門家というよりも、生業あるいは零細的な意味の小売商業が非常に多いということ、それからもう一つ混乱しております現状の一つといたしましては、根本的には自由経済的な本質的な考え方が本流として流れておりながら、実際の面では、統制経済がかなり強く施行されておる。こういう意味で実は業者もそういう面では非常に混迷状態にあるということが言えると思います。従ってそういう状況で生まれてきておりますので、この経済的な状態を見ますと、多くが生業経営といいますか、あるいは副業経営とでもいいますか、非常に小さい経営状態が多いのでありまして

〔細川委員長代理退席、委員長着席〕

こういう状態から見まして、これを適限経営的に何とかしていかなければならないというのが、今日の日本の小売商問題における一つの方向だと思うのであります。もう一つは商業道徳とかあるいはサービスとかいうような本来の社会的な商業の機能の面が、単に生活の糧を得るというような利益の面の営業として、現在は必死に行われておりますために、その商業のもっております本質的な社会的機能を発揮するという余裕が現在なく、渾沌としておる。これに対しまして、終戦以来当局といたしまして、何ら商業指導の施策というものが行われず、放任の状態になっておる。こういうのがまず現状でありまして、どういう形でもいいから、できるだけ小売商業の経営を合理化させて、適限経営規模のためにも、協同力によるところの組織をもって、何とかこれを更生させて行くということが、最も現在必要な状態に置かれておる。こういう面から見ますと、今度の事業者団体法の考え方から申しますならば、むしろこの小売商業の面においては、特に大規模経営以外はその圏外にあるような感じを受けるのであります。

それから第二は、この法案の施行にあたりましては、それのちょうどうらはらにあたります商業協同組合法案がはっきりいたしてまいりませんと、非常にこれが重要な関係をもっております。特にその中における小規模経営の範疇の問題があると思うのであります。一体普通の概念で申します日本の中小企業のうちで、中というのは一体どの辺を指すか、小規模といいましても、小売商の場合におきまして、少くとも概念的にいって、中くらいに引上げては全然違いまして、少くとも概念的にいって、中くらいに引上げてまいりませんと、いわゆる生業形態から企業形態に移ってこない。また個々が小さくても、それを協同の力によって、何とかそういうふうな方向へ進めていってやらなければならぬ状態でありますので、商業協同組合法でどの辺を小規模とするかという問題が一つ、この法案と合せましての重要な問題になってくると思うのであります。そこでそういう場合に、商業協同組合法において小規模経営ということが、だれが見ても大規模だと思われる、たとえば販売面積が何坪以上、百貨店のような、あるいは資本金が一千万円以上とか、あるいは全国的な規模をもって支店が大阪にあるとか、名古屋にあるとか、そういうようなもの。あるいは従業員が五十人以上であるとかいうようなもの、たれが見ても一見して大規模経営だと思われるものを除いたものが小規模経営だというようになれば、かなりこの法案によりましても、小売商は経営の合理化を進めていくことが、商工協同組合法の上にできると思うのでありますが、現在商工協同組合法の改正が明確になっておりませんために、この点で非常に疑点がございます。

それから第三はこれは小売商のひがみかもしれませんが、今日まで小売商はそれを維持、育成されるという面がほとんどなく、常に圧迫されてきておるという感じを深く受けております。この法案におきましても、新憲法下にありまして、一切があげて民主的な運営を望まれておるときに、何か事業者の自主性とか、あるいは独創性というようなものが阻まれておるような感じを受けて、事業者が非常に臆病に、手も足も出ないんだという感じを受けるのでありまして、その趣旨が国家経済の上において向上を意味し、社会的に悪い影響を与えない、むしろいい影響を与えていくのだという団体に対しても、この法案が何か牴触して、そういう団体を窒息させていくという印象を受けますので、こういう点につきまして、特に今日の中小小売業、商業という面につきましては、もう少し幅のある御解釈が願いたい。

それで改正の要点といたしまして、この法律の第二条に、「事業者団体とは、事業者としての共通の利益を増進する」云々とありますが、これを「事業者としての直接共通の利益」というふうに、「直接」という二字を加えていただきますと、かなり範疇が広くなっていくのではないか。それから第五条の十九号「前各号に掲げるものの外、前条各号に掲げる許容活動の範囲を超える行為」こうございますが、むしろこれは蛇足であって、かえって混乱さすのではないか。この十九号というものは、むしろ削除していただくことがいいのではないか。それから第六条の最後に一項目を御追加いただきまして、「国民経済上の観点から、もっぱら経営の合理化、資源の濫費の防止を目的とし、あらかじめ公正取引委員会の認可を受けたもの」という一項目をお加えいただきますならば、この小売業の場合などでございますと、企業の合理化の面においてはかなり役立つと考えられるのであります。なぜそういうことを申し上げるかと申しますと、この法案によりまして、ただいま私ども、団体といたしましても、企業の合理化の面でできるだけ協同の方向をとらせておりますが、それにつきましては、アメリカにおいて非常に発達いたしましたヴォランタリー・チェーン、日本で大体自由連鎖店、協力連鎖店という言葉を使われておるようでありますけれども、こうした方向で、現在混乱期にあるところの商業者を、自主的な運営の上において、できるだけ健全化していく。そうして協同の力によって大企業に対応していけるような組織体にすることができる。そのことによって非常に合理化されて、経営の指導も受けられるというふうに、ひとつこういうふうな組織に進めていくためには、現在で許されております範囲は、結局協同組合の形をとる以外にないのであります。しかしこれは業態の性格、性質、取扱い商品の性質によりまして、むしろ会社組織にこれをつくってまいります方がよいというふうに考えられる場合もございます。できるだけ協同組合をつくらせる方針をとるといたしましても、すでに発足しておりますもの、あるいは会社組織にでもしていく方が非常に能率的に運営できる。

協同組合は御承知のように、組合員が平等でありまして、民主的であると同時に、大体重要な事項についてはその理事会を経ていくというような考え方でございますが、会社の運営で、その職責上の運営から申しますと、非常に敏速な商業活動を行いますような場合には、その職責上から、どん〳〵機を見て迅速に対応できるというような会社組織にしていく方が、非常にいい場合が多いように考えられるのであります。しかもこれがメーカーが一つの販売会社と特約をいたしまして、そうして今度その販売会社が各個々の業者と特約契約を結びまして、これが一つのチェーンの形をつくりますものは、今度の法令、事業者団体法では触れません。けれども反対に小さな小売店が集まって株式会社をこしらえて、そうして共同仕入れをしようとするときには、たとえそれが企業の合理化であるという場合でも、この法律の建前から申しますと触れるということになって、これは非常に大きな矛盾ではないかというふうにも考えられるのであります。そういう意味で最後の一項目をぜひ挿入していただくようなことをお願い申し上げたいと思うのであります。

以上、小売商業特に中小商業の立場からこの法案に対しまして、一言希望を申し述べさしていただいた次第であります。

○堀川委員長　ただいまの喜多村君の御意見に、何か委員の方から御質問ありませんでしょうか。――それでは午前中もう一人公述人の御意見を聴きたいと思います。商工協同組合中央会事務局次長徳永佐市君。

○徳永公述人　事業者団体法は終戦直後、連合軍司令部から発せられましたところの最高司令官の意図に基く私的独占禁止法と、公正取引確保に関する政策の一環として取り上げられたものだと考えられるのでありまして、この法律の立法趣旨というものは容易に了解できるのであります。従いまして本会といたしましては、本法に対しましては賛成いたしたいと思うのであります。但しそれにつきまして、若干の条件がございまして、以下若干意見を申し述べたいと思いますが、この条件を取上げられることを前提としての賛成であるということをお含み願いたいと思うのであります。

第一番目は本法の目的でありますが、「正当な活動の範囲を定め」云々ということが書いてあります。そもそもこの法律は事業者団体の発達を助長しようとするのか、あるいは抑制しようとするのか、はっきりしていないのであります。おそらくこの法律は助長するのでもなければ、抑制するのでもない。事業者団体の今後のあり方を示すものだということであると思うのでありますが、それであるならば、非常に疑義が生じますので、この「正当な」という文句を削っていただくことがいいのではないかと考えます。ぜひともこの「正当」という文字を削っていただきたいと思います。

第二番目は、第四条と第五条との関係であります。すなわち許容活動と禁止活動の関係でありますが、これは第五条の禁止活動のみを掲げて、四条を削除するという必要があるという御意見も伺いましたが、私はどちらかというと、むしろ反対でありまして、四条を活かして五条を削るということがむしろ適当ではないかと思うのであります。しかし、これはおそらく四条で足りるのであるけれども、五条は親切心をもって、すなわちやっていけないような例示を示されておるものと思います。いわゆる法律上の親切であると思うのであります。従いまして四条、五条はこのままでいいのではないかというふうに考えております。

それから第五条から考えますと、現在信用保証協会というのがありまして、信用保証事業を行っております。これは中小企業者などに対しても相当の事業をやっておられますが、これは法人でも何でもないのであります。従ってもしこの法律が施行されるということになりますと、当然にその活動ができなくなるというふうなことになってまいりまして、中小企業者に及ぼす影響も少くないのでありますので、特に認可を受けた場合はやって差支えないという含みを、どこかでもたしていただきたいというふうに考えます。

それから第四条の第七号に、商工会議所云々ということが書いてあるのでありますが、商工会議所は社団法人であるものもありますし、そうでない単なる申合せ的団体であるものもあります。しかしおそらくこれは従来やっておるからということであると思うのでありますが、法律に商工会議所が行っておって、商工会議所以外にできないというふうなことは、むしろこの法律の精神に反すると思うのであります。従いまして商工会議所という文句を削っていただきたい。それがむしろ体裁の上からいきましても、また実際問題といたしましても、一番適切妥当であると考えます。

次は第六条に、商工協同組合の適用除外が認められております。しかしながら商工協同組合の場合は、特に独占禁止法第二十四条の要件を備えておるもの云々ということが書いてあるのであります。すなわち独占禁止法第二十四条には、小規模事業者をもって組織しておる商工協同組合は除外する、こういうふうなことに相なっておるのでありますが、しかし御承知のごとく、何をもって小規模事業者とみなし、何をもって大規模事業者と言うかということは明確でないのであります。おそらく今後この法律による公正取引委員会あたりが具体的に内容を調査して、一つ〳〵検討するとおっしゃるかもわかりませんが、数万に達する組合に対しましてこれを調査することは、言うべくしてほとんど不可能な問題であります。ところがむしろ現在の商工協同組合の中に認められないものがある。いわゆる適用除外にならないものがあるということになりまして、商工協同組合の事業が停止することになりますと、これはゆゆしい問題が起ってくるわけであります。私どもも現在商工協同組合の中に、相当大きな企業者、すなわちどうひいき目に見ても小規模事業者と認められないものが相当あることを見るのであります。しかしながら、さればといってこれが禁止されることになりますと、たいへんな問題が起ってくるのであります。一方商工協同組合の改正法案の準備が着々進められておりまして、おそらく次の国会あたりには提出されるのではないかと考えるのであります。そういう際でもありますので、一応あるがままの商工協同組合として、商工協同組合法改正までこれを認めていただくように、過渡的処置を願いたいと思うのであります。

それからこの法律には経過規定がないのであります。すなわち猶余期間がどこにも認められていないのであります。すなわち該当している会社、あるいは団体などの財産処分云々というようなことに対しては、九十日間の期間が設けられてあるのでありますが、現在ある会社あるいは団体がやっている事業などは、施行と同時にこれを提示しなければならないというように十九条になっております。これでは非常に困るのであります。単に困るのみならず、非常な混乱を起してくるおそれがあるのであります。従いまして、たとえば搬送中のもの、あるいは販売取引いたしましてまだ集金していないもの、そういう行為は全部施行と同時に断ち切られることになるとたいへんなことになりますし、その他いろいろ言葉に尽せない困難な問題が起ってくるのであります。従いましてどこかで一箇月ないし二箇月くらいの猶余期間を、経過規定として設けていただきたいと考えるのであります。

非常に簡単でございますが、以上商工協同組合中央会としての意見を申し上げた次第であります。本法は非常に幅があり、細かいと言えば非常に細かいのでありますが、幅があると言えば非常に幅があり過ぎるのであります。それでこの施行にあたりましては緩急よろしきを得まして、運営に特に適切を期していただくようにお願いいたしたい。さもなければ非常に無用の混乱を起こすことが予想せられますので、その点も併せてお願いいたしたいと思います。

○**堀川委員長**　ただいまの徳永君の御意見に御質問はありませんでしょうか――なければちょうどお昼でありますから、この辺で休憩をいたすことにいたします。午後は一時より開きたいと存じますから、時間励行をお願いいたします。

午後零時五分休憩

午後一時三十分開議

○**堀川委員長**　午前に引続きまして公聴会を開きます。

公述人日本機帆船業会専務理事立川繁さん。

〔資料66〕　衆議院商業委員会公聴会議録第１号（昭和23年６月26日）

○立川公述人　私は日本機帆船業会専務理事の立川でございます。機帆船は帆走装置をもっておる船だけれども、機関で航海をするという意味の船でございます。大体の要点だけを簡単に申し上げます。津々浦々に散在しておりまする小さい木船業――鉄船も多少ありますけれども、木船業者を私どもは地区の地方機帆船と申しております。その立場からこの事業者団体法につきまして申し上げたいと思います。この法案は一面において大企業の不当な活動を抑制し、他面において小企業が大資本に対抗いたしまして正当な活動をなし得るようにした、いわゆる経済民主化の立法の一つであると考えますので、賛成の意を表したいと思いますと同時に、前に申しましたように地方に散在いたしまする小さい木船業者、いわゆる地区機帆船の事業者の団体につきましては、漁業、農業、中小工業に対すると同様に、この法案の第六条で適用除外のものといたしまして、新たに第四号を加えていただきたい。文句を申しますと、「地区機帆船運送事業において、常時雇用船員五十人を超えないもので、かつ私的独占禁止法第二十四条第一号乃至第三号に掲げる要件を備える事業者の団体、」という文句を追加挿入していただいて、もって本法案の目的達成を一層完全にしていただきたいことを切望する次第であります。

なお御参考までに申しますると、現行法律の上でも一般的な商法のほかに、海運業につきましては特に海商法等がありまして、それと同様に本案につきましても、どうも海運業に関することがなおざりになっていると申しますか、忘れられてあるかに思われる点がありまするので、今申しました以外でも種々あるのでありますするから、もし近き機会にまたこの法案が改正せられる、あるいは御審議の時分にすぐ御考慮が願えるというのでありましたならば、ぜひこの海運業につきましても御考慮をお願いして、本法の完璧を期していただきたいのであります。以上が私の申し上げまする要旨であります。その内容はどういうわけでそう申し上げるかということを二、三実例と数字で申し上げます。

地区機帆船の実態はどうかと申しますと、これは三井、三菱、川崎、近海、こういうような大企業もしくは大企業のひもを過去においてもち、現在は多分もたぬようになっておると思いますが、そういう約十八社ある大資本を有する近海各社に対する言葉でありまして、国内海運をわけますると、汽船に対するものと、中央機帆船に対するものと、地方機帆船に対するものとこの三つに大体業態がわかれますが、その中の一つがこの地区機帆船でございます。そうして現在地区機帆船はどのくらいあるかと申しますると、昨年四月一日現在で概略一万六千隻の船がありました。そのトン数は四十八万トン、船員が六万人という大きな数字でございます。船員の数では船舶運営会所属の汽船のものよりももちろん多くございます。船腹の面でも、概略全日本の船腹の三分の一以上であろうと考えております。それで運びます物資の輸送実績はどうかと申しまするると、昨年の二十二年度の国内海運の全貨物が約三千五百万トン余りでございまするが、その半分の五〇％はこの地区機帆船で運んでおります。その中で貨物の大宗である石炭だけは除いて、あとの木材であるとか、鉱石であるとか、水産物であるとかいうような、他の雑貨については七四％を輸送しております。農林関係、水産関係、商工業用の重要物資はもちろんのこと、国民の日常生活必需物資のほとんど全部の海運輸送を担当しておると申し上げても過言ではないのであります。瀬戸内の島々並びに離島、また不便にしてしかも物資の多い沿岸地域の輸送は、この地域の機帆船がなくてはたちまち産業を危殆に陥れ、また国民の日常生活、民生の安定をも脅かすことになるのでありますす。ところがこの地区機帆船は一万六千隻もありまして、この船主の数は約一万二千人もおるのであります。そうしてその中の九割がいわゆる一ぱい船主と申しますか、一ぱいしか船をもたない船主でありまして、しかもまたその一ぱい船主は、船主であると同時に船長でもあります。私どもこれを称して船主船長と申しております。こういうふうなぐあいで、船員も一隻あたり三人五分程度、船も平均いたしますと一隻あたり三十数トンしかないわけであります。それが全国津々浦々に散在して運輸を担当しておるのでありますが、これは事業主というよりも、船主であると同時に船員でありますから、むしろ労働者に近いものであります。しかも船主であり、船長でありますから、船に乗っておるのでありります。従ってこれらの業者は陸上に店をもっておりません。また事務所ももっておりません。大部分の者はみな海上生活をしておりまして、少し露骨な言葉で申しますと、その多くはいわゆる回漕店に隷属しておるわけであります。あるいは荷主に隷属しておるような者もあります。殊にごく少数は、各地区に機帆船運送会社というのができておりますが――これは多く船主が寄り集ってこしらえた会社でありまして、その船主が集荷配船の仕事をやっておるのであります。従ってこれらは先も申し上げましたように、船に乗っておるのでありますから、陸上の中小企業者に比較しまして、店ももたない、事務所ももたない、こういうぐあいでありますから、企業主としましても、陸上のものに比べれば一層弱い、こういうわけであります。また海運の取引の相手方になりますつまり荷主、この荷主は海運関係におきましては、鉄道と違いましてみな大きな企業主であります。こういうようなわけで、とうてい対抗の力は天と地の差であります。また海運界自体におきましても、この一ぱい船主のごとく一隻平均三十トン、大きいので三百トンというのもありますが、小さいのは十九トンなんぼというような船もあります。また何千トン、何万トンももってお る事業主もありまして、非常に幅があります。従ってこれらの一ぱい船主は、その力を集めて団結させなくては、実際に民主的な仕事はやっていけない。集荷配船の業務の面でも、また資材や用品並びに金融等の面では、とうてい大企業には対抗できないわけであります。殊に海運界は非常に競争の激甚な事業でありまして、今日では大会社がある程度壊滅的な状況になりかけた点もありますが、しかしそれに対する反撥の力といたしまして、大体の傾向といたしましたならば、国内海運の方面に――以前は国内海運に非常に発展しておったのでありますが、今日では国内海運に着目いたしまして、漸次前に申し上げました地区機帆船を圧迫してくる傾向があるのであります。また他面では例の船に対しまする海上保険の木船保険が解散いたしまして、現在では無保険というような危険状態になっております。またインフレのために小さい船主は、船の修繕費にも困る。こういう状況であります。なぜかと申しますと、陸上の中小工業は、大なり小なり皆手持品をもっております。ストックと申しまするか、それをもっておりまして、その値上りで多少とも浮かぶ面もあると思いますが、船の方は手持品が全然ありません。これは完全なサービス業でありますので、修繕費の増大による打撃は非常にひどいのであります。かれこれ一口に申しますと、だんく壊滅的な自滅的な傾向にあると言っても差支えないのではないかと思われるのであります。しかしわが国の地勢の状況から申しまして、いまさら言うまでもないと思いますが、延長蜿蜒二千キロに及び、島の数約一千、こういう島々から成った細長い島国で、北海道と九州の石炭が多少汽船に適する荷物をもっておりますが、後の多くはすべて機帆船に適する程度の荷物の数量しか出ないのであります。また他方港湾の方面から見ましても、小さい港ならいくらでも恵まれておる。こういうわけでありまして、言わば今日の機帆船の発達は、日本の産業によくマッチした有機的な発達を来しておる。こうも言えるかと思うのであります。ただあまり小さい小さいと申しますので、多少誤解が起きますが、小船舶とは申しましても、鉄道と比較しますと、鉄道の貨物列車の一列車分くらいは、一遍に一ぱいの船で運び得るものがたくさんあるのであります。荷物の量からしますと、相当のものであります。三千トンの貨物船でありますれば、沿岸を航海するのに、四百五十トンは優に運ぶのであります。また現在船舶は、鉄船の方は資材その他で非常に困っておりますけれども、海運の増強という立場から見ましても、地区機帆船の方は木造船でありますから、これは建造も鉄船に比べて実に容易でありまして、輸送の増強並びに貨物の海上転移という点から申しましても、相当役立つのではないか。それでこの地区機帆船の力さえ結集すれば、将来といえども日本の産業の復興なり、民生の安定なり、輸送力の増強の上に非常に重大な貢献をなし得る次第であると考えるのであります。ところが従来はこの地区機帆船に対しましては、あまりに無視せられたかっこうであり、これを放置せられて何等の措置が講じてない。それでこの事業に対しては、いわゆる先に申したように、農業や、水産や、中小工業に対する団体法であるとか、事業法というようなものは未だ一つも制定せられておりません。こういうようなわけで除外しましても、法律の名前で除外例を設けるわけにいきません。そこで初めに申し上げましたような文句の除外例を認めていただいて、その力を結集しなければ、とうてい大企業と対抗して公正な取引をすることができないのではないかと思います。あるいは協同組合の方法によればよいのではないか、こういうお考えもあるかと思いますが、現行の協同組合法もまったく海運の小機帆船、地区機帆船のことについては一つも考慮がしてないのであります。何だかよその猫をもってきて借りたかっこうのようなぐあいで、うつらないのであります。また多少こまかい点では、不適当なものもちょい〳〵あります。運送業でありますから、北海道の木材を東京にもってくる。九州の石炭を阪神から伊勢湾並びに東京のガス会社にもってくる。こういうことを考慮した意味の協同組合法になっておりません。また今度は多少協同組合法が改正になるということでありまするが、これもこの国会には間に合わない。こういうようなわけであります。地区の機帆船につきましては、大きな仕事をして非常に大事なものであるにもかかわらず、こういう事業者団体法ができまする結果は、大きな穴があいてくる。地区機帆船のごときにとりましては、この穴が非常に手痛い。こういうわけであります。それでぜひこの除外例だけはどうしてもひとつ皆様のお力で、一項加えていただきたい、こう考えます。

なお賛成の理由等につきましては、抽象的なことは申すまでもないと思いまするから、最後に一つ例を申し上げて皆様の御参考にいたします。石炭輸送、これは十分御認識だと思いまするが、石炭輸送につきまして九州、山口炭の大部分は、ある海運会社が毎月約五、六十万トンの輸送をしております。ところが地区機帆船の方は、石炭船団委員会というものを設けまして、民主的な方法でやっております。しかしその運びまする数量は、大会社の十分の一にも足らない三万二千トン、こういう数字であります。ところが地区船団ということになりますると、この事業者団体法の上には、真正面からぶつかるのではないかと心配するわけであります。ところが片方の大会社の方になりますると、ほとんど触れないだろう。こう言われております。それではその大会社の輸送いたしまする内容はどうかと申しますると、さっきも申しましたように毎月五、六十万トン運びまするが、その運びまする九割五分以上は、地区の船なのであります。およその数字を申し上げますると、千九百隻そこに所属しておりますが、その千八百なんぼというものは、地区の地方の小さい一隻船主、つまり小さい事業主が集まって、しかも自分が船長でそこについておる。露骨に言えば一種の隷属であります。これはどういう関係になるか、普通私どもは運航委託だとか、あるいは委託船だとか申しておりまするが、その関係がどういうことになりまするか、手数料というような形で運賃をもらっておるのもありましょうし、そういう形になれば契約の相手方になり得るか、どうか、おかしいというような点もあります。直接一千八百何隻かのうちの、これまた大部分が一隻船主でありまするから、そのものは直接契約ができておりません。そういう点になりますと、手数料とも言い得ないようなものがそこにあるわけであります。契約の相手方は配炭公団でありますが、こういうわけで相当研究を要するものがあります。同時にこの地区の石炭船団の委員会の方におきましても、その大会社を通じてやっておる。これも三％ばかりの手数料を払っておる。こういうようなぐあいでありまして、この事業者団体法の上から見れば、大会社の方には触れないで、小さなしかも民主的にやっておる地方船の方が触れる。これは完全にこの法案と逆の現象を来すのじゃないか。こういうことはあってはならぬのだろう、こう思いまするがゆえに、なお私ども研究の足りない点もありますが、皆様のお智慧を拝借しまして、また皆様の御同情ある御理解のもとに、ぜひ前に申しました例外の一条項は入れていただきたい。こういうようにお願いするのであります。またそういたしますることが、この法案の趣旨の徹底とその完備を期するゆえんではないか。こういうように思うのでございます。言葉そのほかでまことに御無礼な点もあったと思いまするが、どうぞ御容赦願います。

○堀川委員長　立川公述人に対して御意見、御質問はありませんか。

では次は前澤慶治君、全国銀行協会連合会事務局長の御公述を願います。

○前澤公述人　私はただいま御紹介いただきました全国銀行協会連合会及び東京銀行協会の総務部長の前澤慶治であります。先ほどから多くの公述人の方々が、いろ〳〵それ〴〵のお立場によってお話がありました。いまさら蛇足を加えるほどのこともないと思いまするが、これを要するに日本の経済の現段階というものは、自由あるいは民主的にやらねばならぬということと、乏しきをわかつという意味において、統制をある程度加えていかねばならぬ。こういう二つの矛盾した状態にある。そこへさらに日本の国民が、こう言っては多少語弊があるかもしれませんが、今まで官庁の統制に服することに慣れすぎておると申しまするか、あるいは自主性に欠けておると申した方がよろしいか。そういうふうな点がありまして、今後日本の再建を強力に推進していくためには、こういう事業者団体というものがりっぱに育っていって、そして商品の品質の改良だとか、あるいは製造工程の改善だとか、さらに業務上のいろ〳〵な改善だとか、そういうことをどん〳〵推し進めていかなければならないわけであります。こういう点は今までの方が大体詳しくお話くだすったから、簡略にいたしますが、要するにこういう事業者団体というようなものは、日本の再建のために育成していく。これをどこまでも育てあげて、多少弊害があるのかもしれませんが、そういう点は極力除いて、どこまでもこれを育成していく。そういうことをどうか議員の皆様は頭に置いて、いろ〳〵御審議願う。その根本にこれはどこまでも育成していかねばならぬということを、繰返してお願いする次第であります。

その点について、さてこの法案を見まするというと、今までのいろ〳〵の法律とちょっと変っておる点は、第四条において許容活動というものを約九項目にわたって列挙してあります。さらに禁止行為というものが第五条で十九号までございます。こういうふうにこれはやってよろしい、これはやってはいかない。やってよろしいとやっていかないとの間が、ちょっとも余裕がないのでありますす。そうするとここへもっていって、もっとたくさん漏れなく列挙ができればよろしいのですが、それはなかなか困難じゃないか。殊にずっとこの法案を見ますと、非常にこまかい規定になっておりますす。一つの例をあげてみますと、許容活動の第四条の第七号などを見ますと、原産地証明を出すというようなことについて、社団法人である商工会議所が、こういうようにピチンと断って書いてある。ほかのものではできない。そうして原産地証明とか書いてある。そうすると品質の証明とか、事業証明とかを出そうとしてもできないことになっている。また第四条の許容活動の第四号のところを見ますと、「商品の品質の改善、規格の改良又は生産若しくは」これ〳〵というようになっている。そうすると、品質の改良はやってもいいが、大量生産とか、商品の形をどうするかということになると、さあどうだということになって非常になっておりますす。こういう線の細い非常に詳しい規定になっている。それであらゆる事業者団体の活動をここに規制して証明するということになると、非常な窮屈なものになってしまう。これはどうしてももう少し、全体をもっとおおらかな原則的な規定にしてくださるのならばよろしいけれども、ここまで突き進んできてしまっては、そういう根本的な改変ということは困難ではないかと思います。それで私の希望といたしましては、許容活動の方に余裕をつけるとか、あるいは禁止行為の方の一番終り、第十九号、これはお手もとにございませんでしたら、ちょっと読み上げますが、十九号の「全各号に掲げるものの外、全条各号に掲げる許容活動の範囲」すなわち第四条の許容活動の範囲を超える行為をやってはいかぬ。そうすると、第四条ではここまでやってよろしい。それから第五条で、ここからやってはいけない。そうして第五条の終りに、第四条の許容活動の範囲を超えたものをやってはいかぬ。そうすると第四条と、五条だけできちんとあてはめてしまいますから、事業者団体は非常に窮屈な、びく〳〵したような感じで、いろ〳〵なことをやっていかなければならない。初めに申し上げました通り、この事業者団体というものが、今後日本の再建上いろ〳〵な改善進歩とか、共同の研究とか、品質の改善とか、製造行程の改良とか、いろいろなことを進めていく上において、始終びく〳〵していくというようなことでは、はなはだまずいのではないかと思うのであります。それで、なぜこういう窮屈な法律をつくらねばならなかったのか。その点について、今までも私当局の方の二、三にもお目にかかって、いろ〳〵お尋ねして見たのでありますが、どうもなるほどそうかと私が腑に落ちるような説明がないのであります。なぜこれをこういうふうに窮屈にしなければならないか。この法律をつくるということは、ある意味はあるようでございますが、こう窮屈にしなければならぬという意味がどうも御説明がない。どうか議員諸公が今日の政府委員の方々に、その点をもう少し、これをおおらかなようにしてやってもらえないか。そうして御列席の政府当局の方々も、事業者団体の育成のために、ここのところをもう少しゆるめてやっていただきたい。こう存ずるのであります。具体的に申しますと、禁止行為の第十九号、許容活動の範囲を越える行為、これはやってはいかぬ。但し公正取引委員会において許可する場合にはよい、というような但書をここに入れていただくとか、あるいは第四条の方のやってよいという許容活動の方のあとに、何か公共の利益に反するとか、あるいは善良な風俗に反する行為はいかぬけれども、そうでない行為であったならば、公正取引委員会に届出てその許可があればやってもよいというふうに、せっかくここに公正取引委員会というものができておるのですから、そういうところにお尋ねして、この法律の趣旨に反しない限り、この程度でよいであろうというふうにすれば、業者としてもそう何もめちゃ〳〵なことをしようという意味では全然ないのでありますから、国家のために一生懸命活動しようとするには、こういうこともやってみたい、ああいうこともやってみたい、どうでございましょうか、こういうふうに公正取引委員会にお尋ねする。公正取引委員会では、それが独占禁止法とか、あるいは経済力集中排除法だとか、そういういろいろな法律、またこの法律に規定する趣旨というものから考えてみて、まあそのくらいのことならばよかろうということなら許していただく。こういうふうに第四条の一番終りに、そういう余裕をつける。公共の利益に反しないというようなことで、公正取引委員会が許可するということであればやってもいい。これをたとえて申しますならば、先ほどもどなたからか申されたように、業者の教育のことだとか、あるいは親善というようなことでございますが、どうも規定にないからいいか悪いかよくわからないというようなことは、公正取引委員会に申し出て、それが別に差支えないからやってもよいということになるならば、そこに非常にゆとりがついてくる。あるいはできるならば、この禁止行為の第五条の終りの第十九号は削っていただきたいのでありますが、もしそこまでいかないものならば、ここに但書を附けて、そこに余裕をつけて、但し公正取引委員会でよいという場合はこの限りにあらずというようなことにしていただいたら、たいへんよいのじゃないかと思うのであります。この法律をつくることになった一番初めの原因として、終戦後統制団体がたくさんできた。それがだんだん閉鎖機関に指定されてしまう。これではどうも困るというので、何か基準を与えてほしいというようなことからこれが始ったと私は承っております。これはアメリカのものがもとの法律になってできていると思いますが、その中に日本の特殊の国情、また日本の現在の経済の段階という点を御考慮にお入れくださって、先ほどから繰返し申しますように、事業者団体の活動を窮屈にさせぬように、もしもわからぬところがあったら公取に行って相談したらいいというふうにしていただいたら、たいへん好都合じゃないかと思う。どうもこの法律の原因から考えてみましても、そんなに窮屈にしなければならぬということが、私には納得ができないのであります。これほどまでに、何か事業者団体というものが非常によくないものであり、これを非常に監視をしなければならぬというふうな——事業者団体というものはたいへんどうもけしからぬものだというような場合ならば、これは非常に窮屈にして、ごく狭い範囲内で活動だけさせておけといっても差支えないと思いますが、そういうものではありません。先ほども申しますようなものでありますから、どうかこの点を、ゆとりを置くようにひとつお骨折りを願いたい。こう存ずる次第でございます。

なおこまかい点で、これは私の方の常務理事から言われてきたものでありますが、一言小さいことで申しまするならば、許容活動の第四条の四号、「商品の品質の改善、規格の改良又は生産若しくは配分の能率の向上」の下に、「その他構成事業者の業務の改善」というようなことを入れていただきたい。こう頼まれてまいりました。これは業務的な改善というような言葉がちっともありませんから、差支えなかったら入れていただきたいと存じます。私の申し上げたいことはこれだけであります。

○堀川委員長　前澤慶治君の御意見に御質問の方はありませんか。

次は日本能率協会理事長森川覚三君。

○森川公述人　社団法人日本能率協会理事長の森川覚三でございます。公述人というものの性格を私はよく存じませんが、自由な立場から申し上げてよろしいという解釈のもとに申し上げたいと

〔資料66〕　衆議院商業委員会公聴会議録第１号（昭和23年６月26日）

思います。われ〳〵能率協会といたしまして、過去七年半日本の工場生産の能率を上げるために努力しておりますが、その面を通じまして痛切に感じましたことは、わが国の業者には、競争があって協同がない。コンペテーションがあって、コーペレーションがないという大きな欠点であります。アメリカにおいてはコーペレーションとコンペテーションが見事に並行して行われておる。今回の法律案を拝見いたしますると、そのコーペレーションの方を非常に制約する案になっておりますので、私は午前中よりたくさん立たれました公述人の方々と違いまして、私個人の自由意思をもちまして、本法の施行に絶対反対するものであります。絶対反対するといたしましても、公述人の申しますことがどれほど取上げられるかということについても、常識的に多少観測しておりますので、また日本の政府が置かれている客観情勢を考えますると、政府、国会の皆様が御努力くださいましたことが、必ずしも実行できないというお苦しい立場におありになると存じますので、公述人としては絶対反対でありますが、それができないとすれば、次々に希望として申し上げたいことを申し上げてみたいと思います。

まず第一に事業者団体法とありますが、その包括範囲はあまりに広汎であると考えます。二つ以上の事業者を社員または組合員とするすべての団体を、と書いてありますが、文字通りに解釈いたしますと、ほとんど日本のすべてがこれに包含されると考えます。そういう広汎なる範囲を、先ほどから二、三の方が申し上げておられますが、また微に入り細にわたった細則を設けて、そうして縛り上げるということは、日本の経済を非常な混乱に陥れる素因をなすものと考えます。従いまして私は、修正案といたしまして、二つ以上の事業者とありまするその二つ以上の事業者を、少し本法の目的とするところに近いようにいたしますために、同種の事業者は、と入れたいのであります。二つ以上の同種の事業者を含む団体はと入れたいのであります。先ほど申し上げましたコーペレーション、お互いに力をあわせてという面におきまして、業種が違えば独占ないし統制の弊に陥ることは比較的少いと存じまするので、「二つ以上の同種の事業者を含む団体は」というように修正願いますれば非常に結構だと存じます。またわが国の団体に非常にたくさんの団体がございまして、事業者団体法とございますが、この法令の定義のところを正直に履行いたしますと、極端な場合には学校の同窓会までこれにはいると考えます。そういうことは法律の目的ではないと考えますので、少くとも公益団体はこの事業法から除くということを明記していただきたいと考えます。

またすべて届出るということになっております。先ほどどなたか、数万の事業団体があるであろうというようなお話がありましたが、この定義に包括されまする団体を全部包含いたしますると、私は十数万というような数字になり、あるいは数十万という数字になりはしないかと考えられます。これらのものが一斉に届出をいたしますと、公取の現在の陣容をもってして、それを一々良心的に三箇月以内に審査なさることは不可能であると考えますし、そういうものを括って放っておけばいいのではないかというような従来の官僚のやり方は、なるべく今後なくしたいと考えるのであります。と申しますのは、一々の会社、一々の事業者が出しまする届出は簡単でありますが、国全体の合計を見て、それに使いまする人力、時間、紙、能力等を考えまするとと巨大なる浪費であります。何らの生産を伴わない浪費であります。必要のないものを浪費させるというところに、大きな欠陥が日本の政府の従来のやり方にあったと考えますので、必要最小限度に止めていただくという意味におきまして、届出の範囲に関しましても、順位をつけていただきたいと思うのであります。

また事業の種類によりましては、本法実施のために潰滅的打撃をこうむる仕事がたくさんあると思います。最初に議員の方から御指摘がありましたように、農漁村関係の公述人はほとんどおられないような状態でありまするし、ほとんど本法立案の精神から除外されているようでありまするが、法律として出ます以上はそれが全部包含されますので、その手痛い打撃をこうむる多くの農業関係、漁業関係の事業団体のすべてが潰滅したあとはどうなるかと考えますと、非常なる打撃を経済界に与えるものと私は信じます。従いまして先ほど来いろ〳〵なお話がございましたように、絶対的に必要なものは、第四条の最後に、公取委員会で審査して許可したものはこの限りでないという、除外例の一項目を入れていただきたいのであります。

なお逐条的に二、三申し上げてみたいと思いますが、第五条に特定事業者を推奨することを禁ずるとございますが、私はこれは非常におかしいことだと考えます。非常にいいことをした者を褒めることがなぜ悪いかという原則論も考えられますし、それがひいては他を圧迫するというような感じで書かれたように考えられますが、日本の業者はまだそこまで進歩しておりませんので、いいものはきわめて少いのであります。その少い、いいものはどしどし推奨する必要があると考えます。従いまして第五条の第六項目は抹殺していただきたいと考えます。第九項の営業用の施設を事業者団体がもってはいけない、また経営することはいけないということになっておりますが、かりに農漁村関係を考えますと、零細な農民漁民がわずか集まって、自分だけの資力をもっていろ〳〵の施設をもつことは不可能であります。それは協同組合でやればいいじゃないかというお説もあるかと思いますが、協同組合法の不備もございまして、実際上それはなかなか行われないような状態にありますので、また協同組合の精神でございますと、農民漁民の一人々々の水準以上には進めませんので、どうしても進歩した科学技術を取入れた多くの施設を共同的にもたせる必要があると考えます。禁止すべきでなく、むしろ奨励すべきであると考えましたので、第九項の営業用の施設を所有または経営することはいけないという項目も削除を願いたいのであります。同じく第十項目の自然科学研究の施設を所有してはいけないということがございます。届出をすれば許可されるのでありますが、およそ人間の進歩は自然科学の研究にまたねばならないものばかりでありまして、自然科学の研究と遊離して人類の進歩はあり得ないと考えますので、その研究の施設を事業者団体がもってはいけないということは、非常におかしい法律であると考えます。一々届け出て許可を得ればいいじゃないかということでありますが、先ほど申しますように、限りある人力をもって、数限りない届出、許可申請が出た場合に、それが敏速に処理されるかということを考えますと、一つの大きなブレーキになると考えますので、第十項目は、これも削除願いたいと考えております。同じく第十三項目、購買販売云々の営業に従事することはできないとありますが、これまた農漁村関係を考えますと、農民漁民が自力をもって購買、販売その他の事務をまんべんなくやっていくということはできませんので、私はこれはどうしても力を協せてやるよりほかに方法がない。協同組合も十分指導的な能力をもっておりませんので、指導的な能力をもった人がそれに協力してあげることが必要であると考えているので、これまた私は削除を願いたいと考えるものであります。なお許可項目、活動許容項目の指定以外のことも、幾多今後の変化によって起ってくると考えますので、それらを、これは多数の方の口から出ましたように、ただ九項目に限定することなく、公取委員会の審査の結果許可することができるという条項をぜひ入れていただきたいと存じます。

第五条第十九項目でありますが、私は削除が理想的である、もし削除ができなければ、それを十分ゆるめたような除外例で取扱いの項目を入れていただきたいと考えます。また最初に帆足公述人から述べられましたように、社会公共の利益を増進するようなことは、どし〳〵奨励すべきでありますので、その面を禁止するものではないということを、はっきりどこかの条項にうたっていただきたいと存じます。以上公述人として意見を申し上げます。

○堀川委員長　森川公述人の御意見に御質問はありませんか。

○前田正男君　ちょっとお伺いしたいことがあります。この法律案に全面的に反対であるというような御趣旨がございましたが、まず第一にその点につきましてお聴きしたいのですが、自由競争に移行するために現在の統制的な行為を廃止する、こういうことをこの法律として大きくにらんでいるわけであります。その事項に対しましては、こういうような事業者団体法を設けまして、こういう事項を存置するということについては、御反対であるかどうか。その点についてお伺いしたい。

○森川公述人　先ほど最初に申し上げましたように、自由競争と自由の協同がなければ、完全な進歩はできないと考えます。自由競争の方は、こういう態勢になってまいりましたので、いくらでも伸展いたしますが、日本人の国民性といたしまして、協同精神がきわめて薄いのでありますから、その方を特に助長するような施策をしていかないと、日本の進歩が遅れるのではないかと考えます。従いましてその協同の方を与えるかのごとき印象を与える本法に反対するものであります。

○前田正男君　次にお尋ねしたいと思いますことは、この法律が行われていくにつきまして、やむを得なければ修正でもしかたがない、こういうようなお話がございました。ある程度日本の現状からいたしまして、そういうような点もなるかもわからないと存じますが、しかしながら、これがもし今申されましたような協同の方面に大きな制約があるというようなことになりますと、業界は自由体制に移っていく。しかしながら日本の経済の現状の官の統制というものは非常に残っておりますので、業界一般の人は非常な打撃を受けてくるのではないか。お話のような協同の動作によって、いろ〳〵な連絡事項もあるでしょうし、その他そういう協同にいろ〳〵意見を述べたり施設をやったりしなければならぬような事項も相当あると思う。こう考えますので、これの除外例を例としておあげになっておりますが、私はどちらかというと、これを行うならば、そういうような今の除外とか、あるいは修正の御意見のあるような点も、政府の方のやっております現在の統制経済の施策から除いていくというような方向にもっていく必要があるのではないかと考えているのでございまして、業者の民間の方とされまして、今のお話のような修正の範囲でたとえば修正ができたといたしましても、やはりこの法律が通った場合、業者の団結力というものは弱りまして、官の統制に押されるというような気配が私はあるように思うのでありますが、公述人はどういうようにお考えになりますか。

○森川公述人　御趣旨の官の統制に押されるという面は十分にあるだろうと考えます。大体私個人といたしましては、まずい統制経済ほど国家に害をなすものはないと考えております。現在の日本の政府のやっておられます統制経済は、拙劣中の拙劣な代表であって、相なるべくは一日も早く統制をだんだんとはずしていただきたいと考えているのでありまして、その実例をあげますと、いくらでもあげることができると思います。しかし官がやるよりほかにだれもやるものがないじゃないかと言われますと、その通りでありますので、この法律の考えられました最初の思想に対しまして、だん〳〵と民間自体の統制をはずして、官みずからがやればよいということになっているようでありますが、それができれば非常に結構でありますが、しかし実際問題としてそれは不可能であると考えますので、業界の協同団体の力が弱まれば弱まるほど、結果といたしましては、統制がます〳〵まずくなるということになりはしないかと考えます。

○前田正男君　つきましては、私はそういった問題につきまして、特に能率の増進ということにつきまして、これはやはりこういうふうな条件をつけられて修正を希望されるということになりますと、能率があがりました場合に、能率本位にいろ〳〵の政府の施策とか、統制とかいうものが行われていくことが必要であると私は思いますので、いわゆる割当とか配分とかいう方面に、能率的であるとか、あるいはまた新規の実力ある者を参加させまして、いろ〳〵制限はあるようでありますが、そういった方面に対しましては、相当自由に認めてもらえる。あるいはそういう科学技術の応用に対しましても、その施設に対しましても、どんどんこれは利用できる。そういったような希望条項を入れないことには、今修正されただけでは、今の、民間が弱くなるという立場からいくと、私たちは少いように思うのであります。しかしその点につきましては、ひとつ民間側の立場としての御意見を聴かしてもらいたいと思う次第であります。殊に能率方面が改善されました場合に、暫定的に統制が行われるとしましたならば、その統制に関しましては従来の実績でいくか、能率でいくか、あるいは品質主義でいくか、こういった希望的な配分の御意見があると思いますが、そういうことにつきましても、ひとつ御意見をお伺いいたしたいと思います。

○森川公述人　御高見きわめて私は同感であります。現在のいろ〳〵の資材の割当その他を、従来の実績でやっておりますことが、非常ながんになっておりますので、これは能率主義でいくべきではないか。修正資本主義が完全に発達いたしますと、結局自由に、能率のよいところに集まるということになりますが、物がありませんためにやむを得ず統制しておりますが、現在でも、なるべくそういうふうな能率主義で進みたいと思うのであります。まったく同感であります。

○前田正男君　次にもう一つお聴きしたいことがあります。それは政府は、今後日本の産業のあり方につきまして農工一体であるとか、あるいは工場の分散であるとか、いろ〳〵と考えがあると思いますが、この法律によりますと、こういうような施策に対しましても、場合によると、政府と意思が違うということになって、不当な場合がありまして、これは方法だけになるというようなことを立案者から聴いておるのであります。しかし解釈によりますと、いろ〳〵なことを言われると私たちは思うのであります。そこでそういった皆さんの民間の団体の方が、そういう将来の日本の工業政策、あるいは産業政策というものに対しまして、政府に対して相当発言のできるような力というものが抑えられるような気がするのでありますが、この点に対しまして、この法律案をどういうふうにお考えになるか、お聴きしたいと思います。

○森川公述人　大分むずかしい問題でございますので、個人の意見を申し上げて恐縮でございますが、客観情勢が非常に困難な現在におきまして、なかなか政府当局並びに国会の皆さんが考えておられるようにならないのは御無理がないと思って、その御苦心に感謝しておる一人であります。その中にも、与えられたものだからそのままのむということと、われ〳〵の民族性から主張すべきはあくまで主張した上で、力足らずにどうしてものまされるという場合とは、そのあと〳〵に続いてまいりますいろ〳〵のものに対する響きがよほど変ってまいると考えますので、御苦労を強いるようではなはだ恐縮でありまするが、日本の民族性に応じた、そうして日本の現在の経済状態を破壊しない程度の税制改革を主張する形において、のまされるものはいやいやながらのむという方向をとりたいと願うものであります。

○堀川委員長　あと、御質問の方はありませんか。

それでは東京実連協会主事鈴木俊彦さん。

○鈴木公述人　私は、東京実連協会の鈴木であります。私の申し上げます意見は、商工協同組合法に基きませんところの組合団体の意見であります。もちろん商工協同組合法が近く改正になりますものですから、ことさらに、協同組合をつくりませんで、任意の組合ないしは団体をつくっております向きが非常に多いのであります。そこでこの団体法につきまして意見が出るわけでございます。この法案は、一般事業者団体の活動に法的な基礎を与える。それからまた、閉鎖命令に基いて解体が勧められて、現在残っておるところの団体で、戦時中の統制をそのまま行っておるようなものに対して取締る。こういう二つの主目的があるように考えます。団体の統制はいろ〳〵お話がありましたように、官民融合いたしまして、今までは、あるいはこれから先もそういうように感ぜられるのでありますが、官僚統制を行いまして、会員に対しまして資材、注文、融資の斡旋をしたり、これに伴う経理上の資料を強制的に提出をさせる。しかもその益するところは一部会員に限られておるような傾向は、現在相当あるわけであります。要するに、こういうことをいたしまするのは、業界の実情に通じませんところの当局が、統制能力の不備を補うためにこれらの団体組合に対しまして、生産配給の事務を行うことを黙認した結果であろうと思います。またもう一つには、変転きわまりないところの経済を、すべて統制するというむりからと考えます。これを是正するために、民間人を登用いたしまして、実情に即した統制を実施するとは言いますけれども、官吏となりました民間人は、やがて官僚的色彩に堕することが往々あります。従って、自由なる活動は拘束されまして、同調せざるを得ないことは、幾多事例に徴しまして明らかなところであります。現在の経済危局を突破いたしますところの要諦は、悪性化しつつあるところのインフレを防止することにあることは申すまでもありません。これがためには、政府は人為的にまた計画的に、もって解決をすることはとうていできないので、その点の必要を十分悟っていただきたいと考えるのであります。能力にあまるところの統制事務をあえて行うということがむりだと考えます。従いまして、これらを矯正する適切なる施策を強化することが必要だと考えます。国民もまた一致協力いたしまして努力しなければ、当然この難局は打開することはできないのであります。こういう意味におきまして、事業者といたしまして、共通の利益は、弊害のない限り、事業者団体の活動は全面的に許容していただきたい。かつむしろ積極的に支援すべきものであろうと思いますが、法案の内容を見まして、禁止行為の列挙してあるような形式は、不作為行為の規定のみを根幹としたような法の体裁のように考えまするをもって、本法案は本末転倒の憾みがあるのではないかとも考えます。中小商工業者をして本然の自力を発揮させるように、また国家の中枢として再建の重責を果させるように、この法案の内容について深甚の考慮を願うものであります。以下五項目にわたりまして修正意見を申し述べたいと思います。

第一項目は、法案の第五条の第一号の禁止行為であります。これに反しまして第四条の第四号の規定を見ますと、実際問題といたしまして、表裏の関係を多分にもっておると思います。従いまして弊害のない限り、これを許してもらいたいということが第一の意見でございます。さらにその内容を見まするに、適当な政府機関等に自由意思により協力し、商品の品質の改善、規格の改良または生産もしくは配分の能率向上に寄与することを認める。こういうふうに書いてございますが、これに反して第五条第一号には、「生産若しくは配分の統制をし、又はその統制に着手することと及び原材料、商品若しくは施設の割当に関する原案若しくは計画を政府のために作成し、又はこれを政府に提出すること」を禁止することの規定は、先ほど申し上げましたように、はなはだ観念論的のような感がいたしますと同時に、事実問題といたしましては、はなはだ矛盾があると思います。必ずや将来実施に際しまして、常に公取委員会のごやっかいにならなければならない事項かと存じます。

次に第二項でありますが、第五条の第十二号に融資禁止規定が掲げてございます。これははなはだむずかしい問題とは存じますが、現在実情に即しておりませんものですから、融資を認めていただきたいということであります。これは中小商工業の金融が現在極度に逼迫しておりまして、企業経営の合理性はまったくありません。従って経営の維持継続は至難であります。深刻な様相を呈しつつあることは御承知の通りであります。従いまして金融機関の積極的な活動による金融の引締め政策はやめていただきたいのが希望でありますが、現状は逆でありまして、統制の徹底を期するかのように推測されるのであります。ここにおきまして確固たる金融施策の樹立と、中小企業に対する特別の金融機関を設置していただくことを強く要望してやまないのであります。事業者の内容につきまして、豊富な知識を有しておる団体に対して、自主的な融資を認めることも、また斡旋を許容することも当然金融逼迫の折から許容される事項だと考えます。これにつきましては、一つの実例があるのでございます。東京の非常に大きな組合でございますが、登録制になっておりまして、その品物を仕入れるのに非常な金額を要しますものですから、組合が単位となりまして、金融機関に借入れの交渉をいたしました。ところがその組合は現在商工協同組合にはなっておりません。もちろんかつてはなっておったのでありますが、現在フリーの組合でございます。その組合と金融機関と折衝いたしまして、莫大な資金の融通を受けるという話が進められておったわけでございます。ところがこの事業者団体法の提案が伝えられ、その内容が明らかになるに従いまして、お前の団体は事業者団体法によって縛られるから、結局貸すわけにいかないということで、非常に混乱を来したことも伺っております。その他商店街におきまして、相当の有志が集まって、任意の団体なり組合をつくりまして、銀行とタイ・アップをして、現状の金融難を打開しております事例はたくさんにあるわけでございます。この一例によってもわかります通り、以上申し上げましたような組合、団体において金融の融通を受けることができなくなることを遺憾に存ずるわけであります。

次に第三項でありますが、第五条の十四号の規定にある取引の代理人または取引上の契約は、第四条第六号に認めらるる労働組合との団体交渉権に止まらず代理行為の範囲を拡張してもらいたい。こういうことであります。これは事業者団体が公正委員となったり、あるいは無条件に取引の代理人となることは禁止すべきものと考えられますが、公正にして何ら弊害を伴わない、またおそれのないような場合に対しまして、しかも統制経済の円滑なる運営をはかる上において、公正取引委員会の是認せられるものに限りましては代理権を認めるべきものであろうかと存じます。単に労働組合の団体交渉権のみに限定することは理解ができないのであります。

次に第四項であります。第五条の第十六号において、当事者双方より紛争調停の申入あった場合はこれを認めてもらいたい。これは現在禁止になっておりますから認めてもらいたいという意味であります。第四条第八号の許容規定の中には、外国事業者との間の紛争は仲介し、解決することはできますが、事業者同志の紛争に対する調停解決は認めておらないわけでございます。これは実際問題として当事者双方から依頼があって、紛争を調停するような場合が相当にあるわけでございますから、実情に即する意味におきまして、またその団体の性質上公正なる判断を下し得たものと信じまするがゆえに、団体に対しては紛議調停の権能を与えていただきたいということでございます。

次に第五項でございますが、先ほど来幾多の方々から申し述べられておる事項でありまして、第五条の第十九号を削除してもらいたいということであります。広範にわたる禁止行為が第五条に規定せられております。これに反して第四条には厳然として九項目にわたりまして、許容活動の範囲がきめられてあるわけでございます。しかるにこの第十九号によりまして許容活動を超える行為は一切まかりならないという規定になっておりますことは、いたずらに事業者団体の活動を消極化するのみならず、束縛するものと考えます。今まで生産配給の補助機関であった団体、また統制仲介者たるの性格をもっておった団体以上の団体は、ことごとく特権と申しまするか、そういったような利権が剥奪せられたことになるわけでございます。そういたしますと、どうしても新たな途を開拓しなければならないわけでございます。これについては生産配給の割当方針や、あるいは技術について意見を当局に提出することができる。また世論に対して公正に働きかけて、輿論暢達の積極的な使命に乗り出すことができる。こういうように考えられますが、十九号がありますと、その点が束縛されることになるわけでございます。従いまして本号の規定は有害無益でありまして、事業者団体全体の精神を全面的に葬るかのごとく感ぜられるものですから、十九号を削除していただきたい、かように存じます。以上であります。

○堀川委員長　何か公述人に対して御質問はありませんか。

〔「なし」と呼ぶ者あり〕

○堀川委員長　それではよろしゅうございます。

次に漁業経営者団体連盟事務局長吉田隆君。

○吉田公述人　漁業経営者団体連盟事務局長吉田隆であります。先ほど森川さんからでございましたか、漁業、農業が非常に等閑視されておるということを御発言なされましたが、その通り、きょうの公聴会にも、実はむり押し込みに入れていただいた状態でございます。と申しますのは、この法案が自由競争並びに公正なる取引を促進するためにつくられたということは、満腔の賛成をいたすものでありますが、漁業面から見まして、実際のこの漁業経営の上から見まして、この法案がさながら漁師がたこになったような状態で、やかんの中に放りこまれてしまって、手も足も出ないという状態であることを、ひとつ認識していただきたいという念願から、むりに押し込んだような次第であります。と申しますのは、この漁業関係には、事業者団体として、法規に基きまして設立できます団体は、結局水産業団体法、それから産業組合法、この二つでできるわけなんでございますが、事実問題として、現在の漁業のあり方では、産業組合法でばかりいくこともできない状態であります。それは実例をあげますと、一つは沿岸漁業の大部分をなします各種の漁業でありますが、それは漁業会でさえ、的確に把握することのむずかしい、至って複雑な漁業権というものがありまして

〔委員長退席、石神委員長代理著席〕

その漁業権の関係上、産業組合法で団体をつくりましても、それは各種の方面で撞着を起す、つまり活動できない。端的に言えば産業組合には漁業権を与えることができないことになっております。漁業権のない産業組合というものは、成り立たないということであります。ただ出荷だとか、荷受け、そういう面では漁業権に関係がない。これはほんの水産の一部でありまして、直接の水産ではありません。そういうものは産業組合法で行うことができるわけであります。もう一つ、水産業団体法、これは現在は動脈硬化症を起しておる法令であります。と申しますのは、この系統団体が、現在では閉鎖機関に指定されておる。そうして何と申しますか、その下部組織である各県水というものも、やはり同じ運命に置かれておる。そうしてこれは遠からず解散をしなければならぬ運命にあるのであります。そうすれば、それらの団体の人々は、どう移行していくかと申しますと、現在では協同組合法、つまり漁業の協同組合法ができれば、それに即して動いていく面と、他の動きをする面とあるわけであります。ところがこの協同組合法というものは、漁業法と因果関係がありまして、御承知と存じますが、この二つとも未だに上程もされず、原案さえ私たちも十分に知ることができないというようなあわれな状態にあるのであります。そういう状態でありながら、今度この事業者団体法が出ますと、それならこの二つでこれまでつないでおったものが、今度どこへいくのか、行先に迷ってしまうわけであります。そうして協同組合法と、それから漁業法の改正、これがこの団体法とマッチしておれば、ある程度の行き方がわかるわけであります。ただこれでつかまえられて行先がない。移っていく家がないのに、家を放り出されたというのと同じ状態に漁業は置かれております。それで概念的に申しまして、この法令につきましての趣旨、それから各条のこまかい点につきましては、諸先輩がりっぱな御意見をお出しになっておりますので、それについては、お出しくだすった意見全部はもっともと存じております。特にそのうちに、

三樹先生でございましたか、第四条の一番最後に一項目を入れて、許容したものは活動することができるということにしていただくということと、それから禁止の方の十九号を削除すること。もう一つは、今の漁業の状態でありまして、協同組合法と漁業法の改正ができない範囲においては、第十三号も削っていただきたい、こう思うのであります。但しこれは協同組合法と漁業法がこれと並行して施行されるというのであれば、あるいはこれは削っていただかなくともよいのでありますが、そういう条件附で、それがうまくいかないのであれば、これは削っていただきたい。森川さんがおっしゃいましたように、零細な漁業者は協同しなければやっていけないという状態に置かれておるのであります。それは今までの漁業を構成しております分子をよく分析してみますと、大部分の人間がその範疇にはいってくるということであります。

その他こまかいのもありますけれども、すでにもう皆さまから御意見が出ております。ただ問題は、そんなら漁業と農業についてはある程度の除外例があるじゃないかということになると思います。それは第六条の第二項でございましょうか。みずから小規模な農業または漁業を営み、もしくはこれに従事する個人が相互扶助を目的として設立した団体であって、構成事業者の数が十四人を超えないもの、こういうことがありますが、この小規模ということであります。これは漁業のような、一本づりの漁業から、南極へ出ますあの厖大な資本、資材を要する大規模な漁業、それから中は、いろ〳〵な沿岸、それから近海、遠洋の漁業がありますが、どこでこの線をお引きになるかということが大きな問題でありまして、漁業者自体としましても、この線の引き方によって、この線がどこに引かれるかということさえ、ある程度のめやすがつけば、非常におちつくかと思うのでありますが、これはどこでお考えになるか。つまり公正取引委員会で審査されるということになれば、これは人為的にされるものであります。それに頼っておるというようなことは、ちょっと今の漁業者では安心感が得られない。またこの十四人なんという数字はどこから出たかというようなことも、相当吟味を要することだろうと思います。この点は、施行される上でありがたいものでもあり、また反面非常にこれが害にはなるという状態なので、この辺をもっと適切な言葉で修正していただいたら、非常によいのではなかろうかと存じます。

それから、今までいろ〳〵伺っておりますと、この法案も通るのではなかろうか。いや、もう通るのだというお話も先ほどから伺っております。もし通るのでありましたら、漁業界としましては、この法令に関係しました漁業協同組合法、それから漁業法の改正、これが通過するまでは、漁業に関しては、施行しないという一条をどっかへ入れていただきたい。それを強く要望する次第であります。事実問題として、現在漁業界では、この法案を見まして、もうあわてふためいております。どうしてよいか、実際のところわからない話なのでございます。これまでいろ〳〵御意見の出ました方々は、それ〴〵商業なり、工業なりは、協同組合法というものがあって、一つのよりどころをもっていらっしゃるわけであります。機帆船組合からちょっとお話も出ましたが、機帆船組合と同様に漁業に関してはよりどころのない現在でありまして、これを施行されるということは、家のないときに家をとって放り出すという状態と同じである。少くとも為政者は一部の犠牲には眼をつぶるということのないように、強く強くここで要望しておく次第であります。非常に簡単でありますが、時間もないようでありますからこれだけにしておきます。

○石神委員長代理　吉田公述人に対する御質疑はございませんか。

○林（大）委員　今のお話で漁業に関する範囲においてはまことにおっしゃる通りのように思いますが、そういう点について水産局長あたりとよくお話になったわけでありますか。

○吉田公述人　接触しております。

○林（大）委員　水産局で適当なる対策などが出ておるわけでありますか。

○吉田公述人　水産局といたしましては、昨日非常に簡単に伺ってまいりましたのでありますが、言葉を非常に穿って申し上げると、事業者団体法がこのまま通ってこれが厳重に施行されるという状態であれば、これは監獄が日本にいくつあっても足りないという状態を惹き起すだろう。ということは、先ほど申しましたように、これまで金融並びに共同購入、資材斡旋というようなことをしておりましたある機関が、現在では業者と共同で一つの匿名の組合をつくってやっておるわけです。それがこういう行為ができなくなってしまう。あるいはそのうちに系統団体の資産処分あたりに絡んでいろんなことが生じておる実情であります。それを一々これでやられますと、とうてい立っていかないということが一つ。漁業協同組合法、漁業法の改正、この二つが通るか通らないかわからないという状態にありますので、その間これだけが通りましても、協同組合法と漁業法改正ができるまでは、公正取引委員会において漁業方面についての団体には、ある程度あまり深く介入しないでおいてもらいたいというようなことでも申し入れをするよりほか手がないだろうという話であります。

○石神委員長代理　この際一言挨拶を申し上げます。これをもちまして公述人の公述は全部終了したわけであります。公述人各位は御多忙中にもかかわらず、それ〴〵の立場に立ってあらゆる角度から御活発にかつ御豊富な御意見を聴かしていただきまして、本委員会の審査の上に多大の参考となりましたことをここに厚く御礼を申し上げます。

それではこれをもって公聴会を終ります。

午後三時五分散会

〔資料67〕　衆議院商業委員会議録第一二号（昭和二三年六月二九日）―質疑

昭和二十三年六月二十九日（火曜日）

午前十時八分開議

出席委員

委員長　堀川　恭平君

理事石神　啓吾君　理事笹口　晃君

理事細川八十八君　理事中村元治郎君

関内　正一君　多田　勇君

冨永格五郎君　前田　郁君

松井　豊吉君　山本　猛夫君

林　大作君　松原喜之次君

師岡　栄一君　山口　静江君

井村　徳二君　桜内　義雄君

唐木田藤五郎君　小西　寅松君

出席政府委員

公正取引委員会委員長　中山喜久松君

公正取引委員会委員　蘆野　弘君

六月二十八日委員金子益太郎君辞任につき、その補欠として角田藤三郎君が議長の指名で委員に選任された。

本日の会議に付した事件

貿易資金特別会計法の一部を改正する法律案（内閣提出）（第七五号）

事業者団体法案（内閣提出）（第一一六号）

○**堀川委員長**　次に事業者団体法案を議題といたしたいと思います。実は会議を開く時間が本日十時までしかもらってないのでありまして、はなはだ短時間で相済まぬのでありますが、本日は商業委員のみの会を開きまして、そうして明日中連合審査をやりたいと、かように存じております。

それではこの事業者団体法案につき、前会に引続きまして質疑を継続いたしたいと存じます。

○**唐木田委員**　最初の日にちょっと申し上げましたように、公聴会の場合にも農村及び漁村関係の口述人がなかったので、その方面の意向がこの法案に反映していないというおそれが多分にありますので、この際特に事業者団体法案に対する農村関係諸君の意向をまとめて、いささか意見を申し上げ、御質問申し上げたいと存じます。

率直に申しますと、このたびの事業者団体法というものが、事業体系の実情に即しておらないということを言われておるのであります。それは日本の経済再建の基本が、各方面における中小商工業の発達を促すことであるということは言うまでもないし、その中小商工業の中核をなすものは生産加工の企業であること、また言うまでもないのであります。この生産加工企業は農村、漁村、山村などの原始生産財、たとえて申しますれば農業とか畜産の産物とか、あるいは林産物、水産物、鉱産物というようなものを加工するという事業を高度に発達せしむることが、最も大事なことであると思います。この生産加工企業体は協同組合のみに限ることは、もとより不合理であります。もちろん中小商工業が協同組合の組織で十分に発達してまいりました後においては差支えないかもしれませんが、少くとも現在の段階において、協同組合法のみによってこの達成を期するということは、木によって魚を求むるよりもむずかしいと思います。会社事業の方が適当のものもありますし、また協同組合が適当のものもあります。そして会社企業形態にもいろ〳〵あって、純然たる産業資本家のためのみの会社もありますが、生産民を加えた、会社とも協同組合ともつかないような会社もあり得るのであります。こういうふうに考えてみますると、生産者と、加工技術者を有する従業員との協同会社も生れるわけであって、いかなる形で生れるかということは、そのときの事情とか、業態とか、地理的条件というものがそれ〳〵違っておりますから、そう簡単にはまいらぬと思います。従って私的独占にわたるものとか、あるいは公正な競争を排除するというような、経営体を抑制することは絶対に必要でありますが、それ以外に対して過度の制限的干渉をすることは、むしろ非常な害があって益がないと思います。生産復興の阻害になると申し上げても少しも過言ではないと思います。

その次に申し上げたいことは、率直に申しますと、この法案の主たる目的が一般のものに明確になっておりません。説明を承っておるとわかったような気がいたしますけれども、実際はよくわかりません。その第一に、この法律の趣旨が私的独占の禁止及び統制の排除のため、事業者団体の活動範囲を制限することが主たる目的と解することができますけれども、実際において本法すなわち事業者団体法の定義第二条に規定されておりますところは、あまりにも包括的であり、たとえ私的独占にわたらず、また公正な競争を阻害するおそれがない民主的性格の新協同形態の会社団体までも禁圧する、過度の非民主的立法であると申し上げたいのであります。このため現在行われております法律が存在して適用を除外されるもののほかは、いかなる社会公益的性格をもつところの企業形態のものであっても、存立不可能というようなことになってしまいますし、また戦後各地方に生れつつある多数のこの種類の健全なる民主的協同経営事業は、いずれも解体または改編のやむなき運命となりまして、全国の産業界は実に重大な影響を免れないと考えられるのであります。これは現在及び将来のわが産業形態において、自由公正にして非独占的な民主的協同企業態の伸張をふた葉のうちにつみとってしまうものであって、戦後国民経済の構造的変化に現われた好ましき民主化及び社会化の自然発展的傾向をかえって人為的、また反動的に弊害多き過去の原始資本主義の形態に逆行せしむるものであると言っても、また過言でないと思うのであります。この結果最も打撃を受けるものは、資力乏しき零細事業者と、原始的生産に従事する職業者でありまず。従って本法の第一条すなわち目的においては、その立法の主眼たる私的独占を抑圧し、統制を排除するため同業者の統制的団体を対象とするという本来の趣旨を明確にし、そうして本法の運用にあたり過度の行き過ぎのないようにいたしたいということを心から願うものでありますが、これに対する当局の所見を承りたいと思います。

さらに事業者及び事業者団体の範囲を緩和するということが非常に大事であります。今申し上げます通り、この原案の通りであるとするならば、事業者及び事業者団体の範囲はきわめて少くなってしまい、また昨日、一昨日のお話でもって、大体その訂正すべき箇所を承りましたが、まだはっきり明確になっておりませんので、私はここにこのことを重ねて申し上げたいと思います。本法のいわゆる事業者及び事業者団体の範囲は、第二条の定義においては広汎かつ微細にわたり全網羅的に適用され、ただ除外されるものは、第六条現行の法律規定にもある通り、ある団体というものは零細農、漁民だけであって、構成事業者が十四人を超えざるものというふうに出ておりますが、いわゆる事業者というようなものは、右に除外された以外のいかなる零細事業者、たとえばくず屋、行商人、一銭あめ屋、あるいはきせる屋、げたの歯入れ等の、ただ生計の資を得るだけのきわめて微細な業者であるとか、農、漁村の従業員とかいうようなものまでも含まれることになりまして、この結果これらの零細事業者は自力では生きられず、同業仲間で共通の利益を増進する目的で事業を営むことはむろんのこと、たとえそれが社会的互助連帯の理想のもとに、自助協同の企業経営で公私の利益に副い、かつ公正なる競争を阻害するおそれなき団体として出資経営をする場合も、本法案によって協同組合法によるの以外には、第二条の規定により、事業者団体として一切の経済的活動は許されないことになる。実に考えれば恐ろしいほどだと思います。従って私は一々法の技葉末節の問題にタッチしてこれを申し上げるいとまをもちませんけれども、願わくはこの法律をつくる主眼を、はっきりと明らかにしていただきたい。法律というものは元来法律なきに至るをもってその理想とすべきものであって、いたずらに文字を羅列し、法文をたくさんにして親切を押売りした結果かえって民を苦しめ、その生産を阻害するという思わざる結果に陥ることは、法を立てるものの最も慎むべきものである。もっとも法は三章をもって治むべきである。民の良心と民の良識を涵養して、別にごつ〳〵したいかついものでなくてその目的を達することができるようにという、法の本来の精神を間違わないように、それを文字の上に、構成の上によく表現していただいて、願わくば昨日のアンチ・トラストの課長の説明されたようなあの線に沿って、あの線を間違えずに親切に、文字通り涙ぐましき親切として感謝されるような結果を齎すことのできるように、心から私たち念願いたしまするがゆえに、今これだけの御質問を申し上げたわけであります。

○中山（喜）政府委員　ただいまはこの法律の立法趣旨に当りますか、また解釈に当ります際における非常な御懇篤なる御忠告を賜り、非常に感謝いたしておる次第であります。お話の通りでございまして、法のない社会、もしくは法が存在してもそれを適用する必要のない状態にしなければならぬということは、私も同様に理想といたすべきものだと考えておるのでありまして、希わくばそういう社会の実現を切に望んでおる次第でありまする。この事業者団体法はなるほどごらんくださいますと、あるいは見方によりましては、いかにもいかつい感じを与えられるかもしれませんけれども、前にも申し上げましたごとく、法律の制定を望まれるに至りましたことを沿革的に考えますると、戦後の事業者団体なるものが、戦時中からの統制方式の変更によりまして閉鎖機関に指定される。またそれに代りますものができますれば、また閉鎖機関に指定せられるというような現状でありまして、一体事業者団体はいかにあるべきかということについて非常な問題が起り、疑念が起っておることから、事業者団体なるものにある方向を示す必要があり、また事業者団体の方からも、いかにすればよろしいかという希望が盛んでありました結果、いろいろ考案されて、その折衝交渉をされてきた結果がここに現われまして、この法の制定になったわけであります。従って第一条にも掲げてありますように、正当な活動範囲を定める、このことが実は沿革的に考えますと主たる目的であったのであります。従って第四条におきまして許容活動範囲を掲げておりますことも、この意味から考えますと、この法律の主眼とするところと言わなければならぬかと思うのでございます。そういう意味でむしろ事業者団体の向うべき方向をここに明らかに示して、その活動を明朗闊達なものにしていくべきであるという趣旨に出ておる点を十分くみとっていかなければならないのではないかと思うのであります。またこの団体そのものは、ただあるがままに認めていこうというのでありまして、これに対して一定の組織を与えようとか、あるいはあるものはこれを抑えようというような考えはないのでございまして、団結そのものによって業者の技術の向上並びに能率の改善をやって、そうして事業者としての利益の増進をはかれることを望んでおるのであります。団体そのものには、そういう協同してその共通の利益を増進するという一面におきまして、団体の反面の悪い性格といたしまして、いろ〳〵のことがあり得ると思うのであります。これをこのいわゆる私的独占禁止法によって打建てられました現下のこの公正自由なる経済競争態勢の上から批判いたしまして、団体として避けていただかなければならないような点が多々あるわけでございまして、これに対して第五条におきまして、ここに主眼を置きましていろいろの禁止規定が設けられたわけであります。その精神は、要するに各事業者の公正にして自由なる経済上の競争によりまして事業の円満なる発達をなし、そうしてこれが社会的にも一つの貢献をなしていかれるということを主眼にいたしております。要するに事業者団体法は事業者団体の行うべき方向を明らかにするとともに、その途を独占禁止法の立場からいって間違われないように、というところにあるわけであります。われわれはこの精神を十分了解しておるつもりで、これによって運用を行いたいと考えております。なおその他の点につきましては蘆野委員の方から御説明を申し上げます。

○蘆野政府委員 本法の立案に当りまして、農村、漁村方面の事情をあまり考慮しなかったのではないかということが御質問の一点であったと存じます。これは十分に考えに入れられました。その一つの現われがただいま御指摘になりましたごく小さい規模で経営する農村、漁村等をわざ〳〵適用除外にしたというのも、その考慮された一つの現われでございますが、そればかりでなく、全面的に事業者団体の許容活動、あるいは禁止行為等を考えますにあたっても、十分そのことは考慮に入れまして、農村、漁村等の方面にも差支えないというつもりでこのようにしたわけであります。

第二の事業者団体の範囲が非常に広範であるということでございますが、これは法律の目的を十分達して遺漏ないためにはこういうふうにする必要があったので、事業者団体と認めたからといっても、あるいはその範囲が広いといっても、事業者団体になったものがすべて行動を非常に制限されるという意味ではないのでございます。毎々申し上げましたが、会社企業というようなものは、少しも事業者団体の中にははいっておりません。それからただいま御指摘になりました零細なる営業に従事する者、こういったものがどういう形式で協同事業をいたしますか存じませんが、そういう方も十分考えまして、これらのものは事業者団体の中にやはりはいらない。そういうものもこの事業者団体で規制しようということは考えておりません。その他契約関係といっても、一回のそのとき限りのことに何か購入するとか、注文を受けるとかいうことは一切はいっていません。ただいま非常に御関心になっておるところの農漁村あるいは都会にいたしましても、小さな商工業の活動が妨げられるということはちっともないのでございます。またそういう漁村等の協同事業が協同組合だけでは必ずしも賄い切れないというお考えでございますが、会社企業等もすることはちっとも差支えない。ただ本法の目指すところは、そういう会社がさらにたくさん結合して、自由なる競争を阻害するということが起らないようにすることが本法全体のねらいでございます。許容活動の範囲が狭すぎる。あるいは禁止行為の数が多すぎるというお考えのようでございますけれども、これをよく見ますと、実は正当なる事業者団体として通常なし得るということは、これに大抵含んでおります。ただ従来とかく行われておりましたところの私的団体の統制ということが行われなくなるということでございます。また禁止活動はたくさん並んでおりますが、これは実は米国における実例が主になって並んでおるのでございまして、日本の法律になぜ米国に起ったことをわざわざ書くのかという御質問であると思うのでありますが、御承知の通り日本には従来独占禁止法というものはございませんでした。ですから、たとえば第五条の禁止活動に触れるようなことがなかったのでございますが、米国には古くから独占禁止法がありまして、これをくぐるためにとかくこういうことがしばしば行われるものをおもに並べたわけでございまして、今度独占禁止法ができたもとでは、とかくこういうことが起りがちであると米国の例から想像されるのでありまして、そういうおもな行為を並べたのが第五条の禁止規定でありまして、これは決して御関心になっておるところの小さな商工業者の活動を妨げるものでなく、大きな企業者が多数の結合力によって小さな企業者を圧迫することのないようにということが、本法全体を通じて流れるところの根本思潮なのでございまして、ただいま御質問の御趣意、最も御関心になっておる点とわれわれの考えとは、その点一致しておることなのでございます。その点は特に御了承願いたいと思います。

○唐木田委員　御説明を聴き、よくわかりましたが、御承知のように満州事変以来、日本はまさに法律に圧死されそうなかっこうであります。時々物々ことごとに法律々々々々で、朝から晩まで法律を課されて、法律というものに中毒しておるのであります。なおまた法律というものに必要以上に威圧を感じて、まだそれが抜け切っておりませんので、従って今御説明のようにきわめて親切な思いやりのある法律をつくっていただくにかかわらず、その表現がその気持によく副っておりませんときには、全然逆効果をもたらすことが当然あり得るのであって、そういう点を私は非常に心配しておるのであります。ですから、弱い者の声なき声を聴き、形なき形を見るというのが政治の本質でありますから、私たちはこの事業者団体法というようなものが出ると聞いて以来、耳にたこのできるくらいきわめて悲しい話を聴かされておりますので、いささか思いすごしかもしれませんけれども、今私が申し上げたようなことを率直に申し上げる方が、技術的な枝葉末節の文字の羅列や、法律の訂正をするにもいいのではないかという老婆心からいろ〳〵申し上げるのであります。ただいずれの場合においても言い得ることは、法律をつくる人の気持が、これが実際に行われるときには少しも行われない。とんでもない方へいってしまうことがあり得るのだ。もしそういうようなおそれが実現しますならば、これこそとんでもないことだ。思わざるもはなはだしいと言うだけでは済まされない。どうかそういうこまかな点まで気をつけて、せっかく親切にこの法律をつくって日本の産業再建をしてくれるという気持に背かないように、この局に当る人々がこの上とも十二分の御戒心をされるように申し上げて、私の質問を終りたいと思います。

○**笹口委員**　三、四点伺いたいのでありますが、第四項にいろ〳〵例示してあります事項がきわめて限られておりますが、これ以上できないということになれば非常に困りますので、私としましてもこの各号に掲げてありますもののほか、公正取引委員会でこういう仕事はどうかといって認可してもらう。認可したものはよろしいというような修正を加えたいと考えておるのでありますが、こういう点に御同意なさる用意があるかどうか。もう一つはなぜこういうような規定を掲げるか。昨日のウエルス氏の来られたときにも私ちょっと発言したのでありますが、この法律によりまして大きな事業体というものが事業団体によって結合し、トラスト化するということは、私どもは当然反対なのであります。しかしながらその反面に、きわめて小規模の業者というものが共同して大規模の事業者に当るということが不可能になってしまう。せっかく力を協せて今いくらか大企業と拮抗していこうというような考えをもっても、この事業者団体法によってそれができかねる場合が非常に多いのでありますが、そういうようなときには、一々その事例によって公取において認可をなさいますときに、御斟酌願えるものかどうか。この点が第一点であります。

それから第二点は第六条でありますが、六条にはいろ〳〵届出適用除外の規定がございますが、適用除外を受ける団体といえども、第三条によります届出をしなければならないということになっております。しかしこの第六条の適用除外の団体をずっと調べてみますと、第一号から第三号までに掲げられてありますものは、すべて法律に基くものでありまして、その目的、構成、組織等はすべて一定をいたしております。そしてまたその成立に際しましては、やはり一々これがどこかの政府機関に届出せられておる、こういうものであると思うのであります。この第三条によって、これらの諸団体の定款とか、役員名簿とか届け出すということになりまするど、届ける方にしてみると重複をすることになりますが、この第三条の目的は、これら諸団体の実態を把握することが目標でありまするならば、これは公取が随時にそれらの主務官庁といいますか、監督官庁といいますか、こういうところをお調べになればわかることなのでありまして、ことさら届出をさせるというような手間をかけなくてもよろしいのでないか。それでなくてもあまりに団体の数が多い。十数万というか、数十万というか、そういうものをお取扱いになりまするが、なるべく荷を軽くする意味で、こういうようなものをお取除きになりまするごとについての御意見を聴かせていただきたいと思います。

それから最後に昨日も私ちょっと質問したのでありますが、漁業者が漁業協同組合法がございませんために、漁業者の中の特に小規模経営者というものは、まったく協同事業をやる方途がなくなるわけでもあります。やがて漁業協同組合法が生れてまいるでございましょうが、それまでの間でもこういう事業者団体法が先にできますと、非常に不便をこうむりますので、特にこの漁業者についての漁業協同組合法ができまするまでは、この法律の適用を一時猶余するというような経過的な規則を入れたい、かようにに考えまするが、この点についての御意見はいかがであるか。以上三点をお伺い申します。

○中山（喜）政府委員　ただいまの御質問の第一点の四条の第九号の次に第十号といたしまして、公正取引委員会の認可事項につきまして、といったような点を加えたらどうかという御提案につきましては、われ〳〵は同意する考えであります。なおその運用につきましてのお話がございましたが、私的独占禁止法の建前からいきまして、十分にその精神に副った範囲において、その点も運用いたしていきたいと考えます。

第二点の第三条の届出の点でございますが、われ〳〵といたしましては、全部われ〳〵の方に把握いたしまして、状態を調べていきたいと考えております。なおこの第六条の第一号のところは私的独占禁止法の二十四条に該当するもののみが適用除外なのでありまして、こういう点の把握の上からいきましても、われ〳〵の方へやはり届出をもらわなければならぬというふうに考えられております。

それから第三番目の御質問の、漁業者の協同組合につきまして、水産業協同組合のできますまで、経過的な規定を設けてよろしいかというお話でございましたが、これはわれ〳〵の方で、この法律のできるまでは十分運用で、その漁業者の団体の行動に差支えないようにもっていくように考えております。

○笹口委員　私の質問いたしました第一点、第三点については、公取としましても十分その精神を生かして運用していただくということがわかりましたので、その点は非常に満足をいたしております。ただ第六条の点で多少私どもの考えと違いまするが、今お話になりました第六条第一号でありますが、こういうような組合が成立いたしまするときには、それ〳〵やはり相当の手続をしてやるというようなことで実害はないのでありますけれども、一一この法規に基いて届出をしなければならぬということになりますと、これはずいぶんやる方の身になってみますと、あまり実益のないのに、こういう手続をしなければならぬということになって、非常におっくうなものなんでありまして、これは確か罰則がついていると思いますが、こういうような単なるあなたの方でどういう組合がどこにある。それがどういう目的でやっておるかということだけの実情を把握いたしまするだけに、こういうようなものにすべて届出をさせるということがはたしてどうであろうか。あなたの方もそれは御自分の手もとに全部届出があれば、それを集計すればこれは十分に御便利になるに違いないと思いますが、それによってそのような該当組合が受けまする不便といいますか、煩瑣な手続といいますか、重複した手続をすることを考え願いますならば、でき得ることならば、これらのものはそれぞれの法規に基いて、主務官庁ないしは監督官庁で、実情がわかるのでありますから、あなたの方でお手をかけていただければそういうこともできるのではないか。要は役所の御便利になるということ、あるいはその反面にはこれらの諸団体というものは、非常に事務的な煩瑣な手続をする。しかもこの単なる届出ということだけのために罰則等もあるということになりまするとどうも私ども、にわかにこれに賛成いたしかねるのですが、この点について何とか御考慮を払っていただけないものでしょうか。重ねてお尋ねいたします。

○蘆野政府委員　届出の点につきまして、ただいまの御趣意はまことにごもっともであると思います。実際問題として、全体を寄せればかなり厖大なものになるのでございましょうが、公正取引委員会というものは、ほかの役所とは違った角度から、あらゆる産業団体の実情を把握しておくことが必要であり、また意義のあることであるということはお認めくださるだろうと思います。そのために届出事項のごときものも、なるべく簡単にして、その手続き等については、公正取引委員会において規則を定めることになっておりますが、それらの点も考慮しまして、なるべく簡単に済むように、第三条に書いてありまする届出の本務はきわめて簡単なものであろうと思います。これに掲げる定款、役員の名簿等その他普通あることで、そう届け出たのに、非常に重なった負担をかけることにはならないというふうに用意したつもりでございますから、この点はひとつわれわれの立場も御了承くだすって、賛成を願いたいと思っております。

○笹口委員　重ねて申し上げますが、私は届出する手間はよろしいと思うのです。手間は今お話のように複雑といえば複雑、煩瑣といえば煩瑣なんですが、この届出を怠った者に一年以下の懲役もしくは二万円以下の罰金、こういうものがついておる。それでこれを各組合などがこの法規の適用を受ける団体でありますならば、これはやむを得ないことといたしましても、法規の適用を実質的には受けないという団体、単にあなた方の御便利をはかるために、届出をするというその団体が届出を怠ったならば、一年以下の懲役もしくは二万円以下の罰金というのは、どうもあまりひどいじゃないか、こういう気がいたすのであります。それで私はできることならこれは除いていただきたい。あるいはもう少し考えまして、罰則の方でこれらの届出を怠った者に対して、かようなほかと同じような罰則を加えない。このどちらか一つ御考慮願えないか。どうもあまり御便利をはかるためにかような罰則がついたということはひどいと思います。

○林（大）委員　関連して――実はそのことに関して、きのうもいろいろお尋ねした向きがあったのですが、事実上ある一定の数字以上のものになりますと、あなた方がいくら逆立ちされても利用できないものになってしまう。そのことはお互いによくおわかりだと思います。ちょうど震災後の道路片づけができなくて、道のまん中に芥がうず高く積ってとれないと同じような書類が、公取に集まることになる。これは単に一旦届け出ただけでなくて、次から次へ起るものはまた届け出ていく。その届出のために前のやつがきれいに取去られるかというと、日本の今までの慣習としては、ほとんどそれは取去られずにほったらかされて、またそれに積んでいきますから、動かざる一つのマッスができる。私どももそういう経験は実はあります。ありますから申し上げるのです。きのうもそれを申し上げたら、わかったようなわからぬような返事をしておられましたが、要するにこれはあなた方が、公取の方にやれと言われて、やりましょうとおっしゃるからいけないので、そんなことを言われてもできないとはっきりおっしゃれば、この問題は解決する、こう私は見ておるのです。それから二条を見ますと、実にこまかいものまで調べ上げなければいけないというのであるが、ある一定の人数以下、及び一定の資本以下の結合は免除してもらうとか、何しろできませんからとある程度あなた方が横になっていただくことによって、ずいぶんたくさんの人の手間と紙がセーヴされる。そうして犯罪からもセーヴされる。かように私どもは思う。この点は事実論です。法律論ではないのです。事実論ですから、事実は事実をもっておあたりになれば、これは決して恥でも何でもないと思う。それでいいのだ、こう私は思う。

このことについては強い確信をもち得る過去の経験をもっておるわけです。どうかひとつそのおつもりでこの事実論に立った御返事をいただきたいと思います。

○堀川委員長　ちょっと速記を中止してください。

〔速記中止〕

○堀川委員長　速記を始めてください。

○林（大）委員　これは経過規定をはっきり設けて、いつから施行する。しかしこれ〱のものはこれだけの期間を除くということにはっきりした経過規定を設けるべきであると思います。

○中山（喜）政府委員　これは水産業協同組合がこの議会へ提案されて、実は通るという考えで、最初から計画内容も予想していなかったのです。そういう事情だけ申し上げておきます。

それから今の届出のことでありますが、これは実はあなた方のお話のことは、われ〱も痛切に感じておることなんです。再三そのお話は蘆野委員その他総務部長なんかもしたのでありますが、どうしてもそういうことではいかぬというので、その御趣旨はわれわれはよくわかっておるのであります。

○堀川委員長　本日はこの程度で散会いたします。

午前十一時散会

〔資料68〕　衆議院商業委員会鉱工業委員会連合審査会議録第四号（昭和二三年六月三〇日）—質疑

昭和二十三年六月三十日（水曜日）

午後二時十五分開議

出席委員

商業委員会

委員長　堀川　恭平君

理事石神　啓吾君　理事笹口　晃君
理事佃　良一君　理事細川八十八君
関内　正一君　多田　勇君
冨永格五郎君　前田　郁君
梶川　静雄君　林　大作君
松原喜之次君　師岡　栄一君
山口　静江君　岡野　繁蔵君
桜内　義雄君　唐木田藤五郎君
小枝　一雄君

鉱工業委員会

委員長　伊藤卯四郎君

理事渋谷雄太郎君　理事松本　七郎君

理事生悦住貞太郎君　理事三好　竹勇君
　有田　二郎君　　生越　三郎君
　神田　　博君　　淵上房太郎君
　前田　正男君　　今澄　　勇君
　成田　知巳君　　萬田　五郎君
　村尾　薩男君　　高橋清治郎君
　西田　隆男君　　豊澤　豊雄君
　齋藤　　晃君
出席政府委員
　　公正取引委員会委員長　中山喜久松君
　　公正取引委員会委員　　蘆野　　弘君
　　総理庁事務官　　　　　黄田多喜夫君

本日の会議に付した事件
　事業者団体法案（内閣提出）（第一一六号）

○**堀川委員長**　それではただいまより会議を開きます。

事業者団体法を議題といたしまして、連合審査を続けることにいたします。これまでの審査及び公聴会等によりまして、法案の内容も相当明らかにされたかと思われるのであります。そこで本日は皆様の御審査を一層掘下げた方向に御審査願えましたら結構かとかように存じますので、何とか順次御質疑願いたいと思います。なお実は二時半から商業委員単独の委員会を開きたいとかように存じておったのでありますが、それではあまり時間も少いと思いますから、どうか鉱工業委員の方々の御質疑をお願いできれば結構だと、かように存じます。あとは商業委員単独で質疑をいたしたい。かように存じております。御質疑がありましたら……。

○**前田（正）委員**　第五条の禁止事項のことにつきまして、過日の打合会におきましては相当この内容は余裕のあるものである、こういうふうな説明があったのでありますが、御承知のように各種団体、民間業者からこの事業の内容につきまして、いろ〳〵と修正であるとか、あるいはまたいろ〳〵と意見が相当出ているように思うのであります。そこで私たちから一々その問題についてお話するよりも、できたらこれはどの程度までゆるやかであるかということについて、まず政府委員の方からお話を願いまして、それに対して私の方から質問したいと思います。そういうふうにしていただきたいと思います。

○**蘆野政府委員**　ただいま第五条の規定が緩やかだということを申し上げたので、それがどのくらい緩やかだというのか説明しろ、こういうお話でございますか。

○**前田（正）委員**　そうです。この解釈の範囲が非常に業者の人で違う。たとえば金融のことにつきましては、事業としてはやっていけないけれども、斡旋はやってもよいのじゃないか、あるいはいろ〳〵な仲裁のことにつきましても裁判所的なことをやってはいけないけれども、仲介人になることはよいのだとか、いろ〳〵とこの前の打合会においてもそういうような話が出ておりましたので、一般にはそういうような、ここに書いてあることは一切いけないと思っておりますので、解釈の仕方が非常にあいまいになっているように思いますから、ひとつ説明していただきたいと思います。

○黄田政府委員　原則といたしましては四条の方が幅のある規定になっておりまして、五条の方はストリクトな解釈ということが原則なのであります。第五条が相当緩やかとおっしゃいますのは、あいまいな点があるという御説だろうと考えるのでございますが、その点につきまして少し〳〵御説明申し上げます。第五条の禁止規定と申しますのは、大体二つにわけ得るのであります。第一は、私的独占禁止法によりまして、すでに事業者に対して禁止されておられまする行為、これを事業者団体にも禁止しようというのが第一の部類に属する禁止規定でありまして、大部分はこれにはいるのであります。もう一つは私的独占禁止法で、事業者には禁止していないけれども、事業者団体はしてはならない、つまり事業者団体というものが非常に勢力をもって、構成事業者に勢力を揮うということを防ぐということが立法の理由になりまして、独占禁止法で事業者には禁止していないけれども、事業者団体にはさせたくないという行為に属するものが第二のものとして入れてございます。それらに属するものといたしましては、たとえば金融をしてはいけないとか、自然科学に関する研究の施設をもってはいけないとか、みずから営業をしてはいけないとか、特許権をもってはいけないとか、そういうものでございます。主として五条の、十九ございますが、あとの方に書いてございますものが、第二の部類に属するものであります。ただいま御質問のありました仲裁でございますけれども、仲裁と申しますのは、いわゆる拘束力のある判決と言っては語弊がありますけれども、そういうことを事業者団体がやってはいけないという意味でありまして、相寄って円満なる解決に達するような話合いをするということは、これは差支えないのであります。それから金融の斡旋ということがございますけれども、これも金融をしたらいけないということは二つ理由があるのでありまして、一つはそういうことは銀行のやる仕事であるというのが形式的の理由でありますけれども、第二のもう少しより重要なる意味といたしましては、事業者団体が金融をやるということは、それによって各構成事業者に相当なる勢力を揮い得る素因をつくるということが、これを禁止いたしましたところの理由でございます。従って金融をしたらいけないけれども、斡旋はどうだということもその考えからいたしますならばおのずから明らかになってくるのでありまして、そういうことによって事業者団体というものが、事業者に勢力を用いるようになるというふうなことを防ぐという意味から申しますならば、そういうことも当然含まれるということに相なってくる次第であります。

○**前田（正）委員**　それでは私からそのほかのことにつきまして多少お話させていただきたいと思います。まず第一に全般的なお話でありますが、今第五条の禁止事項の中で、実はこれは御承知のように、いろ〳〵と各地方々々に特有の産業がございまして、その産業はおの〳〵常時発展のためにいろ〳〵と協同施設的なものをどうしてももたなければできない、こういうことが相当にあるのでありまして、そこで第十三条の、それは営業にしないで、自分たちが協同動作的にいろ〳〵と製造とか、加工とか、取扱いとか、あるいは運搬とかをやるということはどうであろうか。たとえば有名な話でありますが、兵庫県の三木の地方にはナイフとかフォークとか、そういうものを専門的につくっておる所があり、地方の特有産業としておるものがあります。そういうものは協同組合で荷扱いなどをやらなければならぬ。そういうような全国に特有産業というものがたくさんあると思うのでありますが、そういうものに対しましては商工協同組合法の範囲自身がはっきりしませんので、この適用除外になるかどうか、われ〳〵の方もはっきりしませんけれども、しかし一応そういうものに対して、営業としてやらないで、自分たちの協同動作としてやる場合にはどうか、この問題についてひとつ伺いたいと思います。

○**蘆野政府委員**　ただいまのお話は、一体どの程度の規模のものであるか、その協同施設をもってどの程度にやるかということを具体的に伺いませんと、はっきりしたことは申し上げられないのでありますが、まずごく小規模の事業者が、多少施設などを共有して仕事をするということは、第二条の事業者団体の定義にすではいらぬという解釈をわれ〳〵とっているのでございます。ややそれよりも大きな程度で、かつ恒久的な関係でありまして、その間にどう見ても団体というような性格をもつようなものは、これはお話のような例でありますと、協同組合組織にしてやってもらうほかいけないことになるのでありまして、それ以外の途ではやはり第五条の禁止規定にございます営業上の施設をもつとか、あるいは加工、運搬、取扱いその他をしてはいけない、この条項に触れてできないということになるのでありますが、実際どの程度の規模のものがおもにございますか、それらによっては多少困ると思いますが、しかしただいま申しましたごく小規模のものは問題にしていない、それからややまとまったものは協同組合法でやる、この二つの途で実際上は差支えないはずであるというふうに考えております。

○前田（正）委員　もう一つ、一般的なことでございますけれども、実は日本のこれからの産業の再編成をするにあたりまして、どうしても業界同士で、協定というわけではないのでありますが、話をしまして、たとえば専門的にどうしても仕事をやっていかなければならぬ、機械工場なんかでも、焼入れ専門であるとか、鋳物専門であるとか、鍛造専門であるとか、あるいはまた油圧加工の専門であるとか、おの〳〵専門の部品及び専門の組立てのものをつくりまして、それを総合していくという結果になるのじゃないかと思うのであります。これは機械工業に限らず、一般の化学工業におきましてもすでにそういうようになっておる。たとえばゴムにおきましても厚いゴムをつくるとか、薄ゴムをつくるとか、タイヤをつくるとかおの〳〵わかれてくると思うのであります。そういうことは自由競争の結果生れてくるので、当然のようでありますが、しかし今のような官僚の統制経済が続いておりますときに、これを移行していきますには、官吏の側に対しまして、相当業者の方で話し合いましたことを、進言していかなければならぬのじゃないかとわれ〳〵は思います。そこでこの条項で不当でない場合はある程度進言できるようになっておりますが、しかし一応業者の協定のように解されたりしますので、こういう点につきましては実際上許せるのかどうか、御説明願いたい。

○蘆野政府委員　お話の通りでありまして、たとえば規格の改善とか、そういうことに関しましては第四条の第四号によってできるということになっておるのであります。但しそういう事業者団体というものが一定の規格をつくりまして、全部これでやろうじゃないかというような協定をすることは、ほんとうは自由競争の芽を殺ぎまして、創意工夫の余地をなくすることになるので、そこで五条に禁止規定というものを入れたわけであります。お話のような現在の状況においては、ある程度そういうことが必要ではないかという点に関しましては、第四条の四号の活用によって目的を達し得ると考えております。

○前田（正）委員　きょうはこの辺で質問を打切りまして、あしたに保留させていただきたいと思いますが、いかがでしょう。

○堀川委員長　それでは連合審査会はこの程度で散会して、明日引続いてやりましょうか。

〔「異議なし」と呼ぶ者あり〕

○堀川委員長　それでは連合審査会はこの程度で本日は散会して、明日午後一時から続行いたします。

午後二時三十五分散会

〔資料69〕　衆議院商業委員会鉱工業委員会連合審査会議録第五号（昭和二三年七月一日）―質疑

昭和二十三年七月一日（木曜日）
　　午後一時五十一分開議
　出席委員
　　商業委員会
　　　委員長　堀川　恭平君
　理事石神　啓吾君　理事笹口　晃君
　理事佃　良一君　理事細川八十八君
　　鈴木　仙八君　　関内　正一君
　多田　勇君　冨永格五郎君
　前田　郁君　松井　豊吉君
　林　大作君　松原喜之次君
　師岡　栄一君　山口　静江君
　岡野　繁蔵君　桜内　義雄君
　唐木田藤五郎君
　鉱工業委員会
　委員長　伊藤卯四郎君
　理事三好　竹勇君　理事渋谷雄太郎君
　理事松本　七郎君　理事生悦住貞太郎君
　　理事菊川　忠雄君
　　有田　二郎君　　生越　三郎君
　前田　正男君　今澄　勇君
　平井　義一君　成田　知巳君
　萬田　五郎君　村尾　薩男君
　西田　隆男君　福田　繁芳君
　豊澤　豊雄君　齋藤　晃君
　出席政府委員
　　総理庁事務官　黄田多喜夫君

本日の会議に付した事件
　事業者団体法案（内閣提出）（第一一六号）

○**堀川委員長**　それではただいまから会議を開きます。
　本日は事業者団体法案を議題にいたしまして、前会から引続きまして、鉱工業委員と商工業委員との連合審査会を継続いたしま す。質疑を前会に引続きまして継続いたしたいと存じます。
○**渋谷委員**　私は政府から最初にお出しになったものを修正されておりますので、相当に今まで不平不満に思っておったところ、あるいは非常にこの法案に対しまして修正を希望しておったものが、ある一部分が除去された、こういうふうに考えるわけなのでありまず。きょうは肝腎の商工省からどなたもお見えになっていないようですが、一番大きな問題は、日本の商工行政に対しまして、政府がいかなる方針で進むかということが、これがかなり大きな重点になってくると思うのであります。昨年からいろ〳〵な法案が出ておりますが、これがややともすると各企業者が、実際に政府もしくは従来ありましたような団体と、協力していかなければ仕事ができ得ないような状態にあった過去の日本の中小商工業の状態を考えましたときに、商工業の発達した先進国のいろ〳〵な法令を模倣して、それをただちに日本にあてはめようというような感じが非常に深くなってくるわけなのであります。この問題がやはり私は今後の日本の産業に対しまして、非常な大きな影響をもってくるのではなかろうか、こういう点を考えましたときに私といたしましては、こういうような法案を出しますときにあたって、はたして政府が中小企業の進歩発達助成のために、根本方針としてどういう考え方をもって進まれるかということをはっきり伺っておく必要があると思うのであります。

○**黄田政府委員**　今日の日本殊に戦後の破壊された経済において、進んだほかの国の法制の模倣といいますか、同様な法制を布くことの可否という点を御指摘になったのでございまして、この点まったく重要な問題であると考えるのであります。独占禁止法におきましては、ただちに日本において独占禁止法というものを布くことの可否ということも十分考慮いたしたのであります。またこれを制定執行するにあたりましては、適用を除外するという団体も相当考慮いたしたのであります。その結果昨年の法律第百三十四号でございますが、独占禁止法の適用除外に関する法律というのを御審議願いまして、通過いたしておるのであります。今次事業者団体法におきましても自由競争を建前とする本法案と、それから現在のような乏しい資源において統制を必要とするという事態とをいかにかみ合わせるかということは、これは非常に頭を悩ました点でございまして、本法案を作成するにあたりましては、関係産業官庁と密接に連絡をとりまして、その結果第六条と第七条、これが適用除外という条文になっておるのでございます。これをあらゆる角度から検討いたしまして、適用除外を必要な限度においてなるべく多く取入れることに十分意を尽したのでございます。ごらんくださいますればわかりますように、第六条というものは非常にたくさん掲げてございます。これは今御質問のありました資源の少い、殊に戦後の日本においてこういう法律をただちに施行することの賢明さいかんという問題を、この六条及びつけ足りとしては七条におきましても、その点のわれ〳〵の苦心が現われておるというふうに御了解を願いたいと存ずるのであります。

○渋谷委員　ただいま独占禁止法の問題にもお触れになったから、これにやはり関連もありますから、申し上げたいと存じますが、あの独占禁止法もすでに発布になってしまって、今日申し上げることはやや時期遅れの感がありますけれども、一体いわゆる独占禁止とか、あるいは経済力の集中排除というような問題は、相当に産業が発達いたしまして、その国の経済力が相当な余力をもって、これが国内においてその通りであり、また海外に対してもやはりいわゆる独占禁止なり、あるいは経済力の集中排除なりというものが、対外的にも相当の弊害が起ってくるというような状態においてこそ、これは当然やらなければならぬ問題じゃないか、私たちはこういうふうに考える。今のような、たま〱日本にいわゆる財閥が大きな経済力を握っておったときには、ややもすれば独占禁止とか、あるいは経済力の集中排除という考え方もここに考慮されるのでありますが、敗戦後におきまして財閥は解体されて、そうして今は非常な大きな資源の欠乏を来し、各企業体というものは弱小な状態に陥れられておる現在におきまして、生産力が依然として一向増加されていない。わずかに終戦後におきましても、四〇％もしくは四十何％でもって、まだ五〇％というところに達していないというような状態になっておるのであります。こういうときに殊さらに独占事業なり、経済力の集中のために起ってくるところの弊害を見越して、ああいうふうな問題を取上げて論議され、今また事業者団体法をつくって、そうしてとかく統制に関するような問題を除去しよう、こういうふうな考え方が従来もたび〱経験があり、日本の国内において官僚統制がいかに弊害が多いかということを国民全体が認識し、そうして官僚統制の弊害を除去しようとして民間統制に一時移したものを、再びまたこれを全部やめて官僚統制に移すということになってきておるのであります。これらの施策というものをずっと考えてみますと、何か非常に外国に現存しておりますところの独占禁止法なり、あるいは経済力の集中排除という問題を殊さらに日本において仰々しく取上げておる。今のような日本の状態において、これは実際に産業方面を通観いたしましたときに、むしろわれ〱から言わせますならば、中小工業者はお互いに結束をして、相助け、相戒めてそうして日本の産業をある程度までの水準に導いていかなければならないのじゃないかというようにも考えられる。独占禁止法ができて、そうして民間の統制というものは絶対にいかぬということになったのですから、これをどうしても――何も私は世迷い言を言うのではありませんけれども、実際の実情から見れば、むしろ中小企業というものに対しましては、政府自身が維持、育成する建前から申すならば、当然ある程度まで業者を団結をさせ、そうして政府におきましてもこれに対しましては相当な援助をする。これはもちろん今の商工協同組合というようなものをつ

〔資料69〕　衆議院商業委員会鉱工業委員会連合審査会議録第５号（昭和23年７月１日）—質疑

くっておりますけれども、あの商工協同組合のようなものでさえも現在においては、今度はまたあれを改正するということも言われているのであります。そうすると、どういうふうに改正されるかしりませんけれども、やはり改正される方向は結局事業者団体法案とほとんど同じような方向に進むのではないかという感じがするわけであります。そういう状態におきまして、さなきだに日本の今の産業というものがもと通り復興することは、非常に困難な状態に陥っておりますときに、先走ってこういうさま〴〵な法令を次から次へとつくって、そうしてあれをやってはいかぬ、これをやってはいかぬ、ああしろ、こうしろというように、一方においては企業の自由だとか、統制は撤廃するのだとかいって、そうして日本の産業水準を高めようということを政府自体が強く主張しながら、半面においては何をやろうといたしましても、そっちに行ってぶっつかり、こっちに行ってぶっつかるというような状態で、産業界自体がどういうふうに進んだら実際において日本の産業を発達させるのに便宜であり、そうしてそれがほんとうに日本の復興に役立つかということの見きわめをつけることに非常な困難を感ずるというふうに考えられるのでございますが、これに対して政府は根本的にどういう方針、どういう考え方で進むかということについて、明確な御答弁を願いたいと思います。

○**黄田政府委員**　ただいまの御質問にお答えいたします。日本の過去における事業がきわめて少数の者に集中されていたということは、これは渋谷委員もお認めになったようでございます。ただ過去は過去であって、現在はそうでない。それを今になってこういう法律をつくってさらに縛るということは、それは十日のあやめではないか、後手ではないかという御質問のようでございますけれども、過去において巨大なる資本力の集中というものが日本にございまして、それが不幸なる結果をもたらすようなことになった。そういうことを未然に防ごうというのが独占禁止法のねらいであり、過度経済力集中排除法のねらいなのでございます。但し独占禁止法におきましては、これは巨大なる資本の蓄積ということを全面的に否定しているのではありませんで、それが不公正なる競争によって行われることを防ごうというのが目的なのでございます。公正取引委員会が発足いたしましてもう約一年になるのでございますけれども、事業が巨大であるということで審決を下してそれを排除したという例は未だございません。その点は御質問なさった精神とまったく通じているのでございまして、御承知の通り、独占禁止法と申しますのは、不公正競争の取締りというのもその一部になっておるのでございます。これを取扱いました例は六つか七つございますけれども、独占体ということで取扱った例は未だないのであります。また事業者団体法に関しましては、現在の日本の業者がいろ〳〵な法制で手を縛られて、いくべき指針を失っておる、これに指針を与えようというのがこの法律の一つのねらいなのでございます。第四条におきましてこういうことをやってよろしいということを、法制的には少し不体裁であるにもかかわらず、明確に書いてございますのもそれをねらっているためなのでございます。また中小企業者を大いに助けなければならないのじゃないかという点に関しましては、それは先ほど申しました適用除外というもので一応除いております。また個人の創意くふうを活かすという方向をこの法律は根本の目的としているのでございまして、そういうものがこの法律によりましてどんどん大きくなっていって、非常に大きな集中力をもつということを、決してこれは阻止しようとしている法案ではないわけであります。

○渋谷委員　どうもその点が私にははっきりと認識されないのですが、たとえてみますれば、独占禁止法におきまして規定された部分におきましても、あるいは経済力集中排除において規定されておりますいろ〳〵な条文でも、現在におきまして実際にそれが発動されているかどうかわかりませんが、一つの例をもって考えてみますと、たとえば一人の人が会社の重役を、ある重役の数がなければ兼任することができ得ない。あるいは、同一の業種――これも解釈が非常に不完全でありますが、同一の業種の重役、社長を兼ねることができ得ないというようなこと、その他いろ〳〵な問題がありますが、一つの例を取上げましても、これらの問題が決定されたとき、すでに一般の業者は非常に迷っておる。それまで資本金がある程度の制限を受けておるならば、大資本の経営者が二つ、三つの事業を兼ねることはややともするといわゆる独占の禁止になり、あるいはまた経済力の集中の状態になるかもしれませんけれども、小企業――ほとんど個人企業と同様なものまでも極端に制限するというようなことは、むしろ私は法の建前は独占禁止法でありますが、実際においてはある程度まで日本の経済力を打ち壊すのではないか、阻害するのではないかというふうにも解釈ができると思う。これはもちろん現在の輿論がそういうような傾向が非常に多いものでありますから、いずれはこれは私は考えていただける余地があるのではないかと思います。非常に小さい資本まで、そこまで何もことさらにむつかしい法令で縛らなければならぬという理由は、私にはどう考えても理解ができ得ない。そういうことのためにたくさんの企業者が、たとえば関連産業――これは大企業によっての関連産業は場合によっては経済力集中排除の理由によって除去しなければならぬ場合があるかもしれません。あるいは独占禁止法によって除去しなければならぬ場合があるかもしれませんが、中小の企業においてそういう場合がたくさんある。またそういうことにしなければ中小の企業が円満に発達をなし遂げることができ得ない、ややともするとそうい

〔資料69〕 衆議院商業委員会鉱工業委員会連合審査会議録第5号（昭和23年7月1日）
―質疑

う一つ系統の経営者がそれを経営することができ得ないというような状態におかれておることは、これは反面においては日本の産業を非常に大きく阻害するものだと思うのであります。こういう問題と今度の事業者団体法とがややもすれば絡み合ってくるような気がわれ〱にはいたすのであります。その一つの例といたしまして、これは独占禁止法なり経済力の集中排除という建前からいえば、私の今申し上げることは根本的に誤っておるのでありますが、一つの例をあげてみますと、あの装飾用に使います小さい電球のようなものが戦争前に非常に海外に出たことがございます。これは御承知の通りだと思います。ところがそれがやがて猛烈な競争を起しまして、品質が粗悪になって、結局やがては海外においてそれが今度は非常な非難の的になった。私はゴムの産業に関係しておりますので、ゴムの製品の海外におきまするこうした実情をよく承知しておりますが、たとえば布ぐつのごとき、あるいは総ゴムぐつのごとき一時は相当に海外において要求が多かったのでありますが、結局業者が無謀な競争をし、叩き合いをしたために、業者自身も非常に迷惑をするし、せっかく海外において相当歓迎されておったものが売れなくなったという例をたくさん私は聞いておるのであります。これは内地の品物においても同様でありますけれども、殊に輸出品のごときものにおいては、そういう例がたくさんあるのであります。これは従来官僚なりあるいは官吏の方からいえば、それは検査の取締りを厳重にすれば要は足りるのではないかというふうに簡単に考えて言いのけるのであります。しかし実際において製品の完全な検査というものはでき得ないのであります。やはりそこに業者お互いが相助け相戒めて、そういうものを海外に出さないような方向に向っていかなければ、日本の対外貿易、殊に家内工業的のもの、しかもたくさんに出るところの日本の雑貨工業などというものの海外輸出は容易にでき得ないと思います。それならばその取締りはある点まで政府がやることも実際においてはでき得ない。業者の団体の力によってこれをやっていこうとすれば、一方においては独占禁止法なり、あるいは今度出ますところのいろ〱な法令によってひっかかってくるから、そういうことができ得ないことになるのであります。なるほど今後において日本のすべての産業は自由取引であり、自由な企業であって、自由な活動ができるという建前からいえば、私の申し上げることは愚論に近いのでありますけれども、現実の姿から見て、何とかして今のような萎靡沈滞しておりますところの日本の産業を、ある程度の水準にまでもっていこうとする現在の段階において考えたときには、今申し上げたようなことは相当の考慮を払うべき必要があるのではなかろうか、ところがややともすると、政府は先進国のいろ〱な法令に模倣して、そして弱体化しておりまするところの日本の経済力に対して、極端な取締をするというような方向になっていやしないかというふうに考えまして、この問題を一体根本的に政府はどこまで日本の中小企業を維持育成していこうとするのか。それに対してどこまで政府はこれらの業者の現在のように非常に不況に立っておりますのを救済して、立て直しをしようと考えているのか、この問題が私はどうも十分に合点がいかないのであります。この点をもう一遍よく御説明を願いたいと思います。

○黄田政府委員　渋谷委員は、第一に独占禁止法の重役の兼任から論を起されたのでございますが、独占禁止法の第十三条に重役の兼任の制限ということをいたしております。一人の重役が兼ねることを得る重役の数は三つなるものだということが書いてあるのであります。この三つという数字には、何も意味はないのでありまして、まず一人一業とまではいかなくとも、とにかく会社の役員というものは、その会社の業務発展に専念すべきであるということが、根本の方針になっているのであります。また同一会社、つまり競争会社の重役というものは、兼任できないというになっているのでありまして、これも根本の理念といたしましては、競争会社というものはお互いに競争すべきものである。それが同じ重役をもつということになれば、競争を制限して、生成発展の途はなくなる。それを防止するということが理由となりまして、競争会社の重役は兼任できない。すべきではない。これは当然のことだという考え方から、そういうふうな規定をいたしておるのであります。また萎靡沈滞している現在の日本の経済生産状況において、中小工業者が団結しなければ、外国との競争に耐え得ないじゃないかという点に関しましてもお話があったのでございます。能率が低下し、技術も低下している現在の日本が、将来外国の社会にはいっていって、そこで競争するということになりますれば、むしろ能率の悪いというふうなものはこれをかかえこむことなく、能率のいいものがぐん〳〵伸びるということにおくことが、むしろ必要なのでございます。そのために事業者団体法というものが、いろ〳〵な統制、業者の手足を縛るということは、むしろやめるべきであるというのが、この事業者団体法のねらっているところなのでございます。この点は十分御了承願えることと存ずるのでございます。

○渋谷委員　今御説明のような観点からいたしますれば、統制というものはただちに撤廃しなければならぬことになるのですね。そういうふうに了承してよろしいですか。現在の状態では統制を強化する。反面においては統制はかなり官僚統制が強化されている。そして今度は他方においては事業者団体法その他のいろ〳〵な法案によって企業者の活動に――なるほどこの法案をよく検討してみますと、相当に許容事項もありますし、そう足がらめ手がらめにしておるということでもないように思われるのであります

〔資料69〕 衆議院商業委員会鉱工業委員会連合審査会議録第5号（昭和23年7月1日）—質疑

けれども、しかし業者自身から考えますと、一方においては民間統制が官僚統制になったということでもって、それで統制はある程度までます〳〵強化するような態度を示されている。殊に現在においては、経済査察庁ができてから、あるいは流通秩序の確立のためだというようなことで、いろ〳〵あの手この手でもって統制を強化しようとする。他方において事業者団体法のようなものは、むしろ企業の自由なり、あるいは企業者の活動をぜひ自由にさせたい、そうして統制のわくをはずれた方向で進みたい。こう〔いう〕ふうな二つの考え方が、今入り乱れているのが、現在の実情ではないか。それは第五条以下で相当の許容の規定を設けて、それがやり易いような方法が講じてあるようでありますけれども、これは一般的に業者がこういうふうなことを完全によく見定めて判断をすることが、はたしてでき得るかどうか、こういうことですね。あまりにいろ〳〵な関係法規が多過ぎるために、業者がかえって戸惑いをしておるのではないか、こういうふうに考えるのですが、その点はどういうふうにお考えになりますか。

○黄田政府委員　お説のようにこの法律は、企業の自由、自由経済ということを究極の目的としておるのであります。またそういうふうに一日も早くなりたいというのが念願であることに、御異存はないと考えるのであります。ただし現在においては、それを残念ながら全面的に行い得ないという制約が非常に重要な因子となっておりますために、そこでその二つをいかに調節するかということが、常に大きな問題となるのでございまして、一番初めの御質問にございました通り、統制と自由とをいかにするかということが、われわれの最も苦心いたした点でありまして、その際申し上げました通り、六条関係、七条関係、さらにはまた独禁法の適用除外という点まで言及して、御説明申し上げたのでありますが、その点は常にわれ〳〵が一番頭を使い、また現状に最も即し得るように、いたずらに経済界に混乱がただちに来ないようにということを、常に念頭において、法律の制定に当って考えているということを御了解願いたいのであります。

○渋谷委員　私の質問は、実はまだこの問題に関しましてはこれは大体論でありまして、あとずっと各条項について御質問申し上げたいのでありますけれども、委員長からの御意見もありまして、あとで打合せをするということでありますし、大体相当に修正されておりますから、きょうは私の質問はこの程度で打ち切ることにいたします。

○堀川委員長　それではお諮りいたします。この程度で連合審査会を一応打ち切りたいと思いますが、御異議ありませんか。

〔「異議なし」と呼ぶ者あり〕

○堀川委員長　それではさよう決定いたします。
では連合審査会を散会いたすことにいたします。

午後二時三十分散会

〔資料70〕 衆議院商業委員会議録第一四号（昭和二三年七月一日）―質疑

昭和二十三年七月一日（木曜日）

　午後二時三十九分開議

出席委員

　委員長　堀川　恭平君

理事石神　啓吾君　理事笹口　晃君

理事細川八十八君

　鈴木　仙八君　関内　正一君

多田　勇君　冨永格五郎君

前田　郁君　松井　豊吉君

松崎　朝治君　林　大作君

松原喜之次君　師岡　栄一君

山口　静江君　岡野　繁蔵君

桜内　義雄君　唐木田藤五郎君

出席政府委員

　公正取引委員会委員　蘆野　弘君

　総理庁事務官　黄田多喜夫君

―――――――――――――

本日の会議に付した事件

　事業者団体法案（内閣提出）（第一一六号）

―――――――――――――

○堀川委員長　ただいまから会議を開きます。

　事業者団体法を議題といたしまして商業委員会単独の委員会を前会に引続きまして質疑を継続することにいたします。桜内君。

○桜内委員　私の御質問申し上げたいことは、先般の公聴会に際しまして、公述人からいろ〳〵疑問が出ました点について、また本委員会の打合会におきまして、いろ〳〵疑点の出ました点についてこれを確認しておきたいと思います。

　六点でございまして、第五条の四の将来の対価というその対価というのは労銀の意味が含まれておるのかどうかということをまず確認したいのであります。次に第五条の十二に融資の斡旋について禁止しておりますが、事業者団体がその職員、労務者に生活資金等を金融する場合も禁ぜられるのかどうかという点でありまず。それから第六条に、但し第三条の規定はこの限りでないとなっておりまして、届出義務が課せられておるのでありますが、この点を緩和できないものか、どうか。それから第六条について、現在協同組合にはなっておりませんが、漁業組合がございます。

この漁業組合について第六条の取扱いを受けさしてもらいたいという意向があるのでありますが、この点を確めたいのであります。それから第十三条に特別の事情ということがありますが、その特別の事情というのは、どういう意味をもっておるものかどうかという点、それからその解釈によりましては希望したい点が一つあるのであります。それは施行期日が公布の日となっておりますが、猶予期間予期間を設けていただきたいというのが、公聴会における多数の希望であったと思うのであります。以上の六点につきましてお答えをいただきたい。

○蘆野政府委員 ただいま法案の意味につきまして六点にわたって御質問がありましたから、順次にお答え申し上げます。

第一は、第五条に将来の対価云々とありまして、その対価に労銀がはいっておるか、はいっていないかという御質問と思いますが、従来の各種の立法におきましても、労銀は価格とか対価とかいうものとは区別して扱っておりますので、ここでも対価に労銀ははいっておらないという考えであります。

それからその次は、十二号の「構成事業者その他の者のために融資をすること。」とありますが、事業者団体がその職員に生活資金などを前貸しするとか、一時融通をすることを含むかという御質問でありますが、これもそういうのはここに言う融資ではないので、含まないという考えであります。もう少し詳しく申しますと、許容事項の方に詳しく書いてありませんけれども、たとえば事務所を借りるとか、職員を雇うのに給料を払う、あるいはこれに厚生施設をする。そういうことは当然やり得るものと考えてできておるのでありまして、ただいまの例にお引きになりました職員に生活資金、あるいは一時資金をやるということは、当然やり得る事業の一部でありまして、ここにいわゆる事業のうちにははいっていないのでございます。

その次に第六条の規定は、団体は適用を除外するのであるが、但し届出の義務だけはやはり適用があるという趣意の規定でございます。これはいろいろの説もあるようですが、いろ〳〵考えましたあげく、やはり届出だけは一応させて、事業者名簿をつくっている組合がどのくらいあり、またどういう活動をしているかということを、全体的に把握しておく必要があるという考えで入れたわけでございます。漁業組合は、水産業協同組合の法律の方がちょっと遅れた関係で、あるいは実際にはこの法律通り非常に厳格に励行すると、実際に支障を来すような場合もあるかもしれないと思いますが、法文を曲げるわけにはまいりません。しかしながらこの法律の許す範囲内においては、できるだけ実際の困難、支障というものは起らないように、十分運用に意を用いていくつもりでありまして、またそれで十分なのではないかと思います。そのうちに水産業に関する協同組合法でもできますれば、その点は解決される、こういうふうに存じております。

それから第十三条の施設の処分について、特別の事情というのはどういう意味かという御質問でございますが、これはまったく文字通りで、特別の事情といっても別にこれ〱と限るわけにはまいりませんが、たとえば急に処分すればみす〱たいへんな損をするとか、どうしてもできない、できないがためにしばらくもっておっても実害がない、こういうふうな場合には十分考慮するということで、これも決して無理なことはしない、その点は運用によって十分に行くことと思います。またその施行期日を少し延ばして、公布と施行の間に期日をおいてはどうかというお話でございますが、施設の処分等についてもそういう手心を加える余地は十分できるのでありまして、即日施行しても、これまたそんなに無理はないではないか、こういうふうに存じております。

○桜内委員　いま一点御質問したいと思いますが、融資の斡旋はいかがでしょうか。

○蘆野政府委員　融資の斡旋はいかがかという御質問でありますが、大体において五条に規定してありますことは、ごく具体的に特殊の行為を一つ一つあげてあるので、これはまず文字通りに大体において狭く解してよろしいのではないかと思います。殊に先日も他の政府委員から御説明申し上げましたように融資をするというようなことによって事業者団体が不当に構成事業者に対して圧力を加え得るような、そういう力をもつということがいけないことが、この規定の一つのねらいなのでございまして、そういう結果にならないようなことならば、そして文字通りにこの融資という文字に触れては困るのでありますけれども、そうでないことならば差支えはない。融資そのことだけはいかぬ。しかしながらその融資に触れないようなことならば、大体において差支えないというふうに解しておるのでありまして、またそういうことでもって、実際問題としては何とか御処置がつくのではないかと考えております。

○林（大）委員　私は出たり出なかったりしておりますので、あるいは重複するかもしれませんが、念のために記録に止めておきたいと思いますので申し上げます。第二条におきまして、事業者としての共通の利益というところでございますが、これは私どもの解釈では、事業者としての直接の共通利益という意味に解釈いたしたいのでありますが、それでよろしいかどうかということが一点。続いて二つ以上の事業者の結合体またはその連合体とありますのが、二つ以上の主として同種類の事業者の結合体またはその連合体、かように解釈いたすのでございますが、その解釈の可否についてお尋ねいたしたいのであります。

○蘆野政府委員　第二条の定義中の「事業者として共通の利益を目的とする」というのは直接に目的とするという意味にとって差

支えないかという御質問でございますが、この法文の趣意はまさにその通りでございまして、あまり間接な遠まわしな、せんじつめれば事業者の利益になるというふうなものまで含める意思はないのでございます。直接とわざ〳〵書きませんでした理由は、そういう字句を入れますと、今度は、それでは直接であるとかないとかいうことに争いが起きて、かえってめんどうになるということで、直接という字は用いませんでしたが、文字の通り目的とするということはそれを真正面から目的としているという意味なのでございます。

それから二つ以上の事業者の結合体または連合体ということは、同種の事業者に限るという意味かという御質問でございますが、これはそうではございませんで、違った種類の事業者がより合っているところの団体、たとえば、商工会議所というような一種の地域的な団体で各種の事業者を網羅しておる、こういうものも含む意味でございます。

○林（大）委員　今の後段のところでございますが、商工会議所のごときは、これは異例でありまして、私が申し上げましたのは、主として同種の事業者の結合という意味でよろしいか、こういう質問であります。

○蘆野政府委員　御説の通り、実際においては商工会議所のような地域的団体はまず商工会議所ぐらいなものでございましょうし、実際この法律の目標としているところは、主として同種の業者の団体にあると申し上げてもよろしいかと思います。

○林（大）委員　次の質問はこの法の精神から申しまして、独占禁止に多少なっても差支えないような公益団体のごときはこれから排除して、この扱いを受けないような方法は考えられておらないものかどうか、この点をお伺いしたい。

○蘆野政府委員　公益を主として目的とするような団体はこの法律の適用を受けないようにすべきである、あるいはそういうふうに解釈してよろしいかという御質問のようでありますが、純然たる事業者の直接の利益を目的としない一般的の広い意味の、たとえば宗教であるとか、社会であるとか、文化であるとか、慈善であるとか、そういうことを純粋に目的としておる団体は、これに入るつもりではございません。

○林（大）委員　次は第四条の五号でありますが、単に啓発と書いてありますが、もう少しここにいわゆる産業教育というような意味を含めた文字を用いたらいかがでございますか。また啓発の中にそういうものが含んでおるのであるかどうか、この点についてお答えを願いたいのであります。

○蘆野政府委員　啓発と申しますのは、非常に広い言葉で、これで大抵の言葉ははいっておるので、ただいまお聴きになりましたた産業教育というようなものはむろんはいっておるのでございます。

これはこういうふうなもの、こういうふうなものとあげ出しますと際限がないくらいで、あるいはかえってあげることは制限するようになってもいけないのではないかと思って、こういうものにしておいたのでございまして、その点は御心配ないのではないかと思います。

○林（大）委員　その前の四号であります。四号の方はこれも三種の項目をあげておりますが、これなどのしまいにもっていって、その他構成事業者の業務の改善等、というような字をお入れになる御意思はございませんか。

○蘆野政府委員　その四号の方は五号に比べますと、実は大分特定した意味でございまして、まず主として商品の品質の改善とか、規格の改良とか、規格の統一あるいは商品の標準の改善、こういうようなことと、それから生産もしくは配分の能率の向上に対する寄与を政府と協力することによってのみできる。こういう趣意でありまして、生産もしくは配分、能率の向上と申しますと、これもかなり広いのでございます。ただいまの御質問のような場合もこれにむろん含んでおることになるのではないかと思います。これ以外にあるいはこの文字通りならばはいらないというものも出てまいるかもしれませんが、まずただいま御指摘のような場合もこれに含まれると解することができると思います。

○林（大）委員　そういうお話ならば「寄与」の次に「等」という字を一つ入れておいていただくとなお便利だと思います。

○蘆野政府委員　「寄与等」と申しますのはちょっとそれはそういうふうにはいたしかねるかと思います。と申しますのは、第四号の趣意はただいま申し上げましたようなことに関していろいろ調査研究をし、これに対する意見をきめたりすることはいい。そしてこれを政府の諸機関、その他公の一般に認められた機関に寄与することによってそれを実現することはいいが、その反面において自主的に事業者団体だけでもって勝手にすることはいかぬ、こういう意味がはいっておるのでござまして、「寄与等」といたしますと、その点が少しあいまいになるおそれがあるのではないかと思います。

○林（大）委員　第六号でありますが、労働組合との団体交渉を行うことが許されておるわけでありますが、団体交渉を行うための労働条件に関する調査であるとか、その他必要な事項を行う意味がこの中に入っておると解してよろしいか否か。

○蘆野政府委員　これはそういうこともみんな含んでおる。先ほど申し上げました通り、第四条の規定は概して特定な行為があげてございますが、その行為に当然伴うような、それの前提となるような行為は、大体五条の制限にふれない限りは、すべてしてもいいという趣旨でございます。

○林（大）委員　第八号の外国との間の紛争の仲裁という項目は、

あとに出てまいりますところの日本海運集会所の問題と関連をいたすというふうに思うのでありますが、海運集会所の問題は別な法律であとから規定されるということでございますならば、今までの海運集会所の日本における公正なる歴史というものを認められて、そういう御処置をなさるならば、いっそこの海運集会所に関する問題だけは、ここからのけてしまって経過規定か、何かに差入れられることがいいのではないか。経過規定のことについて続いて申し上げますと、先ほど桜内委員からの御質問の中にありました漁業組合の件並びに来るべき消費生活協同組合、商工協同組合などのものを一括して適当なる経過規定をお設けになった方がわかりがいい、かように解釈いたしますが、そういう御意思はございませんか。

○蘆野政府委員 この法案は、ごらんの通りに、いわゆる経過規定というものがまとまっておりませんで、ただいまのお話の海運集会所の問題は、その場所で経過の規定をしてあり、それからたとえば届出なんかにしても第三条中にある意味において経過的なことまでも規定してあり、こういうようなふうで、いわゆる経過規定というものをおかなかったのでございますが、これはどちらがよろしいか、各人のいろいろ御意見もあることと思いますが、われわれは一応これが簡単明瞭でいいというふうに考えてやった次第でございます。それとは別といたしまして、一定の事項についてしばらく施行を猶予するという考えはないかという御質問でございますが、今まで各事項についてたび〳〵御説明申し上げました通りに、大体これで不都合はなくいく一面において事業者団体法は一日も早く施行することが得策であるというふうに考えております関係上、こんなふうに案ができておる次第でございます。

○林（大）委員 第五条第一項の条文通りでありますが、こうしたような仕事をもし官庁が援助を頼む意味において頼まれた場合には、当然これを提出していいと思いますが、御意見いかがでしょうか。

○蘆野政府委員 第五条の一項は、先ほば御質問にありました第四条の第四号と関連いたしておるのでございます。四号に商品の品質の改善、規格の改良または生産もしくは配分の能率の向上に対する寄与を行うこと、こういうことがございまして、第五条の一項に書いてございますところの統制について政府の下働きをする。そのために原案をつくるということは、まさに分配の能率の向上に寄与する一つの形なのでございます。この法律の精神には、寄与することはしてよろしい。また十分してほしい、但しそれをそのまますぐに政府が黙って採用するというその程度までいくのは行き過ぎである。この形はいけない。但しそれ以外においては政府に協力することは事業者団体のなすべき任務である、こういう考えであります。

○林（大）委員　今の問題はあまり厳格に解釈されますと、政府の言うことを黙って聴いていけばいいのだという、きわめて独裁国家の形になりますから、もしも法文においてやわらげることができるならば幸いであるし、もしできないといたしましたならば、よほどこれはゆるやかにやっていかないと、下から盛り上る力というものを全部なくしてしまうような意識が日本の産業状態にはいることを私はおそれるのであります。

次に第六号でありますが、「特定の事業者を公認し若しくは推薦する表」というのは公認は多少疑義がありますが、推薦することは私は何ら差支えないと思うのでありますが、御意見いかがですか。

○蘆野政府委員　公認も推薦も、まずやりようにもよるかもしれませんけれども、その効果において、ただいまお話になりましたような実際の差別があることはあり得ないのでございまして、いずれもとにかく一方の事業者を引上げて、これに利益を与える。その反面においては、これに漏れたものは不利益をこうむる、こういう関係になる。そういうことを事業者団体の任意に任せることはおもしろくない、こういう考えでございます。

○林（大）委員　第九号でありますが、「営業用の施設」という意味は、これはたとえば製造事業者でありましたならば、主たる団体が製造事業者である場合に、その団体が共同経営をするということはいけないといたしましても、事務所をもち、つまりこの法律にかなった範囲内における必要なる施設をもつということは、当然許されることだと思いまするが、これはそういう意味にもし解釈ができるといたしますならば、株式社債の所有だけを禁じて、あとの施設とか、経営というのは許すのが当然である。かように私は考えますが、いかがですか。

○蘆野政府委員　「営業用の施設」の意味について、事業者団体自身が扱う事務所とか、そういうものを所有することは差支えないであろうということが御質問の中に含んでおりましたが、それはもちろん差支えないのでございます。但し事業者団体はいろいろな場合もございましょうけれども、主として考えておるのは、相当大きな事業者がこれがまたいくつか寄って、共同に仕事をするということは、独占禁止法の趣意にも反するという趣旨でこういう規定を設けたのでございまして、そういう場合のことを考えますと、ちょっとこれを除くことは不適当だと思います。

○林（大）委員　十五号でありますが、集金ぐらいはやらなければ、事業者団体それ自体がもっていかないと思います。この項は当然除くべきであると思いますがいかがでありますか。

○黄田政府委員　事業者団体というものは、商売はやってはいけないということが規定してあるのであります。この集金を行うということは、これは実は非常に大きな商売の一手段であり得るのでありまして、これを許すということは、この法の体系すべてが崩れるということになるおそれが非常に多いのであります。従いまして集金を事業者団体が行うということは、事業者団体が商売を行うことができないということと密接な関連があるのでございまして、そういう理由からこれを禁止している次第でございます。
○林（大）委員　商売を行うことができないという項目があれば、当然その商売に相当する集金を含むものでありまして、その方はそれで片づいておりまするから、ここに集金とは、たとえば月々の割当金であるとかいうようなものまでこれを禁止する意味でありまするか、どうでありましょうか。
○黄田政府委員　決してそういう意味ではございません。構成事業者のために、代って口銭をとって集金を行って、それで金をもうける。そういうことがいけないという意味であります。
○林（大）委員　その次は十七号です。「不当に立法又は政府の政策に影響を与えること」とありまするが、立法的意見を出すことは何ら私は差支えないのじゃないかと思うのであります。従ってもしもこの項目を生かすとすれば、不当な手段によって立法というふうに書いた方が至当であろうと思いますが、御意見はいかがでしょうか。
○蘆野政府委員　あるいは御説のように手段によってという方がはっきりしていいかとも存じます。ただ手段と申しますと、手段の種類だけを限るようで、ある意味において多少正当な手段でも過度にやってはいかぬといったような程度も含めるというくらいな気持で、わざと手段という言葉を入れなかったのでございますが、実際は主として手段に関することでございまして、そんな意味であるというふうにおとりくだすってちっとも差支えないと思います。
○林（大）委員　第六条の第二号の最後に、実は本委員会におきまして非常に御援助をいただいて通過いたしました自転車競技法なるものを、一項附け加えていただきたいことを切望するものであります。それに対する御意見を伺っておきます。
○黄田政府委員　自転車競技法の内容を伺いませんとはっきり申し上げかねるのでありますけれども、これを入れるといたしますれば、第二号でなしに、第一項の第三号、「左に掲げる団体」というところにイ、ロとございますが、その次に入れるのが適当な箇所であろうというふうに一応考えております。
○林（大）委員　私の質問は以上であります。
○堀川委員長　恐れ入りますが、速記を向うから催促せられておりますから、できるだけ簡単にお願いいたします。多田委員。
○多田委員　私のお伺いしたい点の大部分は林さんから御質問がございましたので、簡単にお伺いいたしまするが、先ほどお話がありました商工会議所はこの法律に適用される。要するにこの法律は、私的独占禁止法に基くところの活動を制限するという意味だろうと思いますが、商工会議所が現在この法律に該当しなければならないというような仕事を行っておるかどうか、その点をお伺いいたします。

○黄田政府委員　商工会議所のその法律に該当する事業は、いろ〳〵調べてみたのでありますけれども、ほとんど行っておりません。ここに例の原産地証明を商工会議所は行うことができるということがはいっておりますので、その他では現在この法律が施行されたために、商工会議所がただちに困るというふうな活動分野というものはないようでございます。

○多田委員　商工会議所がこの法律の禁止事項に該当する事業を行っていないということであれば、商工会議所は第六条の適用除外に入れることが至当であろうと思うのでありますが、それに対する御見解をお伺いいたしたいのと、いま一つは共通の利益を増進するというような意味がどうもはっきりいたしませんが、二以上の事業者が共通の利益を増進するというようなことであれば、当然同種の事業者と解すべきであろうと考へますが、異種の事業者の事業者団体の中で、共通の利益を増進する目的でできておる団体が現在あるかどうか、あるいは将来そういう団体の発生するようなどういう形のものがあるかどうか、二、三お伺いいたします。

○黄田政府委員　商工会議所が現在行っていないならば、除外したらどうかという御質問でございましたけれども、商工会議所を全面的に除外いたしますと、商工会議所の中にいろ〳〵な同種の業者が寄った部会というものができまして、それがはずれるということに相なりまするると、非常にこの法律の趣旨の徹底を欠くというために、商工会議所も一応そこに入れておくということにいたしておるわけであります。それから主としてねらっておりますのは、同種事業者の結合体であるところの事業者団体でありますけれども、異種の事業者を含む結合体というものは、実は今のところ商工会議所以外には考え得ないのでございますけれども、経営者連盟とかそういうものがはいればはいるかと思うのでございます。

○多田委員　少しこまかい具体的な質問になって恐縮でございますが、一般業者が非常に憂慮しておりますので、具体的な事実について二、三見解をお伺いしておきたいと思います。同業者の結合体でなく、異種の場合も含まれておるのでありますけれども、たとえば砂糖その他の雑貨類の販売を営んでおるところの事業者が数名集まって砂糖の卸売会社を組織した場合、そうしてその会社が砂糖の需給調整規則によって登録をとって営業を開始した場合に、株主である販売業者は、砂糖の卸売については個人としての営業は廃止いたしますけれども、雑貨類あるいは砂糖の小売等については個人として販売しておるというような場合には、この法律によって事業者団体とみなされるかどうか、こういう点についてお伺いします。

○黄田政府委員　御質問のような場合には、事業者団体とみなされません。

○多田委員　植物油脂の販売業者でありますが、これは全国的に各府県で販売の会社をつくっておりますが、この会社はもちろん業者の自発に基いてつくった会社でありますから、この販売の会社以外には植物油脂の卸売業者というものは、現在各府県にはないようであります。この場合に株主なるものは、かつて植物油脂の卸売業を営んでおったものでありますけれども、会社が卸売業者になったために、その株主が会社の出張所の名義をもって、会社の名において植物油脂の卸売業をしておる。これは全国的にあるのでありますが、こういった場合には、会社は事業者団体とみなされるかどうか。

○蘆野政府委員　大分こみ入った例のようでございましたが、元卸売業者であったものが、今はやめて、株主になって、そうして会社の各支店となって卸売業をやっておる。こういう場合と承ったのでありますが、お話の通り裏も表もない、その通りのことであれば、これは事業者団体には該当いたしませんが、ただ脱法行為の規定がございますから、この点は御注意願いたいと思います。

○多田委員　これは先日ある会合で問題になったことでありますが、菓子の製造販売業者が株主となって、ようかんの製造会社をつくったような場合に、その株主が菓子の製造販売をしておるけれども、ようかんについては、製造販売をいたしておらずに、その会社が合同企業の形においてようかんの製造販売をいたしておるというような場合に、構成員は事業者であるけれども、ようかんの製造については事業者としての資格はないのでありますけれども、こういった場合には、この会社は事業者団体としてみなされるかどうか。

○蘆野政府委員　いろ〳〵具体的になってまいりますと、詳しく実体を伺わない以上は、断定的なことは申し上げかねるのでございますが、要するに同業者が相寄って、協同の販売所をつくるとか、協同の販売会社をつくるとかいうことは、いわゆる協同行為になっておもしろくないのでございまして、そういう意味合いがなく、単に投資をしてある事業をやるということならば、差支えないのでございますが、この一般の原理によって、具体的な場合をひとつ御判断願いたいと思います。

○多田委員　いまひとつ、あまり具体的で恐縮ですが、会社の重役あるいは業者等が、会社経営の研究のための団体を組織した場合、たとえば経済復興会議のような団体が、事業者団体として該当されるかどうかということと、一部の転廃業者が、会社を組織して事業を営む場合に、その会社が——要するに一部の転廃業者と申しますのは、事業の一部を転廃した業者——が、その転廃した業態について会社を組織した場合に、その会社が事業者として対象となるかどうか。この二つをお伺いしたいと思います。

○**蘆野政府委員**　経済復興会議の場合は、実はまだとくとこの会議の性質を研究いたしておりませんので、具体的に、はっきりと右、左と申し上げかねるのでございます。あるいはその目的の点において、先ほども申し上げました公益的のことが主であって、いわゆる事業者としての共通の利益ではないということになっておれば、該当しないわけでございますが、しかしながら、そこにたとえ一部なりとも、社会の通念上、どうしてもこれはやはりめいめいの事業者の利益増進であると解されるような点がございますと、これは該当するものなりと申し上げなければならない。この点はなおよく具体的に研究してみたいと思っております。

それから、一部の転廃業者が寄り集まって会社を組織すると、事業者団体になるかというお話でございますが、これも先ほど申し上げました原則に従いまして、その転廃業者がなお続けてやっておるところの事業と、その会社によって行う事業との間が、同種のものであるとか、あるいは製造販売の関係にあるとか、そういうふうに密接な関係にあって、要するに幾つかの事業者が協同して一つの販売をやるとか、卸をやるとかいうことになるといけないので、そういうふうな関係にならない以上は事業者団体ではない。従ってそういう会社をつくることは差支えないということになるのであります。

○**多田委員**　今までの御説明を承っておりますと、共通の利益という意味がどうも漠然としておって、はっきり了解できないのであります。たとえば先ほどの商工会議所の場合においても、異種の事業の結合体である商工会議所が、構成員全体の共通の利益を上げるというような事態は、具体的には非常にむずかしくて、ないだろうと思いますけれども、部会をつくって、部会の同種の業者の利益を増進するということになれば、これは当然商工会議所を離れて、商工会議所のある部会としての事業者団体と見なすことが、事業者団体をはっきりと認識させることになるだろうと思うのであります。それと、今お話のように、共通の利益をはかるということは、業態の違う場合に、はたして共通の利益がはかられるかどうかということを考えると、これは共通の利益をはかることを目的にするということは、同種の事業について直接共通の利益をはかることを目的とする、実際にはそういう形、そういう意味だろうと思いますが、そういう意味だとすれば、この法文にもはっきりとそういった点を示すことが必要だろうと思うのであります。商工会議所の部会のように、特定な事例の場合を考えて、非常に広い範囲に——異種の事業体もすべて含むというように、非常に広くきめることになりますと、各事業者団体が非常な不安に襲われるということになりますので、この第二条を、同業者の結合体あるいは直接共通の利益を増進することを目的に含むというように、確然とすることが至当であろうと思うのでありますが、これに対する御見解を承りたいと思います。

○蘆野政府委員　商工会議所のような、異種の事業者が集まった団体に共通利益ということはないだろうというお話でありますけれども、その共通利益ということは、同業者だけに限ってある共通の利益という、そこまで狭く解する趣旨ではございません。同じ地域に住んでいる人々が事業を営んでおる、そこに事業者としての共通の問題がたくさんあると思うのでございます。あるいは立法の改革であるとか、あるいは関税の引下げであるとか、あるいは配給制度の改善であるとかいうようなこともございまして、これはやはり事業者としての共通の利益ということになるのでございまして、当然含まれるのでございます。なお定義について御注意申し上げますと、たとえば商工会議所がたくさんの種類の事業者からなっておると申しましても、極端な例を申しますと、かりに二人だけ同業者がはいっておるという場合でも、実はもうこの定義にはかかるのです。だから、たとい同業者というふうに限りましても、二人以上の同業者を含むところの団体、こういうことになって、やはりはいるということに実はなるのでございます。なお、実際上の立場から申しますと、同業組合はいかぬ――同業組合はいかぬとは申しませんが、事業者団体としていろ〳〵な制限を受けるとすれば、それじゃ二つ同業組合を合わせればもう適用はないのか、そういう結果にどうしてもならざるを得ない。そういう点も併せて考慮せられたことと思われますが、ともかくも、初めに申し上げました通りに、異種の事業者でも、同じく事業者である以上は、そこにいろ〳〵共通な利害関係のある問題がある点を、御了解を願えることと思います。

○多田委員　ただいまのお話では、二人以上の事業者がはいっておる場合には事業者団体とみなすという御意見でございましたが、これは非常に影響するところが多いだろうと思います。そこで、この二人以上の事業者が事業者であるというような解釈が、ただいまお話のように、異種の事業者の場合でも、二人以上の同業者がはいった場合には、当然これに該当するという意味なのか、あるいはただいまの御説明を聴いておりますと、二人以上の事業者がはいっておるところの団体はこれに該当するというような意味にとれますが、そういたしますと、わが国における商法に基く会社のほとんど全部が該当するというようなおそれがありますし、また一般にはそういった点を非常に心配しておりますので、事業者団体とは事業者だけが集ってつくっておるところの団体を指すのであるかどうか。あるいは事業者以外の者がはいっておる場合を指すのであるかどうか。これは構成員が事業者だけに限定されておるものと思いますけれども、この解釈についていま一度お伺いいたしたいと思います。

○蘆野政府委員　御質問の第一点の会社が事業者団体であるかという点は、これははっきり通常の会社は事業者団体ではないということを申し上げることができるのであります。これは定義の上では「事業者としての共通の利益」と書きましたところに実は意味がこもっておるのでありますが、会社の株主に大勢の事業者があるということはきわめて普通のことであろうと思うのでありまして、これらの株主というものは、なるほどともにその会社の繁栄を願い、あるいは株の高くならんこと、あるいは配当の多からんことを願いますことについては「共通の利益」でありますが、しかしこれは投資家としての立場の利益でありまして、銘々の事業に関連しておるところの利益ではない、こういうことから、実は会社というものをはっきり入れない意味でこういう文句をわざ〳〵入れたという経緯があるのであります。それから事業者だけの団体だけに事業者団体を限ってはどうかという御説でありますけれども、これはもちろん極端な場合は別といたしまして、たとえば大勢の事業者の中に一人か二人役員や何かの関係で事業者でない者がはいっておる。こういう場合は含まないものと解釈いたしましても、そういうふうに定義いたしますと、それでは実は事業者団体なんであるけれども、この法の適用を免れるために幾人かの事業者でない者を入れておく、こういう形式をとることもできますので定義としてはこんなふうに表わさなければならなかったのでございますが、しかしながら、実際問題においてはそういうことは少いのではないか。大体においては事業者が大部分となって構成しておるところが法律の対象なんでありますが、しかしながら、そう限ってしまうと、今度はただいま申し上げましたような、そういう形でもって事業者団体法の適用を免れる、こういうものが出てくる心配がある。こういう意味でそういうようにしたわけであります。なおいろ〳〵先ほど極端な場合を申されましたが、実際二人の事業者という場合は多くはないと思うのでございますが、しかしながら業種によっては事業者の方が非常に少い。その大きいものが二つだけ共同しただけでも相当経済界に影響を与えるというふうな場合もあるのでございまして、三つにするか五つにするか、そこのところはどうも適当なところがございませんで、結局一人でなく二人ならばすべてはいっておる、こういうようにするほか手がなかったのでございます。

○多田委員　第二条の第二項の中に「『事業者』とは、商業、工業、金融業その他の事業を営む者」というように、特に商業工業金融業をここに明記してありますが、これは何か特別に意味があるのか、御答え願います。

○**黄田政府委員** 商業工業金融業その他の事業と申しますのは、同種の類型に属する経済的活動を営むものという意味でありまして、たとえば農業であるとか水産業であるとか、そういうものを含むのでありまして、従いまして社会事業、学術教育事業、こういうものはこれには含まない、こういう意味でございます。

○**多田委員** 第四条の第一項に、自由意思によって情報または資料を提出させることができるというように規定されておるのでございますが、実際問題といたしますと、自由意思によって資料を提供さすというようなことは非常に困難だと思いますけれども、こういった場合に、たとえば総会で決議をして、その決議に基いて資料なり統計なりを構成員から提出させるというようなことはできるかどうか、この点をお伺いします。

○**黄田政府委員** 御質問のようなことはできるわけでございます。但しその点で問題になりますのは、これを出さなければお前は除名だというふうなことをつけることになると問題でありますけれども、そうでない限りそれは自由意思に基く提供ということになり得るわけであります。

○**多田委員** その次に集金が禁止されておりますが、構成員の委託によって集金でなしに代金を支払いをする場合、こういったことが第五条の十四に取引の代理人となることはできないという禁止事項がありますが、取引の代金という意味ではなしに、委託によって代金の支払いをするというようなことは差支えないかと思うのでありますが、これについてお伺いいたします。

○**蘆野政府委員** これは事実問題になってまいりまして、一つ〳〵の場合についてどういうことをやったのか、むずかしく申せばその法律関係がどうなっておるかということによって定めるほかないのでございますが、集金を事業者団体の事業とするということを禁止し、あるいは代理人となることを禁じたという趣意については、前々すでに御説明申し上げてあるような趣意なんでございましてその趣意に反しないような、ほんとうの単なる取次ということまでもやかましく申すという意味ではないと思います。

○**多田委員** 第五条の第十三号に営業に従事することができないということがありますし、その前に施設をもつことが禁止されておりますが、たとえば事業者団体が厚生事業として施設を私有し、またはその事業を経営するような場合、これはもちろん厚生事業でございますので「共通の利益」をはかるということに該当するかどうかわかりませんが、こういった場合には禁止事項に該当するかどうか。

○**蘆野政府委員** 厚生施設と申しますのは、事業者団体の職員のための厚生施設と了解しているのでありますが、そういったことはちっとも差支えないと思います。

○**多田委員** 第六条の適用除外の規定でございますが、この第六条に除外されておる団体以外にまた法律によってできたところの団体が相当であろうと思います。ところが他の法律によって当然つくらなければならないということでできた団体が、事業者団体法ができたために活動範囲が非常に制限されるということは、その他の法律の精神を冒瀆することに相なろうと思いますが、これらに対しては、あるいは近い将来においてその法律が改正され、あるいは変った形になるというような見込みのものもあろうかと思いますので、そういったものについては、特に第六条の中に、独禁法の二十四条の要件を備えておる団体であって、公正取引委員会が特に指定したものを適用除外するというような一項を入れることが必要であろうと思いますが、それに対する御見解をお伺いいたします。

○堀川委員長　本日はただいま議題になっております事業者団体法に対しての速記をこの程度にして、筆記に移りたいと思います。

〔資料71〕　衆議院商業委員会議録第一五号（昭和二三年七月二日）―輸出品取締法案参考人意見聴取

昭和二十三年七月二日（金曜日）

午後二時二十二分開議

出席委員

委員長　堀川　恭平君

理事　石神　啓吾君　　理事　笹口　晃君
理事　細川八十八君　　理事　中村元治郎君
鈴木　仙八君　　關内　正一君
多田　勇君　　冨永格五郎君
前田　郁君　　松井　豊吉君
松崎　朝治君　　山本　猛夫君
梶川　靜雄君　　林　大作君
松原喜之次君　　師岡　榮一君
山口　靜江君　　岡野　繁蔵君
櫻内　義雄君　　唐木田藤五郎君
小枝　一雄君

出席政府委員

貿易庁長官　永井幸太郎君

委員外の出席者

商工事務官　越智　實君

参考人

青木　三良君
石澤　豊君
大柴亀太郎君

〔資料71〕 衆議院商業委員会議録第15号（昭和23年7月2日）
―輸出品取締法案参考人意見聴取

小野 豊治君
佐口 賢二君
古澤 猛弥君
前田 五三君
前田 燕夫君
間瀬喜久治君

本日の会議に付した事件
輸出品取締法案（内閣提出）（第一九四号）

＊以下傍線は編者

○**堀川委員長** 会議を開きます。
本日は輸出品取締法案を議題といたします。前回の委員会で御決定になりました輸出品取締法案につきまして、輸出業者のこれに関連する方々の御意見を聴きたいということでありましたので、本日その方々がお見えになつておりますので、順次この方々の御意見を伺うことにいたします。順序は私の方に任していただきまして、御出席になつた方々の御意見をお伺いいたしたいと思います。本日は十一、二人ありますから、時間の関係もありますので、十分内外で御意見を御発表願いたいと思います。

それでは株式会社野澤組の大柴亀太郎君にお願いいいたします。

○**大柴参考人** 私ただいま御指名を受けました株式会社野澤組の大柴でございます。この法案に関して意見を申し述べるというお話でございますけれども、実は法案を一昨日拝見したような次第で、内容がはつきりわからない点がございまするので、私が申し上げることはあるいは間違つたことを申し上げるかもしれませんけれども、その点は一つ御了承をお願いいたします。
まず私どもの立場としましては輸出商でございますから、商品に対して、本案に考えられているような取締法があるということは非常に好都合でありまして、こういう点からしましては、本案の趣旨はたいへん結構なことと存じます。しかし国営でやることが必ずしもいいか悪いか、国営の検査も必ずしもいい結果を得てはおらないのでございまして、また民営でやつているものもありまして、民営であるからあるいは国営よりもいいか悪いか、善悪を申し上げるのではありませんけれども、われ〳〵輸出商の立場としては、それが民営であろうが国営であろうが、この法案に考えられておりますような取締りがされれば、どちらでも差し支えないのでございます。しかし本案は事業者団体法と何か関係があるそうでございまして、この法案が通らなければブランクの状態が生じてくるというようなお話は承つておりますから、ブランクの状態がくるということは、輸出業務に多大の支障を来すことと存じますから、はたしてそういうことであるならば、本案を通していただく方が都合がいいのじやないかと考えております。しかし全体としてこういう法案の御趣旨は非常に結構なことと存じまして、その理由は今さら申し上げることもありませんし、またあとにたくさんの方がおいでなりまして、それぞれの立場から御説明のあることと存じますから、私は簡単にまず本案に賛成であるという意見を申し述べてそれで終りたいと思います。

○堀川委員長　それでは高島屋飯田株式会社の前田五三君。

○前田参考人　高島屋飯田株式会社の前田でございます。法案を読ましていただきましてもよくわかりませんが、私ども輸出業者の立場から法案の御趣旨の点と現状がどんなことになつておるかを申し上げたいと思います。

戦後におきまして現在の輸出品の生産者並びに輸出業者というものは、戦争中の打撃とブランクの状態からまだ完全に復活をしておりません。従つてこの法案の御趣旨のような状態となるのをわれ〳〵は望んでおりますと同時に、スキヤツプの方針も大体その方針のように見受けられますので、私どもとしましてはこういう法案に即応できるような力を一日も早くつけたいと思つております。従つて率直に批判申しますると、この法案は現状に即しまして相当行き過ぎておると思います。但しいずれはこの状態にならなければならないと思いますので、結局私どもがこの法案に即応するように一日も早く力をつけるのがよいじやないか、こう思うのであります。但し現状とこの法案の趣旨と比較してみますると、相当行き過ぎの感がありますので、この矛盾を運用の方法において相当考慮していただきたいと思うのであります。といいますのは、六条の第二項でありましたが、何とか検査ができるということがあつたと思いますが、あの運用の方面、実行の方面にもう少し強制力をもたせておいていただきたい。徐々に検査をしていく物をはずしていく。初めのうちは特に商品ごとに必要な物はどん〳〵と厳重な検査をしていく、必要のない物ははずしていく。だん〳〵力がつくに従いまして、この法の精神のようにしていただく。これ以外に方法はないと思うのであります。それから集中排除法もありますので、この間にブランクの状態ができないように、ぜひひとつお願いいたしたいと思うのであります。

○笹口委員　ちよつとお伺いいたしますが、高島屋さんはずいぶんいろ〳〵な品物をお扱いになつておると思いますが、ここに第四条等に品目を掲げてあり、また第三条には商工大臣がこれら品目を指定するということになつておりますが、この掲げてあります品目等について何か御意見がございますか。

○前田参考人　私どもは主として繊維製品が多いものでありますから、第四条に掲げておりますものは光学品くらいのもので、あとはやつておりません。光学機は相当今出ておりますが、特に私どもの重点を置いておりますのは第三条の方でありまして、おそらく繊維製品はそこにはいると思います。主としてその方に一番関心をもつております。従つてただいま申し上げましたのも、その方のことを申し上げたのであります。

○**堀川委員長**　次は第一物産株式会社の青木三良君にお願いいたします。

○**青木参考人**　第一物産で雑貨の輸出をやつております青木であります。結論から申しますと、この法案の成立を希望いたします。但し、戦前から輸出の経験のあるメーカーなりサプライヤーから見ましたならば、どうせ自分の責任でやつておるのであるし、海外からクレイムがあれば、自分の商社の信用に関するものでありますから、こういうような法案がなくても、自分の所で検査もし、またりつぱなメーカーとタイアップして輸出すればいいのでありますから、かかる法案がなくてもいいということを考えておる一流の貿易業者またはメーカーがあるということを御記憶願いたいと思います。ただ私が結論として賛成申し上げるのは、戦後の貿易関係の業者なりメーカーは、戦前の経験のない中小メーカーなり中小業者が多いということで、この経験のない人たちに、全然検査も施さず、何ら基準も与えずに、輸出品をつくらせたりないし輸出させるということがありましたならば、将来に非常な悪影響を与えるのじやないか。そういうような意味からこういう法案に賛成するのであります。

それから、内容の点で二つほど希望を申し上げますれば、第三条にあります物資については、等級を設け、しかも検査不合格品を輸出させるというようなことになつておりますが、この検査不合格品は絶対輸出させない、すなわち第四条と同じように直していただけたら、われ〳〵としては非常にやりいいというような感じを受けます。それから、検査合格品についても、一等、二等、三等というふうにわけるのではなしに、ただ単に合格品だけで、あとは単に各メーカーのトレード・マークで売らせればそれで十分でないかと信じております。第二番目は、第六条で、検査の規定で、どういう所がやるかということを書いてありませんが、御説明によると国営検査でやりたいというようなお話でありますが、これは現在の検査設備やら、費用やら、能率の点から考えまして、民営が最もいいのではないかと考えます。しかし事業〔者〕団体法とかの関係で当分民営ができないから国営だという御説明も承りましたので、将来その事業団体法の例外規定で、民営機関で検査ができるようになりましたならば、早速民営に移していただきたいというふうに希望しております。以上で終ります。

○**堀川委員長**　今の御意見に対して何か御質問ありませんか。

次は東洋綿花株式会社の松井さんの代理間瀬喜久治さん。

○**間瀬参考人**　本案を拝読しまして感じた点を申し上げますと、大体賛成でありますが、具体的な細則、たとえば検査規定とか、民営にするか国営にするかというようなことが買いてございませんので、運営いかんが一番大切なことだと思います。なお、二、三感づいた点を具体的に申し上げますと、一番の法律の目的たる輸出品の声価の向上及び品質の改善を図ることとありますが、本法案の字句の示すがごとく、取締法であり、事実は輸出品の声価の維持及び品質の低下防止をはかることといつたような消極的な域を脱しておらないように思われるのであります。ほんとうの目的が第一条のようであれば、取締法のほかに、輸出品報奨法といつたようなものを出し、積極的に必罰に対しての必賞制度を考慮されるべきだと思うのであります。しかしこの方法も、世界的にダンピングされるようなことのないような方法を講ずる必要があるということは、いまさら申し上げるまでもありません。それから次に第六条になるのでありますが、第六条を読んでいきますと、標準に適合する等級を付するものは輸出品を輸出しまたは輸出品として政府に譲り渡すものである、ということになるわけです。しかし生産者が直接これに当る場合のほかは輸出商となるわけでありますが、商品、商習慣などによって異るのですが、大体生産者が等級を付けるものが多くて、生産者からたとえば一級品として買い付けた輸出商は一級品として大体輸出するのでありまして、これによつて十二条ないし十三条二項の罰則の適用を輸出商がただちに受けるというようなことは、これはちよつと御考慮を願いたいと思うのであります。

それから罰則についてもう一つ申し上げたいのですが、戦前の外国貿易においては、不良品または格落品をごまかして売り出したことなどによつて損失を受けるのは、直接は積出人であり、契約通りのものでない場合は、製造家がこれを負担したり、契約を取消して委託品として処分したりして、生産者、輸出商とも専門家が専心これに当つておつたのであります。それで事実上は金銭的な損のみで、体刑というようなことはあまり考えられなかつたことと思うのであります。それから繊維関係の検査は、今までの検査規定がありまして、そういう特別の民営の検査機関によつておつたものだからそういうことはないのでありますが、この法案によると、損のほかに体刑も食うということになるので、一方輸出産業各部門とも戦前のレベルまで上昇していないということを考えて、罰金刑はもつと重くしても、体刑はできるだけオミットするようにお考え願いたいと思います。大体こういうようなことを感じておるわけであります。

〇**堀川委員長**　あなたの御意思としては、この法案に御賛成でありますか。

〇**間瀬参考人**　賛成であります。それからもう一つ申し上げますが、これは取締りという言葉よりも、輸出品基準法とかいうようなあいにして、あまり取締でないということにしていただいた方が感じがいいのじやないかと思います。

○**堀川委員長** では次は小野商会の小野豊治さん。

○**小野参考人** 大体私はこれに賛成でありますが、この罰則が少し重くないだろうか、こう考えますが、いかがですか。今考えておることは、大体そんなところであります。また検査の方法についてはまだあまり詳しく私も調査してないのでありまして、皆さんから意見がありましたら、その後また考えて意見を述べたいと思います。

○**堀川委員長** 次に製造業者の方に御意見を承りたいと思います。宮田自転車製作所の前田燕夫氏にお願いいたします。

○**前田参考人** 私宮田自転車製作所の前田であります。この法案そのものには賛成でありますが、国の機関がやります検査のことについては、少し不安を感じております。最近非常に粗悪の材料で製造いたしますので、検査を行うことは確かに必要であります。今度国でやります自転車の検査は、二十年来民営の検査機関でやつておりました。相当の設備をもつ全国五箇所の検査所で非常に熟練した技術者が約百人おつて検査をしておつたのでありますが、国営でやります場合に、はたして熟練した技術者たちがそのまま国の機関に移り得るか。いろ〳〵な問題でなかなか困難だろうと思うのであります。国の検査になりまして、自転車に詳しくない技術者が、検査規則を楯にとつて、杓子定規に検査するということは、私ども自転車のメイカーでありますが、非常に困ることであります。その辺の運営をうまくやつていただきたいということを希望しておきます。

○**堀川委員長** 何かお聴きになることはありませんか。——なければ、次に検査機関の社団法人繊維検査協会佐口賢二氏にお願いいたします。

○**佐口参考人** 私繊維検査協会の佐口であります。この協会は繊維製品の検査を過去ずつとやつてきたのでありまして、繊維製品のうちの絹、人絹、毛だけは国管でおやりになつておりますが、それを除きました綿、布帛、メリヤス、糸、雑品糸をすべて検査をやつておるのであります。この法案を私ども検査した面から見ますと、こういう法案が出なければならないということは非常に痛感されるのでありまして、むしろ現状からすれば、もつと強制力のある検査の法案があつてほしいという気がするのであります。この法案を読んでみまして、確かにこの取締法案は、日本の現状よりも大分進んだ法案ではないかという気がいたします。現状としましてはもう少し強制力のある法案が、むしろ今しばらくの間はほしいのではないか。もちろん非常に自分の商標を重んじ、良心的の製品をつくるりつぱな業者もあるのでありますが、これはその運営の方法によりまして、大いに商標を重んじて扱つてあげる方法はいくらもあるのでありますが、そのためにまだ自覚が足りないとか、いわゆる相当強制力をもつてある程度制限していかなければ、輸出品の振興をはかるのに支障があるというような業者が多いこと、われ〳〵繊維の面では痛感するのであります。そういう面でもう少し法の強制力が強いようになつた方がよいと思うのであります。

もう一つこの法案によりますと、これは私どもの関係する繊維製品からおもに申すのでありますが、不合格品も輸出ができるようになつておりますが、これに対しては非常な問題があるのではないか。何とかこれは食い止めるべき方法を講じなければならないのではないかと思うのであります。国内を出ますときはもちろん不合格品として明らかにして輸出しましても、これは海外に出まして後は、どんなふうになるかわからないと思います。また特に貿易業者――国内ではなくて、外国の貿易業者の手に渡つた場合に、優良品の中に加えられたり、あるいはクレームの材料になつたり、いろ〳〵の弊害が起りはしないかということを感ずるものでありまして、何か適当な措置を講じてほしいと思うのであります。

それからこの法案は、一応国家の検査機関が検査をされるという前提のもとにできた法案でありまして、私どもはどうしても民営の検査機関というものは、いわゆるアンチ・トラスト・ロー及び今度できます事業者団体法の制限によりまして、民営のこういう事業はできないという前提のもとに、これを承服しておるのでありますが、元来私どものやつてきた経験から申しましたならば、そういう面で許されるならば、これは民間の経営にして、そうして国家がこれの管理、指導及び促進をされるべきであるというふうに感ずるのでありますが、直接たくさんの係りの方をつくつて、そうして直接の検査面の一々が実行されるということについては、これはあまりにも煩雑である。いろ〳〵な点で民間の適当な団体を使つておやりになる方がよいのではないかという感じがいたします。

それからもう一言申し上げたいのは、今の私どもの協会の大体の規模を申しますと、検査所が全国に十九箇所、支所が三十五箇所、出張所が四十四箇所、九十八箇所の検査所がありまして、それに要しております職員は現在千百五十八名と思うのでございますが、これを繊維品の検査をやつていくためには、やはりよく慣れました検査員を引継いでやらなければならぬのであります。去年の四月ごろからその引継ぎ問題が起つておるのであります。その当時はまだ民間と官吏との給与が非常に接近しておりましたので、割合に引継ぎの条件がよかつたのでありますが、現在民間のいろ〳〵な給与が、官庁の給与に非常に先走りましたので、これらを完全に引継ぐという点において非常な不安をもつておるのでありまます。検査員というものは非常に慣れたものでありまして、こういう人たちを利用しなければ、やはりこの輸出品の検査の運営というものはうまくやつていくことができないだろうと思うのであります。これが待遇その他の点で官吏になりたがらない者が多いのではないかという点に非常に不安をもつております。何とかして完全にうまくこれらの引継ぎをしたいというように思つております。この点は官営でおやりになるときも、非常に考慮を払つていただかなければ、とかく輸出品の運営上に非常に支障ができはしないかということを恐れるものであります。私の申し上げたいことはこの程度でございます。

○堀川委員長　佐口君に何かお聴きすることはありませんか。――なければ、次は日本ゴム工業協同組合連合会石澤豊氏にお願いいたします。

○石澤参考人　日本ゴム産業関係者の立場から、今度の法案につきまして申し上げたいと思います。一言に申しますと、ゴム産業業者側の一致せる見解は、ゴム製品につきましては、その輸出製品たると国内消費製品たるとを問わず、強制的な検査というものをどうしても必要とする次第であります。しかしながら結論から申し上げますと、その検査は国営として国家の官吏が直接に検査をされるという方法に対しましては、反対であるのであります。そういう見地からとにかく輸出品の取締りを強化されるという趣旨に立脚してできました今回の法案は、まことに結構だと思うのでありまするが、その法案の内容をよく検討してみますると、いろ〳〵の欠点があるのであります。その理由を要点だけを申し上げまして、御参考に供したいと思いますと同時に、ゴム業界の希望に対しまして、十分御考慮を煩わしたいと思うのであります。

第一に、ゴム産業は終戦後新しい工場がたくさんできたのでありまして、過去何十年の歴史をもち、十分なる設備と、すぐれたる技術家をもつておりまする地盤のしつかりした工場以外に、終戦後時流に乗りまして、たくさんの新規の工場ができたのでありますが、終戦後におきましてすでに二百五十できたのであります。現在におきましては、新規工場の数だけで七百に及んでいる、こういう実情でございます。これらの新規の工場は、何分時流に乗りましてあわててつくつたものでありますから、卒直に申し上げまして、その工場の設備は不完全であります。それから製造の技術もきわめて低いのであります。しかしながらこれが多数できまして、粗悪な製品がどんどんつくられて、それが市場に氾濫してくるという状況で、粗悪品と優良品との区別がつきがたいという状態が、非常に顕著になつてまいつたのであります。ゴム製品は一度これができ上りますと、優良品と不良品とを並べてこれを見比べてみましても、相当の専門家でもその優劣を正確に判断することは困難なものでありまして、実際それを使つてみなければ、ほんとうの優良なものと、不良なものとの区別がつかないような状態であるのであります。これはゴム製品の性格上そういう特徴をもつているのであります。従つてゴム産業界では、業者が自発的に検査設備をつくりまして、多数の技術官を養成いたしまして、そうしてゴム製品を検査するのでありますが、それのゴム製品の一部分を切取つて、これを機械にかけてひつぱつて、そうしてその切れるときの力を機械的に計算してその優劣を判断するとか、あるいは化学的な処理によつてその質の優劣を判断するとか、きわめて緻密な科学的な検査を、でき上つた製品について行いまするとともに、工場の方へ技師を派遣しまして、その工場において、ゴム製品を製造しているその製造の過程を調べまして、まず原料をねり合わせているところでは、どういう原料にどういう材料を加えて原料としてつくつておるかというようなところから、それが製品になるまでの製造工程を検査する。こういう検査の方法を行うことによつて、初めて商品の優劣を判断することができる。こういう性格の商品でありますので、苦心いたしまして、そういうような検査を工場の依頼に基きましてやつてまいつて、ようやく商品の優劣を明らかにして、そうして合格品には合格のしるしをはりつけるというふうな方法をとることにいたしてまいつているのであります。こういうような現状でありますから、どうしてもある程度の強制的性格をもつた検査ということを絶対必要といたすわけであります。ところがその検査を厳重な意味での国営ということになると仮定いたしますと、なか〱急に検査設備を整備しようとしてもできないのであります。これには多数の経験ある検査官というものを必要といたしますし、その検査官が一々工場へ出かけて製造工程を検査するというようなことは、国家の官吏の仕事といたしましては、出張の関係、人員の関係、これに要する経費の関係、設備の関係という点から見まして、なかなかむづかしいのであります。そこでわれ〱といたしましては、強制的検査を必要とするということと、これが検査の方法については純国営というのでなく、すでにできておりますところの相当の設備をもつて、すでに民間で持つておりますところの経験ある技術者をして検査せしむるという方法にしていただき、そうして国家はこれに対して検査方法を指導監督するというような形にしていただきたいというのが、希望であるのであります。

　さらに本法案にはいりまして申し上げてみますと、この法案では、ゴム製品というものが第三条に定めらるべき商品の中にはいつているのでありますが、われ〱といたしましては、第四条に定めらるべき商品の中に入れていただいて、そうしてゴム製品の標準の最低基準というものをきめて、その最低基準にも及ばざる程度の製品は、これは輸出を許さぬということにしていただきたいのであります。そうでありませんと、ゴム製品の海外における信用というものが、非常に落ちるわけでありまして、今後ゴム製

〔資料71〕 衆議院商業委員会議録第15号（昭和23年7月2日）
―輸出品取締法案参考人意見聴取

品の海外輸出ということに非常に努力しようと思つておりまする矢先、これが非常な障害になるわけであります。殊に現在ゴム製品の原料でありまするところの生ゴムは、外国からこれを輸入しておるような次第でありまして、この輸入につきましては、日本政府及び連合国側の多大の厚意によつて、これの支払い方法なども、相当の部分は救済資金をもつて支払われるというような状態において、これを輸入しておるのでありますから、かくして輸入した貴重な生ゴムが粗悪品に形をかえまして、そうして海外へ輸出してもいたずらに今後のゴム製品の輸出の信用を落すというようなことになつては、まことに相済まないわけでありますし、また日本の他の産業に対しまして、ゴム製品というものは非常に重要な関係をもつておるのでありますから、優秀なるゴム製品を他の産業に供給することによつて他の産業を利する。かくすることによつて生産を増強するというこの面から見ましても、優良品、不良品の区別が不明であるために、不良品が市場に氾濫しまして、それが国内産業の方にも供給されるということになつては、国内産業それ自身の向上にも非常に悪い影響を及ぼす次第でありますので、私どもといたしましては、先ほど申しましたように、ゴム製品に対する検査は強制的な性質をもつものとして、ぜひ必要とするということと、ゴム製品は本法令の第四条によつて定めらるべき品質の中に入れていただきたいということを、ゴム製品に対する検査方法は、輸出品であると国内品であるとにかかわらず、国営ということでなく、有効な検査方法を考慮していただきたい。国家の指導監督のもとにということにつきましては異議はないのでありまするが、検査それ自体を行うべき検査方法及び検査手段ということにつきましては、ただ単に製造業者の自由の検査ということに任すというのでなくして、個々に業者の自発的方法による一つの機関ができると仮定しまする場合に、その機関に十分の設備と十分の知識経験のある技師を備えて、有効な検査をさせ得るように仕向けるという意味において、これを民間の手で検査を行わしめる。そうしてこれを国家が監督されるというような形にしていただきたいというのが希望であるのでございます。簡単でございまするけれども、一応の見解をここに述べさせていただいた次第であります。

○堀川委員長　そうすると石澤さんは、この輸出品取締法案に対しては検査の手段だけの問題で、この法案に対しては御賛成なんですか。

○石澤参考人　そういうことであります。ゴム産業会の方の意見は、本法案そのものに対しては取締りを強化するという御趣旨には賛成なんですが、その内容につきましては、ただいまのような種々の問題がありますので、それを十分御検討願いたい。そうして業界の希望に副うような方法に御考慮を願いたい。こういう趣旨であります。

○林（大）委員　今の願いたいというところを条文からいつたら、どこをどうしたらよいかということですか。

○石澤参考人　それはまだ私どもの方としては、条文の内容にまで立ち至つてここに申し上げるということよりも、むしろそれの研究は委員会にお任せしたい。

○林（大）委員　そうお任せ願わぬで、至急おとりまとめの上文書でいただきたい。

○石澤参考人　もしそういうことでございますれば、ひとつそういうふうにいたします。

○松井委員　ちよつとお伺いいたしますが、検査方法について国の手ですることについて反対のようでありますが、もう少し反対の理由をお述べ願いたいと思います。

○石澤参考人　純国営ということに対して反対ということの、その理由をもう少し詳しく説明せよと、こういうことですか。

○松井委員　検査に対する反対の理由。

○石澤参考人　ゴム製品の検査は国営ということになりまして、官吏の検査が行われるということになりまするど、現在検査に実際経験と知識とをもつている検査員というものは、ゴム業界において今日まで検査事務に当つておりまする専門家をもつてこれに充てたい。実際検査をやるほど人がないのであります。急ごしらえの人ではなかなかできないのであります。そこで結局業界において、検査員として今日までの経験を積んできておりますその検査員を、国家の官吏に任命してそれにやらすということのほかないと思うのであります。そうなりますると、楽屋話を申し上げまするど、これに対する給与の問題ということがまず起るのでありまして、今日までの彼らに対する給与の標準から見まするど、一たびこれが官吏に任命されまするど、今日彼の経歴で、任命されるべき官吏に対するその標準の給与ということで、非常に給与が下つてしまう。そこでこれらの検査員は官吏として採用されることを希望しない。また官吏として採用されましても本来官吏として身を立てた人間でありません。いつまで身分を保障してもらえるかというようなことに対しましても、非常に不安をもつているのであります。むしろそういう状態に追いこまれるよりは、彼らはそういうことになることは希望しない。こういう見解をすでに表示してきている者もあるようなわけであります。

それから先ほどもちよつと申し上げましたように、ゴム製品の検査は、ただでき上つた製品をちよと抜取りまして、そうして簡単な検査をしただけでは品質がよくわからないのであります。抜取り検査をすることにしましても、相当の物理的、科学的の方法でこれを検査するということと、工場へ検査員を派遣しまして、一々その製品の製造工程を見て検査をして、そうしてその工場の

〔資料71〕　衆議院商業委員会議録第 15 号（昭和23年 7 月 2 日）
―輸出品取締法案参考人意見聴取

製品というものに格付けをするということにしないとわからないのであります。ところがそういうことになりますと、ゴムの工場は現在総計千三百くらいに殖えておりまして、北海、九州、関東地方、信州、大阪、神戸、岡山、名古屋というふうに日本全国に散在しているのでございまして、これに検査員を派遣するという場合にも、現在の政府の予算に基く旅費規定などでは、とうてい出張を相当程度行わせるということができないわけであります。そこで結局十分なる効力のある検査ができないということになつて弊害を生ずるということが非常に多いわけであります。それが国営でなく、業界において、組織して今日までやつて来ている検査機関に新しい角度から改良を加えまして、これの検査に対する指導監督というような方法を講じて、そうして実質的な検査をやらす方が有効である。こういう考え方にあるのであります。

○細川（八）委員　私がちよつとお尋ねしようと思うことは、今松井君から尋ねられましたので、大体私もわかつたのでありますが、国家検査になる場合に、やはり検査せられる検査員でありますけれども、これが一番むずかしい。これは今あなたの言われたことでよくわかりましたが、実際問題として国家がこれを検査するということになれば、わかる人が得られないとするならば、どういう機関をもつてこの検査に当らしむべきが一番いいかということについて、何かお考えがあれば伺いたい。

○石澤参考人　その点はゴム産業界の方では、すでに今日までにゴム製造業者が組合員となりまして、そうしてここに組織しておりましたゴム協同組合連合会というものがございまして、そのゴム協同組合連合会がその附属機関としまして、ゴム製品に対する検査機関をこしらえまして、向島に相当大きな設備をもちました検査所があるのです。そこにはゴムの弾力を検査する機械、それからゴムの質を科学的に試験する機械、たとえば自転車のタイヤのごときも、でき上つたものを熱処理をする大きな設備の中に入れまして、それを回転せしめまして、そうして三年間それを使用したのと同じだけのそれに対する気候的の変化と、それから物理的な変化を与える他動的な力を加えまして、九時間これを実験することによつて、三年間このタイヤを使つた場合にどういう破損状態になるだろうかという結果がわかるような機械設備がつくつてございまして、それによりまして試験をしておる。御覧くだされればわかりますが、相当金をかけまして設備をした検査所があるのです。それから各地方にもその検査所の出張所がありまして、そこに一定の設備をもつておりまして検査ができるようになつております。それから帝大の機械科を出た人、あるいは化学科、物理科を出た人、そういう人に十数年前から特にゴムの研究をさせまして、ゴムの検査を十分正確になし得る人間を養成いたしまして、純技術家としましても十数名すでにおります。それから純技術家出身ではありませんけれども、その技術家の指導を得て、十分ゴムの検査に役立つだけの知識経験を得た人間をつくりまして、現在百六、七十名すでにできております。それか〔が〕各地方の検査所におりまして、そうして工場の方で製品ができた、検査してくれという要求がありますと、すぐそれに検査員が出張いたしまして検査をする。殊にその製品が二万、三万というふうに多数ある場合には、一週間先にそれを出荷しなければならぬというような場合には、ぐず〳〵しておりますと出荷に間に合いませんから、そういうときには中央から検査員を応援に出しまして、みんなで徹夜をして検査をするというふうに検査をさせる機関がすでにできておるのであります。そのゴム協同組合連合会が今度閉鎖機関になりましたので、今後の処理をどうするかということはまだ未定でありますが、政府及びG・H・Qの特別の計らいによりまして、検査設備等は当分の間これを利用して検査をやらせておる、こういう現状であります。そこでわれ〳〵としましては、現在ありますその検査所を利用して、それに適当な改良と改善と、また国家が指導方法というものを立案すれば、そのまま検査ができる。こういうようなことになつておるのであります。しかしその機関それ自身は政府自身の機関ではないのでありまして、業者の組合がつくり上げた機関であります。製造業者とは別の立場で製品を検査する、こういうような実情であります。方法としてはそういうようなことでまいるのがいいのではないかと私どもは考えております。

○細川（八）委員　もう一点お尋ねしたい。この法案には等級別に検査をするということがあるが、ところがメーカーは一等品、二等品、三等品として出すとしましても、これを消費する人は、値が安いからといつて二流品とは思わない。悪い物がやはり物の価値を失うことになる。そこで等級別に出すがよいか、合格品のみを出すがよいが〔か〕、どちらがよいか、簡単に一口だけでお答えを願いたい。

○石澤参考人　その点はゴム業界の方といたしましては、等級別にするということにつきましては、大きな反対はございません。

○多田委員　私ほかの参考人の方にお伺いしたいのですが、先ほど大体皆さんの御意見は、この法案には強いて反対ではないという御意見でありましたが、それは事業者団体法が制定されまして、民間におけるこのような仕事ができないという前提のもとに考えておられるようでありますが、この事業者団体法ができた暁において、民間における検査か〔が〕できないというような前提がどこから生れてきたか。あるいは政府の方からそういう前提のもとにお話があつたかどうか。これを大紫さんにお伺いいたします。

○大紫参考人　ただいまの御質問は、事業者団体法によつて検査ができないから、これに賛成であるかないのかという御質問でありますが、その通りでございます。民営の検査とか今やっております検査でいけば、どちらでも差支えないのでありまして、私どもは別に法律的にどういうことも考えませんで、ただ輸出品には検査がなくては困るということだけを考えておるのであります。なるべくなら、官営よりも民営の方が実際に即しておるから、それを希望するのですが、ただブランクの状態にあるからそれを恐れますので、やむを得ず官営でもないよりはいいという考えであります。

○多田委員　それは民間でできないという前提をもたれて考えられていることは、非常に行過ぎな考え方ではないかというように考えられるのです。事業者団体法として提案されて、目下審議中の法案の中にも、現在ありますところの重要輸出品取締法、あるいは輸出水産物取締法等で、法令の定に基く命令によつて行う正当な行為は、事業者団体法ではやはり除外になつておるのであります。従つて団体法ができた暁において、民間の検査ができないというような前提のもとに、この法案を考えられるということは行過ぎだろうと思いますが、これは意見として申し上げておきます。

その次に検査の方法でありますが、最後の方の御意見のように、生産工程における検査をやらなければ、現在の生産設備あるいは技術の面からいたしますれば、相当不安があるだろうと思いますので、単に政府に売り渡す際に検査をするという程度では、非常に危険があるのではないかというように考えられておりますが、これは前田さんあたりの製造業者としての製品についての検査ではなしに、生産過程などのある程度の検査を行うことが必要かどうかという点と、いま一つは輸出業者の方に、この検査は製造検査にすることはいいと思うのでありますけれども、この法案は先ほどもお話がございましたけれども、製造業者に検査に対する責任をもたせずに、政府に売り渡す際における検査が主眼におかれておるようでありますが、これは製造する場合の検査の方がよろしいか、あるいは売り渡す場合に検査をされる方がよろしいか、これを輸出業者の方に御意見を簡単で結構ですからお伺いいたします。

○前田（燕）参考人　どつちがいいかということならば、現在もやつておりますが、できたものを検査していただいた方がめんどうでないと思います。

○堀川委員長　それではただいま大船光学の古澤猛弥君が見えましたから、光学の点について御意見をお伺いいたします。

○古澤参考人　実は光学関係の輸出につきましては、光学製機工業会というのがありまして、この第四条の問題とか、あるいは検査の問題については、そちらの方ですつかり意見がまとまつており、私としてはその工業会を代表して参つておるのではありませんので、正式な意見はちよつと申しかねるのですが、工業会の方としましては、この案につきまして大体下打合せができておりますので、別に言うことはありません。ただこの検査を官営にした場合に、現在まだ官側におきまして人員が十分いないという問題がありますので、具体的な検査の実施方法につきましては、まだこれから相当研究を要するのではないかと思つております。非常に広い範囲で、しかもいろ〳〵なたくさんの品物を一つ〳〵検査せねばならぬようになつておりますが、人員が足りないのが一番大きな問題でありまして、以前から人員の問題についていろ〳〵研究はいたしましたが、官側において急に人を殖やすこともできないのでありますから、実施の方法につきましては、今の光学製機工業会と十分連絡をとつて実施するようにすれば差支えないのではないかと思います。

○堀川委員長　それでは実施方法についての意見だけで、この法案には賛成なのですか。

○古澤参考人　さようであります。

○堀川委員長　ただいま参考人の方々が、この問題につきましてそれ〴〵意見をお述べになつたのであります。そこでこの参考人の方々もこの法案に対して、多少誤認された点があるかもしれないと思いますので、提出者の方で参考人が御意見をはかれたことに対して、親切に御説明願いたいと思います。貿易庁の方で御意見がありましたらお述べになつていただきたいと思います。

○永井政府委員　ただいま御意見を拝聴いたしましたことについて、貿易庁といたしまして御説明したい点を二、三申し上げたいと思います。第一〔に〕民間の機関で検査した方がいいという御意見でありますけれども、私もできればその方が至当だと考えておりますが、今のところ独占禁止法によつて、民間でこういう検査をするのはいけないことになつておるのであります。事業者団体法案が通りまして、その団体で検査ができることが明確にきまりました場合には、民間の団体に検査をお願いするように改正することにはやぶさかではないと考えております。あるいはまたこの法律を改正せずに、国家が検査をするという権能を、その民間の団体へ委嘱するというような形式をとることも、適当であろうかと思います。必ずしも国家が検査をしなければならぬということを固執するわけではありませんけれども、かりに事業者団体法で検査ができるということが明瞭にきまりましても、この事業者団体法が通過して事業団体ができて、その定款をこしらえましても、アンチ・トラストの方面からも、その定款が通過するまでには、相当ひまが要ると思います。検査をするということは焦眉の急でありまして、その空白がどうしても起ると思いますので、一応この法案は通過させて、すぐに国家検査ができるようにしていただきたい。そうでないとその間が非常に空白が起るということを心配いたしております。それでこれはぜひ通していただかぬと、検査ができないということになりますので、そのことを御了承願います。

それから、政府の機関では給与も十分ではないからというようなお話でありますが、この点は、技術官でありますから、俸給のことについても多少の余裕がとり得るかと考えます。

その次は、全部の商品に対してすべて検査するということでないのでありまして、この法案の趣旨は、業者の自粛にまつて、政府としてはとき〲警察的な意味で抜打ちの検査をするというような建前になつておりますので、多少運用の点において違うかと思いますから、それらの点は御心配ないようにするつもりであります。

それから、従来民間で検査いたしております設備等は、政府で許可していただくことに話合いをつけたいと考えております。

それからゴム製品についてお話になりましたが、ゴム製品のごときは第三条であるけれども、第四条にした方が適当であるというお話でありますが、これはできるだけ多くを第四条にすればいいということでありますけれども、第四条の精神は、少しの瑕疵があつても、そのものの全体の価値がゼロになるというような、たとえば顕微鏡であるとか、試薬であるとか、あるいは食糧品であるとか、少しの瑕疵があつても輸入局で輸入を拒絶せられるおそれのあるもののみを第四条に集めましたので、ゴム製品のごときはやはり第三条に残して、業者一般の自粛にまつということにいたしたいと思います。

大体この法案の根本の精神は、非常に民主的になつておりまして、業者、製造家の自粛にまつて、国家は警察的に検査をする。それで不正なることがあれば、その代り制裁を重くするというような建前になつております。国家がすべての輸出品をしらみつぶしに検査しなければならぬということはなかなかむずかしいし、またそうした場合に、政府が全部強制検査をしておつても、こういうものが出ているということになると、非常に日本の信用にも影響を及ぼすということも、司令部の方で親切に注意があつたりして、こういうふうなことになつておりますが、ただいま出ました御意見について、私どもの考えるところを申し上げておきます。

○笹口委員　先ほど参考人から御意見が出たことでありますが、第三条該当の品目について不合格品は輸出させない方がいいだろうという御意見が二、三の方から出たようでありますが、その点についての長官の御意見を伺いたいと思います。

○永井政府委員　その点、われ〲も今の御意見のような意見でもあつたのでありますけれども、万国貿易憲章の精神に従いますと、悪くても——かりに一、二、三とある等級に漏れて、三等以下になつたものでも、買手が満足して、欲しいというものならば売るということにするのが、万国貿易憲章の精神であつて、万国貿易憲章の精神はできるだけ多くの物資が各国の間に交流するということで、これを阻止することはできぬという精神、これを尊重してもらいたいというので、私はこれに対しては非常に弊害がある。〔〕かりに格外品で日本人が売つておつても、先方の買手が不正直な人であつたならば、これは三等品だと言つて売られた場合に、それだけ日本の商品の信用を害するから、そういうものは輸出させぬようにしたいと申したのでありますが、これらの点、万国貿易憲章の中に日本は加盟いたしておらないけれども、加盟したと同じ精神でやろうということを、日本政府として承諾いたしておりますので、さような関係で輸出させぬということができないことになつております。あまり自由を圧迫してはならぬというような精神になつておりますので、私どももだいぶ争つたのでありますけれども、万国貿易憲章をたてにとつて、あまり抑えつけるなという精神であります。

○多田委員　ただいま長官の御意見で、民間の団体の検査ということに対して御賛成のような御意見でございましたが、しかしながら独占禁止法に抵触するというような御意見でございましたが、特別な法律によつて、こういう検査機関として民間の団体を指定した場合には、私的独占禁止法には抵触しないというふうに考えるのであります。それからもう一つは現在国会に提出されております事業者団体法案には、重要輸出品取締法、輸出水産物取締法のような現行の法律の規定に基いて政府が発する命令によつて行う正当な行為には、事業者団体法は適用しないということになつておりますが、ただいま長官の御意見では、独禁法に反するから民間の検査はできないのだという御意見と、この事業者団体法案にある、二つの法律に基く正当な行為を除外してほしいというような――これはおそらく貿易庁から立案者である公正取引委員会に申し入れて除外規定を設けてもらつたと思いますけれども、これはいささか長官の御意見と矛盾があるように思いますが、これについてこの間のいきさつをお話し願いたいと思います。

○永井政府委員　その点は明確に事業者団体法案の中で、事業者団体で検査をするということをはつきり言うておりませんのみならず、この法案について一応申さなければならぬことになりますけれども、司令部の貿易課の方、それからアンチ・トラストの方、それからいろ〳〵寄りまして相談してくれました場合に、事業者団体に検査を許すということをはつきり認めておりませんので、それがはつきりしていないのです。その法律が通つてはつきりしましたら考え得るものと思います。

○多田委員　どうも責任が他の方向に転嫁されているような御答弁で、非常にわれ〳〵も納得しかねるのですが、少くとも民間の団体において検査をすることが、日本の貿易産業を向上させるた

〔資料71〕　衆議院商業委員会議録第15号（昭和23年7月2日）
―輸出品取締法案参考人意見聴取

めに最もいい方法であるという長官の御意見だとすれば、その御意見に基いて法案がつくらるべきだろうと私どもは考えておるのであります。この事業者団体法がまだ成立しないからということでございまするけれども、これは成立するしないは別にしましても、この法案が立案される過程において、貿易庁からおそらく公正取引委員会に、この二つの法律に基いて行われるところの公正な行為は、この法律から除外してほしいという申出をしたために、除外規定が設けられただろうと思うのでありますが、長官の御意見は、民間の団体で検査をすることが至当である、しかしながらどうしてもできない事情があるという御意見でありますけれども、ここをはつきり他の法律で、民間の検査が除外規定になつておるとすれば、新しい法律をつくる場合にも、当然民間の団体において検査を行うような除外規定が承認されるだろうというように思うのであります。これは貿易庁が検査の仕事まで全部やりたい、要するに仕事の範囲を拡大したいという一つの考え方のもとに、かような法律をつくられたのではないかというような懸念を生じますので、ただいま長官の御意見のようでございましたならば、民間の団体を指定して、その民間の団体によつて検査を行うように、現在出ておりまする法案の運用ができるかどうか、その点についてお伺いいたします。

○**永井政府委員**　法律上のことは私あまり詳しくないので、後ほど係りに説明させます。大体の問題としましては、事業者団体法ができまして、その事業者団体の定款もでき、検査を委嘱することができるとか、あるいは検査の主体になることができるということがきまりますまでには、相当の日がかかると思います。かりに事業者団体法でそういう検査ができることになりますれば、その方にやつてもらうということは、むしろ望むところである。ただ今も申します通り、その間の空白が非常に困りますので、一応この法律で国家検査ができるようにしていただきたい。それから貿易庁としましては仕事をよけいしたいから、検査をするということは毛頭考えておりません。仕事がたまつて困つておるので、できるだけ簡素にいたしたいつもりでおります。それは来ていただいたらわかりますが、みな忙しくて困つておる。そんなことはやりたくないのであります。

○**越智説明員**　この法律施行によります除外例の問題は、検査そのものはそれを強権的にもちますので、その強権をとろうとすることは新しい制度では許されない。そういう独占は解釈として、精神として許されない、こういうふうな見解でできておるのだと思います。これは法律の施行が伴つた場合における一つの経過規定だというふうに了解しております。

○**多田委員**　どうも最近政府のとられている方針が、たとえば今問題になりましたように、民間の検査機関を閉鎖機関に指定して、そうして次の検査機関は国営でやらなければブランクができるというどたん場になつて、国営でやるための法案を出してくる。これはこの法案だけでなしに、たとえば競馬法にしても同じでございますが、そういつた傾向は多分にあるようであります。実際の政府の考え方として、長官は民間で検査をするのは至当であるというような考え方でございますけれども、正直なところは、やはり国営にすることが至当であつて、国営にもつていくために、一応民間の検査機関を閉鎖機関に指定して、そしてどうしてもこの法案を通さなければ検査の面にブランクが生ずるというどたん場まで追い込んで、どうしてもこの法案を通さなければならぬというようにとられるのでございますが、その点についてもう一応、将来この輸出品取締法が施行されたあとにおいて、国家検査でなしに、この法案に基いて民間団体を取締機関に指定する御意思はないかどうか。その点をお伺いします。

○永井政府委員　閉鎖機関にしておいて、どたん場になつて空白ができるから国家検査でなければならぬというように追いこんだとおつしやいますが、そういうことは毛頭ありません。この法案ができ上るのが非常に遅くなりましたのは、今業界の御意見がございましたように、全部国家が検査するという建前でわれ〳〵法案をこしらえたのでありますが、もつと民主的にならなければならぬというので、関係方面といろ〳〵押し合いをいたしておりまして、ようやく最近に至つて意見が一致したというようなことで、非常に法案の提出が遅れました。そういうどたん場まで放つておいて、空白になるからすぐ国家機関にしようという考えは毛頭ありません。それから先ほど申し上げました通り、事業者団体法で事業団体で検査ができるようになりますれば、それでやつていただくということは、貿易庁の方針として考えておるところであります。

○松井（豊）委員　ただいま多田委員から具体的御質問がありまして、私がお伺いしようとする点も御説明がございましたが、本案は重大問題でありまして、単に輸出業者あるいは製造業者のみでなく、全国民に対する重大な意味をもつております。ただいままで内容を静かにわれ〳〵拝聴いたしておりますと、代表者の御意見は、独占禁止法による、また事業者団体法案によるとどうしても民間の検査ができないということを前提に頭に置かれておる。おそらく代表の方々も、全業者の御意見を承つてきたかどうか知りませんが、なか〳〵重大であるから、そういう関係から特に私はお伺いしたいのでありますが、長官の第一回の御答弁と、二回、三回にわたつては相当変つてきております。若干私たちはそこに疑義がある。また相当慎重に調査、研究する必要があると考えます。そこで今事業者団体法案が通過するまで――この事業者団体法案もまだ通るか通らないかわからない。私たちも相当大幅修正を提言いたしておる次第でありまして、おそらくまだ確定しておりません。そこにおいて、この空白なときに国家が検査するという。それは機構を制定するということも必要でしようが、この間何か民間側が検査している。それを継続して指導する。そうしていわゆる事業関係に支障のないように指導するのが、民主化したる今の実情だと私は信じます。この空白な時期、この間を国の検査とか国営にするとかいうことは、今の実情から見てこれは妥当でないと思う。この点についてはもう一段の御研究を願いたい。そうして業者の代表、また政府側、われ〳〵ともに納得のいくような調査、研究が一段と必要であると考えるのであります。

○永井政府委員　今民間の検査機関を当分使つていくということでありますが、それはこの法律はすべて政府が検査しなければならぬという強制検査ではないのであります。今申し上げます通り、業者の自粛にまつて、そうして政府がやると言うのでありまして、やはり民間で納得のいくように検査していただくということは、自発的に検査をおやりになるということは差支えないのであります。その点はうまくいくと考えております。

○堀川委員長　質疑は明日に継続いたしまして、本日はこの程度で散会いたしたいと思います。

午後三時四十五分散会

〔資料72〕　衆議院商業委員会議録第一六号（昭和二三年七月三日）―輸出品取締法採決

昭和二十三年七月三日（土曜日）

午後二時四十五分開議

出席委員

委員長　堀川　恭平君

理事　福永　一臣君　理事　石神　啓吾君

理事　笹口　晃君　理事　細川八十八君

關内　正一君　多田　勇君

富永格五郎君　前田　郁君

松井　豊吉君　松崎　朝治君

山本　猛夫君　林　大作君

松原喜之次君　師岡　榮一君

山口　静江君　岡崎　繁蔵君

櫻内　義雄君　唐木田藤五郎君

小枝　一雄君

出席政府委員

商工事務官　鈴木　重郎君

商工事務官　細井富太郎君

貿易庁長官　永井幸太郎君
総理庁事務官　向井　鹿松君
農林事務官　三堀　參郎君

本日の会議に付した事件
　小委員会設置に関する件
　輸出品取締法案（内閣提出）（第一九四号）

○堀川委員長　次に輸出品取締法案を議題とする。
○細川委員　本法案は質疑が大体尽されたと思われるので、以上をもつて質疑終了し、ただちに討論に入りたい。右の動機を提出する。
○堀川委員長　細川委員の動議に異議なきや。
〔「異議なし」と呼ぶ者あり〕
○堀川委員長　異議なしと認め討論に入る。
○多田委員　各代表者としての次の希望意見を付して本法律案に賛成する。
　希望意見の第一点は、この法律が強制検査を行うものではないから、政府は抽出検査を完全に実施して、本法案の主旨に副うこと、第二点は、検査機構は、民間機構を充分活用することである。
○堀川委員長　これをもつて討論を終り採決に入る。本法律案の原案に異議なきや。
〔「異議なし」と呼ぶ者あり〕
○堀川委員長　異議なしと認め、原案の通り可決する。なお、衆議院規則第八十六条による委員会報告書の作製について、委員長に一任されたい。
〔「異議なし」と呼ぶ者あり〕
○堀川委員長　そのように決定する。

〔参　照〕

輸出品取締法案（内閣提出）に関する報告書

一、議案の要旨及び目的
　この法律案は、輸出貿易の健全な発達を期して輸出品の品質向上のために、現行の諸法規を廃合整理して、新たに輸出品検査の基本法を制定せんとするものである。

　現行制度は、民間団体の強制検査で、これは明かにいわゆる独占禁止法の精神に抵触し、又検査そのものにも難点があるので、今度は専ら政府において一元的に厳正、且つ、公平なる検査を実施して、輸出品の声価の向上及び品質の改善を図ることを目的としているが、主要なる内容を挙げれば、次の通りである。

　第一に、輸出品の範囲を限定し、第二条の主務大臣が指定した輸出品及び第四条の輸出品とした。

第二に、品質については、第一次的に業者が自主的に責任を持ち、その実行を確保するために、主務大臣が最低輸出標準を基準として検査をする。

第三に、輸出用割当資材の適正配給のために、不合格品の処置について規定した。

第四に、国民の権利救済のため、輸出標準又は検査の決定等に対する不服申し立〔て〕について規定した。

二、議案の可決理由

貿易の発展は、わが国産業経済復興の鍵であるので、その検査の適正強化は、輸出品の国際市場における信用を決定し、貿易振興の素因であると認め、これを可決すべきものと議決した次第である。

右報告する。

昭和二十三年七月三日

商業委員長　堀川　恭平

衆議院議長松岡駒吉殿

〔資料73〕　衆議院商業委員会議録第一七号（昭和二三年七月四日）―質疑

昭和二十三年七月四日（日曜日）

午後三時六分開議

出席委員

委員長　堀川　恭平君

理事石神　啓吾君　理事笹口　晃君

関内　正一君　多田　勇君

冨永格五郎君　前田　郁君

松井　豊吉君　山本　猛夫君

梶川　静雄君　林　大作君

松原喜之次君　師岡　栄一君

山口　静江君　岡野　繁蔵君

桜内　義雄君　小枝　一雄君

出席政府委員

総理庁事務官　黄田多喜夫君

本日の会議に付した事件

事業者団体法案（内閣提出）（第一一六号）

○**堀川委員長**　ただいまより会議を開きます。

事業者団体法を議題といたしまして、前会に引続きまして質疑を行います。

○**多田委員**　この前の答弁が残っております。

○**堀川委員長**　もう一度多田委員より御質問願います。

○**多田委員**　大体了承いたしましたので、最後に一つお伺いいたしたいのですが、事業者としての共通の利益を増進するということが、どの程度の範囲のものを指すか。できれば具体的に御説明願いたいと思います。

○**黄田政府委員**　事業者としての共通の利益と申しますのは、平明に申しますれば、これは事業者としての直接の共通の利益というふうな意味なのでございます。従いまして会社をつくって、その配当を受けるというふうなことは、終局的には各事業者の利益にはなるのでありますが、そういうことをここで言っているのではないのであります。

○**多田委員**　そういたしますと、会社を組織した場合に、事業者がある程度はいっておった場合であっても、その会社の性格が事業者の共通の利益を目的にしていないという形に見られる会社については、この法律が適用されないかどうか。

○**黄田政府委員**　構成事業者がたくさんおりまして、その中のごく小部分が事業者であるというふうな場合には、その事業者の団体は、事業者としての共通の利益を増進することを目的とするということは言い得ないのでありまして、従いまして御質問の通り、そういうものは事業者の団体とは認めないのであります。

○**多田委員**　私のお伺いいたしたいのは、もちろんこの法律の脱法行為として、第三者がはいっているというふうなものについては別でありますけれども、事業者が少数はいっているのでなしに、相当程度事業者がはいっておるけれども、その会社自体が構成員であって、事業者の事業そのものについては共通の利益を目的としていない。もちろん利潤については商法に基いて共通の利潤の追求は当然でありますが、事業そのものについては、共通の利益をはかることを目的にしていないというような会社であれば、構成員が大部分事業者であっても、あるいは構成員が大部分事業者であって、その事業者が個人の資格において株主になっているというような会社は、当然該当しないものとして見なしてよろしいというふうに考えておりますが、それでよろしゅうございますか。

○**黄田政府委員**　そういう場合は、多く投資家としての利益を目的としているというふうな場合でありましょうし、そういうものは従いまして事業者団体にははいらない、というふうに解釈いたしております。

○**多田委員**　もう一度はっきりお伺いしたいのですが、要するに投資家としてその会社の株主になっているという程度であれば、たといその株主の職業が事業者であっても、その会社の性格が事業者を包含したものでないというような性格をもった会社であれば、たとい株主が事業者であっても、これは事業者としてでなしに、個人としての投資をしておるということに今のお話では解釈してよろしいと思いますが、その点非常に大きな問題でありますので、はっきり御答弁を願います。

○**黄田政府委員**　つまり共通の利益というものが、どういうものであるかということに帰着するのでありますけれども、同種の事業者が寄りまして共同販売をやるとか、共同加工をやるということは、これはまさに本条に該当する事業者団体でありますけれども、そういうものでないものは、これを事業者団体とはみなさない、こういう趣旨であります。

○**多田委員**　よろしゅうございます。

○**堀川委員長**　ほかに御質疑のある人はありませんか。

○**堀川委員長**　大体御質疑も尽されたと思いますので、ただちに討論を行いたいと思います。御異議ありませんか。

〔「異議なし」と呼ぶ者あり〕

○**堀川委員長**　さよう決定いたしまして、討論を行います。笹口委員。

○**笹口委員**　本事業者団体法は非常に影響するところが多大でありますので、本委員会におきましても、熱心に各条項にわたって審議をいたしたのでございまするが、政府原案によりますれば、非常にこの定義にはまる団体の数が多く、いたずらに煩瑣な手続を経るというようなこと、また殊にかような手続に慣れないところの小規模事業者等が、すべて本法によって拘束を受け、あるいは届出等をしなければならぬというようなめんどうがあります。

しかしながら、本法の本来の目的といたしますところは、いわゆるアンチ・トラストでありますので、この精神につきましては、私どもも全然異論はございませんけれども、各条項につきましては、先ほど申し上げた見解によりまして、相当異論があるわけであります。この異論のある点につきまして、今日まで、各党間におきましていろいろ審議いたし、またいろ〳〵の話合いをいたしたのでございまするが、ここに成案を得まして、各党共同によって修正案を提出いたしたいと存じます。

その修正案の内容は、まず本法第四条に、次の一号を加えたいのであります。

十　前各号に掲げるものの外、公正取引委員会の認可した行為。

さらに第四条に次の二項を加えてまいるのであります。

2　公正取引委員会は、前項第十号の規定による認可の申請があった場合において、当該行為が私的独占禁止法の規定及び第五条第一項各号の規定に違反しないと認めるときは、これを認可することができる。

３　公正取引委員会は、前項の規定による認可の申請に関し必要な規則を定めることができる。

次に第五条の禁止行為の点でございますが、この禁止行為の点の第一項第十六号中「第四条第八号」とありまするのを、「第四条第一項第八号」に改めます。

それから第五条の第一項第十九号でありまするが、これは削除をいたします。

次に、第六条にはいりまして、第六条の第一項第三号に次のように加えたいのであります。

二　種畜法（昭和二十三年法律第百五十五号）の規定に基いて設立された家畜登録協会

次に同条第二項を次のように改めたいのであります。

２　この法律の規定は、小規模な事業者である個人が相互扶助を目的として設立した団体であって、構成事業者の数が十九人をこえないものには、これを適用しない。この場合において、小規模な事業者とは、従業員の数が二十人をこえないものをいう。

次に第八条の排除措置にはいりまして、第八条中「第五条の規定に違反する行為」とありますのを、「第四条第一項各号に掲げる許容活動の範囲をこえる行為又は第五条の規定に違反する行為」と改めます。

第九条も同様の趣旨でありまして、第一項中「第五条の規定に違反すると認める場合」を、「第四条第一項各号に掲げる許容活動の範囲をこえると認める場合又は第五条の規定に違反すると認める場合」に改めます。さらに「第五条の規定に違反する疑のある行為」とありまするのを、「第四条第一項各号に掲げる許容活動の範囲をこえる疑のある行為又は第五条の規定に違反する疑のある行為」と改めます。

最後に、罰則でございますが、第十四条第一項第三号中、体刑をもって臨んでおるのでございますが、これはあまりに酷でございまするので、「一年以下の懲役若しくは」とありまするのを削除いたします。及び「その両者」とありまする所も削除いたしたいのであります。

以上、その理由は一々申し述べませんが、大体ただいま申し上げましたことで、その理由も御推察のつくことと存じますので、この場合特に陳述を省略いたしたいと存ずるのであります。何とぞ各委員会におかれましては、御賛成あらんことをお願いいたす次第であります。

○堀川委員長　これによりまして、討論を終結いたしたいと思います。

これより採決をいたします。まず笹口君より提出せられました各派共同修正案につきまして採決いたします。本修正案に御賛成の諸君は御起立を願います。

〔総員起立〕

○**堀川委員長** 起立総員。よって本修正案は可決せられました。次は原案について採決いたします。ただいまの修正案を除いた他の部分を原案通り可決するに御賛成の方は御起立を願います。

〔総員起立〕

○**堀川委員長** 起立総員。よって本案は可決されました。

この際お諮りいたします。衆議院規則第八十六条による委員会報告書の作成については、委員長に御一任願いたいと思いますが、御異議ありませんか。

〔「異議なし」と呼ぶ者あり〕

○**堀川委員長** 御異議なしと認めまして、さよう取計らうことにいたします。

〔参　照〕

事業者団体法案（内閣提出）に関する報告書

一、議案の要旨

この法律案は、戦時統制方式の全面的撤廃に代るべき新統制方式の事業者団体の活動範囲及び方向を明示したものである。

先に公布施行されたいわゆる私的独占禁止法は、今後のわが国の経済体制の基本原則であって、事業者団体がカルテル化し、公正且つ自由競争の拘束性を排除するところにあった。本法律案は、その手段として正当な活動範囲を定め、且つ、届出制を実施しようとしたものである。その主要なる内容を挙げれば次の通りである。

第一に、一切の法的結合体を通じて、事業者としての共通の利益の増進を目途とする限り、本法律案の事業者団体に入ること。（第二条）

第二に、事業者団体の成立、解散並びに定款変更等、すべて公正取引委員会に対する届出義務を規定し、その存立の状況を終始明白にしようとしたこと。（第三条）

第三に、一方においては、事業者団体の正当な活動範囲を許容活動として予定し、他方においては、逆に禁止行為を規定するとともに、許容活動の範囲の逸脱並びに一切の脱法行為に対する法的措置を規定したこと。（第四条、第五条）

第四に、本法律案の適用除外団体を予め明示した。その大部分は、小規模な事業者の相互扶助を目的とする協同組合的性格を有する団体であって、外に臨時物資需給調整法附則、閉鎖機関令に基く指定団体、取引所乃至手形交換所を除外した。（第六条）

第五に、更に適用除外行為を挙げて第五条の違法阻却行為を

明示した。（第七条）

第六に、第四条第一項各号の許容活動の範囲をこえる行為及び第五条の違反行為の排除措置について、その内容並びに手続を規定した。（第八条乃至第十一条）

第七に、罰則について規定し、本法律案の罪は公正取引委員会の告発を訴追条件とした。

二、議案の目的

戦時統制経済の清算に伴い、閉鎖機関令又はいわゆる独占禁止法による各種統制団体の組織変更によっていわゆる産業団体はその進路を遮断せられたので、経済活動の不安乃至空間を早急に除去せねばならぬ。いわゆる独占禁止法は商行為一般における自由公正競争の保全擁護を目的としたものであるが、これだけでは事業者団体として結合した場合の事業活動の範囲等について法的根拠なく、確固たる方針の下に自由なる経済活動ができなかった。これは我国の経済運営に及ぼす影響は大きく、来るべく外資導入、貿易再開に処するための国内態勢の再整備の進行中における措置として、事業者団体の正当なる活動範囲を定め、且つ、取引の公正を期するためにすべて届出制にした。

三、議案の修正議決理由

大企業整備後においてわが国産業が幾多の悪条件の下に生成発展しつつあるとき、本法律案の企図する事業者団体の活動範囲が現在のわが国の特異なる企業型態に適合しなければ到底将来の発達を期待することができないので、可及的活動範囲を広め、且つ、違反行為に対する罰則も幾分緩和する必要があるというので、第一に、公正取引委員会の認可行為を拡張し、許容活動の範囲を広くし、第二に、本法の適用除外者として、小規模なる構成事業者の人員の十四名を十九名に広げ、第三に、公正取引委員会の「排除措置」としてその対象を禁止行為の違反だけでなく、許容活動の逸脱も追加して、その代り第五条第一項中第十九号の禁止行為を削除することにし、第四に、届出義務に関する罰則を緩和し「懲役」を削除したい。右の理由により本法律案はこれを別紙の通り修正すべきものと議決した次第である。

右報告する。

昭和二十三年七月四日

商業委員長　堀川　恭平

衆議院議長松岡駒吉殿

（小字及び――は修正）

事業者団体法案の一部を次のように修正する。

（許容活動）

第四条　事業者団体は、左に掲げる活動に限り、これを行うことができる。
一　統計資料の自由意思による提供を受けること及び特定の事業者の事業に関する情報又は状態を明示することなくその資料を総括して公刊すること。
二　構成事業者の事業の経営に役立ち、且つ、その属する事業分野における技能及び能率を向上させるような技術、科学又は将来の市場に関する情報を公刊すること。
三　構成事業者の間に、公開的且つ無差別的に、研究又は技術若しくは科学に関する情報の自発的交換を促進すること。（第五条第三項の規定により、自然科学の研究を実施するための施設を所有し、又は経営することの認可を受けた場合において、当該施設の所有又は経営から生ずる諸利益を構成事業者に対し、公開的且つ無差別的な条件で利用させることを含む。）
四　商品の品質の改善、規格の改良又は生産若しくは配分の能率の向上に対する寄与を、適当な政府機関、工業標準調査会その他一般に認められた有力な商品標準化の機関又は研究機関に自由意思により協力することのみによつて、行うこと。
五　啓発若しくは宣伝をし、又は構成事業者の属する事業分野の利害に関係のある事項について、当該団体の立場を明かにする決議を行うこと。
六　構成事業者の全部又は一部から委任を受けた場合に、委任された権限の範囲内において、労働組合と団体交渉を行うこと。
七　外国における通関のため必要がある場合において、社団法人である商工会議所が、輸出品の原産地証明をすること。
八　構成事業者その他の者と外国の事業者との間の事業に関する紛争を仲裁し、又は解決すること。
九　私的独占の禁止及び公正取引の確保に関する法律（昭和二十二年法律第五十四号、以下私的独占禁止法という。）第七十一条その他の規定による公正取引委員会の職務の遂行に協力すること。
十　前各号に掲げるものの外、公正取引委員会の認可した行為。
2　公正取引委員会は、前項第十号の規定による認可の申請があつた場合において、当該行為が私的独占禁止法の規定及び第五条第一項各号の規定に違反しないと認めるときは、これを認可することができる。
3　公正取引委員会は、前項の規定による認可の申請に関し必要な規則を定めることができる。
（禁止行為）
第五条　事業者団体は、左の各号の一に該当する行為をしてはならない。
一　原材料若しくは注文の割当その他の方法による生産若しく

は配分の統制をし、又はその統制に着手すること及び原材料、商品若しくは施設の割当に関する原案若しくは計画を政府のために作成し、又はこれを政府に提出すること。

二　私的独占禁止法第四条第一項各号の一に該当する事項を内容とする協定若しくは契約又は同法第六条第一項各号の一に該当する事項を内容とする国際的協定若しくは国際的契約をし、又はこれに参加すること。

三　構成事業者と他の構成事業者、構成事業者に物資、資金その他の経済上の利益を供給する者、構成事業者の顧客若しくは構成事業者の競争者との間の取引を不当に拘束し、若しくは拘束する虞があり、若しくはこれらの者の間の対価を統制し、若しくは統制する虞がある契約その他の合意をし、又はこれに参加すること。

四　将来の対価、将来の販売条件若しくは顧客の分類に関する情報の流布その他いかなる方法をもつてするかを問わず、対価を統制し、又は決定し、その他対価に影響を与えるための行為をすること。

五　一定の事業分野における現在若しくは将来の事業者の数を制限し、又はその制限に着手すること。

六　特定の事業者を公認し若しくは推薦する表若しくは特定の事業者を排斥するための表の配布、特定の事業者の事業内容、経理若しくは信用の状態を誤り伝える情報の流布その他の方法により、特定の事業者に利益又は不利益を与えること。

七　構成事業者に対し、その販売、価格、取引条件、注文、在庫、生産、工場設備能力、経理、事業活動若しくは事業上の便益に関する報告の提出を強要し、又は構成事業者の承諾なくその事業内容について助言し、監査し、若しくは調査すること。

八　構成事業者の機能若しくは活動を制限し、又はその制限に着手すること。

九　営業用の施設を所有し、若しくは経営し、又は株式（社員の持分を含む。以下同じ。）若しくは社債を所有すること。

十　自然科学に関する研究を実施するための施設を所有し、又は経営すること。但し、公正取引委員会の認可を受けてこれを所有し、又は経営する場合は、この限りではない。

十一　特許権を所有し、若しくは支配し、又は特許発明の実施の許諾若しくは共同利用のために斡旋その他の便宜を供すること。

十二　構成事業者その他の者のために融資すること。

十三　購買、販売、生産、製造、加工、包装、荷扱、保管、輸送、配分その他の営業に従事すること。

十四　構成事業者その他の者のために、取引の代理人となり、又は取引上の契約をすること。
十五　構成事業者その他の者のために集金を行うこと。
十六　構成事業者その他の者の間の紛争を仲裁し、若しくは解決し、又はその仲裁若しくは解決に着手すること。但し、第四条第一項第八号第四条第八号に掲げる場合を除く。
十七　不当に立法又は政府の政策に影響を与えること。
十八　注文者その他の者の依頼を受けることその他の方法により、公私の注文の入札に参加し、これを規制し、又はこれに影響を与えること。
十九　前各号に掲げるものの外、前条各号に掲げる許容活動の範囲を超える行為

2　事業者団体はいかなる名義をもつてするかを問わず、前項の禁止又は制限を免れる行為をしてはならない。

3　公正取引委員会は、第一項第十号但書の規定による認可の申請があつた場合において、当該団体が左の各号に掲げる要件を備えているときには、これを認可しなければならない。
一　構成事業者の属する事業分野における総ての事業者の当該団体への加入が、不当な条件により制限されず、且つ、その資力に応じて可能であるような公正無差別な条件で開放されていること。
二　当該団体の構成事業者が比較的少数の有力な事業者に限られていることがなく、又は議決権の行使、事業活動、当該施設の所有若しくは経営から生ずる諸利益が比較的少数の有力な事業者により支配されていないこと。
三　当該団体の構成事業者が当該施設の所有又は経営から生ずる諸利益を当該団体に対する出資又は寄附金の多寡、事業規模の大小等にかかわらず利用することができること。

4　第一項第十号に規定する事項（但書を除く。）に関し持株会社整理委員会は、相当の理由があると認めるときは、過度経済力集中排除法（昭和二十二年法律第二百七号）の規定に基く決定指令又はその変更をもつて、期間を限り、前項各号に規定する条件についてその例外の定をなすことができる。第一項第十号に規定する事項をその内容に含む過度経済力集中排除法の規定に基く決定指令又はその変更は同号但書に規定する認可となるものとする。

5　公正取引委員会は、第一項第十号但書の規定による認可の申請に関し必要な規則を定めることができる。

（適用除外団体）
第六条　この法律の規定は、左に掲げる団体に対しては、これを適用しない。但し、第三条の規定は、この限りではない。
一　私的独占禁止法第二十四条各号に掲げる要件を備え、且つ、左に掲げる法律の規定に基いて設立された協同組合その他の

団体
イ　産業組合法（明治三十三年法律第三十四号）
ロ　塩専売法（明治三十八年法律第十一号）
ハ　貸家組合法（昭和十六年法律第四十七号）
ニ　市街地信用組合法（昭和十八年法律第四十五号）
ホ　蚕糸業法（昭和二十年法律第五十七号）
ヘ　林業会法（昭和二十一年法律第三十五号）
ト　商工協同組合法（昭和二十一年法律第五十一号）
二　左に掲げる法律の規定に基いて設立された団体
イ　北海道土功組合法（明治三十五年法律第十二号）
ロ　森林法（明治四十年法律第四十三号）
ハ　水利組合法（明治四十一年法律第五十号）
ニ　耕地整理法（明治四十二年法律第三十号。都市計画法（大正八年法律第三十六号）第十二条第二項において準用する場合を含む。）
ホ　馬匹組合法（大正四年法律第一号）
ヘ　健康保険法（大正十一年法律第七十号）
ト　農林中央金庫法（大正十二年法律第四十二号）
チ　旧蚕糸業組合法（昭和六年法律第二十四号）
リ　牧野法（昭和六年法律第三十七号）
ヌ　農村負債整理組合法（昭和八年法律第二十一号）
ル　商工組合中央金庫法（昭和十一年法律第十四号）
ヲ　漁船保険法（昭和十二年法律第二十三号）
ワ　農業協同組合自治監査法（昭和十三年法律第十五号）
カ　国民健康保険法（昭和十三年法律第六十号）
ヨ　木船保険法（昭和十八年法律第三十九号）
タ　旧農業団体法（昭和十八年法律第四十六号）
レ　水産業団体法（昭和十八年法律第四十七号）
ソ　農業協同組合法（昭和二十二年法律第百三十二号）
ツ　農業災害補償法（昭和二十二年法律第百八十五号）
三　左に掲げる団体
イ　証券取引法（昭和二十三年法律第二十五号）の規定に基いて設立された証券取引所
ロ　商品取引所法（明治二十六年法律第五号）の規定に基いて設立された商品取引所
ニ　種畜法（昭和二十三年法律第百五十五号）の規定に基いて設立された家畜登録協会
四　左に掲げる団体。但し、それぞれの団体に固有な業務を遂行するに必要な範囲に限る。
イ　前号に掲げる証券取引所又は商品取引所に所属する決済機関
ロ　手形法（昭和七年法律第二十号）及び小切手法（昭和八

年法律第五十七号）の規定により指定されている手形交換所

ハ　新聞業又は放送業を営む者に対し、報道材料を供給することを目的とする社団法人

ニ　金融業（証券業を含む。）を営む者の設立した一回の共同融資のため又は有価証券の一回の共同引受のため若しくは共同販売のための団体

五　閉鎖機関令（昭和二十二年勅令第七十四号）第一条の規定に基いて指定された団体

六　臨時物資需給調整法（昭和二十一年法律第三十二号）附則第二項の規定に基いて指定されている団体

七　臨時物資需給調整法に基く命令の規定により指定配給物資の出荷機関、集荷機関、荷受機関又は販売業者として登録された団体。但し、この法律施行後九十日を経たときは、この限りではない。

八　社団法人日本海運集会所。但し、構成事業者その他の者の間のよう船、海上運送、海上保険、船舶の売買、船舶衝突又は海難救助に関する紛争であつて、この法律施行前にその仲裁又は解決の依頼を受けたもの又はこの法律施行後九十日以内にその依頼を受けたものを処理するために必要な範囲に限る。

2　この法律の規定は、小規模な事業者である個人が相互扶助を目的として設立した団体であつて、構成事業者の数が十九人をこえないものには、これを適用しない。この場合において、小規模な事業者とは、従業員の数が二十をこえないものをいう。

この法律の規定は、自ら小規模な農業（耕作、養畜、養蚕若しくは薪炭生産の業務をいう。）若しくは漁業（水産動植物の採捕若しくは養殖の業務をいう。）を営み、又はこれらに従事する個人が相互扶助を目的として設立した団体であつて、構成事業者の数が十四人をこえないものには、これを適用しない。

（排除措置）

第八条　第四条第一項各号に掲げる許容活動の範囲をこえる行為又は第五条の規定に違反する行為

第五条の規定に違反する行為があるときは、公正取引委員会は、第九条に規定する手続に従い、事業者団体に対し、当該行為の差止、資産の処分、当該団体の解散その他当該行為の排除に必要な措置を命ずることができる。

（手続）

第九条　公正取引委員会の権限に関する私的独占禁止法第四十条から第四十四条までの規定並びに違反事実の報告、事件の調査、審判、審決、審決の取消又は変更の訴、検事総長に対する告発その他事件処理の手続及び訴訟に関する同法第四十五条から第六十四条までの規定、第六十六条第二項の規定、第六十七条から第七十条までの規定、第七十三条から第八十三条までの規定、第八十八条の規定及びこれらの規定に基く命令又は規則は、公正取引委員会がこの法律の目的を達成するために必要な職務を行う場合並びにこの法律の規定に違反する事実、事件及びこの法律の規定に違反する犯罪にこれを準用する。この場合におい

て、これらの規定（第四十条及び第四十一条を除く。）中「事業者」とあるのは「事業者団体」と、「私的独占をし、不当な取引制限をし、若しくは不公正な競争方法を用いていると認める場合又は不当な事業能力の較差があると認める場合」とあるのは「第五条の規定に違反すると認める場合《第四条第一項各号に掲げる許容活動の範囲をこえると認める場合又は第五条の規定に違反すると認める場合》」と、「第七条、第八条第一項又は第二十条に規定する措置」とあるのは「第八条に規定する措置」と、「私的独占、不当な取引制限又は不公正な競争方法に該当する疑のある行為」とあるのは「第五条の規定に違反する疑のある行為《第四条第一項各号に掲げる許容活動の範囲をこえる疑のある行為又は第五条の規定に違反する疑のある行為》」とそれぞれ読み替えるものとする。

2　公正取引委員会は、第五条第三項又は第十三条第三項の規定による認可の申請があつた場合において、第五条第三項各号に掲げる要件を備えていないと認めるときは、審決をもつてこれを却下しなければならない。

3　私的独占禁止法第六十五条第二項及び第六十六条第一項の規定は、前項の認可の申請、認可又は審決に、これを準用する。

（罰則）

第十四条　この法律の規定違反があつた場合におけるその違反行為をした者に対する刑は、左の各号に掲げるものとする。

一　第五条の規定に違反した場合には、二年以下の懲役若しくは三万円以下の罰金又はその両者。

二　第九条第一項において準用する私的独占禁止法第四十八条第三項又は第五十四条の審決が確定した後においてこれに従わなかつた場合には、二年以下の懲役若しくは三万円以下の罰金又はその両者。

三　第三条の規定に違反し届出を怠り、又は虚偽の届出をした場合には、一年以下の懲役若しくは二万円以下の罰金又はその両者。

四　第十三条第一項、第二項又は第六項に規定する期間内に営業用の施設、科学に関する研究を実施するための施設、株式、社債若しくは特許権を処分せず、又は同条第七項の規定による報告書を提出せず、若しくは虚偽の報告書を提出した場合には、一年以下の懲役若しくは五千円以下の罰金又はその両者。

五　第十条の規定に違反し報告、情報若しくは資料を提出せず又は虚偽の報告、情報若しくは資料を提出した場合には、五千円以下の罰金。

2　前項の違反があつた場合においては、その違反の計画を知りその防止に必要な措置を講ぜず、又はその違反行為を知りその是正に必要な措置を講じなかつた当該事業者団体の理事その他の役員若しくは管理人又はその構成事業者（構成事業者が他の事業者の利益のためにする行為を行うものである場合には、その事業者を含む。）に対しても、前項各本号の罰金刑を科する。

3　第一項の違反があつた場合においては、法人であるとないとにかかわらず、その事業者団体に対しても第一項各本号の罰金刑を科する。

4　前項の規定により法人でない事業者団体を処罰する場合においては、その代表者又は管理人がその訴訟行為につきその事業者団体を代表する外法人を被告人とする場合の刑事訴訟に関する法律の規定を準用する。

5　第二項の規定は、同項に掲げる事業者団体の理事その他の役員若しくは管理人又はその構成事業者が法人その他の団体である場合においては、当該団体の理事その他の役員又は管理人に、これを適用する。

6　私的独占禁止法第九十四条、第九十七条、第九十八条及び第九十九条の規定は、第九条第一項において同法第四十条、第四十六条、第四十八条第三項、第五十四条、第六十六条第一項及び第六十七条第一項の規定を準用する場合の違反に、これを準用する。

〔資料74〕　衆議院会議録第七八号（昭和二三年七月四日）

昭和二十三年七月四日（日曜日）

午後三時五十八分開議

事業者団体法案（内閣提出）

○笹口晃君　議事日程追加の緊急動議を提出いたします。すなわちこの際、内閣提出、事業者団体法案を議題となし、委員長の報告を求め、その審議を進められんことを望みます。

○議長（松岡駒吉君）　笹口君の動議に御異議ありませんか。

〔「異議なし」と呼ぶ者あり〕

○議長（松岡駒吉君）　御異議なしと認めます。よつて日程は追加せられました。

事業者団体法案を議題といたします。委員長の報告を求めます。

商業委員長堀川恭平君。

事業者団体法案　＊編注：資料57を参照

事業者団体法案（内閣提出）に関する報告書　＊編注：資料

73を参照

〔堀川恭平君登壇〕

○堀川恭平君　ただいま議題と相なりました事業者団体法案につきまして、審議の経過並びに結果を概要御報告申し上げます。

まず、本法案の趣旨を御説明申し上げます。わが国の経済、特に戦時中の統制経済におきましては、いわゆる産業団体、すなわち本法案におきまする事業者団体は、業界組織化の中核的な存在といたしまして、統制の遂行に所要の寄与をなしてまいったのでありますす。しかるに敗戦後は、戦時統制方式の全面的撤廃とともに、臨時物資需給調整法、各種公団法の登場等によりまして、新しい統制方式が樹立せられたのであります。すなわち、統制の責任と機能とを政府または政府機関に一元化いたしまして、民間の事業者団体によります直接または間接の統制業務への参与は、原則としてこれを認めないこととなりました。従いまして、従来の統制的な事業者団体に代るべき新しい事業者団体のあり方というものが明示される必要が当然に起ってまいったのであります。

御承知のごとく、昨年公布施行されました私的独占禁止法の基本原則は、取引一般における自由にして公正なる競争の保全擁護ということにほかなりません。しかるに、事業者団体の大部分は同業者の相結束するところの団体でありまして、本来競争関係にあるものの結合体が主たるものであります。従いまして、私的独占禁止法の根本的趣旨でありますところの競争の自由と公正を保全するためには、事業者団体がカルテル化し、同業者間の競争を減少させる危険性につきまして、あらかじめこれを防止しなければならないことは言うまでもありません。すなわち、その手段といたしましては、一切の事業者団体につきまして届出制を設けまして、その存否を明らかにいたしますとともに、正当な活動の範囲を定めまして、競争を拘束する危険性のある特定の行為を禁圧することがあげられるのであります。以上が本法案を提出するに至った趣旨であり、この趣旨の達成のために正当な活動範囲を定め、かつ届出制を実施しようというのが本案の目的であります。

次に、この法案の内容のおもなるものにつきまして御説明申し上げます。

まず第四条は、事業者団体の正当な活動範囲を積極的に明らかならしめた規定でありまして、本条の第一号から第九号に掲げました活動に限り、これを遂行することができるのであります。もっとも、この各号に列挙いたしました事項は、解釈において相当の弾力性に富むものといたしたのであります。

第五条におきましては、逆に事業者団体について禁止されるべき行為を、第一項の第一号から第十九号にわたりまして相当具体的に列挙いたし、事業者団体の正当な活動範囲を消極的に明らかならしめるごとく規定いたしたのであります。

次に、この法案の適用を除外さるべきものは第六条に掲げた事業者団体であり、その大部分は協同組合的な性格を有する団体でありまして、本法の適用から除外されております。さらに協同組合以外にも、臨時物資需給調整法附則の規定に基いて指定されている団体、閉鎖機関に指定されている団体、取引所ないし手形交換所等を除外しております。

以上が原案の大要でありますが、本案は、去る六月十一日本委員会に付託せられ、爾来鉱工業委員会との連合審査を六月三十日、七月一日の両日にわたり開催、さらに本委員会単独審査を六月十九日、二十五日、二十八日、七月二日、三日及び四日と、連日にわたり開催いたしました。その間、六月二十二日公聴会を開き、利害関係人帆足計君以下十二名の意見を聴取し、さらに引続き関係筋より担当官の来訪を求めること再三に及び、数次にわたり折衝の結果、左のごとき修正案を決定した次第であります。詳細は会議録を御参照願うこととし、要点のみを申し上げます。

第四条に次の一号を加える。

「十、前各号に掲げるものの外、公正取引委員会の認可した行為」

第四条に次の二項を加える。

「2 公正取引委員会は前項第十号の規定による認可の申請があった場合において、当該行為が私的独占禁止法の規定及び第五条第一項各号の規定に違反しないと認めるときは、これを認可することができる。」

「3 公正取引委員会は、前項の規定による認可の申請に関し必要な規則を定めることができる。」

次に、第五条第一項第十九号を削除し、第六条第一項第三号に次のように加える。

「二、種畜法の規定に基いて設立された家畜登録協会。」

最後に、各党を代表して多田勇君、林大作君等より熱烈なる修正要求が出まして、ようやく昨三日深更に至り、遂に第六条第二項を次のように改めた次第であります。すなわち、「この法律の規定は小規模な事業者である個人が相互扶助を目的として設立した団体であって、構成事業者の数が十九人を超えないものにはこれを適用しない。この場合において小規模な事業者とは、従業員の数が二十人を超えないものをいう。」という大幅の修正をいたすことに決定いたしました。

以上をもちまして質疑を終了し、七月四日討論を終局し、全員一致をもって、笹口晃君説明による各派共同の修正案及び修正案を除く原案を可決した次第であります。

右、報告申し上げます。（拍手）

○**議長（松岡駒吉君）** 採決いたします。本案の委員長報告は修正であります。本案は委員長報告の通り決するに御異議ありませんか。

〔「異議なし」と呼ぶ者あり〕

○**議長（松岡駒吉君）**　御異議なしと認めます。よって本案は委員長報告の通り決しました。

〔資料75〕　事業者団体法案修正案

事業者団体法案修正案

第四条に次の一号を加える。

十　前各号に掲げるものの外、公正取引委員会の認可した行為。

第四条に次の二項を加える。

2　公正取引委員会は、前項第十号の規定による認可の申請があった場合において、当該行為が私的独占禁止法の規定及び第五条第一項各号の規定に違反しないと認めるときは、これを認可することができる。

3　公正取引委員会は、前項の規定による認可の申請に関し必要な規則を定めることができる。

第五条第一項第十六号中「第四条第八号」を「第四条第一項第八号」に改める。

第五条第一項第十九号を削る。

第六条第一項第三号に次のように加える。

ニ　種畜法（昭和二十三年法律第百五十五号）の規定に基いて設立された家畜登録協会

同条第二項を次のように改める

2　この法律の規定は、小規模な事業者である個人が相互扶助を目的として設立した団体であって、構成事業者の数が十九人をこえないものには、これを適用しない。この場合において、小規模な事業者とは、従業員の数が二十人をこえないものをいう。

第八条中「第五条の規定に違反する行為」を「第四条第一項各号に掲げる許容活動の範囲を超《こ》える行為又は第五条の規定に違反する行為」と改める。

第九条第一項中「第五条の規定に違反すると認める場合」を「第四条第一項各号に掲げる許容活動の範囲を超《こ》えると認める場合又は第五条の規定に違反すると認める場合」に、「第五条の規定に違反する疑のある行為」を「第四条第一項各号に掲げる許容活動の範囲を超《こ》える疑のある行為又は第五条の規定に違反する疑のある行為」に改める。

第十四条第一項第三号中「一年以下の懲役若しくは」及び「又はその両者」を削る。

(3)　参議院審議

〔資料76〕　参議院鉱工業商業連合委員会会議録第一号
（昭和二三年七月二日）

昭和二十三年七月二日（金曜日）午後一時四十二分開会

委員氏名

鉱工業委員

委員長　稲垣平太郎君

理事小林　英三君　理事川上　嘉市君

理事中川　以良君

大畠農夫雄君　田中　利勝君

原　虎一君　村尾　重雄君

荒井　八郎君　大屋　晋三君

寺尾　豊君　平岡　市三君

堀　末治君　池田七郎兵衛君

入交　太蔵君　橋上　保君

林屋亀次郎君　深川栄左ヱ門君

鎌田　逸郎君　楠見　義男君

小宮山常吉君　佐伯卯四郎君

宿谷　栄一君　玉置吉之丞君

田村　文吉君　藤井　丙午君

帆足　計君　細川　嘉六君

佐々木良作君　濱田　寅蔵君

商業委員

委員長　一松　政二君

理事林屋亀次郎君　理事鎌田　逸郎君

椎井　康雄君　中平常太郎君

松下松治郎君　平野　成子君

大野木秀次郎君　黒川　武雄君

中川　幸平君　深川栄左ヱ門君

油井賢太郎君　九鬼紋十郎君

小林米三郎君　佐伯卯四郎君

島津　忠彦君　高瀬荘太郎君

波多野林一君　結城　安次君

広瀬与兵衛君

本日の会議に付した事件

○事業者団体法案（内閣送付）

〔資料76〕　参議院鉱工業商業連合委員会会議録第１号（昭和23年７月２日）
—逐条審議

○委員長（稲垣平太郎君）　それではこれより鉱工業、商業連合委員会を開催いたします。前会に引続き事業者団体法案の逐条審議に移りたいと思います。第一条は一応御審議を終りましたので、第二条に移りたいと存じます。第二条は前回質疑がありましたが、引続いて質疑を願います。

○帆足計君　第二条の解釈につきましては、経済復興会議につきましては、私従来関係もありましたので、お尋ねし、意見を述べさして頂きたいと思います。御承知のように復興会議は、今業種別に十数個ございますが、経営者の他に労働組合の代表並びに復興会議によりまして、一般消費者の代表、それから消費産業代表等が参加いたしております。従いましてこれは事業者としての共通の利益を増進する機関ではありませんので、国民経済の公共的な利益の発展を促進するということが直接の目的であります。万一事業者の共通の利益を増進することを目的とするような組織又は運営の復興会議があるとしましたならば、その復興会議は贋の復興会議でありまして、労働組合側、又は消費者側、又事業者側から参加を当然要求せねばならんような会議であると存ずるのであります。従いまして理論的に申しまするならば、私はこれはトラスト、カルテルそれらの範疇には属しないものであるし、属しないような機関と判定しなければならんというふうに解釈いたしますので、当然これに入らないというふうに考えております。只今取引委員会の方のお考えがありますれば、前回もお話が出来ましたが、御見解を重ねてお伺いいたします。

○政府委員（黄田多喜夫君）　復興会議のことは、実は公正取引委員会におきましても、目下研究中でございますが、只今お話の通り、馴れ合いの形態というふうなものがありとしますならば、一概には言い切れないと思うのでありますが、一応の研究の結果といたしましては、復興会議というものは入らないであろうというふうに考えております。

○帆足計君　従いまして若しも馴れ合いの縦断的な当該業界だけの利益を代表するような復興会議がありますれば、私はもう当然復興会議の看板を外すことを要求しなければならんと思いますから、念のため意見として、この点を附加えて置きます。

○一松政二君　第二条の一に掲げてある例の「二以上の事業者が株主」とあるが、株主である会社が若しこの五条の禁止事項にあるところの「購買、販売、生産、製造、加工、包装、荷扱、保管、輸送、配分その他の営業に従事すること。」を禁ぜられておる場合には、法の目的は、私は大きなものが統制に反することをやったり、或いはどこかに中心勢力ができてそれが社会の公共性を害するというようなところに狙いがあるのであろうと想像はいたしておったのでありますが、昨日衆議院における当局の説明を問接に承りましたところが、如何なる零細なる事業者であっても、それが二つ以上寄って会社を拵えた場合に、その会社は全然結局営業ができないということは、そういう会社を設立することを認めないのだという、結局結果になると思うのであります。そうしまするとたとえ同種のものでありましても、例えば小さな鋳物工場を持っている者が銘々にやっておるよりも、四、五の業者が寄合って一つの鋳物工場を、或いはそれを会社にして経営して行くということが全然不可能になるのであります。ひとり鋳物のみならず農業においても、水産業においても、すべてそういう結果になると思うのであります。ところがそういうことは禁ぜられるのだという当局の答弁が昨日あったということを聞いて、私は非常に驚いたのであります。でありまするとと、却って法の目的に副わずして小さな者をいぢめようとすることになる。而も大きな者が二以上仮に寄集まって、多少世間の非難を買うようなことがありますれば、これは独占禁止法によって如何ようにでも公正取引委員会において問題にし得るものであると思うのであります。何を苦しんでそんな小さな者が寄集まってやる会社を禁じなければならんか。而もそういうものは協同組合によってやったらいいじゃないか。こういう御答弁があるかも知れませんけれども、一々それを何かの寄るべき法令によってやらなければできないということは、亦必ずしも業者を奨励する意味にならんのでありまます。ただそういうものは手続も要るし、或る程度の煩わしさがある。簡単に寄合って何かやれることがあればそれをやって、一つの私は私的独占禁止法から来るような恐るべき影響が何もなくて、むしろ中小企業を育成するためにはそういう結合こそ私は奨励すべきものであると、かように考えるのである。でありまするが、その点に対してはやはり私が伝え聞いたところに間違いがあるのかないのか、これはこの法律案を審議する上において非常に重大なるキイ・ポイントであると思うが故に、改めてお伺いする次第であります。

○政府委員（蘆野弘君）　この法律は、二つ以上の事業体と書きましたわけは、どうもいろ〳〵な関係で或いは十なら十で抑えていいか、五つで抑えていいか、併し稀な場合を考えると、三つくらいでも業者が結合すれば、その業界全体を支配することができるというふうな場合も考えられないではないのであります。そう考えて見ますと、結局二つと、一番下のところまで来る外ないので、こういう形になったのでありますが、その規定の狙いますところは、やはり相当大きな……大きなと申しましても相対的なことでありまして、日本全国としては左程でもなくても、或る業界においては相当の勢力を占めておるものが、たとえ二つでも、結合すれば、それでその産業だけは独占してしまえるということも考え得るので、そういう場合、つまりいわゆる大きいものも、小さいものも、とにかく或る産業は……法律の使っておる言葉を使いますれば、一定の事業分野における競争をなくすというような虞れがあるので、こういうふうに規定したのでありますが、併しながら只今御説明のような極く小さな業者が何か共同してやる、協同組合にもするだけの手数も掛ける値打がないというようなものが仮にありましても、或いは厳密な文字通りの解釈としては入ることになるかも知れませんが、実際そういうことを狙っておるのではございませんで、そういうものを一々、この法律によって取締るというつもりは毛頭ないのであります。

○**一松政二君**　それでありまするならば、むしろそういう心配の方は、独占禁止法という根本の法規によってはっきり線が引かれておって、苟くも独占に亙りそうな形勢があり、或いは社会公共の福祉のために弊害がありそうだというものは、いつでもあの根本の法規によって発動し得る建前だと思います。若し弊害を恐れる余りに、今政府委員のお述べになったように、どこかで線を引けばその法を潜る。それが故にすべてのものを一応網の中に入れて、それから出さないようにするのだということでありまするならば、それは結局角を矯めんとして牛を殺すの愚に堕すると私は思うのであります。もともと独占禁止法の精神は、一つの枠を作っておいて、そうして若しそれを鏡に例えますと、その鏡に映ったものだけを取締って、映らないように持って行くという精神であろうと思うのでありますが、映るかも知れないことを予想して、小さなところまでもやってしまうということは、業者を萎靡沈滞せしめて、そうしてすべてを公正取引委員会の認可事項にするか何かにすることになって、その煩に堪えないと思うのであります。従って非常に私は業者を萎縮せしめることになると思うのでありまするから、若しそういう意味においてこの「二以上」というところまで書いたということであれば、私はこの点に対しては、飽くまでこの原案のままでは甚だ困る、結局仕事を盛んにすることはできずして、却って害になるというような見解を持つ者でありまして、これが若し意見になって、意見が対立するというのであれば、私は意見は意見として申上げて置きたいと思うのであります。

○**中平常太郎君**　私も一松君と同じ意見でありますが、これだけのことをやらせようと書いてありますが、これは質問をいたすのでありますが、一つの事業体がしてはならないということだけは法において定めることは無論当然でありますが、これだけのことをしてよろしいと書かれたら、これはしてはならないものがどれだけあるか判らなくなってしまう。してよろしいということを書く必要はない。してよろしいという側に広汎な意味が含まれておれば一項目でもよろしいが、してよろしいという側に広汎な弾力のある項目は一つもない。これは業者をどうしても萎靡沈衰せしめることになってしまうのであります。恐らく政府としては、これをお出しになることは嫌であったに違いない。どこから出させようとしたか私は申しませんが、嫌で嫌で堪らなかったと思いますが、とにかく国会としては、これは嫌なら嫌といって構わない。それは戦争に負けたのだから嫌と言えないのだろうと思いますが、政府が嫌と言えないならば国会が言ったらよろしい。とにかくやっていけないことだけを置いて、その中で又改正することもありますが、やってよろしいということは書いて貰う必要はない。これは一つの事業体が発達するについては千態万様のものがあるのであります。とにかく一つの仕事だけで生きておる会社は一つもない。生活はこれ以外でできておる。例えば現在の我々の生活から見ましても、マル公で売っておるというけれども、マル公で生きておるという人は一人もない。会社はそれならマル公以外の、規定以外の悪いことをして生きているかといえば、そうでもないが、人間自体の生活でさえも今日マル公だけでは生きて行けないような状態でありますので、会社が一つの運営を円滑ならしめ、発展せしめるためには、あらゆる手段方法を講じなければならん。だから業者が五人・十人寄って一つの事業体を発展せしめようとする場合には、業者が五人十人寄って相談することは差支えない筈なんであります。それを止めておいて、政府に協力することによってのみ生きておるようなことになっておりますが、政府に協力するだけなら……政府が協力しなければならん。とにかくこれは私はこういうような極めて両方をとっちめてあるということはいかんと思っておりますが、これは意見でありますから、質問するにつきましては、今の通り五人、七人の同業者が寄って協議して事業の発展を図るという協議、並びにそれから生ずるところの方法、行動、それは絶対にいけないのでありますか。伺いたいと思います。

○**政府委員（中山喜久松君）**　只今中平さんの質問でございますが、先般来たびたび申上げておりまするように、この法律は、各種の事業者がおられまして、その方々が事業の発展のために相集まって団結の力を以て向上発展をやられるということは、それは自然の現象でございまして、この法律はそれを敢て抑圧しようという考えから出発しておるのでは決してございませんし、といって又今まで或る種の団体法にあったように、これを強力に推進して育成するというような精神でもない。ただ、あるものをあるがままに摑まえておるというだけでございます。ただ御承知の通りこういう事業者の方々の従来の集まりというものが、いわゆる閉鎖機関指定ということで段々閉鎖をされまして、一体今後どういうふうに団体を持って行けばよいかということが非常な問題でありましたので、これに対して基準を与えなければならんということで、いろ〳〵折衝いたされておった結果、こういう法律になった次第であります。故に第四条におきまして、事業者の団体なるものは如何なる活動をなし得るかということを明らかにすることが、この法律の大眼目であります。そうしてそれは只今御質問のありましたように、五人でも十人でも同業者の方なり事業者の方が集まって協力して、発展の途を講ぜられるということを抑圧するわけじゃ決してございません。但し第四条のような活動の範囲に限られて頂きたいというのであります。尚集まるといいましても第二条にありますように、事業者としての共通の利益ということを増進することを目的としないで、単に投資株主として仮に会社を作って一つの事業を行われるというようなことは、成る程事業者のお集まりであるかも知れませんけれども、事業者としての共通の利益とは解釈できないのでありますから、この法律の事業者団体とは認められないということになっておるのでありまして、まあ手っ取り早く言えば従来の同業組合とか産業団体というものの行動について、一つの基準を与えて行くというのであります。

ところが一面におきまして団体の行動というものは、各業者の自由なる活動を拘束するような結果になり勝ちな点もあるのでございます。又今後そういう虞れがあるということを予想した法律でございまして、各事業者の個々の公正にして自由なる活動を、飽くまでも伸ばすために、仮に事業者団体ができましても、事業者団体の行動というものは、この範囲でなければならん、事業者団体はこういう行動をなさらないようにして頂きたいという趣意なんでございます。

○**中平常太郎君**　それに引続いてお尋ね申上げます。今度は具体的のことで御答弁願いたい。只今中山委員長のお話で五人、十人が寄って互いに業態の研究をし、又そういうことをするのは差支ないようなお話でありますけれども、協議の結果から生ずることについて抑制があるわけですね。例えて言えば僕は醤油屋ですが、醤油醸造家が十人寄りましてそれ〴〵醤油の製造をやって市場へ出す。滓は肥料にするとかいろ〳〵になっておりますが、我々が例えて言えば滓を一ヶ所に集めて圧搾して油を取る。或いは合成肥料にするということを、一つの工場で煙突を立てて、各所の醤油屋から集まった滓を一つの工場で拵えてやろうじゃないかという相談をした。そうして肥料工場ができます。十軒の醤油屋の原料を以てやるのですが、それがどん〳〵独立して仕事をして行くのであります。そういうことは業者みずからの便法上そうやっておるので有利に仕事をして、生産増加をやろうという意味で行われておるところのものであって、何ら独占禁止法にも触れていないし、更に極めて善意のものでありますがそれが法に掛かるかどうかお教え願います。

○**政府委員（蘆野弘君）**　只今醤油屋の例をお出しでありますが、これが事業者団体法に規律されるかどうかというお話がありましたが、実は具体的な例になりますと、法律上の形式まで詳しく伺わないと、右とも左とも断定いたしかねますが、只今お話の通り醤油業者なら醤油業者が一種の結合を作って、その間に協定を作って、そのお互いの間の競争をなくすということが、独占禁止法の最も嫌うところでありまして、そういうふうな結果にならない性質のものならば、この法律が敢て問うところではないという原則の下に、実地判断に当て嵌める外はないと思います。

○**中平常太郎君**　大分分りました。十軒の醤油屋が廃棄された醤油滓を個々に処分すると、実際どういうふうに処分されるかといいますと、いろ〳〵な手段があるに相違ない。併しながら今日肥料が少いから、お互いに皆で寄って肥料工場を建てよう、原料をお互いに提携して持って来て一個の肥料工場を建てようという場合に、独占に掛かることは一つも関係がない。何人もそれがために害を受けるものがないのでありますから、私はよろしいと思うておるのでありますが、十軒の醤油屋が協議の結果一つの行動として現われて、一個の結果となって会社ができ、会社の株は十軒の醤油屋が持つというときにはどうかというのです。今のお話のように別に拘束をする意味は一つもない、拘束してはいないからよろしいという御解釈ならば、私はその点はそういう手段は世の中に沢山ありますから、いろ〳〵な業態から吐き出される残滓を以て、一つの工業体を作ることは沢山ありますから、その点を伺いますが、只今の御説明であらまし差支ないようになっておりますが、差支ないとそう見てよろしいのですか、醤油屋が株を分けて持つということですが……。

○**政府委員（蘆野弘君）**　醤油屋が十人なら十人株を持って、その事業に関連ある会社を作るということは法律の文字から申しますと、どうもむずかしいのではないかと思うのでございます。併しこれが又非常な小さいものであるということならば、先程申上げたように実際問題として入りませんでしょうし、相当なものならば協同組合というふうにする形のものになることも可能でありましょうし、一番さっぱりしているのは、醤油業者と離れて単独の事業として存在し得るじゃないかと思います。

○**中平常太郎君**　資金の出資は……。

○**政府委員（蘆野弘君）**　多少、法律があるために従来より御不自由の点ができるかも知れませんが、その仕事が意義があるならば単独の仕事でもできるのではないかと、何か途があるのに相違ないので、たとい只今の御説明のような場合が法律に触れることになりましても、実際上そう支障を生ずることにはなるまいと考えております。

○**中平常太郎君**　そういう場合におきまして単独の会社を作ることは勝手でありますが、その資金の出所は十軒の醤油屋が出すので出資金をお互いに持たなければなりません。大きな醤油屋は大きい出資をし、小さい醤油屋は小さい出資をし、皆出してできるので、この持株会社ということになると、一つの会社が他の会社の株を持つことができない、それが独禁法によって他の会社の株を持つことができないというのは、連鎖の仕事ならば差支ないということになりますか。出資金を持って別の会社を作ってよろしいのでありますか。株主として早くお伺いしたらいいのですが、なか〳〵委員会が忙しくて再々来られないのですから、幼稚な質問かも知れませんが教えて下さい。

○**政府委員（蘆野弘君）** 只今の御説明の事業者というのは、実は個人業者と拝聴してお答え申上げておったのでありますが、これがおの〳〵会社ということになりますと、その仕事が何であるに拘わらず、会社は他の会社の株は独占禁止法で持てないのであります。

○**一松政二君** 今中平委員の例にありました醤油の会社のことでありますが、これは、仮に事業者である単独のいわゆる株式会社ならば、独禁法によって根本的に他の会社の株を持つことができないという、これは独禁法の最も今実情に副わない、修正して貰わなければならんという意見を多分に持っておる一人であります。それは現在できないといたしましても、個人ならばいいのか悪いのか、運用で以てそれはやらないのだ。或いは法ではこれは厳禁されているという、この点をはっきりして置いて頂かないと、この法案自体がいいか、悪いかという審議をする際に重大な問題になります。私は先程申上げましたけれども、これは後は意見として、御問答を求めていなかったのでありますけれども、今中平委員が再びそれに触れられまして、その御回答を聞いておりますとその辺が非常に曖昧模糊としております。でありますからこれを明白にこれ〳〵のものはいい、これ〳〵のものはいかんと。それから先程も御答弁になりました通りに単なる投資ならばよろしい、共通の利益を目的とせず単なる投資ならばよろしい。この投資、共通の利益ということは、これは非常にデリケートな関係があると私は思うのであります。表面は単なる投資の意味においても後ろから引っくり返して見れば共同の利益を得るためにそういうことはやった方がいいことが世の中には沢山ある。今中平さんの例示されたことも一応御尤もであります。そういうものを一応網に引っ掛けて、いかんというものでありますから、私は委員の諸君の多数がやはりこれに引っ掛かって割切れない気分をお持ちになっているだろうと想像するのであります。でありますからこの点をはっきりさせることによって、この法案の形が決まると思いますから、この点は速記録がありますから後日のために明白なる答弁を願って置きたいと思うのでございます。

○**政府委員（蘆野弘君）** 先程のお答え申上げたことに対して大事なことを落しましたから、ちょっと附加えさして頂きたいのでございます。会社が他の会社の株を持つことが、できないと申上げましたが、それは原則でございまして、独占禁止の第十条の第二項、第三項に特別な規定がございまして、今お説例のような製造業者の廃物を利用するというような関係上、或る会社の株は公正取引委員会の認可を経て持つことができるということになっておりますから、只今お話のような場合は丁度それに当るのでありまして、認可を得て株式を取得することを認めれば認可いたすことになっておりますから実際上何らの支障もないと存じます。

それから一松委員の御質問に対しましては重要なことでありますから、或いは委員長からもお答え申上げるだろうと思いますが、私の感ずることを申上げて置きたいのでございます。余り小さなものは運用で以て見逃すのだというふうなことを申上げたがさようか、それでは不安ではないかというところが、御趣旨のようでございますが、どうも法律といたしましては、こういうふうに規定する外、致し方がないのではなかろうかと思うのでございます。二人ならばいいが、三人ならいかん、或いは五人とか十人とか、或いは金額で何万円と限るというわけに行きませんので、それは法律論としてはどんな小さいものが、こういうことをしても法律に触れるのであるかとおっしゃいますと、法律論としてはその通りでございますとお答え申上げるより外は致し方ありません。一円取っても泥棒かとおっしゃれば、一円取っても泥棒になるようなことは、法律ではそれは無理ではないかと、こうおっしゃるのと同じことではないかと思います。一円取っても泥棒かといわれると、法律としてはさようでございますと、こう申上げるより仕方がないのでございまして、法律の規定の致し方としてはそういうことでございますが、決して運用の上において無理のようなことはしないつもりでございます。さようにできておるものと存じます。

○**一松政二君**　今蘆野政府委員の御答弁の中で、極めて明白に泥棒という例示を以てお答えになりましたけれども、泥棒であるかないかということは殆んど世の中の何人も常識で以てこれは分ると思います。この事業者団体法の根本には独占禁止法という一つの掲げがあるのであります。それを泥棒であるかないかということは各個人なり社会が見れば分りますけれども、独占禁止法という根本法があって、これに触れるか触れないかということは、こういう法律がなくてもちゃんと分るのであります。それ故に私はいうのであります。何故こういう小さい細かい、独禁法というものを立派に掲げて置きながら、何故こういう小さい細かい、誰かこれを施行細則みたような法律だともいった人があるように記憶しておりますが、何故そういうような小さいところまで網を曳かなければならんのかということが根本問題になる。今いう通り例えば、今日ではありませんけれども、三井、三菱の二社が寄ってそうして秘密協定とか或いは表向きの協定を結んでやればこれは独占になる、なるけれども、これは独占禁止法ではっきり問題にして、それを解体せしめ処理することができる建前になっております。でありますから何を苦しんでそういう小さいところまで網の目を細かくしなければならんかということが皆さんも腑に落ちないのであります。でありますから今言ったようにちゃんと決めて置かなければならん、そこに線を引かなければならんというが、だから最低の線を引くには独占禁止法という立派な法律があると思います。独占禁止法によりましてきっちりした網が曳いてあって、この線以上は独占になる、これから先は公共の福祉を害するというあなた方の判定が下されると思います。誰が見てもそれに触れることのありそうのないものまでも入れなければならん理由が分らない。その点に対してももう一度甚だ相済みませんが、何故そこまで決めなければ、独占禁止法では何故それがやれないかという点をお伺いしたい。

○政府委員（黄田多喜夫君）　独占禁止法の話をよく御引用になるのでありますが、独占禁止法には実は事業者団体というものに関しては規定してございませんので、個々の事業者はこういうことをしてはいかんとか、対象が事業者になっておりまして、事業者団体というものを対象としていないのであります。これは小さい問題でございます。

もう一つ大きい問題といたしましては先程もお話が出ましたように戦時中のいわゆる産業団体事業者団体というものが、続々と閉鎖機関に指定されるということが大きな導因になっておるのであります。一体事業者団体というものは何ができるものか、何ができないのかということに関して事業者団体が非常に迷っておるということがこの法律を提案いたしました大きな理由なのでございます。尚事業者団体法において非常に小さい点までも手足を縛るというふうな御議論でございますけれども、第四条に相当幅のある書き方をいたしておるのであります。先程中平委員からも御質問があったようでございますけれども、第四条の許容活動というものは相当幅のある書き方になっておりまして、殊に啓発し若しくは宣伝をするというようなことは、これはむしろ広い言葉でございまして、これを一々小さく書きますと却って運用の妙を得ないというために、啓発をし若しくは宣伝をすることというふうな曖昧模糊たる言葉が使ってあるのでございまして、この点は非常に大きな幅のある規定となってあるのでございます。尚この事業者団体法と申しますものは、独占禁止法の姉妹法と申しますか、補助法でございまして、結局大きなものを狙いとしておるということは、これは当然なことなのでございます。第六条の第二項に農業若しくは漁業を営む者で十四人以下の事業者を構成員とするものにはこの法律を適用しないということを規定しているのでございますが、これはそういう精神の現われをここに現わしておるというふうに御了解願いたいと思います。

○一松政二君　今の独占禁止法第一条によって、若し結合によって独占に亙るようなものがあれば結合そのものを禁止しておると思う。結合を禁止すれば、従って団体というものは私はできないであろうと思うのであります。でありまするから、独占禁止法があっても団体の或る分野においては差支えない部面があるので、こういう法律ができるのみであろうと思うのでありますが、私ももと〳〵大きなものを大体において規正するのがこの法律の建前であろうと思ったのでありますけれども、どうも小さいものまでもそれが入ってしまって非常に不安を感ずる。で今の四条の許容でありますけれども、この四条の許容活動は、大体において大きな団体のやることばかりを許容活動に見ておる。只今問題になるような二以上の事業者の大きなものが集まっておれば、こうかも知れませんが、特に各委員が心配しておられますような小さなものが寄り集まった場合に、そうしてそれが一つの別な会社、組合を拵えて一つの活動をするという場合に、この五条の十三の購買、販売、生産、製造、これらが全部、つまり全然事業ができないことになる。なぜこういう小さなものまで進出できないような、小さなものが会社を拵えて活動することができない、五条の十三号によって全面的に営業というものの如何なる部面にも進出することができないというような禁止規定を設けてあるのか、これが問題になると思う。大きなやつの活動を規正をすることは、私は或る意味において妥当であるかとも考える。で関係筋の人も相当幅の広い解釈をとっておられたので、私も可なり最初とは考えが違っておったのであります。ところが昨日私は衆議院で政府委員の説明があったということを聞いて非常に驚いた。従ってこの点を尚ここではっきりと質して置きたいと思うのであります。

つまり二以上の業者が寄って会社を拵えていけないという結局結論なんであります。これはこの規定を置けばどうしても小さなものに対する非常に私は威嚇になると思うのであります。それで許可を一々受ければよいといったって、僻村の者が寄って組合を拵えて何かやろうと思っても、それが一々公正委員会の許可をとりに来ることは、これはなか〳〵煩に堪えるものでない。そういう組織を持っておるものならそういう心配もないのでありましょう。けれどもそういうものまでも何か協同組合とかいうものによらなければ拵えてはいけない。寄り集まって何かやってもそういった法に触れるのだということは、私は産業に従事する者には非常な重圧になる法律だと思いますから、更にこの点伺って置きたい。独占禁止法には事業者団体のことはないという今のお話でありますけれども、この独占禁止法は結合そのものについて殆んど禁止規定みたいなものがあるのでありまするから、独占禁止法の建前からいえば、もう公共の福祉に反する虞れある企業というものの枠はもうこれで決まっておる。でありまするから、そこに

〔資料76〕　参議院鉱工業商業連合委員会会議録第１号（昭和23年７月２日）
―逐条審議

一つの鏡が置いてありますから、それに差支のないものであったらよいと思う。なぜそういう小さなものまで枠に入れなければならんかということを聴いておるのであります。

○政府委員（黄田多喜夫君）　五条の十三号の、購買、販売、生産、製造云々と沢山実例が挙げてありますけれども、結局事業者団体というものはみずから商売をしてはいけないということがその精神なのであります。その根本に流れております思想と申しますものは、飽くまで商売というものは個々の業者の創意工夫によって活発に競争すべきものである、その業者というものが相寄って事業者団体というものを作って、それが購買、販売、生産、製造、加工というふうなことをやるべきものではない。そういうことは徒らにカルテルというふうなものを作り易い。又進歩、発達もないということが、この根本の精神になっておるのでございます。従いましてこれは独占禁止法の精神と全く同じなのでございまして、小さいが故にこれを許すとか、大きいが故にこれを縛るとか、大体ラインを引くべきものではなく、飽くまでも独占禁止法にあります通り、個人の創意工夫を活かして自由競争を根本精神とするということからこの十三号というものが生まれておる次第であります。

○一松政二君　私だけが長くとって甚だ恐縮でありますけれども、独占禁止法としても公正且つ自由な競争をさせることが建前であって、生産や販売やそれから技術等の不当な制限を設けてはいけないということが書いてあるのであって、一切の制限を設けてはいけないということが書いてあるのでない。第一条に「不当な制限」ということが書いてあるのでありますから、このカルテル、トラストが一切いけないということは、私は腑に落ちないのであります。経済の現象としてカルテルとトラストというものが自然発生的に発生して来た。これが産業を擁護し、産業を発展せしめ、いろ〳〵な事業に作用していろ〳〵な現象が起って来た、それがいろ〳〵な弊害を醸す部面まで来たならばこれを矯めるのはよい、それに制限を設けることに異議のある者ではありません。併し自然の経済現象として自家擁護的に、全体擁護的にそういうものが発生して来ても、独占禁止法ではそれは不当なものでなければ禁ずることはできない。その根本に遡ってそうなることがいけないということは、自然現象に反すると思う。これを反しないとお考えになったかどうかということを伺いたい。

○政府委員（黄田多喜夫君）　共同行為ということは独占禁止法の第四条によって禁止しておるのでございますけれども、その場合におきましても、これらの共同行為が一定の取引分野における影響が軽微であるというふうなものには適用しないということになっておる。その精神は事業者団体法案においても同様でございます。

○一松政二君　もう一つ、今の御答弁だと私は分るのでありますが、私もそうも思っておったのであります。ところが如何なる零細なものまでも規定しなければ、規定の網に入れなければいけないから規定を設けるということから問題が起る。それは独占禁止法の根本より更に私は逸脱していると思うのであります。それよりも更に進んでいるそこが、問題なのであって、独占禁止法でも弊害のない、或いは事業分野において大した問題がない、例えば今の中平委員が言われましたように、或る地方の一都市において、醤油屋があって、その滓をお互いの利益のために一ヶ所へ集めて、一つの事業をやらせるということは何が全体のためになるか、一地方のほんの関係者の利益を増進し、延いて社会の利益になる問題である。そういう問題があるのに、何故こんな細かい、つまり独占禁止法を更にその源に遡って、これを殺すという立場を何故お取りになったかということが腑に落ちないのであります。

○政府委員（蘆野弘君）　先程から頻りに第二条の定義が細かいものまでも網羅するようにできておって、或いは恰かもそのためにできておるというふうに御解釈のようでもございます。或いは昨日衆議院でいたしました答弁の中にそのようなふうにもお取りになれるような言葉があったのかも存じませんが、只今も黄田政府委員から申上げました通り、決してそういう趣意ではございませんで、黄田政府委員から申上げた通り、独占禁止法は不当なる取引を制限又は禁ずるのが趣意であり、又一定の共同行為を禁じておりますが、併しその一定の事業分野における競争に及ぼす影響が軽微なものは、これは問題にしないということがはっきり書いてございまして、事業者団体法でもその文句はございませんが、むしろそれは当然なこととして、わざ〱規定しなかったのでございまして、先程から運用と申上げましたが、いわゆる運用でない解釈といたしましても、そういうものはこの法律で取締る趣意ではないのでありまして、ただ二つ以上、二ということを入れましたことが大変お気になっておるようでございますが、これは先程も申上げました通りに、事業の種類によりましては、又場合によりましてはたとえ二つでもそれが相当大きな業界に対する制限になる場合がないともいえないということで、殊に非常に小規模の業者の、而も数の少いものが一緒に何か仕事をするのを、それまで取締ろうというつもりはないのでありまして、先程お引きになりました、非常に田舎の小さな規模でやっている農民や漁民のことについては、特にこの第六条の第二項に規定がございまして、十四人以下の者が共同で、或いは農具を持つとか、或いは何か小さな施設を持ってやるとか、そういうために作る団体は全然この法律の問題にしないということが規定してございます。十四人と決めました趣意は、現在の農業協同組合法におきまして、十五人から寄れば協同組合の組織ができるが、それにも至らないもの、そういうものは協同組合にもできない、そういうものが人と協力すると、直ちに法に触れるということでは困るというので、わざ〳〵この規定を設けたのでございますが、実は農村漁村ばかりでなく、その他の小さな企業者でありましても、これと同一程度のものは実は法律は初めから問題にしておらないのでございます。

○**田村文吉君**　議事進行について……先日の会議の場合には、逐条審議はするけれども、併し関連する場合もあるから、それに対しても質問を許す、こういうふうに承わっておりましたが……。

○**委員長（稲垣平太郎君）**　さようでございます。

○**田村文吉君**　でありますれば、小林委員からの御発言を許してよろしいと思いますが……。

○**委員長（稲垣平太郎君）**　今二条をやっておりますから、後へ返る場合も何でございますが……。

○**田村文吉君**　私はどの条文ということでなしに質問いたします。この法案の狙いは、昨今閉鎖機関になりましたのは、つまり政府の配給等の業務を民間の団体が手伝うというようなことはよろしくないということから皆閉鎖機関になりましたし、今度の法律もそれが第一点でお狙いになっておるものと考えます。第二には独占には独占禁止法から因由した、企業者が団体を作って、独占の形になるようなことの形態を避けよう、こういう二つの御趣旨から大体出ておるものと考えるのであります。それが余りに細かくお決めになり、こういう行為はやってもよい、こういう行為はやってはならんというようなことになりまするというと、先刻、中平委員から御質問になりましたようなことがあり、それに対する御答弁は私は今以て実は腑に落ちないのであります。かような中平委員の言われたような例は、例えば尾張の一ノ宮で毛織物業者が共同の加工場を作り、仕上工場を作り、小さな地方では織物業者が洗工場を作り、染物だけは共通に染めようじゃないかということで一種の組合を作る。かようなことは実に枚挙に暇がない程日本には多いのであります。かような経過を経て日本の工業というもの、中小企業が発達して来ておるのであります。それをすらも止めようとしますれば、日本の中小企業は全く全滅せざるを得ないと考えます。さような重大なことを解釈の上からいって、小さなものは何とか解釈の途があり、運用の点でやるというようなことを仰せになる前に、こういうような逐条的に細かくお決めになるならば、こういうものはよろしい、こういうものはいけないということを工業組織全体について逐一御明示なさるのが当然であります。ただ運用如何にあるということでして、行政機関の運用の範囲だけを拡げて頂くということは業者が不安である、又迷惑する。かようなことでありますから、若し法律をお作りになるならばその点まで細かく御規定なさるべきが正当じゃないか。今日質問を申上げると、まあ大体運用の手加減ができるというようなことでは、業者が安心して仕事ができん。日本の中小企業の発達というものは、全くそういう経路から育って来て今日に至ったのでありまして、若しこれを取除けば日本の中小企業というものは全く壊滅に帰せざるを得ない。

尚もう一つお断りいたして置きたいことは、日本が貧乏な国で資本がない、資本がないから個人でやるべく小さな会社を作って、資本金五万とか三万とかの会社を作って織屋でも何でも経営しておる、こういうのが実情であります。それが皆個人の場合には或る程度の許しがあるといたしましても、法人になると一つの会社が別の会社を作ることができないというような、こういうふうに相成っておるのでありまするから、甚だその点についての不都合が多いのであります。こういう点はもっとはっきりとあれをお作りになることができなかったか、この点について御質問いたします。

○**政府委員**（**蘆野弘君**）　只今の御質問に御答えいたしますが、通常の会社企業はこの法律によっては何も影響を受けませんので、仕事を始めるのに五万、十万の小さな会社を作るということには何も制限はございません。それからして小規模の商工業者が協力するということも特に五条で禁止していないことは何でもできるのでありまして、ただ同じ種類の業者が、たとえ小規模のものでありましても数多く寄りまして、結合を作って或る市場を支配するということは、一般の福祉上差支があるので、そういうことはできないということになっておりますが、それ以外のことで、要するにさっき申上げました通り、不当なる取引制限ということに至らない限りは、各種の商工業者が適当に協力し、力を合せて仕事をするということは、何にも禁ずる趣意ではございませんし、又そういう条文もないのでございます。

○**田村文吉君**　私の質問に対してちょっと的が外れた御解答のように考えます。私の申上げるのは、無論個人の人達が会社を作ることをお止めになっておるとは考えておりません。そんなことは問題ではないのでございますが、殆んど個人と同等にみなすべき法人がお互いに、例えば一ノ宮の仕上工場を作るので、その当時においても仮に八十万円とか百万円かかる、これではやり切れない、お互いが出資し合って仕上工場を共同で作ろうということで、仕上工場ができまして、又地方におきましては、染物の設備をお互いが無駄をして一つ〳〵持っておるより、染物の施設を共同の組織でやろうじゃないか、こういうことが常にある、そういう意味をお尋ねしておる。ところがそれは決して止めないとおっしゃっておいでになりますから、そういう解釈がはっきりしておるのは、よろしいと思うのでございますが、どの条文を見て、それが許されておるかということを考えますが、それが伺いたい。それが第五条による禁止規定に、はっきり触れておる。それが触れていないと仰せになるならば、どういう解釈によって触れていないとおっしゃることができるか、こういうことを伺いたい。
○政府委員（蘆野弘君）　只今の御質問に対しましては、先程は原則的に第五条に規定してあることに触れない限りは、各商工業者が協力することは差支ないということを申上げたのでありまして、只今お示しになりました具体的の例には、或いは当らなかったかと思うのでございますが、これは実は商工協同組合法の立法とも関係いたすことでございまして、その法がどういうことに決まりますかによって分りませんが、如何にも只今のお話のよう、同じ業種の会社が幾つか寄って、そうして共同に団結をして一つの組合を作って共同の施設を持つということはできないことになっておりますが、実際上は或いは多少の不自由は生ずるかも知れませんが、併し一方には協同組合法の制定ということも考えられておりますし、それからして又違った単独の、そういう一つの営業が生れ出るということも考えられるのでありまして、この法律のために、お話のように日本の中小工業界が全く壊滅するような心配はないと思います。
○田村文吉君　私は結論的に申上げるのでありますが、今のようなお話で、協同組合法によって救済する途があるじゃないかというお話でありますが、協同組合法はまだ何もできておらん。殊に在来の政府の解釈は、個人の場合はいいけれども、会社、法人になった場合には協同組合にも入れない、こういうふうな解釈に在来なって来ておりますから、今後できる法律も多分そうじゃないかと私は考えております。その点がはっきりしないのに、この重大な日本の中小企業を護るべき仕事を、この法律で以てぺしゃんこにしてしまっては取返しが附かない、かような考えを持ちますので、若し政府の御趣旨が、今の政府でなすべき仕事を民間で代ってやるような、統制配給のようなことは止めたらいい、もう一つは、社会公益に害があると認めた場合における共同経営、即ちカルテルとかトラストはいけないというような程度に、お決め下さる法律でありますれば、私共満腔の賛意を表したいのであります。なぜこういうふうにこの法案が出て来なかったのか。私は御趣旨がそこにあるならば、もっとはっきりと明瞭に簡単に御指示になって、そうして国会の承認を得られるということが順当ではなかったか、こう考えるのであります。以上申上げます。
○政府委員（蘆野弘君）　商工協同組合法はできておりませんが、併しながら現在の法律の下におきましては、独占禁止法におきましては小規模の業者が、相互扶助の目的のために作るところの協同組合というものは、認めておるのでございまして……、ちょっと只今申上げたのを取消しますが、只今商工協同組合というものは設立することができまして、そうしてそれが独占禁止法の二十四条に一定の条件がございまして、これは一口に申せば極く民主的なものである、而も小規模の企業が相互扶助のために作るものであるという、条件が適えば協同組合を設立することができまして、これは今回の事業者団体法から適用除外になっておりますので、それで一つの途があると思いますし、又それ以上非常な大規模のものが共同に仕事をするという場合には、これは実は何ら無害の場合も実際多いのでございましょうが、併しながら又同時に、これがおのずからその間に協定ができて、不当なる取引制限になるというふうな場合もあり得るのでありまして、その辺のことを考えまして事業者団体法は、こういうふうに結局なったのでございまして、お説明の通りに本当にいけないのはカルテル、トラストだけで、はっきりそれ以外のものはいいというふうに決められれば、大変結構なんでございますが、併しながらこの法律は各種の業界に通ずるところの一般的の法律でございまして、各種の業のことを考えなければならないので、どうもそれを通じてどこからして、どういう形で切っていいか、実はそういうことはいろ〳〵考えましたが、到底不可能なのでございまして、こういうふうに非常に大きなものを取締るために、小さなものにまで苦痛を与えるという結果にはなっておりますが、併しながら狙いは飽くまでも有力者が何人か寄って、不当な取引制限になるようなことを起すのを防ぐ趣意なんでございまして、その後はどうも法律の運用に委して頂くことが止むを得ないのじゃないかと思います。

○田村文吉君　お言葉の中に非常に大きな企業とか、ちょい〳〵と極端な例を仰せになるようでありますが、私の申しますのは中小企業というものは、常識的に全国の機屋とか、紙屋とか、瀬戸物屋とか、いろ〳〵のものがある。そういうものについて一つや二つのものをお縛りになろうために、この全部の人が迷惑する、日本の産業が壊れます。さようなことをよくお考えになって、私は実際問題でいうなら、若しこういうものを閉鎖機関として処理しなければならん、社会公益上よろしくない、或いは政府の代行行為をやるのはよろしくない、こういうものを閉鎖機関になさるのだから、それならば原則的に社会公益に害あるものとか、政府の事業を手伝ってはならんとかいう枠を法律でお決めになって、それ以上はこれが社会公益にいけないところのものは、これを取消させるというようなことは、命令でもできるようにして置いて、若しそれに対して不当なりと考えるならば、訴願の途を考えて置く、こういうことでいいのじゃないか。今これを小さな企業に適用しないと仰せになりますが、法律の文章から行きますと、どこにもそういう逃げは打ってない。だから若しこの通りおやりになったら、全国の企業は皆潰れてしまいます。そういうことを若し細かくお決めになるなら、こういう場合はよいだろうということをはっきりして下さらなければいけないと思うのであります。これ以上は私は議論になりますので、余り申上げませんけれども、お作りになるときになぜそういうふうにお作りできない事情があったのか、これを私は伺いたいというので、先刻来からお話申上げておったのですが、議論では大抵もう御了承を頂いておると思いますから、敢て答弁は要求いたしません。

○委員長（稲垣平太郎君）　他に第二条に関連いたしまして御質疑がございませんければ第三条に移りますが、御異議ございませんか。

○一松政二君　ちょっと済みませんが、二以上の事業者があったという場合に、例えば後の二十や三十のものは全然違った種類の事業者であり、或いは事業に関係のない個人であっても、或いはもう二つの同種の事業が入っていなければよいのかという、そういったものは差支ないものだと思うのですが、その点どうですか。

○政府委員（黄田多喜夫君）　これは共通の利益を増進する云々ということに当て嵌らない場合が多いし、そういう場合に当て嵌りませんでしたら事業者団体とはならない、こういうことになっております。

○委員長（稲垣平太郎君）　それでは第三条に移ります。第三条についての御質疑をお願いいたします。届出の義務の問題ですから、大して問題はないのじゃないかと思いますが、……別に御質疑がなければ第四条の許容活動の問題についての御質疑をお願いいたします。これはさっき小林委員から……。

○小林英三君　四条と五条と関連しておるのですがよろしうございます。

○委員長（稲垣平太郎君）　第四条と五条は関連いたしますから、四条と五条を両方合せて御審議願うことにいたしましょうか。その方がよろしいと思いますから……。

○小林英三君　第四条の第四号、それから第五条の第一号の終りの方ですが、これは私非常にはっきりしない点があるのでありまして、ちょっとこういう点につきましてお伺いして見たいと思います。

第四条の四号の「商品の品質の改善」、それから「規格の改良又は生産若しくは配分の能率の向上」ということに対する寄与、これはこの「規格の改良」も「又は生産若しくは配分の能率の向上」ということに対する「寄与」ということに意味がかかるのですか、「規格の改良」に対する寄与と、生産に対する寄与、配分の能率向上に対する寄与というものを先ずお伺いしたいと思います。

○政府委員（蘆野弘君）　只今の仰せの点、これは皆寄与というところへかかるので、要するに寄与を、政府その他の機関に「自由意思により協力することのみによって、行う」ということになっておるわけであります。

○小林英三君　それから第四条の四号の「適当な政府機関」とい

う意味と、それから第五条の第一号の終りにあります「政府」と、この字句はどう違うのですか、政府機関と政府というのは……。

○政府委員（蘆野弘君）　第四条四号の方の「適当な政府機関」と申しますものは、これは政府の各部局という意味もございましょうし、或いは公団というふうな政府の機関である場合も両方あると思いますが、要するに商品の品質の改善ならば、これを掌っておるところの関係の、従来の言葉で申せば当局というぐらいの意味でございます。五条の方へ出ました「政府」と申しますものもやはりこれを掌る、結局は提出するときは政府に提出するので、或いはそれも「適当な政府機関」とするのが正確であったかも知れませんが、片一方を政府機関とし、片一方を政府としても別に意味はないわけであります。

○小林英三君　「適当な政府機関」というものと、第五条の一号にあります「政府」という意味は大して変った意味じゃない。こういうことですね。

○政府委員（蘆野弘君）　そうです。

○小林英三君　そういたしまするると、第四条の四号の「工業標準調査会」でありますとか、「商品標準化の機関」、商品標準化の「研究機関」、こういうような意味のことを先に又お伺いして置きたいと思います。

○政府委員（蘆野弘君）　「工業標準調査会」というのは、工業の標準を調査し、且つ適当な標準というものを定めるというようなことを目的として、昭和二十一年に官制ができて設立されたところの政府の機関でございます。「その他一般に認められた有力な商品標準化の機関又は研究機関」というようなものは、必ずしも政府のもの、或いは公のものでなくても、たとえ私立のものでありましても、そういう仕事をして相当実力があると、世間一般に認められている機関とこういうことでございまして、こういうものに協力することは差支ない、但し自分で自主的に規格の統一とか、商品の標準の単一化とか、そういうことを行うことはいかんという趣意でございます。

○小林英三君　これもやはり五条の一号と関係がありますので、対照して質問いたすのでありますが、五条の第一号の終いにありまする「原材料、商品若しくは施設の割当に関する原案若しくは計画を政府のために作成し、」の「原案」とはどういう意味でありますか、意見というような意味でございましょうか。それを先に言って貰いたい。

○政府委員（蘆野弘君）　この「原案」と申しますのは、単に意見であるとか、方針であるとかいうことではなくて、極めて具体的に何某には何を幾らというふうに作成する案という意味でございます。

○小林英三君　そうしますと、この原案若しくは計画というものを政府のために作成する、或いは作成しなくても、原案若しくは計画を政府に提出するということは禁止事項になっておるのですが、これと四条の第四号とは非常に私はデリケートな関係にあるんじゃないかと思うのですが、この第四条の第四号におきまする寄与を自由意思によって協力する、これはその結果からいったんでありましょうか、目的からいったんでありましょうか。この寄与を協力するという目的を以てやったんでありましょうか。その結果がこういうことになったということを禁止してしまうのでございましょうか。

○政府委員（蘆野弘君）　目的でも、結果でもどちらでもよろしいので、とにかく政府に協力するということでございます。

○小林英三君　そういたしまするると、第五条の只今伺いました原案だとか、計画であるとか、そういうようなものが実際におきまして、四条の第四号にありまするような「配分の能率の向上に対する寄与」を、非常にデリケートな問題でありますが、自由意思によってやった、こういう場合には触れないと思いますが、第五条一項の一号に触れないことでありましょうか、行為は同じことでありましても……。

○政府委員（蘆野弘君）　如何にも仰せの通りでございまして、五条でしてはならんといっておるところの政府のために割当の原案を作成するということは、「配分の能率の向上」の寄与のために政府に協力する一つの形でございまして、この二つの条文の関係は、四条の方が原則でございまして、原則として事業者団体というものはこういうことをしてもいいということで、殊に配分の能率の向上に寄与するために政府に協力するということは、或いは適当な公定価格について調査をするとか意見を出すとか、或いは適当な配給をするのについて必要な資料を調査し或いは提供するとか、そういうことはやってもよろしい。ただそれが原則でございまして、五条の方で、但しこの通りに直ぐにそれによって配給を実行するという、その案の作成はしてはいかない、これは例外的でありまして、その程度に至ってはいかん、その程度に至る段階として、政府が適当な原案割当計画を立てるための準備の調査を命ずるとか、その命に応じてこの調査をするとか、或いは必要な資料を提供するとかいうことで協力することは四条で差支ない、そういうことを予想しておるのであります。ただすっかりでき上ったところそのまま割当の原案というものを事業者団体が作ることはいけない、この二つの条文はこういう関係になっております。

○小林英三君　只今の御答弁によりまして、これを客観的に考えますと、考え方によっては禁止になる、場合によっては禁止じゃなくなるというように考えますが、どうでしょうか。つまり政府の方で本当にこの配分の能率の向上を図りたいという意味で、現在実際行なっておりますような政府に受入態勢がないために、民間の団体を利用するというような場合が殆んどであります。その際にいわゆる事業者団体なるものが、自分といたしましては配分の能率の向上に寄与するためにこれを出したのだ、或いは政府の方から言えば困るから出して呉れとか、自分の方から自由意思によってやらずして出す、こういういろ〳〵な場合がありますが、客観情勢によって、考え方によって違って来ると思うのでありま す。一方は禁止条項で一方は協力事項である、この点の解釈が非常にむずかしいと思いますが、どうですか。自分の勝手の解釈でよろしいものでしょうか。

○政府委員（蘆野弘君）　実際問題としては、これが原案若しくは計画の作成の程度に至っておるか単なる準備的なる調査若しくは具申であるか、区別が附けにくい場合も或いは起るかも知れないと思うのでございますが、法規の趣意は準備のために必要なる調査は如何ようにもしてもよろしい、但し原案そのものを事業者団体が作ることはいけないという趣意でございまして、一々の事実問題がどっちに当るかは、そのとき〳〵について判断しなければならないことだろうと思います。

○小林英三君　尚この点だけははっきりお伺いして置きたいと思うのですが、やはりこの五条一項第一号の政府のために作成しちゃいかん、それから政府に提出しちゃいかん、こういうのでありますが、只今政府から頼まれたためにやった場合はどうですか。

○政府委員（蘆野弘君）　それもやはりいけない主義でございます。

○小林英三君　そういたしますと、只今この事業者団体法が仮に施行されるといたしますと、いわゆる政府機関と申しまするか、政府と申しまするか、これは全部闇をやることになりますか、この問題はどうでしょうか。実際問題としてそれをお考えになって……

○政府委員（蘆野弘君）　この法律が実施されて励行されると、政府の割当の機能に非常な支障を生じはしないかという御趣意と思うのでございますが、実はこれは現在もすでに臨時物資需給調整法の附則第二項によって指定される機関だけは許しておりますけれども、外の機関がこういうことをすることは現在でもできないことになっているのでございまして、ただ今度新たに事業者団体としてそれができないということをはっきりさしただけで、その点は別に従来と変わる点はないのでございます。

○帆足計君　私は先程の各委員の御意見に大体同感でありまして、不当な独占は排除せねばならないということには勿論賛成でありますが、いま一つ必要でありまする業界の公正な相互協力の面につきまして、これが甚だしい支障を与えるという一点について憂慮する者であります。従いましてそういう観点から更に突込んでお尋ねいたしたいわけでありますが、只今の小林委員のお尋ねの点が最も重要であろうと存じます。そこで第四条の第四号の「生産若しくは配分の能率の向上に対する寄与」という言葉と、五条の割当その他の原案者若しくは計画を作って政府に協力することを禁止するという二つの事項が相矛盾している点があると思います。

又現状につきまして今小林委員から突込んだ御質問がありましたように、私は第一にお尋ねいたしたいのは、経済団体が自己の必要上各企業別に、能率又は原材料の数量等を勘案いたしまして、如何なる配分が妥当であるかという参考資料を政府の必要のためでなくて、自分みずからの必要のために作ることは許されるかどうか、これが第一。

第二にはそれを第五条の最初の一号にかかるというような関係でなくても、政府のやり方を監督する、又は業界として当然苦情を言う権利がある、そういうために自己のみずからの発意によって作った案と、政府の案とを比べて見て、どこに不公正な点があるかというようなことを自己監査することが、果して許されないかどうか。

第三には諮問委員会が今後できると聞いておりますが、この諮問委員の個人の参考のために、業者団体としてそういう自己資料を提供することが不当であるかどうか。

第四には現在このことは各政府の現局並びにＧＨＱの現局が誰よりもよく御存じでありまするが、政府のみならず司令部の御必要によりまして、経済団体は直結されていろ〳〵なことの調査その他意見を聴かれているわけで、密接にこれに協力しているという現状の事実があるわけでございます。この事実を今後どういうふうに御覧になるか。先ずこれにつきまして明確なお答えを得なければ、業界団体としても非常に困ると存じますからお尋ねするわけであります。

○政府委員（黄田多喜夫君）　第五条の一項第一号と四条の第四号、これは決して矛盾するものではないのでございます。若し第四条の第四号というものがなければ、これこそ業界の手足を縛るし、進歩発展の途を鎖すということになるのでございまして、第五条の第一号というものは、先程も御説明がありました、現在でもできないことをここに改めるということに過ぎないという趣旨だけでございます。第四条の第四号というものは、ここに規定してありますようなことを、どん〳〵政府に協力して進歩発展を図ろうという趣旨でございます。只今御説明になりましたような四つばかりの例、それは一向差支ないことであろうと思います。

○帆足計君　それではお尋ねいたします。只今私の申上げました例を実情に即して申上げますと、業界団体が工場別に、原材料の割当の自分自身の案を、又計画を作りまして、客観的に政府の施策に寄与するということになるわけでありますが、常識的に見ますると、五条に違反するということになるように、どうしても考えられるのでありますが、その点は如何ですか。これは微妙な、現在行われておりまする問題でありますから、お答えが困難でありますならば、私はもう少し特にGHQの現局の方と御相談になりまして、実際の運営に支障が果してないかどうかを確められまして、お答え頂きましても、私個人としては結構であります。

○政府委員（黄田多喜夫君）　その点は先程申上げました通りに、原案とか計画とか、具体的のすっかりでき上ったものを提出し、事実において、政府がそのままそれを採用するというようなことが、しば〳〵あるのであります。そういうことを避けるために特にこの禁止を入れたのでございまして、そこの段階に至らない限りは、例えば或る団体の出しました資料なり、研究の結果なりが、有力に政府の施策を支配するということがあっても、この条文に触れることには私はならないのであるというふうに解しておるのでございます。それから占領軍の司令部の命によって、こういう材料を出すのはどうなるかということでございますが、これは成る程政府に協力するということがございますが、併しながら同時に、政府その他の公に認められた適当なる機関に協力するということになっておるのでございまして、或いは司令部のことまで、この文言を考えるときに考えておったかどうかは疑問でございますが、ともかくも主たるところは、事業者団体が単独に自主的にやってはいかんということでございまして、それが一般に認められたところの適当な機関には意見を上申するなり、資料を提出するなりして、協力するということは少しも差支ないことであるというふうな意味であるところから考えますと、司令部に提出し、これをお助けするということは、やはり差支ないのじゃないかと思うのであります。

○帆足計君　先程小林委員からのお尋ねのありましたときは、政府から頼まれました場合のことであるというようなお答えのように私は承ったのでありますが、只今の御答弁によりますと、むしろ第五条の一よりも、第四条の方に重点を置かれまして、相当弾力性のあるように伺いました。併し只今来のお答えでは、業界としましては、折角政府に協力しながら、安心して公益的な寄与をすることができない。むしろ公共的な立場から非常な努力をいたして、又職員一同非常な苦労をして寄与しておりながら、ややもすれば犯罪視されるというようなところに非常な困難な事情があるのでありますから、更に重ねてお尋ね申したいわけでありますが、第一に日本の統制経済の現状といたしまして、原材料の割当が広汎に行われておりまするが、現在の官庁の機構、人員、予算を以てしますれば、私はそれは極めて不十分であると存じます。然らば予算をどの程度殖やし、人員をどの程度増加してできるかと申しますと、それは厖大なものになろうと思います。従いまして、政府といたしましては、この法案が通りまして、又独占禁止法の建前もありまして、八月、九月をもちまして殆んど指定補助機関も全部閉鎖になってしまいまするが、それに対しまして如何なる御準備がおありになりますか、果してやって行けるのであるか。曾て民間の経済団体を活用することになりましたときに、商工省の周りを轆轤のように陳情で埋め込みまして、そうして官僚独善の声が国内に満ち〳〵まして、これではいけないというので、民間の声を聞くというように是正されて参ったのでありまするが、統制機関のすべてが必ずしも独占的又は適当なる利益追求のためにのみ動いたわけでは私はないと考えております。従いまして、この法案が実施に移されるに当りまして、果して現在の官庁機構、人員能率を以てしましまして、この困難な割当の事業が円滑に、且つ公正にやり得るものであるかどうかということにつきまして、もう少し現局の実情などをお聴きになりまして、相当準備されるところがなければならんと存じます。

第二に、民間の機関を活用いたすといたしますならば、只今の御答弁におきましても、私は若干矛盾しておる曖昧な点があろうと存じますので、この点を更に明確にして頂きたいと存じます。

第三には、この問題を解決いたします一つの便法といたしまして、新たに現在の民間業種別団体を物資調整法の附則によるところの指定機関にいたしまして、これを公然と活用する。公然と活用するといたしましても、只今のように業界の原案が直ちに政府の原案になるという形態の好ましくないことは、私も当然であろうと存じます。併し民間の実情に即した調べが、政府の配分の能率化に寄与するという途を、ここで公然とつけるということは、或いは一つの方法ではなかろうかと存じます。現状において見ますると、折角政府の政策に民間団体が寄与しておりまするのに、これが不用になりますると、閉鎖機関に指定されまして、恰かも罪人であるかのごとき観を呈する、取扱いを受けておる実情でございます。戦時中の統制機関でありますならば、戦争の事情もありまして、そのような取扱いを受けることは、或いは止むを得ないかも知れませんが、戦後にできまして、而も司令部又は政府の依頼の下に動きました機関においてすら、このような、取扱いを受けておる現状であります。この点につきましては、民間事業別団体としましては、割切れない感情を持っております現状であります。従いましてこの問題につきましても、もう少し明確なる御答弁を頂きたいと存じます。

○**政府委員（蘆野弘君）**　本法案におきましても、六条の適用除外団体の中に、物調法附則による指定団体というものは除外してあるのでございまするけれども、これが指定を解除されると同時に、閉鎖機関になる。折角今まで政府と協力をしていたものが、その後において解除されるや否や、直ちに恰かも罪人視されて、閉鎖機関にされて、手も足も出ないということは不法じゃないかという御論旨でございましたが、それは全く私もその通りだと思うのでございます。この点に関しましては、我々といたしましても、直ちに解除と同時に閉鎖機関に指定されるということのないように、大いに今後努力いたしたいと考えております。

○帆足計君　先程来の御答弁では、私はまだ明確を欠いておる点があると存じますので、その点は又改めてお尋ねいたすことといたしまして、只今の政府だけの割当業務では不十分である、そうして民間機関をどういう形で今後使用なさるかということにつきましては、更に御研究を願いたいと存じます。

そこでその他の一、二の点につきまして、お尋ねをいたしますが、一つは民間の事業者団体におきまして、業者のために融資の斡旋、又はそのために事業証明等を、自治的に出しておるような例が多いのでありますが、そのようなことは何ら独占を構成するものでないと存じますが、第五条の十三号と連関して、何らかの制限を受けますかどうか、その一点を伺います。

第二に地方に分散しております業者のために、少量の物資、貴重な物資、特殊の物資等の代理購入として、このためにわざ〳〵協同組合を作るまでもないことでありますので、事業者団体におきましても部分的なかような代理購入をするというようなことが、第十四号と矛盾することにおいて不可能になるか。又は公正取引委員会といたしましては、仮に第四条に便法が設けられるような行為があるとしますれば、かようなことはお認めになる御意思があるかどうか。更に第十五号に関連いたしまして、集金を禁止してございますが、独占禁止の建前からして、果してこの集金の全面的禁止という項目をお置きになる必要があるか。中小業者のために代理集金を認められる便法は公正取引委員会の精神としまして運用上お認めになる可能性があるかどうか。それから次には業界におきまして、自治的に仲裁の機能を持っておる例がございますが、法的又は行政的性質を持たずに純粋の自治的なものであります限りにおきましては、かような機能は認められますかどうか。これらの数点をお尋ねいたします。

○政府委員（黄田多喜夫君）　仲裁のことに関しましては、拘束力を持つ仲裁ということは、第五条で禁止してございます点でございますが、それを持たないところの自治にうまく紛争が解決するような調停をやるということは、禁止しておる趣旨でございません。それから斡旋のことはお尋ねになりましたか。

○帆足計君　少量物資のですね。

○政府委員（黄田多喜夫君）　融資の斡旋ということに関しましては、この法文に条項を置いております理由は、こういうことによって事業者団体が非常に構成事業に対して勢力を持つということを防ごうという意味でございまして、従いまして、まあ事業者団体の職員その他の給料の前払いとか、そういうことまでも止めようという趣旨ではないのでございます。

それから集金の問題でございましたけれども、これは実はやりようによっては非常に大きな商売になるのであります。事業者団体というものは、第十三号におきまして商業商売になることは一切いけないということが規定してございまして、この立法趣旨に関しましては先程御説明申上げた通りでございます。その趣旨から申しますならば、商売になるように集金をやるということはこれは認めるわけには参らないと考えるのであります。

○帆足計君　それから僅かの物資の代理購入……。

○政府委員（黄田多喜夫君）　事業者団体が少量物資の代理購入をやる必要があるかないかということに関しては、実は非常に疑問を持つのであります。そういうことをやらなくても外に方法がある、それをお取りになるということができるのじゃないかと考えております。

○中平常太郎君　第四条の二でありますが「構成事業者の事業の経営に役立ち、且つ、その属する事業分野における技能及び能率を向上させるような技術、科学又は将来の市場に関する情報を公刊する」とありますが、この「情報」というものは、どうしても業者間における完全な事業形態が明らかにならなければ情報の価値がないのであります。然るにこれは「情報を公刊すること。」と書いてありまして大変よろしいように思いますけれども、禁止の方のなすべからざる側の第五条の七におきましては、これが禁止的に近いものがある。ここには「構成事業者に対し、その販売、価格、取引条件、注文、在庫、生産、工場設備能力、経理、事業活動若しくは事業上の便益に関する報告の提出を強要し、」とある。この強要という字でありますが、その業者が互いに話合って出すことはよいとなっておりますから、その場合にはよいのでありましょう。けれども、報告を聴取する、或いはこういう報告を出して呉れというてどん〳〵摑み出し何月何日までにこの報告を出して貰いたいということは、或る意味から言うならばその業者の事業形態の内部に影響する問題があるかも知れないからして出さない、出さなかったならばその情報なるものは不完全となって、政府の参考資料とならない。而もこれが相当大きな影響を与えて、業者が出さなかったならば殆んど無意味になることがある。そういうようなことを考えて見ますと、最初に許された情報の公刊というようなことは、殆んどこれはなすべからざる方の側の第七によって抹殺される虞れが多いのであります。そのために先程からお尋ねになりました、即ちこの適当なる政府機関に協力することのみによって行うという規格の改良、生産や配分の能率の向上というような問題が、これ亦その不完全なる資料を以て、到底これは政府に寄与することはできないということになる。又政府から今度政府の原案に近いような資料を提供しようと思いましても、業者間の統計その他いわゆる事業の実態を摑むことができなかったならば、何らそれは寄与ができないのみならず政府自体もそれは困難であろうと思うのでありますが、そういうふうに何もかも括ってあるところから考えて見まして、私はこの民主主義とそうして独禁法の徹底ということで以て、自由自在に競争場裡に立たしめるという、誠に麗わしい美名ではありまするが、競争場裡に立たしめるという美名の下に、何人もさま〴〵なる障碍の網に掛かってしまって、自由競争のところが手も足も括られた形に現われて来て、自由競争はそういうような状態のところでさあやれということになって来る。さあやれと言って互いに発展せしめるというならば、そういう網を脱けてこそ、発展し得るので、網の上に網をかけてこの道でなければ通れないよというところを摑まえて、それでこの穴は君が通る穴じゃない、この穴はこっちの会社が通る穴だ、銘々にそれらを几帳面にやったらどうか、とこれではとても発展することができないことに相成ると思うのでありまず。だからして業者の自由競争を認めている、発展を希望するという根本理念から言うならば、これ程括っては発展さそうという、いわゆる自由競争を誘致しようという根本精神に間違いができておると思うのであります。だがそれは意見になりますが、そこで第四条の二号の情報を公刊するということは、第五条の七号の報告の強要ということのために、完全な情報ができないのじゃないかということに対する御説明を願います。

○政府委員（黄田多喜夫君）　この五条の七号はどういうわけでこういうことを書いてあるかと申しますと、事業者というものはお互いに競争すべきであって、その競争のためにはおの〳〵それぞれの秘密というものがある、この秘密までその事業者団体が曝き出させるということはいけない、これは却ってお説の通り自由競争を阻害するということになりますが故に、この第五条第七号というものを置いてあるわけであります。尚第四条の第一号にも、その「状態を明示することなく」云々ということがございますが、これも同様なる精神でございます。それから第四条の二号は各事業者の秘密の事項に属すべきようなものでなしに、一段共通的な問題に関して事業の経営に役立ち、或いは技術及び能率を向上させるようなことは何も自由競争を阻害するようなことではないのでありまして、秘密を暴露させるというようなことでもないのであります。従いましてこういうことを許容活動の中に入れておるという関係に相成っておるのであります。

○中平常太郎君　第四条の一号に、「情報又は状態を明示することなく」とありますのはよく分っておる。これは個々の状態を現わさずして全般的な統計を出すためでありますからよく分っておりますが、これを揃えるためには個々のものが分らなければならない。個々の問題が分らずして概括的な数字が出ないと思うのでありますだからしてこの個人の状態を明示せずして、統計を作るための個々の材料は、業者団体の中で作って行かなければ、その団体の統計が分らないというふうになりますから、どうしてもその個々の業者団体の方から可なり正確なものが来なければならん。この正確なものは、併しながら秘密があるから、秘密はいけないと言われますけれども、秘密の分だけはたとえどうでも、その会社が現わすところの、会社自体が出すことだけは、そのいわゆる状態を明示せざる統計の中に入れるための数字だけは欲しいのです。そういうその数字だけを取ろうということになっても、それを又出さないという者があったらどうしますか。これは出さない者があるかも知れない。小さい者は出さなくてもよろしいが、大きいのを出さなかったら、全く統計ができない。そういうことでその隘路をどういうふうに打開して、公平な立派な情報が作り上げられるかという問題でありますが、それを一つ。

○**政府委員（蘆野弘君）**　四条第一号は公刊する際に、個々の事業者の状態を明らかにしてはいけないということでございまして、統計を作るためには、お説の通りに、各個の事業者の個人に関する数字も亦手に入れなければならんので、それを集めることは差支ないのでございまして、ただそれをそのまま一般に発表してはいけない、必ず概括的に統計の形にして出すということでございます。その資料のことにつきましては、個々の業者に関する資料を集めて差支ないのでありますが、但しこれも強制をしてはならない。出すというなら出せということでございまして、これはこの第五条の方の制限でもございますが、各個の業者が正当に秘密にしていることを、これも無理に出せということは、事業者団体に余りに過大な権力を与えるのでございまして、若しこういうことをしておる団体があるとしますと、これはそこに何か共同行為をやっておるということに、とかくなるのでありまして、又個々の業者のそういう自由意思を尊重するということが、即ち只今お説の競争を自由にする、決して事業者団体によって圧迫されることがないと、どこまでも個人の自由意思を尊重するという趣旨で一貫しておるのでございます。

○**中平常太郎君**　もう一つちょっと。それでは民間の事業者団体におきましては、完全な統計は取り得ないわけになって参りまして、取り得るだけの程度のもの、可能なものだけしか取れないということになりまして、或る意味から申しますと、民間業者団体もこれを参考にする価値がない。今日統計というものは、文明の世界におきましては、統計なくして進歩というものはない。ものの進歩は統計によって行われ、又それによって刺戟を受けて来るのでありますから、統計の価値は大変なものであるに拘わらず、業者自体の自分の生死に関する、業者自体が自分の業態と同じ業態にいるものの統計が完全に把握し得ないというふうなことが、公然と法において制定されておっては、これは耐えられるものではないと思います。アメリカあたりは、私はまだ、トラストとかカルテルとか、何ぼでも大きなことをやっておるように思うのでありますが、日本は敗戦国でありますから、何もかもこれは御無理御尤もでやらなければならんかも知れませんけれども、とにかく（笑声）何でもええ。盛んに個性を発揮して商売せよというのなら、それのできるようにして貰わなければならん。いわゆる飯を食わずに安全に歩けというようなことで、安全に歩けと言われても、食わして貰わなければ歩けないということでありまして、こんなに法に括り付けられては、中小業者は立ち行けないと思いますが、これは意見の問題でありますので、それでは完全な統計を取るということは、政府に縋らなければいけないことになりますか。その点を伺いたい。政府は如何なる場合でも完全な統計は取り得る、従って我々業者というものは、完全な統計の要るときは、業者団体に行かずして、政府の所へ行って統計を貰うということになるか。そういうことについて。

○**政府委員（中山喜久松君）**　お話のように御解釈になれば、政府でなければ完全な統計は取れないということになると私共も思います。併しながら本当に一致団結して、業界の発展を図ろうという、真に意見の合致した優良な団体であるならば、隠す所なく自由意思によって、統計資料を御提供になるだろうと思います。どうか優良な団体のできますように、私は希望いたします。

○**油井賢太郎君**　第四条第一項に公正取引委員会の認可した行為はこれを許容されるというようなことを追加されたのは、大変に結構のようでありますが、先だってウエルシュ氏のお話によりますと、この第四条は許容範囲を具体的に示したものであるというようなことであって、これに限られたものでないというようなお話でありましたのであります。そういう点から申しますと、第四条の公正取引委員会に届出だけによって一応認めてはどうかというように我々は考えておりますが、そういう御意思があるかどうか。それから更に公正取引委員会は、たった七人で以て形成されておって、そのうち四人出なければ公正取引委員会は開催されない。そういうことで、急を要する事業等につきましては、一々公正取引委員会が開催されるのを待って、認可が遅れて来るという点もありますので、届出に直した方がいいのではないかと思いますが、委員会の方の御意向は如何ですか。

○**政府委員（中山喜久松君）**　届出にいたしては如何かということの理由といたしまして、公正取引委員会の七人の委員のうち、四人が集まらなければ決定ができないのじゃないかというお話のようでございますが、これは或いは御承知ないかも知れませんが、公正取引委員会の七名の委員は常任で、毎日役所に詰めなければなりません。殊に四人の定員を欠かさないように、他に例えば議会へ参りますとか、その他の用務がありましても、欠かさないように、努めて常に会議をなすということになっておりまして、その辺の御懸念はないようであります。

○**油井賢太郎君**　実際において、公正取引委員会の認可に対する日数は、どれ程平均かかっておりますか。

○**政府委員（中山喜久松君）**　只今は、最も多く認可申請のございますのは、国際契約の認可申請、即ち今の貿易の代理契約の認可申請が非常に多いのであります。これは概ねその週に参りましたものは、次の週の初めに認可を与え得る情勢になっております。それからその次には、会社の合併の認可申請、或いは営業譲渡の、譲受けの申請が非常に多うございまして、それも大体前週に参りましたものは、その次の週の終り頃までには認可を出し得る状態にあります。

○**委員長（稲垣平太郎君）**　ちょっと速記を止めて……。

〔速記中止〕

○**委員長（稲垣平太郎君）**　それでは速記を始めて……。

○**油井賢太郎君**　只今のお話ですが、この精神から言っても、公正取引委員会の認可という点よりも、第五条の禁止条項というものははっきりしておるのですから、この禁止条項に触れない程度のものであったならば、届出で以て一応認めて置いて、若し悪かったらその行為について後から禁止してもよいのじゃないかと私は考えますが、これは回答はよろしうございます。

次に第五条の最後の方の第三項の二ですが、当該団体の構成事業者が比較的少数の有力な事業者に限られておるというようなことが書いてありますが、事業によっては比較的少数の有力な人を中心にして、余り有力ならざる人がその周りを多数取巻いておるということもあり得ると思うのであります。こういう場合に、この経営から生ずるところの利益などが、比較的少数の有力な者に支配されないといっても、出資に応じて或いは配当するとか何とかいう場合もでき得ると思いますが、こういうものを一々認めないというふうに解釈するのですかどうですか。この点について御回答を願いたいと思います。

○**政府委員（蘆野弘君）**　これは事業の種類によっては比較的有力な事業者が中心になって、そのほかに小規模な事業者が沢山おるという場合もあるということでございますが、そういう状態が事実あることは差支ないのでございまして、そういう小さな事業者がこの中に入ることを許されていない、或いは非常な不相応な飛んでもないような入会費を要するとか、そういうふうな不当な条件さえ課せられなくて、おのおのその業界に適応したところの条件で以て、入りたいという者は入れるという組織になっておって、そうして研究機関を利用するとか、或いはそれからでき上ったところの成果の利用についてもおの〳〵、その分に応じてと申しますか、その事業者に相当したところの機会が与えられる、つまり機会均等である、少数の者だけが利用するのでない、こういう組織になっておればいいということでございまして、これで極めて無理のない条件ではないかと思っております。

○**油井賢太郎君**　具体的に申しますと、出資なら出資によってその利用をするというような場合に、少数の者が支配する立場になりますが、そういうのは出資に応じてやる場合は差支ないと解釈してよろしうございますか。

○**政府委員（蘆野弘君）**　利用の方はすべての構成事業者に平等でないといけないのだろうと思います。これを運営する方は必ずしも同じ程度でなくても、或る程度まで段階を附けても、つまり、如何なる小さな事業者でも全然これから排除されてしまう、こういう状態でなければいいのだと思います。

○**帆足計君**　事業者団体にいろ〳〵な強制が禁止されておりますけれども、業者を除名し得る条件はどういうふうにお考えになっておりますか。

○**政府委員（蘆野弘君）**　この法律は、事業者団体の組織とか構成とかいうことについては、直接には一つも触れておりませんで、或る一定の場合に除名するというような規則を作ることも差支ないのでございますが、ただこの法律の各条で強制することを禁止している事項についてこれを強制して、それを聞かなかったならば除名する、こういう規則を設けられ、或いはそういうことを実行されれば、これは本法の強制してはならないという条項に反することになるのであります。

○**田村文吉君**　これは独占禁止法の根本精神にも触れますので、この間ウエルシュさんにもお尋ねしたときに、政府委員の方もおいでであったと思います。時間もありませんことと、余り質問を繰返すことは非礼といったそういうことで止めたのでありますが、あの当時のウエルシュさんの私のお尋ねいたしました質問にお答えになりましたことは、国際的の競争もあることであるから、弱い者は倒れても仕方がない、強い者は結局残るということになっても止むを得ないだろうというふうの、お話があったかと私は承ったのでありますが、そこで私は過去の製紙業界の状態を少し御説明したいのであります。

過去には王子製紙、富士製紙、樺太工業という三つの会社がありまして、今日はそれが王子製紙一つになりましたが、群小の会社が沢山あった。その場合に、樺太で無闇矢鱈に、内地へ売ることもできないのに増設されても困るじゃないかということで、或る程度増産を一つ制限して貰わなければならんということを話したこともあります。又或る程度製造の制限もしなければ、事実上

〔資料76〕　参議院鉱工業商業連合委員会会議録第１号（昭和23年７月２日）
—逐条審議

今日もう十幾つの会社は潰れようとしておるというような場合には、それは止むを得ないのでないかというような話もございましたのでありますが、どこの会社がどうというわけではありませんが、非常に有力な会社になりますると、さような場合にはさような協定には成るべく入りたくないということで、常に独自の立場から行こう行こうといたします。それから十幾つの会社は何とかして一つ仲間に入って貰って、お互いがリストレインをしないと産業が全部倒れてしまう、こういうようなことでやって参ったのでありましたが、いろいろ一張一緩して参ったのでありますが、結果は皆様が御承知のような状態であります。私はかような或る程度の申合せというようなものを同業者ができないということになりまするとて、今の景気のよい時分には実はこんな協定も何も要らんのでありますが、非常に不景気で困るような状態というものは遠からずして又来ると思うのであります。さような場合に、何らの申合せもやることができないということになりまするとて、結果において結局集中するということになるのでありまするが、さようなことをウエルシュさんにお考えになって、止むを得ないことであるとお考えになっていられたのでありましょうか。実はその当時は大体そんなに承ったんですが、これに対して政府委員の代表から、どういう御見解をお持ちになりますでしょうか、一つお尋ねいたしたいのであります。

尚この例はひとり製紙業界だけに起ったことでありませんで、それで協定というようなことを嫌うのは、日本のあらゆる産業がそういうふうの状態になった。それで協定というようなことを嫌うのは、大きな会社であります。それから中どころの堅実にやっておるところは、何とかして生きて行こうと思うから、それでやって来る、こういうことであるのでありますが、若しかようなことになりまして、集中がひどくなり、又一方には、私はこれから不景気にでもなれば沢山の失業者が出るであろうと思うのでありますが、その失業状態において、地方的にも存立していた会社も事業も皆倒れてしまわなければならんというようなことが一つの社会問題でもあるのだ、こういう点がありまするので、実は独占禁止法の根本精神に対しても、亦この法律に対しても、非常な危惧の念を実は持っておるわけなのであります。これに対して一つ御見解をお示し頂きたいと思います。

○**政府委員（中山喜久松君）**　只今田村委員から、或る人の述べられたことについて、そのことをどういうふうに解釈しておるかという御質問がございましたが、これは非常な困難なることでございまして、私もあのとき述べられた言葉のままに、ただ受入れておりました次第でございまして、さよう御承知置きを願いたいと存じます。

ただここで私自身の考えをちょっと申上げて見たいと思いますのは、不況になった場合に、やはり依然として業者の協定なり或いはその救済のための合同を認めないのかどうかというような御趣旨のようにも取れるのであります。独占禁止法の建前から申しますれば、飽くまでも共同行為、結合による取引制限というものは排除して、公正自由な経済体制を保持して行こうとするものであります。併しながら、大きな日本の経済問題といたしましての不況対策というものが取上げられるときに、それは又別に考えられることがあるのではないかということを私は考えておりまして、独占禁止法と又離れて別に国家政策としての問題ではないかと思っております。

尚不況の際において、倒れるままに倒れて行けば、そこに大資本の集中が起るのではないかというようなことでございましたが、この点こそは実は独占禁止法の非常に働いて来る場合ではないかと思います。独占禁止法におきましては、合併について或る程度の制限を設けております。この制限の根本趣旨は、要するに大企業、大資本の集中というところにあるだろうと思います。非常な不合理な合併のないということを期しております。その場合には、御質問のようなことはないと考えております。

○**田村文吉君**　私も合同等を不景気の場合に会社がやるというようなことは、独占禁止法で止められると、併し過去の多くの場合は、さようなもう堪らなくなったから買収して呉れというような場合もありますけれども、それよりはそういう有力な会社は幾らでも拡張ができる、どん〳〵拡張する、一方では品物が余って困っておるから何とかして抑えて貰いたいと言って来る、これは私は自然だろうと思う。そういうような場合がありまするから、そこで過去においては、まあそう無理なことは言わないで、お互い十人が頼むのだから一人が承知して呉れというところに、大変うまく行って来たのではないかと思いますが、そういうことはいけないのだと、十人、十一人の人が相談をして決めるということはうけないのだと、そういうことになりますから、私は結局において集中を嫌う法律が、集中を育成せんがために作られるのではないかとこういう心配をするのであります。さような意味でありましたから、どうもウエルシュさんのお話が、結果からいって止むを得ないのだ、そうなっても仕方がないのだというお話になると、集中排除ということが甚だ矛盾したような結果になりますので、それを実は私お伺いしたかったのでありますが、余り質問を重ねることになりますので、そういうことは政府委員の方は多分御意向等が分っておるだろうと、こう考えましたのでお伺いいたした次第であります。

○**政府委員（中山喜久松君）**　只今の御趣旨よく分ります。或いは私から申上げるのは蛇足かも分りませんですが、今のそういう不況の結果、大資本がますます設備を拡張していよ〳〵有力なものになるだろうというお話の点は、これも亦独占禁止法の上におきまして、いわゆる事業能力の格差という問題でこれを抑えて行くことができます。又私的独占の結果になれば、これを制限する、抑圧するということもできるわけであります。御承知の通りに、過度経済力の集中排除は、今までの状態もただ一時にこれを破壊するという結果だけでありまして、この後に起りまする経済界のそういう現象に対しましては、私的独占禁止法が働き掛けて行くということになるということを御了解置きを願いたいと思います。

○**帆足計君**　先程御質問いたした点でありますが、現在経済計画に対する民間事業者団体の協力は、一応全面的にいけないということに解釈され運用されておるように私は聞いておりました。従いまして、実情といたしましては、一種の闇のような関係におきまして両者が提携しておるということで、誠に不明朗であると思います。

従いまして、私はやはりこの問題につきましては、現在の官庁機構だけの手でこれが解決付くものであるかどうか。第二、それだけでは不十分であるとすれば、如何なる条件を限度の下で事業者団体をこの問題のために活用なさるお考えであるか。第三に、そういう観点から如何なる活動が許容されるかということを、もう少し明確にして頂かなければ非常に困ると思うのであります。従いまして、第五条の第一号につきましては、一つ本日か又次の機会でも結構でございますが、もう少し系統的に、政府はどういう仕事をする、民間はどういうように協力してこそ事業者団体としての真価を発揮するものであるかということを、もう少し立入って伺って置かなければならないと思います。

○**委員長（稲垣平太郎君）**　それでは大体本日の質疑はこの辺で打切りまして、次会に尚続行いたすことにいたしたいと思います。本日はこれで散会いたします。

午後三時五十八分散会

出席者は左の通り。

鉱工業委員

委員長　稲垣平太郎君

理事　小林　英三君　川上　嘉市君

委員　原　虎一君　大屋　晋三君　堀　末治君　入交　太蔵君　奥　主一郎君　鎌田　逸郎君　佐伯卯四郎君

宿谷　栄一君
玉置吉之丞君
田村　文吉君
帆足　　計君
細川　嘉六君
佐々木良作君

商業委員
委員長　一松　政二君
委員　中平常太郎君
大野木秀次郎君
黒川　武雄君
油井賢太郎君
九鬼紋十郎君
小林米三郎君
島津　忠彦君
結城　安次君
広瀬与兵衛君

政府委員
公正取引委員会委員長　中山喜久松君
公正取引委員会委員　蘆野　　弘君
公正取引委員会総務部長　黄田多喜夫君

〔資料77〕　参議院鉱工業委員会会議録第一一号（昭和二三年七月五日）

昭和二十三年七月五日（月曜日）午前十時五十八分開会

本日の会議に付した事件

○事業者団体法案（内閣提出衆議院送付）

○**理事**（**川上嘉市君**）　それでは稲垣委員長は本会議の方に何か報告に行っておりますから、私が代りまして、これから委員会を開会いたします。連合委員会において、大体質疑が終ったものと思いますが、尚御質疑がございましたら、御質問の継続をお願いいたします。その前に衆議院の方で修正が出たところでありますから、その修正の結果を御報告いたします。

○**政府委員**（**蘆野弘君**）　衆議院の方で、政府提案の原案に数点修正が加えられましたが、どういう修正が加えられたかということを一応御報告申上げたいと思います。修正案はお手許に差上げてございまするが、その中に一ヶ所だけ書落ちがございますが、その条を御説明申上げるときに御説明申上げます。

先ず第一の修正の点は、原案の第四条に次の一号を加える、原案は第一号から九号まででございますが、十といたしまして、第十号、「前各号に掲げるものの外、公正取引委員会の認可した行為。」これに関連いたしまして、第四条が最初は一項だけでございますが、その十号の次に今度二項が新たに加わります。第二項が「公正取引委員会は、前項第十号の規定による認可の申請があった場合において、当該行為が私的独占禁止法の規定及び第五条第一項各号の規定に違反しないと認めるときは、これを認可することができる。」、第三項として「公正取引委員会は、前項の規定による認可の申請に関し必要な規則を定めることができる。」、この修正に関連いたしまして、第五条第一項第十六号の中の「第四条第八号」とありますのを「第四条第一項第八号」と改めます。それから第五条第一項第十九号、これは削除いたします。その次は全然別のことでありまして、第六条の適用除外規定の第一項の第三号でございますが、第三号のイ、ロが原案にございますが、その次に、ハが抜けまして、ニとして「種畜法（昭和二十三年法律第百五十五号）の規定に基いて設立された家畜登録協会」というのを加えます。それから第六条の第二項を次のように改めます。第二項「この法律の規定は、小規模な事業者である個人が相互扶助を目的として設立した団体であって、構成事業者の数が十九人をこえないものには、これを適用しない。この場合において、小規模な事業者とは、従業員の数が二十人をこえないものをいう。」、それから第八条中「第五条の規定に違反する行為」とありまするのを、「第四条第一項各号に掲げる許容活動の範囲をこえる行為又は第五条の規定に違反する行為」と改めます。それから第九条第一項の中「第五条の規定に違反すると認める場合」とありますのを、「第四条第一項各号に掲げる許容活動の範囲をこえると認める場合又は第五条の規定に違反すると認める場合」に、それから「第五条の規定に違反する疑のある行為」とあるのを、「第四条第一項各号に掲げる許容活動の範囲をこえる疑のある行為又は第五条の規定に違反する疑のある行為」と改めます。それから最後の第十四条、罰則のところでございますが、第一項第三号中に、これは届出に関する罰則でございますが、第一項第三号中に「一年以下の懲役若しくは」とありますのを削る、それからその次に二字入れて頂きたいのであります。「その両者」の上に「又は」という二字が入るのであります。「又はその両者」とありますのを削除いたします。これだけが衆議院で原案に加えられました修正でございます。

○**理事（川上嘉市君）**　如何でしょうか、何か御質疑がありましたら……別に御質疑もないようでありますから、質疑は尽きたものと認めまして、只今から討論に入ります。事業者団体法案について御意見のある方は、それ〲賛否を明らかにしてお述べを願いたいと思います。

○玉置吉之丞君　私共はこの法案に対して頗る不満と不安を持っておったのでありますが、ここに、衆議院修正案に対して賛成の意を表する次第でありますが……。

〔理事川上嘉市君退席、委員長着席〕

それにつきましては、独占禁止法なり、集中排除法というようなものによって相当縛っておるに拘わらず、こういう法律が必要かどうかということに尚疑義を持つ者でありますが、私共は公正取引委員会の、いわゆる公正なる今後の処置に信頼いたしまして、この案に賛成いたします。

○委員長（稲垣平太郎君）　外に御意見はございませんか……別に御意見もないようでございますするから、討論はこれを以て尽きたものと認めまして、御異議ございませんか。

〔「異議なし」と呼ぶ者あり〕

○委員長（稲垣平太郎君）　御異議ないものと認めます。

それではこれよりこの案に対して採決をいたします。事業者団体法案を、衆議院送付の原案通り可決することに対して賛成の方の御挙手を願います。

〔総員挙手〕

○委員長（稲垣平太郎君）　全会一致を以て、本法案は衆議院送付、原案通り可決すべきものと決定いたしました。

それでは委員長の口頭報告の内容につきましては、本院規則第百四条によって、予め多数意見者の承認を経なければならんことになっておりまするが、これは委員長において、本法案の内容、本委員会における質疑応答の要旨、討論の要旨及び表決の結果を報告することとして御承認を願うことに御異議ありませんか。

〔「異議なし」と呼ぶ者あり〕

○委員長（稲垣平太郎君）　御異議ないと認めます。

それから本院規則第七十二条によって、委員長が議員に報告する報告書に多数意見者の署名を付することになっておりますから、本案を可とされた方は順次御署名願います。

〔多数意見者署名〕

○委員長（稲垣平太郎君）　御署名漏れはございませんか……署名漏れはないものと認めます。

それでは本日はこれを以て散会いたします。

午前十一時九分散会

出席者は左の通り。

委員長　稲垣平太郎君

理事　小林　英三君

委員
川上　嘉市君
大畠農夫雄君
大屋　晋三君
寺尾　豊君
平岡　市三君
堀　末治君
入交　太藏君
奥　主一郎君
林屋亀次郎君
鎌田　逸郎君
佐伯卯四郎君
宿谷　栄一君
玉置吉之丞君
田村　文吉君
帆足　計君

政府委員
公正取引委員会委員長　中山喜久松君
公正取引委員会委員　蘆野　弘君

〔資料78〕 参議院会議録第六〇号（二）（昭和二三年七月五日）—討論・採決

昭和二十三年七月五日（月曜日）午前十時三十一分開議

○**議長（松平恒雄君）**　この際日程に追加して、事業者団体法（内閣提出、衆議院送付）を議題とすることに御異議ございませんか。

〔「異議なし」と呼ぶ者あり〕

○**議長（松平恒雄君）**　御異議ないと認めます。先ず委員長の報告を求めます。鉱工業委員長稲垣平太郎君。

〔審査報告書は都合により本号附録に掲載〕　＊編注：本資料末を参照

事業者団体法案

右の内閣提出案は本院においてこれを修正議決した。

よって国会法第八十三条により送付する。

昭和二十三年七月四日

衆議院議長　松岡　駒吉

参議院議長松平恒雄殿

（小字及び――は衆議院修正）

事業者団体法案

事業者団体法

（目的）

第一条　この法律は、事業者団体の正当な活動の範囲を定め、且つ、その公正取引委員会に対する届出制を実施することをもつて目的とする。

（定義）

第二条　この法律において「事業者団体」とは、事業者としての共通の利益を増進することを目的に含む二以上の事業者の結合体又はその連合体をいい、それは、いかなる形態のものであるかを問わず、いかなる法令又は契約によつて設立されたものであるかを問わず、登記を要すると要しないとを問わず、法人であるとないとを問わず、営利を目的とするとしないとを問わず、その事業者の事業の規模の大小を問わず、且つ、左に掲げる形態のものを含むものとする。

一　二以上の事業者が株主又は社員（社員に準ずるものを含む。）である会社、社団法人その他の社団

二　二以上の事業者が理事又は管理人の任免、業務の執行又はその存立を支配している財団法人その他の財団

三　二以上の事業者を組合員とする組合又は契約による二以上の事業者の結合体

2　この法律において「事業者」とは、商業、工業、金融業その他の事業を営む者及びこれらの者の利益のためにする行為を行う役員、従業員、代理人その他の者をいう。

3　この法律において「構成事業者」とは、事業者団体の構成員である事業者をいい、第一項各号の事業者を含むものとする。

（届出義務）

第三条　事業者団体は、その成立の日（この法律施行の際現に事業者団体であるものについては、この法律施行の日）から三十日以内に、文書をもつてその旨を公正取引委員会に届け出なければならない。この場合において、届出の文書には、左の各号に掲げる書類を添付しなければならない。

一　当該団体の定款、寄附行為、規約又は契約の写

二　理事その他の役員又は管理人（前条第一項第三号に掲げる事業者団体で役員の定のないものにあつては、組合員又は契約の当事者とする。）の名簿

三　当該団体が特別の法令の規定に基いて設立されたものである場合には、その規定を記載した文書

2　事業者団体が解散し、又は前項各号に掲げる事項に変更を生

じたときは、その解散又は変更の日から三十日以内に、文書をもつてその旨を公正取引委員会に届け出なければならない。

3　公正取引委員会は、前二項の規定による届出に関し必要な事項について、規則を定めることができる。

（許容活動）

第四条　事業者団体は、左に掲げる活動に限り、これを行うことができる。

一　統計資料の自由意思による提供を受けること及び特定の事業者の事業に関する情報又は状態を明示することなくその資料を総括して公刊すること。

二　構成事業者の事業の経営に役立ち、且つ、その属する事業分野における技能及び能率を向上させるような技術、科学又は将来の市場に関する情報を公刊すること。

三　構成事業者の間に、公開的且つ無差別的に、研究又は技術若しくは科学に関する情報の自発的交換を促進すること。（第五条第三項の規定により、自然科学の研究を実施するための施設を所有し、又は経営することの認可を受けた場合において、当該施設の所有又は経営から生ずる諸利益を構成事業者に対し、公開的且つ無差別的な条件で利用させることを含む。）

四　商品の品質の改善、規格の改良又は生産若しくは配分の能率の向上に対する寄与を、適当な政府機関、工業標準調査会その他一般に認められた有力な商品標準化の機関又は研究機関に自由意思により協力することのみによつて、行うこと。

五　啓発若しくは宣伝をし、又は構成事業者の属する事業分野の利害に関係のある事項について、当該団体の立場を明かにする決議を行うこと。

六　構成事業者の全部又は一部から委任を受けた場合に、委任された権限の範囲内において、労働組合と団体交渉を行うこと。

七　外国における通関のため必要がある場合において、社団法人である商工会議所が、輸出品の原産地証明をすること。

八　構成事業者その他の者と外国の事業者との間の事業に関する紛争を仲裁し、又は解決すること。

九　私的独占の禁止及び公正取引の確保に関する法律（昭和二十二年法律第五十四号、以下私的独占禁止法という。）第七十一条その他の規定による公正取引委員会の職務の遂行に協力すること。

十　前各号に掲げるものの外、公正取引委員会の認可した行為。

2　公正取引委員会は、前項第十号の規定による認可の申請があつた場合において、当該行為が私的独占禁止法の規定及び第五条第一項各号の規定に違反しないと認めるときは、これを認可することができる。

3　公正取引委員会は、前項の規定による認可の申請に関し必要な規則を定めることができる。

（禁止行為）

第五条　事業者団体は、左の各号の一に該当する行為をしてはならない。

一　原材料若しくは注文の割当その他の方法による生産若しくは配分の統制をし、又はその統制に着手すること及び原材料、商品若しくは施設の割当に関する原案若しくは計画を政府のために作成し、又はこれを政府に提出すること。

二　私的独占禁止法第四条第一項各号の一に該当する事項を内容とする協定若しくは契約又は同法第六条第一項各号の一に該当する事項を内容とする国際的協定若しくは国際的契約をし、又はこれに参加すること。

三　構成事業者と他の構成事業者、構成事業者に物資、資金その他の経済上の利益を供給する者、構成事業者の顧客若しくは構成事業者の競争者との間の取引を不当に拘束し、若しくは拘束する虞があり、若しくはこれらの者の間の対価を統制し、若しくは統制する虞がある契約その他の合意をし、又はこれに参加すること。

四　将来の対価、将来の販売条件若しくは顧客の分類に関する情報の流布その他いかなる方法をもつてするかを問わず、対価を統制し、又は決定し、その他対価に影響を与えるための行為をすること。

五　一定の事業分野における現在若しくは将来の事業者の数を制限し、又その制限に着手すること。

六　特定の事業者を公認し若しくは推薦する表若しくは特定の事業者を排斥するための表の配布、特定の事業者の事業内容、経理若しくは信用の状態を誤り伝える情報の流布その他の方法により、特定の事業者に利益又は不利益を与えること。

七　構成事業者に対し、その販売、価格、取引条件、注文、在庫、生産、工場設備能力、経理、事業活動若しくは事業上の便益に関する報告の提出を強要し、又は構成事業者の承諾なくその事業内容について助言し、監査し、若しくは調査すること。

八　構成事業者の機能若しくは活動を制限し、又はその制限に着手すること。

九　営業用の施設を所有し、若しくは経営し、又は株式（社員の持分を含む。以下同じ。）若しくは社債を所有すること。

十　自然科学に関する研究を実施するための施設を所有し、又は経営すること。但し、公正取引委員会の認可を受けてこれを所有し、又は経営する場合は、この限りではない。

十一　特許権を有し、若しくは支配し、又は特許発明の実施の許諾若しくは共同利用のために斡旋その他の便宜を供すること。

十二 構成事業者その他の者のために融資をすること。

十三 購買、販売、生産、製造、加工、包装、荷扱、保管、輸送、配分その他の営業に従事すること。

十四 構成事業者その他の者のために、取引の代理人となり、又は取引上の契約をすること。

十五 構成事業者その他の者のために集金を行うこと。

十六 構成事業者その他の者の間の紛争を仲裁し、若しくは解決し、又はその仲裁若しくは解決に着手すること。但し、第四条○第一項○第八号に掲げる場合を除く。

十七 不当に立法又は政府の政策に影響を与えること。

十八 注文者その他の者の依頼を受けることその他の方法により、公私の注文の入札に参加し、これを規制し、又はこれに影響を与えること。

十九 前各号に掲げるものの外、前条各号に掲げる許容活動の範囲を超える行為

2 事業者団体はいかなる名義をもつてするかを問わず、前項の禁止又は制限を免れる行為をしてはならない。

3 公正取引委員会は、第一項第十号但書の規定による認可の申請があつた場合において、当該団体が左の各号に掲げる要件を備えているときには、これを認可しなければならない。

一 構成事業者の属する事業分野における総ての事業者の当該団体への加入が、不当な条件により制限されず、且つ、その資力に応じて可能であるような公正無差別な条件で開放されていること。

二 当該団体の構成事業者が比較的少数の有力な事業者に限られていることがなく、又は議決権の行使、事業活動、当該施設の所有若しくは経営から生ずる諸利益が比較的少数の有力な事業者により支配されていないこと。

三 当該団体の構成事業者が当該施設の所有又は経営から生ずる諸利益を当該団体に対する出資又は寄附金の多寡、事業規模の大小等にかかわらず利用することができること。

4 第一項第十号に規定する事項(但書を除く。)に関し持株会社整理委員会は、相当の理由があると認めるときは、過度経済力集中排除法(昭和二十二年法律第二百七号)の規定に基く決定指令又はその変更をもつて、期間を限り、前項各号に規定する条件についてその例外の定をなすことができる。第一項第十号に規定する事項をその内容に含む過度経済力集中排除法の規定に基く決定指令又はその変更は同号但書に規定する認可となるものとする。

5 公正取引委員会は、第一項第十号但書の規定による認可の申

請に関し必要な規則を定めることができる。

（適用除外団体）

第六条　この法律の規定は、左に掲げる団体に対しては、これを適用しない。但し、第三条の規定は、この限りではない。

一　私的独占禁止法第二十四条各号に掲げる要件を備え、且つ、左に掲げる法律の規定に基いて設立された協同組合その他の団体

イ　産業組合法（明治三十三年法律第三十四号）

ロ　塩専売法（明治三十八年法律第十一号）

ハ　貸家組合法（昭和十六年法律第四十七号）

ニ　市街地信用組合法（昭和十八年法律第四十五号）

ホ　蚕糸業法（昭和二十年法律第五十七号）

ヘ　林業会法（昭和二十一年法律第三十五号）

ト　商工協同組合法（昭和二十一年法律第五十一号）

二　左に掲げる法律の規定に基いて設立された団体

イ　北海道土功組合法（明治三十五年法律第十二号）

ロ　森林法（明治四十年法律第四十三号）

ハ　水利組合法（明治四十一年法律第五十号）

ニ　耕地整理法（明治四十二年法律第三十号。都市計画法（大正八年法律第三十六号）第十二条第二項において準用する場合を含む。）

ホ　馬匹組合法（大正四年法律第一号）

ヘ　健康保険法（大正十一年法律第七十号）

ト　農林中央金庫法（大正十二年法律第四十二号）

チ　旧蚕糸業組合法（昭和六年法律第二十四号）

リ　牧野法（昭和六年法律第三十七号）

ヌ　農村負債整理組合法（昭和八年法律第二十一号）

ル　商工組合中央金庫法（昭和十一年法律第十四号）

ヲ　漁船保険法（昭和十二年法律第二十三号）

ワ　農業協同組合自治監査法（昭和十三年法律第十五号）

カ　国民健康保険法（昭和十三年法律第六十号）

ヨ　木船保険法（昭和十八年法律第三十九号）

タ　旧農業団体法（昭和十八年法律第四十六号）

レ　水産業団体法（昭和十八年法律第四十七号）

ソ　農業協同組合法（昭和二十二年法律第百三十二号）

ツ　農業災害補償法（昭和二十二年法律第百八十五号）

三　左に掲げる団体

イ　証券取引法（昭和二十三年法律第二十五号）の規定に基いて設立された証券取引所

ロ　商品取引所法（明治二十六年法律第五号）の規定に基いて設立された商品取引所

ニ　種畜法（昭和二十三年法律第百五十五号）の規定に基いて設立さ

れた家畜登録協会

四　左に掲げる団体。但し、それぞれの団体に固有な業務を遂行するに必要な範囲に限る。

イ　前号に掲げる証券取引所又は商品取引所に所属する決済機関

ロ　手形法（昭和七年法律第二十号）及び小切手法（昭和八年法律第五十七号）の規定により指定されている手形交換所

ハ　新聞業又は放送業を営む者に対し、報道材料を供給することを目的とする社団法人

ニ　金融業（証券業を含む。）を営む者の設立した一回の共同融資のため又は有価証券の一回の共同引受のため若しくは共同販売のための団体

五　閉鎖機関令（昭和二十二年勅令第七十四号）第一条の規定に基いて指定された団体

六　臨時物資需給調整法（昭和二十一年法律第三十二号）附則第二項の規定に基いて指定されている団体

七　臨時物資需給調整法に基く命令の規定により指定配給物資の出荷機関、集荷機関、荷受機関又は販売業者として登録された団体。但し、この法律施行後九十日を経たときは、この限りではない。

八　社団法人日本海運集会所。但し構成事業者その他の者の間のよう船、海上輸送、海上保険、船舶の売買、船舶衝突又は海難救助に関する紛争であつて、この法律施行前にその仲裁又は解決の依頼を受けたもの又はこの法律施行後九十日以内にその依頼を受けたものを処理するために必要な範囲に限る。

この法律の規定は、小規模な事業者である個人が相互扶助を目的として設立した団体であつて、構成事業者の数が十九人をこえないものには、これを適用しない。この場合において、小規模な事業者とは、従業員の数が二十人をこえないものをいう。

2　この法律の規定は、自ら小規模な農業、耕作、養畜、養蚕若しくは薪炭生産の業務をいう。若しくは漁業（水産動植物の採捕若しくは養殖の業務をいう。）を営み、又はこれらに従事する個人が相互扶助を目的として設立した団体であつて、構成事業者の数が十四人をこえないものには、これを適用しない。

（適用除外行為）

第七条　第五条の規定は、事業者団体が法令の規定で左に掲げるもの又はその法令の規定に基く命令によつて行う正当な行為には、これを適用しない。

一　地方鉄道法（大正八年法律第五十二号）第二十五条第一項（軌道法（大正十年法律第七十六号）第二十六条において準用する場合を含む。）

二　道路運送法（昭和二十二年法律第百九十一号）第二十三条及び第二十四条第一項（他の運送事業者又は小運送業者との設備の共用、連絡運輸、共同経営及び運輸に関する協定に関

する部分に限る。）

三　たばこ専売法（明治三十七年法律第十四号）第二十条の二

四　電気測定法（明治四十三年法律第二十六号）第七条

五　船舶安全法（昭和八年法律第十一号）第八条

六　重要輸出品取締法（昭和十一年法律第二十六号）第二条

七　輸出水産物取締法（昭和九年法律第三十六号）第一条

八　ポツダム宣言の受諾に伴い発する命令に関する件（昭和二十年勅令第五百四十二号）

（排除措置）

第八条　第五条の規定に違反する行為《第四条第一項各号に掲げる許容活動の範囲をこえる行為又は第五条の規定に違反する行為》があるときは、公正取引委員会は、第九条に規定する手続に従い、事業者団体に対し、当該行為の差止、資産の処分、当該団体の解散その他当該行為の排除に必要な措置を命ずることができる。

（手続）

第九条　公正取引委員会の権限に関する私的独占禁止法第四十条から第四十四条までの規定並びに違反事実の報告、事件の調査、審判、審決、審決の取消又は変更の訴、検事総長に対する告発その他事件処理の手続及び訴訟に関する同法第四十五条から第六十四条までの規定、第六十六条第二項の規定、第六十七条から第七十条までの規定、第七十三条から第八十三条までの規定、第八十八条の規定及びこれらの規定に基く命令又は規則は、公正取引委員会がこの法律の目的を達成するために必要な職務を行う場合並びにこの法律の規定に違反する事実、事件及びこの法律の規定に違反する犯罪にこれを準用する。この場合において、これらの規定（第四十条及び第四十一条を除く。）中「事業者」とあるのは「事業者団体」と、「私的独占をし、不当な取引制限をし、若しくは不公正な競争方法を用いていると認める場合又は不当な事業能力の較差があると認める場合」とあるのは「第五条の規定に違反すると認める場合《第四条第一項各号に掲げる許容活動の範囲をこえると認める場合又は第五条の規定に違反すると認める場合》」と、「第七条、第八条第一項又は第二十条に規定する措置」とあるのは「第八条に規定する措置」と、「私的独占、不当な取引制限又は不公正な競争方法に該当する疑のある行為」とあるのは「第五条の規定に違反する疑のある行為《第四条第一項各号に掲げる許容活動の範囲を超える疑のある行為又は第五条の規定に違反する疑のある行為》」とそれぞれ読み替えるものとする。

2　公正取引委員会は、第五条第三項又は第十三条第三項の規定による認可の申請があつた場合において、第五条第三項各号に掲げる要件を備えていないと認めるときは、審決をもつてこれを却下しなければならない。

3　私的独占禁止法第六十五条第二項及び第六十六条第一項の規定は、前項の認可の申請、認可又は審決に、これを準用する。

（報告）

第十条　公正取引委員会は、この法律の適正な運用を図るため、事業者団体に対し、必要な報告、情報又は資料の提出を求めることができる。

（検察官）

第十一条　公正取引委員会の検察官たる職員は、この法律の規定に違反する犯罪に関する職務を掌ることが出来る。

（東京高等裁判所の管轄権）

第十二条　左の各号の一に該当する訴訟については、第一審の裁判権は、東京高等裁判所に属する。

一　公正取引委員会の審決に係る訴訟

二　第十四条第一項第一号から第四号までの罪に係る訴訟

2　前項に掲げる訴訟事件並びに第九条において準用する私的独占禁止法第六十二条第一項、第六十三条第一項（第六十八条第二項において準用する場合を含む。）及び第六十七条第一項並びに第十四条第六項において準用する私的独占禁止法第九十七条及び第九十八条に規定する事件は、同法第八十七条第一項の規定により東京高等裁判所に設けられた裁判官の合議体が取り扱うものとする。

（資産の処分）

第十三条　この法律施行の際事業者団体が現に所有する営業用の施設、自然科学に関する研究を実施するための施設又は株式若しくは社債であつて、私的独占の禁止及び公正取引の確保に関する法律第百四条に規定する措置に関する政令（昭和二十二年政令第二百三十八号）及び私的独占の禁止及び公正取引の確保に関する法律第百五条に規定する措置に関する政令（昭和二十二年政令第二百三十九号）並びに私的独占の禁止及び公正取引の確保に関する法律第百七条、第百八条及び第百十条に規定する株式又は社債の処理に関する政令（昭和二十三年政令第四十三号）の規定に基き処分すべきもの以外のもの及び特許権は、この法律施行の日から九十日以内に、これを処分しなければならない。

2　前項の規定は、新たに事業者団体が成立した場合又は第六条第六号若しくは第七号に掲げる団体がこの法律の規定（第三条を除く。）の適用を受けるにいたつた場合に、これを準用する。この場合において、同項の規定中「この法律の施行の日」とあるのは「成立した日又はこの法律の適用を受けるにいたつた日」と読み替えるものとする。

3　前二項の場合において、事業者団体が現に所有し、又は経営する自然科学に関する研究を実施するための施設につきこれを引続き所有し、又は経営しようとする場合には、文書をもつてその旨を第一項の期間内に公正取引委員会に届け出て、その認可を受けなければならない。

4　第五条第三項の規定は、前項の届出があつた場合に、これを準用する。

5　第五条第四項の規定は、第一項から第三項までの場合に、これを準用する。

6　公正取引委員会は、特別の事情があると認めるときは、申請により、第一項に規定する期間を延長することができる。この場合及び第三項の規定による届出があつた場合において、申請又は届出をした日からその承認又は却下の日までの期間は、これを九十日の期間に算入しない。

7　事業者団体は、第一項及び第二項の規定による処分をした日から三十日以内に、処分の内容を記載した報告書を、公正取引委員会に提出しなければならない。

8　公正取引委員会は、第三項及び前二項の規定による申請又は報告の手続に関する事項について規則を定めることができる。

（罰則）

第十四条　この法律の規定違反があつた場合におけるその違反行為をした者に対する刑は、左の各号に掲げるものとする。

一　第五条の規定に違反した場合には、二年以下の懲役若しくは三万円以下の罰金又はその両者。

二　第九条第一項において準用する私的独占禁止法第四十八条第三項又は第五十四条の審決が確定した後においてこれに従わなかつた場合には、二年以下の懲役若しくは三万円以下の罰金又はその両者。

三　第三条の規定に違反し届出を怠り、又は虚偽の届出をした場合には、一年以下の懲役若しくは二万円以下の罰金又はその両者。

四　第十三条第一項、第二項又は第六項に規定する期間内に営業用の施設、科学に関する研究を実施するための施設、株式、社債若しくは特許権を処分せず、又は同条第七項の規定による報告書を提出せず、若しくは虚偽の報告書を提出した場合には、一年以下の懲役若しくは五千円以下の罰金又はその両者。

五　第十条の規定に違反し報告、情報若しくは資料を提出せず又は虚偽の報告、情報若しくは資料を提出した場合には、五千円以下の罰金。

2　前項の違反があつた場合においては、その違反の計画を知りその防止に必要な措置を講ぜず、又はその違反行為を知りその是正に必要な措置を講じなかつた当該事業者団体の理事その他の役員若しくは管理人又はその構成事業者（構成事業者が他の事業者の利益のためにする行為を行うものである場合には、その事業者を含む。）に対しても、前項各本号の罰金刑を科する。

3　第一項の違反があつた場合においては、法人であるとないとにかかわらず、その事業者団体に対しても第一項各本号の罰金刑を科する。

4　前項の規定により法人でない事業者団体を処罰する場合においては、その代表者又は管理人がその訴訟行為につきその事業者団体を代表する外法人を被告人とする場合の刑事訴訟に関する法律の規定を準用する。

5　第二項の規定は、同項に掲げる事業者団体の理事その他の役員若しくは管理人又はその構成事業者が法人その他の団体である場合においては、当該団体の理事その他の役員又は管理人に、これを適用する。

6　私的独占禁止法第九十四条、第九十七条、第九十八条及び第九十九条の規定は、第九条第一項において同法第四十条、第四十六条、第四十八条第三項、第五十四条、第六十六条第一項及び第六十七条第一項の規定を準用する場合の違反に、これを準用する。

（附加制裁）

第十五条　裁判所は、充分な理由があると認めるときは、前条第一項各号に規定する刑の言渡と同時に、事業者団体の解散を宣告することができる。

2　前項の規定により、解散が宣告された場合には、他の法令の規定又は定款その他にかかわらず、事業者団体は、その宣告により解散する。

（告発）

第十六条　第十四条第一項各号の罪は、公正取引委員会の告発を待つて、これを論ずる。私的独占禁止法第九十六条第二項及び第四項の規定は、この場合の告発に、これを準用する。

2　公正取引委員会は、前項の告発をするに当り、その告発に係る犯罪について、前条第一項の規定による解散の宣告をすることを相当と認めるときは、その旨を告発の文書に記載することができる。

（私的独占禁止法の不変更）

第十七条　私的独占禁止法の規定及びその規定に基く公正取引委員会の権限は、この法律の規定によつて変更されるものと解釈されてはならない。

附　則

（施行期日）

第十八条　この法律は、公布の日から、これを施行する。

（違反する法令及び契約）

第十九条　この法律施行の際現に存する法令の規定、契約、定款又は寄附行為でこの法律の規定に違反するものは、この法律施行の日から、その効力を失う。

〔稲垣平太郎君登壇、拍手〕

○稲垣平太郎君　只今議題と相成りましたる事業者団体法案に関しまする鉱工業委員会における審査の経過及び結果について報告申上げます。

先ず最初に、この法案提出の理由及び法案の骨子を要約して申上げます。御承知のごとく、我が国の経済、特に戦時中の統制経済におきましては、いわゆる産業団体が業界の組織化の中核的存在といたしまして、統制の遂行に協力をいたして参ったのでありますするが、終戦後は戦時統制方式の全面的撤廃と同時に、いわゆる私的独占禁止法の適用により、一面においては統制の責任と機能を挙げて政府又は政府の機関に一元化し、民間の事業者団体による直接又は間接の統制業務への参与は、原則としてこれを認めないことになっておりまするとは御承知の通りであります。又他の一面において、私的独占禁止法の法益といたしております競争の自由と公正を保全する建前から、事業者団体のカルテル化は禁止されるに至ったのであります。法的措置としては、閉鎖機関令による各種統制団体の閉鎖機関への指定、又私的独占禁止法の規定に基く統制団体の解散命令といったことに相成ったのでありまます。かくて従来の事業者団体は、多少とも統制に参与した限りにおいては、一応清算されることに相成っておるのでありまするが、その当然の結果といたしまして、従来の統制的な事業者団体に代るべき、新らしい事業者団体のあり方を明示することが必要と相成って来たのであります。新しい統制団体に許容さるべき範囲、又はしてはならないことを規定するところの必要が起って参ったのであります。それがこの法律を以てその活動範囲を明示するという意味において、本法案が登場して参ったようなわけであります。

そこで本法案の内容につきまして、その骨子となっておる点を簡単に申上げまするると、先ず第一に本法案の第二条において、事業者団体とはどういったものだということを定義しておるのでありまして、それは二つ以上の事業者の結合体又は連合体である。その構成されておるところの会社或いは社団法人、財団法人、組合又は契約による単なる結合体、こういったものを通じまして、事業者としての共通の利益の増進を目的としておるところのもの一切を指しておるのでありまして、我々が通常事業者団体という観念から持っておりまするところから比べますと、非常に狭い範囲に規定されておる。或いはもう一遍言換えますれば、非常に広い範囲に亘ってまで禁止しておるというふうに考えられるのであります。

次に第三条には、一切の事業者団体に対して原則的に届出の義務を背負わせているということでありまして、その存立の状況を終始明白にいたして置くという点であります。

次に第四条におきまして、先程申上げました事業者の許容活動の範囲を規定いたしておるのでありまして、第五条においては禁止事項を規定して、事業者団体の正当な活動範囲を、積極的又消極的の両面から、これを具体的に明らかにしておるのであります。

次に、独占禁止法においても適用除外がありまする通り、統制の必要と自由競争との調整点をどこに見出すかということは、頗る重要な問題でありますが、本法案におきましても、第六条に、事業者団体でありながら、本法案各規定の適用を受けない、いわゆる適用除外団体を列挙いたしております。

大体そういったような骨子からできておるのでありまするが、本法案は事業界におきまして、非常に注意の的となっておりまするので、当鉱工業委員会におきましても、この法案が予備審査として付託されますと同時に、商業委員会と連合委員会を形成いたしまして、終始連合いたしまして、これが審査に当ったのであります。尚その間各方面の業者代表をお招きいたしまして、その方々の端的なる御意見をも拝聴いたしまするとともに、又衆議院と同調いたしまして、本案の立案に大きな役割を担当されました関係筋との間にも、数次に亘って隔意なき意見の交換を行なったのであります。その結果、この法案の修正につきましても、衆議院の関係委員会と連絡を取りまして、本委員会の予備審査の間に意見の交換を行い、衆議院によって修正が行なわれたような次第であります。

そこで衆議院の修正案はどういうことであるかと申しまするというと、先ず第一に、第四条の許容活動の範囲が、政府原案ではあまりに限定的である。あそこに書いてあるところの九号に亘ります許容活動以外に、尚事業者団体として許容すべき範囲があるかも知れないのでありまするから、これに対して第十号を別に設けまして、「前各号に掲げるものの外、公正取引委員会の認可した行為」という一号を追加いたしまして、事業者団体の許容活動に弾力性を持たせることにいたしたのであります。

第二に、同じ趣旨から、第五条の禁止行為の規定から第十九号を削除いたしたのであります。第十九号は「前各号に掲げるものの外、前条各号に掲げる許容活動の範囲を超える行為」、これを禁止いたしておりまするので、この点は許容活動とダブるような場合も考えられまするので、これを削除することにいたしたのであります。

次に、第六条の適用除外団体の規定の第二項を全面的に修正し、「この法律の規定は小規模な事業者である個人が相互扶助を目的として設立した団体であって、構成事業者の数が十九人を超えないものにはこれを適用しない。」そうしてその十九人とは、大体二十人以下の使用人を使っておるものである。こういったような修正をいたしておるのであります。

第四の修正点は、第十四条の罰則規定第三号を修正いたしまして、届出違反に対する体刑を廃し、単に罰金刑に止めた点であります。

以上が衆議院の修正案でありまするが、鉱工業委員会におきまするところの議論の中心は、第二条の団体のいわゆる二以上の事業者の結合体又は連合体という曖昧な表現、従ってこれが場合によりますというと、中小工業者の利益のためにするところの結合体といったものに圧迫を加えるというような点に、第二条に対しては異論があったのでありまするが、この点については先程申上げました第六条に、この二十人以下の使用人を持っておりますところの、小規模な事業者、これは農業でも、漁業者でも、或いは工業者でも、商業者でもが、これの二十人以下の結合体、これは差支えない、除外例にさすことになりましたので、その点についての不安は除去されたことに相成ったのであります。

その外に、この第四条、第五条につきまして、随分議論があったのでありまするが、只今申上げましたように、第四条に第十号を加え、又五条の十九号を除去することによりまして、許容活動範囲についての問題を緩和いたした次第であります。尚第四条並びに五条その他におきまして、甚だ字句の曖昧の点があるのであります。それにつきまして質疑応答が重ねられたのでありまするが、例えば帆足委員からこの「施設の割当に関する原案。若しくは計画を政府のために作成」するということが禁止事項になっておるのでありまするが、併しながらこれは参考意見としてあるところの意見を政府に出すことは差支えないのかどうか、こう言ったような質問が出され、これは差支えないと言ったような答弁を得ておるのであります。或いは又「その他対価」という文字、或いは融資の問題、その他につきまして、いろ〳〵字句の上にはっきりしない点があったのでありまするが、それらの点につきましては、いろ〳〵政府側におきましての御答弁によりまして、了解を得たわけでありまするが、尚玉置委員よりは、この今の質疑の間において感ぜられるところは、いわゆるこれは公正取引委員会において、この字句の解釈をなし、そうして許容届出に対する許可、その他をする関係にありまするので、公正取引委員会の現在の構成、委員長その他の御態度に対してはよろしいが、今後かようなことが、人が変った場合にはっきりしないことが起る虞れがあるので、この点については、どこまでも御注意を願いたいという御発言もありまして、種々論議の結果、細川委員の反対を除きまして、多数を以て可決いたしました次第であります。これを御報告申上げて置きます。（拍手）

○**議長（松平恒雄君）**　本法案に対し討論の通告がございます。細川嘉六君。

〔細川嘉六君登壇、拍手〕

○**細川嘉六君**　我々は本案に反対する者であります。その理由は、本案は第一条において、事業者団体の正当な活動の範囲を定めるということ、それから公正取引委員会に対する届出制を実施するということとを規定しております。即ち私的独占を取締るというのであります。事は民主主義的で立派でありまするが、実際はどうか。すでに我が国の中小商工業、農民、漁民は資金資材の不足で深刻な状態に陥っております。へと〳〵になっておる。四苦八苦の最中である。然るに本法は、これら中小企業者のこれに迫って来る大資本家、独占資本家に対する対抗策に対し、これを封じ、営業の自由を制圧し、大資本家、独占資本家の奴隷とならんとするものである。中小企業の我が国経済における地位というものは、他の先進国とは違います。重要なる地位を持っておるこの中小企業の健全なる発達でなく、これを制圧して行くということは、これは民主主義であるか、かくのごときことは、連合国のポツダム宣言の違反である。それであるから我々はこれに対し反対する。これが第一の理由であります。

第二の理由は、本法は公正取引委員会という天降りの、七人からなる委員会の権力を更にこれを強大にし、真面目な中小企業家等に対する死活権を握らせるのであります。全国民大衆のためではなく、少数の大資本家、独占資本家のための外資導入を容易にし、この輸入によっていわゆるその復興を策する過程において、今日表面上解体されておるという大資本家、独占資本家の復興、従って又今後は帝国主義的発展を策するものであります。我々は帝国主義的、侵略主義的復興への方向に対して反対せざるを得ないものであります。多少とも今次戦争の罪悪を反省し、民主主義の実現を念願するものは、如何なる政党に属すると雖も、これはかくのごとき反人民的な本案に対して反対すべきである。第五条において、共同施設を所有したり、経営したりすること、特許権の共同所有、共同の販売、購買、生産加工、包装、荷造りすること、共同の取引、集金等をやること、これを禁止しておる。これは一つの例でありまするが、こうなって来るというと、中小企業者の活動というものは、全く手も足も出なくなって来る。尤も第四条において今日、届出ですれば、正当であるならば、これを許すという公正委員会の認可を認めて来ております。ここで参衆両院の委員会はほっと一息したものであります。初めはどの会派に属する人達も、この案に対してはびっくりしておった。政府案に対してはびっくりしたのであります。ただ主に第四条の訂正があったので、ここでこの四条を利用することについて利便を有する関係にある者が、これで安心し、この法案に納得したものであります。以上のごとく本法は大資本家、独占資本家の支配に対する一切中小企業者の対抗策を封鎖するものであって、結局大資本家、独占資本家という資本の力を持っておる者は、大きな力を持っておる者は、第五条に言う禁止事項というもので何の痛痒も感じないのみならず、今日の大資本家というものは、国家資本と結合して、国民生活の約八割程度を支配しておる。例えば資金方面においては、融資の割当統制をやっておる。資材方面については、資材の割当統制、流通方面においては、配給公団の奉仕によって、それから又課税の方面においては、勤労大衆から七割の税を納めさせる程度の収入を得て、そうして大衆に与えるその支出は一分六厘である。こういう大きな負担を国民に背負わして、大資本家、独占資本家というものは、ぐん〳〵伸びようとしておる。これに対して、こういう今問題になっておる法律案は、単なる一つの法律案ではありません。こういうものは続々出て来ておる。吉田内閣から片山内閣、現内閣に至るこれらの間に、どれ程反人民的な法律が出て来ておるか、人民の権利というものは一歩々々影が薄くなって来ておる。石炭国管法、通貨発行審議会法、証券取引関係法律、各種配給公団法その他の法律は、復金によるからくり融資と相俟って、この大資本、独占資本との抱合いを完全にならしめておる。(「大資本があるものか」と呼ぶ者あり)経済力集中排除法、食糧輸入税の免除に関する法律、法人税の引下げ等による外資導入のための受入れ態勢は顕著に発展しております。それから又運用次第では医薬部外品取締法、食糧品衛生法、これらも亦官僚にすでに堕落しておる。大資本家、独占資本家と共に協同しておる。この官僚に大きな権力を握らせ、そうしていずれも中小企業家、一般国民大衆を抑圧する方向に出ておる。更に政治問題においては、軽犯罪法、政治資金規正法、選挙法、更に追っかけて来ておる警察官職務執行法、これらが今委員会を追っかけて来ておる。挙げ来たれば、反人民的の法律というものは、民主主義を無視するところの経済上及び政治上の諸法律というものは、すべて働く者を、大資本家、独占資本家のために抑え付ける、こういうことを狙っておる。私は働く者の民主政治なくしては、到底国の健全なる発達、この大破壊からの復興というものはできない。それが故に、この諸法律に対して反対するが、現に今ここに出ておる法律というものはその一つであります。ここにこういう法律に対する我々の反対を明らかにし、過去の諸法律を批判し、民主主義の確立に邁進すべきことは、我々国会議員の任務である。政党政派を問わず我々の任務であるという意味において、本法の反対に賛助なさらんことを期待する者であります。

(拍手)

○**議長**（**松平恒雄君**）　討論の通告者は終了しました。討論は終局したものと認めます。これより本案の採決をいたします。本案全部を問題に供します。本案に賛成の諸君の起立を請います。

〔起立者多数〕

○**議長**（**松平恒雄君**）　過半数と認めます。よって本案は可決せられました。

審査報告書

事業者団体法案

右全会一致をもって可決すべきものと議決した。よって多数意見者の署名を附し、要領書を添えて、報告する。

昭和二十三年七月五日

鉱工業委員長　稲垣平太郎

参議院議長松平恒雄殿

多数意見者署名

玉置吉之丞　堀　末治
鎌田　逸郎　佐伯卯四郎
田村　文吉　平岡　市三
宿谷　栄一　川上　嘉市
寺尾　豊　大畠農夫雄
入交　太蔵　小林　英三
林屋亀次郎　奥　主一郎
大屋　晋三　帆足　計

要領書

一、委員会決定の理由

新しい経済体制の下において事業者団体の活動の範囲を法律を以て明示し、その将来の活動方向を周知させることは、刻下の要請に副う所以であって本法の制定は適当であると認めた。

二、事件の利害得失

事業者団体の正当な活動範囲が明確となり、事業者団体が新しい体制の下において産業の発展に寄与するものと期待される。

三、費用

本法実施のために、特別に費用を要しない。

(4) 正　文

〔資料79〕 事業者団体法正文（昭和二三年七月二九日法律第一九一号）

事業者団体法をここに公布する。

御名御璽

昭和二十三年七月二十九日

内閣総理大臣　芦田　均

法律第百九十一号

事業者団体法

（目的）

第一条　この法律は、事業者団体の正当な活動の範囲を定め、且つ、その公正取引委員会に対する届出制を実施することをもつて目的とする。

（定義）

第二条　この法律において「事業者団体」とは、事業者としての共通の利益を増進することを目的に含む二以上の事業者の結合体又はその連合体をいい、それは、いかなる形態のものであるかを問わず、いかなる法令又は契約によつて設立されたものであるかを問わず、登記を要すると要しないとを問わず、法人であるとないとを問わず、営利を目的とするとしないとを問わず、その事業者の事業の規模の大小を問わず、且つ、左に掲げる形態のものを含むものとする。

一　二以上の事業者が株主又は社員（社員に準ずるものを含む。）である会社、社団法人その他の社団

二　二以上の事業者が理事又は管理人の任免、業務の執行又はその存立を支配している財団法人その他の財団

三　二以上の事業者を組合員とする組合又は契約による二以上の事業者の結合体

2　この法律において「事業者」とは、商業、工業、金融業その他の事業を営む者及びこれらの者の利益のためにする行為を行う役員、従業員、代理人その他の者をいう。

3　この法律において「構成事業者」とは、事業者団体の構成員である事業者をいい、第一項各号の事業者を含むものとする。

（届出義務）

第三条　事業者団体は、その成立の日（この法律施行の際現に事業者団体であるものについては、この法律施行の日）から三十

〔資料79〕　事業者団体法正文（昭和23年７月29日法律第191号）

日以内に、文書をもつてその旨を公正取引委員会に届け出なければならない。この場合において、届出の文書には、左の各号に掲げる書類を添附しなければならない。
一　当該団体の定款、寄附行為、規約又は契約の写
二　理事その他の役員又は管理人（前条第一項第三号に掲げる事業者団体で役員の定のないものにあつては、組合員又は契約の当事者とする。）の名簿
三　当該団体が特別の法令の規定に基いて設立されたものである場合には、その規定を記載した文書
2　事業者団体が解散し、又は前項各号に掲げる事項に変更を生じたときは、その解散又は変更の日から三十日以内に、文書をもつてその旨を公正取引委員会に届け出なければならない。
3　公正取引委員会は、前二項の規定による届出に関し必要な事項について、規則を定めることができる。
（許容活動）
第四条　事業者団体は、左に掲げる活動に限り、これを行うことができる。
一　統計資料の自由意思による提供を受けること及び特定の事業者の事業に関する情報又は状態を明示することなくその資料を総括して公刊すること。
二　構成事業者の事業の経営に役立ち、且つ、その属する事業分野における技能及び能率を向上させるような技術、科学又は将来の市場に関する情報を公刊すること。
三　構成事業者の間に、公開的且つ無差別的に、研究又は技術若しくは科学に関する情報の自発的交換を促進すること。（第五条第三項の規定により、自然科学の研究を実施するための施設を所有し、又は経営することの認可を受けた場合において、当該施設の所有又は経営から生ずる諸利益を構成事業者に対し、公開的且つ無差別的な条件で利用させることを含む。）
四　商品の品質の改善、規格の改良又は生産若しくは配分の能率の向上に対する寄与を、適当な政府機関、工業標準調査会その他一般に認められた有力な商品標準化の機関又は研究機関に自由意思により協力することのみによつて、行うこと。
五　啓発若しくは宣伝をし、又は構成事業者の属する事業分野の利害に関係のある事項について、当該団体の立場を明かにする決議を行うこと。
六　構成事業者の全部又は一部から委任を受けた場合に、委任された権限の範囲内において、労働組合と団体交渉を行うこと。
七　外国における通関のため必要がある場合において、社団法人である商工会議所が、輸出品の原産地証明をすること。

八　構成事業者その他の者と外国の事業者との間の事業に関する紛争を仲裁し、又は解決すること。

九　私的独占の禁止及び公正取引の確保に関する法律（昭和二十二年法律第五十四号、以下私的独占禁止法という。）第七十一条その他の規定による公正取引委員会の職務の遂行に協力すること。

十　前各号に掲げるものの外、公正取引委員会の認可した行為。

2　公正取引委員会は、前項第十号の規定による認可の申請があつた場合において、当該行為が私的独占禁止法の規定及び第五条第一項各号に違反しないと認めるときは、これを認可することができる。

3　公正取引委員会は、前項の規定による認可の申請に関し必要な規則を定めることができる。

（禁止行為）

第五条　事業者団体は、左の各号の一に該当する行為をしてはならない。

一　原材料若しくは注文の割当その他の方法による生産若しくは配分の統制をし、又はその統制に着手すること及び原材料、商品若しくは施設の割当に関する原案若しくは計画を政府のために作成し、又はこれを政府に提出すること。

二　私的独占禁止法第四条第一項各号の一に該当する事項を内容とする協定若しくは契約又は同法第六条第一項各号の一に該当する事項を内容とする国際的協定若しくは国際的契約をし、又はこれに参加すること。

三　構成事業者と他の構成事業者、構成事業者に物資、資金その他の経済上の利益を供給する者、構成事業者の顧客若しくは構成事業者の競争者との間の取引を不当に拘束し、若しくは拘束する虞があり、若しくはこれらの者の間の対価を統制し、若しくは統制する虞がある契約その他の合意をし、又はこれに参加すること。

四　将来の対価、将来の販売条件若しくは顧客の分類に関する情報の流布その他いかなる方法をもつてするかを問わず、対価を統制し、又は決定し、その他対価に影響を与えるための行為をすること。

五　一定の事業分野における現在若しくは将来の事業者の数を制限し、又はその制限に着手すること。

六　特定の事業者を公認し若しくは推薦する表若しくは特定の事業者を排斥するための表の配布、特定の事業者の事業内容、経理若しくは信用の状態を誤り伝える情報の流布その他の方法により、特定の事業者に利益又は不利益を与えること。

七　構成事業者に対し、その販売、価格、取引条件、注文、在庫、生産、工場設備能力、経理、事業活動若しくは事業上の便益に関する報告の提出を強要し、又は構成事業者の承諾なくその事業内容について助言し、監査し、若しくは調査すること。

八　構成事業者の機能若しくは活動を制限し、又はその制限に着手すること。

九　営業用の施設を所有し、若しくは経営し、又は株式（社員の持分を含む。以下同じ。）若しくは社債を所有すること。

十　自然科学に関する研究を実施するための施設を所有し、又は経営すること。但し、公正取引委員会の認可を受けてこれを所有し、又は経営する場合は、この限りではない。

十一　特許権を所有し、若しくは支配し、又は特許発明の実施の許諾若しくは共同利用のために斡旋その他の便宜を供すること。

十二　構成事業者その他の者のために融資をすること。

十三　購買、販売、生産、製造、加工、包装、荷扱、保管、輸送、配分その他の営業に従事すること。

十四　構成事業者その他の者のために、取引の代理人となり、又は取引上の契約をすること。

十五　構成事業者その他の者のために集金を行うこと。

十六　構成事業者その他の者の間の紛争を仲裁し、若しくは解決し、又はその仲裁若しくは解決に着手すること。但し、第四条第一項第八号に掲げる場合を除く。

十七　不当に立法又は政府の政策に影響を与えること。

十八　注文者その他の者の依頼を受けることその他の方法により、公私の注文の入札に参加し、これを規制し、又はこれに影響を与えること。

2　事業者団体はいかなる名義をもつてするかを問わず、前項の禁止又は制限を免れる行為をしてはならない。

3　公正取引委員会は、第一項第十号但書の規定による認可の申請があつた場合において、当該団体が左の各号に掲げる要件を備えているときには、これを認可しなければならない。

一　構成事業者の属する事業分野における総ての事業者の当該団体への加入が、不当な条件により制限されず、且つ、その資力に応じて可能であるような公正無差別な条件で開放されていること。

二　当該団体の構成事業者が比較的少数の有力な事業者に限られていることがなく、又は議決権の行使、事業活動、当該施設の所有若しくは経営から生ずる諸利益が比較的少数の有力な事業者により支配されていないこと。

三　当該団体の構成事業者が当該施設の所有又は経営から生ずる諸利益を当該団体に対する出資又は寄附金の多寡、事業規模の大小等にかかわらず利用することができること。

4　第一項第十号に規定する事項（但書を除く。）に関し持株会社整理委員会は、相当の理由があると認めるときは、過度経済力集中排除法（昭和二十二年法律第二百七号）の規定に基く決定指令又は変更をもつて、期間を限り、前項各号に規定する条件についてその例外の定をなすことができる。第一項第十号に規定する事項をその内容に含む過度経済力集中排除法の規定に基く決定指令又はその変更は同号但書に規定する認可となるものとする。

5　公正取引委員会は、第一項第十号但書の規定による認可の申請に関し必要な規則を定めることができる。

（適用除外団体）

第六条　この法律の規定は、左に掲げる団体に対しては、これを適用しない。但し、第三条の規定は、この限りではない。

一　私的独占禁止法第二十四条各号に掲げる要件を備え、且つ、左に掲げる法律の規定に基いて設立された協同組合その他の団体

イ　産業組合法（明治三十三年法律第三十四号）

ロ　塩専売法（明治三十八年法律第十一号）

ハ　貸家組合法（昭和十六年法律第四十七号）

ニ　市街地信用組合法（昭和十八年法律第四十五号）

ホ　蚕糸業法（昭和二十年法律第五十七号）

ヘ　林業会法（昭和二十一年法律第三十五号）

ト　商工協同組合法（昭和二十一年法律第五十一号）

二　左に掲げる法律の規定に基いて設立された団体

イ　北海道土功組合法（明治三十五年法律第十二号）

ロ　森林法（明治四十年法律第四十三号）

ハ　水利組合法（明治四十一年法律第五十号）

ニ　耕地整理法（明治四十二年法律第三十号。都市計画法（大正八年法律第三十六号）第十二条第二項において準用する場合を含む。）

ホ　馬匹組合法（大正四年法律第一号）

ヘ　健康保険法（大正十一年法律第七十号）

ト　農林中央金庫法（大正十二年法律第四十二号）

チ　旧蚕糸業組合法（昭和六年法律第二十四号）

リ　牧野法（昭和六年法律第三十七号）

ヌ　農村負債整理組合法（昭和八年法律第二十一号）

ル　商工組合中央金庫法（昭和十一年法律第十四号）

ヲ　漁船保険法（昭和十二年法律第二十三号）

ワ　農業協同組合自治監査法（昭和十三年法律第十五号）

カ　国民健康保険法（昭和十三年法律第六十号）

ヨ　木船保険法（昭和十八年法律第三十九号）

タ　旧農業団体法（昭和十八年法律第四十六号）

レ　水産業団体法（昭和十八年法律第四十七号）
ソ　農業協同組合法（昭和二十二年法律第百三十二号）
ツ　農業災害補償法（昭和二十二年法律第百八十五号）
三　左に掲げる団体
イ　証券取引法（昭和二十三年法律第二十五号）の規定に基いて設立された証券取引所
ロ　商品取引所法（明治二十六年法律第五号）の規定に基いて設立された商品取引所
ハ　種畜法（昭和二十三年法律第百五十五号）の規定に基いて設立された家畜登録協会
四　左に掲げる団体。但し、それぞれの団体に固有な業務を遂行するに必要な範囲に限る。
イ　前号に掲げる証券取引所又は商品取引所に所属する決済機関
ロ　手形法（昭和七年法律第二十号）及び小切手法（昭和八年法律第五十七号）の規定により指定されている手形交換所
ハ　新聞業又は放送業を営む者に対し、報道材料を供給することを目的とする社団法人
ニ　金融業（証券業を含む。）を営む者の設立した一回の共同融資のため又は有価証券の一回の共同引受のため若しくは共同販売のための団体
五　閉鎖機関令（昭和二十二年勅令第七十四号）第一条の規定に基いて指定された団体
六　臨時物資需給調整法（昭和二十一年法律第三十二号）附則第二項の規定に基いて指定されている団体
七　臨時物資需給調整法に基く命令の規定により指定配給物資の出荷機関、集荷機関、荷受機関又は販売業者として登録された団体。但し、この法律施行後九十日を経たときは、この限りではない。
八　社団法人日本海運集会所。但し、構成事業者その他の者の間のよう船、海上運送、海上保険、船舶の売買、船舶衝突又は海難救助に関する紛争であつて、この法律施行前にその仲裁又は解決の依頼を受けたもの又はこの法律施行後九十日以内にその依頼を受けたものを処理するために必要な範囲に限る。

2　この法律の規定は、小規模な事業者である個人が相互扶助を目的として設立した団体であつて、構成事業者の数が十九人をこえないものには、これを適用しない。この場合において、小規模な事業者とは、従業員の数が二十人をこえないものをいう。

（適用除外行為）
第七条　第五条の規定は、事業者団体が法令の規定で左に掲げる

もの又はその法令の規定に基く命令によつて行う正当な行為には、これを適用しない。

一　地方鉄道法（大正八年法律第五十二号）第二十五条第一項（軌道法（大正十年法律第七十六号）第二十六条において準用する場合を含む。）

二　道路運送法（昭和二十二年法律第百九十一号）第二十三条及び第二十四条第一項（他の運送事業者又は小運送業者との設備の共用、連絡運輸、共同経営及び運輸に関する協定に関する部分に限る。）

三　たばこ専売法（明治三十七年法律第十四号）第二十条の二

四　電気測定法（明治四十三年法律第二十六号）第七条

五　船舶安全法（昭和八年法律第十一号）第八条

六　重要輸出品取締法（昭和十一年法律第二十六号）第二条

七　輸出水産物取締法（昭和九年法律第三十六号）第一条

八　ポツダム宣言の受諾に伴い発する命令に関する件（昭和二十年勅令第五百四十二号）

（排除措置）

第八条　第四条第一項各号に掲げる許容活動の範囲をこえる行為又は第五条の規定に違反する行為があるときは、公正取引委員会は、第九条に規定する手続に従い、事業者団体に対し、当該行為の差止、資産の処分、当該団体の解散その他当該行為の排除に必要な措置を命ずることができる。

（手続）

第九条　公正取引委員会の権限に関する私的独占禁止法第四十条から第四十四条までの規定並びに違反事実の報告、事件の調査、審判、審決、審決の取消又は変更の訴、検事総長に対する告発その他事件処理の手続及び訴訟に関する同法第四十五条から第六十四条までの規定、第六十六条第二項の規定、第六十七条から第七十条までの規定、第七十三条から第八十三条までの規定、第八十八条の規定及びこれらの規定に基く命令又は規則は、公正取引委員会がこの法律の目的を達成するために必要な職務を行う場合並びにこの法律の規定に違反する事実、事件及びこの法律の規定に違反する犯罪にこれを準用する。この場合において、これらの規定（第四十条及び第四十一条を除く。）中「事業者」とあるのは「事業者団体」と、「私的独占をし、不当な取引制限をし、若しくは不公正な競争方法を用いていると認める場合又は不当な事業能力の較差があると認める場合」とあるのは「第四条第一項各号に掲げる許容活動の範囲をこえると認める場合又は第五条の規定に違反すると認める場合」と、「第七条、第八条第一項又は第二十条に規定する措置」とあるのは「第八条に規定する措置」と、「私的独占、不当な取引制限又は不公正な競争方法に該当する疑のある行為」とあるのは「第四条第一項各号に掲げる許容活動の範囲をこえる疑のある行為又は第五条の規定に違反する疑のある行為」とそれぞれ読み替えるものとする。
2　公正取引委員会は、第五条第三項又は第十三条第三項の規定による認可の申請があつた場合において、第五条第三項各号に掲げる要件を備えていないと認めるときは、審決をもつてこれを却下しなければならない。
3　私的独占禁止法第六十五条第二項及び第六十六条第一項の規定は、前項の認可の申請、認可又は審決に、これを準用する。
（報告）
第十条　公正取引委員会は、この法律の適正な運用を図るため、事業者団体に対し、必要な報告、情報又は資料の提出を求めることができる。
（検察官）
第十一条　公正取引委員会の検察官たる職員は、この法律の規定に違反する犯罪に関する職務を掌ることが出来る。
（東京高等裁判所の管轄権）
第十二条　左の各号の一に該当する訴訟については、第一審の裁判権は、東京高等裁判所に属する。
一　公正取引委員会の審決に係る訴訟
二　第十四条第一項第一号から第四号までの罪に係る訴訟
2　前項に掲げる訴訟事件並びに第九条において準用する私的独占禁止法第六十二条第一項、第六十三条第一項（第六十八条第二項において準用する場合を含む。）及び第六十七条第一項並びに第十四条第六項において準用する私的独占禁止法第九十七条及び第九十八条に規定する事件は、同法第八十七条第一項の規定により東京高等裁判所に設けられた裁判官の合議体が取り扱うものとする。
（資産の処分）
第十三条　この法律施行の際事業者団体が現に所有する営業用の施設、自然科学に関する研究を実施するための施設又は株式若しくは社債であつて、私的独占の禁止及び公正取引の確保に関する法律第百四条に規定する措置に関する政令（昭和二十二年政令第二百三十八号）及び私的独占の禁止及び公正取引の確保に関する法律第百五条に規定する措置に関する政令（昭和二十二年政令第二百三十九号）並びに私的独占の禁止及び公正取引の確保に関する法律第百七条、第百八条及び第百十条に規定する株式又は社債の処理に関する政令（昭和二十三年政令第四十三号）の規定に基き処分すべきもの以外のもの及び特許権は、この法律施行の日から九十日以内に、これを処分しなければならない。
2　前項の規定は、新たに事業者団体が成立した場合又は第六条第六号若しくは第七号に掲げる団体がこの法律の規定（第三条を除く。）の適用を受けるにいたつた場合に、これを準用する。この場合において、同項の規定中「この法律の施行の日」とあるのは「成立した日又はこの法律の適用を受けるにいたつた日」と読み替えるものとする。

3　前二項の場合において、事業者団体が現に所有し、又は経営する自然科学に関する研究を実施するための施設につきこれを引続き所有し、又は経営しようとする場合には、文書をもつてその旨を第一項の期間内に公正取引委員会に届け出て、その認可を受けなければならない。

4　第五条第三項の規定は、前項の届出があつた場合に、これを準用する。

5　第五条第四項の規定は、第一項から第三項までの場合に、これを準用する。

6　公正取引委員会は、特別の事情があると認めるときは、申請により、第一項に規定する期間を延長することができる。この場合及び第三項の規定による届出があつた場合において、申請又は届出をした日からその承認又は却下の日までの期間は、これを九十日の期間に算入しない。

7　事業者団体は、第一項及び第二項の規定による処分をした日から三十日以内に、処分の内容を記載した報告書を、公正取引委員会に提出しなければならない。

8　公正取引委員会は、第三項及び前二項の規定による申請又は報告の手続に関する事項について規則を定めることができる。

（罰則）

第十四条　この法律の規定違反があつた場合におけるその違反行為をした者に対する刑は、左の各号に掲げるものとする。

一　第五条の規定に違反した場合には、二年以下の懲役若しくは三万円以下の罰金又はその両者。

二　第九条第一項において準用する私的独占禁止法第四十八条第三項又は第五十四条の審決が確定した後においてこれに従わなかつた場合には、二年以下の懲役若しくは三万円以下の罰金又はその両者。

三　第三条の規定に違反し届出を怠り、又は虚偽の届出をした場合には、二万円以下の罰金。

四　第十三条第一項、第二項又は第六項に規定する期間内に営業用の施設、科学に関する研究を実施するための施設、株式、社債若しくは特許権を処分せず、又は同条第七項の規定による報告書を提出せず、若しくは虚偽の報告書を提出した場合には、一年以下の懲役若しくは五千円以下の罰金又はその両者。

五　第十条の規定に違反し報告、情報若しくは資料を提出せず又は虚偽の報告、情報若しくは資料を提出した場合には、五千円以下の罰金。

2　前項の違反があつた場合においては、その違反の計画を知りその防止に必要な措置を講ぜず、又はその違反行為を知りその是正に必要な措置を講じなかつた当該事業者団体の理事その他の役員若しくは管理人又はその構成事業者（構成事業者が他の事業者の利益のためにする行為を行うものである場合には、その事業者を含む。）に対しても、前項各本号の罰金刑を科する。

3　第一項の違反があつた場合においては、法人であるとないとにかかわらず、その事業者団体に対しても第一項各本号の罰金刑を科する。

4　前項の規定により法人でない事業者団体を処罰する場合においては、その代表者又は管理人がその訴訟行為につきその事業者団体を代表する外法人を被告人とする場合の刑事訴訟に関する法律の規定を準用する。

5　第二項の規定は、同項に掲げる事業者団体の理事その他の役員若しくは管理人又はその構成事業者が法人その他の団体である場合においては、当該団体の理事その他の役員又は管理人に、これを適用する。

6　私的独占禁止法第九十四条、第九十七条、第九十八条及び第九十九条の規定は、第九条第一項において同法第四十条、第四十六条、第四十八条第三項、第五十四条、第六十六条第一項及び第六十七条第一項の規定を準用する場合の違反に、これを準用する。

（附加制裁）

第十五条　裁判所は、充分な理由があると認めるときは、前条第一項各号に規定する刑の言渡と同時に、事業者団体の解散を宣告することができる。

2　前項の規定により、解散が宣告された場合には、他の法令の規定又は定款その他の定にかかわらず、事業者団体は、その宣告により解散する。

（告発）

第十六条　第十四条第一項各号の罪は、公正取引委員会の告発を待つて、これを論ずる。私的独占禁止法第九十六条第二項及び第四項の規定は、この場合の告発に、これを準用する。

2　公正取引委員会は、前項の告発をするに当り、その告発に係る犯罪について、前条第一項の規定による解散の宣告をすることを相当と認めるときは、その旨を告発の文書に記載することができる。

（私的独占禁止法の不変更）

第十七条　私的独占禁止法の規定及びその規定に基く公正取引委員会の権限は、この法律の規定によつて変更されるものと解釈されてはならない。

附　則

（施行期日）

第十八条　この法律は、公布の日から、これを施行する。

（違反する法令及び契約）

第十九条　この法律施行の際現に存する法令の規定、契約、定款又は寄附行為でこの法律の規定に違反するものは、この法律施行の日から、その効力を失う。

内閣総理大臣　芦田　均
外務大臣　芦田　均
大蔵大臣　北村徳太郎
法務総裁　鈴木　義男
文部大臣　森戸　辰男
厚生大臣　竹田　儀一
農林大臣　永江　一夫
商工大臣　水谷長三郎
運輸大臣　岡田　勢一
逓信大臣　冨吉　栄二
労働大臣　加藤　勘十
建設大臣　一松　定吉

あとがき

本資料集は、一九四八（昭二三）年七月に制定された「事業者団体法」の立法過程に係る資料を収集したものである。第二次世界大戦後、占領政策による経済民主化の一環として、戦時経済体制の解体が進められ、統制団体除去政策が行われた。ＧＨＱは、それをさらに進めて、独占禁止法の補完法として、当時のアメリカにおける反トラスト政策として織り込まれていた事業者団体規制を参照した事業者団体法案を提示して、その制定を求めた。それにより制定された事業者団体法は、一九五三（昭二八）年の独占禁止法改正にあわせて廃止されたが、事業者団体規制は、現行独占禁止法第八条に規定がおかれており、独占禁止政策の重要な柱となっている。その事業者団体規制の源泉が事業者団体法の制定である。

今村成和先生は、公正取引委員会事務局に勤務しておられて事業者団体法の立法業務に携わり、同法の制定により、その運用を所管するため新設された調査部事業者団体課長を務められた。

本資料集は、今村先生が、事業者団体法の立法業務を進められた当時保管されていた資料を、日本立法資料全集の一冊に収めたものである。

私は、今村先生を追憶した一文で次のように記した（「今村成和先生のご業績の一端に触れて」ジュリスト一一〇六号四一頁、一九九七年二月号）。

「先生のやり残されたお仕事は、信山社から発行予定の日本立法資料全集『事業者団体法』を三巻に分けて完成させることであった。このお仕事は数年前から進められてきて、その一巻は事業者団体法の制定までであり、解説の原稿に幾度も筆を入れられ、いつでも印刷に出せるようになっていたという。先生は、公正取引委員会事務局当時に事業者団体法の立法作業に参画し、事業者団体課長として同法の運用に携わり、研究者としての最初の著書が『条解事業者団体法』（弘文堂、一九五〇）である。

さらに、『書斎の窓』の連載でも最初に事業者団体法を採りあげておられる。私は、先生がこの法律に愛着をもたれていたのではないか、と密かに思っていた。それだけに、一巻も完成を見ないうちに他界されたことは、先生の心中を察するにあまりあることである。」

このように述べてから相当の月日が経って、信山社から私に、先生のお仕事の残りを引き受けるように依頼された。私も公正取引委員会事務局に勤務していた当時、経済部団体課長を経験したこともあり、事業者団体の活動には関心があったので、それをお引き受けした。

さて、引き受けたのはよいが、実は事業者団体法の制定の資料は今村先生によって相当整理されていたが、解説まで及んでいなかった。その上、私も仕事の都合で十分に時間が取れず、なかなか進まなかった。これでは私自身歳をとるばかりで完成できないのではないかという不安があった。数年前、お嬢さんから、私が作業を引き継ぐことのご承諾を戴き、早く完成させるように努めた。しかし、今村先生であるなら、事業者団体法の制定過程の当初から関与されておられたから、資料をご覧になると、その内容、位置付けも容易に理解できようが、実際に経験がない私ではそうはいかない。

公正取引委員会の議事録を公文書館から取り寄せたが、初期の公正取引委員会の議事録であるので、記録として十分なものでないが、できる限り引用することとした（一九五三年四月の公正取引委員会議事録が欠落していた）。

ようやく、事業者団体法の制定過程に係る資料を纏め、先生のご霊前に捧げることができることとなり、責任の一端を果たしたかと思っている。

ただ、事業者団体法の制定過程の資料について、私のコメントを付しているが、それらの資料は既に長いときを隔てており、私の理解に誤りがあるのではないかとおそれる。そのことにお気づきのことがあったら、ご指摘いただきたい。

本書の刊行に当たり、長い間お付き合いいただいた、信山社の渡辺左近氏に感謝するばかりである。また、公正取引委員会の議事録の写真による採録などでは日比谷総合法律事務所笹川理恵さんにお世話になった。ここに記してお礼を申し上げる次第である。

二〇一七年二月

厚谷襄児

〈編著者〉

今　村　成　和（いまむら・しげかず）

1913年生まれ
1937年　東京帝国大学卒業
1948年　公正取引委員会事務局調査部事業者団体課長
1952年　北海道大学教授
　　　　北海道大学学長、学士院会員などを経て1996年逝去。
　　　　法学博士（東京大学）、北海道大学名誉教授
〔主著〕国家補償法、独占禁止法、行政法入門、独占禁止法入門、人権論考（以上、有斐閣）

厚　谷　襄　児（あつや・じょうじ）

1934年生まれ
1957年　東北大学卒業
1987年　公正取引委員会事務局長
1990年　北海道大学教授
1998年　帝京大学教授
現　在　北海道大学名誉教授、弁護士（日比谷総合法律事務所）
〔主著〕条解独占禁止法、独占禁止法入門、経済法、独占禁止法論集、独占禁止法審決・判例百選

事業者団体法〔昭和23年〕　　日本立法資料全集68

2017（平成29）年３月15日　初版第１刷発行

編著者　今　村　成　和
　　　　厚　谷　襄　児
発行者　今　井　　　貴
　　　　渡　辺　左　近
発行所　信　山　社　出　版
〒113-0033 東京都文京区本郷6-2-9-102東大正門前
TEL　03（3818）1019
FAX　03（3818）0344
印刷所　亜細亜印刷株式会社
製本所　渋　谷　文　泉　閣
用　紙　七洋紙業株式会社
校　閲　津　田　憲　司
題　字　武　田　長　一

ISBN978-4-7972-4296-6　C3332

☆日本立法資料全集☆　刊行にあたって

本年は、一八九〇年一一月二九日に帝国議会が開設されてから一〇〇年、一九四六年一一月三日に日本国憲法が公布されてから四四年目を迎えます。この間におけるわが国の法制度の整備と法律学研究の蓄積には著しいものがありますが、その軌跡は決して平坦なものではありませんでした。

議会開設に至るまでの国内の政治態勢の整序および諸外国との交渉と並行して進められた近代的法制度の導入と立法作業は、たんに横のものを縦にするという「外国法の継受」の作業ではなく、わが国の法体制の将来像に対する理念的な格闘を伴う、まさに血の滲むような「摂取」のための努力の連続であり、これがあったればこそ、ともかくも明治立憲体制を整備でき、また、現在の法制度の基礎を築くことができたのだと思われます。

わが国の「大立法期」はおおまかには明治期、大正期、昭和戦後期の三期であると思われますが、この時期に立法作業を担当した法律家はその思想・哲学や学問の全てを賭けて立案・推敲の作業をドラマティックに展開しており、現在の法律家の目から見た場合に計り知れない教訓と知恵を見出しうると言えます。明治・大正期の井上毅、穂積陳重、梅謙次郎、富井政章、戦後期の我妻栄、宮沢俊義、兼子一、田中二郎、佐藤達夫や官庁実務家などの事蹟には感銘深いものがあります。

法律立案作業はその時点での法律学のトータルな水準を示すものですから、立法担当者の作業の詳細を明らかにする研究は、研究者ばかりでなく裁判実務・行政実務における解釈作業・改正案立案作業等にとっても極めて有益なものです。わが国の一〇〇年以上にわたる立法事業の経験とそのノウハウは、これからの法律学の研究と実務の進展にとってまさに基点となるものとしての重要性を持っています。しかし、これらの一次資料にアクセスすることは容易なことではありません。

そこで、小社は、議会開設一〇〇年を期して、立法作業に造詣の深い監修者・編集代表の先生がたのご助力をいただき、わが国の重要立法の制定過程の関係資料をできる限り網羅的・体系的に整理し、それに考証を加え、研究者・実務家の用に供すべく本立法資料全集の刊行事業を企図しました。

わが国の立法作業の事蹟を明らかにすることにより、先学の立法思想、立法政策、立法技術の内容を深い次元で捉え直し、法解釈論の一層の充実を図り、更には、解釈論の枠を超えた法律学の展開と「立法学」の誕生を念じて本全集を刊行してまいります。ご期待下さい。

一九九〇年八月

信　山　社　敬白